녹색평론선집 3

녹색평론선집 3

통권 제27호 (1996년 3-4월호) ~ 제46호 (1999년 5-6월호)

김종철 엮음

녹색평론사

책머리에

    지난해 5월에 《녹색평론》 제100호를 기념하여 《녹색평론선집 2》가 발간되었다. 많은 독자들이 십수년만에 재개된 이 녹색평론선집 발간 작업을 반갑게 맞아주었다. 이에 힘입어 우리는 앞으로 얼마 동안 몇권의 선집 시리즈를 추가적으로 간행할 계획을 세웠다.

    그 작업의 일환으로 나온 것이 이 책 《녹색평론선집 3》이다. 통권 제27호(1996년 3-4월호)부터 제46호(1999년 5-6월호)까지의 내용 중에서 이 선집을 엮어내기 위해 글을 선별한다는 것은 쉬운 일이 아니었다. 그러나 그 기간 동안의 《녹색평론》의 내용은 이 선집 한권으로 그 윤곽을 큰 무리없이 드러낼 수 있게 되었다고 믿는다. 가급적 많은 독자들에게 이 책이 좋은 정신적 양식(糧食)으로 받아들여지기를 염원한다.

2009년 2월
녹색평론 발행인 김종철

목 차

'자유무역'과 세계의 황폐화

위기를 넘어 생명의 부활로

지역화폐와 공동체 만들기

땅에 뿌리박은 삶과 사상

기술시대의 교육, 영어의 문제

기술에서 연민으로

'자유무역'과 세계의 황폐화

세계무역과 환경

에드워드 골드스미스

지금쯤은 우리의 환경이 갈수록 커져가는 우리의 경제활동을 지탱할 능력을 점점 잃어가고 있다는 사실이 명백히 이해되고 있어야 한다. 도처에서 숲은 과잉벌목되고, 농토는 과잉경작되고, 초지는 과잉방목되고, 습지는 과잉배수되고, 지하수는 과잉개발되고, 바다는 남획되고 있으며, 거의 모든 지상 및 해양 환경이 화학 및 방사능 독성으로 심각하게 오염되어 있다. 사태가 더 나쁜 것은, 우리의 대기환경이 이러한 활동으로 생겨나는 오존층고갈 가스나 온실가스 그 어느 것도 흡수할 수 있는 능력을 갈수록 잃어가고 있다는 사실이다.

이러한 상황에서 우리가 거주할 수 있는 곳으로 지구를 유지할 방법은 한가지밖에 있을 수 없는데, 그것은 환경에 끼치는 충격을 체계적으로 줄이는 것이다. 그러나 불행하게도 거의 모든 정부는 경제의 세계화를 통하여 이러한 충격을 극대화하기 위해 혈안이 되어 있다. 무역의 증가는 경

제발전의 증대를 위한 가장 효율적인 방식으로 인식되어 있고, 이러한 경제발전은 진보와 동일시되어 있으며, 그것은 또 지금까지 우리가 직면해 왔던 모든 문제를 제거해줄 물질적·기술적 낙원을 창조할 수단을 제공해줄 것이라고 믿어지고 있다.

그러나 경제발전 그 자체는 본질적으로 환경에 대한 충격을 증가시킬 수밖에 없다. 이 점은 주요한 두 신흥공업국 – 대만과 남한에서 일어난 끔찍한 환경파괴에 잘 드러나 있다. 이 두 나라는 지난 수십년간 외국 다국적기업의 개입을 허용하라는 세계은행의 명령을 충실히 따르면서 놀랄 만한 경제성장을 성취해왔다. 세계은행은 이들을 모든 제3세계 국가들이 본받아야 할 모델로서 제시하고 있다.

대만의 경우

《난국에 처한 龍들》(1990)이라는 책에서 월든 벨로와 스테파니 로젠펠트가 면밀하게 기록하고 있듯이, 대만의 경우 산업 및 주거지 개발을 위하여, 그리고 속성침엽수 재배에 필요한 공간을 제공하기 위하여 삼림은 벌거숭이가 되었다. 한때 동부해안 전체를 덮고 있었던 활엽수의 처녀림은 이제 거의 완전히 파괴되었다. 벌목과 농경과 개발을 위해 삼림을 꿰뚫고 세운 방대한 도로망은 특히 벌거벗겨진 흙이 쓸려내려가는 산간지역에서 심각한 토양침식의 원인이 되었다.

'자유무역' 원칙을 좇아서 수출지향의 농업생산을 극대화하려는 노력은 1952년에서 1980년 사이에 비료사용을 세배로 증가시켰고, 이로 말미암아 토양산성화, 아연결핍, 토양생명력의 쇠퇴가 일어났고, 물이 오염되고, 다수 대만 사람들의 식수의 주원천인 지하수가 토양을 통해 침투된 비료에 의해 오염되는 일이 뒤따랐다. 살충제 사용도 막대하게 증가하였다. 살충제는 대만의 지표수 및 지하수의 주된 오염원이다. 그러나 규제완화로 인해 살충제 판매는 정부차원에서 아무런 효과적인 통제를 받지 않고 있다. 생산된 식품은 너무나 심하게 살충제로 오염되어, 사회학자 마이클 샤오의 말에 의하면, "많은 농민들은 자신들이 시장에 내다파는 것을 먹지 않는다. 그들은 살충제를 쓰지 않는 작물을 따로 키워서 자신들은 그것을 소비한다."

대만의 90만개 공장 가운데 상당한 숫자가 시골에, 수로 옆이나 농가 가까운 곳의 논에 위치해 있다. 공장주들은 경쟁력을 극대화하기 위하여 쓰레기처리 규정 같은 것은 무시하고 가까운 수로에 마구잡이로 던져넣는다. 당연하게도 정부 자체의 조사에 따르더라도 지금 대만의 농경지의 20퍼센트가 산업폐수로 오염되어 있다. 대만에서 자란 쌀의 30퍼센트가 수은, 비소, 카드뮴을 포함하는 중금속으로 오염되어 있다는 것도 놀라운 일이 아니다. 그리고, 일차적인 처리라도 받고 있는 비율이 겨우 1퍼센트밖에 되지 않는 인간 배설물은 그대로 강으로 버려지고 있고, 그리하여 그것은 강물속의 잡초들이 걷잡을 수 없이 번성하는 데 영양분을 제공하여 수중산소를 고갈시키고 물고기를 죽인다. 이런 사실은 어째서 지금 대만이 세계에서 가장 높은 간염 이환율을 보여주고 있는가를 설명해준다. 농업 및 산업용 독성물질과 인간 배설물들이 합세하여 현재 대만의 거의 모든 주요 강의 하류를 심각하게 오염시켜온 결과, 그 강들은 대부분 물고기가 없는, 흐르는 시궁창에 지나지 않는 것이 되었다. 카오시웅(高雄)시에 가까운 작은 읍인 호우진에는, '대만석유회사'에 의한 40년에 걸친 오염 때문에 물은 마실 수 없게 되었을 뿐만 아니라 실제로 쉽게 불이 붙는 기름이 되어버렸다.

새우양식 산업은 십년 동안 45배의 증산을 기록할 정도의 환상적인 성장률을 성취해왔다. 그러나 새우양식 어민들은 상류지대의 산업체들이 방출하는 독성 화학폐기물이 강과 샘을 오염시키는 바람에 신선한 물을 확보할 수 없게 되었다. 그 결과, 새우와 물고기들이 대량 폐사하는 일이 일상화되었다.

대기오염도 엄청나게 증가하였다. 대만의 현재 대기오염 수준은 미국에서 유해하다고 판정되는 수준의 두배에 육박하고 있다. 천식 환자수는 1985년 이후 네배가 되었고, 1965년 이후 두배로 증가한 암은 이제 대만에서 주요 사망원인이 되었다. 대만의 연간 경제성장률이 6.5퍼센트로 낮추어진다 하더라도 이미 황폐화된 환경에 가해지는 압박은 십년안에 두배로 증가할 것이다. 생각만 해도 끔찍한 일이다.

이론적으로는, 대만이 일단 일정한 수준의 GNP에 도달한다면 개발과정의 파괴를 경감시킬 기술적 장비를 설치할 여유가 생길 것이라고 말할 수 있을지 모른다. 그러나 세계경제의 출범으로 경쟁력제고는 시대의 지상명령이 되어버렸다. 이것은 기업비용을 증가시키는 규제들 ― 환경관계 규제를 포함하여 ― 을 제거한다는 것을 의미해왔다. 실제로, 가트의 새로운 규칙이 반영하듯이 부유한 나라들도 이제 환경규제를 시행할 여유를 가지고 있지 않다.

소비자 문화의 창조

세계경제의 창조는 이와 같은 파괴적 과정을 '일반화' 하기를 꾀한다는 것을 의미한다. 제3세계의 농촌지역에서 아직도 대개는 자립적으로 살고 있는 많은 대중을 주로 다국적기업들이 제공하는 자본집약적 재화와 서비스의 소비자로 변화시키려는 것이다.

이것을 가능하게 하기 위해서는 아직 대부분의 제3세계 문화를 뒷받쳐주고, 그 문화로 하여금 대체로 자립적인 생활스타일을 유지하게 해주고 있는 문화적 패턴을 무자비하게 파괴하고, 서구적 대량소비사회의 문화와 가치관으로 대체하여야 한다. 이러한 목적을 위해서, 전지구 규모의 최신 통신기술로 무장한 서구의 광고기업들이 이미 제3세계의 오지(奧地)에 이르기까지 소비주의의 복음을 수출하고 있다. 그들의 목적은 사회적으로 환경적으로 치명적이며, 전적으로 지속불가능한 서구적 생활스타일을 아직 여기에 완전히 적응하지 않은 50억 이상의 사람들에게 수출하는 것이다. 물론, 수출될 수 있는 것은 이러한 생활스타일에 대한 선망일 뿐이다. 그러한 생활스타일은 극히 소수만이 그것도 짧은 기간 동안만 누릴 수 있을 뿐인 것이다. 왜냐하면 이 모든 것은 생태학적인 파멸을 피할 수 없기 때문이다.

생명권은 '북쪽' 의 소비수준으로 60억 인구를 지탱할 능력이 없다. 실제로, 세계적 경제발전이 시작된 이후 지난 50년 동안 지구환경이 겪어온 파괴는 이 행성 위에 인간이 거주하기 시작한 이래 일으켜온 모든 파괴보다 분명히 큰 것이었다. 우리의 행성은 지난 50년과 같은 과정을 되풀이하여 지탱할 수 없으며, 하물며 지금까지보다도 더 큰 환경파괴가 같은 기간 동안 이루어진다면 복잡한 형태의 생명은 소멸될 수밖에 없을 것이다.

2060년경까지 제3세계 국가 모두를 미국의 소비수준에 이르게 하기 위해서는 연간 4퍼센트의 경제성장이 필요할 것이다. 그러나 그렇게 되면 연간 세계생산고와 매년 환경에 미치는 경제활동에 의한 충격은 지금의 16배가 될 것인데 ─ 이것은 사실상 상상도 할 수 없는 일이다. 그럼에도 불구하고, 미국의 3대 자동차 제조업자들은 지금 자전거를 타거나 단순히 걸어다니고 있는 중국 사람들 모두가 자동차를 갖도록 할 계획을 세우고 있다. 지금보다 수억대나 더 많은 자동차에서 내뿜어질 이산화탄소 방출은 '기후변화에 관한 유엔 정부간 회의'의 잠정적 조치를 넌센스로 만들어버릴 것이며, 지구온난화를 급속히 가속화시킬 것이다. 만일 중국 사람 각자가 현재 중국정부의 공식 목표대로 냉장고까지 갖게 된다면 냉매가스의 방출은 오존층고갈물질 방출을 제한하기 위한 '몬트리올협약'을 넌센스로 만들어버릴 것이다.

수출의 강조

경제의 세계화와 '자유무역'의 한 원칙은 각국은 자신이 특히 잘 생산하는 몇몇 상품을 전문적으로 생산, 수출하고 나머지 상품은 다른 나라로부터 수입해야 한다는 것이다.

이미 세계의 가장 기초적인 상품의 상당부분은 수출을 위해 생산되고 있다. 합판의 경우 33퍼센트, 커피의 84퍼센트, 물고기의 38퍼센트, 보크사이트와 알루미늄의 47퍼센트, 철광의 40퍼센트, 그리고 원유의 46퍼센트가 수출을 위해 생산되고 있다.

세계화가 진전되면서 목재도 이제 수출용 작물이 되었다. 말레이시아에서는 벌목된 나무 절반 이상이 수출되고 있다. 이것이 연간 15억달러에 달하는 외환수입을 가져오게 하지만 거기에는 끔찍한 환경비용이 수반된다. 1945년경에 말레이시아반도는 전체의 70~80퍼센트가 숲으로 덮여 있었다. 오늘날 그 나무들은 대부분 사라져버렸다. 그 결과는 가속화하는 토양침식, 많은 지역에서 일어나고 있는 지하수면의 강하, 그리고 일반적인 가뭄과 홍수의 증가이다. 말레이시아쪽의 사라와크와 사바주는 다국적 기업들에 의해 너무나 빠르게 벌거벗겨져서 몇년안에 접근불가능한 지역을 제외한 거의 대부분의 숲은 파괴될 것이 분명하다. 그렇게 되면 토착 부족민들의 문화와 생활방식도 절멸되어버릴 것이다.

숲이 차례차례 벗겨짐에 따라 벌목자들은 단순히 다른 곳으로 이동한다. 동남아시아에서 벌목자들은 이제 뉴기니아, 라오스, 미얀마, 캄보디아로 옮겨가고 있다. 이들 국가는 아직 풍부한 삼림을 가지고 있는데, 그것은 지금까지 그들이 세계무역체제의 궤도 바깥에 머물러 있었기 때문이다. 그러나 지금과 같은 파괴속도가 계속된다면 이들 국가도 다음 10년안에 벌거벗겨지게 될 것이다. 이미 미쓰비시와 바이어하우저는 시베리아 — 지구상에 훼손되지 않고 마지막으로 남아있는 주요 삼림지대 — 로 들어가고 있는 중이다.

벌목을 통제할 조치는 있을 것 같지 않다. 예를 들어, 대부분의 동남아시아 국가에서는, 정치가들과 그들의 가족이 토지양여권을 소유하고 있는데, 그들이 상대하는 다국적 벌목회사들은 너무나 강력한 힘을 가지고 있어서 통제는 사실상 불가능하다. 오직 세계경제의 붕괴만이 아직 남아있는 벌목가능한 숲을 구할 수 있을 것 같다.

소말리아는 해가 갈수록 더 크게 가축들의 수출에 의존적으로 되어왔다. 1955년 이래 소말리아에서 양, 염소, 소는 적어도 열배로 늘었고 낙타는 20배로 증가하였다. 이것은 전통적인, 생태적으로 민감한 유목방식에 의한 가축기르기의 붕괴에 이바지하는 과잉방목, 토양침식, 초지의 훼손을 초래하였고, 이 모든 것은 소말리아 사람들의 생존을 가능하게 하는 땅의 능력을 감소시킬 것이다. 그리고 그 결과의 하나는 내란과 깡패정치이다.

담배는 세계전역에 걸친 수출을 위해 기르는 또하나의 작물인데, 전체 농업수출의 1.5퍼센트를 차지한다. 말라위의 경우, 담배는 이 나라의 외환 벌이의 55퍼센트를 차지하고 있다. 로버트 굿랜드에 의하면 "담배는 다른 대부분의 작물보다 훨씬 높은 비율로 토양양분을 고갈시키고, 따라서 토양의 생명력을 저하시킨다." 그러나 담배생산에 따르는 가장 무거운 환경 비용은 담배보존처리를 위한 땔감으로 사용되는 막대한 목재이다. 보존처리를 위해 1톤마다 땔감으로 소비되는 55입방미터의 나무로 인해 세계는 매년 12,000평방킬로미터의 숲을 벌목으로 잃어가고 있다. (어떤 전문가들은 50,000평방킬로미터로 추정하고 있다.)

　커피도 대개 수출위주로 생산되는 작물인데, 그 생산은 가장 심각한 환경훼손의 원인이 되고 있다. 게오르그 보르그슈트롬은 이렇게 말한다. "커피 생산업자들의 거의 약탈적인 토지이용으로 브라질의 토양의 상당부분이 황폐화되었다."

　같은 이야기는 프랑스어권 서부아프리카의 땅콩농장에 관해서도 말할 수 있다. 실제로, "2년간의 연속적인 땅콩재배만으로도 토양유기물의 30퍼센트와 콜로이드상(狀) 부식토의 60퍼센트의 상실이 초래된다. 2년간의 연속재배의 결과, 둘째해의 땅콩수확은 첫해보다 20 내지 40퍼센트 감소될 것이다"라는 추정이 있었다.

　수출지향의 벌목산업이 우리의 숲에 대하여, 그리고 축산업과 집약농장이 우리의 땅에 대하여 끼치는 파괴적인 영향은, 그 자체 수출에 의존하고 있는 하이테크 어업이 — 세계전역에서 잡히는 물고기의 38퍼센트가 수출된다 — 바다에 대해서 그대로 되풀이하고 있다. 오늘날 17개의 세계의 주요 어장 가운데 9개는 쇠퇴일로에 있고, 4개는 이미 더이상 경제성이 없을 만큼 남획되어버렸다. 북서대서양에서의 전체 어획량은 지난 20년 동안 거의 3분의 1이 감소되었다. 1992년에 캐나다 뉴파운드랜드의 대규모 대구잡이 수산업은 무기한 폐쇄되었고, 유럽에서 북해의 고등어 자원은 1960년대 이래 50배나 감소하였다.

　'북쪽'에서의 어족자원이 고갈됨에 따라 어선단은 이제 남쪽으로 몰려들고 있지만, 개발도상국들이 수출하는 물고기의 양이 1975년 이후 거의 네배로 증가함으로써 남쪽의 수산업도 큰 압력을 받고 있다. 예견되는 결과는 제3세계의 수산업도 고갈되고 지역 어촌공동체들에게 엄청난 타격을 줄 것이라는 것이다.

수출지향의 다수 산업의 팽창은 민중의 삶에 큰 영향을 끼치는 환경적으로 부정적인 결과를 낳는다. 그 중요한 예의 하나는 대만뿐만 아니라 아시아 전역과 아메리카 및 아프리카 대륙의 몇몇 지역에서 급속히 확대되고 있는 참새우 양식산업이다.

참새우 양식장을 위해서 세계의 망그로브숲의 절반가량이 이미 베어졌다. 에쿠아도르에서는 12만헥타르의 망그로브숲이 이 목적 때문에 파괴되었다. 타일랜드에서는 그 수치가 10만헥타르에 이른다. 망그로브숲의 파괴로 인한 결과는 지역 어촌공동체에 가공할 재난이 되는데, 왜냐하면 물고기들의 생명순환의 초기부분은 반드시 망그로브숲 속에서 이루어지기 때문이다.

참새우 양식장으로 인한 또하나의 환경피해는 인근의 벼농사에 필요한 신선한 물을 감소시킨다는 것이다. 그 까닭은 참새우 양식장은 참새우들이 필요로 하는 약간 짠맛이 나는 물을 생산하기 위하여 대량의 신선한 물과 바닷물이 섞인 물을 반드시 필요로 하기 때문이다. 필리핀의 '네그로스 옥시덴탈' 지역의 참새우 양식장을 위해서 과잉으로 끌어올린 지하수 때문에 그 지역의 "얕은 샘, 과수원, 논이 말라버렸고, 지반이 꺼졌으며, 바다로부터 해수가 침범해 들어왔다."

새우는 육식성으로 어류를 먹고살기 때문에 참새우 양식업은 또 세계의 물고기공급에 대한 압박도 증가시킨다. 1991년에 이르러, 세계의 어류공급 전체의 15퍼센트는 참새우 농장에서 소비되었다. 이로 말미암아 정어리와 같은 값싸게 지역민들이 소비할 수 있는 물고기의 공급이 심각하게 줄어들었다.

점점더 많은 땅이 수출작물의 경작지로 전환됨에 따라 농촌사람들이 필요로 하는 식품은 갈수록 줄어드는 토지로부터 생산해내는 수밖에 없다. 더욱 나쁜 것은, 수출작물을 위해 대규모의 집약적인 대량생산에 바쳐지는 것은 언제나 좋은 땅이라는 사실이다. 수출을 위한 생산은 정부들이 그 획득에 혈안이 되어 있는 외환을 가져다주기 때문에 언제나 우선권을 차지한다. 그리하여 농촌인구는 갈수록 산간지대의 척박한 땅이나 침식작용에 취약하고 농업에 전혀 알맞지 않은 가파른 땅으로 내몰리게 된다. 이런 지역들은 급속도로 숲을 잃어버리고, 개간되며, 저질화한다. 이것은 제3세계 거의 어디에서나 일어났고, 지금도 계속하여 일어나고 있는 현상이다.

그 한 예는, 이제 미국에 뒤이어 세계에서 두번째로 큰 콩(大豆) 수출국이 된 브라질의 경우이다. 브라질에서 급속도로 성장한 콩재배의 한 결과는 수많은 농민들이 고향을 떠나서 브라질 남부지방과 아마존지역으로 이주를 강요당했다는 것이다. 거기서 농민들은 생존을 위한 땅을 확보하기 위하여 광대한 삼림지역을 벌거벗겨왔다. 그러나 그 땅은 라테라이트화한 땅이어서 전연 농업에 부적합하고, 겨우 몇년 되지 않아서 아무런 쓸모가 없는 박토가 되고 만다. 농민들은 다음 몇년간을 위한 땅을 마련하려고 더많은 숲을 벌거벗기지 않을 수 없다. 그리하여 이론적으로는 지금 남아 있는 숲이 모두 파괴될 때까지 계속될 과정이 되풀이되고 있는 것이다.

나는 최근에 남부아프리카의 지도적인 자연보존론자인 이언 플레이어와 함께 '쿠와 줄루 나탈' 지역을 둘러보았다. 그는 오랫동안 나탈 국립공원의 책임자였다. 그는 나에게 그곳의 가장 좋은 농토 대부분이 현금작물, 특히 사탕수수와 유칼립투스와 같은 수출작물을 생산하기 위한 대농장으로 전환되어버린 사정을 보여주었다. 줄루족 인구 대부분에게 주어진 '부족의 땅'은 빠르게 침식되어가고 있는 바위 많고 비탈진 박토지대이다. 여러 부족이 더 많은 땅을 필사적으로 찾고 있다. 그들은 외환을 가져다주는 대농장 땅에 자기들이 접근할 수 없다는 것을 알고 있고, 그래서 현재 국립공원의 일부를 차지하고 있는 땅의 많은 부분에 대한 권리를 주장하고 있다. 그런 한편에, 대농장과 '부족의 땅'을 확보하기 위하여 행해진 삼림벌채로 말미암아 ─ 그리고 사탕수수와 유칼립투스가 물을 대량으로 소비하는 작물인 탓에(예컨대 사탕수수는 밀보다 열배의 물을 더 요구한다) ― 그곳의 강들은 말라버렸고, 우기때만 겨우 흐를 뿐이다. 우리는 비행기를 타고 말라버린 강바닥 위를 날았는데, 그 강들은 이언 플레이어가 젊었을 때는 깨끗한 물과 물고기들로 가득찬 굉장한 강들이었다.

수출의 증가

지금까지 우리는 벌목, 목장, 어업, 새우양식과 같은 약탈적 수출산업이 끼치는 국지적 영향에 대해서만 말해왔다. 그러나 그러한 산업의 생산물과 채굴된 광물, 석유, 석탄, 천연가스, 그리고 각종의 제조품들은 그러한 생산물을 수입하는 나라까지 수송해가야 한다. 세계경제의 발전과 더불어 그러한 생산물의 규모와 그것들이 운반되어야 하는 거리는 엄청나게 증가한다.

이미 1991년에, 40억톤의 화물이 세계전역에 배로 수출되었는데, 거기에 필요했던 8.1엑사줄의 에너지는 브라질과 터키의 전체 경제를 합쳐 쓰여진 에너지와 맞먹는 것이다. 그해에 7천만톤의 화물은 비행기로 수송되었고, 이것은 0.6엑사줄의 에너지를 소모하였는데, 이것은 필리핀의 연간 전체 에너지소비에 필적하는 것이다.

유럽연합의 한 특별위원회에 의하면, 1993년에 유럽단일시장이 만들어지면 국경을 넘나드는 교통량이 크게 증가하고, 그 결과 대기오염과 소음은 30에서 50퍼센트까지 증가할 것이라고 추정되었다. 북아메리카와 멕시코 사이의 무역증대와 더불어 국경을 넘나드는 교통량은 1990년 이래 두배로 되었는데, 이것은 두 나라간의 무역장벽이 감소되기도 이전의 상황이었다. 미국정부는 '북미자유무역협정'의 발효 후 국경을 넘나드는 교통량은 거의 일곱배로 증가할 것으로 예견하였다. 가트의 우루과이라운드 체결은 세계전역의 상품수송을 더욱 극적으로 증가시킬 수 있을 뿐이다. 그것은 방대한 수효의 새로운 고속도로와 공항과 항만과 상품창고를 건설해야 한다는 것을 의미하고, 이것은 또다시 심각한 환경파괴를 일으킬 수 있을 뿐인 것이다.

예를 들어, 아시아의 시장을 겨냥하여 더 많은 목재와 광물을 수출하기 위하여 설계된 아마존 횡단 고속도로는 가장 풍부한 열대삼림의 하나를 찢어버리고 있는 것이다. 전에 세계은행의 지원을 받아 원시림을 뚫고 부설된 많은 고속도로들과 같이, 아마존 횡단도로는 서식지를 해체시키고, 이전까지 접근불가능하였던 땅을 벌목자, 광산채굴자, 목장주, 정착자들에게 열어줄 것이다.

'리오데 라 플라타'를 따라 상품수송을 확장하고 가속화하려는 목적으로 계획된 히드로비아댐 건설은 브라질 판타날 지역 ― 세계에서 가장 큰 습지로서 포유동물이 가장 다양하게 서식하고 있는 ― 을 말라버리게 하고, 다른 한편으로는 강하류의 범람가능성을 더 높일 것이다. 더많은 항만을 건설하는 것은 상품의 수출·수입에 필수적이지만, 습지와 망그로브 숲을 제거하고, 화학물질 폐기물을 증가시키고, 해안과 강바닥을 훑어버림으로써 해안 서식지를 파괴한다. 화석연료의 더 많은 연소 ― 특히 지구온난화에 대한 이산화탄소의 영향증대를 통하여 ― 에 의한 오염과 기름과 화학물질 유출을 수반하는 수송중의 사고를 감안할 때, 수출의 증가 그 자체가 더 혹심한 환경훼손을 일으킬 것이다. 실제로, 수송증가에 따른 환경비용이 제대로 내부화된다면, 세계무역의 많은 부분은 비경제적인 것으로 드러날 것이며, 우리는 좀더 지역중심적이고, 환경적으로 덜 파괴적인 교역체계로 되돌아가려고 할 것이다.

경쟁의 증가

유럽공동체의 한 보고서는 우리의 환경을 보호하는 데 있어서 현재의 환경규제들이 과연 효과가 있는지 심각하게 묻고 있다. 그 보고서의 지적에 의하면, 쓰레기발생량은 1986년에서 1991년 사이에 이미 13퍼센트 증가하였고, 폐수발생비율은 1970년에서 1985년 사이에 35퍼센트, 비료사용은 1986년에서 1991년 사이에 63퍼센트 증가하였다. 보고서는 현재의 성장률이 계속된다면, 이산화탄소 방출량은 2010년이 되면 20퍼센트 증가할 것이며, 그렇게 되면 2000년까지 이산화탄소 방출량을 안정화하겠다는 유럽연합국가들의 약속은 지킬 수 없는 것이 될 것이라고 예견한다.

그러므로, 분명히 환경규제들은 심각하게 강화되지 않으면 안된다. 그러나 고삐풀린 세계경제체제에서 그 어떤 국가도 환경규제를 강화할 수 없다. 왜냐하면 환경규제는 기업비용을 증가시키고, 따라서 경쟁자들과의 관계에서 '비교우위'의 위치를 확보할 수 없게 할 것이기 때문이다.

이 문제는 세계적 규모로 탄소세를 시행해야 한다는 압력을 둘러싼 상황에서 잘 예시되어 있다. 유럽연합과 일본은 이산화탄소 방출을 줄이기 위한 운동의 첫걸음으로서 화석연료에 대한 국제적 과세제도를 채택하자고 제안하였다. 그러나 미국의 클린턴 행정부는 그러한 과세정책이 미의회를 통과하지 못할 것이라고 결정하였다. 그것은 "유권자들의 지지를 얻기가 불가능한" 법안으로 일컬어졌다. 그래서 유럽연합과 일본은 그 제안을 포기하였다. 그리하여 화석연료 사용과 이산화탄소 방출은 거의 통제불가능한 문제로 남게 되었다.

다른 말로 하면, 환경피해를 최소화하고자 하는 책임있는 생산자들이 그렇지 않은, 따라서 "좀더 경쟁력있는" 자들과 맞서서 경쟁하지 않으면 안되는 것이다. 무엇보다도 이와 같은 사정이 생태적으로 지속가능한 세계적 경제활동들을 존립하지 못하도록 위협하고 있는 것이다.

그 중요한 한 예가 아마존의 고무채취자들이 처한 딜레마이다. 이들은 아마존삼림의 많은 지역에 흩어져 있는 고무나무로부터 완전히 지속가능한 방식으로 라텍스(고무나무유액)를 채취해왔다. 그러나 그들은 열대림 전체를 벗겨내고 만들어진 아시아의 대농장에서 재배한 고무와 갈수록 어려운 경쟁을 하게 될 것이다. 그들은 특히 다음 십년안에 천연고무의 수입에 대한 관세가 철폐되기로 되어 있음에 따라 브라질에 공장을 두고 있는 다국적 타이어회사들로부터 심한 압력을 받게 될 것이다.

그리고, 경쟁력을 증대시키기 위하여 기업들은 갈수록, 흔히 극단적으로 고용인원을 줄이는 것을 포함하여 비용절감 조치들을 행하고 있다. 이것은 환경사고를 크게 증가시킬 수 있다. 그 한 예가 엑손발데즈호가 일으킨 재앙이다. 이 사고는 엑손사(社)가 그 거대유조선의 선원의 3분의 1

을 감원시키는 것을 포함하여 8만명을 해고시키지 않았더라면 아마도 일어나지 않았을 것이다. 뿐만 아니라, '경쟁력의 시대'가 아니었다면 그 거대유조선은 느리지만 안전한 항로로 항행하였을 것이다. 그러나, 그렇게 하지 않고 그 유조선은 콜롬비아 빙하에서 떨어져나온 부빙(浮氷)의 사이를 뚫고 항행하는, 위험한 항로를 통해서 좀더 빠르게 움직였던 것이다. 인도의 보팔에서 일어난 재난도 유니언카바이드사가 안전성을 무시하고 비용절감 조치를 취하지 않았더라면 일어나지 않았을 것이다.

규제완화

최근까지 노동자, 실업자, 가난한 자들의 이익과 환경을 보호하려는 수많은 규제들로 인하여 기업들의 비용절감 노력에는 제약이 있었다. 탐욕스런 사업가들에게는 이러한 규제는 비용증가에 기여할 뿐 경쟁력과 이윤을 떨어뜨리는 관료적 번문욕례였다. 도처에서 가능한 한 신속히 이러한 규제를 제거하도록 압력이 가해졌다. 이러한 근시안적인 목표에 이르기 위해 사용된 용어가 '규제완화'이며, 이것은 최근에 시대의 유행이 되었다. 조지 부시가 부통령이었을 때 그는 레이건 행정부의 '규제완화를 위한 특별위원회'를 이끌었다. '의회감시를 위한 공민의 모임'에 의하면 이 위원회는 노동자들이 안전규제를 위협하고, 소비자 생산품의 안전통제를 방해하고, 고속도로 안전규칙을 환원시키며, 환경보호를 약화시키는 일에 관계하였다. 1989년, 부시 행정부때 그 일은 부통령 퀘일이 주도한 '경쟁력위원회'로 넘겨졌다. 그 위원회는 미국의 그때까지 보호되고 있던 습지의 절반이 개발되도록 하는 데 적극적인 역할을 하였고, 1990년에 통과된 공기정화법의 구체적인 시행을 위한 환경보호청의 제안에 대한 수정안의 심사를 보류시켰다.

국가내에서 규제완화가 이루어질 수 없는 것은 이제 새로운 가트와 WTO협정에 의해서, 그리고 '자유무역지구'의 창설을 통해서 유감없이 이루어진다.

현재 제3세계에는 200여개의 자유무역지구가 있는데, 그러한 지역은 통상 핵심적인 통신센터 가까이에 위치해 있다. 외국기업들은 노동이나 환경통제로부터 자유로운 이러한 지역에서 사업을 하고자 하는 유혹을 느낀다. 그러한 지역에서는, 규제완화가 체계적이고 완벽하며, 그 결과 환경파괴가 문자 그대로 끔찍한 규모로 발생하고 있다. 가트협정은 전세계를 하나의 방대한 자유무역지역으로 전환시키는 것이다.

경쟁력증가와 규제완화에 의한 또다른 환경피해는 지난 10년간 IMF 와 세계은행의 야심적인 구조조정계획에 예속되어왔던 제3세계 국가들에서 찾아볼 수 있다.

예를 들어, 코스타리카는 1980년에서 1989년 사이에 IMF 및 세계은행에 의한 아홉개의 구조조정계획을 받아들이도록 강요되었다. 바나나산업과 정부보조금을 받는 축산업의 대규모 확대는 수출을 크게 증가시키는데 기여하였다. 그러나 그 확대는 자립적인 소규모 농업과 이 나라의 삼림을 희생시키고 이루어졌다. 코스타리카 국토에서 숲이 차지하는 비율은 1970년의 50퍼센트에서 1987년에는 37퍼센트로 떨어졌고, 그후 계속하여 떨어지고 있다. 바나나생산의 계속적인 증대도 환경에 직접 손상을 끼쳤다. 엄청난 양의 화학비료와 제초제가 사용되었고, 강으로 쓸려내려간 이들 화학물질은 바다로 흘러들어갔으며, 산호초를 심각하게 파괴하였다. 어떤 지역에서는 산호초의 90퍼센트가 이미 소멸되어버렸다.

가트의 우루과이라운드협정에 서명함으로써 우리의 정치가들은 전세계를 하나의 방대한 구조조정계획에 종속되도록 만들었다. 모든 환경적, 사회적, 도덕적 고려는 단 한가지 최우선적인 목표 — 무역의 극대화를 위해 무자비하게 무시되었다. 환경에 미치는 결과는 위중한 것일 수밖에 없다.

자유무역의 '기준'

새로운 자유무역협정들이 환경규제를 단지 이윤에 방해가 되는 비용일 뿐이며 따라서 최소화되어야 한다고 생각하는 기업가들에 의해 고안되고 촉진되었다는 사실을 인식하는 것은 중요하다.

이들 협약의 시작과 서명에 이르기까지 환경문제는 가능한 한 회피되었다. 캐나다의 그린피스 활동가 스티븐 쉬리브맨이 보고하듯이, 캐나다 정부는 실제로 "이것은 세계의 가장 큰 두 무역상대자들끼리의 상업적 협약이지 환경협약이 아니며, 따라서 환경은 협상의 대상이 아니고, 환경문제가 협정의 본문에 포함되지도 않는다"라는 논지로써 캐나다와 미국 사이의 협정에서 환경문제가 제외된 사실을 정당화하려고 하였다. 쉬리브맨은 계속하여 말한다. "이것은 놀라운 발언이다. 놀랍다고 하는 것은 이 협정이 분명히 관계하고 있는 것은 에너지, 농업, 삼림관리, 식품안전, 살충제규제와 같은 환경에 더할 수 없이 직접적인 문제들이기 때문이다."

놀라운 것은 환경이라는 말 자체가 가트규약 어디에서도 보이지 않는다는 사실이다. WTO헌장에서도 전문(前文)에서 지나가면서 언급하는 수준말고는 환경이 언급되어 있지 않다.

물론 관료들로 하여금 환경문제를 고려하도록 하는 대중적 압력이 있어왔고, 심지어 '가트의 녹색화'라는 얘기도 있다. 그러나 수사(修辭)가 어떻든지간에 기업비용을 증가시킬 환경기준은 간단히 거부되고 있다. 1971년 당시의 가트 사무국장은 오염경감비용을 위해서 관세를 올리는 일은 용납될 수 없다고 천명하였다. 1972년에 가트는, 바로 그해에 경제협력 및 개발기구(OECD)가 채택했던 '오염자 부담 원칙'을 받아들이기를 거부하였다. 그러므로 '코덱스알리멘타리우스'가 정한 국제식품안전기준이 불쌍할 정도로 느슨한 환경기준을 높이는 것이 아니라 오히려 그 반대로 그 기준을 완화시키도록 국가들에게 영향을 미치기 위해 고안되었다는 사실은 놀라운 일이 아니다. 살충제에 대한 코덱스의 기준 중 42퍼센트는 미국 환경청과 식품의약국의 기준보다 낮다. 그리하여, 예를 들어, 50배나 더 많은 DDT가 복숭아나 바나나에 사용되거나 잔류될 수도 있고 33배나 더 많은 DDT가 브로콜리에 뿌려질 수 있다는 것이다.

국제적 기준이 우선함에 따라 미국 환경청이나 식품의약국의 기준은 거의 확실히 도전을 받을 것이다. 그러나 그 기준이 보다 낮은 경우에는 도전을 받지 않을 것이다. 그 까닭은, 랄프 네이더가 말하듯이, "국제기준은 (환경과 건강보호를 위한) 상한선을 제공하지 하한선을 제공하는 것이 아니기" 때문이다(1994년 4월 26일의 국회 중소기업위원회에서 행한 증언). 각 정부는 이론적으로는 WTO기준보다 더 높은 기준을 설정할 수 있다. 그러나 그것이 무역에 대한 비관세장벽으로 분류되고, 그리하여 가트에 위배되는 것으로 분류되는 것을 피할 수 있을 경우에만 그러한 설정이 가능하다. 그것은 극히 어려운 일이다. 현재의 충격도 지탱할 수 없는 환경에 대하여 더욱 충격을 증가함으로써, 그리고 이러한 충격을 흡수하도록 고안된 규제들을 제거함으로써, 세계경제는 거대한 환경파괴를 일으킬 수 있을 뿐이다.

계속적인 경제성장의 논리에 묶여있고, 따라서 이미 취약해진 환경에 대한 유해한 충격을 더욱 증대시킬 수밖에 없는 지구 규모의 '자유무역' 경제의 틀속에서는 우리의 환경을 보호할 방법이 없다는 것이 분명하다.

우리는 이 과정을 역전시키지 않으면 안된다. 팀 랑과 콜린 하인스가 그들의 저서 《새로운 보호주의》(1994)에서 권장하듯이, 우리는 지역소비를 위한 지역적 생산을 강조하고, 세계적 규모의 무역을 줄이고, 어느 때든 강력한 환경기준을 확보하도록 해야 한다. 무역이나 경제발전이 인류에게 크게 가치있다는 것을 보여주는 아무런 증거가 없다. 1950년 이래 세계무역은 열두배 증가하였고, 경제성장은 다섯배 증가하였다. 그러나 그 기간 동안 빈곤, 실업, 사회적 해체, 그리고 환경파괴는 전례없이 증가되어왔다. 환경은 우리의 가장 큰 재산이다. 다국적기업들이 조직적으로 행하고 있듯이 환경을 죽이는 일은 전례없는 범죄행위이다. 더욱이, 그러한 범죄행위는 그들 자신의 지극히 단기적인 이익을 위한 것일 뿐이다. 다국적기업 지도자들이 깨달아야 할 것은 어떠한 무역과 어떠한 경제발전도 죽어버린 행성 위에서는 있을 수 없다는 사실이다. (통권 제32호, 1997년 1-2월호)

광우병 — 산업축산의 폭력성

반다나 시바

문화적으로 세련되고 생태적으로 건전한 인도의 전통적인 축산경제가 쇠퇴를 강요당하고, 그 대신 거대한 도축장과 공장식 축산이 들어서게 되었지만, 소의 공장식 축산이 과연 지속가능한 것이며 건강한 것인가 하는 점이 '광우병'의 확대로 크게 의문시되고 있다.

지금 광우병이 지속불가능한 축산경제에 조종을 울리고 있는데도 불구하고, 무역논리에 사로잡힌 정책은 쇠고기수출량을 늘리기 위해서, 또 영국과 같은 '선진국'들에서 보는 것과 같은 쇠고기소비량을 '따라잡기' 위해서 인도의 '신성한 소들'을 도축장으로 보내고 있다. 이러한 지속불가능하며 위험한 식량체계의 세계화는 지금 영국의 소들이 겪고 있는 것보다 더 깊은 광증(狂症)을 나타내는 징후가 아닌가?

반다나 시바(Vandana Shiva) — 인도의 과학자, 생태운동가. 생태여성주의에 관한 주목할 저서들 *Staying Alive*(1989), *Ecofeminism*(마리아 미즈와의 공저, 1993) 이외에 다국적기업 주도하의 농업의 '세계화'가 지구의 생태계와 제3세계 민중의 삶에 끼치는 재앙에 대하여 경고하는 저술활동을 활발하게 전개해왔다. 이 글은 말레이시아 페낭에 본부를 두고 있는 제3세계 네트워크가 발간하는 월간지 *Third World Resurgence* 1996년 5월호에 실린 것을 옮긴 것임.

최근에 열명의 아이들에게서 나타난 퇴행성 뇌질환이 '광우병'에 감염된 쇠고기의 소비에 관련되어 있다는 새로운 과학적 발견이 공개되었다. 이제 그 질환이 10만명의 사람들에게 확산될 수 있다는 두려움이 일고 있다. 1만개의 학교가 학교급식에서 쇠고기공급을 중단하였다. 16만마리의 소가 이미 광우병에 희생되었다. 여러 유럽 국가들과 멀리로는 뉴질랜드와 싱가포르도 영국산 쇠고기의 수입을 중단하였다. 심지어는 1,200만마리에 달하는 영국의 소 모두를 도살할 것이라는 얘기까지 나왔고, 그러려면 그 비용은 150억파운드나 들 것이다. 축산의 산업화를 통하여 '값싼' 고기를 생산한다는 것의 대가가 이렇게 된 것이다.

광우병이란 무엇인가

이 새로운 질병에 대한 가장 권위있는 해명은 리즈대학의 미생물학자인 리처드 래시 교수의 저서 《광우병 — 영국에서의 역사》이다. 이 책의 서문을 쓴 '전국식량연합'의 제프리 캐넌에 의하면, 래시 교수는 이 책에서 '하나의 묵시록적인 현상'의 초기단계에 관련된 모든 이야기를 하고 있다. 이것은 "이미 온 나라의 소떼를 황폐화시켰고, 동물에서 인간으로 돌발적으로 옮겨갈지 모르며, 조만간 중세의 대흑사병 이후 가장 음험하고 치명적인 감염력을 가진 질환으로 발전할 수 있는 무서운 질병"이다.

광우병에 감염되면 전형적으로 뇌와 신경계에 구멍이 뚫리는데, 감염된 소가 성우가 되기까지 그 증상이 나타나지 않는다. 그러나 일단 증상이 드러나면 그것은 급속히 치매를 초래하고, 이윽고 죽음에 이르게 한다. 해부 결과에 의하면, 이 병에 감염된 소의 뇌는 스폰지처럼 구멍이 숭숭 뚫려져 파괴되어 있다고 한다. 감염된 소는 신경증상을 보이고, 몸을 떨고 비틀거린다. 그리하여 '미친' 소라고 부르는 것이다. 이 질환은 일찍이 '스크래피'라는 병으로 양들에게서 발견되었다. 인간에게 있어서는 그것은 두 독일인 의사의 이름을 따서 '크로이츠펠트-야콥병'이라고 불린다.

광우병이 최초로 확인된 것은 1986년 11월이었다. 1988년 농업부는 1986년에 광우병의 사례가 7건이었다고 발표하였다. 1993년에는 60건의 사례가 발생하였다고 한다. 래시 교수는 이것을 수치의 '마사지'라고 불렀다. 1988년까지 광우병 사례로서 2,000건이 확인되었다. 1989년에는 7,136건이었다. 그러나 1990년에는 14,180건이 되었고, 1991년에는 25,025건으로 증가했다. 1994년 8월에는 137,000건으로 증가하였는데, 이것은 정부가 "가장 나쁜 시나리오에 있어서" 가능한 수치라고 예견한 것의 여섯배가 넘는 수치였다.

초식동물에게 짐승고기를 먹이다

이 전염병의 발병원인은 감염된 동물의 사체의 잔존물을 소들에게 먹인 것에 연관되어 있다. 래시 박사의 말로 "이것이 뜻하는 것은 초식동물에게 동물제품을 먹었고, 제 동족을 먹게 하였다는 것이다. 그러나 대부분의 농부들은 소들에게 먹이는 사료가 소의 잔존물로부터 나온 것을 인식하지 못했을 것이다." 그의 책은 죽은 짐승들이 '동물사료공장'에서 어떻게 짐승들의 먹이로 전환되고 있었는지에 관한 세세한 묘사를 음울하게 전달하고 있다.

1988년 영국에는 이런 '정제된 사료'를 생산하는 공장이 41개가 있었고, 그들의 활동에 관한 상세한 보고는 〈사우스우드 보고서〉에 나와있다.

1987년까지 1,300만톤의 원료가 매년 이러한 공장에서 처리되고 있었다. 그 내용은 15.9퍼센트의 지방, 30.5퍼센트의 뼈, 33.4퍼센트의 비근육질 내장, 8.9퍼센트의 내장 이외의 몸통, 그리고 11.5퍼센트의 깃털을 포함한 기타부분으로 구성되어 있다. 그런데 이 원료의 가장 큰 부분(44.8퍼센트)은 소들에 의해 충당되었다. 돼지는 20.9퍼센트, 가금은 19.0퍼센트, 양은 15.3퍼센트를 차지하였다. 이러한 동물들의 시체찌꺼기를 통하여 35만톤의 고기와 골분과 23만톤의 수지가 생산되었다.

그렇게 해서 스크래피에 감염된 양들은 소들의 먹이가 되었고, 이 소들은 광우병에 걸렸고, 광우병에 감염된 소들의 시체는 또 소들의 먹이가 된 것이다. 래시 박사에 의하면, 감염인자는 동물사료에 사용되는 '소독법'으로 제거될 수 없다고 한다. 나중에 농업부는 같은 종(種)의 동물을 사료로 소들에게 되먹인 일이야말로 광우병 발생증가에 책임이 있음을 확인하였다.

그러나 먹이사슬은 질병의 감염이 한 종(種)에서 다른 종으로 전이되는 유일한 경로가 아니다. 다른 경로를 통해서도 그 질병이 전이될 수 있는 가능성이 있는 것이다. 영국의 공식적인 과학계는 120억파운드치의 쇠고기 무역을 보호하기 위하여 광우병이 종간(種間) 전이되는 것이 아니라고 되풀이해서 주장해왔다. 그러나 래시 교수는 광우병에 해당되는 인간의 병, 즉 크로이츠펠트-야콥병에 걸려 사망한 두사람의 낙농농민의 경우는 광우병에 감염된 그들의 소들과 관계되어 있다고 말한다.

1994년에 딜러 박사와 래시 박사는 이렇게 썼다. "광우병에 감염된 살아 있는 동물들과 직접적인 접촉관계에 있는 사람들은 크로이츠펠트-야콥병이 나타나는 최초의 집단에 속해 있게 될지 모른다. 그 이유는 예컨대 농부에게 있어서 이 병의 발병인자에 노출되는 일은 오염된 쇠고기의 섭취를 통해서 그것에 노출될 수 있는 경우보다 먼저 일어날 수 있기 때문이다."

광우병으로부터 크로이츠펠트-야콥병을 얻을 수 있는 가장 큰 위험은 광우병 발생률이 높은 지역일 것이다. 그러한 사례로서 2건이 지난 해에 보고되었다. 두 경우 모두 감염률이 높은 지역에서 일어났다. 하나는 맨체스터 근처였고, 다른 하나는 서머셋이었다.

광우병에 감염된 소들과 가까이에서 일하고 있는 사람들의 수는 1992년에 약 4만명이었다. 그러나 병의 잠복기가 길기 때문에 이러한 사람들 사이에서의 광우병 발생률은 2만분의 1이라고 계산할 수는 없다. 예를 들어, 만약 1983년에 이 병을 얻었다면 그때는 겨우 20건의 광우병이 있었을 것이고, 따라서 병 발생률은 10퍼센트에 다다를 수 있었던 것이다.

1993년 5월에, 비키 리머라는 어린 소녀가 처음으로 크로이츠펠트-야콥병 징후를 드러내었다. 비키는 버거와 소시지 같은 가공된 쇠고기를 비교적 많이 먹어왔다. 래시 교수에 의하면, "그 병을 그럴듯하게 설명할 수 있는 것은 섭취한 음식밖에 없었다." 최근에 사람들에게 충격적인 뉴스가 되었던 10명의 아이들이 이 병에 걸린 사건은 래시 교수의 경고가 정당한 것이었음을 말해준다.

상업화된 농업정책과 과학의 정치학

영국정부가 대중을 오도하고, 이 질병이 인간에게까지 확산되는 데 이바지하였다는 것은 분명하다. 정부는 소들이 이 병의 최종 숙주라고 주장해왔던 것이다. 그러나 광우병은 종간으로 전이되며, 불어나는 전염병이다. 1992년 한해 사이에 광우병이 갈수록 많은 동물들에게 전이되고 있음을 보여주는 증거가 쌓이고 있었다. 동물들은 쇠고기들, 또는 다른 종류의 고기와 골분이 든 그들의 먹이로부터 저절로 이 전염병에 걸렸던 것이다.

광우병 이야기가 보여주듯이, 상업과 무역과 기업에 결속된 정부와 과학자들은 기업이윤을 보호하기 위하여 대중에게 갈수록 많이 거짓말을 할 것이다. 무역이 윤리적, 생태적 및 보건상의 원칙을 따르지 않는 경제에서 상업에 봉사하는 '과학'은 체계적으로 시민을 오도할 것이다. 상업적 이해관계만이 식품과 농업에 영향을 미칠 때, 그러한 이해관계는 진실뿐만 아니라 인간과 동물의 복지를 반드시 희생시킨다.

이러한 이유로 래시 교수 같은 사람은 '영국 수의(獸醫)제품위원회'에서 사임을 하고, 그후 이 신종 전염병에 관한 진실을 알리는 데 단호한 태도를 취해왔다. 새로운 질병이 동물과 소비자들의 생명과 건강에 위협을 주고 있는데도 불구하고 공식적인 과학계는 "아무런 실질적인 과학적 증거가 없다"는 주문을 되풀이해서 외고 있었다. 그들이 한계를 넘어 사실을 계속 '마사지' 한다면, 그들의 신뢰성은 소멸될 것이며, 시민들은 독자적으로, 래시 교수와 같은 용기있고 독립적인 과학자들이나 시민단체들이 제공하는 조작되지 않은 분석과 증거의 원천을 통해서 판단을 내릴 것이다. 그러면서 소비자들은 스스로 독립적인 결정을 내리면서, 쇠고기에 대한 의존에서 벗어남으로써 위험한 산업축산에 반대할 것이다.

가트 및 세계무역기구를 통한 농업의 세계화가 의미하는 것은 앞으로 더욱 많은 비밀주의와 과학에 대한 통제가 있을 것이라는 것이다. 그러한 통제는 식품의 안전성 문제에 대해 가트가 유일하게 합법적인 것으로 인정하고 있는 과학자문 기구, 즉 코덱스알리멘타리우스(국제 식품규격위원회)를 통하여 이루어질 것이다.

광우병의 일은 식품안전문제가 기업과 상업적 이해관계의 영향을 받는 과학관료들에게 왜 맡겨져 있을 수 없는가를 보여준다. 식품의 안전에 관한 논의는 당연히 그러한 논의가 되어야 할 곳, 즉 지역공동체와 조직들에게 되돌려져야 한다. 식품의 안전성에 관한 결정은 탈중심화되어야 하고, 민주화되어야 한다. 중앙집권화된 구조속에서 일어나는 건강재해는 지역적으로 감시·봉쇄될 수 있는 것이 아니기 때문에, 식품체계를 지역중심체계로 재편성하는 것이야말로 에콜로지와 건강과 민주주의를 위해서 반드시 이룩해야 할 일이다.

세계의 맥도날드화를 역전시켜야

건강과 영양이 아니라 질병을 생산하는 식량체계가 만들어진 것은 건강과 에콜로지보다 무역과 상업의 논리를 선행시켰기 때문이다. 식량체계의 세계화는 상업적 이해관계에 필수적이다. 왜냐하면 기업은 모든 책임으로부터 자유로워지기를 원하고, 무엇보다도 환경과 건강에 대한 피해를 최소화하는 방식으로 식품이 생산되고 가공되도록 보증하는 규제조치들로부터 자유로워지기를 원하기 때문이다.

그렇게 하여 세계 식품의 맥도날드화가 이루어졌고, 그 결과 지속가능한 식량체계가 파괴되었다. 식품체계의 세계화는 획일적인 햄버거문화를 만들어내었다. 이러한 식품문화와 식품경제에 감추어져온 비용이 무엇인가를 광우병 사태가 부분적으로 우리에게 말해주고 있는 것이다.

광우병은 동물과 인간의 복지에 냉담한 무역과 상업논리에 지배되는 농업 및 식량정책의 유산이다.

그 전염병으로 인하여 영국의 쇠고기산업의 '멜트다운'(원자로 노심융해, 즉 전면적 붕괴 — 역주)이라고 할 수 있는 것이 시작되었다. 이 사건은 건강과 에콜로지에 대한 관심을 배제하는 일방적인 무역과 상업논리는 결국

무역 그 자체를 지속불가능한 것으로 만들어버린다는 사실을 보여주고 있다. 동물과 인간의 건강에 무관심하고 오로지 상업적 이해관계에만 초점을 맞추어온 결과로 120억파운드에 달하는 영국의 쇠고기산업이 전면적으로 소멸될 수 있는 상황이 되었다. 햄버거문화를 위해서 질병에 강한 전통적인 소의 혈통을 멸종시키고, 우리의 농업의 생태적 기반을 파괴해버리기 전에, 우리는 영국에서 지금 발생하고 있는 일에서 교훈을 얻어야 한다.

신종 전염병에 대한 《뉴사이언티스트》에 실린 한 논문에 의하면, 햄버거는 장차 일어날 전염병의 가장 위험스러운 원천이다.

선택은 명백하다. 지속가능하고 건강을 보증하며 지역중심으로 된 식품경제를 선택하느냐, 아니면 지속불가능하고 질병을 일으키며 세계화된 식품경제를 선택하느냐이다. 신성한 소들은 비폭력적인 생명의 경제를 위한 첫번째의 선택을 상징한다. 미친 소들은 폭력적인 죽음의 경제를 위한 두번째의 선택이 초래하는 징후를 나타낸다. (통권 제29호, 1996년 7-8월호)

한 토착민의 자살계획

존 바이달

'우와' 족은 남아메리카의 오지에서 살아온 영성깊은 부족의 하나이다. 그들은 세상이 시작된 이래로 콜롬비아 동북부 안데스 산맥의 작은 산들과 구름에 덮인 숲에서 살아왔으며 40년 전까지는 외부세계와 거의 아무런 접촉이 없었다. 그 긴 세월 동안 그들의 거대한 구술역사 속에는 외부인들에 맞서거나 자기들 사이에서나 싸움의 기록은 없으며, 오염을 일으킨 일도, 항상 그들의 것이었던 것 말고 아무것도 차지한 일도 없다. 그런데 지금, 자신들은 오직 세상을 조화롭게 유지하기 위해 존재한다고 믿고 있는 이 은거(隱居)의 자치사회가 영국과 미국의 석유회사들로 인해 묵시록적 상황을 맞게 되었다.

산속에 있는 조그마한 '우와' 공동체에 도달하기 위해서는 콜롬비아 평원을 벗어나 몇개의 강을 건너고 35년 전 식민지 농부들이 숲을 개간해 만든 밭들로 이어지는 발자취를 따라가야 한다. 그곳 접경 지역에서 '우와' 족의 영적 지도자들의 신뢰를 받기를 바라며 여러날 동안 기다려야 한

존 바이달 (John Vidal) ─ 〈가디언〉의 환경전문기자. 이 글의 출전은 영국에서 발행되는 주간지 *The Guardian Weekly* 1997년 10월 12일자이다.

다. 만일 그런 신뢰를 받게 되면, 또다시 진흙수렁과 관목숲과 정글을 뚫고 걸어서 거의 수직인 500미터의 가파른 절벽까지 가야 한다. 그리고 나서는 절벽을 거슬러 산개울을 따라 큰 칼로 수풀을 쳐내며 손수건 크기의 나비, 루미너스 블루를 길잡이 삼아 나아간다. 때때로 햇살이 머리 위로 비쳐들지만 대체로 그 너머의 세상은 느껴지지 않는다. 긁히고 물리고 기진맥진하여 드디어 절벽의 꼭대기에 도달한다. 아래 골짜기쪽에는 구름이 연기처럼 자욱하다. 뒤쪽으로는 거대한 코바리아 강이 오리노코 강과 아마존의 저지대로 뱀처럼 구불거리며 흘러가고, 북쪽으로는 베네수엘라와 시에라 네바다 드 코퀴, 그리고 그 눈덮인 꼭대기로 끝없이 이어지는 산들이 있다.

식민지 이전 시절에 '우와'는 웨일즈 크기의 지역을 차지하고 살았다. 오늘날 남아있는 수천명 인구의 대부분은 백인들의 침입에 직면해 자신들의 문화를 지키기 위해 산속으로 물러나 살고 있다. 지금 그들의 영토로 지정된 10만헥타르는 조상들의 땅의 10퍼센트에 불과하다. 이곳은 도시와 마약과 석유경제와 지금 콜롬비아 저지대를 분열시키고 있는 게릴라 전투로부터 멀리 떨어져 있는 오지다.

어깨에 끈으로 짠 주머니를 메고 과육을 만지느라 주황색이 된 손을 한 한 늙은 남자가 바나나 밭 가장자리에서 우리에게 손짓을 하고, 스페인말을 하는 아들 베텐카로를 원숭이 울음소리로 부른다. 베텐카로는 땅딸막한 목신(牧神)같은 모습으로 나긋나긋한 악수를 하며 어린아이같은 열성을 보인다. 숲을 지나 그의 집으로 가는 길은 400미터 거리이지만, 그가 몇걸음마다 멈추어서 우리에게 그의 세계를 보여주느라 한시간이 걸린다. "이것이 우리가 먹는 거예요"라고 말하며 그는 몸을 굽혀 식물을 하나 따서 껍질을 벗기고 속을 드러내어 우리에게 준다. "여기 접시가 있어요" ─ 그는 잎을 하나 따서 마크라메 매듭처럼 네쪽으로 접고 네 꼭지를 단단한 뾰족한 풀로 꿰뚫는다. "이 뿌리는 배 아플 때 먹는 약이에요. … 자, 이거 맛을 보세요. 이건 마취제예요" ─ 그것은 당장에 내 입속을 무감각하게 만든다. 그는 새들과 개구리들을 불러서 어디에서 사랑의 묘약이 나오는

지를 보여준다.

숲속에는 베텐카로와 '우와' 족이 이용하지 않는 것이 없다. 이 열매로는 수프를 만들고 저 버섯으로는 (그는 한 나무를 가리킨다) 불을 붙인다. 이 덩굴로는 가구를 만들고 저 덩굴로는 주머니를 만든다. 활줄로 쓰기 좋은 덩굴은 이것이다. 여기는 쿠치-쿠치(원숭이)가 사는 곳이고, 새들이 모이는 곳이다.

우리는 나무껍질, 작은 열매, 뿌리, 구근, 콩, 과일, 잎을 먹는다. 베텐카로는 이 풍성함이 만족스러워 웃어댄다. 이 안개 덮인 에덴동산에 있는 것은 무엇이든 그에게 쓸모있는 것이다. 작은 흰 꽃이 피는 한가지 식물만 빼고는. 그는 그 식물을 뿌리째 뽑아서 내던지며 말했다. "하, 기독교인들이 저걸 가져왔어요. 저건 그럴 듯해 보이지만 하나도 쓸모없는 거예요."

우리는 그의 집에 도착한다. 집은 그의 아버지의 집과 마찬가지로 뒤엉킨 코카 덤불, 바나나와 과일나무들로 둘러싸여 있다. 베텐카로는 우리를 집안으로 맞아들일 수 없음을 애석하게 여긴다. 왜냐하면 그의 모든 행동과 생각을 결정하는 신들을 우리가 당황하게 할 것이기 때문이라고 그는 말한다. 우리를 정화(淨化)하고 우리 문화가 그의 집을 오염시키는 것을 막기 위하여 '웬하이야'('우와'의 영적 지도자)가 우리의 옷에 입김을 불어넣는 일이 필요한 것이다. 그래서 우리는 밖에 앉아서 '우와' 사람들의 생각을 차지하고 있는 것에 대해서 얘기한다. 그것은 석유이다.

동쪽으로 160킬로미터 떨어진 곳에 코바리아 강이 땅으로 둘러싸인 범람원으로 흘러들기 전에 아라우카 주로 처음 흘러드는 곳에 카뇽리몬 유전이 있다. 그것은 12억배럴 이상의 기름이 있는 세계최대 유전중의 하나이며 해마다 콜롬비아에 수억달러의 소득을 가져다준다. 그 유전은 미국의 '옥시덴탈'(옥시) 석유회사가 채유권을 가지고 있고 그 회사는 영국계 네덜란드 회사인 '셸'과 동등한 동업자이다. 콜롬비아의 국립 석유회사 '에코페트롤'이 보다 작은 지분을 가지고 있다.

'우와'와 석유회사들이라는 정반대로 대립되는 세계들 — 소비주의와 신비주의, 주식회사와 자족적인 사회 — 이 남아메리카, 특히 콜롬비아, 페루, 에콰도르에서 무서운 충돌을 일으키고 있다. 이 나라들은 미국 석유의 공급원으로서 중동을 대신하기로 되어 있다.

'우와' 족이 자신들의 문화를 보호하기 위해 외부로부터의 접근이 어려운 거주지형에 의지하고 있는 데 반해, 이 석유회사들은 5천헥타르의 보유지를 3미터 높이의 레이저 전선코일과 몇마일이나 되는 쇠울타리로 보호하고 있다. '옥시'와 '셀'은 확대일로에 있는 게릴라전으로부터 콜롬비아군을 보호하기 위해 1배럴당 1달러(하루 약 18만달러)의 '전쟁세'를 지불하고 있다.

카뇽리몬에서 우리는 콘크리트 토치카나 총탄자국이 흩어져 있는 위병초소에서 기관총을 든 신경질적인 표정의 젊은이들을 만났다. '옥시'의 대표자들도 역시 우리를 기다리고 있었다. 그렇다 해도 우리는 서구인 전용구역인 '지중해클럽'에 들어가기 위해 세개의 보안초소를 통과하는 데 반시간과 다섯번의 무선전화 및 이동전화 통화가 필요했다. 그곳에는 수영장과 육상경기용 트랙, 테니스장과 라켓볼 경기장들, 체육관, 식당들, 병원, 헬리콥터 착륙장들, 상점들이 있었다. 경쟁적인 게릴라 군대들에 의해 총을 맞거나 납치될 것에 대한 두려움으로 몇달씩이고 그속에서만 지내는 150명의 유전종사자들의 필요에 응하기 위해 모든 것을 밖에서 운반해 와야 한다. 전투 지대와 휴일 캠프가 뒤섞인 것 같은 모습이다.

벽에 걸린 사진이나 그림들은 속도와 힘 그리고 무엇보다도 석유생산의 승리와 석유회사들의 자연에 대한 지배를 찬양하고 있다. 석유회사들은 이 강을 곧게 만들었고, 수백만톤의 흙을 옮겼으며, 호수를 메웠고, 새로운 호수를 만들었다. 이것은 석유를 수출하기 위해 산들을 가로질러 가는 거대한 송유관이다.

현재의 생산속도로는 '셀'과 '옥시'는 이제 카뇽리몬에서 10년밖에 채유할 수가 없다. 이렇게 환상적인 소득을 가능하게 하는 사업의 끝이 보이기 시작하자 그들은 새로운 유전을 찾고 있다. 그들은 콜롬비아 정부로부터 사모레라고 불리는 넓은 지역에서 시추하고 채유할 권리를 얻었다.

문제는 사모레가 '우와' 족 땅의 상당부분과 그들의 조상들의 땅의 많은 부분을 포함한다는 것이다.

석유회사들은 이미 지진연구에 1,600만달러를 썼고, 사모레가 카뇽리몬만큼의 석유를 가지고 있음을 밝혀내었다. 그러나 '우와' 족에게는 자신들의 땅이 침해를 당한다면 그것은 대참화를 부르는 것이고, 따라서 그들의 반응은 단호하다. 만일 '셸' 과 '옥시' 가 자기들의 산으로 들어오면 많은 '우와' 인들은 '죽음의 절벽' 이라는 높은 절벽에서 집단자살 의식(儀式)으로 몸을 던질 것이라고 부족 지도자들은 말한다. '우와' 족에게는 이것이 적극적인 행동이 될 것이다. ― 문화와 위엄이 훼손되지 않은 채 죽는 것이 자신들의 세계가 갈갈이 찢기는 것을 보는 것보다 낫다고 그들은 말한다.

집단자살 의식은 '우와' 문화의 일부이다. 부족의 구술역사는 16세기에 한 큰 '우와' 공동체가 어떻게 스페인인들로부터 후퇴하면서 '죽음의 절벽' 에 도달하였는가를 이야기하고 있다. '우와' 의 모든 땅은 성스러운 곳으로 간주되지만, 그 절벽을 포함해서 아무도 가서는 안되는 몇몇 장소가 있다. '우와' 역사에 따르면, 이 금지된 땅으로 들어갈 수밖에 없게 되었을 때 그 부족은 아이들을 진흙항아리에 넣어서 절벽 아래로 던지고 뒤따라 절벽에서 뒤로 뛰어내렸다고 한다. '우와' 족이 말 그대로 집단자살을 결행한다면 그들은 '죽음의 절벽' 으로 돌아갈 것이다.

콜롬비아 정부로서는 이러한 '우와' 족의 결정은 국제적인 사건으로 비화할 수 있는 '철학적인 딜레마' 라고, 지난 8월 독직사건으로 물러난 전 광산 및 석유장관 로드리고 빌라미자는 말한다. 캘리포니아에 있는 '옥시월드와이드 프로덕션' 사의 부사장 제임스 니이하우스는 그것을 '비극적' 이라고 부른다. '우와' 족은 그날이 세상의 종말이 될 것이라고 하며, 콜롬비아 국민들은 두려움에 떨고 있다. 최근의 런던 여행에서 빌라미자는 이렇게 말했다. "제 아들이 이렇게 묻습니다. '아빠, 인디언들이 절벽에서 뛰어내리게 하실 거예요?'"

콜롬비아 헌법은 84부족으로 된 원주민들을 보호할 것을 요구한다. 그러나 국가는 모두의 이익을 위하여 자원을 개발할 의무도 똑같이 가지고 있다. 그러나 '우와' 족은 재정적 보상도 개발도 혹은 국가나 신자유주의 경제가 제공할 수 있는 그 어떠한 것도 원치 않는다. 그들은 백인사회와 일체의 접촉을 피해 물러나 있는 콜롬비아 북쪽의 '코기' 족과 마찬가지로 가만히 내버려두어져 있기를 원한다. '우와' 족의 생활방식은 협상가능한 것이 아니다 — 라고 그들은 말한다. 그것은 궁극적인 평화적 저항이다.

그러나 수십억달러가 걸려있고, 석유는 현재 콜롬비아의 주 수출품이다. '우와'는 반자치체제이고, 그들의 땅은 보호받고 있다. 그러나 그들은 광물에 대한 권리를 소유하고 있지 않다. 콜롬비아의 최고 헌법재판소는 지난 2월 '옥시덴탈' 사와 정부가 '우와'에 대하여 기본적인 협의권을 침해하고, 그들의 종족적, 문화적, 사회적, 경제적 정체성을 위협한 죄가 인정된다고 결정했다. 그러나 몇주가 되지 않아 고등행정재판소는 사실상 이 판결을 뒤집고 '옥시' 및 '셸' 사의 채굴권을 복원시켰다. 현재의 법적 상태는 '셸'과 '옥시'가 들어가기로 결정을 하면 언제든지 사모레유전을 개발할 수 있게 되어있다. 따라서 긴장된 정치적 관망상태가 계속되고 있고, 석유회사들과 정부는 아직 '우와' 족을 설득할 수 있다고 믿고 있다.

"이건 전례없는 일입니다. 우리는 한사람이라도 자살을 하게 할 수는 없어요"라고 런던주재 콜롬비아 대사관의 에두아르도 무노즈-고메즈 영사는 말한다.

'옥시'의 입장은 강경하다. 자살위협은 제스처이며 '위협'일 뿐이라고 아라우카에 있는 '옥시'의 대민 홍보요원 제라르도 바르가스는 말한다. 16세기의 '우와' 족 자살에 대한 기록된 증거는 없다는 것이다. "우와 사람들은 뛰어내리지 않을 겁니다." 바르가스의 말이다. "제가 먼저 자살하겠습니다. 저는 그들을 알아요. 자살은 '우와'의 철학이 아닙니다. 그들은 곤경을 자초한 셈입니다. 그들 문화의 한 문제점은 자기들끼리 의견일치를 보지 못한다는 것입니다. 모두가 개인주의적입니다."

그러나 정확히 누구와 '옥시'는 얘기를 해왔는가? 바르가스는 1985년에 처음 채유권 신청을 한 이후 회사는 계속적으로 '우와'와 '협상'과 '대화'를 해왔다고 주장한다. 그의 말로는 1993년까지만 해도 합의서에

서명을 할 단계에 와 있었다. 그는 그들을 친구들이라고 부른다.

실상은 '옥시'가 오직 소수의 지리적으로 고립된 '우와' 사람들과 지속적으로 이야기를 해왔다는 것이다. 이들은 모두 가난하게 살고 있기는 하지만 다소간 백인사회와 통합되어 있는 '우와' 집단이다. 회사는 '우와'족의 영적 지도자들과는 얘기한 일이 없으며, '우와'의 주요 공동체들이나 권력 중심부라고 할만한 곳을 방문한 적도 없다. 수천명의 공동체에서 오직 다섯 사람만이 석유개발을 원한다고 말할 준비가 되어 있는 것 같다. 그 다섯 사람은 모두 '옥시'와 관련이 있다. 그 가운데 한사람만이 '우와' 말을 하고 네 사람은 도시에 살고 있다.

5월에 보고타에서 상원의원들과 이 상황을 논의하는 회합에서 이 다섯 사람이 '우와공동체 대표'였다. 그 모임에는 또 '옥시'의 경영 간부들, 정부의 돈을 받는 인류학자, 국립석유회사 '에코페트롤'의 사장 그리고 세 사람의 장관들 ― 광산, 내무, 환경 장관 ― 이 있었다. 그 다섯명의 '우와 대표들'은 특정한 조건하에서 석유개발을 찬성한다고 언명하는 서류에 서명을 했다. 그 조건이란 환경보호, 사회프로그램들, 그리고 '지속가능한 개발'이었다.

그러나 최근에 다그침을 받자 그 중 한사람은 '우와'의 땅에서 석유를 개발하는 것에 자기가 '꼭' 찬성을 하는 것은 아니라고 말했다. 그 여자는 자기가 해결책을 찾고, 분쟁을 피하는 노력을 했을 뿐이라고 했다.

외부인으로는 오직 한두 사람만이 주요 '우와' 공동체와 '웰하이야'에 완전히 접근할 수 있는 허가를 받았다. 옥스퍼드대학 인류학자인 앤 오스본은 1958년 그 여자가 20대 초반이었을 때 콜롬비아로 가서 1970년대와 1980년대에 걸쳐 10년 이상을 '우와' 사람들과 함께 지냈고 그들의 영토 확보를 위한 싸움을 도왔다.

오스본은 1988년에 죽었지만, 그 여자의 평생의 일은 의식과 신화에 뿌리를 두고, 종족중에서 가장 순결한 자, 즉 선출된 '웰하이야'가 이끄는 복잡하고 신비스러운 사회를 묘사하는 두권의 책이 되었다. '우와' 사람들은 모든 것에 영적 가치를 부여한다고 오스본은 말한다. 그들은 자기들이 살아있는 지구의 중심이며 그것을 보호함으로써 모든 생명을 영속시킨다고 믿는다. 제임스 러브록의 가이아 이론과, 지구는 전일적으로 살아있는 유기체라고 주장하는 급진적 과학의 입장을 반향하면서, '우와' 사람들은 모든 것이 — 땅과 나무, 바위에서 하늘과 삶터에 이르기까지 — 살아있으며 따라서 신성하다고 말한다.

'우와' 인들은 낭비하지 않고 오염시키거나 땅이 감내할 수 있는 이상으로 빼앗지 않는다는 엄밀히 환경적 의미에서만이 아니라 주문(呪文)과 춤으로도 땅을 보호한다. 오스트레일리아 원주민들이 노랫말을 가지고 있는 것처럼, '우와' 인들은 날마다 신화와 지명(地名)들을 낭송함으로써 그 노래에 의해 세상이 생겨나게 한다. 그들은 문자 그대로 세상을 노래함으로써 세상이 살아있게 한다. 새들도 역시 그들이 날아 지나가는 곳의 이름을 노래함으로써 그곳을 만들어낸다. 오스본은, '우와' 족이 행하거나 생각하는 모든 것은 "생명을 보호하고 지속시키는 데" 집중되어 있다고 말한다.

오스본은 자신의 환경에 묶여있는 세계를 그리고 있다. 전통적인 '우와' 족은 아직도 계절에 따라 낮은 경사지에서 높은 경사지로 이동하는 화전 농업을 한다. 그들의 여러가지 많은 신화들은 '웰하이야' 가 인도하는 의식과 함께 계절에 따라 수행된다. 그 부족은 모두에게 충분히 넉넉하다고 할 수 없는 땅을 갖고 있지만, 그것은 대체로 변하지 않는 세계이다. 그리하여 그것은 '우와' 지도자들이 말하듯이 백인사회의 "끊임없이 변화하는" 특성과 현저한 대조를 이룬다.

그리고 그들의 우주에서, 지상의 '우와' 세계는 지하에 반영된다. 이 전도된 우주속에 지표에 살고 있는 사람들의 분신인 그림자 사람들이 산다. 이 지하의 세계에는 태양이 서에서 뜨고 동으로 진다. "심리학적 용어로 말해서 이것은 의식과 무의식이라는 서로 다른 차원에 관계한다"라고 오스본은 썼다.

신비의 느낌은 어디에나 있다. 사춘기에 이르면 젊은 '우와' 여성은 코카라스라는 거대한 잎사귀로 만든 모자같은 것을 쓰는데 앞의 조그맣게 갈라진 틈으로만 바깥을 볼 수 있다. 그들은 누군가가 청혼을 할 때까지 그것을 쓰고 지내는데, 그 기간은 4년 또는 그 이상 걸릴 수도 있다. 또 스톤헨지의 거대한 입석과 같은 열두개의 선돌이 있는데, 오스본은 그것이 '우와'의 영적 세계의 기둥들이라고 믿는다. '우와'의 신화에 따르면, 그 마지막 입석이 쓰러지면 세계가 끝난다. 두개만이 아직 서있다.

그런데 석유는 어떤가? 오스본은 그것에 대해 언급하지 않지만, '우와' 인들은 자기들이 석유를 가리키는 말 — 루이리아 — 을 늘 갖고 있었다고 한다. 2년간 '우와' 족과 함께 살아본 경험이 있는 인류학자 에드가 멘데즈는 "그들에게는 그것이 어머니 대지의 피, 땅의 혈관입니다"라고 말한다. "다른 세계가 그들의 영토로 — 지상이든 지하든 — 침범하는 것은 바로 죽음입니다. 석유를 뽑아내는 일은 그들의 영적 세계를 갈기갈기 찢어 놓을 것입니다."

우리는 '우와'의 중심공동체에 간신히 허락을 얻어 들어갔다가, 어둠속에 더듬거리며 산에서 되돌아온다. 옛 식민지의 농장에서 농사를 짓는 저지대의 '우와' 가족이 페페라는 반애완동물 코이푸를 장작불에 굽는다. 전통적인 '우와' 의회의 의장인 베리차 쿠바루와는 아기를 데리고 그물침대속에서 흔들거리고 있다. 그의 호주머니에는 '우와' 시간에 맞추어 휘파람 소리를 내는 '시계' 벌레가 들어있다. "스페인 사람들이 오기 전에는 시간이 많이 있었어요"라고 그는 신랄하게 말한다.

베리차는 지쳐 있다. "공동체들은 죽을 겁니다." 그는 한숨을 쉬며 말한다. "우리는 석유를 파내라고 허락할 수 없습니다. 우리는 어머니 달을 팔 수는 없어요. 우리는 목재나 소도 팔지 않아요. 그런데 왜 어머니 대지의 피를 팔려고 하겠습니까? 우리에게는 땅은 신성합니다. 그것은 침범과 착취와 협상을 위한 것이 아닙니다. 보살피고 보존해야 하는 것입니다. '옥시'가 우리 땅에서 석유를 뽑아낼 때, 우리 문화가 파괴되지 않을 수 있겠습니까? 그것은 불가능합니다. 우리는 태양과 달이 지구와 함께 일하는 것은 오직 지구가 피를 갖고 있기 때문이라고 믿습니다. 피를 뽑아낸다면 지구는 손상되고 불균형이 일어납니다.”

올해 초 미국의 조그만 환경단체의 주선으로 베리차와 멘데즈는 ‘옥시’의 본부에서 최고 경영자들을 만나기 위해 비행기를 타고 캘리포니아로 갔다. 베리차는 석유회사 사람들에게 지구가 태양과 달과 어떻게 연관되어 있는지 말했다. 그들은 이해하지 못했다.

‘우와’ 족은 석유를 뽑아내는 것은 지구에서 피를 뽑아내는 일이 될 것이므로 그들은 파멸한다고 믿는다. 그들은 자신들의 믿음을 위해서 죽을 준비가 되어있다. 그러나 그들은 또한 자기네 부족의 사실상의 종말은 콜롬비아의 석유산업에 수반하는 게릴라 전투에 의해 초래될 가능성이 크다는 것을 갈수록 더 잘 인식하고 있다. 그들은 아무런 현실적인 자기방어책이 없는 것이다.

7월 1일에 카사로자의 작은 공동체에서 살고있는 ‘우와’ 사람들에게 실제로 전쟁이 닥칠 뻔했다. 오전 9시에 30명의 무장한 남자들의 행렬이 오솔길을 걸어 올라왔다. 이 지역에 나타난 최초의 게릴라들이었다. 군 순찰대가 그들을 기다리고 있었다. 비행기가 집들에서 불과 몇미터 떨어진 곳에 네개의 폭탄을 떨어뜨려 짤막한 총격전이 끝났지만 두 사람이 죽었다. ‘우와’ 마을사람 야키는 자기집 벽에 있는 세개의 총탄구멍을 보여주었다. “석유가 나오면 이런 일이 더 생길 겁니다. 피할 수 없는 일이에요. 우리는 죽을 겁니다”라고 그 여자는 말했다.

야키를 비롯한 ‘우와’ 사람들의 두려움의 근거는 다른 유전들, 특히 카뇽리몬에서 일어난 일이다. 최근의 보고서 ― 지역노동조합, 교회, 인권단체들이 내놓은 ― 는 유전이 생긴 이후 카뇽리몬의 삶의 실상을 기록하고 있다. 15년 전만 해도 이곳은 졸고있는 듯한, 인구가 희박한 변경의 땅이었다. 그러나 유전은 수만명의 유민들을 끌어들였다. 그들은 일을 찾아 이 지역으로 몰려온 것이다. 그들과 함께 콜롬비아 육군의 두 이동 여단이 ‘셀’과 ‘옥시’의 돈을 받고 왔다. 국제사면협회와 콜롬비아 인권단체들은 이 군인들의 가혹행위에 대하여 비난해왔다.

석유는 또한 연고에 파리가 꼬이듯이 콜롬비아의 양대 게릴라 집단을 끌어들였다. 또한 이곳에는 비공식적으로 군대나 경찰로부터 돈을 받는 친정부적 암살단체들도 있다. 아라우카에서 6,000명 정도가 살인, 납치, 강탈로 생계를 벌고 있는 것으로 추정되고 있다.

그 지역의 군사화는 내전으로 발전했다. 정부의 보고는 지난해에 38건의 암살, 18건의 학살, 31건의 고문, 44건의 납치, 151건의 불법연금, 150건의 추방, 그리고 실종 1건을 기록하고 있다. 사법부의 조사는 더 많은 살인과 불법연금, 인권침해 등을 기록하고 있다. 이 수치가 그곳에서 발생한 가혹행위의 반이라도 된다고 믿는 사람은 별로 없다.

정부, 석유회사, 지역당국자들은 전쟁이 확대되고 있다고 말한다. '셸'과 '옥시'가 돈을 대고 '에코페트롤'이 관리하는, 카뇽리몬에서 출발하여 콜롬비아의 석유 반 이상을 카리브 해안으로 운반하는 600킬로미터의 송유관은 그것이 1986년 완성된 이래로 473번 폭파되고 구멍이 뚫렸다. 1997년의 전반 동안에만 47회의 공격이 있었다. 폭파로 인한 150만배럴의 석유유출은 '회복불가능한 오염'을 일으켰다고 '옥시'는 말한다. 합산하면 역사상 여섯번째로 큰 석유유출이다. 많은 석유회사 직원들이 살해되었다.

생태적, 사회적 상황도 역시 혼란스럽다. 지역노동조합들과 교회들은 이 지역의 석유채취의 부작용들을 조사기록했다. 여기에는 땅의 침범, 공기, 강, 토양의 오염, 신성한 호수들과 조류의 사라짐, 토양악화 및 기후변화 등이 포함된다. 이러한 생태적 문제들과 함께 매춘, 마약, 알콜중독, 영양실조, 범죄, 사회적 분열 등 사회적 붕괴현상이 나타난다. 유전이 들어설 때 그 지역에 살고있던 유일한 원주민이었던 유목민 과히보족은 이제 거지로 전락했다.

"석유 이전에는 생활이 평온했다"라고 '우와'족을 위해 마련된 보고서는 쓰고 있다. "오늘날 사람들은 함께 사는 삶의 기본원칙을 잊고 있고 적응할 줄을 모른다 … 땅의 오염과 함께 문화적 정신적 오염이 왔다."

이런 상황이 '옥시'를 난처하게 만들고 있다. '옥시'는 한편으로는 국제사회와 전지구적 금융시장으로 하여금 게릴라로 인한 생산지연의 문제를 받아들이도록 해야 하면서, 다른 한편으로는 콜롬비아 사람들에게 다른 얼굴을 보여주지 않으면 안된다. 사모레 지역 특히 '우와' 족의 영토에서 석유생산이 시작되면 지금까지와 같은 사회적 혼란을 초래할 것이 아니냐는 콜롬비아 사람들의 질문에 답해야 하는 것이다. 그 혼란에 대한 어떤 책임이라도 인정하기보다 '옥시'는 자기네가 '좋은 이웃'임을 주장하고, 자기들이 지역공동체를 돕기 위하여 여러 사회적·재정적 공헌을 했다고 말한다. 회사는 카뇽리몬에서 지난 12년간 1억달러의 세금을 지방정부에 냈다고 말한다. 그러나 '옥시'는 석유가 고갈되면 그 지역에 어떤 일이 일어날지에 대해서는 말이 없다.

그들의 존재가 그 지역의 군사화에 책임이 있음을 인정하지는 않고 '옥시'와 '셸'은 '우와' 족이 처한 곤경을 게릴라 탓으로 돌리고 있다. '옥시'의 부사장 니이하우스는 "'우와' 사람들은 사실상 마약과 무기거래를 포함하여 불법적이고 살인적인 행동을 일삼는 무리들에 조종되어 자신들의 땅에 볼모로 잡혀있는 셈입니다. 그 결과로 그들은 자기네 사회가 살아남느냐 사라지느냐를 판가름할 결정에서, 간섭과 협박을 받지 않고 결정할 수 없게 되었습니다"라고 말한다. '우와' 사람들의 대답은 그들이 게릴라들과 아무런 접촉이 없으며, 그들은 대체로 게릴라들의 투쟁을 지지하고 있다는 것이다. 그들의 말로는, 게릴라들이 노리는 것은 자기들이 아니라 석유회사라는 것이다.

그러니까 '옥시'는 그들이 석유생산을 시작하면 똑같은 사회적 생태적 재난이 사모레에서도 발생할 것이라고 인정하는 것인가? 캘리포니아 소재 거대기업의 논리로써 니이하우스는, '우와' 족에게는 '옥시'와 석유가 필요하다고 말한다. 그의 주장은 석유회사가 가져다줄 개발이 없이는 '우와'는 파멸을 면할 수 없다는 것이다. "젊은이들은 다른 곳에서 기회를 찾기 위해 이 지역을 계속 떠날 것이고, 그 공동체는 전통적인 생활방식을 유지할 수 없을 겁니다. 명백한 사실은 '우와' 사회가 석유개발과는 아무런 관련이 없는 복잡한 사회경제적 요인들로 변하고 있다는 것입니다."

신자유주의적인 정부는 여전히 '우와' 족이 자신들의 위협을 실행에 옮기거나 또는 석유개발이 중단되리라고는 믿지 못한다.

'옥시'는 이제 옆에서 수평으로 파들어가는 첨단기술을 사용하여 '우와' 족의 땅에 들어가지 않고 석유를 채취할 수 있을지 모른다는 제안을 한다. 그러나 그 제안이 '우와' 족에게 별 감명을 주지는 못한다. 그들은 만일 자기네 조상의 땅에서 석유를 뽑아내기만 한다면 자살을 할 것이라면서 더욱 강경한 태도를 취한다. 그들은 이제 자기들의 땅을 좀더 넓히기를 모색하고 있다.

'옥시'와 '셸'에게는 이 모든 일이 상당히 혼란스러울 게 틀림없다. 무엇이든 할 수 있는 석유세계경제와 국제외교에서 그들이 지금까지 만났던 상대는 모두 값이 매겨져 있었다. 모든 것이 협상될 수 있고, 모든 상황에서 중재가 가능했다. '우와'의 입장은 석유회사들의 존재 자체를 묻고, 결함을 노출시키고 있다. "그들은 다른 언어로 얘기하고, 다른 세상의 말을 합니다"라고 멘데즈는 말한다.

"그 석유회사들은 사회적 책임에 대하여 언급은 하지만, 정작 자신들 때문에 일어난 일의 결과에 대하여 책임을 받아들이려 하지 않습니다." 1991년에 원주민의 권리를 보호하기 위한 헌법적인 법안을 작성했고 현재 보고타에 있는 '가이아 재단'에서 일하고 있는 콜롬비아 전 환경장관 마틴 폰 힐데브란드의 말이다. "남아메리카에서 아프리카에 이르기까지 모든 곳에서, 제도의 약점을 이용하고, 한 집단이 다른 집단에 맞서게 만들고, 사람들을 분열시키고, 젊은이들을 회유하고 선물을 제공함으로써 그들은 원하는 것을 얻었습니다. 이번에는 그것이 통하지 않습니다."

어제의 거울과 구슬 등은 오늘의 도로, 건강센터, 교육센터가 되었다고 폰 힐데브란드는 말한다. '우와' 족은 자신들의 정체성을 잃고, 삶의 목적—그것은 세상을 살아있게 유지하는 것이다—을 잃어버리기보다는 위엄을 지닌 채 죽기를 원한다. 그들의 태도는 단호하다. 콜롬비아 사회 전체가 세계경제를 끌어안으려는 소동으로 불안정하게 되어가고 있는 마당에 그들은 대답할 수 없는 질문들을 제기한다.

뜨거운 오후의 비가 카사로자에 쏟아진다. 보복이 두려워서 이름을 밝히지 않으려는 한 '웰하이야'의 딸 D는 이 상황이 혼란스럽고 위험하다고 말한다. 누구에게나 무슨 일에 있어서나 통하는 단순명료한 진리와 법칙이 존재하지 않느냐고 그 여자는 묻는다. 로스앤젤레스나 런던, 보고타에 있는 사람들의 변덕으로 변경될 수 있는 것이 아닌 근원적인 법칙 말이다.

　"저는 아이들에게 전통적인 노래들을 불러줍니다. 저는 모든 것이 신성하며 서로 연결되어 있다고 가르칩니다. 어떻게 하면 석유회사 사람들에게 석유를 뽑아내는 일은 우리에게는 어머니를 죽이는 것보다도 나쁜 일이라는 것을 말할 수 있을까요? 지구를 죽이면 아무도 살지 못할 겁니다. 저는 죽고싶지 않아요. 누구나 그렇지요. 이건 그냥 하는 말이 아니에요."

(통권 제38호, 1998년 1-2월호)

노동운동, 자본, 생태계

홀거 하이데

머리말

전통적인 노동운동은 소위 환경문제에 대해 분열된 입장을 취해왔다. 한편으로는 작업장의 노동조건이나 노동하지 않는 시간에서의 삶의 질 등이 모두 '환경'의 범주에 속한다고 보면서도, 다른 한편으로는 바로 '자기' 기업이 문제로 될 때에는 환경보호가 자신의 일자리를 위협하는 것으로 받아들였기 때문이다.

독일에서는 노동조합총동맹(DGB) 내에서도 핵에너지의 사용문제나 농약 등 화학살충제의 사용문제, 유전공학기술 등을 둘러싸고 그 찬반론자들이 팽팽히 대립하고 있다. 간단히 보면, 화학노조는 화학살충제 사용을 찬성하고, 건설노조와 광산-에너지 노조는 원자력발전소 건설을 옹호할 뿐 아니라 에너지를 더 많이 써야 한다고 주장할 정도이다. 또 금속노조는 자동차 증가에 찬성하고, 고속도로 주행속도 제한에 반대하는 입장이다.

환경운동이나 녹색당에 대해 독일노조가 보이는 태도도 실로 어정쩡하

홀거 하이데 (Holger Heide) — 독일 브레멘대학 경제학 교수. 이 글은 1994년 5월 영남노동연구소 주최 노동정책토론회의 발제문 〈노동운동과 생태계〉를 보완한 것이다.

다. 한마디로, 일자리 문제를 여타 삶의 영역 문제보다 우선시하는 이 고리타분한 입장은 노동운동의 객관적, 주관적 결함을 반영하는 것으로 볼 수 있다. 그리고 이것은 또한 노동운동이 스스로 자본과 그 증식조건에 강하게 종속되어 있음을 말해주는 것이다.

최근 들어 사회경제학 내지 정치경제학 분야에서 인간과 자연에 대해 새로운 입장과 시각들이 많이 개진되고 있다. 공짜로 얻을 수 있는 '자연력'이란 말에서도 나타나듯, 지금까지의 자연에 대한 평가절하나 자연을 경시하는 태도는 인간노동이 가치의 유일한 원천이라는 고전파 정치경제학자들의 편협된 시각에서 연유한 것이라는 입장이다. 이에 따르면 오늘날의 우리는 어느 정도 다시 '중농주의적'(자연경제적)으로 사고의 전환을 해야 한다고 한다. 그런데 바로 이런 입장에서조차 우리는 노동하는 인간과 자연이 상호대립적으로 인식되고 있음을 볼 수 있다.

우리의 테제를 요약하자면, '환경 내지 생태계'의 무절제한 오용, 인간의 물리적 심리적 건강의 파괴, 인간의 공동체적 생활의 기초 파괴 등 이 모든 것들은 동일한 근본문제, 즉 인간이 '살아 움직이는 것'과 지극히 잘못된 관계를 유지하고 있음을 드러내는 것이다. 여기서 이 잘못된 관계란 바로 자본의 파괴적 합리성에 기초하고 있음에 유의할 필요가 있다. 여기서 우리는 이 문제를 지극히 근본적인 문제로 규정짓는다. 그리고 일자리 문제, 현장 작업조직 문제, 사회보장 문제, 국제연대 문제 등등의 특수한 문제들도 사실상 바로 위와 같은 근본적 문제에 기초한 여러 개별적 국면들이라 할 수 있다.

낡은 사고의 뿌리들

유럽에서 탈정신화, 이와 맥을 함께 하는 "모든 것을 다 해결할 수 있다"는 망상 그리고 "모든 것이 통제가능하다"는 환상 등이 관철된 것은, 역사적으로 보자면, 르네상스와 계몽주의 이후부터이다. 이 역사적 · 사회적 과정은 인간이 외적인 것에 대한 종속에서 벗어나는 인간해방의 특수한 형태의 결과이다.

상업과 수공업을 중심으로 하는 도시의 성장은 자연을 토대로 하여 생성된 중세 봉건사회를 해체하고, 이 과정에서 인간은 어쩌면 자연 그 자체로부터도 독립적인 것으로 나타난다. 이는 인간이 외견상 토지에 더이상 종속되어 있지 않은 것처럼 보이기 때문이다. 그리고 자연으로부터의 독립은 그 본질에 있어서 자신의 내적 자연으로부터의 독립을 뜻한다. 이러한 관념적 표상속에서 자연은 더이상 삶의 원천이 아니라 인간의지의 객체가 된다.

그러나 바로 이를 통하여 인간의 외부에 존재하면서 인간을 지배하는 것, 즉 신으로부터의 해방이라는 의도된 해방은 단순히 지배자를 교체하는 것에서 끝나고 만다. 인간은 신적인 것에 대해 인식하게 됨으로써 스스로가 거대한 전체를 구성하는 한 부분이라는 결론을 끌어낸 것이 아니라, 자신들이 추방해버린 신의 자리를 대신 차고 앉는다. 게다가 모든 개인들이 자신을 제외한 여타 세상을 객체로 인식하면서 개인은 살벌한 경쟁에 돌입하게 된다.

경제학은 이러한 학문적 패러다임을 발전시킨다. 이에 대해 약간의 언급을 하고자 한다. 합리적 인식으로서의 자연과학은 외적 자연을 − 객체로서 − 접근가능하고 따라서 통제가능한 것으로 인식했다. 그리고 사회까지도 규칙에 얽매인 그리고 옳게 인식하기만 한다면 통제할 수도 있는 과정으로 파악하기 위해서 사고의 질적 도약이 필요했다. 이는 사회과학으로서의 경제학과 관련해서 다음과 같은 의미를 지닌다. 즉, 경제학은 개인이 사회내에서 행하는 경제행위에 관한 일반 법칙을 정식화할 수 있어야 한다. 그리고 이 정식화는 개인의 사회적 행위가 동일한 형태의 그리고 반복적인 합리성을 따른다는 관념을 전제로 한다.

사회적, 경제적 행위 주동력에 관한 문제는, 늦어도 홉스 이후, 평등에 기초한 개인의 자기이해를 인식하게 됨으로써 해결되었다. 그러나 자기이해의 발견은 과학적 경제학이 형성되는 데 엄청난 장애가 되었다. 홉스와 중상주의자들은 사회를 혼돈, 그리고 고립된 인간들의 공포로 특징지어지는 영원한 전쟁상태로 인식하였다. 그리고 이들은 전쟁상태에서 지속적이고 합리적인 힘이 저절로 생겨날 수 없다고 믿었기 때문에 강한 국가만이 인간을 파멸로부터 구해낼 수 있다고 생각했다. 특히 노동하는 가난한 사람들은 이러한 사회적 비합리성의 화신으로 취급되었다.

기존 정권은 부르주아와 노동자계급이라는 새로운 계급들이 생겨나고, 이를 통해 점차 강화되는 현실적 모순들을 해결하는 데 무능력해졌다. 이를 통해 통제라는 낡은 독트린은 결정적으로 무의미하게 되었다.

로크는 개인주의로부터 비관적인 결론을 끌어내지 않은 첫번째 학자이다. 그는 새로운 체계의 기능성을 연역적으로 도출하지 않고도 새로이 부상하는 시민계급에 대한 낙관주의를 미리 체화한 사람이다.

새로운 윤리에 기초하여 발전된 아담 스미스의 이론에서 처음으로 '동정'이 홉스주의적 전쟁심성을 대신하여 사회를 통합하는 힘으로 자리매김된다. 그리고 이를 통해 처음으로 이기적 자기효용의 동력과 윤리와 이성을 통한 질서의 종합이 가능해진다. 이러한 방법으로 이들간의 연관관계는 이론적으로 서술된다. 그러나 새로운 패러다임의 현실화에 있어서 결정적인 것은 이 패러다임이 핵심적 사회문제를 해결하는 데 효력이 있다고 증명될 것인가라는 문제이다.

이 패러다임을 사회적으로 관철시킬 주체는 이미 실존하고 있었다. 새로운 행위합리성은 새로이 부상하는 시민계급의 행위합리성이었기 때문이다. 시민계급은 자신들의 이해를 - 자유, 평등, 형제애라는 개념을 매개로 하여 - 보편적인 인간의 이해와 일치시킬 수 있었다. 그러나 바로 이를 통해 이 개념들은 이데올로기화되었다. 자유는 '외적 자율성', 즉 외부적인 처분권으로부터의 자유로 개념정의되었다. 그 대신 인간은 자신의 처분권에 예속되었다. 즉 '세상의 나머지'가 객체가 되었을 뿐만 아니라, 위에서 언급한 것처럼, 인간 자체가 자신의 이기의 대상이 되었다. 존 로크가 말하듯이 "인간은 자기자신에 대한 소유권을 가진다."

자본주의적 패러다임의 관철은 우선 외적 강제를 통해 이루어졌다. 그 이유는 변혁의 부담을 떠맡는 하층계급의 '자유'가 무엇보다도 '생산수단의 자유'와 적대적이었다는 것 외에도 이들이 자본주의의 발흥에도 불구하고 계속해서 전통적인 '도덕경제'(E. P. 톰슨)의 원칙에 따라 살고자 했기 때문이다. 여기에서 계급적대의 핵심을 찾을 수 있다. 시민계급과 노동하는 계급 사이에 충돌이 일어날 것이다.

몇 세대에 걸쳐 이루어진 새로운 합리성의 개인적, 집단적 내면화 그리고 이와 병행한 실질임금의 상승과 대량소비에의 참여 강화를 통해 자본주의적 패러다임은 외적 강제를 통해서라기보다는 점차 자본주의적 패러다임의 내면화를 통해 관철된다.

탈정신화 과정이 내적 안정을 파괴하면 할수록 원래의 욕구를 물적 재화를 통해 보상해야 하는 필요성이 강화된다. 그러나 물질적 보상을 통해 원래의 욕구가 충족될 수 없기 때문에, 그리고 이러한 사실을 더이상 직접적으로 의식할 수 없기 때문에 인간의 배고픔은 충족되지 않고, 충분하다는 느낌은 사라진다. 그 결과가 인간욕구의 '불충족성'이다. 따라서 노동하는 인간대중을 자본주의사회로 통합하는 것은 본질적으로 소비주의를 체화하도록 '교육'하는 것을 포함한다.(앙드레 고르)

계급적대를 무디게 하는 것, 즉 계급적대를 분배투쟁으로 변환시키는 것은 외부에 대해 공격적인 사회(제국주의)로의 통합을 통해 가능할 것이다. 여기에서 "외부에 대해" 공격적이라는 것은 합의에 참여하지 않은 모두에게 적대적이라는 것을 의미한다. 홉스가 주제화한 공포는 사회적으로 극복된 것이 아니라 단지 억압된 것에 불과하다. 이러한 형태로 기능하는 경제(그리고 정치) 체계의 가장 현대적인 내용은 포드주의에서 유지된다.

포드주의적 축적모델과 '생태계 위기'의 등장

포드주의의 원류는 20세기 초 미국으로 거슬러 올라간다. 그 이후 포드주의는 지속적으로 선진 자본주의 나라들에 널리 확산되었다. 포드주의의 표면적 특징은 대중노동자와 대중소비의 창출이라 볼 수 있다. 그런데 이 포드주의를 좀더 자세히 보면, 이는 나중에 케인즈주의에 의해 사후적으로 이론적, 정책적 뒷받침을 받는 '자본축적의 한 특수 모델'에 다름 아니다.

포드주의 내지 케인즈주의는 무엇보다도 선진국 노동자들의 투쟁에 대한 자본의 대응양식으로 나타났다. 즉, 노동자계급의 힘이 거세어지자 생산성 향상에 대한 반대급부의 성격으로 분배의 차원에서 임금과 여러 사회보장적인 물질적 양보가 이루어졌던 것이다. 그런데 이런 대중구매력의 향상은 적대관계가 분배투쟁으로 성공리에 전환됨을 전제로 깔고 있음에 유의할 필요가 있다.

그러나 포드주의 이론가들조차도 왜 이 모델이 제대로 기능하지 못하게 되었는가를 잘 설명해주지 못한다. 그것은 히르쉬나 로트 같은 이론가들조차 중요한 측면을 '잊고' 있기 때문인데, 그것은 '물질적 양보'라는 전반적인 구상이 공허한 약속에 불과하다는 점이다. 1928년에 나타난 '과잉축적'의 위기라는 것도 사실상 유럽의 경우만 따지고 보더라도 남동부 유럽과 같은 당시의 주변부에서 자본의 축적이 원활히 진행되지 못했기 때문이었다. 즉 주변부의 자립적 경제에 기반한 생산양식이 자본주의적 생산양식의 침투에 대항, 이를 효과적으로 저지하였음을 주목할 필요가 있다. 이에 자본은 역공세를 치밀하게 전개하여 1930년대와 1940년대를 거치면서 (제2차 세계대전의 형태를 띠고) 포드주의적인 축적모델이 제대로 기능할 수 있는 전제조건을 만들어내었다.

여기서 제2차 세계대전에 관한 언급이 이미 암시하듯 흔히들 말하는 평화로운 시기조차도 꼼꼼히 살펴보면 영 딴판의 내용을 갖고 있음을 알 수 있다. 즉 '사회적인 양보'나 '생산성 향상', 또는 '노동자계급의 자본 안으로의 수용과 통합' 등이라는 추상적인 말들 뒤에는 사실상 잔인한 사회적 과정이 숨어있는 것이다.

유럽 대륙에서 파시즘시대란, 특히 대외적 헤게모니 팽창을 동반한 독일 나치시대란 포드주의적인 대중노동자를 만들어내기 위하여 자본이 프롤레타리아적 자율성의 마지막 남은 부분까지도 폭압적으로 파괴시키는 시기에 다름 아니었다. 제2차 세계대전에서 '일반 시민들'에게 가한 테러공격 그 자체도 프롤레타리아적 정체성을 산산조각내려는 자본전략에 부합하는 것이었다.

사람들의 의식속에서부터 대안을 제거하는 것은, 맑스가 《정치경제학 비판요강》에서 말한 대로 "개인들이 그 자신의 사회적 관계를 대상화시킴으로써 스스로 자기자신을 사회로부터 소외시켜낸" 사실을 표현해주고 있다.

　중심부 선진국에서 '생산성 향상'으로 나타나는 것도 결국은 자본이 프롤레타리아적 자율성을 성공적으로 파괴해내는 과정을 말해줄 뿐이다. 그리고 '사회적인 양보'라는 것도 그렇게 이루어진 성공적 자본주의화, 즉 자본주의적 합리화의 떡고물을 두루 나눠먹는 데 불과한 것이다.

　그런데 바로 이런 구상은 두가지 측면에서 큰 오류를 범하고 있다. 그 하나는 민족적 편협화이다. 즉 자본활동의 무대로서의 세계라는 단위가 가려지고 있는 것이다. 이로 인해 중심부 국가의 고임금이 동시에 갖는 성격, 즉 중심부 노동자들이 제국주의적 프로젝트에 동참하는 데 대한 보상적 성격을 가지기도 함을 간과하게 된다. 그 물적 기초는 주변부의 파괴와 황폐화를 통해 얻어진 고이윤이다.

　생산성 향상이란 어떤 면에서 자본(이것은 노동자를 지배하는 권력이다)을 생산하는 과정에서 살아 움직이는 인간인 노동자를 점차 파괴시켜 나가는 것이고, 다른 면에서는 소위 '외부의' 자연을 파괴하고 이를 죽은 자본으로 전환시켜내는 과정에 다름 아니다.

　여기서 자본이란 항상 지배관계를 말함과 '동시에' 이것이 기술이라는 형태로 대상화됨을 일컫는다. 즉, 하드웨어와 소프트웨어 둘 다를 지칭한다. "사회적 생산력이 자본에 고유한 속성인 것처럼 (고정자본속에) 실현된다. 즉, 생산과정속에서 사회적 노동력들의 결합과 같은 과학의 여러 힘뿐 아니라, 직접적 노동으로부터 기계로 (즉, 죽은 생산력으로) 변환된 노동자의 기량들이 그런 것들이다."(《정치경제학 비판요강》)

　지배관계가 기술의 형태로 대상화된다는 것, 이것이야말로 자본주의를 이해하는 데 있어 결정적으로 중요한 점 가운데 하나이다. 여기서 지배의 대상화란 지배의 공고화, 그리고 이로 인한 지배의 강화를 뜻한다.

　포드주의적인 공장은 살아있는 인간노동의 테일러주의적 파편화, 그 자본주의적 재구성, 그것의 죽은 기계로의 변환 등으로 특징지어진다. 생산과정이 제대로 기능하기 위해 인간이 기계에 순응되어야 하는 것이다. 맑스가 〈직접적 생산의 제결과〉에서 말하듯, "노동자가 생산수단을 사용하는 것이 아니라, 생산수단이 노동자를 사용한다."

인간을 기계에 적응시킨다는 것은 인간의 삶(생명)을 이 기계의 원시적 논리로 축소시킴을 뜻한다. 그리고 이것은 곧 인간의 주체성을 탈취하는 것에 다름 아니다. 따라서 이러한 기술적 합리성이 지배하는 생산체제속에서는 인간의 주체성과 자율성이란 하나의 '귀찮은 장애물'로 된다. 이런점에서 자본주의적 생산과정속에서는 생동하는 삶 내지 생명력이란 '사보타주'일 수밖에 없다.(하르트만)

포드주의적 시기에서는 정통 맑스주의자들이 오늘날 생각하는 것처럼 생산영역과 재생산영역이 그렇게 깔끔하게 갈라지지는 않는다. 즉, 노동자들이 그 주체성의 파괴적 탈취로부터 자신을 '원상회복'시킬 수 있는 그런 영역이 따로 없다.

자본의 눈으로 보면, 노동력이란 자본의 바깥에서는 더이상 어떤 자립적인 것이 되지 못한다. '노동시장'이란 원초부터 노동과 자본이 동등한 권리를 가진 공간이 아니었다. 그것은 처음부터 자본의 지배공간이었다. 그럼에도 불구하고 포드주의적 축적모델에 이르러서야 비로소 노동의 재생산이 자본 '안에서' 이루어지게 된다.

달리 말하면, 자본이 사회 전체를 하나의 거대한 공간으로 만들어낸다. 총 사회적 과정이 자본의 생산과정으로 된다. 공장 안에서 이미 실현된 테일러주의화는 이제 사회 전체로 확장된다. 즉, 삶의 모든 과정이 파편화되고 그로 인해 삶의 자율성이 탈취당하고 원래 통일되었던 하나의 삶의 단위가 '고정자본'의 형태로 자본주의적으로 재결합, 재편되는 과정들이 이를 말해준다.

그리하여 포드주의의 단계에서는 맑스가 이미 자본의 본질이라고 분석해내었던 원칙들이 일시적으로나마 그 정점으로 치닫는다.

즉, 자본의 총체적 재생산과정은 바로 파괴의 과정이라는 것이다. 이는 노동력의 생산국면에서나 노동력의 도움으로 다른 상품을 생산해내는 국면에서나 마찬가지로 해당된다. 그것은 한편으로 생동하는 사회적 과정과 물리적 인간 삶의 파괴이자 그의 가변자본화이며, 다른 한편으로는 자연의 파괴과정이자 이의 불변자본화 과정이다.[1] 이것은 인간과 자연이 자본의 생산을 위하여 서로 대립적으로 투입됨을 말한다.

자본의 합리성이란 결국 살아 움직이는 것에 대한 파괴적 작용을 가리키게 된다. 그리고 바로 이런 행위합리성에 오늘날 우리 모두가 동참하고 있는 셈이다. 노동자들도 예외가 아니다. 왜냐하면 이러한 파괴적 합리성이 선진 산업사회의 노동자계급에게 '인류의 행복을 위하여 생산력을 해방'시키는 것으로 수용되었기 때문이다. 그것은 위에서도 암시했듯이 노동자계급이 패배당한 상태에서 그 주체성과 정체성이 점점더 많이 탈취당하고 이로 인해 온순하게 길들여졌기 때문에 가능하였다. 반면 파괴적인 과정을 통해 생산되어 중심부로 이전된 '가치'를 나눠먹는 공범관계는 더 강화되었던 것이다.

즉, 선진국 노동자들의 '보상'과 그 노동운동을 '조용히 잠재우기'를 가능케 했던 물적 기초는 바로 이 거대한 '생산력의 발전'이었던 것이다.[2]

포드주의의 위기와 '생태계 위기'

세계자본이 주변부 국가에서 '성장 10개년', '녹색혁명', '수출산업화' 등의 명목하에 계속해서 새로운 생산성 공세를 펴왔음에도 불구하고, 주변부로부터 선진공업국 노동자계급의 증가하는 요구를 만족시키기에 충

---

1) "자본은 죽은 노동이다. 그것은 산 노동을 흡혈귀처럼 빨아먹음으로써만 살 수 있다. 이 산 노동을 많이 빨아먹으면 먹을수록 그만큼 더 오래 살게 된다."(《자본1》, MEW 23, 247쪽) 맑스는 〈제결과〉라는 글에서 '산 노동의 흡입'(17쪽)을 말하고 있고, '사물의 인간에 대한 지배, 죽은 노동의 산 노동에 대한 지배'(17쪽 이하)를 이야기하고 있다.

2) 바로 이 점을 70년대 중반 당시 서독의 '경제발전평가 자문회의'가 적나라하게 표현하고 있다. "우리는 경제성장의 의미를 확실하게 알아야 하는데, 그것은 분배투쟁에서의 갈등을 완화시킨다는 데에 있다. 자연과의 싸움에서 얻을 수 있는 것이 많으면 많을수록 그만큼 다른 사람에게서 뺏지 않아도 되기 때문이다."

분한 자원수송을 조직하는 것은 점차 어려워졌다. 그리고 포드주의적 전략의 결정적인 전제조건의 하나인, 공짜로 얻을 수 있는 자연력으로부터의 무제한적인 '가치창출'도 또한 점차 불가능한 것으로 밝혀졌다.

그리고 60년대 이후 유럽의 여러 나라들(이탈리아, 프랑스, 독일, 영국)과 북미에서 포드주의적 공장의 비인간적인 조건에 대항하는 전면적인 반항과 대규모의 파업이 잦아졌다. 노동자들은 자본의 관리자들이 당황할 정도로 자주 임금인상 요구보다는 노동조건의 개선을 요구했다. 소위 노동자의 '증대하는 권리주장'이라는 것은 실제에 있어서는 자본이 노동자들을 '조용하게' 하고 계속해서 자본과 함께 일하게 만들기 위하여 제공해야만 했던 대가가 증대한 결과였다. 임금과 노동조건의 '경직성'이라고 하는 것들은 경우에 따라서 장기적으로 밑으로부터 서서히 부식될 수 있다. 이러한 목적으로 열렬히 신기술 개발에 매달리게 되었는데, 이 신기술은 또 한번의 새로운 공세를 통하여 위기로부터 탈출을 보장해줄 수 있는 것이어야 했다.

한편, 가치증식 위기에 대한 단기적 반응은 대량해고를 통해 자본의 유연성을 높이고 노동자계급의 내부구성을 새로이 만드는 것이었다. 이러한 우회로를 통하여 80년대와 90년대의 유럽에서는 사회보장 감소와 실질임금 하락이 관철되었다.

보론

여기에서 나는 노동하는 인간의 생명의 이해와 상반되는 생산력 발전의 아주 적당한 예를 들어보기로 한다. 이것은 바로 교통의 발전이다. 교통부문은 자본주의 발전이 시작된 이래로 하나의 전략적 역할을 하고 있다. 자본증식의 일반화와 이것이 세계체제가 되는 것은 절대적으로 교통의 발전과 연결되어 있다. 한 지역에서의 상품가치의 일반화는 수송비용을 영에 가깝게 할 수 있느냐에 달려있다. 교통수단의 발전과 중공업(철도, 조선)의 연결은 고도산업화의 시작이나, 자동차의 승승장구는 포드주의적 단계의 상징이 되었다. 그리고 포드주의의 위기극복 단계에서 우리는 또다시 교통부문이 결정적 위치를 차지하고 있는 것을 보고 있다. 수송비용이 세계적으로 더이상 중요하지 않기 때문에 전세계는 거의 모든 생산품의 잠재적 생산입지가 된 것이다. 그리고 수없이 많은 상품이 완제품이 되기 위해서 전세계를 여러번 돌며 수송되고 있다. 이 거대한 교통 발전의 기초는 거침없는 매장석유의 대량채굴과 이산화탄소를 비롯한 다른 해로운 물질에 의한 계속적인 대기오염이다.

이러한 공세의 한 부분이 '생태계 위기'를 대중적 토론의 주제로 만드는 과정이었다. 이 대중적 토론은 처음부터 가능한 한 생산적인 내용을 부여하고자 하는 목적의식하에 유발되었다.[3]

이 대중적 토론에서는 우선 문제의 심각성이 이데올로기적으로 숨겨지고 있음을 주목해야 한다. '생태계 위기'가 '환경 위기'로 규정되고 있기 때문이다(생태계라는 말이 자연과 인간을 하나로 보는 데 대해, 환경이란 독일어(Umwelt)에서 보듯 인간인 나 밖에서 나를 둘러싸고 있는 어떤 외적인 것, 즉 인간과 자연이 분리되고 있음을 보여준다). 그 다음 단계는 잠재적인 갈등주제인 환경 위기를 "팔을 걷어붙이고 시급히 해결해야 할 문제", 즉 환경보호로 돌려서 규정하는 것이었다.

이는 위 서독의 '경제발전평가 자문회의'의 주장에 잘 명시되어 있다. 앞에서 나는 이 자문회의의 1975~76년 연례평가서에서 생산성의 증대가 '분배투쟁'을 무디게 하는 토대라고 어떻게 선전되고 있는가를 보았다. 1985년도의 연례평가서에서 이 자문회의는 아래와 같이 선언한다. "경제 성장과 환경보호는 서로 모순되지 않는다. … 물론 모든 것은 여러 제약조건들에 의해 좌우된다."(평가번호 310) 그리고 이 자문회의에 따르면 그 조건들 중 가장 결정적인 것은 사람들이 "더 많이 일하고, 소득의 감소까지 감수할 준비가 되어있다면"이라는 것이다. 현상적으로 보면, 최소한 노동자의 요구사항에 있어서 우선순위의 자리바꿈이 있는 것이다.

그러나 자본은 명백히 더욱 강한 이데올로기 투쟁을 시도한다. 이 자문

---

3) 이는 MIT가 로마클럽을 위해 작업한 제로-성장에 관한 연구로부터 시작됐다.

회의는 이에 대해 다음과 같은 의견을 밝힌다. "더 좋은 환경을 위하여 실질소득을 포기(바로 이것이 핵심적 문제를 이룬다)하게 영향력을 끼치는 것은 쉽지 않다."(평가번호 404)

이러한 이데올로기적 투쟁선언에 대해 노조와 전통적 노동운동 전체는 전혀 준비가 되어있지 않았다. 노조가 몇년 전에 "환경보호냐 아니면 일자리냐"라는 문제를 쟁점화시키고 난 후, 요즈음에는 운동강도의 반증인 '토대'로부터의 압력을 통하여 여러 산별노조와 독일노총에서도 변화된 입장이 감지되고 있다. 그러나 노조는 포드주의 모델의 위기시에도 그들의 전통적 역할인 통합기구로서의 역할에 충실하고 있다. 요즈음 들어서야 그들은 매우 적극적으로 기존의 대립적 명제를 반증하려고 노력하고 있다 — '환경보호를 통한 일자리 창출'.

그러나 이 명제는, 자발적인 임금 포기는 노동자들에게 수용될 수 없다는 암묵적인 가정하에서는 논리적으로 지탱될 수 없다. 포드주의 모델은 되돌릴 수 없는 위기에 처해 있으며, 아무것도 이 모델의 외형상 신성한 세계를 보증하는 데 도움이 되지 않는다.

그러나 소위 대안운동의 작지 않은 부분도 이 체제 내적인 이데올로기에 사로잡혀 있다. 그러나 그들은 노조보다는 정확히 상반되는 결론을 가지고 있다. "우리는 더 많은 피해를 야기시키지 않기 위하여 우리의 욕구를 충족시키기 위한 투쟁을 억제해야 한다." 또는 조금 더 극단적인 표현으로는, "우리는 자연을 구출하기 위하여 우리를 희생해야 한다."

바로 여기에 노동자의 요구와 환경보호 이해간의 외형적인 합일불가성이 들어있다. 그리고 바로 이것이 자본의 이데올로기적 공세가 노리는 자발적 희생이다. 우리는 여기서 '포드주의의 위기'가 이미 더이상 자본의 위기가 아니라, 이미 자본의 공세로 전환된 위기라는 것을 보게 된다.

우리의 생명 파괴에 대한 저항은 자본에 대항하는 투쟁을 통해서만 가능하다. 그러나 자본은 우리가 자본가라는 상징적 형상에 대해 투쟁함으로써 이길 수 있는 '외적인', 추상적인 적이 아니다. 자본은 우리 스스로가 내면화를 통해 우리를 그 아래에 복속시킨, 물화한 지배 그 자체이다.

'포스트 포드주의' — '더 인간적'인, '더 자연적'인 모델

우리는 '포드주의의 위기'라고 지칭되는 것들이 어떻게 더욱 인간적인 사회를 지향하며 노력하는 새로운 힘을 만들어내는가를 보았다. 그러나 이 새 사회란 자본의 재구조화 과정에 다름 아니다. 새로운 기초기술은 미시전자와 유전공학이다. 미시전자는 그동안 좁은 의미의 생산영역뿐 아니라 점차적으로는 생산영역 이외의 영역들도 지배하고 있다. 두 영역간의 분리는 그 어느때보다 흐려지고 있다. 미시전자는 특히 거의 모든 허비시간을 최소화하고 그를 통해 주체성과 자율성의 최소한의 잔재조차도 파괴하는, 인간과 기계에 대한 전대미문의 유연화를 가능케 하고 있다.

미시전자를 통해 기술적으로 가능하게 된 극단적인 탈중심화는 다른 측면에서는 새로운 노동자상을 요구한다. 즉 중앙으로부터 감시받기보다는, 기업목표 자체를 내면화하고 목표달성을 위해서 자기자신 및 동료를 통제할 책임 자체를 떠맡는 노동자상이 요구된다. 이것은 자본에게 새로운 형태의 실질적 포섭을 개발시킬 것을 필연적으로 요구한다. 즉, 자본은 자본관계의 틀을 벗어나지 않는 범위내에서 노동자에게 일정한 자유공간을 허용함으로써 그 창의성과 자발성을 증식의 과정에 십분 활용하고자 한다. 그리고 이로부터 파생하는 거대하고 복잡한 조정문제를 해결하기 위해 정교한 정보시스템이 개발되었고 이의 최적화를 위해 특별히 '정보체계관리' 영역이 발전되었다.

개별기업 목표뿐만 아니라 자본주의적 체계 전체를 내면화시킨다는 것은 인간이 적극적으로 여기에 동참하게 움직이도록 새로운 이데올로기적 공세를 전제로 한다. 이는 분명히 협박과 포기 이데올로기를 설파함으로써만 이루어질 수 없다. 물질적 보상의 측면도 함께 계속해서 발전되어야 한다. 우리가 이미 보았듯이 외연적인 자연소모는 그 한계에 부딪혔기 때문에, 보다 내포적인 수단이 발전되어야 한다.

'생태계'라고 하는 슬로건은 오늘날 거의 전적으로 '수단의 생태계'의 의미를 담고 있다. 이 슬로건이 퍼뜨리고자 하는 내용은 물질적 복지를 계속해서 확대시킬 수 있기 위해서 자원의 보다 효율적인 투입이 요구된다는 것이다. 이를 통해서 사람들은 목적에 관한 논의를 피할 수 있는 것으로 믿고 있다. 이렇게 해서 생태계는 단순한 경영전략의 대상이 되어버린 것이다.

여기에 속하는 것이 유전공학이다. 지금까지 많은 사람들은 유전공학적 실험의 예견할 수 없는 결과에 대한 경고를 아직도 비합리적 두려움으로 받아들이고 있다. 즉 이는 단지 '수용의 문제'에 불과하다는 것이다. 그런데 바로 유전공학에서 자연과 인간에 대한 전대미문의 파괴공격이 분명해지고 있다. 자연으로부터 최후의 불꽃 한점까지도 빨아내려는 바로 그 기술이 인간을 완벽하게 조작하기 위하여 사용되고 있다.

위에서 언급한 자본의 계획 요소와 계획 도구가 우리의 눈앞에서, 그리고 우리의 동조를 통해 발전되고 있지 않는가? 우리가 계속해서 '기술 발전'이라는 망상과 "모든 문제를 다 해결할 수 있다"는 망상에 빠져있지 않은가? 우리는 통제와 살인의 도구를 다시금 함께 개발하고 있지 않는가? 유일한 돌파구는 노동자의 요구와 환경보호에 대한 요구의 이중성을 극복하는 데 있다. 선진공업국의 노동자가 주변부에 대한 착취에 공범자로 동참하거나 나아가 민중학살을 묵인함으로써 자신의 미래를 제대로 보상받을 수 없는 것과 마찬가지로 인간해방은 자연과 인간의 생명력을 파괴하는 '생산력의 발전'을 통해서는 결코 이룰 수 없는 것이다. (황기돈 옮김)

(통권 제33호, 1997년 3-4월호)

대공황의 불가피성

고철기

1. 아시아 금융위기는 세계 경제대공황의 전조이다

　1997년 7월 초의 태국통화의 대폭적인 평가절하를 기폭제로 하여 동남 아시아에서 시작된 금융위기는 10월 들어 홍콩의 금융시장을 뒤흔든 다음 한국에 상륙하여 원화와 주가의 폭락을 부채질해왔다. 이같은 동남아시아 및 한국에서 일어나고 있는 일련의 위기상황들은 이들 국가의 금융 부문에 커다란 상처를 입힐 뿐만 아니라 매우 짧은 시차를 두고 실물부문의 경제활동도 크게 위축시킬 것이다.

　그리고 이 지역과 가장 긴밀한 경제관계를 가지고 있는 일본의 금융권이 다음번 타겟이 될 것이라는 것이 확실시되고 있다. 일본은 이미 1989년의 거품경제 붕괴 이후 지금까지 1930년대의 대공황에 버금가는 매우 심각한 경기침체를 겪고 있어, 한국을 비롯한 동남아경제의 침체는 일본의 경제에 치명타로 작용할 것이다. 이렇게 될 경우 가뜩이나 악성채권으로 1996년부터 도산 등 어려움을 겪고 있는 일본의 금융기관들은, 더욱 궁지로 몰려 도산을 방지하기 위한 자구책으로 또는 도산 이후의 자금회

고철기 ─ 경제학자. 《공동체경제를 위하여》(녹색평론사, 2001년)의 저자.

수 수순으로, 미국에 채권이나 주식 형태로 투자한 막대한 자금을 회수할 수밖에 없을 것이라는 견해가 국제금융시장에 팽배하다. 실제로 1997년 11월 중순 이후 일본에서는 20대 은행내에 속하는 다쿠쇼쿠은행에 이어 4대 증권사인 야마이치증권, 그리고 도쿠요시티은행 등이 연쇄도산되는 위기를 맞고 있는데, 이같은 일련의 사건들은 위의 견해를 뒷받침해줄 수 있는 구체적인 사례라고 볼 수 있다.

  이같은 '개연성이 매우 높은 자금회수'가 정작 전개되거나 될 것으로 예상될 경우에는, 미국의 채권가격의 하락과 이에 따른 이자율 상승기대로, 미국의 과열된 주식시장은 또하나의 '검은 X요일'을 맞이하면서 폭락세로 반전될 것으로 보인다. 미국의 증시는 지난 8년간 거의 이렇다 할 만한 조정기간도 없이 약 250퍼센트나 상승하여 왔으며, 특히 지난 2년 동안에는 거의 100퍼센트에 가까운 상승률을 보였다. 미국의 금융정책 총책임자인 연방준비위원회 의장 그린스펀은 이같은 증시를 두고 '이상 과열'이라고 표현할 정도였음을 감안할 때, 일본의 자금회수와 같은 악재로 거품증시는 쉽게 붕괴할 수 있는 것이다. 이는 과열된 증시가 갖는 속성으로, 멀리는 1929년의 뉴욕 주가의 대붕괴, 가까이는 1980년대 말과 1990년대 초에 있은 일본, 한국, 대만 등의 주가폭락, 그리고 최근의 동남아 증시 붕괴 등 역사적으로도 잘 증명된 사실이다. 그리고 이와 같은 일본 금융기관의 대미 투자자금 회수로 미국 금융시장이 입을 일대 타격과 이로 인한 과열된 증시의 붕괴 우려는, 지금의 동남아사태가 있기 훨씬 전인 1996년부터 국제금융시장에서 지속적으로 거론되어온 사실이다.

  한편 미국 증시의 붕괴는 달러화의 폭락으로 이어지고, 달러화의 폭락은 달러화를 근간으로 하고 있는 현재의 세계 신용체제의 혼란과 무역결제 수단의 부재를 초래함으로써, 새로운 대체 결제수단이 도입되기 전까지는 세계의 교역과 생산은 끝없는 악순환적인 축소, 즉 세계경제의 대공황으로 연결될 것으로 전망된다. 미국 증시의 붕괴가 세계경제에 대해서 이처럼 큰 충격을 줄 것으로 보는 결정적인 이유는, 미국을 제외한 세계 주요국가들의 실물경제가 1990년대 초부터 침체를 벗어나지 못하고 있는 상황에서, 증시붕괴로 인한 미국경제의 혼란은 미국의 힘으로 간신히 지탱해오던 세계경제의 척추가 무너지는 것과 같은 의미를 지니게 되기 때문이다.

위와 같은 일련의 '위험한' 논리의 전개를 현재 아시아 지역에서 일어나고 있는 국지적이며 단기적인 경제난국을 근거로 한, 매우 유치하고도 무책임한 것이라고 속단한다면 그것은 더욱 위험한 발상이라고 하지 않을 수 없다. 왜냐하면 가계나 국가살림을 꾸려나가는 개인이나 정책담당자가 경제상황이 어렵게 돌아감에도 불구하고 앞으로에 대한 대비에 있어서 최악의 상황까지도 고려한 대비책을 설계하지 않는다면, 이것이야말로 오히려 더욱 위험하고 무책임하며 안이한 발상이라고 할 수 있기 때문이다. 그 좋은 예가 외환위기의 가능성에 대해서 안이하게 대처한 김영삼 정권의 경제팀의 실책이다.

그리고 무엇보다도 현재 전개되고 있는 경제상황을 단기적이거나 좁은 안목으로 풀이하려고 시도하는 것은, 소위 나무만 보고 숲 전체의 모습은 파악하지 못하는 우를 범하는 것과 같다고 하겠다. 세계경제의 흐름을 장기적인 관점에서, 넓은 안목으로, 그리고 상식적으로 분석하게 되면, 최근의 아시아 지역의 경제난국은 필연적일 수밖에 없었다는 결론에 도달하게 된다. 나아가서 앞으로의 세계경제에 대한 전망이 매우 비관적이라는 사실도 받아들이지 않을 수 없게 되며, 다가올 경제난국의 고통을 제한된 범위내에서나마 경감할 수 있는 방향에 대하여 모색해보지 않을 수 없을 것이다. 이제부터 위와 같은 '위험한' 예측을 가능하게 하는 근거들을 살펴보기로 하자.

2. 광란의 세계금융시장 − 금융시장 개방의 부메랑 효과

근년에 들어와서 세계금융시장은 매우 위험하면서도 흥미로운, 마치 스릴영화에서나 볼 수 있는 긴장감 넘치는 방향으로 움직여왔다. 대규모의 투기성 자금을 가진 전문 국제투기꾼들이 세계적인 자본시장 자유화의 흐름을 타고 세계 각국을 자유롭게 넘나들면서 어느 한 국가 또는 지역의 경제 및 금융시장을 과열시킨 후 투기차익을 챙기고 갑자기 다른 지역으로 이동하면서 경제를 혼란시킨다(예 – 최근의 동남아사태). 그리고 금융시장구조가 취약하거나 외환보유고가 불안정한 국가들에 대해서는, 국제금융시장에서 자금공급의 목줄을 조이는 등 각종 외환수급 조작방법으로 환차익을 챙기면서 해당국가의 화폐가치 폭락을 촉발시키기도 한다(예 – 한국, 중남미).

이들 국제투기꾼들의 행태는 마치 어리거나 병든 양들을 사냥감으로 정한 후 집단공격을 가하는 늑대의 그것에 비유될 수 있어, 공격대상이 되는 국가들은 외부의 지원없이 자국의 금융수단만으로는 도저히 파국을 모면할 수 없게 되어 있다. 그런데 이러한 투기꾼들이 발생하고, 이들이 막대한 투기자금을 형성하여, 각국을 자유롭게 넘나들면서, 투기를 하고 해당국가의 경제를 혼란시킬 수 있게 된 것은, 1980년대부터 본격적으로 시작된 국제금융시장의 여건 변화에 기인한다고 볼 수 있다.

그리고 1990년대 말 현재, 이들 단기 투기성 자금의 교란은 극에 달하고 있어 동남아경제에 대한 일격에 그치지 않고, 조만간에는 부의 편중과 투기로 인한 금융부문의 거품현상이 커질 대로 커진 미국증시를 붕괴시켜, 세계 경제대공황을 유발시키는 촉매제로 작용할 것이 확실시된다.

세계는 1980년대부터 선진국을 시발로 금융시장 개방시대를 연 이후 1990년대에 들어서는 개도국들도 여기에 참여함으로써, 자본의 국가간 이동이 자유로워졌다. 특히 1990년대 중반부터는 WTO체제의 출범으로 회원국들의 금융시장 문턱이 더욱 낮아지고 있다. 그리고 단기적 차익을 노리는 투기성 자금은 이같은 자본시장 개방화 흐름을 타고 빠른 속도로 증가하면서 거의 아무런 제약없이 국경을 넘나들 수 있게 된 것이다.

특히 단기 투기성 자금들이 결집되어 만들어진 '헤지펀드'라는 대규모 자금은 소위 '지렛대 방법'이라고 하는 신용거래 방법(마치 우리나라에서 신용으로 주식을 매입하는 방법과 같은)을 이용하여 자기자금의 거의 10배까지 되는 큰 규모의 거래를 할 수 있게 되었다. 그리고 이 헤지펀드 역시 금융시장의 개방조류를 타고 각국의 시장을 넘나들면서 투기를 자행하고 있다. 특히 최근에는 이 헤지펀드가 '금융파생상품'이라고 하는, 거래상 위험도가 매우 높아 금융시황에 극도로 민감하게 반응하는 상품의 거래에까지 깊숙이 개입하게 되었다. 이에 따라 거래주체는 투자대상국의 금융시황 및 전망에 극도로 민감하게 반응하면서, 컴퓨터의 버튼 하나로 각종 금융상품을 매도한 후 그 국가를 떠날 수 있어, 해당국가의 금융시장 안정에 큰 부담을 주고 있는 것이다.

이와 같은 국제투기성 자금의 신속한 이동으로 야기되는 국제금융시장의 교란은 1994년부터 본격화되기 시작하였다. 1994년 말의 멕시코 통화위기나 현재 진행중인 동남아시아의 금융위기는 이들 투기자금이 깊숙이 개입한 결과이다. 말레이시아의 총리가 이번 금융위기를 조장한 주인공으로 지적하여 극단적인 비난을 퍼부은 미국인 소로스라는 사람은 이러한 자금을 운영하는 대표적인 금융전문가이다. 최근 우리나라의 중앙은행 총재와 대통령 당선자가 외환위기 극복책의 하나로 '협조를 부탁'할 목적으로 이 사람을 직접 또는 전화로 만난 것은, 이들 국제투기꾼들이 얼마나 막강한 영향력을 가지고 있는지를 잘 설명하는 사례라고 하겠다.

3. 국제 금융시장을 교란시키는 투기성 자금의 거대화 — 부와 투기의 결합

그런데 이처럼 근년에 들어와서 국제금융시장을 교란시키고 있는 투기성 자금이 — 일개 국가의 금융 및 외환정책으로는 도저히 그 교란을 방지하기 어려울 정도로 — 거대화된 이유는 과연 무엇인가? 그것은 1980년대 초부터 시작된 왜곡된 자유방임적 경제논리의 확산 등으로 인한, 일련의 자본주의 말기적 현상인 부의 극단적인 편중과, 편중된 부의 투기 가능성 확대라고 정리할 수 있다.

1930년대의 대공황으로 주식이 휴지화되고 많은 기업과 은행들이 파산하면서 부의 편중현상이 해소되었다. 그러나 다시 1960년대부터 부의 편중이 새현되기 시작하였으며 1980년대부터는 그것이 매우 빠른 속도로 진행되어왔다. 이같은 현상은 모든 선진국은 물론 신흥공업국들에서도 예외없이 나타나고 있다. 통계에 의하면, 부의 편중도를 간접적으로 나타내는 지니계수(지니계수가 0이면 소득의 분배가 완전 평등, 1이면 완전 불평등을 나타냄)가 영국에서는 1977~91년의 짧은 기간 동안 0.23에서 0.34로 급증하였다. 부의 편중이 여타 선진국에 비해서 높았던 미국의 경우는 1960~92년 기간에 0.35에서 0.40으로 심화되었다.

그런데 이같은 부의 편중현상이 심화된 데에는 여러가지 요인이 복합적으로 작용하였다고 볼 수 있다. 우선 1970년대 이후 세계교역의 확대 및 다국적기업의 활동 등으로 무역회사, 다국적기업, 대자본기업의 이윤이 늘고, 이에 따라 이들의 실질적 소유주인 부유층에 세계의 부가 집중되어왔다. 그리고 1980년대부터는 미국의 레이건, 영국의 대처, 서독의 콜 등으로 대표되는 소위 '신보수주의자'들의 경제논리가 세계적인 유행병처럼 번짐에 따라 부유층의 소득 및 부가 급속히 증가될 수 있었다. 즉, 이 신보수주의 경제정책은 '작은 정부'와 '규제철폐'를 강조하면서 법인세 및 소득세율을 인하하고 기업의 이윤추구활동을 거의 무제한적으로 허용함으로써 부의 급속한 형성을 초래한 것이다. 또한 1980~90년대에는 세계적으로 은행의 여신확대, M&A(합병 및 인수), 주식시장의 호황 등이 부유층의 부를 증대시키는 데 크게 기여하였다.

이처럼 비교적 단기간에 형성된 부는, 1980년대 후반부터 본격적으로 시작된 세계금융시장의 개방과 각종 투기성 금융상품의 개발에 힘입어 투자의 기회가 확대되면서 더욱 큰 부를 낳게 되었다. 즉, 1980년대부터 시작되어 1990년대에 들어와서 더욱 기승을 부리고 있는 각종 '재테크' 및 '재테크 상품'은 일확천금의 꿈을 이루고자 하는 투기정서를 자극하면서 부를 증대시키는 데 기여하고 있는 것이다. 그리고 1990년대 중반에 들어서면서는 각종 금융상품의 거래에 기관투자가들은 물론 개인들까지도 마치 열병에 걸린 것처럼 몰려들어, '돈 놓고 돈 먹기'식의 놀음판을 벌임으로써 국제금융시장이 광란의 장으로 과열되어왔다.

과거에는 재테크 상품으로 고수익을 올리려고 하던 주체들이 전문적인 금융브로커들에 한정되었으나, 1990년대 중반 이후에는 제조업 분야의 일반 기업들, 은행 등 전통적인 보수적 금융기관, 그리고 심지어는 공공단체나 지방자치단체 등 전혀 전문성이 없는 주체들까지도 '투기목적에 사용되어서는 안될 자금'을 가지고 이 위험스런 국제투전장으로 몰려오고 있는 상황이다. 그 중에는 일확천금을 하는 경우도 있지만 큰 피해를 본 경우도 많다. 근년에 있었던 영국 베어링스 은행의 파산은 아직도 생생한 기억으로 남아있으며, 미국의 거대기업인 '프락터앤갬블' 사의 투기손실, 그리고 캘리포니아의 '오렌지카운티'라는 지방자치단체의 파산 등은 모두 이 위험한 투기장의 희생자들로 기록되고 있다.

4. 허약해질 대로 허약해진 실물부문 ─ 1930년대 대공황 이후의 최대 침체

한편 이와 같은 과열상태를 유지해온 국제금융시장에 비하여 실물시장은 어떻게 전개되어왔는가? 세계 제2의 경제규모를 가지고 있는 일본이 1990년부터 지금까지 1930년대의 대공황 이후 가장 심각한 장기침체에 빠져있으며, 독일이 구심점을 이루는 유럽경제 역시 매우 낮은 경제성장률을 지속해오고 있다. 그리고 이들 국가들은 국제경쟁의 높은 파고를 헤쳐나가기 위한 방안으로 자동화, 감량경영, 생산시설의 해외이전 등의 방법을 택함으로써 고용사정이 악화되어왔다. 이들 국가는 거의 예외없이 1930년대의 경제대공황 이후 가장 높은 실업률을 보이고 있으며, 이러한 고실업속에서 실질임금은 정체하거나 하락하고 있어 근로자의 구매력이 약화되고 국내수요가 부진해지는 허약체질의 경제구조로 진행되고 있다.

일본은 1990~96년의 오랜 기간 동안 1퍼센트대의 성장률을 유지하는 데 그쳤으며, 1997년 2/4분기까지의 연평균 성장률은 마이너스 0.2퍼센트였다. 이는 1970년대 및 1980년대에 보인 연평균 4퍼센트의 성장과 비교할 때 일본경제가 심각한 구조적인 문제에 봉착해 있음을 시사하는 것이다. 그리고 장기침체는 드디어 소비자 및 생산자 물가의 마이너스화로 연결됨으로써, 기업의 채산성을 더욱 악화시키고, 나아가서 종신고용제의 퇴조 및 신규채용의 억제 등으로 1996년부터는 실업통계를 작성하기 시작한 1953년 이래 가장 높은 분기별 실업률인 3.3~3.5퍼센트대를 초래함으로써, 실물시장의 근간이 되는 기업투자와 소비자 구매능력을 동시에 동결시키고 있다.

세계경제의 또하나의 견인차라고 할 수 있는 유럽 역시 경제의 구조 조정속에서 오랜기간 실물부문이 활기를 보이고 있지 못하다. 세계경제의 개방화 흐름속에서 유럽의 기업들은 국제경쟁력을 강화해야 했고, 정부는 유럽통합의 요건으로 제시된 재정적자의 대 GDP 3퍼센트 수준 이하를 1997년 말까지 달성해야만 되었다. 이러한 기업경영 환경 및 경제정책 여건은 결국 인건비 감축을 위한 투자의 해외이전, 고용감축, 정부재정 지출 축소 등으로 이어져서, 국내 산업활동의 위축, 고실업, 실질임금의 정체 내지 하락을 초래하고 있다. 이로 인하여 유럽은 전후 가장 긴 침체를 겪고 있다.

그러나 금융부분인 증시는 근년에 들어와서 과열조짐을 드러내는 바람직하지 못한 현상을 보여왔다. 특히 지난 1년 동안에는 대부분의 유럽국가들에서 20~50퍼센트대에 달하는 주가상승의 과열현상이 나타나는 등 실물부문과 금융부문의 불균형이 심화되고 있다. 이같은 불균형의 주원인은, 경기의 장기간 침체에도 불구하고 감원 및 감세 등으로 기업의 이윤은 증가하고 부유층의 부는 늘어가는 상황이 전개되어왔으며, 그 축적된 부가 증권시장으로 몰려 투기를 부추기고 있기 때문이다. 실물경제의 장기간 부실속에서 증시가 활황을 보인다는 것은 매우 위험한 현상으로, 그 거품이 파열되는 것은 단지 시간문제일 뿐이다.

미국의 경우는 경제성장률, 투자율, 실업률 등 거시경제 지표상의 경기 상황을 나타내는 수치들이 양호한 것이 사실이다. 그러나 경제의 내면을 들여다 보면, 재정적자 및 국제수지적자가 자국의 경제규모를 감안하더라도 지극히 높은 수준에서 유지되고 있으며, 빈부의 격차가 심화되고 중산층의 폭이 엷어지면서, 넓어진 저소득층의 실질임금은 감소되는 반면에 부채비율은 높아지는 등, 미국경제의 내수기반의 건실성이 잠식되어 왔다. 즉, 정부와 민간 양대 부문 모두가 미국시장으로 몰려드는 외국자본을 손쉽게 얻어서 겉으로만 화려한 살림을 꾸려온 상황이라고 할 수 있다. 이와 같이 외채에 의존한 소비수요의 지지에 의해 지탱되어온 경제

란 매우 허약하여 외국자본의 회수나 증시붕괴가 있을 경우 쉽게 무너져
내릴 수 있는 것이다. 국가나 가정의 경제는 많은 면에서 유사성을 띤다.
빚으로 유지되는 개인 살림이 그 빚이 계속적으로 불어날 때 얼마나 오래
가겠는가?

5. 세계경제의 진로는? - 금융위기로 시작될 세계 경제대공황

위에서 살펴본 바와 같이 세계경제를 주도하고 있는 선진국의 경제는
실물부문의 부실과 금융부문의 과열로 인하여 조그마한 악재의 돌발에도
쉽게 무너져내릴 수 있는 상황에 도달하였다고 본다. 그리고 그 악재는
요즈음의 아시아 경제위기에서 경험하고 있듯이 도처에 잠복하고 있는 상
황이다. 현재의 세계경제를 사람에 비유한다면, 마치 몸을 지탱하는 하체
(실물부문)는 혈액(소비 및 투자수요)의 부족으로 약해질 대로 약해진 반
면, 머리와 상체(금융부문)는 너무나 비대해져서 더이상 걷기(경제성장)가
힘들 뿐만 아니라 조그마한 돌뿌리(악재)에도 넘어질(경제공황) 수 있는
상황이라고 진단할 수 있다.

아직까지 세계가 경제공황으로 빠져들지 않은 것은 병이 덜 심각한 미
국경제가 그나마 버티어나가고 있기 때문이라고 본다. 세계경제의 대들보
라고 할 수 있는 미국은 자유무역을 강조하는 WTO체제하에서 여타 국가
들에 비해 유리한 입장에 있으며, 미국금융시장으로 국제자본이 계속적으
로 유입되고 있어 외채의존의 '외화내빈' 경제를 지탱할 수 있는 것이다.
그러나 국내외 자본의 유입으로 수년 동안 지나치게 과열되어온 미국의
증시는 악재가 발생할 경우에 즉각 붕괴될 것이며, 이것은 미국의 실물경
제는 물론 이미 중병을 앓고 있는 세계경제에 치명타를 가할 것으로 전망
된다.

그런데 미국증시 붕괴에 가장 결정적인 악재가 될 수 있는 것은 일본의
금융위기라고 하겠다. 미국의 '외화내빈' 경제를 지탱해주고 뉴욕증시의
과열에도 일익을 담당하고 있는 일본자금은 일본 자국내의 금융위기가 올
경우에 더이상 미국시장에서의 '돈줄' 역할을 해줄 수 없기 때문이다. 미

국의 돈줄이 되고 있는 일본의 생명보험회사 및 시중은행들은 국내의 부실채권 및 주가하락으로 인하여 1995년부터 자본잠식 등 심각한 위기를 겪어왔다. 특히 계속되어온 엔화하락은 일본 금융기관의 해외자금 조달비용을 높여왔으며, 극히 최근의 해외 자본시장에서의 '일본 프리미엄' 인상은 이같은 조달비용의 상승을 더욱 부채질하고 있는 상황이다.

이같은 어려운 여건속에서도 일본 금융기관들이 그나마 버티어나올 수 있었던 것은 다행히도 미국의 주가상승으로 인한 대미 주식투자 이익이 높아서, 이 주식을 부분적으로 매각하여 그 매각대금으로 국내에서의 자금위기를 막아내어왔기 때문이다. 그러나 최근 엔화가 더욱 떨어져 소위 마지노선이라고 하는 130엔대로 진입하게 되고, 일본 프리미엄이 더욱 높아지고, 국내주가가 주가지수 마지노선으로 인식되고 있는 14,000대 이하로 하락하는 등 일련의 비관적 상황이 전개될 때에는, 일본 금융기관들의 미국내 채권 및 주식의 대량매각이 불가피할 것이다. 그리고 이러한 비관적인 상황은 최근의 동남아 및 한국에서 발생하고 있는 금융대란의 직간접적인 영향으로 더욱 그 도래시기가 짧아질 수 있다고 본다.

6. 피할 수 없는 대공황 – 현재의 왜곡된 자유방임적 자본주의는 대공황을 막을 수 없다

영적 지도자인 동시에 정치·경제·사회 등 많은 분야에서 탁월한 이론을 개발한 P. R. 사르카르(1921~1990)와 그의 제자이며 세계적인 경제학자인 라비 바트라 교수에 의하면, 경제대공황은 부의 극단적인 편중과 자본의 투기적 투자가 극에 다다랐을 때 발생하게 되며, 대략 60년의 주기로 발생하면서 부의 편중을 해소시킨다고 하였다. 통계자료를 통한 분석이 가능한 1850년대 이후 현재까지의 기간을 대상으로 볼 때, 대공황은 1870년대와 1930년대에 일어났으며, 그의 해석대로 약 60년의 간격을 두고 일어났다고 하겠다. 그런데 대공황의 원인인 부의 극단적인 편중과 편중된 부의 투기화는 자본주의 경제체제가 지니는 피할 수 없는 속성이라고 할 수 있다. 특히 '시장원리(완전경쟁이 지배하는)'라는 미명하에, 실질적으로는 대자본에 의하여 시장원리가 거의 배제되고 있는 현재의 왜곡된 자유방임적 자본주의체제하에서는, 위에서 말한 대공황의 원인들이 제거되거나 완화될 수 없는 것이다. 특히 1980년대 이후에 발생한 '신보수주의' 사조하에서 교묘한 형태의 정경유착으로 부의 편중이 심화되고 있고, 국제시장의 개방으로 투기의 기회가 확대되는 현 시점에서는 더욱 그렇다. 대공황은 피할 수 없다.

현재는 세계경제를 이끌어가는 미국 등 선진국들은 자본주의가 갖는 단점을 제거하려는 노력을 하기보다는, 오히려 앞을 다투면서 부의 편중 등 자본주의의 역기능이 더욱 발현되는 자유방임적 자본주의 질서로 나아가고 있는 상황이다. 더욱이 공산주의가 붕괴되면서 자본주의는 마치 '전장에서의 승자'처럼 받아들여졌으며, 이러한 세계정서속에서 자본주의의 종주국인 미국은 WTO체제, IMF, 세계은행 등 국제기구에서의 영향력을 이용하여 여타 선진국들과 동조체제를 구축하면서, 중진국, 개도국 등을 자유방임적 자본주의 질서로 몰아가고 있다. 그리고 이러한 상황하에서 한국이나 동남아 국가 등은 자의반 타의반으로 시장을 개방하면서 거대한 파도에 휩쓸리고 있는 것이다.

과거에 자본주의가 지니는 단점을 보완한다는 입장을 취하면서 전통적으로 '큰 정부'를 강조하던 미국의 민주당마저도 ─ 클린턴이 1996년의 연두교서에서 밝힌 것처럼 ─ "이제는 큰 정부 시대는 끝났다"고 표명할 정도가 되었다. 또한 영국, 북구 국가 등 '수정' 또는 '혼합' 자본주의 체제를 유지하던 국가들도 정책방향을 바꾸어 자유방임적 노선으로 나아가고 있다. 이런 나라들은 작은 정부와 재정적자를 내세우면서 과거와는 달리 저소득층의 소득증대에 도움이 될 재정지출을 삭감 내지 억제하고 있다.

한편 선·중진국들은 공히 기업으로 하여금 고용기회를 확대하도록 하는 등 기업의 사회적 책임을 강조하기보다는, 기업의 이윤극대화를 돕도록 기존의 각종 규제를 거의 무차별적으로 완화하고 있다. 또한 기업의 이윤극대화 경영원리를 정부조직에도 적용해야 한다는 주장 아래 많은 공기업을 민영화하면서 고용을 감축시키고 있다. 이러한 정부역할의 변화는 세계화라는 교역장벽의 와해 파도속에서 자국의 기업 내지 경제가 살아남기 위해서 취할 수밖에 없는 자구책이기도 하다. 그러나 이같은 변화는 결국에는 자국의 내수를 견실하게 해줄 수 있는 고용기회와 실질임금을 축소시킴으로써, 실물부문을 위축시킴과 동시에 부를 편중시키는 악순환의 고리를 만들게 된다. 그리고 편중된 부는 국내의 실물부문에 대한 재투자보다는 인건비가 싼 해외로 유출되거나 국제금융시장에서 투기자금화한다.

이와 같이 세계가 대공황의 원인이 되는 부의 편중과 투기 기회의 확대 방향으로 나아가고 있는데, 이런 흐름을 바꾸거나 통제할 수는 없는가? 이들 두가지 대공황의 요인은 '우루과이라운드'로부터 시작되어 현재에 이르게 된 WTO체제가 추구하고 있는 국제간 실물 및 금융자산의 자유방임적 거래질서와 불가분의 관계에 있다. 바꾸어 말하면 WTO체제라는 동전의 양면이라고 볼 수 있는 것이다. 그런데 WTO체제를 받아들여 적극적으로 이를 정착시켜가고 있는 현재의 국제정서를 감안할 때, 동체제에 반하는 장치를 도입한다는 것은 시류에 맞지 않는 정책이므로 세계는 대공황을 피할 길이 없는 것으로 보인다.

우리에게 남은 선택이란, 정작 경제대공황이 있을 때 그 효과를 어떻게 최소화할 것인가를 지금부터라도 강구하는 것이라고 본다.

경제의 큰 흐름은 가장 상식적인 차원에서 종합적으로 바라볼 때 좀더 정확히 파악할 수 있다. 그러나 현재의 경제학의 사조는 경제현상을 종합적으로 묶어서 파악하려고 하기보다는, 단편적이며 단기적인 안목으로 분석하여 얻은 결론에 지나치게 매달리는 경향이 있다. 이러한 현대경제학이 안고 있는 문제점은, 서양의 영향이 거의 모든 분야에서 전세계를 지배하고 있는 실정이고 보니, 학문에 있어서도 분석적인 것을 강조하는 서양의 방법론이 종합적인 면을 중시하는 동양적 사고방식을 압도하고 있기 때문이라고 본다. 그런데 단편적이고 분석적인 방법론은 미시적이고 단기간의 경제현상을 제대로 볼 수 있게 할지는 몰라도, 상식적이고 대국적인 흐름을 놓치게 하기 쉽다. 이 시점에서 아시아경제를 포함한 세계경제의 상황을 바라보는 태도는, 마치 '나무만 보다가 숲의 모습을 놓치는 우'를 범하지 않는 것이어야 할 것이다. (통권 제38호, 1998년 1-2월호)

위기를 넘어 생명의 부활로

IMF 시대 ─ 삶의 위기를 삶의 기회로

강수돌

경제위기는 삶의 위기이다

1997년 말부터 온 사회가 IMF 한파로 얼어붙고 있다. 입춘이 지나고 춘분이 올지라도, 아니 한여름이 오더라도 이 얼어붙은 몸과 마음이 쉽사리 녹지는 않을 전망이다. 이제는 우리의 '아버지'만 고개를 숙이는 것이 아니고 '아들과 딸', 그리고 '어머니' 모두가 고개를 숙일 판이다. 어떤 이는 1~2년만 참으면 되지 않겠느냐 하고, 또다른 어떤 이는 10년은 갈 것이라 한다. 심지어 어떤 사람은 본격적인 M&A(인수 및 합병) 물결이 시작되면 외국자본이 한국 기업과 은행을 죄다 '초토화'시킬 것이라 한다.

다른 한편으로 우리가 매일 만나는 뉴스거리는 매우 우울하다. 신용카드 빚에 못이겨 자살하는 샐러리맨들이 생기고, 고국의 부모들이 생활비를 못 부치겠다고 하자 자살하는 유학생이 생겼으며 노동자들의 월급을 챙겨주지 못해 양심의 가책으로 자살하는 중소기업 사장도 있다. 같이 일하던 부하직원을 정리해고시킨 부장이 가슴이 아파 스스로 목숨을 끊기도 하고 해고가 두려워 불안에 떨다가 자기도 모르게 온 동네 자동차에 불을

강수돌 ─ 고려대 교수. 경영학.

지른 노동자도 생긴다. 경찰이 오기도 전에 불과 몇분 사이에 은행이나 금고를 털어가는 신종 전문가들이 속출하고 있으며, 일자리를 잃은 부모가 제발 밥이라도 먹여달라고 아이들을 보육원이나 고아원에 갖다맡기는 사태도 생긴다. 다섯살도 안된 아이들 셋이 있는 20대 부부가 지방에서 상경하여 강도짓을 하는 우울한 사태도 생겼다. 1930년대 '모던 타임즈'의 채플린처럼 끼니라도 잇기 위해 의도적으로 범죄를 저질러 감옥에 들어가려는 사람도 한둘이 아니다. 대학생들은 '자발적으로' 휴학을 하고 무려 몇달씩 기다려야 할 정도로 줄줄이 군입대를 신청하고 있다. 실직으로 집 잃고 길바닥으로 내몰린 넥타이 부대가 지하철역 등에서 밤을 새기도 하며, 심지어는 갓난아기를 키울 수 없어 남몰래 내다버리는 사례가 갈수록 늘고 있다. 노동력을 파는 노동시장 상황이 어려워지니까 이제는 콩팥과 같은 신체의 일부 자체를 떼내어 팔겠다는 사람이 줄을 서고 있다. 그 와중에 대우조선의 노동자 최대림 씨는 2월 13일, 경제위기 극복의 이름 아래 도입되는 정리해고제와 근로자파견법은 "근로자만 죽이는" 것이라며 "민주노총의 총파업 투쟁에 동참"하기를 호소하는 유서를 남기고 자기 몸을 불사른 뒤 25미터 아래로 투신하여 자살하였다. 그러나 이미 민주노총 비대위는 그 전날 "제2의 외환위기를 막으려면 총파업만은 안된다"는 여론의 압력을 이유로 총파업의 깃발을 접어버리고 만 상태였다.

이러한 현실에 대해 많은 사람들은 장롱속의 달러나 금을 모으고 모두가 허리띠를 좀더 졸라매며 눈감고 뼈빠지게 생산성을 높이면 이 세계화 시대 '제2의 보릿고개'를 무난히 넘기지 않겠느냐고 한다. 그러나 이러한 시각은 삶의 위기를 삶의 위기로 제대로 인정하지 않고 경제위기로, 즉 수익성의 위기로만 바라보는 예전의 패러다임속에 머물러 있다. 따라서 허리띠를 다시 한번 졸라매고 현재의 위기를 탈피한다손치더라도 그 다음 시기에 다가올 또다른 위기에 대해서는 아무런 근본대안이 없다.

우리가 보기에 현재의 경제위기를 제대로 극복하기 위해서는 경제위기를 외환위기나 무역적자 등과 같이 '수익성 위기'의 관점에서 접근할 것이 아니라, 오히려 열심히 일하는 사람들의 '삶의 위기'라는 관점에서 접근해야 한다. 왜냐하면 '경제'란 결국 '먹고 사는 것'을 뜻하기 때문이다. 그래야만 위기의 뿌리를 제대로 다스려, 다시금 경제위기를 극복한다는 이름 아래 오히려 삶의 위기를 심화, 확대시키는 역사적 과오를 저지르지 않을 수 있을 것이다.

이른바 'IMF시대'의 정체는 무엇인가

1997년 12월 3일, IMF 구제금융에 관한 1차 합의서가 맺어지자 언론에서는 '한국경제 신탁통치의 시대'니 '제2의 국치일'이니 하는 말들로 우리의 눈길을 끌었다. 대부분의 사람들은 뒤에서야 알게 되었지만 우리나라 외환보유고가 거의 바닥이 드러나서 하마터면 '국가파산'(모라토리엄)이 선고되고 만사가 끝장이 날 뻔했다는 것이다. 그래서 IMF 구제금융과 같은 긴급조치가 아니었더라면 더이상 한국경제는 존립하기도 어려웠을 것이라는 지적도 있었다.

그러나 다른 한편으로 "도대체 어떻게 해서 나라가 이 지경까지 왔는가" 하는 분노의 목소리가 터져나오기 시작했다. 대통령의 눈치를 보느라고 아래에서 보고를 안했다는 이야기도 있었고, 심각성을 보고는 했는데 차기 대통령에게 떠넘기기 위해 차일피일 미루었다는 이야기도 나왔다. 다른 한편으로는 스스로도 주체할 수 없는 지경에까지 이른 세계금융자본의 움직임이 초래하는 필연적 금융공황을 보여주는 빙산의 일각이라는 보도도 있었고, 조지 소로스 같은 거물급들이 아시아경제를 침몰시키기 위해 의도적으로 만들어내는 금융공작이라는 보도도 있었다.

여기서 우리는 이른바 'IMF시대'를 과연 어떻게 볼 것인가에 대해 정확히 정리하고 넘어가야 한다. 물론 'IMF시대'라는 것을, 단순히 사정이 매우 딱한 경제주체가 국제은행으로부터 돈을 좀 빌려 쓰는 것이니 그렇게 커다란 문제가 아니라고 치부할 수도 있다. 그리고 오히려 이 'IMF시대'의 위기를 기회로 삼아 그동안 하지 못했던 재벌개혁이나 국민경제의 거품제거, 과소비 풍조의 추방 같은 숙제를 효과적으로 해결할 수 있는 절호의 찬스라는 견해도 나타났다. 결국은 'IMF시대'를 우리 사회가 성인이 되기 위해 거쳐가야 하는 하나의 '통과의례'로 보아야 한다는 것이다.

그러나 우리의 견해는 이와 다르다. 이른바 'IMF시대'란 곰곰이 따지고 보면 이미 제2차 세계대전 직후부터 미국자본주의 주도로 세계를 재편하기 위한 일련의 노력이라는 연장선 위에서 보아야 제대로 이해가 된다. IMF는 개발도상국들에게 구제금융을 제공하는 대신 그 나라의 경제구조나 생활방식을 구조적으로 바꾸어 세계시장에 편입시켜내었다. 1980년대에만도 IMF는 약 70개 정도의 제3세계 나라에 개방화, 탈규제화, 민영화, 합리화를 강제하면서 구조조정을 유도하였다. 지금까지 지구촌의 절반에 해당하는 약 100개 정도의 나라들이 IMF에 의해 반강제적인 구조조정을 받은 것으로 추정된다. 그런데 이러한 구조조정 과정은 거의 예외없이 현지의 자급자족적 사회경제시스템을 세계시장 의존적으로, 따라서 자본의 존적으로 불구화시켜내는 것이었다. 그 결과는 자명하게도, 빈곤과 대외의존의 심화, 민주주의의 말살, 자연이나 전통 지역사회의 생태적·사회적 황폐화, 불평등구조의 심화, 자본독재의 강화 등이었다.

IMF가 구체적으로 어떠한 일을 하고 있는지를 과학적으로 인식하고 있는 수많은 지식인, 정치활동가, 언론인들은 IMF에 대해 대단히 비판적이다. 《빈곤의 세계화》라는 책을 쓴 미셸 초스도프스키 교수는 소말리아와 르완다의 굶주림이나 내란 사태도 따지고 보면, IMF를 매개로 한 국제금융자본의 구조조정 요구에 의해 농업을 근간으로 하는 지역경제가 파탄에 이른 것이 주요 원인이며, 나아가 방글라데시의 홍수와 굶주림, 인도의 실업과 중소기업 대량도산 같은 사태들도 이러한 구조조정과 밀접한 관련이 있다고 날카롭게 지적하고 있다. 《기업이 세계를 지배할 때》라는 책을 쓴 데이비드 코튼도, IMF나 IBRD(세계은행) 같은 세계기구는 가난한 나라들을 세계 자본주의체제의 울타리속으로 길들이고 구조조정의 명목으로 외채의존을 일상화시켜 세계자본에 자신의 미래를 갈수록 많이 저당잡히게 만들고 있다고 비판한다. 또 《세계화의 덫》을 쓴 마르틴과 슈만도 1995년 멕시코 페소화 위기를 예로 들어, IMF에 의한 구제금융이란 한마디로, 부유한 소수를 위해 다수의 혈세납부자들이 치러야 했던 가장 뻔뻔

스런 날강도 사건이라 정리하고 있다. 또한 1980년대까지만 해도 IMF 내부의 경제학자로 활동했던 데이비슨 버드후조차도 IMF의 강제적인 구조조정이 제3세계에 주는 고통과 경제구조의 왜곡을 보고서 도저히 견디지 못해 1988년에 자진 사퇴하고 말았다. 그리고 미국의 유명한 카토연구소의 덕 반도우도, "IMF와 IBRD는 전세계적으로 가난한 나라들의 빈곤을 영구화하고 있다"고 비난하였다. 한편 세계경제포럼(WEF)의 클로드 스마자 사무총장은 1997년 9월, IMF, IBRD, WTO 등이 주도하는 "세계화된 경제의 유일한 승자는 미국이며 그 최대의 피해자는 전세계 노동자"라고 비판한 바 있다. 또 지난 2월 3일에 스위스 다보스에서 열린 세계경제포럼에서 국제노동운동 지도자들은, "최근 아시아 금융위기에 대한 IMF의 처방이 노동자의 희생을 대가로 은행이나 투자자본가들의 이익만을 추구하고 있다"고 비난하기도 했다. 자본가들의 친근한 대변지 〈월스트리트저널〉조차도 1997년 9월, "월가의 거물들에게 IMF 구제금융은 무료로 제공되는 보험이나 마찬가지다. 그 대가를 치르는 이는 수많은 무고한 납세자들이다. 세계적으로 운동하는 유동자금을 위해 IMF는 갈수록 새롭고 더 큰 구제금융을 준비하여 투자의 위험을 감소시켜주고 있다"며 맹비난을 퍼부었다. 또한 프랑스의 〈르몽드〉지도 1998년 1월 초에 IMF의 활동에 대한 국제사회의 비판적 여론을 전하는 특집기사를 내고 자크 아탈리 전 대통령 특별고문의 회견을 게재했는데, 그는 "미국 정부가 직접 아시아위기에 개입할 수 없는 상황에서 IMF를 이용하고, 또 IMF는 이 위기를 자신의 권력을 강화하고 정치적 해방을 협상하는 데 이용하고 있다"고 비판적으로 분석하였다. 나아가 그는 "IMF는 전통적으로 소방수 역할을 해서 단지 불난 곳에 물을 뿌릴 뿐, 어떤 예방적 역할을 하는 것은 아니다. 특히 미국의 이익에 봉사한다"고 예리하게 지적하였다. 최근 들어 IMF에 대한 가장 강도높은 비판은 역설적이게도 미국의 최고 권력자였던 조지 슐츠 전 미국 국무장관에게서 나왔다. 그는 최근 〈월스트리트저널〉의 한 기고문에서, "IMF가 위기때마다 금융지원에 나섬으로써 '최종 대부자' 역할을 하는 바람에, 투자자들이 이를 믿고 개도국 등에 무분별한 투자를 감행해

더 큰 위기가 일어날 가능성을 오히려 높이고 있다"고 하면서 "IMF를 없애자"고 강한 어조로 주장하였다. 그는 그 근거로 "지난 1995년 IMF의 지원을 받은 멕시코가 성공사례로 간주되고 있으나 사실상 구원받은 것은 무능한 정부와 무분별한 투기행위를 일삼았던 외국은행들뿐이었으며, 일반 국민들의 생활수준은 오히려 떨어졌다"고 고발하였다.

바로 이러한 흐름이 이제 우리 사회에도 피부로 느껴지게 다가온 것이다. 이제 우리는 판단해야 한다. 과연 우리가 IMF를 취사선택할 것인가, 아니면 IMF가 우리를 취사선택하게 가만히 내버려둘 것인가?

구조조정 ─ 자본합리화인가, 사회혁신인가

여기서 또 한가지 우리가 분명히 해야 할 것이 있다. 그것은 경제(산업)의 구조조정이라는 것이다. 오늘날 IMF가 강제하는 구조조정, 재벌이나 정부가 이야기하는 구조조정, 시민단체나 노동자들이 원하는 구조조정 사이에는 매우 중요한 차이가 있다. 따라서 우리는 이것을 엄격히 구분해서 써야 할 것 같다.

첫째의 의미는 IMF가 요구하는 바, 보호주의적이고 규제위주의 경제구조를 개방적이고 자유주의적인 구조로 바꾸어내어야 한다는 것이다. 그리고 정경유착의 표본인 재벌을 개혁하여 계열사간 상호지급보증을 폐지하고 내부거래를 금지하며 경영과 소유를 분리하라는 것이다. 철저히 시장논리, 그것도 세계시장의 논리를 관철시켜야 한다는 것이다. 이것은 자본과 상품의 자유로운 이동을 원하고 있는 IMF나 IBRD 등 시장 자유주의자들이 '세계화'의 물결속에서 적극 주장하고 요구하고 있는 바이다. 이 과정에서 수십개의 후진국이나 개발도상국들은 기존의 자급자족적 경제구조나 생활방식을 급속도로 파괴당하고 이른바 선진국 모델을 추종하도록 강제되었다. 그리하여 모든 가치판단 기준이 세계시장에서의 상품경쟁력으로 환원되었다. 즉 경쟁력이 있는 것은 바람직한 것이고 그렇지 못한 것은 쓸모없는 것으로 되어버렸다.

둘째의 의미는 노동집약적이고 저부가가치형의 경제구조를 자본집약적

이고 고부가가치형의 경제구조로 전환하자는 것이다. 이것은 특히 개발도
상국의 정부가 경제정책을 추진하면서 기존의 경공업 등 값싼 임금을 이
용한 경쟁전략이 일정한 한계에 부딪치자 이러한 한계를 극복하기 위해
그 돌파구로서 제시하고 있는 것이다. 그러나 이 과정에서 노동배제적 자
동화나 정보화가 가속화되고 따라서 인간노동력은 가차없는 합리화의 대
상으로 전락하여 실업자나 임시직의 형태로 길거리로 내몰리고, 오로지
소수의 고급 기능인력만이 상대적으로 좋은 대접을 받게 되었다.

셋째의 의미는 재벌이나 대기업들이 많이 쓰는 의미로, 경쟁력있고 고
이윤이 나오는 분야(핵심·주력업종)는 살리고, 반면에 경쟁력없고 이윤
이 낮은 분야(주변·한계업종)는 과감하게 정리한다는 뜻이다. 예전에는
같은 그룹 안에서 이윤이 많은 분야는 적자를 보는 분야에 지원을 해주어
서로 보완적인 관계를 유지하였는데, 세계화물결과 더불어 이제는 비효율
적인 부분은 비록 그것이 자기 몸의 일부라 할지라도 과감히 잘라내게 되
었다. 이것은 기업이 만들어내는 재화와 서비스가 사회적인 필요에 맞는
것인지 아닌 것인지와는 상관없이, 단지 보다 많은 이윤을 갖다주는 분야
만을 계속 유지하거나 확장하겠다는 뜻이다. 물론 자본주의사회의 기업은
이윤을 좇아 부단히 움직인다. 바로 그렇기 때문에 이것은 자본주의의 구
조적 한계를 드러내기도 한다. 즉 아무리 기업들이 '고객만족 경영'을 외
치고 다닌다 하더라도 그것이 높은 이윤을 보장해주지 못하는 한, 인간의
사회적 욕구를 충족하는 데 필요한 것을 만들어 공급한다는 이상적 목표
는 '빛좋은 개살구'에 그칠 수밖에 없는 것이다. 따라서 시장경쟁을 통해
서 사회적 자원의 효율적 배분과 삶의 질 향상을 도모하겠다는 발상은 결
코 현실화되기 어려운 것이다.

넷째는 일부 시민단체의 요구처럼 재벌 위주의 구조를 중소기업 위주
의 구조로 바꾸자는 의미의 구조조정이 있다. 이러한 구조조정은 지금까
지 재벌이 혈통과 친족을 매개로 경제적인 합리성이 아닌 전근대적 비합
리성과 정경유착이라는 의혹속에서 급성장을 해왔기 때문에 냉혹한 세계
화의 물결을 헤치고 국제경쟁력을 획득하려면 과감한 재벌해체와 소유와

경영의 분리가 이루어져야 한다는 시각에 바탕을 두고 있다. 나아가 대만이나 독일, 이탈리아 등의 경우에서와 같이, 중소기업체들이 그 고유의 유연성과 기술력을 바탕으로 충실하게 성장한 나라의 국제경쟁력이 강하다는 사실에 착안하여 우리나라도 그렇게 중소기업 위주의 경제구조로 전환해야만 국제경쟁력을 높일 수 있다는 입장에서 여러 시민단체들은 이런 식의 구조조정을 요구하고 있는 것이다. 그러나 이것은 어느 정도 합리적인 측면이 있긴 하지만 다음과 같은 점에서 한계를 가진다. 즉 이 입장은 중소기업도 경쟁력을 획득하고 자본을 축적하면 얼마든지 독점대자본으로 클 수 있어 재벌의 전철을 밟을 수 있다는 점을 간과하고 있고, 다른 한편으로는 이 입장도 세계시장과 국제경쟁력 강화의 틀속에 갇혀있기 때문에, 부단히 생성·소멸되는 수많은 중소기업들 뒤에서 고통을 당하는 수많은 민중들의 '삶의 위기'는 부차적으로만 다뤄지고 있다는 것이다.

　다섯째의 의미는 진정으로 일하는 사람들이 원하는 구조조정으로, 이것은 인간의 사회적 필요와 삶의 질 향상에 도움이 되는 경제분야나 경영방식은 계속 살려나가고 적극 장려하되, 그렇지 않은 것은 과감하게 잘라내는 것을 말한다. 따라서 군수산업이나 공해산업, 사치품산업, 향락퇴폐업, 열악한 노동환경을 강요하는 분야, 중복투자된 분야, 사람들의 민주적 의견에 반하는 투자 등은 과감하게 척결해야 하며, 인간적 필요를 충족시키고 삶의 질을 높이는 데 기여하는 분야는 적극적으로 촉진해야 한다. 그리고 경제과정이나 노동과정을 일하는 사람들의 소망과 욕구에 부합하도록 고쳐나갈 수 있는 생산조직은 계속 살리고 그렇지 못한 조직은 과감하게 제거해야 한다. 바로 이것이 진정한 구조조정이다. 필자의 눈으로는, 현재 진행되는 세계화 물결이나 IMF체제하의 구조조정은 결코 이러한 내용과는 거리가 먼 방향으로 치닫고 있다고 본다. 따라서 IMF나 기업가들의 선전과 홍보에도 불구하고 그러한 구조조정 방식은 '위기'를 치유하기는커녕, 오히려 경제위기를 더 큰 규모로 심화시키고 그 결과 사회적 위기, '삶의 위기'도 범지구적으로 심화시킬 것이다.

정리해고와 대량실업 — 노동유연화인가, 삶의 경직화인가

정리해고의 문제는 1997년 이후로 우리 사회의 최대 쟁점 중 하나가 되었다. 그런데 IMF는 구제금융을 실시하면서 반드시 노동시장의 유연화를 관철시키려 하고 있다. 마침내 지난 2월 6일, 노사정위원회 합의로 인수·합병시 정리해고 및 파견근로제가 합법화되었다. 왜 자본은 정리해고를 비롯한 노동(시장)의 유연화를 원하는 것일까?

시장지배력을 둘러싼 자본 사이의 경쟁은, 겉으로 보기에는 어쩔 수 없는 외적 강제로 보이긴 하지만 사실상은 자본이 자기 몸을 불려나가고자 하는 내적 본성이 밖으로 드러난 것에 불과하다. 따라서 자본 사이의 경쟁에 노동이 동참하는 것은 결국 자본의 증식과정을 도와주는 길이다. 자본의 증식이란 자본이 자기 몸을 불려나가는 것이므로, 바로 이것은 노동에게는 삶이 아니라 죽음을 뜻한다. 그것은 많은 경우 물리적 생명 자체의 죽음도 의미하지만(산업재해, 과로사), 더 중요한 측면은 살아 움직이는 주체성의 죽음이다. 그 이유는 이렇다.

자본A : 자본B 사이의 경쟁관계는 자본a/노동a : 자본b/노동b 사이의 경쟁력 크기에 따라 좌우된다. 이것은 달리 보면 노사관계A : 노사관계B 사이의 경쟁력이고 그것은 자본A와 B 중에서 어느 것이 자기의 노동을 확실히 관리하고 통제하느냐, 즉 어느 자본이 자기 노동의 주체성을 확실히 장악(지배)하느냐 하는 것에 따라 노동생산성과 국제경쟁력이 달라지게 되는 것이다. 그런데 재미있는 것은 설령 자본A가 경쟁에서 패배한다고해도 자본 자체가 이 지구촌에서 사라지는 것은 아니라는 점이다. 금세 또 다른 자본C가 생길 수도 있다. 문제는 자본끼리의 경쟁관계가 지속될수록 각 자본들은 각기의 노동에 대한 지배력을 강화하려는 경쟁을 할 것이며, 이 과정에서 어떤 개별자본의 승패와는 무관하게 자본 일반의 노동 일반에 대한 지배력은 계속 유지, 강화될 것이라는 점이다. 결국 경쟁관계는 지배관계의 외화된 형태일 뿐이다. 따라서 "남들이 모두 경쟁하는데 우리만 게을리하면 패배하지 않느냐" 하는 논리는 자본의, 자본에 의한, 자본을 위한 목소리이든지 아니면 문제의 줄기와 뿌리를 잘못 보는 데서 오는 오류이다.

특히 최근에 신자유주의와 IMF의 공세라는 맥락에서 지배적인 담론으로 되고 있는 노동(시장)의 유연성 강화를 통한 경쟁력 향상 구호는 누구도 거부할 수 없을 것 같은 위력을 지니고 있다. 그러나 세계시장에서의 경쟁력 강화를 위한 유연성이란 자본에게는 자의성을 의미하지만, 노동에게는 '경직성'을 의미하고 있다. 즉 자본은 유연성 강화를 통해 노동력을 자신의 뜻대로 소비하고자 하지만(예컨대, 노동시장의 유연성을 통한 '호출노동자'의 활용과 '정리해고'의 자유화), 노동자는 자본의 유연성을 위해 자신의 삶을 그만큼 종속, 순응시켜야 하며, 따라서 자본의 의지 아래 단단히 묶여버리기에 오히려 '삶의 경직성'이 강화된다고 할 수 있다.

특히 세계적 투자자본의 자유로운 운동이 보장되면 값싼 기업이나 금융기관을 통째로 집어삼키는 운동이 일어날 것이고(M&A), 그 과정에서 만일 노동자들이나 노동조합이 반발하게 되면 자본의 투자위험도는 커질 것이다. 따라서 IMF 등의 자본은 구제금융을 제공하면서도 합법적 정리해고 등 노동(시장)의 유연화가 전제되어야만 한다고 주장하게 되는 것이다. 그러나 노동자가 삶의 시간과 공간, 내용에 대한 주체적인 결정권, 즉 '삶의 주권'을 잃어버린 상태에서 경제가 활성화되고 설사 경쟁에 승리한다한들 과연 무슨 의미가 있겠는가? 그리고 그 승리한 대가로 물질적인 삶의 양을 증가시킨다고 해서 과연 잃어버린 '삶의 주권'을 되찾을 수 있을까?

위기를 기회로

모두들 "위기를 기회로 바꾸자"고 목소리 높인다. 그런데 곰곰이 따져보면 다들 이야기하는 내용이나 방향이 약간씩 다르다. 그래서 이것도 제대로 뿌리와 줄기를 잡고 지나가야 하겠다.

많은 경우 국가부도 사태나 외환 바닥 사태, 또는 국가경쟁력 약화를 위기의 핵심으로 꼽고 있다. 그러나 필자는 위기의 핵심은, 자본이 범지구적으로 인간공동체와 자연생태계를 급속도로 파괴하고 있는 현실속에 있다고 강조하고 싶다. 그리고 나아가 우리 스스로 내면적인 자율성에 기초하여 자립자족적이고 상부상조하면서 서로 즐겁게 살지 못하고, 오히려 우리 자신의 내면세계로부터도 분리된 채, 자본과 시장경쟁의 논리에 종속되어 힘겹게 살고있는 것, 이것 자체도 위기의 핵심을 이루고 있다고 본다. 한마디로 '삶의 위기', 바로 이것이 우리가 진정으로 걱정해야 할 위기인 것이다. 이런 관점에서 보면 'IMF시대'의 위기란 이미 우리가 경험하고 있는 삶의 위기를 더욱 첨예화하고 세계화한 형태로 느낄 뿐이지 새삼스럽게 나타난 것이 아님을 알 수 있다.

따라서 이 위기를 기회로 전화시킨다는 것도 기존의 입장과는 다르게 나타나야 한다. 다시 말해 거품경제를 없애고 정경유착을 척결하고 재벌의 경영방식을 '합리적으로' 재편하여 한국경제의 국제경쟁력을 드높이는 것이 위기를 기회로 전화시키는 올바른 방법이 결코 아니다. 사실상 이것은 굳이 'IMF시대'의 위기가 아니더라도 한국의 자본이 생존을 위해서라도 자체적인 경영합리화의 맥락에서 이미 진행해야만 했던 것이다. 그리고 다른 한편으로, 범국민적 '금모으기 운동'을 통해 미국 달러를 많이 바꾸어온다고 해서 결코 이 '삶의 위기'가 극복되는 것은 아니다. 하루에도 수십조 규모의 자본이 지구촌을 돌면서 수익성 높은 곳을 찾아 초를 다투어 움직이기 때문에, 비록 금이 아니라 자갈돌을 달러로 바꾸어놓더라도 '마파람에 게눈 감추듯' 날름날름 모두 집어삼키고 말 것이다. 따라서 필자는 어차피 남아도는 금괴 같은 것은 달러로 바꾸어 그러한 투기꾼들한테 갖다바쳐도 상관치 않겠지만, 우리가 '사랑'과 '우정'의 징표로 나누어 가지고 있는 금반지나 목걸이 등까지도 그들에게 갖다바쳐야만 할까 하고 회의를 느낀다. 물론 소비절약 운동이나 생태계보전 운동을 펼치는 것은 대단히 소중하고 훌륭한 일이라 본다. 그것은 물질적인 풍요만이 행복의 전부가 아님을 몸으로 느끼는 과정이기 때문이다. 그러나 이것조차도 '삶의 위기'를 '삶의 기회'로 전화시키는 데는 부족한 점이 있다.

그러면 진정한 전화위복의 내용은 어디에 있을까? 그것은 아마도 우리 모두가 지금까지의 경제발전 방식이나 자본주의의 경쟁적 사회경제 패러다임에 대해 그 '근원적 한계'를 인식하고 근본적으로 새로운 사회경제 패러다임을 모색하는 길속에 있을 것이다. 결국 '삶의 위기'를 '삶의 기회'로 바꾸어내는 것이 진정한 대안이다. 그 한가지 방법이 '경쟁의 한계'를 명백히 인식하는 것이다.

만일 지금의 세계화 전략이 비단 우리나라 기업과 정부에 의해서만 추구되는 것이 아니라 세계의 거의 모든 나라들이 추진하는 것이라면, 그리하여 범세계적 경쟁이 지구촌 곳곳으로 확대되는 것이라면 과연 그 귀결은 무엇일까? 특히 수천개에 이르는 초국적기업의 확장과 하루에도 지구를 수십바퀴씩 돌아다니는 세계금융자본은 이 범지구적 경쟁에서 몇몇 소수의 기업과 그에 관련된 소수층만이 살아남도록 만들고 있다. 이러한 세계화된 경쟁 물결의 결론은 명백히 범지구적 사회분열과 생태계 파괴이다. 나는 이것을 '경쟁의 한계'라 부르고자 한다. 이는 크게 세가지 문제를 지적하고 있다. 그것은 첫째, 경쟁을 어느 한 기업 또는 어느 한 나라 입장에 국한된 시각으로 볼 때에만 '노사 모두가 성공하는 것'이 가능할 뿐이지, 사회 전체 또는 지구촌 전체로 보면 실패하는 기업, 따라서 실패하는 노사가 생기기 마련이라는 것이다. 예컨대 이 지구촌의 수많은 사람과 수많은 기업 중에 단지 20퍼센트만이 경쟁에서 성공할 수 있다면, 우리는 그 패배한 80퍼센트의 나머지 기업과 나머지 사람들에 대해서는 '사회적 책임'을 지지 않아도 될 것인가?

경쟁의 한계가 지적하는 두번째 문제는, 일단 한번 성공한 기업의 노사가 앞으로도 영원히 성공할 수 있느냐 하는 문제이다. 이들이 계속 성공할 수도 없긴 하지만, 그렇게 하기 위해서라도 지속적으로 잠재적 경쟁자를 물리치기 위한 노력을 해야 한다. 다시 말해 갈수록 허리띠를 졸라매고 노동의 효율 및 경영의 효율을 높여 노동강도를 높여야 한다. 물론 이것이 기업 특유의 기술(제품기술, 생산기술, 공정기술, 경영기술 등의 혁신)을 통해 어느 정도까지는 성공할 수 있겠지만, 문제는 이것에도 한계가 있다는 것이다. 예컨대 경쟁업체를 따라잡기 위해서 또는 추격을 뿌리치기 위해서 더이상 버티기 어려운 정도로 노동강도 및 스트레스가 강화되는 경우, 또는 노동자나 노조가 수용하기 어려울 정도로 경영측이 노동자들의 소망과 의견을 반영하지 못하는 경우에 그러한 한계에 봉착한다.

세번째 문제는 이 무한경쟁 과정에서 각 기업들이 그 상품경쟁력을 높이기 위해 원가절감 차원에서 흙, 물, 공기, 나무나 원유와 같은 값싼 원료를 채취, 운반하느라고 지구촌의 유한한 자연생태계를 더욱 가속도로 훼손하여 결국에는 우리 모두의 삶의 토대를 허물어뜨리고 있다는 점이다. 그 결과 지구온난화 현상이나 엘니뇨 현상, 그리고 최근의 인도네시아 산불사태 및 그로 인한 자연과 인간의 재난 등이 갈수록 많이 나타나고 있다. 이제 지구 자체도 각 기업별 무한경쟁을 더이상 참아내지 못하겠다고 소리없는 비명을 지르고 있는 셈이다. 물론 이러한 점을 재빨리 알아차린 기업들은 '녹색상품'(기계나 원료, 소비재)을 개발하여 자연생태계 문제를 재빨리 상품화하고 있지만(예를 들어 환경친화적 상품, 환경경영) 이것 역시 한계가 있다. 모든 기업이 그렇게 할 역량이 부족할 뿐더러 경쟁의 압력이 존재하는 한 모든 제품을 그렇게 만들기도 힘들다.

이와 같이 세계시장을 둘러싼 경쟁이란 모든 가치판단의 기준을 상품경쟁력에 둔다. 시장경쟁력이 없는 상품은 아무런 인정을 받지 못하고 폐기처분된다. 따라서 그 상품을 생산한 노동도 아무런 사회적 인정을 받지 못하고, 결국은 그 노동을 수행한 노동자가 쓸모없는 존재로 평가받는 것이다. 요컨대 대다수의 경쟁력없는 사람은 이 경쟁사회에서 아무런 인정을 받지 못한다는 것, 바로 이것이 시장경쟁이 지니는 가장 근본적인 한계가 아닐까?

따라서 '경쟁의 한계'를 극복하고 진정한 대안을 찾는 길은, 우선 노사모두가 '경쟁의 한계' 자체를 솔직히 인정하고, 다음으로 더이상 경쟁과 분열이 아닌 '연대와 협동의 원리', 자연과 인간이 분리된 것이 아니라 인간이 자연의 일부라고 보는 '겸손과 외경의 패러다임'에 기반한, 진정한 '자율공동체'를 건설해 나가는 길 속에 있을 것이다. 현실적으로 쉽지도 않고 장구한 세월을 필요로 하기도 하겠으나, 근본적으로 우리들의 생존조건을 시장에서 경쟁하는 기업의 생존조건에 종속적으로 얽매이지 않도록 만들어야만 진정으로 '삶의 위기'를 극복하고 오히려 '삶의 기회'를 확대할 수 있을 것이다. 확실히 어려운 문제이긴 하나 우리가 '삶의 희망'을 가지고 의식적인 노력을 하는 한, 결코 불가능하지는 않다는 것이 우리의 믿음이다.

새 정부의 경제개혁 — '패러다임 전환'이 필요하다

앞서 살핀 대로, 1997년 12월 초, 김영삼 정부가 국제통화기금으로부터 긴급 구제금융을 수혈받기 위한 1차 합의서에 서명한 뒤 'IMF시대'라는 말이 온 사회를 짓누르고 있다. 무엇보다도 'IMF시대'란 나라 경제 전체가 파산 문턱에 있다는 뜻이기에 이 사실 자체만도 모두의 기를 죽이고 있다. 그 위에 우리를 한번더 짓누르는 것은 '일자리 위기'이다. 일자리란 오늘날 자본주의 사회에서 인간이 생계를 유지하기 위한 소득원일 뿐만 아니라, 그를 통해 인간의 사회적 정체성을 확인하고 발전시키는 매개물이기도 하다. 따라서 일자리가 하루아침에 사라지는 경우에 우리는 경제적 생명뿐만 아니라 사회적 생명마저 위험에 처함을 느낀다. 그렇다면 우리는 다음과 같은 질문을 던져야 한다. 도대체 어떻게 해야 이러한 '경제위기'의 뿌리를 뽑을 수 있을까? 이를 위한 새 정권의 과제는 무엇일까?

국제통화기금의 구제금융 시점에 역설적이게도 우리나라는 선거를 통한 여야 정권교체를 맞이하게 되었다. 김대중 정권은 우선 경제, 통일·외교·국방, 사회·문화·복지, 정무·법무·행정 등 각 분야별로 총 '100대 과제'를 밝히고 있는데, 그 중에서도 경제분야는 40개를 차지, 가장 중요하게 다뤄지고 있다. 새 정부 구상에 따르면, 기본적으로 시장과 민주주의의 결합이라는 원칙을 견지하되, 경제의 투명성과 공정경쟁을 기치로 재벌개혁과 금융개혁, 민간자율 확대, 경제구조조정, 노동시장 유연화 등을 통해 현 'IMF시대'의 '경제위기'를 극복하고자 한다. 특히 눈앞의 '위기'를 조속히 극복키 위해 새 정권은 기업경쟁력을 드높이고 이를 토대로 수출진흥을 하고자 한다. 인수위에 따르면 이러한 목적을 위해 대통령이 직접 주재하는 '무역·투자 촉진 전략회의'를 설치해 무역확대와 적극적 외국인 투자유치에 나서려 한다. 물론 새 정권의 경제과제속에는 농어촌, 교육, 국방 등의 분야에 대한 모든 투자사업을 '영점기준'에서 재점검하여 우선순위를 조정한다는 안도 들어있지만, 기업경쟁력 강화와 수출증진이라는 기존의 경제성장 틀을 별로 벗어나지 않는다.

필자가 보기에 새 정권이 그 정치경제적 정당성과 효율성을 동시에 입증해 보이기 위해서는 다음과 같은 기본 시각을 바탕으로 나름의 경제철학을 정립하여 보다 진지한 자세로 '패러다임 전환'을 모색해야 한다.

첫째, '경제'란 앞서 말한 대로, 사람들이 먹고 사는 일이다. 그렇다면 '경제위기'란 수익성의 위기 이전에 '삶의 위기'로 재규정되어야 한다. 새 경제과제속에는 이러한 원칙적 입장이 드러나지 않을 뿐 아니라, 이것을 중심으로 다른 과제들을 묶어세우는 내적 일관성도 없다.

둘째, 일하는 사람들이 하루하루를 신바람나게 살아가기 위해서는 미래에 대한 비전(꿈)을 가질 수 있어야 한다. 즉 비록 오늘은 일이 힘들어도 다음 달이나 내년이면 좀더 나은 생활이 가능하다는 기대를 가질 수 있어야 한다. 그러나 새 경제과제속에는 비록 노동자들이 고통분담, 아니면 더 심하게 '고통전담'을 하더라도 결코 모두가 골고루 잘사는 밝은 내일이 올 것이라는 전망이 안 보인다.

셋째, 범지구적 시장경쟁의 물결을 강요하는 세계화와 경쟁의 '한계'에 대한 문제의식이 부재하다. 앞서 살핀 대로 '경쟁의 한계'는 결국, 소수의 승리자와 다수의 패배자로 분열되는 과정일 뿐만 아니라, 경쟁력 강화를 위한 '생산성' 증대 과정이 불행히도 '파괴성'의 증대로 나타나고 있는 데 있다.

만일 새 정부가 이러한 기본 시각에 바탕을 두고 경제개혁을 제대로 하기 위해서는 크게 두가지 측면에서 '패러다임 전환'이 일어나야 한다. 그 하나는 인간과 인간 사이에 더이상 '경쟁과 분열'이 일어나는 것이 아니라 오히려 '연대와 협력'을 할 수 있는 경제구조를 만드는 것이다. 다른 하나는 인간이 자연을 단지 개발과 이용의 대상으로만 바라보는 '오만과 남용'의 패러다임이 아니라, 인간이 자연의 일부로 태어나 그 품안에서 고맙게 살다가 조용히 그속으로 돌아간다고 하는 '겸손과 외경'의 패러다임을 가져야 한다.

이렇게 근본철학이 다시 정립되고 이에 대해 사회적 공감대가 넓어지면, 그때서야 비로소 우리는 보다 구체적인 개혁을 논할 수 있다. 이런 관점에서 시급한 경제개혁의 구체적 과제는 다음처럼 정리된다.

첫째, 일자리 위기의 해소는 실업보험이나 일자리 알선과 같은 사후적 방책이 아니라 새로운 고용창출이나 노동시간 단축 등 사전적 방책을 통해 이루어낸다.

둘째, 노동시간 단축과 더불어 임금수입 감소가 불가피하다면, 주택·교육·의료·육아제도 등을 바꾸어 임금지출 부분을 더 크게 줄여 '삶의 위기'를 해결한다.

셋째, 일자리 자체의 유지나 확대도 중요하지만, 보다 더 중요한 것은 '일의 내용'이다. 과연 우리가 하는 일의 내용이 사회적 필요의 충족이나 삶의 질 향상에 도움이 되는 것인지, 아니면 별 의미없는 것인지 지혜롭게 따져봐야 한다. 그래서 그에 도움되는 것이면 더욱 촉진, 장려하고 그렇지 않으면 하나씩 척결해야 한다.

넷째, 바로 그러한 맥락에서 경제의 구조조정도 이뤄져야 한다. 다시 말해 사회적 필요의 충족이나 삶의 질 향상에 도움이 되는 분야는 계속 살려나가고, 그렇지 못하면 정리해야 한다. 한마디로, 우리 모두의 건강과 인격의 발전, 그리고 공동체나 생태계의 건전한 발전에 도움이 되는 경제 분야나 경영방식은 더욱 장려하되, 그렇지 못하면 단호하게 정리할 필요가 있다.

여기서 주의할 것은, 이러한 개혁을 우리만 추진하면 아무런 의미가 없다는 점이다. 이것이 의미있는 것이 되기 위해서는 지구촌의 모든 사회가 이와 같은 원칙과 방향 속에 함께 움직여야 한다. 만일 이 지구촌 사회 모두가 '경쟁의 한계'에 대한 인식을 공유하고, 더이상 대외종속과 지배, 분열과 경쟁의 원리가 아니라, 자립자족과 상부상조의 원리를 기본으로 하는 사회경제체제를 발전시키려는 의지만 확고하다면, 바로 그순간 우리는 더이상 '경쟁의 압력' 때문에 어쩔 수 없다는 구태의연한 주장을 되풀이하지 않아도 된다. 그리하여 각 사회는 서서히 자율자치와 자립자족을 원칙으로 하되 서로 부족한 부분은 끈끈한 유대로 연결된 이웃사회와 함께 해결하는, '네트워크형 자립자족 공동체'를 발전시켜 나갈 것이다. 그렇게되면 '삶의 위기'는 분명히 '삶의 기회'로 바뀌고, 나아가 이 지구촌 사회는 '삶의 희망'이 흘러 넘치게 될 것이다. (통권 제39호, 1998년 3-4월호)

'세계화'의 타파를 위하여

데이비드 코튼

　지금 당신은 대기업과 현재의 경제구조에 대한 비판자가 되었지만, 한때는 그러한 전통적인 기구들을 위해서 일하였습니다. 그렇게 큰 변화의 원인이 무엇입니까?

　그것은 내가 개발이라는 것이 말 그대로 기능을 하지 않는다는 것을 실제로 인식하게 되었기 때문입니다. 우리는 많은 개발프로젝트를 경험하고 있지만, 그런 것이 제대로 작동하고 있는 경우를 볼 수는 없습니다. 무엇인가 특별한 사정이 있어서일 거라고 말하기는 쉽습니다. 그러나 나는 이것이 예외적인 것이 아니라 전형적인 경험이라는 것을 깨닫기 시작했던 것입니다.

데이비드 코튼(David Korten)은 한때 하버드대학의 경영학 교수를 지냈고, 유엔기관의 요원으로서 동남아시아의 개발계획에 현지에서 오랫동안 관여해왔다. 동남아시아에서의 다년간에 걸친 '개발' 체험끝에 그는 오늘날 세계를 휩쓸고 있는 주류경제학과 사회발전이론의 근원적인 허구성을 깊이 성찰하게 되었고, 그 결과 미국 뉴욕으로 되돌아가 독립적인 이론-사회활동가로 변신하여 '민중이 중심이 된 발전 포럼'을 시작하였다. 1995년에 '세계화' 비판을 겨냥한 저서 《기업이 세계를 지배할 때》를 발간하였다. 여기 소개하는 대담기록은 1996년 5월 스페인에서 열렸던 한 국제적 모임에서 *New Renaissance*의 편집자와 나눈 이야기이다.

나는 개발을 통하여 사람들이 빈곤과 비참으로부터 벗어나지 못하고 있음을 내가 살고 있던 곳에서 보기 시작하였습니다. 뿐만 아니라 문화와 환경이 점차로 파괴되는 것을 나는 보았습니다. 그래서 나는 "이것은 특정 지역의 문제인가, 아니면 도처에서 예외없이 일어나는 일인가?" 하고 묻기 시작하였던 것이죠. 주위를 좀더 둘러보고 통계들을 찬찬히 살피기 시작하자 이것이 도처에서 일어나는 문제라는 것이 명료해졌습니다. 저소득 국가들에서만 아니라 산업국가들에서도 빈부의 차이는 갈수록 벌어지고 있습니다. 그래서 경제적 불안이나 빈곤상태로 내몰리고, 거처할 집이 없이 거리를 헤매는 사람들이 갈수록 많아지고, 환경이 망가지고 있는 겁니다. 예를 들어 미국 서북부 지역에 있는 내 고향만 하더라도, 내가 젊었을 적에는 숲이 장관을 이루고 있었지요. 오늘날 그 나무들은 다 베어지고 말았습니다. 그리고, 도시의 중심부를 보십시오. 범죄가 들끓고 사회적 유대는 붕괴되었습니다. 이것은 체제의 문제이지, 특정지역에 국한된 문제가 아닙니다. 전지구적 규모에서 무엇인가 근본적인 잘못이 있는 것입니다. 우리는 그게 무엇인지 판정해서 논의의 대상으로 삼아야 합니다. 그렇지 않으면 생태계 및 사회시스템의 붕괴와 더불어 우리는 자멸하게 될 것입니다.

단기적인 관점에서 그것을 어떻게 문제삼아야 할까요?

첫째는 경제성장의 추구 ─ 다시 말하여 더 빨리 소비함으로써 우리가 문제를 해결할 수 있을 것이라는 논리가 잘못된 것임을 명확히 해야 합니다. 설령 소비할 만한 돈을 가진 사람들이라 하더라도 소비를 통해서 만족스러운 삶을 얻을 수는 없습니다. 둘째, 대부분의 사람들이 점점더 가장자리로 밀려나고 있기 때문에 소비능력을 가진 사람들이 갈수록 적어지고 있습니다. 그리고 셋째, 소비의 삶은 모든 부의 토대인 생태계를 파괴하고 있습니다.

다른 한편으로, 성장이라는 이름으로 경제의 세계화와 탈규제화 쪽으로 가면서 결정권이 사람들로부터 제도화된 기구들에게로 옮겨가고 있는데,

이 기구들은 전혀 아무런 통제를 받지 않고 있습니다. 그것들은 세계적인 규모의 금융시장과 대기업들의 이익을 고려할 뿐입니다. 이러한 권력의 공고화와 집중화는 엄청나고, 또 가속화하고 있습니다. 이 기구들은 사회의 건강이나 생태계에 대해서는 완전히 눈멀어 있습니다. 그런 위기가 그들에게는 보이지 않고, 시장시스템에 반영되지 않습니다. 이러한 기구가 절대적인 목적 ─ 그것은 처음부터 끝까지 이윤, 더 많은 이윤입니다 ─ 밑에서 추구하고 있는 것은 점점더 많은 비용을 사회에 전가시킬 수 있도록 경제시스템을 수정하는 것입니다. 기아임금으로 노동자를 고용하고, 고용된 노동자들을 육체적으로 파괴시키는 조건속에서 작업하게 하고, 세금을 덜 냄으로써 그들은 사회적 인프라에서 자신들의 몫을 지불하는 대신에, 당신이나 나 같은 사람이 보조금의 형태로 그 비용을 물게 하고, 그 결과 공공기금을 고갈시키고 있습니다. 그리고 이제는 언론도 기업이 되어버렸습니다. 사람들의 경험과 가치로부터 성장해온 우리의 모든 문화적 재생산 과정도 이제는 텔레비전과 기업과 광고주에게 장악되어버렸습니다. 매스미디어를 통해서 우리는 우리의 인간성을 고양시켜주는 것이 아니라 기업의 필요에 맞느냐 아니냐 하는 기준에 따라서 우리 자신을 평가하도록 교육받고 있는 것입니다.

이러한 문제 아래에 또다른 문제가 있습니다. 그것은 과학혁명의 오랜 과정끝에 우리가 정신적으로 소외되었다는 것입니다. 우리의 과학철학이 가르치는 바에 따르면, 우리의 의식은 물질적 복합체에 불과합니다. 이것은 가공할 만한 소외의 철학입니다. 왜냐하면 그것은 어떠한 의미있는 삶의 가능성도 파괴하기 때문입니다. 그것은 인생의 유일한 목적이 물질적 쾌락의 추구라고 말하는 홉스적인 철학을 우리의 문화속에 제도화해왔다는 점에서 우리의 전체 시장시스템이나 경제학과는 썩 잘 어울리는 것이지요.

오늘 당신은 많은 것을 언급하셨습니다. 그리고 당신의 책은 기업뿐만 아니라 경제시스템 전체에 대한 비판입니다. 그러면 대안은 무엇이라고 생각하십니까?

아이러니인 것은 우리가 지향해야 할 것이라고 내가 생각하는 것은 근원적으로 하나의 시장시스템이라는 사실입니다. 이렇게 말하면 아마 당신은 놀라실 겁니다. 지금까지 우리가 들어온 것은 시장시스템이 문제라는 것이었기 때문입니다. 그러나 실제로 우리가 지금 가지고 있는 것은 자본주의시스템, 즉 자본에 의한, 거대한 돈에 의한 지배의 시스템입니다.

그러면 당신의 시장시스템에 관한 개념은 무엇입니까?

우리가 시장의 이론과 아담 스미스에게로 — 그는 당대에 그렇게 나쁜 사상가가 아니었습니다 — 되돌아가 본다면, 무엇보다 시장경제의 첫째 원칙은 판매자와 구매자가 소규모여야 한다는 것, 그래서 그 누구도 시장가격에 영향을 미칠 수 없게 되어야 한다는 것입니다. 이것은 아담 스미스의 이론에 암시되어 있습니다. 스미스와 맑스가 의견의 일치를 보이는 것의 하나는 노동자들이 생산수단을 소유해야 한다는 것입니다. 물론 스미스는 맑스가 그랬던 것처럼 이것을 명시적으로 말하지는 않았습니다. 그러나 그의 저술을 자세히 보면 그가 내세우는 것은 본질적으로 한 사람의 소유로 된 회사 — 소유자와 경영자와 노동자가 같은 사람으로 된 회사라는 것을 알 수 있습니다. 나는 오늘날 그와 같이 규모가 작은 회사가 실제적인 것이라고는 생각하지 않습니다. 우리는 그보다는 좀더 큰 조직을 필요로 합니다. 그러나 그것은 우리가 가야 할 방향으로서는 좋은 방향이라고 생각합니다.

그러면, 당신이 생각하는 시장시스템에서는 기업의 규모가 더 작아지는 겁니까?

그렇습니다. 스미스의 이론에 또 한가지 흥미로운 게 있습니다. 《국부론》의 한 대목에서 그는 '보이지 않는 손'에 관해 언급하면서, 총명하고 영민한 사업가는 자신의 자본을 지역에 투자할 것이라고 말하였습니다. 그러므로 그의 투자가 지역공동체의 필요에 이바지하는만큼 그가 자신의 이익을 위하여 취한 결정이 사회에도 이익이 되는 것이라고 말하였습니다. 그러니까 아담 스미스는 시장이 제대로 기능하기 위해서는 소유관계가 지역에 국한되어야 한다고 가정한 것입니다. 이러한 것은 우리가 따라야 할 좋은 시장원칙이라고 생각됩니다.

그런데, 오늘날의 무역이론을 보면, 가장 근본적인 가정이 비교우위론입니다. 오늘의 경제체제에서는 국경이 없고, 자본은 어디나 넘나들고 있습니다. 그러니까, 기술적으로 말할 때, 오늘날의 무역이나 무역이론은 고전적으로 정의된 경제이론과는 관계가 없는 것이라고 할 수 있습니다. 고전경제학에 있어서 무역이론은 민족경제와 민족자본을 가정하였다고할 때, 거기에는 또한 무역은 균형이 이루어져야 하고, 각 국가들이 부채를 만들지 않아야 한다는 가정이 있었습니다. 이것도 훌륭한 원칙입니다. 우리는 그것을 시행해야 할 것입니다. 무역은 균형이 이루어져야 하고, 우리는 그 균형에 필요한 조치를 취해야 합니다. 그렇게 함으로써 한 나라가 다른 나라의 자산을 소유하고, 약탈하는 일이 배제되는 것입니다.

이제 다시 많은 에콜로지스트들의 관심사인 성장의 문제로 되돌아가보십시다. 당신은 성장 없는 사회가 있을 수 있다고 생각하십니까? 미래사회에서 존재할 수 있는 성장이란 어떤 종류의 것일까요?

흥미로운 것은 우리가 어째서 꼭 성장이 필요한 것이라고 느끼는가 하는 것입니다.

어떻게 성장이 사회속에서 필요한가 하는 한가지 예를 말해보겠습니다. 우리가 사람들에게 인센티브를 주고자 한다면 사회에는 반드시 변화가 있어야 합니다. 늘 어떤 종류의 기술적 혁신이 있을 겁니다. 예를 들어 오늘날의 컴퓨터 같은 것이지요. 그래서 언제나 어떤 종류의 변화와 성장이 있게 마련일 것입니다. 오늘날 우리는 가끔 개발도상국들은 우리처럼 되어서는 안될 것이라고 말합니다만, 그들도 역시 우리가 사용하는 기계들을 사용하고 싶어합니다. 그래서 우리가 "성장은 안된다"라고 말한다면, 그것은 그들에게 생활수준의 향상을 꾀해서는 안된다고 말하는 것이 되지 않겠습니까? 또, "성장은 안된다"라는 말이 우리들에게는 우리가 지금처럼 늘 가만히 있어야 한다는 것을 뜻하는 것이 아닐까요?

우리는 이미 너무나 많이 소비하고 있어서 앞으로 더이상의 생존이 위협받고 있습니다. 나는 진보라는 것이 소비를 더 많이 하는 것이라는 관념에 붙들러서 우리가 계속 성장해야 한다고 하는 것은 문제가 있다고 생각합니다. 물론 나도 낡은 것이긴 하지만 내가 가지고 있는 컴퓨터를 좋아합니다. 나는 그 기술에 대해 반대하지 않습니다. 그러나 만일 내가 더 빠르게 작동하고 그래서 더 신속하게 자료를 다운로드할 수 있는 새 컴퓨터를 가지는 것과 거기에 드는 같은 에너지와 자원을 세계의 모든 사람이 적절한 식사를 할 수 있도록 노력하는 데 쓰는 것 가운데 어느 것이 내게 더 중요하냐고 질문받는다면 적절한 식사가 먼저라는 것은 의문의 여지가 없습니다. 그건 성장의 문제가 아닙니다. 성장이라는 것이 화폐와 금융가치에 있어서의 증가율로 정해지는 것이라면 말이지요. 실제로, 그런 의미의 성장이 높게 이루어진 산업국가들에서는 오히려 삶의 질이 계속하여 쇠퇴해오고 있다는 것을 보여주는 자료가 많이 있습니다.

아마 우리가 성장을 어떻게 정의하느냐의 문제이겠지요.

모든 문제는 우리의 상황을 반영하는 것이라고 나는 생각합니다. 우리는 진보는 곧 성장이고, 성장을 하지 못할 때 끔찍한 일이 일어날 것이며 성장을 계속한다면 우리의 문제가 전부 풀릴 것이라고 믿고 있습니다. 나는 우리의 체제에서 어째서 성장이 절대적인지 그 이유를 말씀드릴 수 있지만, 그러나 성장은 우리의 삶의 질을 개선하는 것과는 아무 관계가 없습니다. 나로서는 사람들이 보다 나은 삶을 사는 데 정말로 필요한 것에 우리가 주의를 집중해야 한다고 생각합니다. 그래서 만일 우리에게 집이 모자란다면 과연 얼마나 많은 집이 필요한지를 결정해야 하고, 그 집들을 만들어내기 위해 어떻게 경제를 조직할 것인지를 결정해야 합니다. 만일 사람들이 제대로 된 식사를 못한다면 그런 일은 문명사회에서 우리가 참을 수는 없는 것입니다. 그리하여 인간다운 식사를 누리기 위해서 어떻게 해야 할 것인지, 단순히 식사를 제공하기보다는 누구나가 자신의 노동으로 인간다운 생계를 벌 수 있는 가능성을 확보하도록 노력하는 게 낫지 않은지 결정해야겠지요. 우리가 그렇게 한다면, 그래서 우리의 삶을 좀더 충족된 것으로 만드는 욕구에 집중한다면 경제학자들이 살펴보는 수치 같은 것은 그것이 올라가든 내려가든 내게는 아무 상관없는 것일 겁니다.

성장문제의 또다른 면은 우리가 생태계를 이용하는 방식입니다. 우리는 생태계를 좀더 효율적으로 이용하는 방법을 찾아낼 수 있겠지만, 그러나 지구의 지탱능력의 한계를 넘어갈 수는 없습니다. 그렇게 한다면 우리가 가진 가장 값진 생산체계가 붕괴되어버릴 것입니다. 그렇게 되면 자연은 쓸모없는 것이 되고, 대재앙이 올 것입니다. 우리는 생태계와의 조화속에서 살아야 합니다. 그리고 나는 인간은 지구상의 가장 강력한 종(種)으로서 다른 종들에 대하여 책임감을 느껴야 한다고 믿습니다. 우리가 우리 행성의 생명에 책임을 진다는 것은 우리가 성숙하게 되는 과정에서 반드시 겪어야 할 일입니다. 어떻든 우리는 우리의 능력을 생태적 한계 안에서 효율적으로 써야 합니다. 그러나 우리는 지금 그 능력을 많은 파괴적인 물건을 생산하는 데 쓰고 있습니다. 내가 잘 드는 예는 자동차지만, 이것은 우리 인간이 가지고 있는 것 중에서 사회적·환경적으로 아마 가장 파괴적인 기술일 것입니다. 우리는 우리의 공간과 생활을 조직하는 법을 배워서 자동차에 대한 의존도를 철저하게 줄일 필요가 있습니다. 그렇게 하면 우리는 우리의 삶을 개선시킬 수 있고, 동시에 자원을 절약함으로써 다른 나라 사람들도 충분히 먹고 그들의 기초적 욕구를 충족시킬 수 있게 될 것입니다.

당신은 현 체제가 영성적인 소외를 낳는다고 말하였습니다. 인간 삶에 있어서 영성이란 무엇인지, 그리고 그것이 사회변혁에서 어떤 자리를 차지하는지 듣고 싶습니다.

통합의 문화를 향하여 일어나고 있다고 내가 생각하는 문화적 변화를 볼 때 그것은 근원적인 문제인 것 같습니다. 통합의 문화라는 것은 우리의 내면적 삶과 외면적 삶, 남성적인 면과 여성적인 면 사이의 균형이 성취되는 곳입니다. 내 고장, 내가 속한 지역사회에 대한 충성과 우리의 국제주의적 감각 사이의 균형도 마찬가지이지요. 내가 사는 곳, 내가 속한 공동체는 중요합니다. 그러나 그것이 나의 것이라고 해서 세계의 다른 지역과 대립적인 관계에 있는 것은 아니지요. 나는 다른 사람들이 사는 곳, 그들이 자신들의 문화에 대하여 갖는 충성심을 존중해야 합니다.

그러한 것도 영성적인 차원에 관계가 있습니다. 나는 우리가 모든 사람, 모든 존재속에서 하느님의 얼굴을 보는 법을 배워야 한다는 생각에 진실로 공감합니다. 영성이라는 것은 본질적으로 생명의 근원적 통일성을 알아보는 데 있습니다. 그렇다면 우리가 서로서로에 대하여 경쟁하여야 한다고 하는 관념은 정말 우스꽝스러운 것입니다. 우리가 생명의 통합적 관계를 존중하고, 그런 방향으로 나아간다는 것은 좀더 높은 수준의 의식과 이해력의 세계로 향해가는 우리 자신의 진화론적 발걸음의 일부가 됩니다.

당신은 경제에 관한 논의에서, 지역주민들의 통제하에 있는 지역경제를 그리고 있습니다. 이것을 실현시키는 데 어떤 단계들이 필요하고, 또 그러한 변화가 나타나려면 얼마나 시간이 걸릴 것으로 보십니까?

많은 단계들이 있고, 지금 많은 사람들이 그러한 단계들을 밟아가고 있습니다. 세계경제가 갈수록 많은 공동체들을 쓰레기로 만들고 있음에 따라 이것에 저항하는 조직된 노력이 일어나고 있고, 사람들은 지역경제와 생태계를 어떻게 복구하고 되살릴 것인지에 관해 생각하고 있습니다. 나는 오늘 우리가 나눈 얘기들을 본격적으로 다루기 위해서, 교육의 필요성이 굉장히 크다고 생각합니다. 이제 세계화니 자유시장이니 하는 이 넌센스는 그만하면 충분합니다. 우리는 어떤 가치가 과연 중요하고, 우리가 어떤 종류의 세계에 살고자 하며, 어떤 공동체, 어떤 종류의 관계를 우리의 가족과 맺고 살기를 원하는지 생각하는 데 모두 참여할 필요가 있습니다. 그런 다음, 우리 자신의 지역사회속에서 그러한 관계를 건설하기 위해서 우리가 무엇을 해야 할 것인지를 생각하고, 동시에 그런 문제와 나프타니 가트니 하는 무역협정들이 무슨 관계가 있는가를 알아보는 정치적 의식이 있어야 합니다. 세계적인 차원에서 기업의 권리와 인간의 권리가 병치해 있는 것은 흥미로운 문제입니다. 오늘날 국제간 협정에서 이루어지고 있는 것은 기업의 권리를 보장하는 일인데, 이것은 개인의 권리에 정면으로 대립하는 것입니다. 우리는 이러한 국제적 협약이 대기업이라는 비인간적인 기구들의 권리가 아니라 자신의 경제적 삶의 형태를 결정할 수 있는 사람들의 자기결정권을 보호하는 데 역점이 두어지도록 이 과정을 역전시킬 필요가 있습니다.

어딘가에서 당신은 공산주의가 붕괴했지만, 자본주의도 붕괴할 것이라고 상당히 도발적인 발언을 하였습니다. 그것은 무슨 뜻입니까?

그 둘은 모두 진보의 지표로서 물질적 소비에 초점을 맞추고 있다는 점에서 치명적인 결함이 있는 시스템입니다. 그것들은 성장관념에 붙들려 있습니다. 환경적으로 치명적인 기록을 갖고 있다는 점도 공통적입니다. 그리고 두 시스템 모두 전적으로 유물론적이기 때문에 영성적 소외를 심화시킵니다. 게다가 그 둘은 책임을 지지 않는 지배엘리트를 만들어냅니다. 많은 근본적인 유사성이 있고, 동일한 내적 모순을 안고 있는 것입니다. 다만 자본주의시스템은 그 병든 시스템을 유지하기 위해서 세계의 자원을 통제하는 데 좀더 숙달되었다고 할 수 있습니다. 그러나 그렇게 함으로써 그것은 스스로를 파괴시키고 있음이 분명합니다. 마치 자본주의의 지도자들이 함께 모여 이렇게 말하는 것 같습니다.

"우리는 맑스의 예언을 실현시키기 위해 무엇인가를 해야 합니다."

당신은 변화의 과정에 낙관적입니까, 아니면 그것이 오랫동안의 험난한 과정일 것이라고 보십니까?

우리에게 시간이 많이 있다고 생각하지 않습니다. 우리는 이미 임계점을 넘어 들어가고 있습니다. 우리는 사회의 틀과, 생태계의 재생능력을 빠르게 파괴하고 있습니다. 지구온난화와 오존층의 구멍이 가장 좋은 예입니다. 우리는 모든 것을 대기중에 던져넣고 있는데, 이것이 오존층 파괴의 원인이고, 그 결과 생명에 대한 위협이 되었다는 움직일 수 없는 증

거를 가지게 되었을 때는 이미 너무 늦은 겁니다. 이러한 상황에서, 우리
는 장래를 예견하고, 사전예방적 원칙을 구사할 수 있도록 우리의 지적
능력을 활용해야 합니다. 내가 보는 바로는, 만일 앞으로 몇년 안에 우리
의 의식에 중대한 변화가 일어나지 않는다면, 다시 말하여 우리가 지금
가는 길이 실패의 길일 뿐만 아니라 대파멸을 가져오는 길이라는 것에 대
한 보편적인 인식이 일어나지 않는다면, 그때 우리는 갈수록 많은 사람들
이 당장 하루하루를 어떻게 살 것인가 하는 것에만 매달려 절박하게 지낼
수밖에 없는 그러한 상황에 직면할 것입니다.

그러한 의식의 변화를 위해서 당신은 어떤 일을 하고 있습니까? 현재 당신이 관
여하고 있는 여러가지 시도에 대해 당신은 매우 열성적이라고 나는 알고 있습니다.

나는 귀를 기울여 듣는 사람들과 메시지를 나눌 수 있는 모든 기회를
활용하고 있습니다. 내가 시작한 일 가운데 내가 가장 열심인 것은 '긍정
적 미래를 위한 네트워크'입니다. 이것은 조그만 풋내기 프로젝트이지만,
우리가 하려고 하는 것은 지금 실제로 대안이 있고, 세계전역에서 깊고
근원적인 문화적 변화가 일어나고 있다는 것, 그리고 시민들의 주도하에
새로운 가치와 일치하는 새로운 사회의 초석을 창조하는 일이 온갖 형태
로 진행중에 있다는 것을 사람들이 볼 수 있도록 돕는 일입니다.

이러한 움직임은 희망의 원천입니다. 그리고 이것은 어떤 점에서 오늘
날 모든 개인은 좀더 나은 세계를 창조하는 데 참여할 수 있는 기회를 가
지고 있을 뿐만 아니라 거기에 참여해야 할 의무를 가지고 있다는 메시지
를 전달하는 것이기도 합니다. (통권 제39호, 1998년 3-4월호)

생명을 살리는 농업

윤구병

우리 마을 이야기

내가 사는 마을은 전북 부안군 변산면 운산리이다. 운산리는 중산 마을
과 운산 마을로 이루어져 있다. 운산은 산마을에 가깝고 중산은 들마을에
가깝다. 큰 길 너머 변산해수욕장이 있는 곳은 갯마을에 가깝다. 산지가
70퍼센트인 데다 삼면이 바다로 이루어져 있고 농업이 주업이었던 전통
시대 우리나라 지형이 고루 반영되어 있는 지역이라 할 수 있다.

어른 걸음으로 중산 마을은 면소재지에서 20분, 운산 마을은 30분 거리
다. 버스가 다니지 않으므로 마을사람들은 면소재지나 부안 읍내를 나갈
때 걷거나 자전거를 타거나 오토바이나 트럭을 이용한다. 가끔 면소재지
에 있는 택시를 타기도 한다.

원래 200여가구가 살았다는데 지금은 60가구 남짓으로 가구수가 줄었
다. 여느 시골마을이나 마찬가지로 이농현상이 두드러져서 남아있는 60가
구 가운데 젊은이가 있는 집은 너덧가구에 지나지 않는다. 한때 150명이나
되는 아이들이 길을 가득 메우며 변산초등학교를 다닌 적도 있다는데 지금

윤구병 – 전(前) 충북대 철학교수. '변산공동체'를 이끌고 있다.

은 다섯 아이만 다닌다. 나이 60이 넘은 어른들이 인구의 대부분을 차지하고 있다. 부모의 대를 이어 농사를 짓고 있는 젊은이는 사십대 한명, 삼십대 후반 한명, 이십대 한명이다. 나머지는 모두 도시로 삶터를 옮겼다.

밭농사와 논농사가 반반인데 논에는 벼를, 밭에는 담배, 고추, 양파, 쪽파, 대파 같은 환금작물을 주로 심는다. 콩, 참깨, 들깨, 고구마를 심은 땅도 보았으나 눈에 띄지 않을 정도이다. 농협에서 수매하는 기장을 심은 밭은 더러 있으나 보리나 밀을 심은 밭은 우리 밭을 빼고는 없었다. 논보리를 심은 곳은 딱 두군데, 경지면적은 500평 미만이었다.

크게 시설을 갖추어 닭과 돼지를 기르는 집이 한 집, 사슴을 기르는 집이 두 집인데, 저마다 정화시설을 갖추지 않아 시냇물과 상수원을 더럽힌다는 이유로 이웃 주민의 불평이 많다. 소와 개를 키우는 집은 여러 가구인데 모두 가두어놓고 사료를 먹여 키운다.

경운기가 들어가지 않는 산언덕 밭은 대부분이 묵어있다. 개간했다가 다시 묵힌 밭은 전체 밭면적의 절반쯤 될 듯하다. 작년 올해 이태동안 쟁기로 밭을 가는 모습을 보지 못했다. 논과 밭을 경운기로 가는 모습도 보기 힘들다. 트랙터나 콤바인이 들어가지 못하는 다랑이논이나 밭이 아니면 모두 트랙터나 콤바인을 써서 간다.

유기농법으로 농사를 짓는 집은 새로 이주해온 우리 공동체식구들을 빼고는 한집도 없다. 농약과 화학비료와 제초제를 상용한다. 닭똥, 돼지똥, 소똥이 섞인 유기질비료를 곁들여 쓰는 집도 있으나 항생제와 호르몬제가 섞인 사료를 먹여 키운 가축의 똥이라서 엄격한 뜻에서 유기질비료라고 보기 힘들다.

비닐을 깔지 않은 밭을 보기 힘들다. 담배밭, 고추밭, 양파밭, 쪽파밭…어디에나 비닐이 깔려있다. 동네 어른들 말에 따르면 비닐은 뛰어난 보습효과와 제초효과가 있다 한다.

땔나무로 밥을 짓거나 방을 덥히는 집은 거의 없다. 여든 가까운 노인이 사는 집 한집을 확인했을 뿐이다. 3~4년 전까지 연탄보일러를 놓은 집이 여러 집 있었으나 지금은 집을 비워서 우리 식구가 임시로 들어사는 집밖에는 연탄을 때는 집이 없어서 우리에게 남아있는 연탄을 팔기도 하고 거저 가져다 때라고 하기도 한다. 채소농사는 김장배추와 무를 빼고는 따로 짓는 집이 많지 않다. 그래서 동네에 채소를 실은 차가 드나들면서 확성기로 "열무 사려, 오이, 당근, 쑥갓 있어요" 하는 식으로 외친다.

분석에 앞서서

알다시피 1995년 말 현재 우리나라의 주곡 자급률은 30퍼센트가 안된다. 그나마 90퍼센트에 이르는 쌀 자급률을 빼고 잡곡의 자급률만 따지면 5퍼센트를 조금 윗돌 뿐이다. 주곡의 자급이 없는 경제의 자립과 정치의 자주성은 취약하기 그지없다는 점에서뿐만 아니라 이러한 통계수치는 우리 국민의 건강이 극도로 위협을 받고 있음을 나타내는 자료가 된다는 점에서 여러가지로 우려해야 할 사태를 함축하고 있다. 외국 농산물이 경작 과정에서뿐만 아니라 수송과정에서 변질되지 않도록 조치를 취하는 데에 따르는 몸에 해로운 약품처리는 많은 사람들이 지적했으므로 여기에서는 더 길게 말하지 않아도 될 듯싶다. 문제는 그것뿐이 아니다. 고른 영양을 섭취해야 몸이 건강해진다는 것은 상식이다. 그런데 현재와 같은 균형을 잃은 주곡생산의 구성비로써는 고른 영양을 섭취할 길이 없다. 실제로 온 국민이 봄 여름 가을 겨울 할것없이 하루 세끼 하얀 쌀밥만 먹고 사는데, 이러한 편식습관이 알게 모르게 우리 몸의 건강을 해치리라는 것은 불보듯이 환하다.

보리, 밀, 콩, 조, 수수, 옥수수, 감자, 고구마, 기장 같은 여러가지 식품을 철에 맞게 섞어서 고루 먹어야 건강한 몸을 유지할 수 있다는 것은 이른바 '건강식'을 권장하는 이들의 식단짜기 목록 같은 데서도 잘 드러난다.

죽어가는 땅, 죽어가는 마을

우리 마을 예에서 보았듯이 지금 농촌에서는 아이들의 울음소리를 들을 길이 없다. 말하자면 노인으로 상징되는 과거만 있고, 젊은이로 상징되는 현재도, 어린애로 상징되는 미래도 없다. 그나마 농촌인구는 해마다 급속도로 줄어들어 노령화된 현재의 부족한 농촌일손으로는 '생명을 살리는 농업'을 할 수가 없다.

쉽게 이야기하자. '생명'이라는 말이 여러가지 뜻을 담고 있기 때문에 잘못하면 이야기가 추상적으로 흐르기 쉽다. 따라서 나는 사람을 중심에 놓고 이야기하고 싶다. 그리고 사람의 의식이나 정신이나 영성을 이야기하기에 앞서 몸을 먼저 이야기하고자 한다.

사람이 사는 곳은 어디나 다른 무엇이기에 앞서 '사람의 땅'이다. 사람 밖에 따로 무슨 보편의식이나 영이나 신 같은 것이 있어서 사람이 살지 않아도 여전히 자연이나 우주는 소중하다고 주장한다면 모를까 보통사람에게 자연이 소중하고 우주가 신비롭고 생명이 귀한 것은 그것들이 모두 사람의 삶과 연관이 있기 때문이다. 그런데 우리 마을 예에서 보았듯이 농촌은 현재 죽음의 선고를 받은 땅이다. 앞으로 얼마 안있어 농촌을 지키고 있는 노인들은 사라진다. 대를 이을 젊은이도 어린이도 없다. 이대로 놓아두면 지난 수천년 동안 대를 물려 이어져왔던 마을공동체는 흔적 없이 사라지도록 운명지워져 있다.

어떤 사람은 이렇게 말할지도 모른다. 마을공동체를 중심으로 한 소농경제가 자연경제의 수준에 머물러있어 국가발전을 더디게 해왔으므로 마을공동체가 해체되고, 소농중심의 경작체계가 대단위 기업농중심의 경작체계로 하루빨리 바뀌고, 사람 손이 중심이었던 원시 영농기술이 기계가 중심이 되는 현대식 영농기술로 전환되는 것이 바람직하지 않느냐고. 이 말은 반은 맞고 반은 맞지 않는 말이다. 대단위 기업농이 현대기술만을 이용하여 땅을 살리고 주곡을 비롯한 주요 농산물의 자급을 이룰 수 있다면 다 맞는 말일 수도 있다. 그러나 눈앞의 현실은 이 이론을 뒷받침해주지 못하고 있다. 조상대대로 애써 한뼘한뼘 일구어왔던 비알밭, 다랑이논 들이 지난 10여년 동안 반나마 가시와 칡넝쿨과 억새가 우거진 황무지로 바뀌어버린 것은 우리 마을 경우만이 아니다. 그리고 그 결과는 주곡 자급률을 30퍼센트 이하로, 잡곡 자급률을 5퍼센트 남짓으로 떨어뜨린 것으로 나타났다.

주곡 자급체계가 무너질 때 국민 전체의 생명을 위협하는 긴급한 상황은 나라 안의 기근이나 전쟁 같은 직접 요인에 의해서만 벌어지지 않는다. 공업발전을 앞당겨 수출을 많이 해서 나라 밖에서 모자라는 곡식을 사들이면 되지 않느냐는 생각은 너무나 순진하다. 경제쪽에서만 따지면 이른바 '비교 생산비 우위설'이 맞을지도 모른다. 그러나 국제교역에서 식량수급을 결정하는 요인은 경제만이 아니다. 정치, 군사, 이념, 심지어는 종교에 이르기까지 경제밖의 여러 요인들이 농산물의 수출입에 개입한다. 지난날 주요 곡물수출국이었던 동남아 여러나라들이 저마다 '공업입국'을 부르짖고 나서는 바람에 중국을 비롯하여 차례로 식량수출국에서 수입국으로 바뀌고 있는 추세다. 앞으로도 식량수출국으로 남을 나라는 손꼽을 정도다. 머지않아 유럽의 몇나라, 그리고 캐나다와 미국, 오스트레일리아만이 식량수출국의 명맥을 이어갈지 모른다. 그런데 이 나라들의 식량공급도 안정되어 있다고 보기 힘들다. 게다가 이 나라들의 국내사정이나 국제관계의 변화로 언제 무슨 사정으로 식량수출이 줄거나 중단될지 아무도 예측할 수 없다. 국제식량기구는 현재 전세계의 비축식량이 두달분도 안된다고, 그리고 앞으로 식량사정도 날이 갈수록 어려워질 전망이라고 경고하고 있다. 이처럼 불안정한 나라밖 식량공급망만 믿고 우리 농촌공동체의 해체를 수수방관하거나 부추기는 일은 이른바 '생명을 살리는 농업'을 주춧돌부터 뒤흔드는 결과를 빚기 쉽상이다.

　수천년 동안 이 땅에서 소농경제는 자급경제의 기틀이었다. 역사적으로 많은 땅을 제 몫으로 하여 토지를 대단위로 겸병하려는 토호들의 발호를 막고 '경자유전'의 원칙에 따라 될 수 있으면 많은 사람들에게 땅을 나누어주고자 했던 국가정책은 그럴만한 이유가 있었기 때문에 시행된 것이다. 우리나라처럼 산지가 많고 그에 따라 인력이나 축력에 의존하지 않으면 경작하기 어려운 땅이 많은 곳에서는 현대기술을 이용한 대단위 기업농이나 조방농법은 한계가 있다(유럽에서도 가장 선진국의 하나로 꼽히는 스위스 같은 나라에서 인력과 축력의 사용효과를 극대화하는 방향으로 농업기술을 개발하고 있는 것은 좋은 참고가 되리라 믿는다).

형편이 이러한데 외세만 따르는 책상물림 농업정책 결정자들은 덮어놓고 농촌인구를 전체 인구의 10퍼센트로, 더 나아가서는 5퍼센트로 줄여야 한다고 외치고 있다. 그리고 죽어가는 마을공동체를 되살릴 어떤 뾰족한 처방도 내놓지 못하고 있다. 우리 마을뿐만 아니라 전체 농민이 벼농사를 뺀 다른 주곡농사를 내팽개치고 투기성이 강한 환금작물에만 집착하는 까닭은 한마디로 밀, 보리, 콩, 옥수수, 감자, 조 같은 주곡을 밭에 심어보았댔자 "돈이 안되기 때문"이다. 주곡중심으로 농사를 지어 생활할 수 있고, 자식 교육시킬 수 있다면 어느 누가 주곡생산을 꺼려하랴. 나라의 농업정책이 바로 서려면 주곡을 생산하는 농민이 잘사는 길을 찾아주어야 한다.

다시 우리 마을 이야기로 돌아가자

우리 마을에서 하는 밭농사는 환금작물이 중심이라는 말을 앞에서 한 적이 있는데, 그 가운데 담배를 빼면 모두 투기작물이다. 대표적인 것이 마늘, 쪽파, 대파, 양파, 고추이다. 작년과 올해(1995, 1996년) 이태동안 관찰한 바에 따르면 작년과 올해 마늘농사는 겨우겨우 영농비를 건진 수준이었고, 쪽파와 대파는 이태 거듭 밭에서 썩히거나 뽑아서 길에 던질 수밖에 없는 지경에 이를 만큼 손해를 보았다. 양파는 지난해에 망하고 올해는 돈이 되었다 한다. 고추는 지난해에는 값이 좋았다. 그러나 올해 들어 온 동네가 비닐하우스 바닥에 절연판을 깔고 모종을 길러 비닐로 이중 멀칭을 하고 새로 보급된 굵은 철사로 된 하우스대를 사고 하여 여느해보다 열심히 고추를 길렀는데 처음에는 제법 값이 좋던 고추가 나중에는 마른 고추 한근에 1,500원에 사자는 사람도 없어 수만근이 마을에 적체되는 현상이 일어났다.

이 모든 환금작물의 씨앗은 종묘상이나 농협을 통해 구한다. 그리고 씨를 심거나 모종을 하기 전에 제초제를 뿌리고, 수시로 농약과 화학비료를 뿌리는데, 특히 대파와 고추는 농약으로 목욕을 시키다시피 한다. 나는 고추밭에 열다섯번에서 스무번까지 농약을 살포하는 사람도 보았다. 그 결과 우리 마을 밭은 산자락에 있는 묵혀놓은 밭을 빼고는 토양미생물도 지렁이도 살지 않는 죽은 땅이 되어버렸고, 비만 내리면 표토가 깎여나가 자갈이 점점 많아지고, 또 며칠만 가물어도 지표면이 돌처럼 단단히 굳어지는 박토가 되어버렸다. 또 농약이나 제초제 성분뿐만 아니라 화학비료 가운데 많은 양이 빗물에 쓸려 도랑을 타고 흘러내려가 바닷물에 섞여 변산 앞바다도 언제 부영양화로 적조현상이 일어날지 가늠할 수 없는 지경에 이르렀다.

늘어가는 영농비와 생활비

씨앗값에서 생산된 농산물의 포장값에 이르기까지 돈이 없으면 농사를 지을 길이 없어진 것이 오늘 우리 농촌현실이다. 트랙터, 콤바인 사용료, 경운기, 관리기 구입대금, 종자, 농약, 제초제, 화학비료, 공장에서 생산된 유기질비료값, 비닐, 상자, 콤바인포대값, 농업용수 사용료 등 농민들 손가락 사이로 크고 작은 돈들이 쉴새없이 새나간다. 이러한 영농비들은 내가 어렸을 적만 해도 한푼도 들지 않던 것들이었다. 농촌일손의 부족, 다수확품종의 선택, 투기영농의 확산, 농촌 생활양식의 변화, 잘못된 농업정책이 복합작용을 하여 이런 현상이 빚어진 것이다. 요즈음 농민들은 다만 논과 밭에만 제초제를 뿌릴 뿐만 아니라 논둑이나 밭둑, 심지어는 길섶에까지 마구잡이로 제초제를 뿌린다. 이른 아침에 논둑, 밭둑, 길섶의 풀을 베어 가축사료로 쓰거나 퇴비를 만드는 농민을 찾기 힘들다. 풀밭에 매어놓은 소도 볼 수 없다. 우리 마을은 중산간 지역인데도 지난해와 올해 들어 소가 끄는 쟁기로 땅을 가는 모습을 한번도 본 적이 없다. 지난해 거둔 씨앗을 갈무리해놓았다가 이듬해 다시 쓰는 농가도 거의 없다. 대부분의 씨앗을 종묘상에서 사다 쓰는데, 이 씨앗들은 유전공학과 약품처리 등을 통하여 한해만 농사가 잘되고, 다음해 그 종자를 집에서 채취하여 다시 뿌리면 소출이 급격하게 떨어지도록 되어 있는 이른바 개량종 씨앗들이다.

문제는 이렇게 많은 영농비를 들여 농사를 지은 결과가 그만큼 많은 농가소득으로 자연스럽게 귀결되지 못한다는 데 있다. 그리고 이러한 농사방법의 '개량(?)'이 땅을 살리고 농민들의 건강을 지키며, 그렇게 해서 생산된 농작물이 소비자의 건강까지도 증진시키느냐 하면 그 어느 것도 아니라는 데에 더 큰 문제가 있다.

늘어나는 것은 영농비뿐만이 아니다. 생활비도 해가 다르게 늘어난다. 생활양식의 변화 탓이다. 주거환경을 예로 들어보자. 옛날 농가주택에 향수를 느끼는 사람이라면 자연스럽게 초가지붕, 가마솥이 걸린 아궁이와 부엌 한쪽에 가득 쌓인 땔감, 안채에서 멀찍히 떨어져 있는 변소와 잿간, 닭장, 돼지우리, 외양간, 장독대, 처마끝에 매달린 종자용 곡식 모가지들을 머리에 떠올릴 것이다. 그러나 적어도 우리 마을에는 그런 농가주택은 현실속에 없다. 초가지붕을 벗겨내고 슬레이트나 시멘트 기와를 얹은 지붕에 입식으로 개량되어 가스렌지 위에 압력밥솥이 놓여있는 주방, 연탄보일러로 고쳤다가 최근에 다시 기름보일러로 바꾸어 마루와 방을 고루 덥히는 난방시설, 전기모터를 돌려 물을 끌어올려 빨래도 하고 몸도 씻는 욕탕, 수세식변기, 한걸음 더 나아가 도시의 단독주택과 같은 모습에 같은 기능을 하는 새로운 개량주택이 보급되어 넓은 유리문을 단 거실까지 갖춘 집들이 늘어나고 있다. 같은 마을 안에 수천마리의 닭, 수백마리의 돼지를 기르는 축산농가가 있고, 비육우를 사료 먹여 많이는 열마리가 넘게, 적게는 서너마리를 키우는 집이 있으니, 닭도 돼지도 기를 필요를 못느낀다. 논밭을 가는 데 쟁기에 의존하지 않아도 되니 외양간이 따로 없어도 된다. 집안에서 주방을 중심으로 음식을 요리하다보니 장독대의 기능도 최소한으로 축소되었다. 퇴비와 인분을 이용해서, 또 집에서 기르는 닭똥이나 돼지똥이나 소똥을 이용해서 농사지을 생각을 하지 않으니, 또 화장실이 수세식으로 바뀌니 집밖에 따로 잿간이나 두엄터나 변소가 있을 필요도 느끼지 못한다.

이러한 생활양식의 변화는 그에 따르는 현금지출을 반대급부로 요구한다. 보일러 설치비, 세탁기 구입비, 온수기 설치비, 가스값, 높아지는 전기요금, 육류와 생선이 점점더 자주 놓이는 밥상 때문에 지출되는 식료품비, 연성세제, 화장지, 석유, 식용유 등에 들어가는 크고 작은 비용 ….

이 모든 현금수요를 메우기 위해서 환금작물 중심으로 투기영농을 하는데, 투기에는 위험이 따르는 법이어서 애써 키운 농작물을 어떤 때는 모두 뽑아 던져버리는 경우도 생기고, 어떤 때는 씨앗값도 못 건지는 경우도 생긴다. 여기에 자식들을 중학교 때부터 유학을 보내야 하는 사정이 겹치면 현금수요는 더 커진다. 이렇게 해서 농가에 빚이 쌓여 수백만원에서 수천만원에 이르는 빚더미에 올라앉은 농가가 대부분인데, 이 빚을 갚기 위해서도 투기영농에 매달릴 수밖에 없는 실정이다.

생활양식의 변화에 따르는 의식의 변화

상품경제 논리가 일상생활 영역에서 정신과 문화의 영역에 이르기까지 철두철미 지배하는 도시의 생활양식이 농촌에까지 스며들면서 농민들의 의식도 차츰 바뀌게 되었다. 이제 대대로 물려온 농토를 자식들 대에까지 물려주겠다는 생각을 갖고 있는 농민이 우리 마을에는 없다. 어떻게 해서든지 도시에 뿌리내리고 제 앞가림을 하면서 사는 자식들을 보는 것이 농촌에 사는 늙은 부모들의 자연스러운 소망으로 자리잡았다. 땅이 장래 자식들의 삶의 방편이 된다는 생각이 없으니 땅을 온전하게 보전하여 후손에게 물려주겠다는 마음이 생길 리가 없다. 해오던 농사일이고 나이가 들어 도시에 나가도 마땅히 할 일이 없으니 죽을 때까지 농사를 짓되, 자기 죽으면 그만이라는 생각이 지배적이다.

투기바람이 불면 농사지을 땅을 새로 마련해야 하는 우리 같은 사람들에게는 걱정이 태산이지만 우리 마을 어른들은 내심으로 반긴다. 지니고 있는 땅을 비싼 값으로 팔아 도시에 사는 자녀들의 생활을 안정시킬 길이 열린다고 믿기 때문이다. 땅이 살아있고 살아있지 않고는 중요하지 않다. 그 땅에서 곡식이나 채소가 얼마나 잘되느냐도 큰 관심사가 아니다. 투기바람이 불어 주변의 땅값이 오르면 아무리 박토라도 덩달아 값이 오르게 마련이고, 그 땅을 사는 사람들도 어차피 농토에서 가꾸는 농작물에 관심이 있어서 사는 것이 아니라 그 땅을 되팔 때 생기게 될 초과이윤이 목적이라는 것을 잘 알기 때문이다.

나이가 들면서 농사일이 힘에 부치면 돈이나 쌀로 값을 매겨 세를 준다. 선뜻 팔지 않는 까닭은 앞으로도 값이 더 오를 것이라고 예상하기 때문이다. 싼 값으로 세를 얻은 사람들중에는 전문으로 투기영농을 하는 사람들이 많다. 이 사람들은 세를 낸 땅에 환금작물을 심는다. 고추나 양파나 마늘이나 배추, 무 같은 "돈이 되는" 농작물을 대량으로 재배하는데, 제 손으로 하는 일은 돈을 들여 세를 얻고, 그해에 높은 소득이 예상되는 작물을 선택하여 돈을 주고 일손을 사서 심고 가꾸고 수확하도록 하고 유통을 책임지는 정도가 고작이다. 투기영농을 대단위로 하는 사람들은 제 손에 흙을 묻히지 않는다. 농사를 처음부터 끝까지 돈으로 짓는다. 그러다 보니, 비닐이 깔린 밭을 세내어 그 비닐을 걷지도 않고 트랙터로 갈아 엎는 일도 비일비재이다. 우리가 새로 구입한 땅도 땅 주인이 이 투기영농꾼에게 세를 주었던 것인데 올해까지 경작권을 전주인에게 돈을 주고 얻은 투기영농꾼이 비닐을 깔아 마늘을 갈고 난 뒤에 양파모종을 심는다고 그 비닐을 걷지도 않고 트랙터로 갈아버려 대판 싸움이 벌어졌다. 주인이 보는 앞에서 그럴진대 도시사람들이 투기용도로 사놓은 땅이나 주인의 눈에 보이지 않는 땅을 이 사람들이 어떻게 다루리라는 것은 굳이 말할 필요도 없다.

이렇듯이 농촌주민의 자녀들인 젊은이나 어린애들은 몸도 마음도 이미 농촌을 떠났고, 아직 농토를 지키고 있는 과거세대인 노인들은 몸은 아직 농촌에 머물러 있지만 마음은 농토를 버린 지 이미 오래이다.

생명을 살리는 농업

기초가 튼튼하지 않으면 아무리 좋은 재료를 써서 튼튼하게 지은 집도 곧 허물어지게 마련이다. 살림도 마찬가지다. 기초살림이 부실하면 한때 흥청대던 살림도 곧 거덜이 난다. 나라단위로 볼 때 기초살림은 '산살림'이거나 '들살림'이거나 '갯살림'이다. 세계 어느 나라든 마찬가지다. 그런데 우리나라는 산지가 70퍼센트이고 삼면이 바다로 둘러싸인 데다가 오랜 세월 농사를 근본으로 삼아온 나라여서 이 세 살림이 아울러 튼튼해져야 기초가 단단해진다. 이 기초상식을 무시한 채로 공업화 일변도로 나라 살림을 꾸려온 결과 30년도 안되어 이제 산도, 들도, 바다도 오염될 대로 되어 죽어가거나 버림받은 땅으로 방치되고 있다.

우리가 이 마을에 처음 들어와 경운기도 들어가지 않는 계곡과 산자락에 있는 땅을 구하고 거기에 보리, 밀, 콩 같은 주곡씨앗을 뿌리고 제초제와 농약과 화학비료는 물론이고 유기질비료까지 항생제와 호르몬제가 섞인 사료를 먹여 키운 가축의 분뇨가 섞인 것이라 하여 쓰지 않는 것을 보고 동네 어른들은 걱정도 하고 웃기도 했다. 그 중에는 "저 사람들 몇해 못 버티고 다시 떠날 거여" 하고 손가락질하는 분도 있었다. 아직 군불을 때거나 연탄보일러로 방을 덥히는 빈집을 골라 살면서 산에서 나무를 하고, 또 토담집을 짓고 구들을 놓아 난방을 하겠다고 내변산 수몰지구에 가서 구들돌들을 모아오는 모습을 보고는 세상 거꾸로 사는 사람들이라고도 했다. 농사를 짓는지 목초지를 조성하는지 모를 정도로 풀이 무성한 우리 밭을 보고 제초제를 뿌리지 않는다고 야단치지 않는 분이 없었다.

그러나 60년대 이전의 농촌 생활양식을 모범으로 삼아 거기서부터 출발하자는 데는 우리 나름대로 뜻이 있었다. 농사짓는 일에 환상을 품지 않는다는 것이 중요했다. 대학 마치고 조교생활을 하다가 농촌으로 들어간 제자 부부가 2년 동안 투기영농을 하다가 5천만원의 빚을 지고 결국 손털고 나올 수밖에 없었던 경험이 좋은 교훈이 되었다. 지금도 텔레비전을 보면 농촌현실을 왜곡하여 농촌에 들어가 살면 마치 떼돈을 벌 길이 있는 것처럼 환상을 심어주는 프로그램이 방영되는데, 이를테면 제주도 어느 지방에서는 비파를 심어 목돈을 만지고, 경상북도 어느 지방에서는 수박에 당도를 높여 높은 소득을 올리고, 경기도 어느 지역에서는 꽃을 길러 도시 봉급생활자가 꿈도 꿀 수 없는 큰돈을 벌었다는 식이다. 이런 프로그램에 현혹되어 처음부터 투기영농에 잘못 발을 들여놓은 귀농 희망자들 가운데 성공하는 예는 백에 하나도 없다.

우리가 구한 땅 가운데 일부인 산비탈 땅은 그야말로 망초밭이었다. 망초라는 풀에는 유래가 있다. 초나라가 망할 때 온 산하와 들판에 하얀 망초꽃이 피어 초나라가 망하는 전조를 보였다고 '망초'라 불렀다 한다. 처음 그 말을 들었을 때 내 머리에 떠오르는 생각은 "아하, 나라가 망하려면 그런 징조도 나타나나 보다"라는 단순한 것이었다. 그러나 우리가 구한 묵은 땅이 망초밭인 것을 보고, 또 묵혀놓은 밭에는 한결같이 맨 처음에 망초떼가 기승을 부린다는 사실을 발견하고 그것이 우연한 자연의 이변이 아니라는 것을 깨달았다. 중국의 초한(楚漢)전쟁은 십년 가까이 끈 전쟁이었다. 전쟁이 일어나면 논과 밭을 일구던 젊은이들이 하루아침에 전쟁터에 끌려가 평소에 낫과 괭이를 들었던 손에 창과 칼을 들고 싸워야 한다. 전쟁이 오래 계속되면 마을에 농사지을 힘이 있는 장정들은 차례로 끌려나가 싸움터에서 목숨을 잃을 수밖에 없다. 그렇게 되면 자연히 그 젊은이들이 일구던 밭들은 묵정밭이 된다. 곡식을 심지 않은 땅에 맨 먼저 들어서는 풀이 망초다. 곡식이 자라던 땅에 망초꽃이 하얗게 피는데, 그리고 농업생산을 기초로 해서 나라살림을 꾸려갈 수밖에 없는 시대에 애써 가꾸던 땅들이 농사지을 젊은이들이 없어 황무지가 되는데 어찌 나라가 망하지 않을 수 있겠는가. 이것이 먼 옛날 다른 나라 이야기였으면 좋겠다. 그러나 이 땅에 해마다 망초밭이 늘어나는 것은 보면서 웬지 모르게 불길한 예감이 드는 까닭은 지나치게 예민해서일까?

경운기가 들어가지 않는 산비탈의 망초밭을 산 것은 값도 값이려니와 그 땅을 다시 살아있는 인간의 땅으로 바꾸는 일이 '들살림'과 '산살림'을 아울러 잘하는 길이라고 보았기 때문이기도 하다. 이 망초밭을 괭이로 일구고 씨앗을 뿌렸다. 더덕씨도 뿌리고, 참깨와 메밀도 뿌렸다. 그러나 뿌린 씨앗이 자라기도 전에 온 밭을 먼저 덮는 풀들이 문제였다. 지난해에는 그야말로 풀이 원수였다. 그러나 올 삼월에 마늘밭에 난 '잡초'들을 뽑아던지는 과정에서 밭에 나는 풀들이 모두 제초제를 써서 말려죽이거나 김을 매어 없애야 할 적이 아니라는 것을 깨쳤다. 우리가 마늘밭에서 뽑아 내던져버린 '잡초'가 사실은 봄나물이자 몸에 좋은 약초였다는 사실을 우연히 발견한 것이다. 그 뒤로는 우리 밭에 자라는 풀들을 유심히 관찰하기 시작했다. 약초도감과 식물도감, 한의학서적, 동의학백과사전 등 구할 수 있는 책들은 다 구해서 풀의 성분들을 연구해나갔다. 그 결과 밭에서 자라는 대부분의 풀들이 약초라는 사실을 알아냈다. 지난해 농촌의 빈집과 함께 버림받은 항아리들을 500개쯤 구해서 그 항아리에 효소식품도 담그고 감식초도 담근 경험을 살려서 밭에 나는 풀들을 뽑거나 베어서 효소를 담그기 시작했다. 민들레, 씀바귀, 쑥, 억새, 엉겅퀴, 조뱅이, 살갈퀴, 명아주, 쇠비름, 바랭이, 망초, 칡… 무엇이든 눈에 띄는 대로 황설탕에 절여 40여종의 풀들로 효소를 담그고, 거기에서 나온 건더기에는 술을 부어 숙성시켰다. 그야말로 풀농사를 지은 셈이다.

논에는 올해 우렁이를 넣어 김 한번 매지 않고 벼를 거두어들일 수 있었다. 다른 집에서는 모두 콤바인을 써서 베어 자동으로 탈곡까지 하는데, 우리는 변산 일대에서 유일하게 낫으로 벼를 베어 논둑에 말렸다가 지금 아무도 쓰지 않아 방치되고 있는 탈곡기(경운기와 피대줄로 연결하여 탈곡하는 기계)를 얻어다가 벼를 털었다. 지난 겨울에 심은 밀과 보리는 김을 매주지 않아도 저절로 자랐다. 다른 풀들이 올라오기 전인 겨울에 싹트고 자라기 때문에 달리 제초를 할 필요가 없었다. 콩밭과 그밖에 다른 채소류를 심은 밭에는 풀들이 무성해 김을 매주어야 했으나 앞에서 말한 것처럼 맨 풀 가운데 일부는 발효식품으로 만들었으니 풀과 싸우기만 한 것은 아니었다.

농사를 짓다보니, 전통방법으로 유기농을 제대로 하려면 토종 씨앗을 구해야 한다는 생각이 절실해졌다. 토종 씨앗을 구해 밭에 뿌리면 개량종에 견주어 소출은 적지만 소출이 안정된다. 그리고 영농비에서 수월찮은 몫을 차지하는 씨앗값을 절약할 수 있다. 그리고 이 토종 씨앗들은 오랜 세월을 두고 다른 풀들과 공생하는 길을 터득해왔기 때문에 따로 농약이나 제초제를 뿌려 보호해줄 필요가 없다. 화학비료를 쓰지 않아도 된다는 이점이 있다. 이것 또한 영농비를 절약하는 길이요, 땅을 살리는 길이기도 하다. 토종 씨앗을 구하려니 뭍에서는 구할 길이 없다 한다. 자급자족을 하는 외딴섬에나 아직 남아있을지 모른다는 이야기를 들었다. 가까운 일본 같은 데서는 강인한 토종 씨앗의 유전자를 이용하여 새로운 품종을 얻겠다는 목적으로 일부러 재래종 씨앗들을 보호하는 정책을 펴고 있다는데,

우리나라의 경우는 토종 씨앗을 구하려 해도 구할 길이 없으니 참 큰일이다 싶었다. 그렇다고 농사일을 제쳐두고 외딴섬을 찾아갈 형편도 안되었다. 중국 연변에 사는 아는 사람에게 부탁하여 북간도지방에 보존되어 있는 토종 씨앗들을 보내달라고 부탁하여 올해는 스무종 가까이 얻었다.

영농비가 따로 필요없는 농사, 생활비가 최소한으로 줄어드는 생활양식, 자연이 큰 스승이 되고 마을 어른들이 작은 선생이 되어 아이들에게 삶에 필요한 정보를 실천을 통하여 얻게 하는 교육, 자급경제의 터전에서 꽃피는 '기르는 문화' – 이것만이 기초 생활공동체가 길게 살아남는 길이요, 마침내는 땅도 살리고, 그 땅에서 자라는 모든 생명체들과 사람이 더불어 사는 길이라는 생각이 얼핏 보기에 30년 전으로 퇴보(?)하는 농사법, 생활양식을 고집하게 하는 동기이다.

다 아는 이야기이지만 자연에는 쓰레기가 없다. 자연에 쓰레기가 없다 함은 자연에는 낭비가 없다는 말과 같다. 낭비에는 여러 측면이 있다. 생활필수품에서부터 사치품에 이르기까지 상품경제 사회에서 낭비는 곧 돈을 헤프게 쓰는 것, 곧 금전의 낭비로 나타나지만, 그 내용을 들여다보면 자연력의 낭비이고 인간노동력의 낭비이다. 그리고 크게 보면 이 모든 낭비는 생명력의 낭비, 곧 인간과 자연을 죽이는 일을 뜻한다.

자연을 닮은 삶의 양식은 낭비없는 삶의 양식, 곧 인간과 자연을 살리는, 다시 말해 '생명을 살리는' 삶의 양식이라 할 수 있다.

낭비는 크게 보아 '없어도 될 것', 더 나아가서 없을 것(없어야 할 것)이 있기 때문에 그것을 없애는 과정에서 생기는 것이다. 오늘날 우리나라 온 산하를 뒤덮는 쓰레기는, 따지고보면 낭비의 산물이요, 낭비가 어느 정도 이루어지고 있는가를 보여주는 좋은 지표이다. 오늘날 인류 전체가 쓰레기공해로 몸살을 앓고 있는 것은 상품경제 사회가 없어도 될 것, 없을 것을 얼마나 많이 생산해냈는가, 그리고 그 과정에서 인간노동력과 자연력으로 대표되는 생명력을 얼마나 많이 낭비했는가를 보여주는 징표라고 할 수 있다.

없을 것이 넘쳐나서 무더기로 버려지는 세상은 다른 한편으로 있을 것

(있어야 할 것)이 그만큼 없어서 그 결핍감이 욕구불만으로 쌓이는 세상이기도 하다. 삶의 활력이 쓸데없는 쓰레기의 양산으로 소진되는 만큼 생명력의 응결이라 할 수 있는 자기정체성은 그만큼 사라지고, 자기소외가 심화될수록 욕구불만과 무력감은 그에 비례하여 커진다. '풍요속의 빈곤'이라 함은 이를 두고 이름이다.

그렇다면 인류의 생존뿐만이 아니라 생명계 전체를 위기에 빠뜨리고 있는 이 죽음의 위협은 어디에서 비롯한 것인가?

우리는 이 위협의 한 실마리를 인류문화와 생활양식의 문명사적 전환에서 찾아볼 수 있다. 역사속에서 오랜 세월을 두고 싹트고 숨어서 자라온 것이기는 하지만, 그리고 너그럽게 생각하면 전체 인류를 일깨워 삶의 질을 한 계단 더 높이기 위한 시련으로 볼 수도 있지만, 과거와 다른 새로운 문화, 새로운 생활양식이 인류역사의 전면에 두드러진 것은 지난 200년 사이의 일이다.

편의에 따라 우리는 지난 수만년 동안 인류의 역사를 지배했던 문화를 자연경제에 바탕을 둔 '기르는 문화'로, 또 그 문화를 가꾸어온 생활양식을 '공동체적 생활양식'으로 보고, 지난 200년 사이에 형성되어온 문화를 상품경제에 바탕을 둔 '만드는 문화'로, 또 그 문화를 형성시킨 생활양식을 '자본주의적 생활양식'으로 이름짓자. 물론 그 사이에 일부 국가에서 '사회주의적 생활양식'이 시도된 적도 있고, 아직도 그런 생활양식을 유지하고 있는 나라도 있으나 큰 흐름에서는 벗어나 있으므로 논외로 치기로 하자.

'기르는 문화'의 숨은 주체는 자연이었다. 순환하면서 스스로 성장하는 자연이 대지의 품안에서 '기르는 문화'의 드러난 주체인 '기르는 사람', 농사꾼을 키워냈다. 그리고 자연경제의 바탕 위에 '공동체적 생활양식'이 뿌리를 내렸다. 알다시피 자연경제에서 중심가치는 사용가치이다. 사람들은 그 자체가 자연력의 일부인 공동노동력을 기울여 자연의 힘을 '쓸모있는 것'을 기르고 만드는 데로 돌렸다. 살아가는 데 직접 간접으로 요긴하게 쓰이지 않는 것은 어떤 것도 만들어내지 않았다. 따라서 인간노동력도 자연력도 쓸모없이 낭비되거나 탕진되는 일이 없었다. 도성이나 관아에 궁궐이나 관청을 지어놓고 인간의 노동력과 자연력을 착취하여 낭비하고 탕진하는 지배계급이 기생하고 있었지만 그 기생충들도 자연경제의 틀을 벗어나 살 수는 없었다. 시대에 따라 지역에 따라 다양한 문화가 꽃피고, 헤아릴 수 없이 많은 기술과 과학의 성과가 축적되었지만, 그 어느 것도 사용가치가 없는 것, 공동체적 생활양식을 뒷받침하지 않는 것은 없었다. 그리고 이 '기르는 문화'의 중심축은 농사꾼이 이루고 있었다. '농자천하 지대본(農者天下之大本)'이라는 말은 이렇게 해서 생겨났다.

이와는 달리 '만드는 문화'의 숨은 주체는 자본이다. 끊임없는 확대재생산을 통해서만 자기의 명맥을 유지할 수 있는 자본은 대도시라는 자연과 격리된 인공의 섬 위에서 '만드는 문화'의 드러난 주체인 '만드는 사람', 자본가를 만들어냈다. 그리고 상품경제의 틀 안에 '자본주의적 생활양식', 개인주의적 생활양식을 빚어냈다. 아시다시피 상품경제의 중심가치는 사용가치가 아니라 교환가치다. 자본은 자기증식을 위하여 교환가치가 있는 것이라면 무엇이든지 만들어낸다. 사용가치가 전혀 없는 것도, 인간의 건강한 삶에 쓸모가 없을 뿐만 아니라 도리어 해로운 것도, 돈만 된다면, 다시 말해 이윤창출을 통한 자기증식이 가능한 것이라면 무엇이든 가리지 않고 만들어내고 누구에게든지 판다. 따라서 인간노동력도, 자연력도 자본증식을 위해서라면 얼마든지 낭비되고 탕진된다. '만드는 문화'에서 살아있는 인간노동력과 자연력은 죽은 노동, 죽은 자연의 최종응결체인 자본으로 전환되어 그 일부는 고정자본이 되고 다른 일부는 유동자본이 된다. 도시를 가득 채운 고층빌딩의 숲은 죽은 노동력과 자연력의 비석이요, 은행과 증거권거래소에 가득 쌓인 화폐와 유가증권은 산 노동력과 자연력을 추상화된 임금노동과 원료로 바꾸어 '상품'으로 고정시킬 응고제이다.

'만드는 문화'는 인간과 자연까지도 상품화하여 시장으로 끌어내고 '공동체사회'를 해체시켜 '이익사회'로 바꾸어낸다. '만드는 문화'의 중심축은 소수의 자본가, 그 가운데는 손가락으로 꼽을 '재벌'들이고, '다국적기업'이다. 이 인격화한 자본은 현재에도 온 세계를 상품시장으로 바꾸고 있는 중이다. '우루과이라운드'와 세계무역기구(WTO) 체제는 이렇게 해서 만들어졌다.

'기르는 문화'에서 묵은 것, 오래된 것이 좋은 것이라면 '만드는 문화'에서는 새 것, 최신의 것이 가장 좋은 것이다. '기르는 문화'가 인간의 욕망을 순환하면서 성장하는 자연의 리듬에 맞추어 조절하는 기능을 한다면 '만드는 문화'는 자본의 무한증식 욕구에 따라 인간의 욕망을 끊임없이 확대시키고 분화시킨다.

어떤 상품이 사용가치가 있는 것이든 없는 것이든, 인간사회와 생태계에 이로운 것이든 해로운 것이든, '만드는 문화'의 숨은 주체인 자본은 확대재생산을 통한 자기증식(이것이 자본의 생명이다)을 위하여 끊임없이 더 빨리, 더 많이 만들어내야 하는데, 그러려면 상품의 구매자가 어떤 물건을 사서 그 상품이 사용가치가 없다는 것을 빨리 발견하여 버리면 버릴수록, 그리고 그 상품의 수명이 단축되어 쉽게 낡아 못쓰게 되면 될수록 좋다. 상품에 어느 정도 내구성이 있어서 내다버리는 데 저항감이 있으면 이 저항감을 없앨 심리적 동기를 유발하는 것도 필요하다. 그래서 '만드는 문화'는 끊임없이 "새 것은 좋은 것"이라는 신화를 만들어내고, 이 신화가 유지되도록 온갖 수단을 다 동원한다. '패션쇼', '첨단상품전시회', '아이디어 제품', '유행가', '금주의 가요 톱텐', '신도시 개발' … 대통령의 입을 빌려, 국회의사록을 통해, 경제장관 회의석상에서, 텔레비전의 영상과 신문의 기사를 이용해, 광고와 방문판매원의 발까지 동원해 … 자본은 '만드는 문화'를 앞세워 자기 명맥을 유지하려고 필사의 힘을 다한다.

그 결과는 지금 우리가 보는 대로이다. '만드는 문화'와 '자본주의적 생활양식'이 인류와 생명계 전체에 지속가능한 미래를 보장하리라고 믿는 사람은 점점 줄어들고 있다. 과학기술의 남용으로 처하게 된 이 위기 상황을 과학기술의 힘으로 극복할 수 있다고 낙관하던 사람들도 이제 점점 더 비관적 전망을 하는 쪽으로 돌아서고 있다. '만드는 문화'와 '자본주의적 생활양식'을 강화하는 쪽으로 체제화된 제도교육의 기능에 대한 회의도 전세계에 걸쳐 광범하게 유포되고 있다.

교환가치가 유일한 가치의 척도가 될 상품경제 사회가 만들어낸 상품들이 인간노동력과 자연력에 치명적인 훼손을 입히면서 지구 전체를 쓰레기장으로 바꾸고 있는 현실을 두고 개탄하는 사람은 많지만 어떻게 해야 이 막다른 골목에서 벗어날 수 있을지에 대해서 바른 처방을 제시하는 사람은 거의 없다.

나는 이 위기에서 벗어날 유일한 길은 가치관의 문명사적인 대전환에 있다고 본다. 교환가치가 중심인 '만드는 문화' 대신에 다시 사용가치가 중심인 '기르는 문화' 쪽으로 가치의 중심이 이동하고, 우리 문화와 생활양식의 숨은 주체 노릇을 해온 자본을 몰아내고 자연을 주체의 자리에 다시 세워야 한다고 본다. '만드는 문화'에 사형선고를 내리자는 말은 아니다. 주체가 누구냐에 따라 '만드는 문화'는 공동체적 생활양식에 알맞게 변용될 수 있다.

내가 산과 들과 바다가 어우러진 곳에 내려와 농사짓고 사는 것은 전인류의 기초살림이기도 한 '산살림', '들살림', '갯살림'을 튼튼히 꾸려 그 기초 위에 '기르는 문화'와 '만드는 문화'가 균형있게 다시 세워져야 한다고 믿기 때문이다. 이러한 뜻과 의지가 농업에 반영되면 어쩌면 그것이 넓은 뜻에서 '생명을 살리는 농업'이 될지도 모르겠다. (통권 제32호, 1997년 1-2월호)

성난 카우보이 ― 축산업자에서 채식주의자로

하워드 리먼

내 증조할아버지는 몬태나주 그레이트 폴스 외곽에서 중간 크기의 낙농장을 갖고 있었다. 할아버지는 농장을 증조할아버지에게서 물려받았고, 아버지는 그것을 다시 할아버지에게서 물려받았다. 아주 어릴 적부터 나는 농장이 언젠가는 나와 내 형의 것이 되리라는 것을 알고 있었다.

내가 서너살 무렵에 어머니는 꼭 새벽에 나를 깨워서 외양간으로 데리고 가곤 하셨는데, 그것은 우유를 짜는 동안 얘기할 누군가가 필요해서였던 것 같다. 다섯살 때부터 나는 실질적으로 농장의 잡일을 했다. 대개 나는 한살 위 형인 딕과 같이 일하곤 했는데, 형은 나보다 훨씬 몸집이 컸다. 형은 나를 때리고 있지 않을 때면, 내게 뭔가 일을 시켰다. 송아지들에게 버터밀크를 먹이는 게 내 일이었는데, 그 무렵에는 젖꼭지가 달린 바케쓰가 없었기 때문에 나는 내 손을 사용했다. 주말마다 송아지 우리의 거름을 치워야 했는데 겨울에는 거름이 얼어서 일하기가 특히 나빴다. 나

이 글은 한때 미국의 몬태나에서 대규모 축산을 경영하다가 지금은 채식주의 실천가, 운동가로 변신한 하워드 리먼(Howard F. Lyman)이 작가 글렌 머저(Glen Merzer)의 협력을 얻어 집필한 책 *Mad Cowboy*(Scribner, 1998)에서 발췌한 것이다. 이 발췌문은 원래 *Self Magazine* 1998년 4월호에 발표되었다.

는 아직도 일곱살 무렵 무척 추운 겨울날 오후에 일하던 게 생각난다. 내가 조금 훌쩍거리자 아버지는 "이빨을 꽉 무는 게 나을 거다. 울면 일이 더 늦어지거나 하지. 끝날 때까지 그만두지 않을 테니 말이다"라고 하셨다. 그 말은 내가 가슴깊이 새긴 교훈이 되었다.

여덟 아홉살 무렵에 나는 우유를 짜거나 송아지에게 낙인을 찍는 일을 시작했다. 열살이 되어서는 송아지를 거세하는 법을 배웠다. 추수 때가 되면 나는 밀을 베느라 한참 어두워진 뒤까지 일했다. 짚을 모아서 쌓기도 했고 트랙터와 말떼를 모는 것도 배웠다. 나는 일년 내내 독립기념일과 크리스마스를 제외하고 매일 일했다. 쉬는 날에는 가축들한테 먹이만 주면 되었는데, 그것은 불과 몇시간만이면 끝낼 수 있는 일이었다. 그래서 나는 그런 날을 애국심과 기독교적인 감정으로 기다렸다.

딕 형은 고등학교 2학년이 끝날 무렵에 호지킨병이라는 진단을 받았다. 그 당시만 해도 그것은 치명적인 병이었다. 우리는 그에 대해서 별로 얘기하지 않았지만, 우리 가족의 삶은 내내 그것을 중심으로 맴돌고 있었다. 그 즈음부터 형은 모든 일을 자기 내키는 대로 했고, 그에 대해 아무도 뭐라고 하지 않았다. 그는 다른 무엇보다 숲을 좋아했는데, 틈만 나면 언제나 사냥이나 낚시를 가곤 했다. 나는 집에 남아서 전보다 더 많아진 내 일을 했다.

농장 일에 대한 나의 자신감은 커졌지만, 나의 고등학교에서의 성적은 엉망이었다. 나는 축구는 뛰어나게 잘했지만, 다른 건 모두 잘하지 못했다. 겨우 졸업하게 되었을 때, 나는 내가 사랑하는 농장으로 되돌아갈 수 있게 되어 무척 기뻤다. 하지만 아버지는 언젠가 내가 540에이커의 농장을 떠맡게 될 것에 대해 불안을 느껴, 내가 실제로 농장을 운영하는 데 필요한 경영적 측면을 심각하게 살펴보도록 하셨다. 그러자 나는 내가 얼마나 부족한지를 깨닫게 되었다. 나는 12년간을 아무것도 배우지 않고 그럭저럭 학교를 다닌 대부분의 미국 농장 아이들이 하듯이 결정을 내렸다. 나는 대학엘 갔다.

몬태나 주립대학에서 나는 고등학교 때의 실수를 반복할 생각은 없었다. 이번에는 공부에 주의를 기울였고 숙제도 했다. 나는 농과대학의 공부를 선택했다. 50년대 말에서 60년대 초는 신명나는 새로운 농업연구의 시기였다. 우리는 낡고 비효율적인 농사법 ─ 우리 아버지와 할아버지, 그리고 중조할아버지가 해왔던 유기적인 방법 ─ 을 버리도록 교육받았다. 유기농업을 강의하는 과목은 한 과목도 없었다. 그 대신에 새로운 대담한 화학농업의 시대가 시작되고 있었다. 우리는 살충제와 제초제, 호르몬과 항생물질들을 사용하는 가장 최신의 방법들을 배웠다. 모두 화학자이면서 학자였던 교수들은 손에 흙 하나 묻힐 필요도 없이 일을 썩 잘 해내었다. (적어도 내게는 그렇게 보였다.) 나는 그러한 교수들이 가르치는 것을 무조건 받아들였다.

대학을 마치고 군대를 다녀와서 내가 집으로 돌아왔을 때, 형이 죽어가고 있었다. 아버지는 더욱 늙어가면서 감당할 수 없을 만큼의 짐을 지고 계셨다. 농장 일을 위해서는 내가 필요했다. 농장의 장부들을 조사해보고 나서 나는 전에는 한번도 생각하지 못했던 일을 갑자기 알게 되었다. 우리는 가난했던 것이다. 아버지는 간신히 수지타산을 맞추고 계셨다. 나는 아버지께 내가 농장을 맡게 되면 전통적인 낙농으로 간신히 먹고사는 그런 농장운영은 하지 않겠다고 말했다. 나는 농장을 적자재정으로 운영, 확장하고, 대학에서 배운 모든 새로운 화학농법을 적용할 참이었다.

아버지로서는 선택의 여지가 없었다. 결국 농장을 내게 맡기셨다. 하지만 농장을 넘겨주면서 내게 짧게 한마디 하셨다.

아버지는 내가 틀렸다고 말했다.

윤작은 나의 아버지, 할아버지, 중조할아버지가 옛날 식으로 농장 일을 하면서 지켰던 첫번째 원칙이었다. 예를 들어, 알팔파를 심었던 밭에는 다음 해엔 밀을, 그리고 그 다음 해에는 옥수수를 심는다. 농부들은 콩이나 클로버, 알팔파 같은 작물들에 특별히 주의를 기울였는데, 그것은 이들 작물이 공기에서 질소를 빨아들여 흙속으로 보내어 자연적으로 땅을 비옥하게 만들기 때문이었다. 두번째 원칙은 적어도 몇년에 한번씩은 땅을 쉬게 하는 것이었다. 그렇게 함으로써 흙속의 수분이 회복되고, 잡초제거가 쉬워지며, 그리고 각종 미생물이나 지렁이가 흙을 다시 소생시키는 일을 할 수 있었다. 세번째 원칙은 농부들 사이의 오래된 격언이 잘 표현해준다. "풀밭에서 가축을 먹일 때는 풀밭의 반만 이용하고 나머지 반은 아껴두라." 다시 말해서, 소들이 풀을 너무 많이 뜯어먹지 않도록 하라는 것이다. 대충 반 정도의 풀을 남김으로써 풀들은 매년 다시 재생할 것이고, 그 뿌리가 흙을 붙들어 침식을 막을 수 있을 것이었다.

마지막으로, 유기적으로 농사를 짓는다는 것은 자연을 거스르지 않고, 자연과 더불어 일하는 것을 의미했다. 유기농업은 자연의 시간 테두리 내에서 일하는 것에 의존하는 것이다. 작물은 익은 다음에 추수하고, 밭들은 각각의 작물이 가장 좋은 상태일 때 거두어들일 수 있도록 작은 구역들로 나누어놓는다.

'녹색혁명'의 원칙에 세뇌된 우리들은 마치 전기가 석유램프를 몰아냈듯이 이런 괴상한 낡은 농사법을 버리고자 했다. 나는 새로운 화학농업이 보여주는 거의 수학적인 정확성속에 아름다움을 발견했다. 나는 깊이 3피트, 폭 1인치 정도 되는 튜브를 땅에 꽂고 토양 샘플을 채취하곤 했다. 이 샘플을 실험실로 가져가면, 그 토양이 세가지 기본 영양소 ─ 질소, 인, 칼륨 ─ 중에서 무엇을 필요로 하며, 얼마나 깊이 어느 정도의 양이 필요한지를 결정할 수 있었다. 나는 혼합비료를 밭에 살포하였고, 그러면 비료는 마치 시간의 경과에 따라 방출되는 의약품처럼 땅속으로 스며들었다.

화학비료의 효과는 기막힌 것이었다. 처음 몇년 동안의 시행착오 끝에 내가 비료의 가장 좋은 배합비율을 터득하고 난 다음에는 특히 더 그러했다. 봄에는 에이커당 100파운드의 '33-0-0'을 뿌리고 가을에는 같은 양의 '16-20-0'을 뿌리면 생산량이 갑절로 늘어난다는 사실을 알게 되었다. 그리고 땅을 쉬게 함으로써 땅을 놀릴 필요가 전혀 없어졌다.

잡초문제를 해결하기 위해서 화학제초제인 2-4 D라는 것을 사용했다. 그저 밭에 뿌리기만 하면 되었기 때문에 하루에 500~600에이커에 뿌릴 수 있었다. 조금 사용해도 효과가 있었지만, 많이 뿌릴수록 효과가 더 좋았다. 이윽고 나는 그보다 더 새롭고 강력한 약품을 찾게 되었다. 그리하여 나는 2-4-5 T라는 뛰어난 제초제를 사용하기 시작했다. 베트남에서 '에이전트오렌지'라고 불리던 바로 그 약품이었다.

생산량이 늘자 나는 여분의 생산을 어떻게 처리해야 할 것인가라는 문제에 직면하게 되었다. 밀을 제외하고는 내가 생산하는 작물은 시장에서 그다지 후한 값을 받지 못하는 것들이었다. 오히려 내다 팔기보다는 가축들의 사료로 사용하는 게 나았다. 하지만 그 당시 내가 기르던 50두의 소들에게는 넘치는 양이었다. 해결방법은 소를 더 사는 것이었다.

1970년 무렵 농장에서 풀을 뜯게 하기에는 나는 너무나 많은 소들을 갖게 되었다. 그래서 나는 소들을 축사에 가두어놓고 사육하기 시작했다. 지붕도 없는 축사에, 매 축사에 100~200마리를 가두어놓고는 한쪽엔 여물통을 두었다. 그리하여 나는 모든 목축업자들이 목표로 하는 것을 목표로 삼았다. 소를 가능한 한 빠른 시간 안에 가장 크고 살찌게 하는 것이 그것이었다. 나는 소들의 식사습관을 바꾸는 법을 배웠다. 아버지나 할아버지는 소들에게 거의 전적으로 풀과 조섬유를 먹였지만, 나는 소들이 풀을 뜯게 하는 대신에 조섬유, 곡물, 농축 단백질을 먹였다. 점점 곡물을 늘려서 사료의 90퍼센트를 곡물로 채웠다. 이렇게 해서 소들의 고기가 극단적으로 지방질이 풍부한 것이 되고, 식료품 가게에서 볼 수 있는 고기의 하얀 부분이 만들어지는 것이었다.

그러나, 또한 불행하게도, 이런 식사는 자연적으로 곡물이 아니라 풀을 먹게 되어있는 암소의 소화기관을 상하게 했다. 그 결과로 많은 소들이 탈장으로 고통을 당하였다. 내부에 있어야 할 기관들이 밖으로 빠져나온 것이다. 그때마다 수의사를 부르는 것은 너무 많은 비용이 드는 일이었다. 그래서 나는 600파운드나 되는 암소의 무게를 내 몸으로 버티며 25파운드에 달하는 그 탈장된 부분을 소의 내장속으로 다시 집어넣고 상처를 꿰매는 데 여러 시간을 보내곤 했다.

그와 동시에 나는 경매를 통해 소들을 계속 사들였다. 어떤 경우에는 서로 다른 20여곳으로부터 한번에 100마리씩 들여오기도 했다. 서로 다른 곳으로부터 온 소들을 한곳에 두다보니 질병이 가장 큰 걱정거리가 되어버렸다. 축사에 가두어 사육하기 시작하면서 소들의 건강문제가 극적으로 증가했다.

　그것은 경제와 자연 사이의 끊임없는 전투였다. 만일 처음 증상을 보이는 며칠 안에 해결하지 못하면 그 소가 병으로 죽어버릴 확률은 50퍼센트나 되었다. 전체 소들 가운데 5퍼센트가 죽어도 이익을 남길 수가 없었다. 불행히도 축사에 갇혀 지내는 소들에게는 예방접종도 소용없었다. 축사와 같은 닫힌 공간에서는 이미 병을 앓고 성공적으로 치료가 된 소들이 나으면서 병균을 다른 소들에게 옮기기도 하였다. 그래서 다른 목축업자들과 마찬가지로 나는 소의 사료에 항생제를 넣는 방법을 배웠다. 단지 병에 걸린 소들에게만 항생제를 사용하는 것은 너무나 시간이 많이 드는 작업이었다. 그보다는 모든 소들에게 다 같이 항생제를 넣은 사료를 먹이는 것이 보다 쉽고 합리적인 방법이었다. 여기서 또 한번, 다른 대부분의 목축업자들과 마찬가지로, 나는 자연에게 당했다. 항생제에 면역이 금방 생긴 박테리아들 때문에 이내 항생제는 그 효과가 떨어지게 된 것이다. 나는 거의 한달에 한번씩 항생제를 바꿨는데, 그 효과는 계속 줄어들었다.

　때때로 소에게 접종시킨 약품이 나중에 사람에게 해로운 것으로 판명되어 금지되기도 했다. 하지만 정부는 의심스러운 약품을 만든 제약회사가 그 재고를 다 처분할 때까지 기다렸다가 그 약품에 대한 금지조치를 내림으로써 늘 농기업들에 협조적인 것으로 보였다. 금지된 약품이라 해도 일단 농부의 손에 들어온 뒤에는 다 쓸 때까지 사용되었다.

　소의 질병 이외에 파리떼가 축사에 가장 큰 위협이었다. 소마다 매일 배설하는 25파운드의 배설물들로 인해 파리떼가 몰려들어 심지어는 소가 숨쉬는 데에 지장을 받을 정도였다. 파리떼를 쫓기 위해 소들이 먼지를 너무 많이 일으켜서 이른바 먼지폐렴에 걸리기도 하였다. 그러나 화학농의 큰 약속은 모든 종류의 문제들은 단지 과학에 대한 새로운 도전에 불과하다는 것이다. 파리문제에 대한 과학적 해결은 살충제였다. 매일 아침 나는 살충제를 온 축사에 뿌렸다. 당연히 살충제는 나무와 풀 그리고 작물들뿐만 아니라 사료나 소들이 마시는 물에도 뿌려졌다. 더 나아가 나는 파리의 유충들을 해결하기 위해서 소들의 등에다 살충제를 뿌려서 약물이 피부 밑으로 흡수되어 파리 알들을 죽이도록 하였다. 당연히 나는 이 치명적인 화학물질이 흡수된 소의 조직이 누군가의 저녁상에 오를 가능성에 대해서는 생각해보지 않았다. 뿐만 아니라 나 자신의 피부에 대해서도 걱정하지 않았다.

소들을 더 빨리 성장시키기 위해서 단순히 곡물을 먹이는 방법에만 매달린 것은 아니었다. 오늘날의 대부분의 목축업자들과 마찬가지로 나는 일부 무지한 사람들이 자신의 근육을 기르기 위해 건강을 해치면서 사용하기도 하는 스테로이드와 비슷한 성장호르몬을 사용했다. 60년대 초부터 70년대 말까지 내가 가장 빈번히 사용한 호르몬은 DES였다. 나는 이 호르몬을 성장을 촉진시키기 위해서도 사용했지만, 임신한 암소의 유산을 위해서도 사용했다. (태아의 무게는 쓸모없는 것이었다. 어차피 그것은 햄버거가 되지는 않을 것이었기 때문이다.) 내가 그 호르몬을 사용하던 기간 동안에, 그 호르몬이 인간에게 암을 유발시킬 수 있는 물질인지 여부를 두고 격렬한 논쟁이 벌어졌다. 결국 70년대 말에 정부는 DES의 사용을 금지시켰다. 하지만 이 호르몬은 너무나 싸고 효과적이었기 때문에 많은 축산업자들은 DES의 판매가 금지되기 이전에 그 이후에도 계속 사용할 수 있도록 많은 양을 확보했다. 유감스럽게도 나도 그 중의 하나였다. 금지된 후 2년 정도 지나 내가 가지고 있었던 DES가 다 떨어지고 나서 나는 새롭고 개선된 성장호르몬을 계속 사용했다. 그 무렵 나는 화학약품이라면 무조건 좋은 것으로 알았다.

대부분의 미국인들은 미국 농무부가 얼마나 소비자들을 희생시키고 생산자들을 보호하는지에 대해서 전혀 모르고 있다. 한가지 화학물질이 금지되면 그 화학물질을 가지고 있는 농부나 축산업자들은 두가지 중 하나를 선택해야 한다. 즉, 가지고 있는 그 제품을 버리고 손해를 보든지 아니면 범법행위의 위험을 무릅쓰든지 해야 한다. 그런데, 범법으로 인해 적발될 위험은 과연 얼마나 심각한 것일까? 금지된 물질을 소의 사육에 사용했을 때 적발될 가능성은 거의 없다고 할 수 있다. 정부는 소 25만마리의 시체들 중 하나를 검사할 것이라고 예상하면 된다. 검사를 하더라도 모든 금지된 물질에 대해 검사하는 것도 아니고 단지 작은 일부에 한해서 검사한다. 또 검사 결과 금지된 물질을 찾아내고 그 소가 어느 목장의 것인지를 알아낼 수 있다하더라도 목장주에게 주어지는 것은 기껏해야 강한 경고가 담긴 한통의 엄중한 편지일 뿐이다. 나는 한번도 쇠고기의 안전을 위한 규제를 어긴 결과로 어려움을 겪는 축산업자를 본 적이 없다. 그 모든 절차는 간단히 말해서 단순한 제스처에 불과한 것이다.

나는 나의 범법행위 때문에 잠을 못 이루거나 하지는 않았다. 내게는 좀더 큰 걱정거리가 있었다.

작물 생산량을 극적으로 늘리고, 소 한마리의 무게가 1,100파운드가 되는 데 30개월이 걸리던 것을 15개월로 단축시키고, 이웃 농장을 사거나 빌려서 내 농장을 40배나 키웠지만 내가 수지타산을 맞추는 것은 갈수록 어려워졌다. 화학물질 그 자체가 비쌌고, 매년 보다 많은 화학비료와 항생제를 사용해야만 그 전 해와 같은 결과를 얻을 수 있었다. 그리고 아무리 애를 써도 소들이 병들거나 죽어나갔다.

나는 매일 18시간씩 일했지만, 점점 재정상태가 불안해졌다. 나는 화학물질의 구덩이에 너무나 깊이 빠져들어 그 구덩이를 계속 파 들어가는 수밖에 없었다. 내 아내는 이따금 내게 "우리가 바른 방향으로 가고 있다고 확신해요?" 하고 묻곤 했다. 그녀는 나무들이 죽어가기 시작하고, 제초제에도 불구하고 잡초문제가 갈수록 심각해지는 것을 보고 있었다. 그리고, 집안의 식물들을 죽일 만큼 내가 옷에 잔뜩 제초제를 묻힌 채 들어오는 것을 아내는 반기지 않았다.

나는 매주 한번씩 15명의 축산업자들과 함께 그레이트 폴스에서 점심을 같이 먹었다. 우리는 서로의 경험을 나눔으로써 여러가지 문제들에 대한 기술적인 해결방법을 찾고자 하였다. 우리는 녹색혁명이라는 신학 자체에 대해서는 아무런 의문을 제기하지 않았다. 우리가 직면하는 모든 문제는 화학이라는 마술이 치유해줄 것이었다. 우리는 그 화학물질들이 매번 새로운 문제들을 낳는다는 것을 보여주는 점증하는 증거에도 불구하고 그 신학에 매달려 있었다.

15년 전에 모두 축산을 하던 그 15명 중에 아직도 그 일을 하고 있는 사람은 단지 한명뿐이다.

우리는 자연에 도전하여 자연을 이기고자 하였다. 그리고 우리는 우리가 승리할 수 있다는 것을 발견했다. 그러나 그 승리는 땅을 파괴하고, 그와 더불어 우리 자신을 파괴함으로써만 얻을 수 있는 것이었다.

긴 세월 동안 내가 아내의 눈이 공포에 질린 모습을 본 것은 딱 한번이었다. 그것은 1979년 어느 눈 내리는 겨울밤이었다. 나는 그날 내 척추에서 발견된 종양을 제거하기 위한 응급수술 때문에 병원 침대에 누워 있었다. 아내의 첫 남편은 28살의 나이에 암으로 사망했다. 그래서 다시 과부가 될 수도 있다는 생각은 그녀에게는 견디기 힘든 것이었다. 나는 내가 꼭 살아남을 것이라고 확신하고 있었지만, 나의 친구이자 의사인 알렉스는 만일 종양이 척수 내부에 있다면 내가 다시 걸을 수 있는 확률은 백만분의 일도 안된다고 하였다. 눈보라 때문에 알렉스가 도착할 수 있는 가장 이른 시각인 다음날 아침까지 수술은 미루어져 있었다.

나는 내 발을 계속 움직이며, 생각에 잠겨 밤을 꼬박 새웠다. 나는 무엇이 중요하고 무엇이 그렇지 않은지에 대해서 생각하고 있었다.

1만에이커의 땅과 7천두의 소들을 소유하고 있다는 것은 중요한 게 아니었다. 30대의 트럭과 20대의 트랙터, 7대의 콤바인도 중요하지 않았다. 연간 5백만달러의 농기업도 중요하지 않았다.

중요한 것은 내 가족과 땅이었다.

어떤 이유에서인지 나는 줄곧 흙에 대해 생각하고 있었다. 내 두 손이 감촉하곤 하던 시원하고 어둡고 찰지고 따뜻한 흙이 주는 느낌이 자꾸만 마음에 떠올랐다. 나는 자라면서 항상 흙을 손에 묻히며 지냈고, 그 느낌을 무척 좋아했기 때문에 흙을 애써 씻어내지도 않았었다. 나는 내 어린 시절에 흙이 얼마나 풍요로웠던가에 대해 생각했다. 그러나 이제 흙은 더 이상 그렇게 보이지 않았다. 이제 흙을 집어보면 내 손에서 부스러지기만 할 뿐이었다. 흙은 마치 모래처럼 가늘었다. 흙속에는 더이상 벌레도 없었다. 내가 잔뜩 뿌려댄 제초제와 살충제, 그리고 화학비료 때문에 흙은 이제 마치 석면같이 보였다. 농장 안이나 주위에 있는 나무들도 죽어가고 있었다. 새들도 사라졌다. 농장은 더이상 살아 숨쉬는 존재가 아니었다. 농장은 갈수록 위태위태한 화학방정식이 되어가고 있었다. 그때 그 자리에서 나는 수술의 결과가 어떻게 나오든 나의 나머지 생을 내가 태어날 때 그랬던 것과 같은 모습으로 땅을 되살려놓는 데 바치겠다고 마음먹었다.

동틀 무렵에 나는 수술실로 옮겨졌다. 나는 집중치료실에서 깨어났다. 내가 가장 먼저 한 일은 내 발을 내려다보는 것이었다. 어렵사리 몸을 아래로 움직여서 발이 침대끝의 금속봉에 닿도록 했다. 금속에 닿는 느낌이 왔다. 매우 차갑게 느껴졌다. 그것은 내가 평생동안 경험해본 어떤 느낌보다도 행복한 느낌이었다.

내 상태를 체크하러 온 알렉스는 내 척추의 바깥 부분의 뼈를 잘라낸 후 척수 내부뿐만 아니라 그 아래까지 종양이 퍼져있는 것을 발견했다고 설명했다. 그의 유일한 선택은 신경을 하나 잘라내서 마치 낚싯대에 물고기가 걸리듯 그 신경에 종양이 따라붙어 나오기를 바라는 것뿐이었다. 알렉스는 신경 하나를 선택했고, 잘라냈으며, 나는 백만분의 일의 확률로 마비에서 벗어났다.

나는 땅에 대한 내 약속을 지켰다. 나는 화학물질에 환멸을 느낀 동료 농부들을 모아 우리들의 가장 큰 문제거리인 잡초문제를 해결할 수 있는 환경적으로 건전한 방법을 찾기 시작했고, 우리는 실제로 많은 방법을 찾을 수 있었다. 그런 일로 해서 나는 정치의 세계로 끌려들었고, 곧 깨끗한 공기, 깨끗한 물, 그리고 깨끗한 식품을 내걸고 하원의원 선거에 나가게 되었다. 만일 은행이 한창 선거운동 도중에 내 농장에 대한 저당권을 돌연히 행사하지 않았다면, 내가 이길 수도 있었을 것이다. 나는 유기농업과 어울리는 삶의 방식을 갖고 있는 것으로 보였던 휴터라이트 일가에게 내 땅을 팔아넘겼다. 그리고 결국 나는 '전국농민조합'의 로비스트로서 워싱턴으로 가게 되었다. 그리고는 무엇보다도 1990년의 '유기농업 표준 법령'을 통과시키기 위해 일했다. 부시 대통령은 그 해에 법안에 서명했다. 그러나 8년이 지났어도 표준들에 대한 합의가 이루어지지 못하고, 그 법률은 아직 시행되고 있지 않다.

종양제거 수술 이후, 나는 가축, 농사일 그리고 환경의 관계에 대해서 닥치는 대로 공부하기 시작했다. 1990년 어느 여름날 워싱턴에서 나는 책상 위에 발을 얹고서 포토맥 강을 내다보고 있었다. 나는 내가 관계하는 모든 개인적이거나 정치적인 문제들에 대해서 생각하기 시작했다. 나는 내가 하는 일과 법제화를 통해 변화를 이룬다는 것에 대해 갈수록 냉소적으로 되어가고 있었다. 나는 내가 싸워 얻으려는 대부분의 관료적인 보조금이 사람의 식품이 아니라 사료작물을 위해 사용된다는 것을 알고 있었다. 나는 세계전역에 걸쳐 우림(雨林)이 사라져가는 것을 알려주는 우울한 통계들을 보아왔고, 그 우림의 상실은 많은 경우 목축을 위한 벌목으로 빚어졌다는 것을 알고 있었다. 또, 나는 지구상에 가축이 5대 1의 비율로 사람의 수를 능가하고 있다는 것도 읽었다. 나는 미국에서 쓰여지는 물의 50퍼센트가 가축의 사육에 바쳐져 있으며, 우리의 지하수가 놀랄 만큼 급속도로 고갈되고 있다는 것도 알게 되었다. 나는 16년마다 1인치의 비율로 표토가 상실되고, 그 표토 상실의 많은 부분이 목축과 공장식 축산농이 이용하는 (내가 한때 했듯이) 화학적 집약농법에 관계되어 있다는 것을 배워서 알고 있었다. 나는 소나 돼지, 닭들의 분뇨로 오염된 강을 보았고, 그러한 동물들을 먹이기 위한 작물의 성장을 도울 목적으로 사용된 제초제 때문에 하늘에서 새들이 사라지는 것을 보아왔다. 나는 수천마리의 소들이 축사에 갇힌 다음, 부자연스러운 환경 때문에 어떻게 고통받는지를 보아왔다. 나는 매일 밤 수십억의 사람들이 굶주린 배를 부둥켜 안고 잠자리에 드는 한편에서, 지나치게 배부른 세계의 다른 부분에서는 1파운드의 쇠고기를 만들기 위해 16파운드의 곡물을 소들에게 분주히 먹이고 있다는 것을 알고 있었다. 나는 헤아릴 수 없이 많은 친구들이 심장병으로 고생하는 것도 보았고, 암 발생률이 극적으로 높아지는 것도 보았다. 나 자신의 건강이 좋은 예였다. 내 몸무게는 350파운드였고, 콜레스테롤 수치는 300을 넘었고, 혈압이 엄청나게 높았으며, 코에서는 출혈이 있었다.

갑자기 이 모든 것이 순환적인 관계에 있음이 내게 분명해졌다. 우리의 문명은 커다란 실수를 저지르고 있었다. 이 실수는 우리의 땅과 숲과 강을 파괴하는 것과 마찬가지로 우리들 개개인을 죽이고 있었다. 우리는 동물들을 먹고 있지만, 여기에는 뭔가 잘못된 것이 있었다. 만일 이 동물들이 우리에게 복수를 하기로 한다면, 지금보다 더 가혹한 복수가 있을 것 같지 않았다.

그리하여, 바로 그 순간, 그 자리에서, 나는 내가 일찍이 꿈에도 생각해보지 못한 사람이 되었다. 나는 채식주의자가 되었다.

고기를 안 먹은 지 일년도 채 되지 않아서 내 건강문제는 모조리 사라지기 시작했다. 신체적으로 나아지기도 했지만, 우리 자신과 우리의 환경에 손상을 끼치는 많은 문제들을 해결하는 한가지 해답이 있음을 알게 되었다는 사실 때문에 나는 기분이 나아졌다.

모든 것은 결국 우리가 어떻게 먹느냐에 달려있는 것이다.

우리는 당연히 와야 할 문화적 변화를 받아들일 것인지 아니면 거기에 저항할 것인지 스스로 물어보아야 한다. 나는 화학농업이 유기농업으로 바뀌는 것을 보고 싶다. 나는 우리나라의 심장부에서 짐승들의 역한 배설물 냄새가 아니라 감미로운 곡식 냄새를 맡고 싶다.

책을 쓰는 동안 나는 몬태나로 돌아가 보았다. 내가 살던 그레이트 폴스의 가장 큰 슈퍼마켓에서 나는 놀라운 광경을 보았다. 선반에 두유와 쌀 우유가 놓여 있었다. 콩으로 만든 핫도그, 채소 버거, 두부도 있었다. 미국에서 채식주의자가 되는 게 이제는 어려운 일이 아니다. 그레이트 폴스에서 가능하다면, 그것은 어디서나 가능한 것이다. (통권 제46호, 1999년 5-6월호)

'보살핌의 경제'를 위하여

김종철

요즘 여유들 없이 살고 있는데 한가로운 소리를 좀 해볼까 합니다.

우리는 지금 IMF 관리체제하에서 우리만이 굉장히 곤란한 상황에 빠진 것처럼 여기고 있지만, 따져보면 전지구적인 범위에서 볼 때 우리는 아직도 굉장히 잘살고 있는 축에 들어요. 그런데 문제는 이런 우리의 생활이 장기적으로 지속가능한 토대 위에 서있느냐 하는 것입니다. 우리의 경제의 거죽이 아니라 내부의 구조가 어떻게 되어있는지를 들여다보면 정말 한심하기 짝이 없습니다. 그러나 어쨌든 현상적으로 볼 때 한국은 아직도 잘사는 편이에요. 지금 세계는 20 대 80의 세계로 간다고 합니다. 20의 부유한 인구와 80의 빈곤한 인구로 나누어지는 세계로 말입니다. 그걸 조금 더 인상적으로 말하면 지금 전세계 인구가 약 65억 된다고 하는데, 그 전체 인구 중에 자동차 소유자는 6억 정도입니다. 그러니까 인류의 10분의 1이에요. 이것만으로도 지금 자동차가 지구상에서 포화상태에 이르렀고, 더이상 늘리다가는 인류는 공멸할 수밖에 없게 되어있어요. 거기다가 실

김종철 — 《녹색평론》 발행 · 편집인. 이 글은 1998년 5월 26일에 부산한살림 월례모임에서 했던 이야기를 정리한 것이다.

제로 경제적으로도 얼마나 더 많은 인구를 자동차 소유 능력자로 만들 수 있는지는 지극히 의심스러운 단계에 와 있다는 거지요. 그러니까 현재 우리나라와 미국, 유럽, 일본의 자동차회사들이 더이상 자동차 팔아먹을 데가 없는 거예요. 공급과잉 상태에 빠져있어요. 대공황이 임박했다는 얘기도 있잖아요.

하여튼 지금 제 얘기는 아직 우리는 좀 나은 편이라는 겁니다. 오늘날 물 한잔 얻어먹기 위해서 하루종일 헤매고 다녀야 하는 사람들이 지구상에는 수도 없이 많다는 사실을 알 필요가 있습니다. 토착민족이라고 하는 전통적으로 자연과 친근한 관계를 유지하면서 평화롭게 살아왔던 많은 민족들이 지금 다국적산업들의 탐욕 앞에서 삶터를 빼앗기고 있잖아요. 그밑에 무슨 석유가 나온다든지, 지하자원이 나온다든지 해서 몇백년에서 몇천년 동안 살던 터전을 뺏고, 숲을 불지르고, 벌목하고, 댐을 만들어 수많은 생물종을 몰살시키고, 이런 일을 끝도 없이 저지르고 있어요. 거기에는 한국경제도 상당히 책임이 있습니다. 그러니까 우리는 세계 전체적으로 보면 약한 민족들, 약한 사람들에게는 가해자라 할 수 있어요. 적어도 중산층에 속하는 한국인들의 삶은 전지구적인 수준에서 볼 때 가해자이지 절대로 희생자가 아닙니다.

요즘 매스컴을 보고 있으면 우리나라가 금방 거덜이라도 나는 듯 신음소리를 내는데 … 하기야 지난 수십년 동안 실업문제로 사회가 전체적으로 이렇게 고민에 빠졌던 적은 없습니다. 저의 형님이 캐나다에 이민간지 25년 정도 됩니다. 그 형하고 며칠 전에 오랜만에 통화를 했는데 그런 얘기를 하더군요. 형이 거기서 요즘의 한국경제에 관한 뉴스를 보면서 생각해보니, 자기는 캐나다에 오래 전에 이민와서 지금까지 지내오면서 한번도 실업문제가 뇌리에서 떠날 날이 없는 세월을 살아왔다는 겁니다. 자기만 그런 게 아니고 캐나다 사람들이 대체로 그렇다는 거예요. 저의 형은 여기서 공과대학 졸업하고 엔지니어 일 좀 하다가 캐나다로 가서도 계속해서 엔지니어 생활하면서 지내왔습니다. 자기 친구들은 여기서 그동안 사회의 소위 중추적인 산업중심에서 꽤 출세도 하고 돈도 벌었어요. 그런

데 캐나다에서 저의 형은 일년이나 이삼년쯤 일하다가 레이아웃 당하고, 실업보험 타먹고, 또 복직하고 하는 세월을 되풀이했어요. 캐나다 같은 나라는 우리처럼 끝없이 건물짓고, 확장하고, 마구 땅을 파헤치는 그런 데가 아니니까 기술자에게 맨날 일거리가 주어질 수는 없지요. 하여간 그래서 그렇겠지만, 저의 형 가족이 사는 집은 아주 조그만 오두막이에요. 그 오두막에서 다른 많은 캐나다 사람들처럼 그냥 조용히 근근 살아가고 있어요. 물론 캐나다는 우리나라와 단순비교할 수는 없는 나라입니다. 여러가지 사회보장 장치가 되어있는 나라이기도 하고, 전체적으로 우리처럼 이렇게 살벌한 경쟁사회가 아니지요.

그렇지만, 단순비교해서도 안되고 여러가지 고려할 게 많이 있지만, 그래도 저는 이게 비교적 정상이라고 생각해요. 어차피 자본주의 세상이라는 것은 지속적으로 안정된 체제가 아닙니다. 늘 불안한 체제이지요. 이 체제속에서는 예를 들어 캐나다 사람들의 경우처럼 늘 실업문제로 전전긍긍 사는 게 오히려 정상이라는 겁니다. 물론 어느 정도는 역설적으로 하는 말입니다.

그러나 왜 제가 이런 말씀을 드리느냐 하면, 이번 IMF 사태를 당해서 이게 무슨 예외적인 굉장히 나쁜 재앙을 만난 것처럼 언론에서는 지금 다루고 있지 않습니까. 그래서 하루빨리 여기서 벗어나야 된다는 식으로 온 나라 사람의 의식이 그런 방향으로 흐르고 있는데, 그렇지만 저는 이것은 하루빨리 극복해야 될 재앙이 아니고 이제 비로소 정상적인 상태가 될 수 있는 전환점을 맞이했다고 생각합니다. IMF 이전 시절이 어떤 시절이었어요? 그것은 먹고 쓰는 것보다 버리는 게 많았던 시절이고, 그런 식으로 계속 더 가다가는 정말 재앙을 면할 수 있는 가능성이 하나도 없는 성장물신주의가 판을 쳤습니다. 윤리적으로는 말할 것도 없고, 장기적인 지속이 불가능한 것이 너무나도 뻔한 길로 가고 있었단 말입니다. 지금은 세계가 그걸 허용하지 않습니다. 그런 식으로 살면 지구가 서른개 있어도 모자라요. 그러면 지구를 벗어던지고 우리가 화성으로 갈 거예요? 실제로 그런 공상을 하는 과학자들이 있기는 있어요. 미구에 지구가 더이상 사람이 거주할 수 없는 그런 공간이 되고 있다, 그러니까 화성에 갈 준비를 해야 된다고요. 칼 세이건이라는 유명한 통속적인 천문학자도 살아있을 때 그런 소리를 했고, 지금 그런 식의 아이디어를 가지고 연구실에서 연구랍시고 하는 과학자들이 있습니다. 화성에 대한 관심이 높은 게 그런 것하고도 관계가 있어요. 그러나 그런 식으로 화성에 가는 데 성공한다고 하더라도, 제 버릇 못 고치고 화성에 가면 화성은 아마 10년만에 붕괴되지 않을까요? 그러면 어느 또다른 별로 옮겨야 될 겁니다. 그 옮긴 별에서는 얼마나 갈까요? 그리고 다른 별로 간다고 할 때 지구인구가 다 갈 수 있습니까? 소위 엘리트들만 가겠다는 것이지요. 이 아름다운 지구를 버리고 황무지 화성으로 간다는 그런 아이디어 자체가 정신병의 징후입니다.

그런데 지구를 버리고 화성 같은 데로 가겠다는 발상은 실은 우리들이 은연중에 흔히 갖고 있는 어떤 사고방식과 닮은 데가 있습니다. 무슨 얘기냐 하면 우리나라 사람들이 걸핏하면 자원이 없다고, 그래서 수출만이 살길이라고 말하는데, 그걸 좀 따져보잔 말입니다. 우리나라처럼 이렇게 풍부한 천혜의 자연조건이 갖춰진 나라가 얼마나 더 있겠어요? 아무데나 꽂아도 식물이 싹이 트고 꽃이 피어요. 우리나라 인삼을 딴 나라에서 길러보면 무우뿌리보다 약효가 없어요. 저는 민족주의자도 아니고 자기나라 것이 제일이라는 발상을 아주 싫어해요. 그러나 이렇게 훌륭한 복받은 삶터를 가지고 있는 사람들이 맨날 우리나라는 자원이 없어 틀렸다는 거예요. 그러니 하늘에서 무슨 복을 주겠습니까. 예를 들어서 사우디아라비아를 한번 보십시오. 그 나라가 지금 석유 팔아먹어서 부자나라가 되어 있기는 합니다. 더욱이, 좀 우스운 얘기이지만 그 나라는 지금 세계 3위의 밀 수출국입니다. 사우디아라비아가 사막지대인데 무슨 밀이 되겠습니까. 그런데 석유 판 돈을 가지고 바닷물을 담수로 만들어 그걸 사막에 끊임없이 뿌려대어 밀밭을 조성하고 있는 겁니다. 아라비아 사람들은 하도 모래땅에 질려가지고 밀밭 구경하는 게 소원인 거예요. 그래서 막대한 국가재정이 드는 밀농사를 하고 있습니다. 사우디아라비아 수도 근처에 지금 끝도 없는 밀밭이 전개되고 있다고 해요. 그런데 석유라는 게 어떤 거예요.

석유라는 것은 언젠가는 반드시 고갈되거나 유효가치가 사라집니다. 그리 되면 그날로 밀밭은 사라지는 겁니다. 신기루지요. 그런데 우리 땅은 그렇습니까? 우리가 이걸 잘 다루기만 한다면, 이 비옥한 땅은 우리가 가난한 마음으로 겸손하게 살기로 한다면 영구히 간단 말이에요. 그런 땅에 살면서 우리가 사우디아라비아 부러워하고 앉았어요. 그래서 심심하면 석유 날 가능성이 조금 있다고 해서, 동해바다 어딘가 대륙붕을 뚫고 한바탕 소동을 벌이잖아요. 저는 석유 나면 큰일이라고 생각해요. 그렇지 않아도 큰 망상속에 빠져있는 사람들인데 석유가 난다면 온통 정신이 황폐화할지 모릅니다.

경제를 위해 파괴되는 사회

요즘 실업자가 많이 나오는 사태는 물론 참으로 유감스런 일입니다. 그렇지만 실업에 대해서도 좀 대범하게 받아들일 수 있어야 될 것 같아요. 지금 경제문제를 풀기 위해서 정부의 대책은 외국돈 한시라도 빨리 많이 끌어들이겠다는 것 아닙니까. 거기에 대해서는 지금 재야고 노동집단이고 재벌이고 일반 언론이고간에 근본적으로 반대하는 데가 없어요. 그런데 외국돈 끌어오기 위한 유인책으로 내놓는 것들을 살펴봅시다. 외국자본가에게, 국내기업들과 똑같은 대우도 아니고, 월등하게 우대정책을 하겠다는 거 아녜요. 세금도 안 받겠다 하고 그린벨트까지 내주려고 해요. 그동안 군사정권들도 물론 훼손을 많이 하기는 했지만 그린벨트의 근본은 차마 건드리지 못했습니다. 그것을 건드리지 않아야 한다는 철학이 있어서가 아니라 사회여론이 무서웠던 것이지요. 그런데 지금은 소위 국민의 정부라는 권력이 그린벨트를 철폐하겠다고 해도 여기에 저항하는 사회세력이 없습니다. 그리고 며칠 전에는 또 자동차 중과세제도를 폐지하고 버스전용차선제도 폐지하겠다는 발표가 나왔잖아요. 전부가 이런 식이에요. 그동안 역대정권들이 정말 환경의식이 있고, 민중의 차원에서 생각할 줄 알아서, 또는 국토를 보전해야겠다는 진심이 있어서 자동차를 조금이나마 억제하는 제도를 만들고 법을 만들어놨겠습니까. 그나마 그렇게라도 안하면 국가체면이 안 서니까 최소한의 환경법규를 만들어놓았던 거 아네요? 그런데 이것도 지금 없애겠다는 거예요.

좀 극적인 표현인지는 모르지만 제가 보기에는 좁은 의미의 경제를 살리겠다는 대책들이 사회를 파괴하는 방향으로 가고 있어요. 그런데 현실적으로 생각해보면 그런 식으로 나갈 도리밖에 없지 않겠느냐 하는 생각도 듭니다. 여기에 참으로 근본적인 딜레마가 있어요. 단기적으로 볼 때, 우리는 지금 급히 외국돈을 끌어올 도리밖에 없습니다. 왜? 식량자급률이 25퍼센트가 안됩니다. 저는 IMF 이후에 우리나라 신문이나 방송들 정말 믿을 수가 없다는 생각 때문에 요즘 비교적 열심히 외국신문을 보고 있습니다만, 한 두어달 전에 〈아이리쉬 타임스〉라는 아일랜드 신문에서 보니까 그동안 북한에서 아사자가 실제로 3백만명이 넘었다는 기사가 나왔어요. 그걸 어떻게 조사하였는지는 모르지만 전연 터무니없는 추정은 아니겠지요. 굶어죽는 사람이 많다는 건 짐작하고 있었지만, 그렇게 많은 인구가 북녘에서 굶주려 죽었다는 것은 굉장한 충격이었습니다. 순전히 굶어서 죽은 사람의 수효가 그렇다는 거예요. 그렇다면 지금 굶주리면서 죽어가고 있는 사람은 부지기수겠지요. 우리가 이렇게 가만 있어도 되는지 모르겠어요. 남한은 워낙 문제가 많은 사회이다 보니까 이런 데 여론이 집중되질 못해요. 그런데 제가 이북 이야기를 꺼낸 것은 지금 남한의 식량자급도가 25퍼센트라고 했지만, 이게 순수히 식량자급도만 따진다면 이북보다 못하단 말이에요. 우리가 지금 25퍼센트라고 하지만 실은 이게 대부분 석유로 짓는 농사예요. 화학비료, 농약, 그리고 수많은 비닐하우스, 시설농에 들어가는 석유, 또 트랙터, 경운기, 관리기, 농촌에서 쓰는 온갖 종류의 농기구들이 전부 석유 없으면 못 움직여요. 그런 석유를 가지고 지금 25퍼센트입니다. 우리가 만약 외채를 갚을 능력이 없어서 석유를 들여오지 못한다고 했을 때, 순전히 우리의 인력과 축력으로 농사를 지어야 된다고 했을 때는 어떻게 되겠어요? 그러면 대체 몇퍼센트나 되겠습니까? 그러니까 다급하잖아요.

말레이시아의 마하티르 총리는 IMF 구제금융 안 받겠다고, 가난하게 살겠다 하고 선언했다지요. 그 선언 때문에 미국신문들에서 시끌벅적합니다. 사실은 미국이나 IMF나 국제자본기구가 제일 무서워하는 게 바로 그러한 태도입니다. 자기들 책략에 말려들지 않는 태도란 말예요. 너희들이 조금만 노력하면 잘살 수 있어, 자동차를 즐기고 골프를 칠 수 있어, 이렇게 계속 유인하면서 따라오게 했잖아요. 그러면서 완전히 노예가 되게 하는 거죠. 그런데 마하티르 총리는 뭘 믿고 그러는지 모르지만 큰소리를 치고 있어요. 말레이시아라고 해서 다른 아시아국가와 근본적으로 다를 게 없을 거예요. 그동안 그 나라도 수출주도 성장경제로 나가느라고 엄청난 사회적 문제, 환경파괴를 초래해왔습니다. 지금 세계에서 초고층 건물이 말레이시아 수도에 세워져 있어요. 그런데도 그 총리가 저렇게 큰소리치는 걸 보면 그동안의 엄청난 생태적 손상에도 불구하고 최소한의 자립적 근거는 아직 남아있는 모양이에요. 지금 당장에 돈을 끌어와가지고 산업을 계속 돌리지 않으면 굶어죽게 되어있는 우리 경우와는 아마 조금 다른 데가 있는 것 같아요. 우리는 정말 절박한 사정이에요. 그러니까 장차 십년 뒤에 어찌 되더라도 지금 당장 살아야 되지 않느냐 하는 겁니다. 그러니 그린벨트가 깨어지건, 토지가 사막이 되건, 지반침하가 되고 지하수가 없어지건 말건 강물이 똥물이 되건 말건간에 공장 돌리고, 물건이 될만한 것들 다 팔아먹자는 전략인 것 같습니다. 조금이라도 생각이 있는 사람들이라면, 정말 잠이 오지 않겠어요. 참으로 난감한 일이에요. 이건 말하자면 자신의 몸의 장기(臟器)들을 떼어 팔아서 연명해가자는 꼴이나 다름없어요.

우리에게 가능한 활로가 있는지, 있다면 그건 무엇인지, 지금은 정말 중지를 모으고, 진지한 토론이 활발하게 이루어져야 할 때라고 봅니다. 단지 일시적으로 경제적 곤경을 어떻게 벗어날 것인가 하는 차원을 넘어서, 지금의 상황을 오히려 근본적인 자기성찰의 기회로 만들 필요가 있다는 겁니다. 제 생각에는 근본적인 발상의 전환이 없으면 우리가 더이상 발전은커녕 살아남기도 어려워지지 않을까 해요. 간단하게 말하면 서로 연대하는 수밖에 없다는 거지요. 이건 옛날부터 지혜로운 선인들이 다 말씀해오신 것이지만, 사람다운 삶은 투쟁이나 경쟁적 방식으로는 더이상 불가능한 게 틀림없어요. 지금까지 그래왔던 것처럼 맨날 자기 위주로, 자기 몸뚱아리 위주로 타자를 이용대상으로만 여기는 그러한 사고방식으로는 더이상 나아갈 수가 없어요. 한살림문제도 그래요. 우리가 하기 싫은 것을 단순히 환경문제나 먹거리문제 등에 관한 개인적인 관심 때문에 억지로 연대를 하고 한살림에 가입을 하는 식으로는 오래가는 게 아니에요. 그건 아주 공리주의적이고 피상적인 이기주의에 토대를 둔 행동이에요. 그러니까 한살림운동이 세월이 가니까 지금 흐지부지되고 있는 거예요. 처음에는 물론 우리 식구들에게 좀 좋은 음식을 먹이자 하는 그런 단순한 가족이기주의에서 출발할 수 있겠지요. 그러나 자기 가족을 제대로 먹이기 위해서도 왜 우리가 상호의존적인 연대의 그물망을 형성하지 않으면 안되는가 하는 깨달음이 꼭 필요한 거예요.

그리고, 또하나 중요한 것은 지금 정부라든지 언론이라든지 빨리 이 상황을 벗어나자고 할 때 염두에 두고 있는 경제는 근본적으로 지난 수십년 동안 해온 그러한 성장경제를 말하는 것 아니겠어요? 그러나 이것은 사람으로서 할 바가 못됩니다. 아까도 잠시 말씀드렸지만 우리가 지금 그런 식의 물질적인 풍요를 누리고 살기 위해서는 우리 사회 내부에서나 국제적으로도 우리보다 힘이 약한 사람들에 대한 범죄적인 약탈을 동반해야 합니다. 사람뿐만 아니라 자연에 대해서도 착취적일 수밖에 없습니다. 근원적인 구조가 그렇게 되어있어요. 우리가 살아남기 위해서는 반드시 이겨야 하고, 우리가 이긴다는 것은 또 반드시 누군가 우리보다 약한 사람들과 자연을 희생시킨다는 것을 말합니다. 이래가지고는 꿈자리 사나워서 편할 수 없습니다. 그건 사는 게 아니라 나날이 죄짓는 거예요.

강자숭배심리

장일순 선생님이 생존해 계실 때 원주에 한번 찾아가 뵌 적이 있는데, 그때 여러가지 얘기 가운데 이런 말씀을 하시더군요. 우리나라 사람들이 보통 그런 얘길 잘 하지만 인물론이란 거 있잖습니까. 뭐냐하면 원주를

끼고 있는 치악산이 풍수적으로 잘 생기질 못해서 원주에 인물이 안 난다 — 이런 소리를 사람들이 잘한다는 거예요. 장선생님 말씀이, 그럴 때 사람들이 '인물'이라고 하는 것이 구체적으로 무엇이냐는 겁니다. 그건 결국 다른 사람들을 괴롭히는 인간을 말하는 거예요. 세상에서 보통 인물이라고 하면 기운세고, 머리좋고, 권세있는 사람들인데, 알고보면 이런 인간들 때문에 세상이 이렇게 허덕여왔단 말이에요. 그래서 장선생님 말씀이 세상에서 제일 좋은 삶이란 자기 새끼 데리고 이웃사람과 친화하면서 평화롭게 사는 것말고 무엇이냐는 겁니다. 그분은 이 세상에서 제일 중요한 시간이 밥먹는 시간이라고 말씀하시는 분입니다. 집밖에서 굉장히 중요한 일들 하는 것처럼 남자들이 괜히 으스대지만 따져보면 하나도 중요한 거 없어요. 집에서 밥먹는 일보다 중요한 거 없단 말이에요. 공연히 헛폼 잡고 헛소리들 하는 거예요. 그런 반면에 집에서 아이들 기르고 밥먹고 설거지하고 살림하는 일이 일시라도 중단되면 아마 우리 삶은 견딜 수 없는 것이 될 겁니다.

지나가는 말씀이지만, 장선생님이 그런 말씀을 하시더라고요. 우리가 은연중 모두 풍수결정론에 빠져있는 건 사실이거든요. 그런데 알고보면 그 뿌리가 전부 권력지상주의 논리란 말입니다. 될 수 있으면 남 앞에 나서서, 남들 위에 군림하고, 보란 듯이 뽐내는 것 — 이것이 성공적인 삶이라고 믿는 뿌리깊은 욕망이 있어요. 요번에 《녹색평론》에 홀거 하이데라는 독일 경제학자가 쓴 글이 실렸는데, 그 사람이 그동안 우리나라의 경제발전 과정을 설명하면서 '공격자'에 대한 숭배심리라는 말을 하고 있어요. 그 독일 경제학자에 의하면 그동안 한국사람들은 식민지 시대, 6·25사변 등을 겪어오면서 자기도 모르게 약자들이나 패배자들에 대한 혐오감, 강자들과 승리자에 대한 선망의 감정을 마음깊이 길러왔다는 거예요. 미국이나 미국사람들이라는 강자가 무의식중에 우리의 구원군이 되어있는 거죠. 이런 건 물론 우리가 다 알고 있는 사실이에요. 우리나라처럼 미국유학생들이나 소위 미국통들이 우대받는 데가 어디 있겠어요? 미국에 친척이 하나 있다 하면 공연히 기분이 좋은 게 보통 사람의 심리가 되어

있단 말예요. 하여튼 공격자와 자기를 동일시하는 이면에는 약자를 깔보고, 희생자를 희생시키려는 심리가 강하게 배어 있는데, 이런 심리가 지난 30년 동안의 한국 산업화의 기본 추동력이었다는 겁니다. 저는 그게 전부는 아니지만 일리가 있다고 생각해요. 그 사람은 노동운동에 관심을 많이 갖는 사람인데, 우리나라에 와 있는 외국인 노동자들이 굉장히 천대를 받고 있는 중요한 이유가 그러한 강자숭배심리와도 관계가 있는 게 아닌가 하고 생각합니다.

외국인 노동자들 말이지만 정말 이 사람들은 호소할 데가 없는 사람들이에요. 우리나라에 와 있는 외국인 노동자들 문제를 가지고 집중적으로 인권운동을 하던 목사가 있습니다. 이분이 언젠가 인도네시아와 네팔을 다녀와서 쓴 글을 읽어보았습니다. 외국인 노동자들 중에 다치고도 보상도 못 받고, 임금도 제대로 못 받은 사람들이 많은데, 그런 일 뒤치닥거리로 한 2, 3년 전에 동남아시아에 왔다갔다 한 경험인 것 같아요. 그 얘기 중에 인도네시아 수도 자카르타에서 베스트셀러가 된 인도네시아 책 하나를 소개하는 게 있습니다. 그런데 그 책 제목이 우리말로 번역하면 '한국 놈 개새끼' 라는 겁니다. 한국에 와서 일하다가 돌아간 사람이 쓴 책이에요. 그것도 충격이었지만, 그 다음에 네팔에 가서 길을 가고 있는데, 네팔 청년 두 사람이 오토바이를 타고 오더래요. 그러고는 당신 어느 나라 사람이냐, 일본사람이냐 하고 묻더래요. 한국사람이라니까, 이 청년이 대뜸 한국말 하나 해볼까 그러더래요. 그러면서 "야, 이 개새끼야" 하고는 사라지더라고요. 우리보다 소위 경제력이 조금 약한 나라에서 우리를 어떻게 보고 있는지 이 얘기에서 단적으로 드러나 있습니다. 한국의 이미지는 국제적으로 아주 형편없는 거예요. 서양이고 동남아시아 사람이고간에 한국에 대해서 조금도 존경심이 없습니다.

늘 하는 얘깁니다만 한국의 언론은 너무나 국제적인 감각이 없습니다. 맨날 한국과 미국과의 단순비교에 열심이지, 우리를 상대화시킬 줄 모릅니다. 그러다보니까 맨날 힘을 길러야 한다거나 쇼비니즘적인 열정만 자극하면서, 강자의 논리로만 치닫는 거예요. 우리가 일본사람으로부터, 또

서양사람들로부터 힘의 지배를 받아왔으니까, 우리도 꼭같은 방식으로 강자의 반열에 서야겠다는 생각은 정말 늘푼수 없는 생각이에요. 존경받을 수 없는 생각이에요. 개인적으로 누구하고 싸울 때도 마찬가지죠. 이번엔 내가 졌으니까 절치부심 근육을 길러서 상대를 꼭 꺾어버리겠다는 식으로 가본들 귀결이 뭐가 되겠습니까. 문제는 인격적으로 감화를 시키는 겁니다. 이것이 문명적인 생각이고, 간디의 방법입니다. 그래야 사람다운 세상이 비로소 열리기 시작해요. 힘이 숭상받는다 해서, 그 힘의 논리를 그대로 되풀이 적용하면 우리보다 약한 사람들은 피눈물을 흘리게 될 수밖에 없고, 평화로운 세상이 절대로 안 옵니다.

지금 우리 사회에는 강자숭배주의가 갈수록 더 커가고 있어요. 며칠 전 저녁에 뉴스를 들으니까, 뉴스 기자가 박세리라는 한국 여성이 미국에서 골프를 잘쳐서 우승했다면서, 하는 소리가, 앞으로 우리가 이런 식으로 나가야 된다는 겁니다. 그러면서 덧붙이기를 항간의 골프에 대한 비뚤어진 시각 때문에 꿈나무들이 자라지를 못한다고요. 이게 공영방송의 뉴스예요. 돈벌었다 하면, 출세했다 하면 그것이 무슨 일을 어떻게 한 결과든 무조건 존경해야 된다는 소리지요. 사회를 뿌리로부터 완전히 파괴해가는 이런 발상법이 지금 만연하고 있어요.

저는 오늘날 세상에서 제일 문제되는 기술이 자동차라고 생각합니다. 자동차를 대폭 줄이든지, 생산 자체를 중단하든지 하지 않으면 사회적·생태적 파국을 면할 수 없다고 생각합니다. 그러나 자동차는 그것으로 먹고사는 문제가 걸려있는 많은 인구가 있습니다. 아마 보험회사와 병원이나 경찰, 법원 등 자동차에 관련된 사회적 제도나 기구들을 다 계산하면 자동차로 밥먹고 사는 인구가 우리나라 전체인구의 반정도나 되지 않을까요. 그러니까 자동차문제를 해결하는 건 갈수록 지난한 문제가 되고 있습니다. 당장의 생계문제가 걸려있단 말입니다. 그러나 골프라는 건 전혀 다른 경우예요. 이것은 변명의 여지가 없이 당장 폐지되어야 하는 퇴폐의 극단적인 형태라고 할 수 있습니다. 지금이 어떤 상황이에요? 땅 한평, 나무 한그루라도 너무나 아까운 때입니다. 지금 제일 무서운 게, 기후변화라고들 합니다. 지금 남태평양 섬들에는 바닷물이 차오르고 있고, 남극의 빙벽이 수백미터나 녹아 허물어졌다는 얘기도 들리고, 북극의 동토지대가 사라지고 있다고 합니다. 세계적인 보험회사들이 남태평양에 근거지를 둔 시설에 대해서는 보험가입을 안 받아주는 현실입니다. 기후변화가 분명히 오고 있다는 징후예요. 한때는 과학자들 사이에 지구온난화의 원인에 대해서 논란이 많았지만, 이제는 인간의 산업활동에 관계되어 있다는 걸 부인하는 사람은 없습니다. 그러니까 나무 한그루, 숲 하나를 보존하고 못하고 하는 것은 지구생태계가 죽느냐 사느냐 하는 문제예요. 그런데도 당장의 생계를 위한 어쩔 수 없는 문제도 아닌 사치스러운 놀이를 위해서 삼림을 거덜내고, 지하수를 오염시키고, 농경지를 파괴하고, 마을공동체를 망가뜨리는 골프를 장려한다는 건 제정신 있는 사람들의 일이라고 할 수 없는 거예요.

지금 사실 동남아시아와 하와이, 남태평양 여러 나라에 걸쳐서 주민운동으로서 골프반대운동이 치열하게 전개되고 있잖아요. 이런 데에 우리나라 언론은 주목을 하지 않아요. 골프문제만 해도 우리 언론은 늘 일방적으로 미국이나 일본 등 소위 선진국 형편만 보지, 아시아의 다른 지역에서 풀뿌리 민중 사이에 무슨 운동이 일고 있는지 관심조차 없어요. 그러니까 한다는 말이, 이제는 골프에 대한 촌스러운 시각에서 벗어나자는 거예요. 한국의 진보적인 신문이라는 한겨레신문에서 버젓이 그런 소리가 나오는 형편이에요.

아마 오늘날 소위 엘리트들은 정치·경제적인 이해관계에 있어서도 그렇겠지만 문화적으로도 국경을 가로질러 평준화되어가고, 동질적인 집단을 형성해가는 게 아닌가 합니다. 그들은 자기 나라의 빈민이나 하층민들과 교류하기보다는 외국의 엘리트그룹과 사귀는 게 훨씬 자연스럽고 마음 편할 거예요. 지금 세계화니 국제화니 하는 것의 본질도 그런 것일 겁니다.

'여성주의 경제학'의 필요성

그동안 저는 《녹색평론》을 통하여, 과학기술의 녹색화니 녹색경제니 하는 새로운 개념을 이야기하는 글들을 소개해보려고 해왔습니다만, 요즘은 한걸음 더 나아가 '여성주의 경제학'이라는 것을 좀 숙고해볼 필요가 있지 않을까 생각중입니다. 어차피 경제문제는 우리가 회피할 수 없는 문제예요. 지금 우리들 보통 사람들의 대부분의 행동은 일거수 일투족이 환경파괴적이고 공동체를 분열시키는 데 기여하고 있는데, 그것은 우리의 생활을 지배하고 있는 경제시스템의 본질 때문에 그렇게 될 수밖에 없는 거예요. 그렇다면, 우리가 할 수 있는 한 최대한의 노력을 통해서 이러한 경제시스템의 지배에서 조금이라도 벗어나서 살 수 있는 공간을 확보하는 게 제일 다급한 일이라고 할 수 있겠지요.

저는 이 방면에 별로 지식이 없는 사람이지만, 무식한 사람의 특권이라는 것도 있으니까 그냥 피상적으로 조금 말해본다면, 지금 우리 삶을 지배하고 있는 '산업경제'라는 건 겨우 2, 3백년 정도의 짧은 역사밖에 가지고 있지 않은 겁니다. 인류가 살아온 역사 전체에 비하면 정말 아무것도 아닌 순간적인 경험에 지나지 않는 거지요. 그런데 그 산업경제도 자세히 들여다보면 그 저변에는 산업시대 이전부터 늘 있어왔던 전통적인 경제 ― 옛날에는 경제라는 용어도 쓰질 않았습니다만 ― 가 근본토대를 이루고 있어요. 단지 그것이 소위 근대경제학자들의 눈에 보이질 않을 뿐이에요. 그 대표적인 것이 주로 여성들이 집에서 해온 노동 ― 가족과 노약자를 돌보고, 텃밭을 가꾸고, 일반적인 가사일을 맡고, 이웃과 교류하고, 그리고 아직도 많은 발전도상국에서는 남자들 대신에 가족의 기본생계를 해결하는 일을 맡고 있는 여성들의 일입니다. 그런데 이런 일들은 자동차나 텔레비전이나 컴퓨터를 만들고 파는 일보다도 더 근본적이고 필수적인 일임에도 불구하고, 돈으로 보상받지 못하는 거예요.

우리는 보통 금전적 보수를 받지 않는 노동은 낮게 평가하는 습관이 있어요. 이것은 산업경제를 시스템의 핵심으로 간주하는 오늘의 경제체제속에서 세뇌된 탓이지요. 미국의 어떤 생태경제학자에 의하면 현대의 산업경제 자체도 이런 여성들의 무상노동의 뒷받침을 받지 못하면 유지될 수 없다고 해요. 가사일이나 생존에 필요한 기초노동에 일일이 값을 지불해야 하는 제도라면 거기 드는 엄청난 비용 때문에 지금과 같은 거대 산업 체제가 성립·유지되기 힘들었을 거란 말입니다.

그런데 여성들이 맡고 있는 이러한 일들은 단순히 대가가 지불되지 않는 노동이라는 점말고도 굉장히 중요한 특징이 있는데, 그건 산업경제가 철저히 이윤추구에 몰입하는 경제인 것에 반해서 여성들의 일은 기본적으로 생명을 보살피고, 인간관계를 평화롭게 유지시키는 데 관계하고 있다는 겁니다. 그러니까 이것은 '보살핌의 경제'라고 할 수 있습니다.

저는 인류사회와 지구의 장래는 바로 이런 보살핌의 경제를 확대하고, 산업경제를 축소하는 데 우리가 성공하느냐 못하느냐에 달려있다고 보고 있어요. 지금 문제되고 있는 대량해고와 실업문제만 해도 그래요. 가령 자동차산업이 계속 번창하여 많은 노동자들이 자동차공장에서 일하게 되면 일단 실업문제는 해결되거나 완화되겠지요. 실제로 우리 사회에서 보통 생각하는 실업문제의 궁극적 대책도 그런 방향입니다. 그러니까 늘 경쟁력 운운 하잖아요. 경쟁력을 위해서 구조조정하고 정리해고한다는 거죠. 단기적으로는 대량실업이 불가피하더라도 장기적으로 경쟁력있는 산업들이 번창하면 실업문제가 자연히 해결될 것이라고요. 지금 그런 논리로 설득하는 거 아녜요?

그런데 경쟁력이라는 것도 만만찮은 문제지만, 정말 장기적으로 볼 때 예를 들어, 자동차니 전자제품이니 컴퓨터산업이니 하는 이런 환경파괴적이고 자연착취적인 산업활동이 끊임없이 확대되는 건 불가능한 일이에요. 우리가 옛날 전통 농경사회나 토착사회로 되돌아 갈 수는 없지만, 적어도 앞으로의 문명에서는 ─ 만일 문명이 존속한다면 ─ 자연자원의 고갈과 오염을 강요하는 방식의 산업활동이 아니라 어디까지나 순환의 법칙에 토대를 둔 생명활동이 중심이 되어야 한다는 것은 자명한 일입니다.

새로운 생명중심의 경제라고 해서 어디서 난데없이 만들어낼 수는 없는 거예요. 그건 지금까지 산업경제나 산업문화의 지배 밑에서 변두리로 밀려나 보이지도 않았던, 그러면서 끈질기게 인간다운 가치의 불씨를 보존해온 '여성의 문화'를 좀더 의식적으로 발전시켜야 한다는 얘기가 됩니다.

'여성주의 경제학' 또는 좀더 분명하게 '보살핌의 경제'라고 하는 개념에 주목하게 되면, 그동안 경제학자들이라고 하는 전문가들이 주도해온 경제라는 건 철저히 실패한 경제라는 것을 분명히 이해할 수 있어요. 도대체 사회적 약자들과 인간의 삶의 근본토대인 생태계를 이렇게 망가뜨려온 경제가 어떻게 경제라고 하겠어요. 그리고 밤낮없이 그런 경제를 유지·확대하고 변명하는 데 열중하는 작업이 경제학이라는 이름의 학문으로 행세한다는 것도 기이하기 짝이 없는 일이에요.

《오래된 미래》라는 책을 여러분도 많이 보셨겠지만, 라다크 전통사회에서는 비록 물질적으로 가난하게 살면서도 아무도 가난하다는 의식 없이 넉넉한 마음으로 살고 있잖아요. 여러가지로 얘깃거리가 많은 책이지만, 이 책에서 제일 저한테 인상적인 것이 라다크 전통사회를 "여성과 아이들과 노인들을 공경하는" 사회로서 묘사하는 대목입니다. 그러니까 산업사회니 문명사회니 하는 곳일수록 제일 천대받는 사회적 약자들이 여기서는 제일 존경받고 살고 있다는 거예요. 이 이상 더 바람직스러운 사회가 어디 있겠어요. 물론 티베트 불교의 영향이 크고, 또다른 요인이 있겠지만, 제가 보기엔 이런 인간다운 삶이 라다크에서 오랫동안 유지될 수 있게 된 데에는 그 사회가 근본적으로 '여성주의적 문화'에 기초해 있었기 때문인 것 같아요. 조그만 어린애들까지 함부로 개울물을 더럽혀서는 안된다는 것을 본능적으로 알고 있고, 사람들이 자신의 이해관계를 앞세우기보다 먼저 남들하고 같이 살아야 한다는 윤리 ─ 보살핌의 윤리 ─ 를 뿌리깊이 체득하고 있는 문화란 말이에요.

저는 한살림운동의 잠재적 가치가 아주 크다고 늘 생각해요. 이것은 근본적으로 여성주의적 감수성에 토대를 둔 운동이라고 할 수 있어요. 물론 지금 농산물 직거래운동도 중요하지만, 그런 수준이 아니라 우리가 노력하기에 따라 우리는 한살림을 통해서 지금 죽어가는 농업도 제대로 살리고, 농업의 부활을 통해서 자연히 마을공동체들도 살리고, 그러면서 조금씩 조금씩 인간답게 살 수 있는 저변을 넓혀갈 수 있는 겁니다. 그리고, 이런 것은 좀 원대한 꿈이라면, 지금 당장에라도 한살림을 통해서 우리가 얻을 수 있는 혜택들이 얼마나 많아요. 첫째는 갈수록 살벌해지는 사회에서 이웃끼리 서로 돕고 연대하면서 살아가는 데서 오는 기쁨도 작은 것이 아니고, 또 무엇보다 아이들 기르는 데도 한살림이 정말 필요해요.

요즘 귀농운동이 활발해지는 분위기입니다. 물론 동기야 어찌 되었든 청년들이 시골로 되돌아가는 현상은 바람직한 일이에요. 시골에 젊은 사람이 없고, 이대로 가면 다음 세대쯤에는 자연 폐농이 되겠다는 우려가 많았는데, 물론 그런 우려가 완전히 가셔지는 상황은 아직 아니지만 하여튼 젊은이들이 많이 귀농을 생각하고 있다는 것처럼 반가운 얘기도 없어요.

그러나 도시에 살고 있는 우리들 전부가 농촌으로 돌아갈 수는 없는 일입니다. 우리들이 되돌아갈 땅이 어디 있어요? 그러니까, 어차피 우리들 대부분은 계속해서 도시에서 살 수밖에 없는데, 그렇다면 결국 도시의 삶이라 하더라도 좀더 흙냄새 나는 삶으로 가꾸고 전환할 도리밖에 없는 거예요. 지금 서양에서도 그렇고 여러 나라에서 '도시농업'이라는 얘기가 나오고 있습니다. 도시속의 빈터, 자투리땅을 이용하여 텃밭농사 정도라도 해보려는 사람들이 늘어나고 있다는 얘기지요. 물론 그런 쪽으로도 가야 되겠지만, 사실 저같이 땅 한평 없이, 아파트에 갇혀 지내는 수많은 도시 사람들은 어떻게 하겠어요? 한살림 조직에라도 가입해서 생산자들과 교류하고 하는 가운데 자연스럽게 아이들의 욕구 — 생명에 대한 욕구 — 도 충족시켜나갈 수 있지 않을까요. 요즘 도시 아이들이 쌀이 어디서 나오는지 모르고, 조그만 땅벌레를 보아도 무서워하고, 자연세계를 두려움의 대상으로만 여긴다고 하잖아요. 그건 자연속에서의 살아있는 체험이 없기 때문이에요. 늘 그런 절연된 상황에서 지내는 게 버릇이 되면 제 방에 앉아서 컴퓨터나 두드리고, 카세트나 듣는 게 제일 편안할 거예요. 그러나 아이들이 일단 자연의 느낌을 실제로 체험해보고, 농촌에 왔다갔다 하다보면 놀라운 변화를 보이면서 자꾸만 가고 싶어해요. 사실 아이들 교육에 이보다 더 중요한 경험이 없는 거예요. 기술적인 지식과 정보만 머리에 잔뜩 쌓아놓은 채 아이들이 자라서 그대로 성인이 된다면 어떻게 되겠어요?

자연세계와의 교감이라는 건 해도 좋고 안해도 좋은 그런 게 아니에요. 이런 체험이 없으면 우리가 행복하게 사는 게 불가능해요. 왜냐하면 우리는 진화론적 존재이고, 인류의 조상은 본래 물과 흙에서 태어났고 굉장히 오랜 세월 숲속에서 살았단 말이에요. 인간의 행동과 의식을 심층적으로 지배하고 있는 건 그러니까 그러한 숲속에서의 기억입니다. 우리가 개인적으로 아무리 학식이 높고, 재산이 많고, 똑똑한 지능을 가지고 있다 하더라도 우리의 내면의 심층에 있는 그런 동물적인, 진화론적인 욕구가 해소되지 않는 한 늘 얼굴 찡그린 채 살 수밖에 없어요. 내면이 행복하지 못하니까 자기자신에 대해서도, 타자에 대해서도 평화로운 느낌을 갖고 살수가 없는 거예요. 도시화가 심화되고, 산업화가 심화될수록, 그래서 자연세계로부터 멀어지면 멀어질수록 우리는 내면적으로 부자유스러운 인간, 폭력적인 인간으로 되어갈 수밖에 없는 거예요.

불살생의 논리

지금 이 지구상에서 제일 행복한 사람들이 누구일까요? 저는 그게 아직 문명의 침탈을 상대적으로 덜 받고 사는 토착민들, 특히 잔존해 있는 아메리카 대륙의 인디언 부족들이 아닐까 생각해요. 물론 토착민들이 세계 도처에서 지금 갖가지 수난을 겪고 있는 건 사실이에요. 그러나 이들이 수난을 받고 있는 제일 중요한 이유는 자기들이 전통적으로 살아온 방식대로 살기를 고집하기 때문이에요. 예를 들어, 남아메리카 어떤 지역에서 석유가 매장되어 있다는 것을 확인한 미국의 석유회사가 그 지역에 살고 있는 토착 인디언 부족에게 보상비를 주면서 다른 지역으로 옮겨 살거나, 도시로 나가서 살도록 권하지만, 토착민들은 절대로 이런 제안에 응하지 않습니다. 왜냐하면 그들이 삶을 누려온 그 땅은 매매가 가능한 부동산이 아니고 자기들의 '어머니'이기 때문이고, 지금까지 살아왔던 생활방식을 포기하는 것은 '죽음'을 의미하는 것으로 받아들이기 때문입니다. 토착민들은 만물을 형제로 여기는 지극히 비폭력주의적인 문화에서 살아왔기 때문에, 온갖 화려한 문명의 이기에도 불구하고 근본적으로 약육강식의 경쟁에 토대를 둔 문명세계의 방식을 받아들일 수 없는 겁니다.

아마 지금 지구상에서 가장 지혜로운 인간집단은 그런 인디언들일 겁니다. 산업문화의 근본가치가 근원적으로 의심받게 된 이 시점에서 인디언 문화는 우리에게 가르쳐주는 것이 많습니다.

많은 얘기들이 있지만, 토착 인디언 부족들이 동물들에 대해서 어떤 태도를 갖고 사는지 한번 살펴볼 필요가 있어요. 예를 들어, 한때 미국의 백인들이 넓은 평원을 뚫고 부설된 기차를 타고 가면서 눈에 보이는 대로 버팔로 같은 짐승들을 마구 총질하고 했다는 얘기는 여러분도 다들 알고 계시지요. 그냥 취미로, 재미삼아 총질을 하는 거예요. 그러면 그 몸집 큰 물소들이 들판에서 그냥 죽어서 썩어가고, 그런 흉한 장면들이 오랫동안 계속되었다는 거예요.

그런데, 인디언들의 얘기는 너무나 대조적입니다. 남아메리카 안데스 산맥 밀림속에 사는 어떤 부족의 관습이라고 합니다만, 거기서는 사냥을 나갈 때는 여러날 전부터 사냥꾼들이 일체 고기를 먹지 않는다고 해요. 거의 단식에 가까운 다이어트를 하면서 자기들이 사냥할 짐승들에 대하여 미리 영혼의 안식을 기원하면서, 심신의 정화를 꾀한다는 겁니다. 그러면서 사냥 떠나기 직전에 향기로운 풀들의 생즙을 마신다고 해요. 그러면 사냥꾼들의 몸에 향기가 난다고 합니다. 그런 식으로 심신의 정화를 거친 뒤, 향기나는 몸으로 숲속으로 들어가면 여기저기서 짐승들이 다가와서는 사냥꾼들과 숲속을 이리저리 같이 다닌다는 거예요. 비록 자기들을 죽이러 온 사람들인데도, 그 사람들 마음에 아무런 원한이나 적의, 살기(殺氣)가 없으니까 그냥 짐승들이 따라다닌다는 겁니다. 동화 같은 얘기죠. 그러나 이건 실제로 있는 일입니다. 문제는 마음속에 살기가 있느냐 없느냐 하는 겁니다.

지난번 여기 부산한살림 모임에 서울한살림의 서형숙 씨가 다녀가신 줄 압니다만 그집 아이들 얘기 들으셨는지 모르겠어요. 그 아이들이 몇살 때였는지 모르지만, 그 아이들이 한살림에 열심인 자기 어머니 따라 시골에 자주 왔다갔다 하는 동안 일어난 변화를 보여주는 한가지 에피소드인

데요. 이 아이들이 길에 나가서 길바닥에 깔아놓은 포석(鋪石)들 사이 골이 패여있는 데로 개미들이 돌아다니는 걸 보면서, 저거 다행이라고, 골따라 개미들이 다니니까 사람들 발에 밟혀죽을 염려가 없다고 다행스럽다고 한다는 거예요. 생명 귀한 줄 알고, 어떻게 보살펴야 하는지 안다는 거 아녜요? 사람이라면 누구에게나 이런 근원적인 감수성이 있을 거예요. 그러나 그걸 발견하고 교육하지 않으면 그런 감수성도 눈뜨지 못한 채 묻혀버리거든요.

아마 부모들 중에는 자기 아이들이 그렇다면, 그런 여린 감수성을 가지고 이 경쟁사회에서 어떻게 살겠나 하고 걱정하는 사람도 있을 겁니다. 공공장소에서 버릇없이 구는 아이들을 좀 교육시키려 하면 남의 아이 기죽인다고 펄펄 뛰는 사람들도 있잖아요. 그러나 딴 사람들 보기에 어떨지 모르지만, 그런 '여린' 감수성을 가진 아이 자신의 내면은 굉장히 행복할거예요. 모든 걸 거룩하게 느끼면서 살고 있을 거란 말예요. 사실 영성이니 뭐니 어려운 말들 쓸 필요가 없잖아요.

이 망가져가는 세상을 치유하는 데는 많은 방책이 있을 수 있겠지만, 결국에는 그러한 살기 없는 마음 ― 비폭력주의적 감수성이 모든 것의 근본인 것 같아요.

오늘 얘기의 마무리로서, 장일순 선생님의 책 《나락 한알 속의 우주》에 나오는 예화 하나를 소개하고 끝을 맺을까 합니다. 아시겠지만 장선생님은 일찍이 서울에서 학창생활을 마친 뒤 고향인 원주로 내려와 평생을 남의 뒷바라지로 보내셨는데, 청년시절에는 학교운동도 하시면서 통일운동도 하시고, 반독재투쟁도 하신 분입니다. 그러다가 5·16쿠데타 직후에 검거되어 몇해 동안 감방에 갇혀 지내셨는데, 그때 교도소에서 겪은 체험 중에 나오는 얘깁니다. 무슨 얘기냐 하면 그때 감옥에서 여러번 본 사형수들의 모습입니다. 요즘은 설사 사형이 최종적으로 확정되었다 하더라도 사형집행은 쉽게 안하는 게 세계적인 추세지만, 예전에는 그렇지 않았잖아요. 그럴 때인데, 마지막 최종심에서 언도가 확정되기 이전과 이후에 사형수들의 태도가 확연히 달라진다는 거예요. 최종 언도 이전에는 실낱

같은 희망이라도 있으니까 마구 악을 쓰고 야단법석을 떨던 사람도, 일단 모든 것이 확정되어버리면 갑자기 얼굴이 창백해지고 기운이 다 빠져서 며칠 동안 꿈쩍도 안한다고 해요. 완전히 죽은 사람 모습이라고 합니다. 그런데 장선생님이 본 몇사람의 경우에, 그러고 있던 사람이 몇날 며칠이 지나고 나서는 사형집행을 기다리는 동안 지금까지와는 너무나 다른 사람이 된다는 겁니다. 그러니까 살아날 가망이 전혀 없다는 게 확실해진 다음에는, 자기 몫의 식사를 거의 자기 입에는 가져가지 않고, 감방 안에 출몰하는 쥐들이나 벌레들의 먹이로 준다는 거예요. 예전에는 눈에 뜨이면 즉각 죽이거나 쫓아버리던 그 짐승들을 보살피기 시작한다는 거예요. 그러면 쥐들이 처음에는 피하기도 하고 눈치를 보면서 슬금슬금 접근하다가 마침내는 자기들에게 밥을 주는 사람의 무릎에도 앉고, 어깨에도 올라타 앉아 있다고요. 장선생님이 그런 말씀을 하신 게 책에 나와 있습니다.

사실, 이 세상은 우리의 육신의 눈으로 보이는 것만이 전부가 아닌 게 분명해요. 어쩌면 물리학의 법칙으로 움직이는 현상적인 세계도 궁극적으로는 우리의 마음이 좌우하는지도 모릅니다. 우리의 마음이 바뀌면 세상이 바뀌는 거고, 그러면 온갖 것, 온 세상이 다 내 편이 되는 기적이 일어나는 거예요. 왜냐하면 실제로 우리 모두는 ─ 사람 아닌 것들도 포함해서 ─ 한 나무에 달린 잎사귀들이니까요. 얘기 끝내겠습니다. 고맙습니다.

(통권 제41호, 1998년 7-8월호)

스와데시 ─ 간디의 자립경제 철학

사티쉬 쿠마르

마하트마 간디는 스와데시, 즉 자치경제의 옹호자였다. 인도 바깥의 사람들은 영국 식민주의를 종식시키기 위한 간디의 운동에 대해서 알고 있지만, 그러나 이것은 간디가 몸바쳤던 투쟁의 오직 작은 부분에 지나지 않는다. 간디가 좀더 많은 노력을 기울인 것은 인도의 생명력을 소생시키고 인도문화를 다시 살려내는 일이었다. 간디는 단순히 백인 지배자에 의한 통치를 황색 지배자에 의한 통치로 바꿔놓는 것에 대하여는 관심이 없었다. 그는 중앙정부가 많은 권력을 지역 마을들에 이양할 것을 원하였다.

간디에게 있어서 인도의 정신과 영혼은 마을공동체에 있었다. 그는 말하였다. "진정한 인도는 몇 안되는 도시에서가 아니라 70만개의 마을에서 발견될 수 있다. 마을이 붕괴한다면 인도도 붕괴할 것이다." 스와데시는

사티쉬 쿠마르 (Satish Kumar) ─ 인도출신 생태사상가이자 교육자. 어린 나이에 출가하여 자이나교의 승려로 교육받았고, 청년시절에 간디의 사회운동에 참여한 바 있으며 60년대 말에는 문자 그대로 세계평화를 위한 세계일주 도보여행을 했다. E. F. 슈마허 등과 사귀면서 영국에 정착한 뒤, 지금까지 오랫동안 *Resurgence* 의 편집자로 일하면서, 세계적인 생태교육기관인 슈마허 칼리지를 운영해왔다. 여기 소개하는 글은 *The Case against the Global Economy* (1996)의 한 장 "Gandhi's Swadeshi : The Economics of Permanence" 를 옮긴 것임.

장기적인 생존을 위한 프로그램이다.

스와데시의 원칙들

자유 인도에 대한 간디의 비전은 국민국가가 아니라 마을공동체에서 살면서 자기의 땅에서 스스로의 노동으로 생계를 꾸려나가는 자치적이고 자립적이며 자영하는 사람들로 이루어진 연합조직이었다. 최대한의 경제적 및 정치적 힘은 — 마을에 무엇을 수입하고, 마을에서 무엇을 수출할 것인가를 결정하는 힘을 포함하여 — 마을회의에 속하게 될 것이었다.

인도에서 사람들은 수천년 동안 자신들의 환경과 비교적 조화를 이루며 살아왔다. 사람들은 자기 땅에 살면서, 손수 옷을 지어 입고, 집에서 기른 음식을 먹고, 집에서 만든 물건을 사용하였다. 사람들은 짐승과 숲과 땅을 보살피고, 다양한 제의(祭儀)와 잔치로써 흙의 비옥성을 찬미하고, 위대한 서사시의 이야기들을 구연(口演)하며, 사원을 세웠다. 인도의 모든 지역은 자기나름의 특징있는 문화를 발전시켜왔고, 이 문화의 형성에는 여행하는 이야기꾼들과 떠돌이 고행자들, 그리고 끊임없이 흐르는 순례자의 무리들이 전통적으로 큰 기여를 해왔다.

스와데시의 원칙에 따르면, 마을에서 만들어지거나 생산되는 것은 무엇이든지 우선 마을사람들 자신이 이용하지 않으면 안된다. 마을과 마을 사이, 마을과 도시 사이의 교역은 케이크의 아이싱처럼 최소한으로 줄여야 한다. 공동체 내부에서 만들어낼 수 없는 재화나 서비스는 외부로부터 사들일 수 있다.

스와데시는 외부시장에 대한 경제적 의존을 피한다. 그러한 의존은 마을공동체를 취약하게 만들 수 있기 때문이다. 또, 스와데시는 불필요하고, 불건강하고, 낭비적인, 따라서 환경적으로 파괴적인 수송을 피한다. 마을은 자신이 필요로 하는 것의 대부분을 충족시키기 위해서 강력한 경제적 기초를 건설하지 않으면 안된다. 그리고 마을공동체의 모든 구성원은 지역의 재화와 서비스에 우선권을 부여해야 한다.

자유 인도의 마을공동체는 모두 자신의 목수, 신기리, 도공, 건축가, 공인(工人), 농민, 기술자, 베짜는 사람, 교사, 은행가, 상인, 중개업자, 음악가, 미술가, 사제(司祭)를 가지고 있어야 한다. 다른 말로 하여, 마을 하나하나는 인도의 소우주가 되고, 인도 전체는 느슨하게 상호연결된 공동체들로 이루어진 거미줄이 되어야 하는 것이다. 간디는 이러한 마을들을 너무나 중요하게 생각한 나머지 마을은 '마을공화국'의 지위가 주어져야 한다고 생각하였다.

마을공동체는 집의 분위기를 가져야 한다. 즉, 서로 경쟁하는 개인들의 모임이 아니라 대가족의 분위기를 갖추어야 한다. 간디가 꿈꾼 것은 개인적 자립이나 가족적 자립이 아니라 마을공동체의 자립이었다.

영국 사람들은 중앙집권적이고 산업화된, 그리고 기계화된 생산양식에 대한 믿음을 가지고 있었다. 간디는 이런 원칙을 뒤집어서, 탈중심화되고 땅중심의 수공업적인 생산양식을 새로운 비전으로 제시하였다. 간디 자신의 말로, 필요한 것은 "대량생산이 아니라, 대중에 의한 생산"이었다.

대중에 의한 생산이라는 원칙을 채택함으로써, 마을공동체는 사람의 손으로 이루어진 일에 존엄성을 회복시켜줄 수 있을 것이었다. 우리가 우리의 손으로 하는 일에는 그 일이 무엇이든지 내재적인 가치가 들어있다. 우리의 일을 기계에 넘겨줄 때 우리는 물질적인 혜택뿐만 아니라 정신적인 혜택까지도 잃어버린다. 왜냐하면 손으로 하는 일에는 명상과 자기실현이 수반되기 때문이다. 간디는 이렇게 썼다. "수백만명의 사람들이 자기들의 손을 손으로 더이상 사용하지 않게 된 것은 가장 큰 비극이다. 손은 자연이 우리에게 준 위대한 선물이다. 기계적 방식에 대한 열광이 계속된다면, 언젠가 우리가 너무나 무능력하고 약해져서 우리 자신이 신이 우리에게 준 생명의 기계를 사용하는 법을 잊어버리게 된 것에 대하여 스스로 저주하게 될 날이 올 것이다. 수백만명이 게임이나 스포츠로 자신의 신체를 건전하게 유지할 수는 없다. 대중들은 어째서 쓸모없고 비생산적이며 값비싼 스포츠와 게임을 위해서 쓸모있고 생산적인 힘든 일들을 포기해야 하는가?" 대량생산은 오로지 생산품에 관심을 갖지만, 대중에 의한 생산은 생산물과 생산자와 생산과정 모두에 관심을 갖는다.

156

대량생산의 배후에 있는 추진력은 개인숭배이다. 전지구적인 규모의 경제팽창의 모티브는 개인적 및 기업적 이윤에 대한 욕망이 아니고 무엇인가?

그와 대조적으로, 지역에 기초를 둔 경제는 공동체정신과 공동체관계와 공동체복지를 들어올린다. 그러한 경제는 상호부조를 장려한다. 마을의 구성원들은 자기자신과 가족과 이웃과 그들의 짐승들과 땅과 숲을, 그리고 현재와 미래세대들의 생존에 필요한 모든 자연자원을 조심스럽게 보살핀다.

대량생산은 사람들을 자신들의 마을과 땅과 전통적인 기술을 버리고 공장으로 가서 일하도록 유도한다. 자존(自尊)적인 마을공동체의 구성원으로서, 또 위엄있는 인간으로서 살아가는 대신에 사람들은 기계의 부속품이 되어, 컨베이어 벨트 옆에 서서 지내고, 판자촌에서 살면서, 상사의 눈치를 살펴야 한다. 그러면서도 기업가들은 좀더 큰 생산성을 원하기 때문에 일을 하는 데 필요한 사람의 수는 갈수록 줄어든다. 화폐경제의 주인들은 더욱더 빠르게 일하는 효율적인 기계를 원한다. 그리고 그 결과는 다수의 남자와 여자들이 실업이라는 쓰레기 더미 위로 던져진다는 것이다. 그러한 사회는 뿌리없고 일자리없는 수백만명의 사람들을 양산하고, 이들은 국가에 의존해 살거나 거리에서 동냥을 하며 살아갈 수밖에 없다. 스와데시 경제에서, 기계는 일하는 사람에게 종속될 것이다. 기계는 결코 인간활동의 속도를 명령하는 주인이 되도록 허용되지 않을 것이다. 마찬가지로, 시장은 공동체를 위해 봉사하도록 될 것이다.

간디는 경제의 세계화와 함께 모든 국가가 더 많이 수출하고 더 적게 수입함으로써 수지균형을 자신에게 유리하게 유지하려고 할 것이라는 것을 알고 있었다. 그러면 항구적으로 경제위기가 계속되고, 실업과 불만에 찬 사람들의 고통이 계속될 것이었다.

스와데시를 실천하는 공동체에 있어서는, 경제학은 하나의 역할은 하겠지만 사회 전체를 지배하지는 못할 것이다. 경제성장은 어떤 한계를 넘어서면 인간복지에 파괴적인 힘으로 작용한다. 현대적인 세계관에서는 우리가 많은 물질적 재화를 소유하면 할수록 우리의 삶이 더 나아질 것이라고 본다. 그러나 간디는 말하였다. "어느 정도의 신체적 안락은 필요하다. 그러나 일정한 수준을 넘어가면 그것은 도움이 되기는커녕 방해가 된다. 그러므로 무한한 욕망을 창조하고, 그 욕망을 충족시킨다는 이상은 망상이며 덫으로 여겨진다. 사람의 신체적 욕구를 만족시키는 일은 그것이 퇴폐로 떨어지기 전에 어떤 지점에서 반드시 멈추지 않으면 안된다. 유럽인들은 지금 그들의 안락의 노예가 되어가고 있다. 그들이 그 안락함의 무게에 짓눌려 망하지 않으려면 그들 자신의 세계관을 수정해야 할 것이다."

경제적 이익을 보호하기 위하여 국가는 전쟁 — 경제전쟁뿐만 아니라 군사적 전쟁으로 나아간다. 간디는 말하였다. "사람은 궁전에서 살고 싶어하기보다 마을과 소박한 집에서 살아야 한다." 수백만명의 사람들은 그들이 끊임없이 좀더 높은 생활수준을 위해 싸운다면 결코 서로 평화롭게 지내지 못할 것이다.

우리가 상대방 국가를 원료공급지나 상품시장으로 본다면 세계의 진정한 평화는 올 수 없을 것이다. 전쟁의 씨앗은 경제적 탐욕과 더불어 뿌려진 것이다. 역사 전체를 통해 전쟁의 원인을 분석해본다면 우리는 일관되게 경제적 팽창의 추구가 군사적 모험을 이끌었다는 것을 발견한다. "모든 사람의 필요를 위해서 지구는 넉넉한 곳이다. 그러나 누군가의 탐욕을 위해서는 지구는 넉넉하지 않다"라고 간디는 말하였다. 스와데시는 그러니까 평화의 전제조건인 것이다.

우리시대의 경제학자들과 기업가들은 이만하면 넉넉하다라고 말할 수 있는 때를 보지 못한다. 어떤 나라들은 대단히 높은 물질적 생활수준에 도달하고서도 여전히 경제성장이라는 개념에 붙들려 있다. 이만하면 넉넉하다라고 말할 수 없는 사람들은 결코 넉넉한 수준에 이르지 못할 것이다. 그러나 넉넉함을 말할 수 있는 사람들은 이미 넉넉하게 가지고 있는 것이다.

스와데시는 전면적인 평화 — 자기자신과의 평화, 사람들 사이의 평화 및 자연과의 평화로 나아가는 길이다. 세계경제는 사람들로 하여금 끊임없이 더 높은 것을 성취하고, 물질적인 것에 대한 높은 야망을 향하여 가도록 부추긴다. 그 결과는 스트레스, 의미 상실, 내적 평화의 상실, 개인 및 가족관계를 위한 공간의 상실, 그리고 정신적 삶의 상실이다. 간디는 과거 인도인의 삶은 번영했을 뿐만 아니라 철학적·정신적 발전에 이바지하는 것이었음을 알고 있었다. 간디에게 있어서 스와데시는 무엇보다 정신적 요구였다.

영국 식민주의의 발흥

역사적으로, 인도의 지역경제는 대단히 생산적이고 지속가능한 농업과 원예에 의존하였고, 도기 및 가구제조, 금속가공, 보석, 가죽세공, 그리고 그밖의 많은 경제적 활동에 의존하였다. 그러나 지역경제의 기초는 역사적으로 직물에 있었다. 마을마다 실잣는 사람, 빗는 사람, 물감들이는 사람, 베짜는 사람들이 있었고, 이들이 마을경제의 핵심을 이루고 있었다. 그러나 랭커스터로부터 온 기계로 만들어진, 값싸고, 대량생산된 직물들이 인도에 홍수처럼 들이닥치자 지역의 직물장인들은 급속히 일자리를 잃어버리고, 마을경제는 끔찍한 고통을 당하게 되었다. 간디는 마을의 직물업이 다시 소생하는 것이 필수적이라고 생각하였고, 그리하여 영국산 직물의 유입을 막기 위한 운동을 시작하였다. 그의 노력으로, 수십만명의 인도인들이 신분을 초월하여 영국이나 도시로부터 수입된 공장제품 옷을 배격하는 데 동참하였고, 그들 자신이 스스로 실을 잣고 옷을 짜입는 법을 배웠다. 물레는 경제적 자유와 정치적 독립과 단란한 계급없는 공동체의 상징이 되었다. 옷을 손수 짜서 입는다는 것은 모든 사회집단에서 자랑스러운 일이 되었다.

18세기 인도의 자치경제를 파괴하는 데 있어서 또한 책임이 있는 것은 식민지배하에서 영국의 교육제도가 인도로 수입된 사실이었다. 영국 의회에서 '인도 교육령'이란 법안을 제출하면서 매콜리경은 이렇게 말했다. "유럽의 좋은 도서관의 서가 하나는 인도의 토착문학 전체에 맞먹을 만한 가치가 있습니다 … 산스크리트어는 법률언어로서도 종교언어로서도 우리의 관심을 끌만한 것이 아닙니다 … 우리는 혈통과 피부빛깔은 인도인이지만 취미와 의견과 지성에 있어서는 영국인인 한 계급을 만들어내는 데 최선을 다해야 할 것입니다."

이런 목표는 영국의 총독지배 전체기구의 힘으로 추구되었다. 전통적인 학교는 식민지 학교와 대학으로 대체되었다. 부유한 인도인들은 이튼이나 해로우 같은 사립학교로, 옥스퍼드나 케임브리지 같은 대학으로 보내졌다. 교육받은 인도인들은 날이 갈수록 영국의 시와 법률과 관습에 경도되면서 자기자신의 문화를 무시하게 되었다. 〈라마야나〉와 〈마하바라타〉, 〈베다〉 그리고 〈우파니샤드〉와 같은 인도의 고전을 읽는 것보다는 셰익스피어와 〈런던타임스〉를 읽는 것이 더욱 유행적이었다. 교육받은 인도인들은 자신의 문화를 뒤떨어지고, 비문명화된, 낡은 것으로 보았다. 그들은 인도의 지배자가 되기를 원했다. 그러나 그들은 영국인들처럼 지배하고자 했다.

이런 유형의 서구적 교육에 세뇌된 사람으로 대표적인 사람이 있다면 그것은 독립 후 최초의 수상이 된 자와할랄 네루였다. 네루는 자본주의적 길이 아니라 중앙집중화된 계획을 통하여 인도의 산업화를 추구하였다. 그에게 영감을 준 것은 런던대학 경제학부와 파비안협회 — 영국 노동당의 싱크탱크인 — 에 소속된 지식인들이었다.

그러나 간디는 인도가 세계에 기여할 수 있는 본질적인 힘은 인도다움에 있다고 믿었다. 그는 인도인들이 자신의 천재성을 인식해야 하며, 단순한 식민화의 도구일 뿐인 서구문화를 모방하지 말아야 한다고 느꼈다. 경제학과 정치는 물질적인 것에 연연할 것이 아니라 문화적, 정신적, 종교적 목적을 실현하는 수단이 되어야 하는 것이다. 실제로, 경제학은 삶의 깊은 정신적 토대와 분리되어서는 안된다. 간디에 의하면, 이것은 모든 개인이 공동체의 불가결한 일부로 존재할 때 가장 잘 성취될 수 있는 것이다. 다시 말하여, 재화의 생산이 작은 규모로 이루어지고, 경제가 지역중심이며, 가내수공업에 우선권이 주어질 때인 것이다. 이러한 조건은 전일적, 영성적, 생태적 및 공동체적 사회질서를 북돋울 수 있는 것이다.

간디의 관점에서 볼 때, 정신적 가치는 정치, 경제, 농업, 교육, 그리고 그밖의 일상생활의 활동과 결코 떼어놓을 수 없는 것이다. 이러한 통합된 관계속에서 정신적인 것과 물질적인 것 사이에는 아무런 갈등이 있을 수 없다. 수행에 전념하면서 수도원속에 자신을 가두어버리거나, 정신생활은 성자나 독신자들에게만 존재하는 것이라고 말하는 것은 옳지 않은 일이다. 종교와 사회를 그렇게 분리하면 그 결과로 나오는 것은 탐욕, 부패, 경쟁, 권력추구, 그리고 약자와 가난한 사람들에 대한 착취일 것이다. 이상이 없는 정치나 경제는 일종의 매춘, 즉 사랑없는 섹스 같은 것이 될 것이다.

누군가 간디에게 "서구문명을 어떻게 생각하십니까?"라고 물었을 때, 간디의 대답은 간단히 "그건 문명이 아닙니다"였다. 간디에게 있어서는, 기계문명은 문명이 아니었다. 노동자들이 컨베이어 벨트에 매여있어야 하고, 짐승들이 공장식 축산농장에서 잔인하게 다루어지며, 경제활동이 필연적으로 생태적 파괴를 이끄는 사회를 문명이라는 이름으로 부를 수는 없었다. 그러한 사회에서 시민들은 오로지 신경중환자로 끝날 뿐이며, 자연세계는 불가피하게 사막으로 변하고, 도시는 콘크리트 밀림으로 변해버릴 것이다. 달리 말하여, 스와데시의 원칙에 기초한 자율적인 공동체로 구성된 사회와는 반대로, 산업사회의 세계화는 지속불가능한 것이다. 간디에게 스와데시는 신성한 원칙 — 진리와 비폭력의 원칙만큼 그에게는 신성한 것이었다. 간디는 매일 아침 저녁으로 드리는 기도속에서 스와데시에 대한 그의 헌신을 되풀이하여 다짐하였다.

불행하게도 독립 후 6개월이 채 못되어 간디는 암살당했고, 네루는 인도의 경제를 자기 뜻대로 만들어갈 수 있게 되었다. 네루는 간디의 사고방식이 너무나 이상주의적이고, 너무나 철학적이며, 너무 느리고, 또 너무나 정신적인 것이라고 생각하였다. 그는 자신의 주위에 서구교육을 받은 관료들을 모았고, 그들이 함께 힘을 기울인 일은 그들 자신으로 하여금 자기들도 모르게 경제적 식민화의 대리인이 되게 하였다. 그들은 거대한 댐과 큰 공장들을 건설하는 데 매진하였다. 그러한 건축은 그들에게는 새로운 인도의 사원이자 성당이었다. 간디의 지도 밑에서 널리 살아있었던 헌신과 이상주의와 자기희생의 정신은 권력과 특권과 안락과 돈에 대한 탐욕으로 급속도로 대체되었다. 네루와 그의 동료들은 스와데시의 길과

반대되는 길을 따라갔다. 그 이후 인도의 역사는 부패와 최고위 수준에서의 정치적 술책의 역사였다. 인도의 정치적 식민화는 1947년의 독립으로 공식적으로 끝난지 모르지만, 그 경제적 식민화는 그대로 더욱 빠르게 계속되었다. 인도는 세계경제의 권력자들을 위한 운동장으로 변해버렸다.

식민지배자 없는 식민주의

지금, 인도는 영국인 지배자의 통치를 받지는 않지만 영국식으로 지배를 계속 당하고 있다. 이것은 인도의 비극이며, 이것이 종식될 전망은 보이지 않는다. 기업가, 지식인은 정부와 함께 여전히 세계은행과 가트의 정책에 대한 종속속에서 인도의 구원을 보고 있다. 그들은 다국적기업들과 친밀하게 지내는 세계경제의 일부로서 인도를 보고 있다.

그러나, 인도 민중 사이에서 불만이 급속도로 커지고 있다. 네루와 그의 딸 인디라 간디, 그리고 그녀의 아들 라지브 간디의 지도하의 '국민회의'가 겪어온 실패는 누구에게나 충분히 눈에 뜨인다. 마하트마 간디가 예언하였듯이 인도의 정체(政體)는 부패로 끓고 있다. 가난한 사람들은 과거 어느 때보다도 더 가난해졌고, 성장하는 중산층은 '국민회의'로부터 등을 돌리면서 지역정당들이나 '힌두민족주의당'을 지지하고 있다. 농부들은 다국적회사들이 씨앗을 특허화하려는 데 대하여 저항하고 있다. 가트에 의한 세계경제는 모래 위에 세워져 있다. 그 통제력이 굳건한 것처럼 보일지 모르지만 세계경제는 여하한 풀뿌리로부터의 지지도 받고 있지 않다. 세계경제의 진의(眞意)가 분명하게 드러남에 따라 인도 민중 ― 간디의 가르침이 그 속에 아직도 많이 살아있는 ― 은 세계경제에 저항하고, 스와데시로 되돌아가서 그들의 지역문화와 공동체와 삶을 다시 소생시키게 될 것이다. 실제로, 스와데시의 교훈은 경제성장과 산업주의의 기만적인 약속이 폭로될 때 서구인들 사이에서도 생명의 경제학을 위한 희망으로 받아들여질지도 모른다. (통권 제32호, 1997년 1-2월호)

경제에 대한 여성주의의 시각

캐럴 브루이에

우리는 우리의 행성이 공격을 받고 있고, 바다가 죽어가고 있고, 강이 오염되고 있고, 숲이 파괴되고 있고, 수많은 사람들이 굶주림과 끔찍한 착취로 고통당하고 있으며, 매순간 생물종들이 소멸되어가고 있다는 것을 알고 있다. 이 살육, 이 파괴의 파도를 우리는 어떻게 역전시킬 수 있을까? 이 지상에 아직 남아있는 사람들과 생명형태들을 우리는 어떻게 강화할 수 있을까?

무엇보다 우리는 지금 인류와 지구를 괴롭히고 있는 질환의 뿌리가 무엇인지를 알지 않으면 안된다. 오늘날 세계를 지배하고 있는 주도적인 세계관은 분열을 조장하고, 전문화를 장려하며, 우리 자신이나 우리 자신의 세계에 대한 관계를 보는 데 있어서 전일적인 견해를 부정하고 있다. 이 세계관은 위계체제를 떠받치고, 사람들과 자연자원과 기타의 생명형태들

캐럴 브루이에 (Carol Brouillet) ― 미국의 가정주부. 이 글은 1997년 6월 미국 콜로라도주 덴버에서 개최되었던 '또하나의 경제정상회담(TOES)' (종래의 관행경제학에 맞서서 생태적으로 건전하고 지속가능한 경제의 이론을 모색하는 지식인들의 모임)에 제출되었던 원고의 하나를 옮긴 것이다. 필자는 이 원고를 "아이들이 잠잘 때, 그리고 그 아이들 셋이 모두 학교에 가있는 드문 시간 동안에" 틈틈이 집필하였다고 한다.

에 대한 통제와 착취를 증폭시키고 지지하고 있다. 그 세계관은 생명의 신성함이나 살아있는 생태계, 사람들, 그리고 측량하거나 돈으로 환산할 수 없는 것들의 가치를 인정하지 않는다. '세계화 경제'는 모든 살아있는 것들과 우리의 어머니 지구 사이의 상호의존적 관계를 조금도 보지 못한다.

피고용인들을 해고시키고 환경을 파괴하면서 외설적이리만큼 엄청난 돈을 벌고 있는 기업인들이나 정치가들의 탐욕을 비난하는 것은 쉬운 일이다. 그러나 그에 못지않게 우리가 검토해야 할 것은 그러한 사람들의 행동을 규정하고 있는 시스템이다.

지난 20년 동안 기업합병이라는 광풍은 엄청난 구조조정을 초래하였고, 그 결과 갈수록 소수화하는 다국적기업들에 의해 경제의 대부분이 독점되고 수직적으로 통합되어왔다. 때때로 피고용인들에 대한 배려가 표명되는 때도 있었다. 그리하여 충성스럽고 열심히 일하는 피고용인들은 계속해서 일자리를 지키고, 은퇴 후에는 연금을 기대할 수도 있었다. 계몽된 기업주나 경영인들은 피고용인들을 잘 다루고, 사회적으로 책임있는 태도로 행동하고자 하였다. 그러나 그러한 기업들은 많은 경우 폐쇄되었고, 한때 그들이 생산하였던 상품들은 지금은 제3세계 국가들, 즉 군사독재 밑에서 임금수준이 억제되고 환경기준이 매우 낮은 나라들에서 생산되고 있다. 가장 사회적으로 책임있게 행동하고자 한 경영인들은 자신들의 직위를 상실하거나 그들이 속한 기업들이 적대적 인수의 대상이 되었다. 그리고 기업사냥꾼들은 연금기금을 약탈하고, 단기적인 이득을 위하여 기업의 자원을 팔아치웠다.

이와 같이 손익계산이라는 개념이 전횡을 일삼는 상황에서 경영인들이 사회적으로 책임있게 행동한다는 것은 거의 불가능한 일이다. 재정적 압력 밑에서 그들은 비용을 외부화하여 이윤을 올리든지 아니면 자신의 직위나 회사를 잃든지 하지 않을 수 없는 것이다. 다른 한편, 거리낌없이 '다운사이징'을 수행하는 경영인들도 그것을 충분히 신속하게 해내지 못하여 '월스트리트'의 기준으로 볼 때 미흡하다고 판명되면 제거되고 만다. 데이비드 코튼은 《기업이 세계를 지배할 때》에서, GM이나 아메리칸

익스프레스, IBM, 또는 웨스팅하우스 같은 최대기업의 경영인들이 약탈적인 금융시스템 밑에서 어떻게 무자비하게 목이 잘려왔는지를 보여주고 있다.

우리는 투자기금 관리인들이 그렇듯 약탈적인 방식으로 자신들의 권력을 휘두르는 것을 비난해야 하는가? 아니면, 우리는 투자가들의 집단적 맹목과 탐욕을 비난해야 하는가? 우리는 계속하여 세계를 '지배'하고 통제하는 주도적인 기구 — 즉, 구조적으로 전체주의적이며, 민족과 국가와 공동체와 개인들에 우선하는 권리를 획득해온 기업이라는 허구적인 실체 — 를 만들고 유지시켜온 그릇된 관념과 정서를 잘 들여다볼 필요가 있다. 1841년에 처음 발간된 것으로 《놀라운 대중적 착각과 군중의 광기》라는 책이 있는데, 그 책의 첫 100페이지에는 여러나라들이 투기열풍에 휩싸였던 때가 연대기적으로 적혀있다. 1600년대 홀란드에서의 튤립소동, 프랑스와 영국의 남태평양에서의 투기거품, 1700년대의 미시시피 계획 등이 그러한 것이다. 그리고 1929년의 월스트리트 주가 대폭락은 누구나 알고 있는 일이다. 그러나 이러한 역사적으로 유명한 투기과열의 예들은 지금 이 순간 벌어지고 있는 투기광풍에 비하면 거의 아무것도 아니라고 나는 생각한다.

현재 《탐욕과 희소성을 넘어서》라는 책을 집필중인 베르나르 리에테르에 의하면, 오늘날 우리의 공식적인 화폐시스템은 실물경제와 거의 아무런 관계가 없다. 전세계적으로 교환되고 있는 통화규모는 하루에 1조3천억달러나 된다. 이것은 선진국들 전체의 일일 국내총생산을 합친 것의 30배가 넘는 돈이다. 그 가운데서 오직 2 내지 3퍼센트만이 실제로 무역이나 투자에 관계되어 있고, 나머지는 지구규모로 행해지고 있는 사이버 카지노의 투기자본으로 쓰이고 있다. 리에테르는 이 시스템의 붕괴가능성을 앞으로 5년 내지 10년 동안 50 대 50으로 보고 있다. 나를 포함하여 많은 사람들은 그 가능성이 100퍼센트라고 생각한다. 통화투기로 큰 돈을 벌어온 조지 소로스는 "불안정성이 누증(累增)되고 있어서 이처럼 자유롭게 떠돌아다니는 교환체제가 마침내 붕괴할 것이라는 것은 의문의 여지가 없다"고 말한다. 《하버드 비지니스 리뷰》의 전(前) 편집자인 조엘 커츠먼은 자신의 최근 저서의 제목을 '화폐의 종말'이라고 달고, 임박한 붕괴를 예견하고 있다. 리에테르는 만일 위기가 발생하면, 그래서 모든 중앙은행들이 공동으로 대응하기로 합의를 하고, 모든 보유달러를 쓰기로 한다고 할 때, 그 돈은 세계 전체의 하루 거래량의 겨우 절반밖에 통제할 수 없는 것이라고 설명한다. 위기가 닥치면, 투기달러는 쉽사리 두배나 세배로 증가하기 마련이며, 중앙은행들의 달러 보유총액은 기껏해야 2시간 내지 3시간쯤 버틸 수 있을 것이다. 1929년에 증권시장이 붕괴하였지만 그때는 금본위제도가 살아있었다. 오늘날 우리가 당면한 것은 좀더 근원적인 어떤 것이다. 베르나르 리에테르는 덧붙여 말한다. "내가 알고 있는 유일한 선례는 로마의 통화를 종식시킨 로마제국의 붕괴이다. 물론 로마제국의 몰락은 한세기 반에 걸쳐 일어났다. 지금은 몇시간이면 족할 것이다."

이 시스템을 지금 지탱하고 있는 것은 무엇인가? 그리고, 그것이 붕괴할 때 무엇이 그걸 대신할까? 우리 각자는 의식중이든 무의식중이든 이 시스템에서 제각기 몫을 하고 있다. 우리가 갖고 있는 신념, 우리가 돈을 갖고 하는 행동, 우리의 시간 — 이 모든 것이 기존체제를 강화하거나 약화시키며, 새로운 신념체계와 대안적 제도의 창조에 기여하는 것이다.

우리는 지금 온갖 종류의 가능성이 혼재하고 있는 카오스와 패러독스의 시대에 살고 있다. 대다수 사람들은 기존 기구들에 대한 믿음을 상실하였고, 다양한 방식으로 자신들의 삶을 개선하려고 노력하고 있다. 정부와 기업 내부에 그리고 교육기관 내에도 이단자들이 있다. 비영리단체들이 계속하여 피어나고 성장하고 있다. 사람들이 모여서 조직을 하는 데이보다 더 좋은 때가 없었다. 뉴에이지운동은 땅에 뿌리박을 필요가 있다. 강경한 정치활동가들은 의식화운동으로부터 얻는 것이 많을 것이다. 환경운동은 계급, 인종, 성차별 문제에 대응할 필요가 있다. 이러한 일들이 지금 사람들이 모이고, 서로서로에게서 배우며, 연합세력을 형성함으로써 이루어지고 있다.

우리는 이런 문제들이 서로 연결되어 있고, 평화와 정의, 그리고 우리의 아이들을 위한 미래, 살아있는 모든 것들을 위한 건강한 지구, 건강한 환경이라는 우리의 공통한 목표속에서 우리가 서로 다르기보다는 닮은 것이 더욱 많다는 것을 알고 있다. 그리고 또한 지금은 우리 각자의 큰 인간적인 변화가 있어야 할 때이며, 우리의 세계관은 새로운 정보에 의해서 끊임없이 도전받고 있다. 우리의 집단적 행동의 결과에 대하여 우리가 좀더 의식적일수록 종전과 같은 삶을 산다는 것은 점점더 어려워진다. 왜냐하면 우리가 믿는 가치에 충실하게 살기 위해서는 우리는 우리의 생활패턴과 우리가 의존하고 있는 가장 기본적인 시스템을 변경시키지 않으면 안되기 때문이다. 우리가 음식과 옷과 집을 어떻게 마련하고, 교통수단을 어떻게 선택하며, 아이들을 어떻게 교육시키는가 — 이 모든 것은 보다 큰 의미를 띠며, 우리의 신념체계와 가치를 알리는 정치적 행동이 된다. 이 일은 하룻밤새 일어날 수는 없다. 그러므로 우리 각자는 오늘날 세계에서 '대변환'을 위한 모순과 역설을 목도하면서 그것을 체험하지 않을 수 없다.

아웅산수치는 말했다. "사람을 부패시키는 것은 권력이 아니라 두려움이다. 권력의 상실에 대한 두려움과 권력을 휘두를 사람들에 대한 두려움 말이다." 이러한 두려움이 정치가들을 부패하게 하고 다수 대중을 무력하게 만든다. 모든 군사적 행동, 정부가 국민을 억압하는 데 이용하는 갈수록 팽창하는 안보세력, 그리고 점점 커져가는 감옥산업 등을 정당화하기 위하여 두려움이 만들어지고 이용되는 것이다. 이러한 두려움, 즉 사람들을 무력화하고 그들이 창조적·적극적으로 반응할 수 있는 능력을 축소시키는 데 기여하는 우리의 모든 행동은 유해하다.

대학과 언론은 그러한 두려움을 증가시키는 일에 있어서 주된 역할을 하고 있다. 그들은 우리가 희소한 자원으로 된 세계에 살고 있으며 그래서 과잉인구로 지구가 폭발직전의 위험한 상황에 처해 있다고 말한다.

지구가 정말 위험한가? 사람들이 정말 위험한가? 아마도 우리를 '보호'하기 위한 군대와 경찰이 없다면 세계는 훨씬 더 안전한 장소가 될 것이다. 군대와 경찰과 감옥을 위하여 쓰여지는 비용이 건강과 교육과 주택과 깨끗한 물을 위해 쓰여진다고 상상해보라. 결국 두려움이란 국민을 '통제' 하고 '착취' 하기 위하여 만들어진 것일 뿐이다.

맬서스가 퍼뜨린 희소자원이라는 신화를 들여다보라. "자원은 희소하다. 우리는 살아남기 위하여 경쟁하지 않으면 안된다. 인구가 성장함에 따라 자원은 갈수록 희소해지고, 땅은 줄어들고, 물은 귀해지며, 바다의 물고기는 드물어진다." 만일 맬서스가 "자원은 희소한 것이 아니다. 우리가 나누기만 한다면 누구나 넉넉하게 살 수 있다"라고 말했다면, 그는 유명해지지 않았을 것이고, 그의 아이디어는 지배계급에게 쓸모있는 것이 되지 못했을 것이다. 그러나 지구는 풍요로운 자원을 가지고 있다 — 고르게 나누어지기만 한다면 — 는 아이디어가 주류가 되었다면, 나는 오늘날 우리가 보는 것과 같은 빈부격차가 존재하지 않았을 것으로 생각한다.

부의 분배에 대하여 살펴보자. 지금 세계에는 엄청난 돈이 있지만, 그럼에도 불구하고 엄청난 다수의 기본욕구를 충족시키는 데 필요한 돈은 없는 것이다. 억만장자들의 수효가 증가하고, 다국적기업의 경제가 많은 국가경제를 능가할 정도로 성장하고 있는 반면에 갈수록 많은 사람들의 생존권과 가족부양권은 부정되고 있는 것이다. 과잉소비는 과잉인구보다 더 위협적인 것은 아닐지 모르지만, 과잉인구만큼 위협적인 것은 분명하다. 그러나 기업언론은 자발적으로 소박하게 사는 생활이라는 개념을 장려하지 않으려 한다. 세계인구의 4분의 1이 세계 전체 에너지의 70퍼센트를 쓰고 있는 반면에 그 나머지 4분의 3이 30퍼센트가 안되는 에너지를 가지고 산다는 것은 참으로 외설스러운 일이다. 상황을 좀더 자세히 들여다보면 사태는 더 나쁘다. 20억 사람들이 전기의 혜택을 받지 못하고 살고 있다. 세계의 문제들을 가장 자기방어 능력이 없는 사람들의 탓으로 돌리는 것은 부유하고 권력있는 사람들이 즐겨 채택해온 전술이다.

유럽인들이 비유럽세계를 식민지로 만들기 시작했을 때 그들은 처음에 무력을 사용하였다. 그들은 사람들에게 일을 시키기 위하여 사람들을 토지에서 몰아내야 했다. 그와 같은 수법이 세계전역에 걸쳐 계속하여 되풀이되어왔다. 극소수 사람들이 세계의 대부분의 땅을 소유하고 있다 — 이것이 비참한 빈곤의 제일 큰 원인이다. 도시로 쫓겨나오거나 임금노예가 되어 자신들의 문화로부터 절연되면서 여성들은 갈수록 커져가는 가족을 부양해야 했다. 땅이 있고 평등한 관계가 유지되고, 교육의 기회가 주어지고, 가족계획이 시행되었더라면 출산율이 극적으로 낮아질 수 있었을 것이다.

세계 전체 부의 1퍼센트가 여성들의 소유로 되어있지만, 이 세계에서 행해지는 대부분의 일은 여성들에 의해서 — 유상이든 무상이든 — 이루어진다. 정말로, 모든 사람의 '필요'를 위해서는 세계는 넉넉한 곳이지만, 소수의 '탐욕'을 만족시켜줄 만큼 세계는 풍요로운 곳이 아니다.

무기거래로 많은 돈을 버는 주요 강대국의 경제적 이해관계에서 본다면 어딘가에서 늘 전쟁이 벌어지고 있는 것이 이득이 된다. 이 체제는 평화의 가치, 훼손되지 않은 생태계 또는 여성에 의한 무상의 노동이 갖는 가치를 알아보지 못한다. 그 결과가 아무리 파멸적인 것이라 해도 금전거래야말로 가장 중요한 것으로 여겨지는 것이다. 이 체제는 어떤 것이라도 수량화될 수 없는 것 — 생명, 민중, 지구 등 — 의 가치를 보지 못한다. 그것이 볼 수 있는 것은 오로지 계산할 수 있는 것 — 돈뿐이다. 이 체제의 입장에서 볼 때 지구의 허파인 숲은 그것이 벌목되어 목재를 팔아먹을 수 있는 것이 아닌 한 무가치한 것이다.

돈을 획득하기 위해서는 다른 모든 것은 희생해도 좋다는 정도로 돈을 높이 떠받치고, 돈과 진정한 부를 혼동함으로써, 우리의 문명은 빠르게 자멸의 길로 달려가고 있다. 토인비는 일찍이 여러 문명의 흥망성쇠를 살펴본 바 있다. 그러한 문명들의 한가지 공통점은 부와 권력의 극단적인 집중과 생태적 붕괴현상이었다.

오늘날처럼 부자들이 더 부유해진 적이 일찍이 없었고, 가난한 사람들이 더 가난해진 적이 없었다. 20세기로 접어든 이후 농기업은 식용가능한 생물종의 90퍼센트를 소멸시켜왔다. 경작가능한 땅을 훼손시키는 데 있어서 농기업은 군사적 행동에 필적할 만큼 파괴적이다. 인류 대다수의 명백한 필요에도 불구하고, 돈은 가난한 사람들에게서 부유한 자들에게로 빠져나가고 있다. IMF와 세계은행을 통해서 돈은 계속하여 부자나라들에게로 흘러가고 있다. 1994년에 '발전도상국들'로부터 미국으로 지불된 돈의 총액은 20억달러에 달하였다. 브레턴우즈 체제는 외국인 투자에 대하여 개방을 강요하고, 자국 통화의 평가절하를 요구하며, 국내 소비를 위한 농사가 아니라 수출을 위한 농산물 생산을 강요한다. 이러한 정책들은 전쟁만큼 파괴적이며, 또 그만큼 치명적이다. 만일 세계은행의 정책으로 말미암아 집에서 조용히 굶어죽어가는 아이들이 마을광장이나 도시공원으로 끌려나와 총살을 당하게 된다면 세계는 경악할 것이다. 그러나 이러한 끔찍한 재앙이 돈버는 일에 온통 시선을 집중하여, 자기 계급이나 문화 바깥의 사람들에 대하여는 아무런 유대를 느끼지 않는 사람들에게는 보이지 않는다. 마치 아무런 견제를 받지 않는 암세포가 자신의 숙주를 소진시켜버리듯이 세계의 기생충들은 인류 대다수가 겪는 고통과 우리 모두의 생명부양체계 — 지구 — 에 끼치는 스트레스에는 아랑곳하지 않고 계속하여 세계를 갉아먹는 잔치에 열중해 있다. 그러나 물도, 먹을 것도, 우정도, 사랑도, 건강도 없는 곳에서 돈과 황금이란 결국 무가치한 노리개일 뿐이다.

옛 체제는 지배엘리트의 부와 특권을 유지하기 위하여 군사력과 노골적인 통제에 의존하였다. 그러나 현재의 체제가 의존하는 도구들은 무기와 그릇된 정보, 그리고 돈이다. 현 체제는 오늘의 세계문제의 원인을 과잉인구에 돌림으로써 다수 대중의 생명을 하찮은 것으로 보는 경향을 은근히 부추기고, 산업화된 국가의 사람의 목숨 값이 '발전도상국'의 그것보다 더 비싼 것으로 여긴다. 그리고 산업사회 내부에서도 부자들이 우상화되며, 사회적 병리는 가난한 사람들의 책임으로 돌려진다.

우리는 어디서든 군사비 지출에 저항해야 하고, 갈수록 커져가는 '안보 및 감옥체제'에 도전해야 한다. 우리는 비폭력적인 갈등해소 방법을 찾아서 온갖 노력을 기울이지 않으면 안된다. 우리는 전세계적 차원에서 최저임금과 최고임금을 제도화할 필요가 있다. 우리는 사회로부터 빼앗아가는 부의 크기가 아니라 인간적 품성과 지혜로움, 그리고 사회에 대한 증여의 정도에 의해서 사람들을 존경하고 찬미해야 한다. 우리는 또한 우리가 대지(大地)로부터 받아온 선물을 알아보고, 미래세대에 대한 우리의 책임을 인식할 줄 알아야 한다.

우리는 권력에 대하여 '진실'을 말할 수 있어야 하고, 주요 언론이 퍼뜨리는 그릇된 정보에 도전해야 한다. 예를 들어, 성장이라는 환상과 GDP라는 미신의 정체를 밝혀야 한다. GDP는 사람들이나 생태계의 건강과 복지를 드러내주기는커녕 자원에 대한 약탈과 착취를 가리켜줄 뿐이다. 우리는 정말 중요한 것 ― 우리 자신의 건강과 환경의 건강, 삶의 질, 빈부차이 ― 을 재는 새로운 척도를 필요로 한다. 우리는 기업이나 정부의 이해관계에 의해 지배되지 않는 대안적인 미디어를 지원하고, 그 목소리를 세상이 들을 필요가 있는 사람들을 위해 발언하려고 노력해야 한다.

힐카 피에틸라와 헤이즐 헨더슨은 진짜 경제는 대부분의 경우 부자들에게 고용되어 있는 눈먼 '경제학자들'에게는 보이지 않는다고 말한다. 지구의 생명부양체계, 태양광선 ― 이러한 '선물들'은 인간경제의 토대이며, 거기에 모든 것이 의존하고 있는 것이다. 또한, 여성들이 하는 무상의 노동, 자발적으로 형성된 협동과 공동체의 네트워크들도 역시 진정한 경제를 구성하는 근원적인 고리인 것이다. 그러한 것을 토대로 하여 많은 기초적 서비스를 제공하는 부문이 있고, 국내시장과 식품과 건설을 위한 공식적 수단이 자리잡는 것이다. 이러한 경제를 구성하는 데 있어서 가장 작은 부분, 말하자면 장식물이라고 할 수 있는 것이 수출입을 위한 대규모 생산과 경쟁을 수반하는 '세계경제'이다. 그런데, 바로 이 '세계경제'가 지금 가장 큰 주목을 받고 있고, 세계무역을 지배하는 다국적기업들이 이윤의 대부분을 차지하고 있는데, 이러한 기업에 고용되어 있는 인구는 세계인구의 1퍼센트의 3분의 1도 안된다. 피에틸라에 의하면, 현재의 주도적인 경제학의 가장 치명적인 약점은 그것이 '경작경제'와 '산업경제'를 구별하지 못한다는 데 있다. 그리하여 살아있는 자연을 통제하고, 거기로부터 가치를 끌어내려는 노력은 인간과 세계에 대하여 엄청난 희생을 요구하고 있는 것이다.

우리는 돈에 대하여 갖고 있는 몇몇 환상을 깨트릴 필요가 있다. 우리는 돈을 누가 만드는지, 돈의 사용을 통해 누가 이득을 보는지, 누가 고통을 겪는지 알 필요가 있다. 우리는 우리의 건강과 우리의 인간관계와 공동체의 복지와 생태계의 건강과 경제적 정의와 세계평화 그리고 우리의 행복이 우리의 은행잔고보다 중요하다는 것을 사람들에게 상기시켜줄 필요가 있다.

은행가들은 아무것도 없는 곳에서 돈을 만들어내서는 그것을 정부나 타인들에게 빌려주고 이자를 받는다. 그러나 돈을 꾼 사람들은 이자를 만들어낼 수는 없기 때문에 모든 부채를 되갚는다는 것은 사실상 불가능하다. 돈은 제국의 존립수단이다. 돈은 자원을 빈자로부터 부자에게로 흐르게 한다. 돈을 빌려주고 이자를 받는 대금업은 모든 세계종교들로부터 비난을 받아왔다. 그러나 가톨릭교회가 가장 큰 지주가 되었을 때 교회는 그 오래된 금기를 어떻게 깨트릴지에 대해 궁리를 하였다.

헬레나 노르베리-호지는 《오래된 미래》에서 라다크라는 비화폐경제 사회에서, 풍부한 불교의 정신적 전통을 누리며 정교한 가족 및 사회적 연대속에서 땅의 90퍼센트가 가족들 사이에 고르게 나누어져 있는 체제를 유지하며, 어떻게 사람들이 생태적으로 지속가능한 삶을 살고 있는지를 보여주었다. 거기서는 거의 모든 사람이 집을 짓는 방법과 자신들의 기본욕구를 충족시키는 방법을 알고 있었다. 그러한 문화에 재앙을 가져온 것은 돈과 인도로 뚫린 도로, 그리고 관광산업이었고, 그리하여 산업사회에서 보는 것과 같은 문제들이 나타난 것이다. 여기에는 우리가 배워야 할 교훈이 있다. 우리는 이 과정을 역전시켜, 우리의 문화를 좀더 지속가능하고, 좀더 행복한 생존이 이루어질 수 있는 방향으로 나아가게 해야 하는 것이다.

우리가 지금과는 다른 종류의 돈을 만들어낸다고 생각해보자. 건강한 인간관계를 장려하고, 공동체를 형성하고, 환경을 복구하는 일 등 우리가 소중히 여기는 것에 기초한 새로운 돈 말이다. 우리는 의식수준을 높이고 사람들에게 무엇이 중요한 것인가를 상기시키기 위하여 이러한 소중한 가치들을 직접 화폐에 적어놓을 수 있다. 이것이 바로 폴 글로버가 뉴욕주

172

이사카에서, 그리고 다른 사람들이 다른 곳에서 해온 일이다. 지역통화는 공동체를 건설하고, 다국적기업에 의해 지역자원이 빠져나가 고갈되는 것을 막는 데 이바지할 뿐만 아니라 의식을 높이고, 의미있는 교환을 북돋우며, 공동체적 유대를 다시 짜는 일을 돕는다.

공동체라는 말은 원래 '자유로운 선물교환'을 의미하는 단어들에서 나왔다. 이상적인 사회에서는 사람들이 자발적으로 선물을 교환하기 때문에 돈의 필요성이 없다. 우리는 돈이란 것은 단순히 하나의 도구일 뿐이라는 사실을 기억해야 한다. 돈은 비개성적인 것이고, 익명적인 것이며 파괴적인 것일 수 있다는 것 — 또한, 우리가 우리의 가장 깊은 소중한 가치를 공인할 수 있도록 돈을 재설계할 수 있다는 것을 기억할 필요가 있는 것이다.

지금 이 순간, 이러한 일을 방해하기 위한 일치된 노력이 부자들에 의해 이루어지고 있다. 그것은 '다자간 투자협정(MAI)'이라고 불리고 있는데, 만약 부국들이 여기에 합의를 본다면, 상대적으로 가난한 나라들은 외국인 투자에 대하여 일체의 장벽을 제거할 것을 골자로 하는 이 협정에 서명하도록 강요될 것이다. 이 협정은 온갖 권리를 자본에 부여하고, '투자가'들에게 어떤 형태든 책임을 물을 수 있는 공동체나 주권국가의 권한을 부정하고 있다. 이 국제협약은 모든 정부와 민중과 환경의 희생위에 마련된 부자들의 '권리장전(權利章典)'이다. 어떤 정치가라도 만일 그가 이 협약에 찬성표를 던진다면 우리는 그 사람이 자신의 선거구민에 대한 아무런 배려 없이 오로지 돈있는 자들의 이익을 위해 일하는 창부라는 사실을 알아야 할 것이다. 그리고 이 협약이 만약 통과된다면 그 협약을 파기시키는 데는 적어도 15년이 걸릴 것이다. 그러니까 그 협약을 통과시킨 정치가들을 우리가 제거한다 하더라도 그 후임자들이 할 수 있는 일은 별로 많지 않을 것이다.

그러므로 우리는 이 문제에 대하여 대중교육을 시작하지 않으면 안된다. 그리고 동시에 통화제도에 대해서도 사람들을 가르칠 필요가 있다. 공동체 통화를 만들고, 우리가 장려하고 강화하고자 하는 가치들을 화폐에 인쇄하여, 오늘날 주도적인 '통화체제'가 어떻게 그러한 가치들을 파괴하고 있는지 지적해야 한다.

대중들에게 통화시스템을 설명해준다는 것은 쉬운 일이 아니다. 그러나 오랜 세월 지켜져왔던 많은 가치체계들은 깨뜨려져왔다. 처음 배우는 초보자들에게 이것을 설명하는 것이 훨씬 더 쉬울 것이다. 그들은 털어버려야 할 지식을 많이 가지고 있지 않고, 핵심적인 아이디어를 금방 이해할 것이다. 한마디로, 오늘의 통화시스템은 부와 권력을 집중화하고, 그 과정에서 지구를 파괴하고 있다. 따라서 우리는 부와 권력을 재분배하고, 그 과정에서 지구를 치유하는 새로운 시스템을 만들어내어야 한다.

낡은 시스템이 두려움과 탐욕과 군사력과 그릇된 정보에 의존하고 있는 만큼, 새로운 시스템은 사랑과 존경과 연민과 협동, 그리고 아름다움과 진실에 기초하지 않으면 안된다. 낡은 시스템은 그것이 진정한 세계, 진정한 경제로부터 절연되어 있기 때문에 반드시 허물어질 것이다. 새로운 시스템은 사람들이 자신의 공동체에서 소중히 여기는 것이 무엇이며, 공동체의 필요를 충족시키기 위해 그들 자신이 어떻게 조직하고 협동할 것인지에 대한 인식으로부터 태어날 것이다. 그리고 그 시스템은 공동체의 수효만큼 다양하고 풍부하게 여러 형태의 시스템이 될 것이다. 낡은 시스템은 '두려움'에 기초하여 타자를 통제하고자 하였다. 이제 우리는 사람과 생명을 보살피고, 다양성을 적극적으로 장려하는 시스템을 만들어보자.

지금은 모든 영역에서 협동과 존경, 그리고 사랑을 실천해야 할 때이다. 내 남편과 나는 최근에 인간관계에 있어서 '평등성의 실현'이라는 프로그램에 참가하였다. 우리의 강사였던 빌 모이어는 우리들에게 설명하기를, 자기 아내에게 폭력을 쓴 경험이 있는 남자들과의 교섭을 통하여 그가 알아낸 것은 그 가운데 오직 3퍼센트만이 신체적인 폭력이었고, 45퍼센트가 언어적인 폭력이며 그 나머지는 심리적인 폭력이었다는 것이다. 그러니까 대부분의 보통사람과 폭력적 인간 사이의 차이는 3퍼센트 영역이라는 것이다. 그의 발견에 의하면, 배우자를 공격할 때 남자들은 흔히 자기자신을 희생자로 느낀다는 것이다(왜냐하면 아내가 자신의 세계관이나 자기 이미지를 위협하였기 때문에).

우리는 사회화 과정을 통하여 늘 논쟁에서 이기고, 주도권을 장악하고, 최종적인 승자가 되며, 자신의 의견이 관철되도록 주장하게끔 교육되어왔다. 우리는 일반적으로 우리 자신에 대한 우리의 지각(知覺)이 다른 사람들의 관점에 의존해 있으며, 우리가 서로 능동적으로 귀를 기울이고 존경한다면 서로에게서 크게 배울 수 있다는 사실을 가르침받지 못했다. 우리는 대개 무의식적으로 자신의 견해를 주장하고 방어하면서 다른 사람들을 통제하고 지배하려 한다. 빌 모이어의 프로그램은 내 남편과 내가 서로 다른 집단속에서의 우리의 상호관계에 대해서뿐만 아니라 우리 두 사람 사이의 소통방식에 대해 좀더 많은 것을 깨닫는 데 도움을 주었다. 그러나 그 프로그램을 통해 내가 정말 깨달음을 얻은 것은 내 아이들과의 관계에 대해서였다. 제멋대로 가고자 하는 세명의 작은 남자 아이들과 같이 지내는 어머니로서 내가 '통제' 방식을 채택하는 것은 너무나 쉬운 일이다. 그러나 내가 나 자신을 변화시키고, 아이들에게 귀를 기울이고, 협동적 패턴을 발전시키는 일은 나날의 도전이다. 이제 나는 아이들이 내 스승이며, 우리의 평생 동안의 배움을 위한 모험은 협동적인 길이라는 것을 깨닫고 있다.

그밖에 달리 어떻게 우리가 우리 자신을 변화시키고, 우리를 지배하는 위계구조와 사회제도들을 변화시킬 수 있겠는가? 나는 두개의 비영리 그룹을 창립하는 일을 거들었고, 그것은 진정한 배움의 경험이 되었다. 누군가 "해볼 만한 가치있는 일은 모두 서툴게라도 해볼 필요가 있다"라고 말하였다. 달리 어떻게 우리가 배울 수 있는가? 우리는 새로운 모델을 만들어볼 필요가 있다. 우리는 과거에서 배울 뿐만 아니라 일찍이 행해지지 않았던 것도 해볼 필요가 있다. 우리는 우리 자신과 다른 사람들의 실수나 인간적 한계를 용서해야 한다.

변화는 하룻밤 사이에 일어나지 않는다. 개인은 저마다 다른 속도로 배우고, 변화에 대하여 개방적이거나 폐쇄적이다. 그러나 장기적인 전망에서 볼 때, 대안이 주어져 있느냐 없느냐 하는 것은 결정적인 차이를 만들어낸다. 지역농민시장이 있어서 사람들이 거기서 지역에서 기른 유기식품을 살 수 있다면, 사람들이 화학농기업을 지원하는 일을 중단하는 것이 좀더 쉬울 것이다. 사람들이 공동체에 투자를 하거나 공동체의 자립을 돕는 지역통화시스템을 만들어 다국적기업이 부를 빼돌리지 못하도록 막을 수 있다면, 그들이 자신들의 돈과 에너지를 세계를 지배하고 있는 착취시스템으로부터 독립시키는 것이 좀더 쉬운 일이 될 것이다. 아무런 대안이 없는 곳에서는 어떠한 종류이든 변화를 시도한다는 것이 무척 어려운 일이다. 대안이 있는 곳에서는 사람들은 관계의 그물을 형성하고, 아이디어를 교환하고, 우정을 맺고, 서로서로를 지원하며 공통의 비전을 강화해나간다. 미래를 예견하는 가장 좋은 방법은 미래를 창조하는 것이다.

낡은 시스템은 대중에게 자신의 아이디어를 일방적으로 밀어붙이는 '전문가들'에 의존해왔다. 우리는 모든 사람의 참여를 적극 권장해야 한다. 그래서 우리가 서로서로에게서 배우고, '영리함'의 문화로부터 '지혜로움'의 문화로 옮겨가야 한다. 우리가 맺는 모든 관계와 조직속에서 공경심과 자비로움을 길러야 한다. 우리는 우리의 심중 깊은 곳에서 우리가 진실된 것으로 느끼고 있는 것이 들릴 수 있도록 귀를 기울일 필요가 있다. 그리하여 우리는 우리 자신의 행복이 모든 사람의 행복과 떨어져있는 것일 수 없다는 사실을 깨닫지 않으면 안된다. (통권 제41호, 1998년 7-8월호)

지역화폐와 공동체 만들기

레츠 ― 상호부양의 교환체계

길 세이팡 / 콜린 윌리엄스

편집자의 말

레츠시스템(LETS = Local Exchange and Trading System)은 원래 1980년대 초 높은 실업률로 침체되어 있던 캐나다 브리티시컬럼비아의 코목스라는 곳에서 마이클 린턴(Michael Linton)에 의해 시작된 지역교환체계로서 이미 그동안《녹색평론》에서 두차례에 걸쳐 소개한 바 있다(통권 제27호 및 제30호). 레츠시스템은 지금 경제의 세계화라는 이름으로 진행되는 기업식민주의의 가공할 압력 밑에서 궁핍화와 착취를 강요당하는 풀뿌리공동체들의 자기방어와 회생을 위한 주목할 만한 수단으로 세계 곳곳에서 ― 특히 만성적인 고실업률로 고통당하고 있는 지역 사회들에서 ― '들꽃'처럼 피어나고 있는 '지역통화운동' 가운데 대표적인 것으로 평가받고 있다.

오늘의 아시아 경제위기의 문제에 관련하여 가장 간단하게 생각해보더라도 이 위기는 본질적으로 달러를 기축통화로 하는 세계금융시장의 논리에 대한 맹목적 종속의 한 필연적인 결과라고 할 수 있다. 그리고 IMF 구제금융으로 위급한 국가부도 사태는 넘겼다고는 하나 외채를 갚는 일의 고통은 고스란히 풀뿌리 민중에게로 전가되어 ― 그리하여 다시 한번 공동체와 자연생태계에 대한 대대적인 압박과 파괴를 불가피하게 하는 것이라면, 풀뿌리 민중의 입장에서

이 위기를 정당하게 벗어나는 길의 하나는 달러가 지배하는 통화체제로부터 부분적으로나마 단절을 결행하는 일일 것이다. 지금 필요한 것은, 또다시 종래의 낡은 경제성장 방식의 복구에 동참할 것이 아니라 가능한 한 자립적인 삶의 바탕을 확보하면서 비폭력주의의 원칙을 받아들여 소박한 생활패턴을 꾸려내는 노력이라고 할 때, 국제자본에 연결되지 않는 '지역통화' 시스템이 어째서 중요한 의미를 갖는지 자명해진다. 임박한 미증유의 높은 실업사태에 직면한 지금 우리 사회에서 흔히 제시되는 처방들은 구태의연한 약육강식적 경쟁 논리에서 조금도 벗어나지 않았을 뿐만 아니라, 또 현실적으로도 거의 실효성이 없는 실업자 대책이란 것을 냉철하게 직시할 필요가 있을 것이다.

이번호의 특집으로 본지가 또다시 소개하는 '지역통화운동'이 그 자체로 동아시아나 한국의 현실에서 바로 통할 수 있을지는 미지수이다. 그러나 이러한 논의에 한번 유심히 주목해봄으로써, 지금 우리를 깊게 짓누르고 있는 무력감과 방향상실의 분위기를 뚫고 인간다운 삶이 아직도 존재할 수 있는 구체적 가능성을 발견하는 데 다소나마 도움을 얻을 수 있을지 모른다.

레츠시스템에 생소한 독자들을 위해서 다시 한번 이것을 간단히 묘사하면, 이것은 국가나 은행이 발행한 돈(현금)을 사용하지 않고 지역사회의 주민들끼리 물품과 서비스를 주고받는, 연대에 기초한 자립적 생활 방식이라고 할 수 있다. 이것은 일 대 일의 관계로 교환하는 옛날의 바터시스템과는 달리, 지역공동체속에서 가입회원들 전체 사이에 교역이 이루어지는 체계이다. 회원들은 가입할 때 자기 앞으로 계좌를 개설하고 교환에 참여하게 되면, 회원들 사이의 거래관계를 일일이 보고받고 기록하는 사무소를 통해 전체 회원들 각자가 제공할 수 있는 서비스나 물품에 관한 목록을 받게 되고, 각자의 계좌현황을 정기적으로 통보받게 된다. 지역통화체계라고 하지만 레츠에서는 실제로 돈은 사용되지 않고 다만 물품이나 서비스를 주고받은 내역이 기록될 뿐이다. 그리하여 어떤 사람이 어떤 물건이나 서비스를 사야 할 필요가 있을 때, 그는 사무소에서 발행한 목록(또는 신문)을 보고, 그 물건이나 서비스를 제공할 수 있는 사람을 찾아서 정해진 레츠 가격으로 거래를 성취한다. 거래가 이루어지면, 그 몫만큼 그 물품이나 서비스를 구매한 사람의 계좌에는 마이너스가 기록되고, 공급한 사람의 계좌에는 플러스가 기록된다. 이 때 무형의 통화를 마이클 린턴은 '녹색달러' 라고 불렸지만, 이 시스템을 운영하고 있는 지역공동체에 따라 지금까지 '조개껍질', '도토리', '돼지' 등등 다양한 이름으로 불리고 있다.

무엇보다도 레츠시스템은 돈없이 사람이 생활의 기본욕구를 충족시킬 수 있는 뛰어난 '기술' 이라고 할 수 있다. 레츠시스템속에서는 현금이 없다고 해서 좌절할 필요가 없다. 자신이 누군가에게 도움을 주는 작은 행동 ― 예를 들어, 아기나 환자를 돌본다든지 텃밭가꾸기를 대신한다든지 ― 을 함으로써(또는 약속함으로써), 그 대가로 그는 공동체내에서 다른 사람으로부터 서비스나 물건을 얻을 자격을 갖게 되는 것이다. 이러한 교환시스템에 참여해온 사람들의 증언으로서 가장 주목할 것은 사람 누구에게나 잠재된 기술과 지혜가 있다는 것을 발견하게 된다는 사실, 그리고 현금 경제 밑에서 궁핍화를 강요당하고 소외되어왔던 많은 사람들이 자신도 쓸모있는 공동체의 구성원이 됨으로써 자존심을 회복하게 되고, 그럼으로써 공동체가 활기를 띠고 살아난다는 사실이다.

삶에 필요한 온갖 것들이 ― 심지어 가장 근원적인 사랑하고 돌보는 일까지 ― 슈퍼마켓에서 돈을 주고 사들여야 하는 상품이 되어버린 오늘날의 상황에서, 이웃끼리의 상호의존적인 연대만으로 사람들이 두려움 없이 삶을 꾸려나갈 수 있는 가능성을 보여주는 레츠를 비롯한 지역통화운동의 의미는 단순히 궁핍한 시대의 임시적 생활 수단에 그치는 것이 아님이 확실하다. 지역통화 문제에 관한 어떤 이론가의 말처럼, 이것은 어쩌면 세계를 구원할 수 있는 강력한 도구의 하나가 될지도 모른다.

레츠시스템과 근본적으로 동일한 발상에서 출발하면서도, 무형의 통화체계가 갖는 복잡함 ― 예컨대, 사무소에 보고를 해야 한다든지하는 번거로움과 중앙통제에 필요한 경비와 인력문제 등등 ― 때문에 아예 지역의 화폐를 독자적으로 발행하여 운영하기 시작한 것이 미국 뉴욕주 이사카의 유명한 '이사카아워' 라는 지역통화운동이다.

―――――――――

레츠는 풀뿌리공동체에 의해 운영되는 시스템으로 캐나다에서 처음 시작되었다. 그 창시자 마이클 린턴이 최초의 레츠를 고안하였던 것은 그가 살고 있는 지역에서 실업률이 높았기 때문이다. 그는 사람들이 쓸모있는 기술과 시간을 가지고 있고, 또 사람의 손을 기다리는 일거리가 많이 있음을 보았다. 그러나 그 지역에서 돈이 부족한 탓에 그러한 자원이 쓸모없이 방치되고, 사람들은 일없이 지내고 있었다. 그래서 그는 사람들이 현금을 사용하지 않고 상호 거래·교환할 수 있는 시스템으로서 레츠를 창시하였던 것이다.

우리들의 추산으로는 오늘날 전세계에 걸쳐 적어도 1,000개의 레츠시스템이 운영중에 있고, 10만명 이상의 회원이 여기에 가입되어 있다. 그들은 다양한 이름 ― 캐나다와 뉴질랜드의 '녹색달러', 영국의 '조개껍질', '도토리', '참나무', '솔렌트', 오스트레일리아의 '자패(紫貝)', '에코', '파도', '새앙쥐' 등 ― 밑에서 자신들의 지역통화로 활발한 거래활동을 하고 있다.

레츠는 그와 비슷한 시스템인 '타임달러'나 '아워'와 마찬가지로 국가적 통화를 대체하려는 것이 아니라 그것과 나란히 쓰도록 의도된 것이다. 지역통화는 지역경제에 있어서의 자립을 촉진하고, 그렇게 함으로써 변덕스러운 국가적 경기불황과 외부세계에의 경제적 의존성에 대하여 지역경제를 보호한다. 지역통화는 또한 탐욕과 소비주의가 아니라 사람들이 서로 어울려 일하는 데서 오는 공동체적 감각과 그것이 주는 기쁨을 강조함으로써 좀더 녹색화된 생활방식을 부추긴다. 사람들이 레츠에 참여함으로써 발견하는 우정과 상호부조의 관계는 화폐지향적인 상업주의 세계속에서 오랫동안 살아온 많은 사람들에게 참으로 후련한 해방감을 베풀어준다. 레츠는 스트레스로 꽉찬 인생행로로부터의 전환을 꾀하여, 좀더 큰 충만감과 삶의 질을 추구하는 사람들에게 특히 인기가 있다.

마이클 린턴은 1985년에 '새로운 경제학'을 시도하는 사상가들의 국제적 모임인 '또하나의 경제정상모임(TOES)'에서 자신의 아이디어를 설명하

길 세이팡 (Gill Seyfang) / 콜린 윌리엄스 (Colin Williams) ― 영국의 리즈메트로폴리탄대학에 있는 '도시개발 및 환경관리센터'의 연구원. 여기 소개하는 것은 영국 잡지 *Kindred Spirit* 1997년 가을호에 실린 글을 옮긴 것이다.

는 워크숍을 열었다. 그 모임에서 '레츠'라는 개념은 많은 사람들에게 큰 영감을 불러일으켰고, 이들은 그 아이디어를 곧 실천에 옮기고자 하는 열띤 의욕을 가지고 각자의 고국으로 되돌아갔다. 그리하여 지금 여기서 우리가 살펴보고자 하는 영국, 뉴질랜드 및 오스트레일리아로 레츠가 퍼져나가기 시작했던 것이다.

그러나 레츠가 실제로 확립되기는 1990년대로 들어서서였다. 예를 들어, 영국에서는 1992년에 다섯개의 레츠가 있었을 뿐이지만 1994년 말에는 275개로 늘었고, 현재는 350개가 넘는 레츠가 영국 전역에 걸쳐 점점이 분포되어 있다. 그와 비슷하게 오스트레일리아에서는 그 숫자가 1990년에 34개이던 것이 오늘날 200여개가 되었다.

이러한 레츠시스템들을 설립한 개척자들은 자기들이 살고 있는 지역에서 공동체를 재건하고, 상호부양의 사회적 네트워크를 발전시키며, 가난한 사람들과 일자리가 없는 사람들을 돕고 그들에게 기회를 제공한다고 하는 비전을 갖고 있었다. 그들은 또한 이 시스템들이 지역경제를 강화한다는 것을 인식하고 있었다. 영국의 한 레츠시스템 창시자는 이렇게 문제를 요약하였다.

내가 레츠시스템을 설립한 것은 나 자신이나 다른 사람을 위해서 많은 공동체적 기회가 실제로 존재한다는 것을 알았기 때문입니다. 이 시스템은 사람들이 서로 자연스럽게 만날 수 있는 방법을 제공해줍니다. 이 시스템으로 공동체가 발전할 수밖에 없습니다. 왜냐하면 이 시스템 속에서는 사람들이 서로 교류를 하지 않을 수 없도록 강요되기 때문입니다! 그리고 일반적으로는 교환·거래에 참여하기 어려운 사람들, 예컨대 장애인들이 쉽게 교환 네트워크에 참가할 수 있다는 것도 얼마나 좋은 일입니까? 레츠시스템은 또한 지역의 창발적인 노력들이 꽃피게 하고, 식품 수송거리를 크게 단축시킬 수 있습니다.

그러나 레츠시스템은 더이상 본래의 아이디어만을 표현하고 있지는 않다. 시스템이 성장·확대됨에 따라 그 비전도 진화하였고, 거기 따라 레츠에 참여하는 사람들의 유형도 상당히 변화해왔다. 우리가 발견한 바에 의하면, 레츠는 초기에는 '녹색인'들에 의해 주도되었으나 보다 최근에 설립된 레츠 조직은 지역사회의 훨씬 더 폭넓고 다양한 구성원들을 끌어 들이고 있다.

우리는 이러한 변모가 기성의 레츠 안에서도 조직의 성숙에 따라 일어 나고 있음을 발견하였다. 서부 노포크 레츠 조직의 한 회원은 그 과정을 이렇게 묘사하고 있다. "처음에는 좀더 녹색적이고, 좀더 자비로운 생활 스타일을 추구하는 중산계급적 이상으로부터 출발하였지요. 그러나 지금 은 사회의 모든 계층에 다가가기 시작하였습니다." 그러니까, 그동안 레 츠를 '환경문제에 민감한 중산층'의 취미 이상의 것이 아니라고 하는 풍 자도 있었지만 그것은 진실과 거리가 먼 것이다. 실제에 있어서, 레츠시 스템의 압도적 구성원은 상대적으로 저소득층에 속한 사람들이다. 영국과 오스트레일리아의 경우 레츠 조직 구성원들의 대략 3분의 1은 실업자들 이며, 뉴질랜드의 경우는 레츠 회원 중 실업자의 비율이 40퍼센트에 달하 고 있다.

레츠가 성장하면서 그 구성원의 기반을 넓혀감에 따라 점점더 많은 사 람들이 레츠를 주목하기 시작하고 있다. 언론, 지방정부 그리고 심지어 정당들조차도 레츠를 심각하게 주목하고 있다. 하릴없이 놀고 있는 기술 과 자원에 접근함으로써 곤경에 처한 지역공동체의 살림살이를 지속가능 한 방식으로 되살려놓는 수단으로서의 레츠의 역할을 그들은 보기 시작한 것이다. 그리하여, 예컨대 지방정부들은 그들의 경제발전계획과 지역사회 발전 목표, 그리고 '아젠다21 지역전략' 같은 곳에 레츠를 포함시키는 문 제를 진지하게 고려하고 있다. 최근에 유럽연합의 한 위원회는 유럽 단일 통화 문제를 논의하는 다른 한편에서, 프래드포드 시위원회에 시 전역에 걸쳐 통용될 수 있는 지역통화 — 실제로 '레츠'라고 불리는 — 를 개발하 도록 5만5천파운드를 수여하였다. 간단히 말하여, 점점더 많은 사람들이 세계화된 경제의 부정적 영향에 맞서서 공동체와 지역경제를 강화하는 데 이바지하고 있는 레츠의 혜택을 알아보고 있는 것이다.

풀뿌리의 차원에서 이것은 현실적으로 효력을 발휘하고 있는 주민운동이라고 할 수 있다. 영국에서의 레츠 조직의 현황에 대한 우리들의 조사의 결과에 의하면, 지난해에 운영중에 있던 350여개 레츠 조직들의 회원은 대략 3만명에 이르렀으며, 그들의 교환·거래 활동은 연간 210만파운드에 해당하는 금액이었다. 관행 경제학자에게는 이것은 보잘것없는 숫자일지 모르지만, 우리는 레츠를 통해 사람들이 획득하는 물품과 서비스가 진실로 삶을 고양시키는 것임을 발견하였다.

레츠가 성장·성숙해감에 따라 레츠의 목록표에 올라있는 물품과 서비스의 내역도 지금은 과거 어느 때보다도 폭넓은 것이 되었고, 또 사람들이 꼭 필요한 서비스와 실제적인 도움을 받을 수 있는 기회도 실질적으로 넓어졌다. 영국의 서부 요크셔에 있는 '칼더데일 레츠'는 사람들이 이 시스템으로부터 얻을 수 있는 혜택의 범위를 잘 드러내고 있다. 조사에 응답한 사람들 중 69퍼센트는 레츠를 통하여 가사 서비스를 — 아기 돌보기, 청소, 정원 가꾸기에서 수도관 수리, 지붕일, 타일작업에 이르는 — 얻었고, 43퍼센트는 물품을 — 대개 식품과 헌옷 — 마련하였고, 24퍼센트는 새로운 기술을 익히거나 더 공부하는 데 — 자동차 보수, 페인팅 작업, 빵만들기, 음악 등등 — 필요한 교습을 받았으며, 17퍼센트는 워드 프로세싱과 같은 사무일에 관계된 서비스를 받았다. 그리고 또 17퍼센트는 도구를(자작도구나 잔디 깎는 기계, 또는 컴퓨터) 빌려서 썼다. 이런 패턴은 우리들이 조사해본 세 나라 레츠 조직들에서도 대체로 비슷하게 나타나 있다.

그 결과로, 레츠는 사람들이, 특히 저소득층의 사람들이 일상생활에서 실제적인 도움을 받을 수 있는 새로운 기회를 만들어주고 있다. 우리는 레츠가 아니었더라면 접근할 수 없었던 물건과 서비스를 레츠를 통하여 어떻게 얻을 수 있었던가에 대하여 사람들이 말하는 것을 되풀이하여 들었다. 예를 들어, 칼더데일에서 어느 실업상태의 여성은 지난해에 실제로 피부로 느낄 만한 많은 도움을 받았다. 그녀는 레츠를 통하여 옷을 사입고, 자작도구를 빌려 썼고, 난로를 수리하고, 집에 페인트칠을 할 수 있었다. 이와 마찬가지로, 어느 실업상태의 남자는 레츠를 통하여 전기일과 건설일을 할 수 있었다. 두 경우에 모두 그들은 그러한 서비스에 필요한 현금을 가지고 있지 아니하였다.

그러나 레츠가 베풀어주는 혜택은 수행되는 일의 가치를 훨씬 넘어선다. 레츠는 또한 우리의 지역사회에 공동체 감각을 재건하는 데 큰 도움을 준다. 우리의 조사에 응답한 사람들 중 4분의 3이 레츠는 사회적 네트워크와 상호부양적 우정을 발전시키는 데 중요하다고 말하였다.

특별한 모임에 선물을 보내거나 노인회원의 쇼핑을 돕거나 하는 일은 돈으로 살 수 있는 종류의 부조행위가 아니다. 그러나 그러한 서비스는 보다 많은 것을 의미하고, "서로 나누고, 돌보는 정겨운 공동체를 창조한다." 한 회원은 "레츠로 말미암아 나는 고립감을 더이상 느끼지 않습니다. 레츠는 언제나 내가 기댈 수 있는 그 무엇이지요"라고 말하였다. 또 어떤 사람은 "레츠는 기꺼이 서로 돕고자 하는 새로운 친구들의 서클을 열어주었습니다"라고 보고하였다.

레츠에 참가하고 있는 또다른 한 여성은 ─ 그녀는 장애인 친척 한 사람을 돌보면서 저소득으로 살고 있는데 ─ 너무나 분주하고 스트레스에 찬 생활을 보내고 있었다. 그러한 그 여자에게 레츠를 통한 교환행위는 사람을 사귀는 큰 기회가 되었고, 그 결과로 그것은 그녀에게 몹시 필요한 긴장이완 요법을 베풀어준 셈이 되었다. 그녀는 "다른 사람의 정원에서 일을 하면서 누군가와 얘기를 나누는 동안 나는 긴장에서 벗어날 수 있습니다. 나는 그렇게 일하는 것이 공식적인 휴식시간보다 훨씬 더 좋더군요!" 하고 말하였다.

이러한 여러 상황에서 레츠가 가져다주는 부양과 공동체 감각은 실로 엄청난 것이다. 실제로 많은 사람들은 이와 같은 사회적·개인적 면이 레츠가 주는 혜택 가운데서 가장 중요한 것이라고 생각하고 있다. 서부 노포크 레츠의 회원인 한 부인의 말을 들어보자.

레츠는 내가 지금까지 살아왔던 경쟁적 생활스타일에 대하여 대안이 됩니다. 나는 이제 더이상 '생활비용' 문제에 온통 생각이 사로잡혀 있지 않습니다. 나는 좀더 나은, 좀더 충만감이 있는 삶을 살 수 있도록 나 자신을 다시 설계할 수 있게 되었습니다.

우리는 이와 같은 이야기를 그밖의 다른 레츠 조직으로부터도 되풀이하여 들었다. 레츠로 인하여 사람들이 공동체나 지역적 삶에의 참여라는, 일찍이 잃어버렸던 개념을 되찾고 있음이 분명했다.

그러한 이야기들은 레츠가 빈곤, 실업, 고립감 및 사회적 배제와 같은 오늘의 전지구적 문제들에 대하여 선구적이고 효과적인 지역차원의 해결책이 되고 있다는 것을 보여주고 있다. 그러나, 레츠가 그 잠재력을 충분히 발현할 수 있기까지에는 장애물들도 있다.

많은 레츠회원들이 (종종 유기농법으로 키운) 과일과 채소를 제공하려는 열의를 갖고 있음에도 불구하고, 레츠를 통하여 교환·거래되는 식품의 규모는 미미하다. 신선한 식품을 작고 불규칙한 양으로 거래해야 하는 불편은, 특히 중심적인 회합장소가 없는 경우에, 사는 사람에게나 파는 사람에게나 짜증나는 일이다. 이 문제에 대한 가장 분명한 해결책은 레츠 조직이 가령 같은 뜻을 가진 유기농 조직들과 연계하는 데서 찾을 수 있을 것이다. 만일 지역 유기농들이 광범위한 규모로 지역통화를 받아들인다면, 이것은 유기농운동과 레츠운동을 공생관계로 발전시키는 데 필요한 촉매가 될 수 있을 것이다.

또하나의 문제는 ─ 특히 영국에서 ─ 레츠에 대하여 중앙정부가 취하는 불분명하고 모순적인 태도이다. 세금문제에 관한 한 영국 국세청은 직업이 없는 사람들의 레츠관련 소득에 관해서 개의치 않는 것으로 보이지만, 그러나 사회보장 혜택을 받을 수 있는 사람들 ─ 예컨대 실업자들 ─ 은 레츠를 통해서 얻는 소득 때문에 사회보장 수혜대상에서 제외될지 모른다는 두려움으로 레츠에의 참여에 소극적일 수 있다. 자신들의 상황을 개선하는 데 레츠를 가장 크게 필요로 하는 사람들에게 이러한 정부의 태도는 형벌에 가까운 고통을 주는 셈이다.

뉴질랜드와 특히 오스트레일리아의 정부는 좀더 협력적인 태도를 취하고 있다. 예를 들어, 오스트레일리아 정부는 레츠가 실업자들과 저소득자들에게 제공하는 혜택을 공적으로 인정하였다. 1995년 호주의 사회보장법령은 레츠에 관련하여 얻은 소득을 사회보장 수혜대상 여부를 결정하는 데 아무런 상관이 없는 것으로 정하였고, 사회보장 담당관들은 지금 오히려 실업자들에게 레츠에 가입하도록 적극 권장하고 있다. 영국 정부의 사회보장 규칙이 이런 식으로 변한다면 레츠의 발전이 크게 촉진될 것이다. 그렇게 되면 그것은 실업자들이 생산적인 일에 참여하여, 국가에 계속 의존하기보다 자신들의 상황을 손수 개선하도록 부추길 것이다.

이러한 이야기들이 보여주는 바와 같이, 우리의 연구결과는 레츠야말로 엄청난 잠재력을 가진 공동체 재건의 도구라는 것을 확인시켜 준다. 레츠는 사람들이 스스로를 돕도록 힘을 주고, 지역공동체를 재건하며 놀고 있는 자원과 기술을 지역주민을 위해 유용하게 쓸 수 있게 한다. 그보다 더 중요한 것은 레츠가 초창기의 '녹색' 프로젝트로부터 진화하여 이제는 보다 광범위한 사회주류속에 자리를 차지하게 되었다는 사실이다. 그 과정에서 레츠는 우리들이 소중하게 여기는 가치들 — 상호부양적 네트워크, 자조(自助), 그리고 창조적 해결을 위한 열정들을 일관되게 유지하고 있다.

(통권 제40호, 1998년 5-6월호)

탐욕과 '희소성'을 넘어서

베르나르 리에테르

당신은 어째서 대안적 통화에 그렇게 큰 기대를 걸고 있는가?

돈이란 우리의 코를 꿰고 있는 쇠고리 같은 것이다. 우리는 우리가 그것을 만들었다는 사실을 잊어버렸고, 그래서 오히려 이제는 그것이 우리를 멋대로 끌고다니고 있다. 내 생각에 지금은 우리가 어디로 가기를 원하는지 제대로 궁리하지 않으면 안될 때인데 ─ 나는 그 방향이 지속가능한 삶과 공동체를 향해야 한다는 의견이지만 ─ 거기로 가기 위해서 새로운 통화체제를 설계해야 한다.

그러니까 돈을 어떻게 설계하는가 하는 것은 사회에서 일어나거나 일어나지 않는 많은 일을 근원적으로 결정한다는 말인가?

베르나르 리에테르 (Bernard Lietaer) ─ 벨기에 사람으로 여러해 동안 벨기에 중앙은행에서 일하였고, 루뱅대학의 국제금융학 교수를 지냈다. 현재 미국 캘리포니아대학 버클리 캠퍼스에 있는 Center for Sustainable Resources의 연구원으로 있으면서, 지속가능한 사회와 공동체에 적합한 새로운 통화체제의 가능성을 모색하는 책을 준비중에 있다. 여기 소개하는 것은 미국 잡지 *YES! : A Journal of Positive Futures* 제2호(1997년 봄호)에서 이 잡지의 편집자와 나눈 대담기록을 우리말로 옮긴 것이다.

그렇다. 경제학 교과서에서는 사람들과 기업들이 시장과 자원을 위해 경쟁한다고 말하지만, 실제로는 돈을 위해 경쟁하고 있다. 그러므로 새로운 통화체제를 설계한다는 것은 사람의 많은 노력의 방향을 결정하는 목표를 다시 설정하는 것과 같은 의미가 있다.

뿐만 아니라 나는 탐욕과 경쟁은 어떤 불변의 인간성의 결과라고 믿지 않는다. 탐욕이나 '희소성'에 대한 두려움은 실은 우리가 어떤 종류의 돈을 사용하느냐에 따라 끊임없이 만들어지고 증폭되어왔다는 결론에 나는 다다르게 되었다.

예를 들어, 우리는 모든 사람을 다 먹여살리고도 남을 만큼 충분한 식량을 생산할 수 있고, 또 이 세계에는 누구에게나 충분한 일거리가 있다. 그러나 그런 일에 대한 대가로 지불해야 할 돈이 충분치 않다는 것은 분명하다. 그러니까 '희소성'은 우리의 국가적 통화체제에 기인하는 것이다. 실제로 중앙은행의 임무는 통화의 '희소성'을 만들고 유지하는 것이라고 할 수 있다. 그 결과 우리는 살아남기 위하여 서로서로 투쟁하지 않으면 안되는 것이다.

돈은 은행들이 그것을 누군가에게 빌려줌으로써 창조된다. 한 은행이 당신에게 10만달러를 제공할 때, 당신은 그 원금을 소비하고, 그렇게 되면 그것은 경제속에서 순환하게 된다. 거기에 대해 은행은 다음 20년 동안에 당신이 20만달러를 갚기를 기대한다. 그러나 은행이 나머지 10만달러 — 이자에 해당하는 — 를 창조하는 것은 아니다. 은행은 당신을 험난한 세상으로 내보내어 그 나머지 10만달러를 벌도록 다른 사람들과 피나는 투쟁을 하도록 시키는 것이다.

그러니까 딴 사람이 이기기 위해서는 어떤 사람이 반드시 져야 한다는 것인가? 딴 사람들이 그 이자를 갚는 데 필요한 돈을 마련하려면 어떤 사람들은 채무불이행 상태로 떨어져야 한다는 것이 아닌가?

바로 그렇다. 돈을 빌려줄 때 은행들이 하는 것은 모두 같다. 그래서 미국의 연방준비제도 이사회와 같은 중앙은행들이 내리는 결정이 그토록 중요한 것이다. 고금리에 따르는 비용은 자동적으로 파산의 비율을 높이게 마련이다.

그러니까 은행이 당신의 '신용상태'를 확인할 때, 그것은 결국 당신이 다른 주자(走者)들과 경쟁하여 승리할 수 있느냐 없느냐를 검증하고 있는 셈이다. 그래서 만일 게임에서 진다면 당신은 집이나 그밖의 당신이 내놓은 담보물을 잃게 되는 것이다.

그것은 또 실업률에도 영향을 미친다.

그것은 물론 중요한 문제이다. 그러나 그 이상의 문제가 있다. 오늘날 정보기술은 갈수록 고용증대를 동반하지 않는 경제성장을 가능하게 하고 있다. 미국에서 지금은 고용과 성장이 함께하는 마지막 시기의 하나라고 나는 믿는다. 제레미 리프킨이 《노동의 종말》에서 말하고 있듯이, 앞으로 기본적으로 일자리는 이제 더이상 — 심지어 '좋은 시절'이라 할지라도 — 존재하지 않게 될 것이다.

제네바에 있는 '국제금속노동자연맹'의 한 연구에 따르면, 앞으로 30년 내에 세계인구의 2~3퍼센트가 이 지구상에서 우리가 필요로 하는 모든 것을 생산해낼 수 있게 될 것이라고 한다. 10의 계수만큼 그 추정치가 빗나간다 하더라도 여전히 나머지 80퍼센트의 인구가 무엇을 하고 살 것인지 하는 문제가 남는다.

내 예견으로는, 다른 문제는 제쳐두고 고용문제 하나 때문에도 '지역통화'는 21세기의 사회적 설계에 주요 도구가 될 것으로 보인다. 지역통화가 국가적 통화를 전면적으로 대체할 것이라거나 대체해야 한다고 나는 생각하지 않는다. 지역통화는 '보완적' 통화이다. 경쟁을 촉발시키는 국가통화는 경쟁적 세계시장에서 여전히 어떤 구실을 할 것이다. 그러나 나는 보완적 지역통화가 협동적인 지역경제를 발전시키는 데 훨씬 더 적합한 것이라고 믿는다.

그러한 지역경제는 소멸의 위협이 없는 고용형태를 제공할 것인가?

그렇다. 예를 들어, 프랑스에서는 지금 300개의 지역교환 네트워크 ─ '그랭 드 셀', 즉 문자 그대로 '소금 알갱이'라고 불리는 ─ 가 있다. 이 시스템은 ─ 정확히 실업수준이 대략 12퍼센트에 달할 무렵에 생겨났는데 ─ 임대료 지불에서 유기농산물에 이르기까지 모든 교환에 이바지하고 있지만, 그밖에 다른 일도 한다. 프랑스 서남쪽 아리에주에서는 보름마다 큰 파티가 열린다. 사람들은 보통 장날처럼 치즈, 과일, 과자 따위를 사고 팔기 위해서뿐만 아니라 연관공에 관계된 일이나 이발을 하거나 영어공부를 하기 위하여 거기로 온다. 그리고 거기서는 지역통화만이 받아들여지고 있다!

지역통화는 일을 창조한다. 나는 일과 직업을 구별하고 싶다. 직업은 생계를 벌기 위해 하는 것이지만, 일은 우리가 좋아서 하는 것이다. 나는 직업은 갈수록 폐물이 될 것이라고 생각하지만, 우리가 할 수 있는 매력적인 일은 거의 무한하다.

예를 들어, 프랑스에서 사람들은 기타 교습을 제공하고, 독일어 교습을 요청한다. 그러나 어느 쪽도 프랑스 국가화폐인 프랑으로 지불하지 않는다. 지역통화의 매력적인 점은 사람들이 스스로의 돈을 창조할 때 그들이 '희소성'을 전제로 할 필요가 없다는 것이다. 그리고 그들은 자기 이웃사람과 거래를 하는 수단을 갖기 위하여 자기 지역 아닌 다른 곳에서 나온 통화를 확보할 필요가 없다.

에드가 칸의 '타임달러'는 고전적인 예가 된다. 두 사람 사이에 '타임달러'를 사용하기로 약속이 맺어지는 순간 그 과정에서 그들은 문자 그대로 필요한 '돈'을 창조한 것이다. 돈의 '희소성'이란 있을 수 없다. 물론 지역통화라고 해서 돈이 무한한 것은 아니다. 아무도 다른 누구에게 50만 시간(hours)을 줄 수는 없으니까. 그러니까 최고한도가 있다고 할 수 있다. 그렇지만 인위적으로 만들어진 '희소성'은 없다. 이 시스템은 사람들을 상호간 싸우게 하는 게 아니라 상호협력하도록 돕는 게 틀림없다.

그러니까 당신의 생각에는, '희소성'이 우리의 경제시스템의 지도원칙일 필요가 없다는 것이다. 그러나 제한된 자원의 세계에서 '희소성'이란 경제학에서 근원적인 개념이 아닌가?

이 문제에 대한 나의 분석은 칼 융의 저술에 기초하고 있다. 융의 저술은 집단적 심리에 대한 이론적 틀을 갖고 있는 유일한 저술이며, 돈은 본질적으로 하나의 집단적 심리현상이다.

융이 사용하는 핵심개념의 하나는 '원형(原型)'이다. 이것은 사람을 개인적으로 또는 집단적으로 어떤 특정한 방향으로 움직여 가게 하는 하나의 정서적 장(場)이라고 할 수 있다. 융에 의하면, 어떤 특정한 원형이 억압되면 그때마다 두가지 유형의 그림자가 나타나는데, 그것들은 양극적인 관계에 있다.

예를 들어, 나의 고등 자아 ─ 왕이나 여왕의 원형에 대응하는 ─ 가 억압받으면 나는 폭군이나 약골처럼 행동하게 된다는 것이다. 이들 두개의 그림자는 두려움이라는 감정에 의해 서로 연결되어 있다. 폭군이 폭군적으로 되는 것은 그가 약하게 보이는 것을 두려워하기 때문이다. 약골은 폭군적으로 되는 것을 두려워한다. 이들 두 그림자가 갖고 있는 두려움을 갖고 있지 아니한 사람만이 왕의 원형을 체현할 수가 있다.

이러한 틀을 가지고 잘 알려진 현상 ─ 즉, '위대한 어머니' 원형이 억압받게 된 문제를 한번 생각해보자. '위대한 어머니' 원형은 오늘날의 많은 전통적 문화에 있어서처럼 서양세계에 있어서도 선사시대의 여명기부터 굉장히 중요한 비중을 차지해왔다. 그러나 이 원형은 적어도 5천년 동안 서양에서는 폭력적으로 억압되어왔다. 인도-유럽어족의 침략에서 시작하여 유태-기독교의 반여신(反女神)적 견해로 강화되고, 3세기에 걸친 마녀사냥이 절정에 달하여 빅토리아 시대로 이어져온 것이다.

하나의 원형이 이와 같은 규모와 시간에 걸쳐 억압되어왔다면 그 그림자는 사회에 강력한 방식으로 나타나게 마련이다. 5천년 후 사람들은 그 그림자 행동을 '정상적인 것'으로 보게 되는 것이다.

내가 묻는 것은 단순한 물음이다. '위대한 어머니' 원형의 그림자는 무엇인가? 나는 그 그림자가 '희소성'에 대한 두려움과 탐욕이라고 생각한다. 빅토리아조 시대에 — '위대한 어머니'에 대한 억압이 절정에 달하였던 — 아담 스미스라는 이름을 가진 한 스코틀랜드인 교사(教師)가 자기 주변에서 엄청난 탐욕과 궁핍상태를 목격하고, 그것을 모든 '문명' 사회가 작용하는 방식이라고 생각한 것은 놀라운 일이 아니다. 알다시피 스미스는 근대경제학을 창시하였고, 근대경제학이란 희소한 자원을 개인적 탐욕의 메커니즘을 통해서 배분하는 방법이라고 정의내릴 수 있다.

만일, 탐욕과 '희소성'이 그 그림자라면, '위대한 어머니'라는 원형은 경제학적 견지에서는 어떤 모습으로 나타나는가?

우선 '여신(女神)'과 '위대한 어머니'를 구별해야 한다. '여신'은 '신성한 것'의 모든 국면을 대변하였다. 그리고 '위대한 어머니'는 행성 지구, 즉 다산성(多産性), 자연, 삶의 모든 국면에서의 풍요로움을 상징한다. '위대한 어머니'의 원형을 받아들인 사람은 우주의 풍요로움을 믿는다. 그러한 믿음이 결핍될 때 우리는 거액의 은행계좌를 원하는 것이다. 미래의 불확실성에 대비하여 물건을 잔뜩 쌓아두기 시작한 최초의 작자는 다른 모든 사람의 질투심과 욕구에 맞서서 자신의 재산을 지키지 않으면 안되었다. 만일 어떤 사회가 '희소성'을 두려워하면 거기서는 당연히 '희소성'에 대한 두려움속에서 살아갈 수밖에 없는 환경이 만들어질 것이다. 그러니까 여기서는 예언이 스스로를 실현시켜나가는 셈이다.

또한, 우리는 오랜 세월 동안 우리가 가치를 창조하기 위해서는 희소성을 만들어낼 필요가 있다는 믿음속에서 살아왔다. 그것이 일부의 물질적 영역에서는 타당한 것이라 하더라도, 우리는 그것이 결코 타당한 것이 될 수 없는 딴 영역에까지 확장시킨다. 예를 들어, 우리가 정보를 자유롭게 배분하지 못할 이유가 없다. 오늘날 정보의 한계비용은 실제로 거의 제로에 가깝다. 그럼에도 불구하고 우리는 정보라는 것을 희소한 것으로 유지하기 위하여 저작권이나 특허권 따위를 발명해내놓고 있다.

그러니까 희소성에 대한 두려움이 탐욕과 축적행위를 만들고, 또 그것이 실제로 두려운 희소성의 상태를 만들어낸다는 것이 당신의 얘기이다. 그 반면에 '위대한 어머니'를 육화하고 있는 문화는 전부 풍요로움과 너그러움에 토대를 두고 있다. 바로 그것은 당신이 생각하는 공동체의 개념에 함축되어 있는 아이디어가 아닌가?

실은 그것은 내가 생각해낸 것이 아니라 이미 공동체라는 말의 본래 뜻에 들어있다. 공동체(community)라는 단어의 기원은 '선물'을 뜻하는 라틴어 뮤누스(munus)라는 낱말과 '함께', '더불어'라는 뜻을 가진 라틴어 쿰(cum)이라는 낱말의 결합에서 나온 것이다. 그러니까 공동체라는 낱말은 문자 그대로 서로서로에게 무엇인가를 준다는 뜻이다.

그러므로 공동체라는 것은 우리가 서로서로의 선물을 감사하게 주고받고, 또 누구든 당연히 선물을 받기를 기대할 수 있는 인간집단이라고 정의내릴 수 있다.

지역통화는 선물교환을 용이하게 할 수 있겠다.

내가 알고 있는 지역통화들은 대부분 실업문제를 해결하기 위한 목적으로 출발하였지만, 그러나 점차로 많은 그룹에서 공동체를 창조하려는 구체적인 목표를 가지고 지역통화를 시작하고 있다.

예를 들어, 내가 골짜기에 사는 내 이웃사람에게 "내가 보니 당신 집에 배나무가 많군요. 그 과일을 좀 얻을 수 있을까요?"라고 말하면 어딘가 좀 우습게 느껴질 것이다. 나는 보답으로 무엇인가를 제공할 필요가 있다고 느낄 것이다. 그러나 내가 달러를 사용하려 한다면 차라리 내가 슈퍼마켓으로 가는 게 나을 것이다. 만일 내가 지역통화를 가지고 있다면 교환수단이 결핍되어 있지 않고, 따라서 과일을 산다는 행위는 내 이웃과의 상호관계를 위한 구실이 되는 것이다.

메리랜드의 타코마 파크에서 올라프 에지버그는 자신의 지역공동체 안에서 이런 종류의 교환을 용이하게 하기 위하여 지역통화시스템을 시작하였다. 거기에 참여하고 있는 사람들은 바로 그러한 교환관계와 사귐이야말로 정확히 그들이 경험하고 있는 것이라는 데 의견을 같이하고 있다.

지역통화가 식품이나 주거와 같은 기본욕구를 충족시키는 수단도 될 수 있는지, 아니면 이런 부분은 경쟁적 경제의 일부로 남아있을 것인지 하는 것에 대해서 어떻게 생각하는가?

텃밭을 가꾸는 일을 좋아하지만, 경쟁사회에서 그 텃밭일로부터 생계를 벌 수 없는 사람들이 꽤 많이 있다. 텃밭일을 하는 사람이 실업자이고, 나도 실업자라면, 이른바 정상적 경제에서는 우리는 굶주릴 수밖에 없다. 그러나 보완적 통화가 통용되는 상황에서는, 나는 제3자에게 어떤 서비스를 제공한 대가로 얻은 지역통화를 가지고 텃밭일을 하는 사람에게 그가 기른 샐러드의 값을 지불할 수 있다.

이사카에서는 '아워'(뉴욕주 이사카 지역의 지역통화 – 역주)가 농민시장에서 통용되고 있다. 농민들은 수확일이나 어떤 수리일을 하는 데 누군가를 고용할때 지역통화를 사용하는 것이 가능하다. 일부 집주인들은 임대료로 '아워'를 기꺼이 받는다.

지역통화를 사용하다 보면 무엇이 지역적이며, 무엇이 지역의 경계를 넘는 것인지 금방 분명해진다. K마트는 달러만을 받는다. K마트의 물품공급자들은 홍콩이나 싱가포르 또는 캔자스시티에 살고 있는 사람들이다. 그러나 이사카의 지역 슈퍼마켓은 달러뿐만 아니라 '아워'도 받는다. 사람들은 지역통화를 사용함으로써 지속가능한 지역경제를 창조하는 데 기여하게 된다.

지역통화는 또한 세계경제의 부침으로부터 공동체를 보호하는 완충장치가 되기도 한다. 당신은 그동안 세계금융체제의 설계를 돕고, 그 체제를 감시하는 일에 종사해왔다. 당신은 어째서 지역공동체들이 세계경제로부터 절연되어야 한다고 생각하는가?

무엇보다도, 오늘날의 공식적 통화제도는 실질경제와 거의 아무런 관계가 없다. 한가지 사실을 말한다면, 1995년의 통계는 세계수준으로 교환되고 있는 통화량이 하루에 1조3천억달러가 된다고 한다. 이것은 선진공업국들(OECD) 전부의 일일 국내총생산(GDP)보다 30배가 더 되는 돈이다. 미국의 연간 GDP가 사흘마다 시장에 들어오고 있는 셈이라고 할 수 있다!

그 막대한 통화량 중에서 오직 2 내지 3퍼센트만이 실물무역이나 투자에 관계하고 있다. 그 나머지는 세계적 규모의 투기적 사이버-카지노 경제를 형성하고 있다. 그러니까 오늘날 실질경제는 투기경제라는 케이크를 장식하는 프로스팅에 불과하다고 할 수 있는데, 이것은 20년 전의 상황과 정확히 정반대이다.

그것이 함축하는 것은 무엇인가? 국경을 가로지르는 거래를 하지 않는 우리들에게 그것은 무슨 의미를 갖는가?

첫째로, 그것은 권력이 정부로부터 금융시장으로 옮겨가고 있음을 뜻한다. 어떤 정부가 시장의 입맛대로 행동하지 않을 때 - 예컨대 91년의 영국, 94년의 프랑스, 또는 95년의 멕시코처럼 - 아무도 그냥 가만히 앉아서 "그렇게 해서는 안돼"라고 말하지 않는다. 그 나라의 통화에 금방 금융위기가 발생하고 마는 것이다. 그러니까 기껏해야 몇백명의 사람들이 - 누군가에 의하여 선출된 바도 없고, 어떤 종류든 집단적 책임도 지지 않는 - 예컨대 우리의 연금기금의 가치를 결정해버리는 것이다.

당신은 이 시스템의 붕괴 가능성에 관해 발언해왔는데?

그렇다. 나는 앞으로 5년 내지 10년에 걸쳐 그것이 50 대 50의 붕괴 가능성을 가지고 있다고 본다. 많은 사람들은 그 가능성이 100퍼센트이며, 그것도 더욱 단기간내에 발생할 것으로 보고 있다. 조지 소로스는 내가 그랬던 것처럼 통화에 대한 투기를 삶의 일부로 삼아온 사람이지만, 이렇게 말하고 있다. "불안정성이 누적되고 있고, 그 결과로 거침없이 떠돌아다니는 교환체제가 마침내 붕괴할 것은 거의 틀림없다."

《하버드 비지니스 리뷰》의 전(前) 편집자 조엘 커츠먼은 자신의 최신 저서의 제목을 '화폐의 종말'이라고 붙이고, 광란적 투기로 인한 임박한 붕괴를 예견하고 있다.

이런 일이 어떻게 일어날 수 있었는지 생각해보자. 모든 선진공업국들

(OECD)의 중앙은행들이 보유하고 있는 달러를 합치면 대략 640억달러가된다. 그러니까 위기상황에서, 만일 그 모든 중앙은행들이 협력하기로(그들이 그렇게 하는 법은 없지만) 하고, 그들이 보유하고 있는 달러를 전부 사용하기로 합의한다 하더라도(이런 일도 결코 일어나지 않지만), 그들이 통제할 수 있는 기금은 정상적인 일일 거래량의 절반에 지나지 않는다. 위기가 닥치면 그 통화량은 쉽사리 두배 내지 세배가 될 수 있고 그렇게 되면 선진국 중앙은행의 보유고 전부는 두세시간밖에 지속할 수 없을 것이다.

그러면 그 결과는 어떻게 되는가?

그런 일이 일어나면 우리는 급작스럽게 달라진 세계에 있게 될 것이다. 1929년에는 증권시장이 붕괴했지만 금본위제도는 살아있었다. 즉, 통화제도가 살아있었다. 그러나 지금 우리가 직면하고 있는 것은 좀더 근원적인 어떤 것이다. 내가 알고 있는 유일한 선례는 로마제국의 붕괴이다. 로마제국의 붕괴는 로마의 통화의 종말을 의미하였다. 물론 로마의 붕괴는 한세기 반에 걸쳐 이루어졌다. 그러나 지금은 단 몇시간이면 충분할 것이다.

그러니까 지역통화는 그러한 국제적 통화제도의 붕괴에서도 공동체가 살아남을 수 있도록 어떤 보호막을 제공해줄 수 있는 게 아닌가? 당신은 지역통화가 지속가능한 삶을 장려하는 데 도움이 된다고 말하였다. 그 연관성은 무엇인가?

그것을 이해하기 위하여 우리는 이자율의 문제를 조금 생각해볼 필요가 있다.

만일 사람들에게 "당신은 지금 100달러를 원하는가, 아니면 앞으로 일년 후 100달러를 원하는가" 하고 물으면 대부분은 지금 그 돈을 원할 것이다. 왜냐하면 우리는 그 돈을 은행에 안전하게 저축해놓으면 일년 후 110달러를 찾을 수 있기 때문이다. 이것을 다르게 말해보자. 만일 내가 당신에게 일년 후에 100달러를 제공하려고 한다면, 그것은 지금 내가 당신에게 90달러를 제공하는 것과 거의 같은 금액이 된다. 이렇게 미래를 할

인하는 것이 '할인된 현금 흐름'이라는 것이다.

이것이 뜻하는 것은 우리가 가진 현대의 시스템 밑에서는 숲을 베어버리고, 돈을 은행에 넣어두는 것이 합리적인 행동이 된다는 것이다. 은행에 넣어둔 돈은 나무보다도 더 빨리 자라는 것이다. 이런 시스템에서는, 방한(防寒)을 제대로 고려하지 않고 건물을 짓는 것이 돈을 '절약'하는 일이 된다. 왜냐하면 그 집의 수명이 다할 때까지 드는 여분의 에너지비용 ― 할인된 비용 ― 은 방한처리에 드는 비용보다 저렴하기 때문이다.

그러나 우리는 이와 반대되는 통화시스템을 설계할 수 있다. '할증료'라고 할 수 있는 것을 통해서 장기적인 고려가 가능한 시스템을 실제로 만드는 것이 가능한 것이다. 할증료(demurrage charge)는 한세기 전쯤에 실비오 게젤(독일의 화폐이론가 ― 역주)에 의해서 개발된 개념이다. 그의 생각으로는 돈이란 하나의 공공재 ― 전화나 버스교통과 같은 ― 이며, 따라서 우리는 돈을 사용할 때 소액의 수수료를 물어야 하는 것이 마땅하다는 것이었다. 다시 말하여, 플러스의 이자율이 아니라 마이너스의 이자율을 만들어야 한다는 것이다.

그러면 어떻게 되는가? 내가 만일 당신에게 100달러 지폐를 주면서, 그 돈의 효력을 유지하게 하기 위하여 지금부터 한달 후 당신이 1달러를 지불해야 한다고 말한다면, 당신은 어떻게 하겠는가?

그러면 나는 그 돈을 어딘가 다른 곳에 투자하려고 할 것이다.

바로 핵심을 맞추었다. "돈은 퇴비 같은 것이어서, 뿌려주어야 쓸모있다"라는 표현이 있지 않은가. 게젤이 구상한 시스템에서는, 사람들은 돈을 오로지 교환수단으로 사용할 뿐이지 가치를 증식시키는 비축물로 사용하지 않을 것이다. 그렇게 되면 돈은 순환을 자극함으로써 일을 창조해낼 것이다. 그것은 단기적인 인센티브 시스템을 역전시킬 것이다. 그리하여 사람들은 은행에 돈을 넣어두기 위하여 숲을 베어내는 대신에 자신들이 가진 돈을 살아있는 숲에 투자하거나 집의 방한시설에 투자하려고 할 것이다.

이러한 시스템이 일찍이 시도된 적이 있는가?

내가 알기로는 오직 세번 있었다. 고대 이집트, 유럽 중세기 동안의 약 3세기, 그리고 1930년대의 몇년간에 그런 시스템이 행해졌다.

고대 이집트에서는 사람들이 곡물을 창고에 쌓아둘 때에 그들은 증표를 하나씩 받곤 하였는데, 그 증표는 교환 가능한 일종의 화폐가 되었다. 그런데 일년 후 그런 증표 열개를 가지고 다시 돌아오면 그 사람은 아홉 개의 증표에 해당하는 곡물을 얻을 수 있을 뿐이었다. 왜냐하면 일년 동안 창고에 저장되어 있는 동안 쥐들이 갉아먹거나 부패하거나 하여 원래의 곡물량은 줄어들어 있고, 또 창고시설을 지키는 창고지기들에게 급료를 지불해야 했기 때문이다. 그러니까 그 공제된 액수는 '할증료'에 해당되었다.

이집트는 고대 세계에서 곡창이었다. 그것은 나일강의 선물이었다. 그렇게 된 것은 돈 그 자체에 가치를 둔 것이 아니라 모든 사람이 생산적 자산에 ─ 예컨대 토지개량이나 관개시스템과 같은 영구히 지속가능한 ─ 투자를 하였기 때문이다.

통화시스템이 이러한 부(富)와 관계가 있다는 것을 말해주는 증거는 로마인들이 로마식 통화시스템 ─ 즉, 플러스의 이자율을 수반하는 ─ 으로써 이집트인들의 '곡물기준' 통화를 대체하자마자 이 모든 것이 급작스레 종식되었다는 사실이다. 그후, 이집트는 더이상 곡창이 아니었고, 오늘날 '개발도상국'의 하나로 되어버렸다.

중세 유럽 ─ 10세기에서 13세기 동안의 ─ 에서 지역통화는 지역 영주들에 의해 발행되었다. 그리고 그 통화들은 세금징수 과정에 정기적으로 회수되고 재발행되었다. 이러한 과정은 돈을 축적한다는 것을 별 의미가 없게 만드는 일종의 '할증'이었다. 그 결과는 문화적 개화(開花)와 광범위한 복지였다. 이것은 정확히 이러한 지역통화들이 사용되던 시기와 일치하였다.

실제로 모든 대성당은 이 시기에 세워졌다. 작은 소도시 하나가 대성당을 세우는 데 얼마나 큰 투자가 필요한가를 생각해본다면 이것은 굉장한 일이었다.

대성당을 짓는 데는 여러 세대가 걸리기 때문에?

그뿐만은 아니다. 상징적이고 종교적인 역할을 떠나서 — 그것을 내가 과소평가하는 것은 아니지만 — 우리는 대성당이 매우 중요한 경제적 기능을 했다는 사실을 기억해야 한다. 대성당이 있는 곳에는 순례자들이 찾아들었다. 순례자들은 비지니스의 견지에서 볼 때 오늘날의 관광객과 비슷한 역할을 하였다고 할 수 있다. 이러한 대성당은 영구적으로 존속하도록 지어졌고, 따라서 그 공동체로서는 장기적으로 현금이 들어온다는 것을 의미하였다. 이것은 13세기에 걸쳐 당신과 당신의 후손들을 위해 부를 창조하는 방법이었다! 그 증거는 그것이 오늘날에도 기능하고 있다는 사실이다. 예를 들어, 샤르뜨르에서는 그 도시의 중심적 사업이 완공된 지 800년이 지난 대성당을 보러오는 관광객들에 관련되어 있는 것이다.

14세기에 와서 화약기술의 도입으로 왕들이 권력을 중앙집중화할 수 있게 되었을 때, 그 왕들이 가장 먼저 했던 것은 통화시스템의 독점이었다. 그래서 어떻게 되었는가? 더이상 대성당이 세워지지 않았다. 사람들은 14세기나 15세기에도 여전히 경건한 기독교도들이었지만, 장기간에 걸친 집단적 투자에 필요한 경제적 인센티브가 사라져버렸던 것이다.

나는 대성당을 단지 하나의 예로서 들었을 뿐이다. 12세기의 영지에 관한 기록들을 보면 방앗간이나 그밖의 생산적인 자산들은 낡아버리기 전에 부품들이 대체되는 등 비상히 높은 질적 수준으로 보존되고 있었음을 알 수 있다. 최근의 연구들은 유럽에 있어서 평범한 노동자가 누렸던 삶의 질은 12세기에서 13세기 동안에 가장 — 아마도 오늘날보다도 더 — 높았다는 사실을 보여준다. 사람은 돈의 형태로 저축을 할 수 없을 때 장래에 가치를 생산해낼 어떤 것에 투자를 한다. 그래서 이런 형태의 돈이 비상한 활기를 창조해냈던것이다.

그렇지만 그 시기는 유럽에서 기독교가 절대적인 시기였고, 따라서 '위대한 어머니' 원형이 여전히 억압받고 있었다고 생각할 수 있는 시기가 아닌가?

그런데 실제로는, 굉장히 흥미로운 종교적 상징이 이 시기에 널리 퍼져 있었다. 유명한 '검은 마돈나'의 상징 말이다. 이러한 상(像)이 10세기에서 13세기 동안 수백개나 있었다. 그것들은 실제로 이시스(Isis, 고대 이집트의 풍요의 여신)가 무릎 위에 자신의 아이 호루스(Horus, 고대 이집트의 태양신)를 앉히고 있는 조상(彫像)들인데, 이것은 제1차 십자군 원정기에 이집트로부터 바로 수입되어온 것이다. 여신 이시스가 앉아있는 수직의 의자는 '카세드라'(여기서 카세드랄[성당]이라는 낱말이 유래한다)라고 일컬어졌는데 흥미롭게도 이 의자는 고대 이집트에서 이시스를 나타내는 바로 그 상징이었다. 중세 유럽에서 '검은 마돈나' 상(像)들은 또한 '알마마터' ('인자한 어머니'라는 뜻으로 미국에서는 아직도 모교를 가리킬 때 이 표현을 사용한다)라고 말해졌다.

'검은 마돈나'는 고대 세계에 있어서의 '위대한 어머니'가 직접적으로 계승된 것이다. 그것은 탄생과 다산성(多産性), 땅의 풍요로움을 상징하였다. 그것은 가부장중심 사회가 정신과 물질을 분리하기 이전에 물질속에 육화되어 있는 정신을 상징하였다. 그러니까 우리는 여기서, 자연발생적으로 할증료라는 개념에 기초한 통화시스템을 창조하여 일반 민중을 위하여 비상한 수준의 풍요를 창조해주었던 두개의 문명 ─ 고대 이집트와 10~13세기 동안의 유럽 ─ 이 '원형'에 있어서 직접적으로 연결되고 있음을 보는 것이다. 그 두 문명에 있어서의 통화시스템은 '위대한 어머니' 원형을 섬기는 일과 정확히 대응하고 있다.

정말 흥미로운 얘기다. 당신이 보기에 이러한 '위대한 어머니' 원형 ─ 즉 풍요와 너그러움의 원형 ─ 을 오늘날의 우리의 경제시스템속으로 가져오는 데 지역통화가 어떤 잠재적인 힘을 가지고 있는가?

내가 믿기에, 오늘날 인류가 직면한 가장 큰 문제는 지속가능성과 불평등의 문제, 그리고 공동체의 붕괴이다. 이런 문제로 인하여 폭력과 전쟁을 일으키는 긴장이 발생하는 것이다. 우리는 이 문제들을 같은 도구, 즉 공동체와 지속가능성을 고양시켜주는 통화시스템을 의도적으로 창조함으로써 극복할 수 있다.

지난 몇십년 동안 여성적 원형이 다시 깨어나는 것을 우리가 보아왔다는 것은 의미심장한 일일 것이다. 이것은 여성운동이나 극적으로 증가해온 생태학적 인식, 또는 정신과 물질의 재통합을 시도하는 새로운 인식론에서뿐만 아니라 위계적 관계를 네트워크(예컨대 인터넷 같은)로써 대체할 수 있게 하는 새로운 기술에서도 반영되고 있다.

이러한 추세에 덧붙여서, 인간 역사에 있어서 최초로 미증유의 풍요를 창조할 수 있는 생산기술이 우리에게 주어져 있다. 이 모든 것의 수렴으로 풍요의 기술이라는 하드웨어와 '원형'의 전이라는 소프트웨어가 결합될 수 있는 놀랄 만한 결과가 가능할지 모른다.

일찍이 그러한 결합의 가능성이 이만한 규모 또는 이만한 속도로 주어진 적이 없었다. 지금은 우리가 돈에 종속되는 것이 아니라 돈이 우리에게 종속되도록 하기 위한 새로운 설계를 의식적으로 할 수 있게 되었다.

나는 우리가 지역적 수준과 세계적 수준에서 지속가능성과 공동체의 회복을 성취할 수 있게 하는 통화시스템의 개발을 선택하자고 제안하고 싶다. 이러한 목표는 한세대 안에 우리가 충분히 해낼 수 있다. 우리가 그것을 실현시키는가 못하는가 하는 것은 우리의 돈을 의식적으로 다시 창조해내는 데 서로서로 협력할 수 있는 우리의 능력에 달려있을 것이다.

(통권 제40호, 1998년 5-6월호)

희망의 도시, 꾸리찌바

박용남

1. 머리에

희망의 도시! 로마클럽의 유명한 보고서 《성장의 한계》의 공동집필자 중의 한사람이었던 도넬라 메도우즈가 브라질 파라나주의 주도 꾸리찌바 시를 두고 명명한 이름이다. 이 도시는 1992년 리우 정상회의 때 세계 민간단체의 글로벌 포럼이 개최되기도 한 곳으로 대도시의 경우에도 '환경적으로 건전하고 지속가능한 개발'이 가능하다는 것을 보여주는 아주 좋은 사례이다.

여기에서 말하는 지속가능한 개발이란 브룬트란트가 '환경과 개발에 관한 세계위원회'에 제출한 보고서 《우리 공동의 미래》에서 제시한 정의, 즉 미래 우리 후손의 욕구를 충족시킬 수 있는 능력과 여건을 저해하지 않으면서 현세대의 욕구를 충족시키는 개발을 의미한다. 학자들간에도 완전한 합의가 이루어지지 않았지만, 이 정의에는 3가지 개념, 즉 환경가치, 미래지향성, 형평성이라는 개념이 공통으로 내포되어 있다. 바꾸어 말하면, '지속가능한 개발'에서는 자연환경을 경제적 자원으로서뿐만 아니라

박용남 ─ 지속가능도시연구센터 소장. 《꿈의 도시, 꾸리찌바》(녹색평론사, 2000년)의 저자.

'삶의 질'을 향상시키는 데 필요한 환경의 질로서 그 가치를 평가해야 하고, 5~10년의 단기적 영향뿐만 아니라 장기적인 영향도 고려한 사전 예방적인 조치의 필요성과 나아가 세대내의 형평과 세대간의 형평의 중요성을 강조하고 있다.

이러한 지속가능한 개발을 추진해온 꾸리찌바시는 오늘날 세계속에서 모범적인 환경자치체로 우뚝 서있다. 전(前) 토론토 시장, 아서 엑레스턴이 미국의 시사월간지 《세계와 나》 최신호와 가진 인터뷰에서 "캐나다의 토론토에서 실시중인 도시계획은 모두 꾸리찌바에서 배워온 것"이라고 밝힌 바와 같이 서양 사람들에게도 '꿈의 미래도시'로 알려져 있는 곳이다. 최근 그 명성을 국제적으로 공인받아 90년에는 '국제에너지보존기구(IICE)' 최고상을 수상했고, '유엔환경계획(UNEP)'으로부터도 '우수 환경과 재생상' 등을 수상하기도 했으며, 91년에는 미국의 〈타임〉에 의해 '지구에서 환경적으로 가장 올바르게 사는 도시'로 선정되기도 했다.

'꿈의 미래도시', 즉 '희망의 도시'로 알려진 이 도시가 우리들에게 주는 교훈은 꾸리찌바시의 전 시장이었던 자이메 레르네르(Jaime Lerner)의 다음과 같은 지적에 명료하게 나타나 있다. "보다 나은 도시에 대한 꿈은 언제나 그 주민들의 머릿속에 있습니다. 우리 시는 낙원이 아닙니다. 우리도 다른 도시들이 갖고 있는 문제들을 대부분 갖고 있습니다. 내일의 시민인 아이들과 그 아이들이 살아갈 환경을 다루는 일보다 더 깊은 연대감을 느낄 수 있는 것은 없기 때문이지요."

이와 같은 꿈을 우리나라 도시에서 구현할 수 있는 길은 없는가? 그 해답을 찾기 위해서는 우선 꾸리찌바의 과거와 현재, 다양하고 창조적인 실험을 통해 꾸준히 추진해왔던 개발경험 등을 살펴본 후 우리 실정에 맞는 '꿈의 미래도시' 청사진을 새롭게 만들어야 한다. 이는 우리들이 "범세계적으로 생각하고, 지방적으로 행동하라", 즉 "생태적으로 생각하고, 생태적으로 행동하라"는 지구환경 위기 시대의 행동원리를 실천해나가는 데 필요한 작업일 것이다.

2. 꾸리찌바의 과거와 현재

리우데자네이루의 남서쪽 약 650킬로미터의 대서양 연안에 위치한 꾸리찌바시는 혁신적인 도시계획과 환경보호정책 때문에 오늘날 세계속에서 지속가능한 도시의 대명사로 불리고 있고, 동시에 유엔 등 국제기구는 물론 많은 전문가들에게도 높은 평판과 갈채를 받고 있다.

이 도시는 제2차 세계대전 후, 주요 도로 및 철도와 연계된 입지적 우위 때문에 신경제활동을 위한 서비스산업의 중심지였다. 특히 1970년대에 꾸리찌바의 인구성장과 면적의 확대는 주로 파라나주의 농업기계화와 수출작물의 개발 때문이었다. 이곳은 핵심 산업·상업지역이자 파라나구아 항구를 통한 농업재화의 가공 및 수출 중심지였던 것이다. 그래서 꾸리찌바는 1950년에서 1990년까지 인구 30만명의 소도시에서 2백30만명의 대도시로 급성장할 수 있었다.

그러나 꾸리찌바는 1950년대에 이미 급속한 인구증가와 도시환경 문제로 고통받는 다른 제3세계 도시와 흡사한 상태에 놓여 있었다. 예를 들면, 농업기계화로 쫓겨난 이주민들은 도시로 몰려들었고, 도시 주변부의 무허가정착지 주택에 거처를 정하였다. 강과 하천은 자연적인 배수로에 대한 고려없이 인공수로로 전환되어 도심에 빈번히 홍수를 가져오고 있었다. 그리고 브라질리아를 제외하고는 1인당 가장 높은 자동차 보유율과 자동차 대수(50만대)를 갖고 있었다. 또한 1964년에서 1979년까지 군사독재 동안의 정책들은 국가적인 대규모 하부구조 프로젝트를 선호하는 해외자본의 영향을 받았고, 그로 인해 도시지역에 투자가 상당히 증가하였다. 그 결과로 대부분의 도시들은 고속도로를 건설했고, 자가용 통행을 위해 육교가 건설되면서 자가용 이용이 계속 조장되는 상황이었다. 물론 꾸리찌바도 1960년대 초반까지는 이러한 상황이 지속되었고, 도심의 역사지구까지 훼손될 위기에 직면하게 되었던 것이다.

이러한 계획된 파괴는 이에 대항하였던 한 학생 지도자, 자이메 레르네르의 출현으로 1962년부터 상황이 역전되기 시작하였다. 지난 25년 이상 꾸리찌바의 성공을 이끌어왔던 그는 임명제 시장과 민선 시장을 3회

(1970~1974, 1979~1983, 1989~1992)나 역임한 꾸리찌바시의 산 증인이자 연출자이기도 하다. 한 도시를 보존하여 가장 아름답고 살기에 적당한 장소로 만들기 위해 오랜 세월을 봉사했던 그의 헌신적이고 창조적인 노력으로, 꾸리찌바시는 제3세계 도시이기는 하지만 보전 및 시민정신이 도시환경을 개선할 수 있다는 것을 보여주었다. 그렇다고 오늘날 국제사회에서 높이 평가되고 있는 꾸리찌바의 이러한 변화가 스스로 변혁가 ─ 친구들 역시 '사회의식을 가진 월트 디즈니'라고 평하기도 했던 ─ 라고 말하는 레르네르 시장 개인의 노력만으로 이루어진 것은 결코 아니다. 여기에는 관료제에 물든 기존의 관행을 과감히 벗어던지고 언제나 시민과 함께하려는 공직자들과 시민들의 능동적인 참여가 동반되었던 것이다.

특히 꾸리찌바시 공무원들은 정태적인 마스터플랜이 동태적인 도시문제의 본질을 적절하게 다루지 못할 것이라는 사실을 이해하고, 지방 수준에서 실현될 수 있고 변화하는 조건속에서 적용될 수 있는, 단순하고, 유연하며, 비용을 감당할 수 있는 해결책의 개발에 초점을 맞추었다. 게다가 정부 역시 강력히 대중참여를 촉진시켰다. 공무원들은 문제를 스스로 확인하고, 주민들과 대화하고, 주요 이슈에 대해 주민들과 부단히 토론하였으며, 이를 토대로 도시를 전반적으로 개조해나갔다. 이러한 일련의 과정은 기존제도의 관행으로서는 좀처럼 발견되지 않는 통찰력을 제공했다. 이렇듯 일관된 시 행정의 계도 아래 꾸리찌바는 통합적 교통망을 토대로 탈혼잡과 환경보전을 조장하는 도시계획을 창조했고 집행해나갔던 것이다. 아래에서 이를 좀더 구체적으로 보기로 한다.

3. 교통과 토지이용계획의 통합

1994년 10월, 영국의 '환경오염에 관한 왕립위원회'는 "모든 정부 수준에서 효과적인 교통정책이 토지이용정책에 통합되고, 교통수요를 최소화하는 데 우선순위를 두며, 환경적으로 손상이 작은 교통수단에 의한 통행 비율을 증대"시키는 것을 교통 및 환경목표의 최상위에 둘 것을 권고하고 있다. 이러한 목표를 달성키 위해 20여년 전부터 선진국이 아닌 개발도상국의 도시 꾸리찌바가 노력해왔다는 것은 놀라운 일이 아닐 수 없다.

1964년에 꾸리찌바 시정부는 '예비도시계획'의 수립을 위탁했고, 이후에는 브라질 자문기업 콘소시엄에 의해 발전된 '꾸리찌바 마스터플랜'이 만들어졌으며, 그것을 집행하기 위해 '꾸리찌바 기획연구소'가 1965년에 설립되었다. 이 기구가 추구했던 주요 목표는 방사형의 도시성장 추세를 도로망, 교통과 토지이용에 통합하여 선형으로 변화시키고, 중심지역의 탈혼잡과 역사적 중심지의 보존, 인구통제 및 관리, 도시개발에의 경제적 지원, 그리고 하부구조 개선 등 여러가지였다. 그렇지만 이 계획은 레르네르 시장이 취임한 1971년까지 적극적으로 실행되지 못했다.

1970년대에 시는 교통망을 재조사했고, 선형적인 성장에 중점을 두어 잘 계획된 도시설계를 지탱하도록 광대한 통합버스체계를 창출했다. 기존의 교통회랑(回廊)을 따라 성장하도록 조장하는 용도구역법과의 연계가 광대한 대중교통의 이용과 자가용의 최소 이용을 유도해 교통혼잡 및 자동차 오염의 감소와 같은 환경적 편익을 가져왔다. 그리고 꾸리찌바의 계획가 및 행정가들은 정확한 전망과 함께 기술적으로 적합하고 환경적으로도 건전한 도시계획을 설계할 수 있었다.

기본적인 도시설계 구조는 교외와 도심 사이에 선형으로 2개의 '구조적 축'을 확립해가면서 관련된 하부구조를 배치하도록 되어 있었다. 그후 선형회랑 또는 축의 수는 5개로 성장했고, 각 축은 중심도로 주변에 건설되었으며, 급행버스와 국지교통, 그리고 도시 안팎으로 이동하는 고속자동차의 교통 흐름을 위한 전용차선을 가지게 되었다. '꾸리찌바 통합교통망'은 점차로 이를 따라 집행되었는데, 버스노선 길이가 지금은 514킬로미터나 된다.

이상의 버스노선에 3가지 색깔로 구분된 버스가 운행되었다. 즉, 적색 급행버스는 5개의 축을 따라 운행하고, 노란색 재래식 지선(완행)버스는 중심도시 외부지역을 통해 순환하며, 녹색 지구간 버스는 주변 근린지구를 연결하는 동심원노선을 운행한다. 시민들이 지선버스에서 내려 급행버스에 환승할 수 있는 소형 및 중형 버스터미널은 각 급행노선을 따라 대

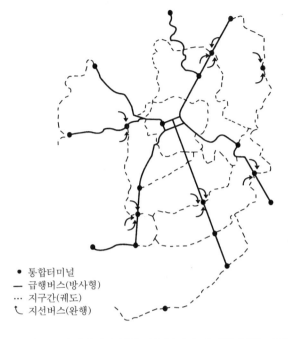

● 통합터미널
━ 급행버스(방사형)
··· 지구간(궤도)
⤷ 지선버스(완행)

그림 – 꾸리찌바시의 통합교통망 (자료-유엔환경계획, 1996년)

략 1.4~2킬로미터마다 위치해 있고, 그곳에는 신문가판대, 공중전화, 우체국과 소규모 상업시설을 설치했다. 반면에 대형 버스터미널은 시민들이 지구간 연결버스 또는 지선버스를 갈아탈 수 있게 5개의 급행버스전용도로의 끝에 위치시켰다. 1회 통행료로 시민들은 중형 또는 대형 버스터미널에서 모든 형태의 버스에 환승할 수 있는데, 이 요금은 브라질에서 가장 낮은 도시교통요금 수준으로 불과 20 내지 25센트(미화)에 지나지 않는다.

　이밖에 주목되는 가장 최근의 혁신 가운데 하나는 소수의 정류장에 직통고속버스를 운행하는 '경궤도'의 도입인데, 그것은 1991년에 시작되었다. 이를 능률적으로 운용하기 위하여 교통신호등은 버스를 최우선 순위에 두고 있다. 또한 승차 및 하차시간을 줄이기 위해 특별히 설계된 튜브모양의 정류장에는 버스 발판과 동일한 높이의 플랫폼을 갖고 있다. 이

시스템을 지탱해주는 것은 이제까지와는 전혀 다른 버스로, 승객의 신속한 출입을 위한 5개의 옆문과 함께 270명의 승객을 태울 수 있는 33대의 '굴절버스'였다. 이러한 고급 대중교통 서비스는 시간당 2배나 많은 승객들을 실어날랐고, 버스요금을 받는 승무원을 없앴으며, 승객들을 위한 공간도 훨씬 많게 하는 등의 엄청난 효과를 거둔 것으로 평가된다.

'꾸리찌바 통합교통망'은 1963년에 시청에 의해 설립된 URBS라는 공공기관에 의해 관리되고 있다. 그렇지만 실제로 버스운행의 책임은 특별 노선에 대해 허가를 받은, 그리고 시의 규칙을 지키는 민간회사가 맡고 있다. 개인과 기관을 포함해 무수히 많은 행위주체들이 이러한 통합교통망의 기획 및 집행과정에 참여하였다. 주요 참여자들은 시장과 민간계약자, 시·주·연방기관이었다. 비록 언론 자체가 검열하에 있고, 주민참여가 군사정권 동안 국가 전역에서 아주 미미했다 할지라도 꾸리찌바시의 시민참여는 1979년 이후 지금까지 계속 증가해왔다.

이러한 노력의 결과로서, 꾸리찌바는 재래식 지하철이나 경전철 시스템보다 더 저렴하고, 덜 파괴적인 대중교통체계를 구축하였고, 고도로 에너지효율적이고 환경적으로도 건전한 도시가 되었다. 교통체계는 매일 1백30만명 이상의 승객이 이용했는데, 그것은 다른 브라질 도시보다 월등히 높은 전체 주민의 약 75퍼센트에 해당하는 규모 — 리우데자네이루 주민의 57퍼센트, 사웅파울로 주민의 45퍼센트 등과 대조적인 수준임 — 이다. 직통 노선버스 이용자들의 거의 30퍼센트는 이전에 그들의 자가용으로 통행하던 사람들이었다. 브라질에서 1인당 자동차 보유율이 두번째로 높았음에도 불구하고 꾸리찌바의 1인당 가솔린 소비는 비슷한 크기의 8개 도시 평균 소비량에 비해 30퍼센트가 낮아 시 전체로 볼 때 연료소비의 25퍼센트까지 절약할 수 있었으며, 그로 인해 자동차 배기량을 상당히 감소시켰고, 대기오염 수준 역시 브라질에서 가장 낮을 만큼 괄목할만한 성과를 거두었다. 또한 브라질에서 자동차당 사고율이 가장 낮은 도시가 되었고, 통근자들은 평균적으로 교통부문에 소득의 약 10퍼센트(브라질에서 상대적으로 낮은 비율)만을 지출하게 되어 교통비용을 절약하는 데도 크게 기여하였다. 한마디로 꾸리찌바 시민들은 더 푸르고, 더 깨끗한 도시, 그리고 교통혼잡이 적고 더 나은 생활의 질을 향유할 수 있게 된 것이다.

4. 지속가능한 도시의 모델

꾸리찌바가 우리에게 주는 교훈은 교통과 토지이용계획의 통합에만 국한된 것은 아니다. 이를 토대로 지속가능한 도시계획을 다양하게 실천했다는 점 또한 우리들이 유념해보아야 할 대목이기도 하다.

즉, 꾸리찌바시에서는 용도구역법을 통해 앞에서 언급한 교통회랑을 따라 고밀도의 상업지 개발을 조장한 반면, 회랑으로부터 멀리 떨어진 토지는 저밀도로 구역을 설정하고 있다. 그리고 새로운 교통축과 인접한 곳에서 시가 직접 토지를 취득하고 고밀도 주택단지를 개발해 1만7천명의 저소득자를 거주케 하고, 교통혼잡과 소음이 감소된 도심은 보행자들에게 돌려줄 수 있도록 나무로 열식(列植)된 보도로 전환했고, 보행자용 '몰'을 조성하였다. 또한 다수의 주요 가로에서 속도제한을 실시하고 자동차가 통행치 못하도록 폐쇄하였다. 이밖에도 도시의 근린지구와 공원간을 연결하는 자전거도로망의 구축 등을 추진하기도 했다. 나아가 고용의 분산과 지역경제 활성화를 도모할 목적으로 시 외곽에 '비오염산업을 위한 공단'을 조성해 400여개의 자동차, 전자, 통신업체를 입지시켜 내생적으로 지역의 산업진흥까지 실현하였다.

시는 또한 도시경관의 파괴를 방지키 위해 건물높이의 제한과 더불어 역사적 건물을 재개발로부터 보호하고, 문화지구를 보존하며, 자연지역을 보호하기 위해 용도구역제와 경제적 인센티브를 이용했다. 그리고 퇴화된 토지는 오페라 공연장이나 식물원으로 복원했다. 이렇듯 강력한 토지이용 법령과 인센티브는 공원 및 녹색공간의 확대 등에 기여하여 주민당 가용 녹지 비율을 1970년 0.5평방미터에서 1992년에 50평방미터로 증대시켰다. 1960년대 말에 시는 일부 지역에 좁고 긴 땅을 챙겨두었고, 이곳을 개발금지지구로 지정하여 보존하였다. 1975년에 남아있던 하구(河口)는 법령에 의해 엄격히 보호되었고, 도시공원으로 전환시켰다. 자연 배수로를 보호함으로써 시는 홍수통제 분야에서 신규 투자수요를 피했고, 값비싼 홍수를 과거의 일로 기억되게 만들었다.

꾸리찌바는 또한 텅비어 있지만 소유권 분쟁이 있는 토지, 장기간 지연되는 개발허가, 비능률적인 재산세 징수와 같이 다른 개발도상국 도시의 공통된 문제들을 피할 수 있도록 관리되었다. 시는 건설 잠재력이 있는 토지에 대한 정보를 시청이 시민들에게 빨리 제공할 수 있도록 상세한 토지재고목록을 유지했고, 도시가 확장되어감에 따라 일정하게 최근판으로 갖추어 갔다.

이밖에도 꾸리찌바는 도시문제에 대한 또다른 저비용 해결책을 발견했다. 1989년 증대하는 쓰레기 문제에 직면해 시는 대규모 리싸이클링 공장을 준비했었다. 그러나 리싸이클링 공장은 시의 재정능력을 훨씬 넘는 것이었으므로 시는 대신에 혁신적인 '쓰레기 아닌 쓰레기' 프로그램에 착수했다. 그 프로그램은 시민들이 스스로 유기와 무기 쓰레기를 분리수거하는 방식에 의존했고, 시의 재정비용을 줄여나가는 데 상당히 기여하였다. 또한 쓰레기 판매를 통해 획득된 소득은 지방의 사회적 프로그램에 재투자하였다.

또한 환경교육의 주요 대상인 아이들과 성인들 모두를 대상으로 한 캠페인이 리싸이클링의 중요성에 대해 인식하도록 개발되었다. 즉, 도로를 따라 붙은 표지는 "종이 50킬로그램이 나무 한그루와 같다", "재활용하자"고 선언했다. 시는 포르투갈어, 수학과 함께 생태학을 공부하는 학생과 아이들의 협조로 그들의 부모를 고무시킴과 더불어 성공적으로 분리수거를 요구하는 복합적인 리싸이클링 계획을 제도화했던 것이다. 레르네르 시장은 이 프로그램을 통해 종이가 재활용됨으로써 하루에 나무 1,200그루가 구해질 것으로 계산하고, "만약 브라질 전체에서 꾸리찌바 인구보다 60배나 더 많은 도시주민들이 이것을 행한다고 상상해보자"고 설득했으며, "우리들은 1년에 2,600만 그루의 나무를 구할 수 있다"고 외쳤다. 그 결과 지금은 70퍼센트 이상의 가구가 리싸이클링 프로그램에 참여하고, 시 쓰레기의 3분의 2, 하루에 100톤 이상이 재활용되기에 이르렀다.

여기에서 한걸음 더 나아가 쓰레기 수거를 위해 트럭이 진입하기가 아주 좁은 슬럼, 특히 꾸리찌바 주민의 15퍼센트가 거주하는 '파벨라'라는 무허가정착지에서 쓰레기 분리수거 체계의 확립과 자원재생사업을 추진하였다. 쓰레기를 수거차에 가져오는 방식으로 시행한 이 '쓰레기 사들이기' 프로그램을 통해 주민들에게는 그 대가로 버스토큰, 식품, 과일, 학교노트 등이 주어졌다. 식품과 상품권 비용은 쓰레기 수거원이 슬럼으로 들어가는 데 소요되는 고용비용을 넘지 않았고, 빈민 사이에 생활의 질 향상과 영양개선뿐 아니라 대중교통 승차의 추가적 편익을 제공하였다. 이 프로그램으로부터 이익을 얻은 가구수는 대략 3만5천가구로 추정되는 것으로 알려져 있다. 그리하여 오늘날은 대부분의 브라질 도시에서 존재하는 쓰레기 위기가 꾸리찌바에는 없고, 꾸리찌바 시민 역시 주변의 깨끗한 환경을 시의 자랑으로 여기게 된 것이다.

이외에도 모든 프로젝트에서 시는 주민들이 스스로 실천할 수 있도록 저비용 프로그램에 역점을 두었다. 연립주택 프로젝트와 같은 엄청난 재정지출 대신에 시는 주민들이 자신의 집을 자력으로 건설하는 것을 조장하도록 건축기술과 대부금을 제공했다. 오래된 낡은 버스는 저소득가구를 위한 이동학교 또는 시의 훈련센터로 전환했고, 이전의 군항(軍港)은 문화센터로, 탄약창은 극장으로 대체되었다. 그리고 파벨라에서 환경교육과 탁아 시스템을 구축하는 혁신적인 시책도 개발해 추진하고 있는 것으로 알려져 있다.

5. 꾸리찌바의 교훈

꾸리찌바시의 개발경험에 전혀 장애물이 없었던 것은 아니다. 광대한 계획이 무수히 많은 부문으로부터의 협력을 필요로 하므로 여러가지 다양한 장애가 있었던 것으로 전해진다. 이 가운데 무엇보다 심각한 장애는 아마도 재정과 관련된 것이 아니었나 싶다. 브라질의 도시들이 재정적으로 주와 연방정부에 의존했기 때문에 꾸리찌바는 창조적인 자기자금 조달 프로그램을 개발해야만 했고, 외부의 도움없이도 그 자신의 독창적인 아이디어를 집행해야만 했다. 그리고 높은 인플레이션율(1991년에는 한달에 평균 25퍼센트) 때문에 교통요금과 운영비용을 인플레이션에 대처해 일정하게 조정하는 노력 또한 필요했다.

이와 같은 문제점과 장애요소가 있었음에도 불구하고 꾸리찌바의 혁신적인 시책들은 잘 시행되었다. 그 결과 종종 브라질의 다른 도시는 물론이고 해외로부터 기술계획팀들이 방문을 오고, 꾸리찌바에서 시작된 몇몇 아이디어는 국내뿐 아니라 다른 선진국의 도시로 확산되어갔다. 예를 들면, 버스전용차선, 보행자거리, 토지이용법령의 점진적인 개발과 지상통합교통망은 꾸리찌바를 하나의 모델로 해서 다른 브라질 도시도 점진적으로 발전되어 나갔다. 몇몇 노력들은 국제적으로 이전되었는데, 앞에서 언급한 캐나다의 토론토 도시계획과 1992년 뉴욕시에서 추진한 '거대도시 프로젝트'의 일환으로 뉴욕시의 경궤도에도 도입되었다고 한다.

어떻든 꾸리찌바시의 많은 주민들이, 초기에는 시가 추진한 교통과 토지이용계획을 통합한 도시계획과 환경계획에 회의적이었다 할지라도 지금은 시민의 99퍼센트가 다른 곳에 살기를 원치 않는다고 한다. 세계은행은 시장의 지도력과 시민참여가 도시환경을 깨끗하게 만들 수 있다는 하나의 실례로서 꾸리찌바시를 흔히 인용하고 있다. 반면, 일부 사람들은 찬 기후와 높은 유럽 이주민의 비율을 가진 꾸리찌바는 브라질 도시 중에서 아주 특별한 사례가 될 것이라고 주장하고 있다. 그러나 꾸리찌바가 환경을 보살피는 데 보여준 관심, 창조성과 지역사회의 노력을 제외하고는 특별한 것이 없었다고 주장하는 레르네르 시장의 말을 염두에 둘 때, 꾸리찌바의 사례는 분명히 세계속에서 예외적인 것은 아니고 보편적으로 적용할 수 있는 모델임이 틀림없다고 해야 할 것 같다.

유엔개발계획의 도시개발 수석자문관인 조나스 라비노비치 역시 꾸리찌바로부터 우리들이 배울 수 있는 교훈은 "창조성이 재정자원을 대체할 수 있다"는 것이라고 말하고 있다. 이는 어떤 도시나 꾸리찌바 주민들이 도시 환경문제를 해결하는 데 사용한 기법을 이용할 수 있다는 것을 시사해준다. 좀더 구체적으로 말한다면 교통과 토지이용정책의 통합, 대중교통 촉진과 교통통제, 보행자 및 자전거를 타는 사람들을 위한 다양한 배려, 효율적인 재활용프로그램 실시, 그리고 신규 개발은 기존 도시공간에 집중시키고 과거의 도시구조를 새로운 용도로 혁신하는 보전정책의 추진 등이 바로 그것이다. 다만 쉽게 이전할 수 없는 것은 꾸리찌바가 지난 25년 이상 향유했던 변화시키려는 의지, 지도력과 정치적 위임뿐이 아닌가 생각된다.

지금까지 살펴본 꾸리찌바시의 개발경험을 한국의 실정과 비교해볼 때, 우리의 경우는 대부분의 도시가 꾸리찌바와는 아주 달리 자동차 중심적인 사회를 향해 치닫고 있음을 볼 수 있다. 이것은 우리나라가 그만큼 환경적으로 불건전하고 지속불가능한 사회라는 것을 단적으로 말해준다.

이제 우리들이 진지하게 숙고해보고 추진해야 할 일은 어떻게 하면 꾸리찌바를 뛰어넘을 수 있는 대안을 우리 힘으로 스스로 마련할 수 있는가이다. 꿈의 도시, 꾸리찌바를 넘는 길은 결코 어렵지도 않고 불가능하지도 않다. 이 시점에서 정말 우리들에게 필요한 것은 기존의 잘못된 진보에 대한 환상을 과감히 버리고, 늦었지만 지금부터라도 인간과 자연이 공생하는 친환경적인 지역사회로 완전히 개조시켜 새롭게 태어나도록 하겠다는 의지를 갖는 일이다. (통권 제30호, 1996년 9-10월호)

공동체의 꿈과 좌절

하나후사 료스케

농사는 재미있지만

개촌 이래 후에로 마을에 온 참가자중의 약 반은 장차 자기 힘으로 유기농업을 하려고 연수차 온 사람들이었다. 그들은 1~3년 가량 농장에 머물다 독립하여 거의 외딴곳으로 들어갔다.

그 중에는 연수 도중 "농사지어서는 먹고살 수 없다"는 결론을 내리고 도시로 돌아간 사람도 있었다. 또 공동체의 이상을 좇아서 후에로 마을에 뼈를 묻을 작정을 했던 사람도 있었는데 도중에 지쳤는지 독립하여 나가

하나후사 료스케(華房良輔)는 일본 오사카 출신의 지식인으로 방송작가로서 활동하던 중 마흔여덟살이 되던 해 그때까지의 도시중심 생활을 청산하고, 고베(神戶) 근교에서 '후에로 마을'을 세워 이후 14년 동안 순환적 유기농업을 기반으로 하는 농업공동체 운동에 헌신하였다. 자급자족을 원칙으로 하고, 지체부자유인들과 함께 농사짓고 살아가는 법을 실천하기도 하던 이 공동체는 갖가지 곤경을 경험하다가 마침내 1991년에 어떤 정치적 조직의 음모에 걸려들어 해체되고 말았다. 그의 책 《새로운 세상을 여는 공동체 이야기》(내일을 여는 책, 1997년)는 경쟁의 논리를 넘어 사람마다 평등한 관계속에서 "다른 사람의 행복을 순수하게 기뻐하고 자신도 다른 사람 때문에 기쁨을 느끼고 사는" 공동체적 삶을 실현하고자 했던 꿈과 그 좌절의 경과를 자상하게 묘사하고 있다. 여기 소개하는 것은 이 책의 일부를 발췌한 것이다.

따로 농사를 짓는 사람도 있었다.

어찌되었든간에 많은 사람이 들어오고 많은 사람들이 나갔다.

그런데 아무리 직업선택의 자유가 헌법에 보장되어 있다고는 하지만 아무나 농사를 지을 수 있는 것은 아니다. 정년퇴임하고 나서 헌책방이라도 개업해볼까 하는 식의 생각으로는 안되는 것이다. 그리고 또 한가지, 그 사람이 농사의 참맛을 몸으로 느낄 수 있는 사람인가 아닌가도 중요한 문제이다.

그렇지만 어쨌든 농사는 재미있는 것이라고 생각한다. 무엇보다 한톨의 쌀이 몇백알로 변한다. 직경 1밀리미터밖에 안되는 씨앗이 서너달 지나면 몇킬로그램이 되는 채소로 변한다. 알에서 부화된 병아리가 반 년이 지나면 자기가 알을 낳는다. 파란 풀이 틀림없이 하얀 우유로 변하기도 한다. 재미있는 일이다. 몇년을 해보아도 그저 신기하기만 하다.

농사를 지으면서 내 마음속에 변화가 있었다면, 자연을 두려워하고 공경하며 그 은혜에 감사하는 마음이 해마다 더 커졌다는 것이다. 나이를 먹으면서 불성(佛性)이 싹을 틔운 것일까. 전에는 이 빌어먹을 것 하며 해충을 잡아죽였는데, 지금은 ‘미안하다’ 하고 말하면서 벌레를 잡는다. 밭에 쪼그리고 앉아서 잡초를 뽑을 때에도 열심히 자라고 있는 생명을 빼앗는 것이 미안하게 생각되었다. 악천후와 병충해 피해로 혼이 날 때도 있지만 차츰차츰 “하늘을 원망하지 않고 사람을 탓하지 않는다” 하는 마음을 갖게 되었다.

한두가지는 접어두고 보더라도 도시생활의 편리함과 견주어볼 때 역시 농촌, 특히 산간벽지는 불편한 점이 많다. 나 자신만 해도 서점을 둘러본다거나 영화를 한편 본다거나 하는 일이 여간해서 엄두가 나지 않는 어려운 일이다.

새로 농사를 시작할 경우 처음 한두해는 아무 수입이 없다는 것을 각오하지 않으면 안된다. 자식이 장차 뒤를 이어서 농사를 지을 것이라는 가능성은 거의 없다. 설사 자식이 농사를 계승한다고 해도 누가 며느리나 사위로 올 사람이 있겠는가. 농기계의 구입에 필요한 경비를 마련하기 위해 돈에 쫓겨 농사 외의 수입에 신경을 써야 하는 것도 심각한 실정이다.

지금은 농업도 기계화가 되어 밭에 발을 들여놓지 않아도 되는 시대가 되어버렸다. 다시 말해 '신사복에 넥타이를 매고'라도 농사를 지을 수 있는 시대이다. 그런데도 사람들이 농업을 포기하는 이유는 무엇일까? 땀을 흘리는 노동을 피하기 위한 것이 아니라 사실은, 기계화·산업화의 흐름 속에서 모든 것을 경제적 가치로 계산하게 되면서 농심(農心)이 사라졌기 때문이 아닐까?

공동생활과 개인

유기농업을 농업철학으로 삼은 경우 보통은 유축복합농업의 형태를 취한다. 그 중에서도 자연란 양계가 많다. 가축의 분뇨를 퇴비로 하여 순환시키기 위해서이다. 그렇지만 가축을 기르다보면 일년 365일 휴가를 가질 수가 없다. 가족여행 같은 것은 생각할 수도 없다. 이런 문제를 고려해 볼 때에, 집단농장의 장점은 교대로 쉴 수가 있다는 것이다.

그렇지만 독립하면 대체로 생산효율이 높다는 장점을 갖게 된다. 일하면 일하는 만큼 자기 것이 되기 때문에 더 열심히 일하는 것이다. 집단 안에서는 '전체를 위해서'라고 머리로 생각은 하면서도, 여간해서는 몸을 던져 일에 미치지 못한다. 또 개인 농사라면 좀 쉬고 싶거나 여유있게 대강대강 하고 싶을 때에 그렇게 할 수 있다. 동료들의 따가운 눈총과 비난을 겁낼 필요가 없다. 그러나 공동체생활에서는 아무래도 다른 사람의 눈길을 생각하지 않을 수 없다. 안타까운 일이지만 공동체 나름의 단점도 확실히 있다.

1982년 10월 1일 발행한 〈후에로 통신〉 제19호에 나는 공동체에 대한 조그만 의문을 적어놓았다.

중국인민공사의 해체는 큰 충격이다. 사회주의의 후퇴라는 면보다는 집단농장의 근원이 걸려있는 문제이기 때문이다. 집단의 이익을 바라는 것보다 개인의 소유욕이 더 강하다. 이것은 몰랐던 사실도 아니다. 인민

공사의 생산력이 오르지 않았으며, 예전의 개인소유 농업일 때가 농민의 생산의욕이 더 컸음이 드러났다. 이 사실은 우리들이 목표로 하는 '농업을 생활의 기반으로 한 공동체'의 이상에 하나의 그림자를 드리워 주었다. 이 사실은 약 4년 전에 홍콩의 농업 저널리스트인 모국윤(毛國倫) 씨가 찾아와서 '중국인민공사의 실패'라는 제목으로 강연을 해주었을 때 적지않게 걱정을 했던 것이었다. 다만 우리들은 단순히 이익추구만을 하는 것이 아니라는 의식은 있었지만.

후에로 마을의 주민은 첫째, 작업도구를 잘 간수하지 않는다. 백번을 양보해서 작업도구와 기계의 취급방법을 잘 모르기 때문에 망가뜨린 것이라고 해도, 아무데나 작업도구를 놓아두고는 잊어버리고, 농기구의 정비 점검을 하지 않고…. 만일 이것이 개인의 소유물이었다면 모두 잘 간수하게 될 것이다. 또는 기업체에 속해 있었다면 틀림없이 윗사람으로부터 호되게 질책을 받았을 것이라고 생각한다.

생활공동체 안에서 사유재산제도를 어떻게 해야 하나 하는 문제에 대해서는 지금까지도 확실하게 판단을 내리지 못하는 부분이 있다. 한 지붕 밑에 사는 가족이라고 보면 개인의 소유는 당연히 인정되어야 할 것이다. 다른 사람에게는 가치가 없는 것이라 해도, 어린이가 굴러다니는 돌멩이를 보물처럼 소중하게 여기는 것 같이, 그 사람에게는 물건에 얽힌 사연과 함께 소중하게 간직하고 싶은 물건들이 있는 법이다.

무엇보다도 나는, '평등'이라는 이름 아래 모든 사유재산을 집단이 흡수하고 하나의 사상체계속으로 획일화해버리는 것에는 저항감이 생긴다.

개인의 소유욕이 경쟁의식을 배양하고 경쟁의 원리가 생산을 촉진시킨다는 것도 부인할 수 없는 사실이다.

야마기시즘을 시작으로 일본의 공동체에서는 의견이 달라서 공동체를 떠나는 사람에 대해서 재산분배가 이루어지는 경우란 없다. 일단 집단에 내놓았던 것은 어떠한 이유가 있어도 절대 돌려주지 않는다. 내놓은 재산을 '기부'로 보면 물론 변제할 필요가 없겠지만, 노동에 의해 축적된 공유 재산의 경우에는 어떻게 되는 것일까?

키부츠에 대한 의문

세월이 지나도 우리들의 이상에는 변함이 없었다. 그래서 의식주와 의료비·아이들의 교육비와 양육비 같은 기본적인 생활비용을 공동체에서 책임지고, 월급이나 상여금도 공평하게 받았다. 그밖에 특별한 일이 있을 경우에는, 모두가 납득할 수 있는 선에서 개인에게 필요한 것을 특별 지급하기로 해두고 있었다. 이것은 능력에 따른 배당이 아니라 필요에 따른 배당이었는데, 평등의 원칙 위에 있었던 '키부츠'와 같은 사회를 본보기로 하여 실천했던 것에 지나지 않는다.

키부츠는 이스라엘 건국에 큰 몫을 담당했다. 그것이 그들의 이상사회가 되기는 했지만, 그러나 결코 보편적인 '인간애'를 바탕으로 했던 것은 아니었던 것 같다. 결국 바탕에 깔려있는 것은 종교적 시오니즘(시온으로 돌아가라)에 내포되어 있는 민족우월주의, 달리 말하면 다른 민족을 멸시하는 '정치적 시오니즘'이 아니었나 생각한다. 나는 우리 농장의 이상을 세우는 데 참고하려고, 키부츠에 대한 의문을 나름대로 정리해보았다.

유럽에서 박해받던 유태인들은 2천년 전에 살고 있던 팔레스타인에 자기들의 국가를 만들려고 했다. 그때 그들은 이 땅에 오랫동안 살고 있던 팔레스타인인들의 존재를 아예 무시하고 그들을 쫓아내었다. 그 위에 세워진 이스라엘은 군사력으로 영토를 확장해나갔다. 체면 때문에 '아무도 살고 있지 않은 땅'이라고 했지만, 이것이 거짓이라는 것은 세상이 다 알고 있었다. 이스라엘의 침략적 호전성은 역사가 증명한다.

키부츠는 이 이스라엘이 아랍인에게서 몰수한 땅 위에 건설한 농업공동체(최근에는 공업화를 추구하고 있다)들이다. 내가 볼 때, '핫시오니즘' 국가에 충성한, 모순되는 이면성을 가진 불가사의한 집단이다.

키부츠의 '워크 캠프'(대부분의 키부츠는 외국에서 온 연수생을 하루 일곱시간씩 1주일 일하게 하고 숙박·식사비를 면제해준다. 급료는 없다)에 참가한 일이 있는 어느 친구의 말을 빌리면 키부츠 안에서도 유럽계 유태인(아슈케너지)이 동양계 유태인(세할디)에 대해 갖는 차별의식에는 말할 수 없이 끈질긴 면이 있다고 한다.

그런데 최근에 이러한 키부츠에 대한 나의 인식을 조금 수정하게 되었다. 오사카의 다가사키 교외에 있는 '가시다 농장'의 축제에 갔을 때 세 사람의 외국인이 길가에서 행상을 하고 있는 것을 보게 되었다. 축제가 끝나고 난 뒤에 모닥불 놀이를 할 때 그들과 이야기를 했는데, 이 세사람의 젊은이들은 키부츠의 일원이었다. 그들은 3년 가까이 돈을 모아서 평소에 동경하던 일본에 왔다. 징병을 피하기 위해서였다. 일본체류 비자가 끝나기 전에 동남아시아로 갔다가 다시 일본에 관광 비자로 돌아온다고 했다. 그것을 되풀이하면서 징병이 적용되는 나이를 넘을 때까지 외국을 유랑한다는 것이다.

"우리들은 절대로 총을 잡지 않겠다"고 그 젊은이들은 말했다. 그리고 키부츠의 젊은이 가운데 많은 사람들이 이스라엘 정부에 대해서 비판적이라고 말했다. 팔레스타인 사람들과도 사이좋게 지내고 모든 사람이 평등하게 사는 것이 키부츠의 이상이라고 입을 모아 역설했다. 키부츠의 전통 때문인지는 알 수 없지만, 그들같은 젊은이들의 힘이 커지면 이스라엘정부의 궤도도 수정해가지 않을 수 없을 것이라고 믿고 싶다.

몇년 전, 역시 키부츠에 속해 있다는 이스라엘 청년이 후에로 마을에 찾아온 일이 있었다. 그의 경우는 한쪽으로 치우친 내셔널리즘의 경향이 강했는데, 골란고원까지도 유태인 것이라고 주장했다. 그리고 그는 다시는 키부츠로 돌아가지 않겠다고 했다. 왜냐하면 키부츠에 있으면 돈을 많이 모을 수 없기 때문이라는 것이다. 다른 사람보다 돈을 많이 가진 부자가 되려고 하는 사람은 키부츠에 있지 않는 것이 좋다고 했다.

꽤 오래된 이야기이지만 나치에게 학살당한 유태인들의 유족들은 독일 정부로부터 많은 액수의 배상금을 받은 일이 있다. 그 돈 때문에 키부츠 내부에서는 적지않은 혼란이 일어났다. 키부츠는 사유재산을 부정하기 때문에 개인에게 지불된 배상금은 저절로 키부츠의 것이 된다. 그런데 육친의 죽음으로 아픔을 느끼고 있는 것은 어디까지나 개인이다. 잊을 수 없는 아픔에 대한 보상이라면 그것을 받을 권리는 두말할 나위 없이 개인에게 있다. 옥신각신 분쟁끝에 내린 결론은 키부츠에 따라서 다르기도 하지만, 배상금의 일부는 개인이 받고 그 나머지는 키부츠에 속하게 된다는 것이다. 그나마 배상금을 받은 많은 사람은 그 돈을 가지고 해외여행을 가거나 키부츠에서 빠져나와서 외국으로 이주해버렸다. 키부츠의 숭고한 이상이 돈 때문에 흔들려버렸다는 느낌이 든다.

공동체의 타락은 왜 일어나는가

어떻든 사람 사는 세상은 살아가기가 어려운 곳이다. 살아가기 어려운 인간세상의 축소판이자 도망갈 곳이 없는 공동체는 강력한 카리스마를 가진 지도자가 있든지, 피라미드형의 관리체제를 두지 않는 한 자칫 자멸의 길을 따라가기 쉽다. 설사 강력한 카리스마를 지닌 지도자가 있다 해도 한번 방향을 잘못 잡으면 간단히 망해버린다. 객관적으로 판단하는 것도, 내면적으로 반성하는 것도 힘들기 때문이다.

아무튼 나는, 공동체는 미래사회에 마땅히 있어야 할 것을 모색하는 실험의 하나라고 말하고 싶다.

유명한 '게마인샤프트(공동체)'와 '게젤샤프트(이익사회)' 이론을 세웠던 퇴니스의 생각을 살펴보자. 퇴니스는 토지·지연·혈연·습관·종교 따위를 기초로 한 서열이 없는 사회, 즉 원초적인 공동체인 게마인샤프트는 역사의 발전과정에 따라 계약과 경쟁으로 우열을 가려내는 복잡하고 복합적인 사회형태, 즉 게젤샤프트로 이행한다고 말하고 있다.

게마인샤프트에서의 평등관계는 규모가 작고 폐쇄적인 사회에서만 성립하고 지속될 수 있다. 사회가 개방적이 되고 확대되면 그때까지 사람들이 누리던 융합된 생활, 정서적인 일체감은 부서지고 종속관계가 성립하는 세상이 된다. 거기에서는 모든 사람이 등가교환을 전제로 한 이익관계를 바탕으로 생활한다. 사람들은 반대급부와 답례가 없는 한 다른 사람을 위해서 무엇을 하는 일은 없다는 것이다. 이 합리적 사회에서는 본질적으로 사람과 사람을 이어주는 것이 '마음'이 아니고 '물건'이기 때문에 항상 긴장하게 되고 서로가 분리되기 쉽다.

퇴니스의 이론대로라면, 지금 시대에 공동체를 꿈꾸는 것은 게젤샤프트에서 게마인샤프트로의 사회퇴행을 기대하는 것처럼 보일지도 모른다. 그러나 유토피아적 공동체의 이상은 반드시 역사를 거슬러 올라가려는 것은 아니다. 개인의 독자성을 존중하면서 조화를 이룬 결합체가, 다른 사회나 결합체와 합리적인 등가교환관계를 맺으려고 하는 것이니 말이다. 이 결합체(공동체)는 종(縱)적 관계가 아니라, 횡(橫)적 결합을 기초로 한 '민주주의'로 운영되고 실현된다.

1918년 무샤노코지 사네아쓰라는 사람은 생활공동체인 '아타라시키무라'를 세웠다. 그 공동체의 이념은 역시 유토피아 지향, 톨스토이즘에서 파생했던 것이다. 자아를 완전히 성장하게 하는 일을 이념으로 하고 그것을 위해서 다른 사람의 자아를 해쳐서는 안된다, 모든 사람이 동일한 정신을 가지고 동일한 생활방식을 취함으로써 의무를 다하고 자유를 누리고 비로소 올바르게 살 수 있다고 설득했다. 이러한 생활을 하려고 하는 사람들이 모여 마을을 이루고 그 사상을 넓혀감으로써 나라와 나라 사이의 싸움과 계급의 다툼을 없앨 수 있을 것이라고 무샤노코지 사네아쓰는 생각했고, 회원들은 그것을 믿었다.

그러나 정작 이것을 제창했던 무샤노코지 자신이 '동일한 생활방식'을 취하려고 하지 않은 것이 문제가 되었다. 마을 밖에 나가서 돈을 벌어오거나 많은 지지자들에게 돈을 기부해달라고 하여 그 자금으로 '아타라시키무라'를 존속하려고 했던 것은, "자립·자급자족·땅을 가는 노동이야말로 가장 신성한 것이다"고 한 정신에 배치되는 것이었다.

내가 아는 한 '아타라시키무라'에 모인 회원들은 대단히 진실한 사람들이었다. 그런데도, 아니 너무나 진실한 탓인지 해마다 무수한 사람들이 마을에 들어왔다가 다시 마을을 떠나고 있다. 그리고 그 사람 수에 걸맞게 사람들이 해마다 새롭게 참가하고 있다. 정말로 출입이 심하다. 그 이유는 어디에 있는가.

내 멋대로 하는 상상을 허락해준다면, 그 유토피아도 가지각색의 생각을 가진 사람들 사이에서 일어나는 격렬한 갈등상황에 놓여있는 것이 틀림없다. 가장 큰 갈등은 성향이 서로 다른 사람들 사이의 부조화인 것 같다. 땀흘리는 노동이 '미(美)'이며 기쁨이라고 받아들이는 톨스토이 신봉자들과 노동을 '추(醜)'한 것이라고 받아들이면서 의무감과 책임감만으로 묵묵히 일하며 그저 가난을 참고 이겨나가는 농사꾼의 전형 같은 사람들, 거기에 예술 창조를 마치 하늘에서 주어진 사명인 것처럼 착각하여 마을 안에서 '미의 생산'에 열중했던 사람들. 그들 사이에서 소용돌이처럼 휘몰아치는 정신의 차이가 바로 믿을 수 없을 정도로 심한 이합집산의 원인이라고 나는 생각한다.

닫혀진 공동체와 열려진 공동체

키부츠를 비롯한 모든 공동체들은 가장 인간다운 삶을 추구한다. 능력 있는 사람이나 능력없는 사람이나 모두 서로를 도와주고 싸울 필요가 없는 체제, 자연과 공존하고 조화를 이루는 생활, 개인의 자발성과 연대성에 모든 기대를 거는 조직체 …. 그러나 많은 사람들이 오랫동안 공동체를 모색하는 과정에서 여러가지 모순이 드러났다. 지도자와 지도받는 자의 관계, 관리하는 자와 관리되는 자의 관계 ….

야마기시즘의 실현지나 '심경장원(心境莊園)', '오야마토 아지사이무라(大倭紫陽花邑)'처럼 확고한 분위기의 공동체를 보면, 어떤 의미에서는 외경심을 느끼게 되지만, 그 공동체들의 흔들림 없는 종교적 확신에 대해서는 약간 반발심이 생긴다. '일반사회로부터의 도피'라고까지는 말할 수 없겠지만, 분명히 폐쇄성을 띤 '고립사회'이자 자기만족에 빠진 집단이라는 생각이 든다. 집단이 다른 사회와 격리되어 있으면, 거기에 속해 있는 개인은 그 틀속에서 벗어나지 못한다. 오직 그 하나의 세계를 유지하는 데 머무르게 되어버린다.

코뮨(공동체)이거나 코뮤니티(협동체)라 하더라도 자칫하면 자기 스스로가 만들어놓은 틀속에 들어앉아서 자기만족에 빠질 수 있다. 극단적으로 말한다면 배타적인 성격을 내포하고 있는 것이다.

"우리들의 옥호(屋號)는 공동체이다" 하고 선언한 시마네현의 어느 공동체를 방문한 적이 있다. 1990년 여름, 겨우 이틀 밤 묵은 것으로 그 내부를 소상하게 알 수야 없었지만, 솔직히 말해서 가슴이 철렁했다. 밤에 시간을 내어서 '코뮨 학교'에 참여하고 있던 사람들과 이야기를 나누어보았다. 주로 현재 유기농업의 과제와 가능성, 공동체로서의 모습, 자급자족 생활의 재미있는 점들을 이야기했다.

그 자리에 있던 한 젊은 여자가 "우리도 좀더 자급자족에 마음을 써야 할 것 같다. 농사를 지으면서 계란과 농약이 다다닥 붙어있는 야채를 사온다는 것은 우스운 일이라고 생각한다" 하고 의견을 내놓았다. 그 공동체는 야채는 단일작물을 중심으로 재배하고 있으며 소와 돼지도 사육하고 있었지만, 출하를 위해서 공동체 내부에서 필요로 하는 고기는 시장에서 구입하고 있었다. 환경이 좋은 산촌에 있으면서도 경제적 합리성을 계속 추구하다보니 '자급자족' 하려는 생각으로 일하지 못하고 있었다.

그것까지는 좋다고 하자. 제각기 자기 집단에 더욱 적합한 방법을 찾으면 되는 것이니까. 문제는 의견을 낸 사람에게 지도적 입장에 있는 사람이 "자급자족을 하고 싶으면 그런 농장으로 가면 된다. 여기서는 그런 것은 안한다" 하며 갑자기 쏘아붙이는 것이었다. 민주주의라는 것이 없었다.

1990년 여름, 몸이 조금 나아져서 나는 아내와 함께 한국을 여행했다. 한국 친구의 초대도 있었고 다른 일도 겸해서 꽤 많은 지역을 돌아다녔다. 그리고 농촌에 있는 생활공동체 몇군데를 들여다볼 수 있었다.

하나는 원불교라는 큰 종교단체의 신자들이 건설하고 있는 공동체로, 노약자(거의가 남자였다) 집단이 유기농업으로 자활하고 있었다. 비록 가난하지만, 모든 구성원들이 진지한 태도를 가지고 있다는 점과 무엇이고 손수 만들어내는 강한 근성을 지니고 있음을 보고 감탄했다. 특히 약초를 활용한 건식·습식 온돌 사우나에는 정말 놀랐다. 일이 끝난 뒤에는 모두가 드러누워서 땀을 씻고 벗은 채로 이야기를 주고받았다(물론 남녀가 같이 하는 것은 아니다).

이곳은 지역사회와도 잘 융화되어 살고 있었는데, 우리들이 찾아갔던 날 밤에는 마을의 이장과 일본어를 할 수 있는 노인들이 와주어서, 전깃불도

없는 마당에서 떠들썩한 잔치를 벌였다. 한국에서는 특별하지 않은 식단
이겠지만, 말린 생선말고는 모두 그 공동체에서 생산한 것이라는 말을 듣
고 어떤 식단보다도 더 맛있게 느껴졌다.

이튿날은 근처 농가의 사람들이 몇명 모여서 일본의 유기농업과 직판
운동에 대한 설명을 듣는 모임이 열렸다. 이 공동체는 이미 그 지역 유기
농업운동의 핵심이 되어있었다. 지역사회에서 백안시당하는 공동체는 공
동체로서의 발전이 없을 뿐만 아니라, 은둔자로서 점점 고립되게 되고 나
아가서는 소멸될 운명을 짊어지게 되는 것이다.

야마기시즘에 대한 생각

'돈이 필요없는 사이좋고 즐거운 사회'를 표방하는 야마기시즘의 생활
실현지(야마기시(山岸)라는 사람이 정립한 사상을 야마기시즘이라고 하고, 그 사
상을 바탕으로 각지에 세운 공동체를 '실현지'라고 부른다. 야마기시즘 실현지는
한국의 경기도 화성에도 있다 ─ 편집자 주)에 대해서도 언급해야겠다. 하지만
야마기시즘을 제대로 이해하는 데에는 상당히 오랜 시간이 필요하고, 또
논평을 한다는 것은 더욱 어려운 작업이다.

"모든 성원이 경영자이지만 급료나 분배는 없다", "개인소유가 없고 모
든 것을 공유한다"고 들었지만 나는 쉽게 이해할 수가 없었다. "휴식? 그
런 건 없어요. 하고 싶은 일이 눈앞에 얼마든지 있는데, 쉬는 것이 아까워
요." 이런 말을 들어도 나는 갈피를 잡지 못하고 어리둥절할 뿐이었다.

그저 확실하게 말할 수 있는 것은, 젊은 사람들이 아주 즐겁게 일하고
있다는 것, 행복한 듯한 얼굴을 하고 있다는 것, 시설은 넓고 아름답다는
것…. 부럽기가 한이 없다.

지난 2~3년 동안 나는, 성장과 확대를 계속하는 이 거대한 생활집단인
야마기시즘 실현지에 강한 흥미를 가졌다. 그러고는 곧 실망했다. 물론
'실현지'에서 생활하는 사람들이 모두 사이좋게 지내고 행복을 느끼면서
산다면 바깥에 있는 다른 사람들이 이러쿵저러쿵 말할 필요가 없을지도
모른다. 더군다나 공동체운동에 실패한 나 같은 사람으로서야 야마기시즘

을 비판할 자격이 없을지도 모른다. 그렇지만 한가지, '힘에 의한 지배'를 부정하는 나로서는 한마디 말하지 않을 수가 없다.

나는 몇개의 실현지를 방문하고, 몇몇 사람들과 의견을 나누고, 시설을 둘러보고, 중·고등학생들의 연극을 보고, 주변 지역의 주민들과 초등학교 선생님의 이야기를 들으면서, 이 거대한 집단은 결코 이상적인 공동체사회가 아니라고 확신하기에 이르렀다. 장애인, 노인, 아이들을 격리시키는 체제와 피라미드형 권력구조, 또한 순환농업과는 도무지 거리가 먼 수익위주의 대규모 공업적 농업 따위가 나로서는 아무래도 납득이 가지 않았기 때문이다.

물론 야마기시즘에 몸 담고 있는 사람은 모두가 진실하다. 그리고 누구의 입에서나 한결같이 '참다운 행복', '진정한 삶의 방법', '절대의 진실', '절대의 사랑'이라는 말이 나오고 있는데, 아무리 이야기를 나누어보아도 나에게는 그 본질이 잡히지가 않는다. '절대적 가치'는 그것만으로도 이미 배타적인 성격을 갖는 것이 아닌가.

"특강을 들으면 알게 됩니다" 하고 말하는 것을 여러번 들었다. '특강'이란 '특별강습연찬회'를 말하는 것으로, 이 사회에서는 이러한 폐쇄사회 특유의 조어(造語)가 많다. 노인은 '노소(老甦)', 착유는 '최유(催乳)', 소비자는 '활용자'…. 각각 나름대로 의미가 없는 것은 아니었지만 자기들끼리만 통하는 언어로 정체성을 확인하려는 것만 같아서 이것 또한 좋아 보이지가 않았다. 무엇보다도 획일적인 '마인드 콘트롤'은 어쩐지 기분이 언짢게 생각되었고, "인간의 의식과 사상을 어떻게 그렇게 간단하게 변혁시킬 수 있을까" 하는 의문이 생겼다. 또한 휴가도 보수도 없이 성원들의 헌신으로 벌어들이는 연간 백수십억이라는 엄청난 수익금은 도대체 어디에 어떻게 쓰이는 것일까 의아스러웠다.

다시 공동체를 세운다면

나는 공동체의 가능성을 아직도 믿고 있다. 내가 꿈꾸고 있던 공동체인 '후에로 마을'은 사라졌다. 내가 다시 한번 공동체를 세운다면 "오는 사람 막지 않고 가는 사람 잡지 않는다"가 아니고 "생각이 일치하는 사람만이 참가하는 것"으로 제한하고 싶다. 비록 폐쇄적인 경향을 띨 수도 있겠지만, 정치조직에 관계하는 사람과 특정 종교활동을 목표로 하는 사람은 약간 곤란할 것 같다.

가정을 가진 사람들은 각각 독립가옥에 살면서 공동체의 핵심적인 존재가 된다. 연수자와 독신자들은 중심시설에 곁붙인 기숙사에서 생활한다. 생활은 작은 단위의 모둠으로 나누어 하는데, 큰 작업이나 출하 같은 손이 많이 가는 일은 될 수 있는 대로 다 함께 한다. 농기계 따위는 공유자산으로 한다. 점심밥은 모두가 함께 식당에서 먹는다. 특별한 날을 빼고는 아침과 저녁밥은 기숙사나 각 가정에서 가족단위로 한다. 각자에게 사유지를 주고 거기에서 생산되는 생산물은 공동체에서 사들이기로 한다. 공동생산에 따른 총수익은 각자의 생산량에 따라서 분배한다.

말하자면 코뮌(공동체)과 코뮤니티(협동체)를 절충시킨 모양새로, 이 정도라면 모두의 의견을 소중하게 여기며 잘 운영되지 않을까 하고 생각하고 있다. 원래 유토피아는 실현되는 것이 아니기 때문에 언제나 이상향으로 남는 것일지도 모르겠지만. (통권 제33호, 1997년 3-4월호)

직거래 모임 '한울회' 이야기

이덕자

　'한울회'는 전주지역의 소비자들과 전북 부안군 변산지역의 생산자들이 손을 잡고 운영하는 유기농 직거래 모임이다. 이 모임은 농산물 개방과 자연환경 파괴에 어떻게 대응할 것인가를 실천적으로 모색하고자 했던 몇몇 주부들이 중심이 되어 만들어졌는데, 어언간 7년째로 접어들게 되었다.

　출발 초 여러가지 시행착오를 거쳐, 3년만에 안정된 활동기에 접어든 한울회는 7년의 세월이 흐른 이 시점에 이르러 다소 침체기에 놓여있다는 느낌이 든다.

　한울회 생산자 중에 4년 전 결혼한 이가 있는데, 대학 국문과를 졸업하고 농사를 짓겠다고 농촌에 눌러앉아 온 집안에 풍파를 일으킨 문제의 노총각이었다. 그 총각이 농사를 같이 짓겠다는 색시를 만나지 못해서 애를 태우다가 구세주와 같은 지금의 부인을 만나게 되었다. 그는 신혼여행 일정에 소비자 집을 방문하는 것을 포함시켜 자연스럽게 그 신부도 한울회 가족이 되도록 유도하였다.

　지난 주, 그들이 결혼한 지 4년만에 첫아들을 낳았다. 그들은 아기의

이덕자 – 한울회 회원.

이름을 '김한울'이라고 지었다. '한울회'의 '한울'을 따서 지은 이 이름은 결혼하면서부터 이 한울부부가 생각해놓은 것이라고 했다. 기쁘고 반가운 일이었지만 한편으로는 어깨가 더 무거워짐을 느낀다.

생산지는 생산지대로 주변여건이 악화되어가고 있고, 소비자는 소비자대로 지금의 공동나눔방식에 지쳐 있는 형편이기 때문이다.

이러한 때에 '한울이'의 출생은 어쩌면 한울회를 다시 일으킬 새로운 계기가 될지도 모른다는 생각을 해본다.

나는 원고청탁을 받고 솔직히 난감한 마음이 먼저 들었다. 요즈음 한울회의 앞날에 대해 회의적인 생각을 하고 있었기 때문이다. 그러나 이 기회에 지난 7년을 돌이켜보게 되면 한울회를 지켜나갈 새로운 방안이 떠오를지도 모른다는 생각을 했다. 이 글에서는 7년 동안의 활동을 돌이켜보면서 문제점을 짚어보고 해결방안을 모색하는 가운데 전주의 유일한 유기농 직거래 단체인 한울회의 재기를 꿈꾸어보고자 한다.

'한울회'의 창립

초창기의 한울회 회원 50여명은 처음에는 다른 도농직거래 단체에 가입해 있었다. 그 단체는 우유나 개량메주, 채소 등 농산물의 도농직거래를 위주로 하면서 가끔 무농약 쌀이나 저농약 사과들을 회원들에게 공급해주는 일을 하였다. 도농직거래라는 간판을 내걸고 실제로는 상업성을 앞세우는 일부 단체들과는 달리 이미 몇년 전부터 이 단체는 기독교농촌연구소와 농민의 소득증대에 헌신해온 분의 노력으로 결성된 모임이었다. 당시 간간이 언론매체를 통해 농약남용으로 인한 농민들의 피해 소식이나 화학비료의 다량 투여로 땅이 죽어간다는 소식을 접할 때마다 하릴없이 걱정만 했던 우리들은 이 단체를 통해 피상적으로나마 유기농업의 중요성을 인식할 수 있었다. 그러나 그 당시만 하더라도 여기에서 가끔 공급해주는 무농약 농산물을 그냥 많이 먹고 고마워했을 뿐, 유기농업에 대한 보다 분명한 개념이나 내용 등은 자세히 알 수 없었다.

그러던 어느날 이 단체의 이사 및 실무진과 소비자 대표들의 모임에서 소비자 대표 몇명이 유기농산물 직거래 분과를 설치해줄 것을 요구하였다. 그동안 유기농업에 대한 폭넓은 이해와 정보를 쌓아온 몇몇이 보다 본격적인 유기농산물의 직거래를 원했기 때문이었다. 그러나 그 필요성은 공유하면서도 기왕에 벌여놓은 사업이 있는데다가 새로운 사업을 덧붙이기에는 여러가지 어려움이 많은 듯했다. 그러니 자연 실무진과 소비자들 사이에 의견대립이 생겼고, 몇몇 소비자 대표들이 모여서 회의를 한 결과, 서로를 위해 독립하는 것이 현명한 일이라 판단하게 되었다. 독립하는 과정에서 실무진들과 우리 소비자들은 서로 언짢은 감정을 갖게 되기도 했지만, 불화속에서 좋지 않은 감정을 쌓아가기보다는 헤어져서 각자의 길을 열심히 가는 것이 낫겠다는 판단으로 분가를 결정한 것이다.

이런 결정을 하게 된 또하나의 계기는 83년부터 변산에 자리잡고 유기농업을 힘겹게 실천해왔던 정경식 씨를 만나게 된 일이었다. 그는 유기농업에 대한 해박한 지식을 갖고 있을 뿐만 아니라 무엇보다도 투철한 신념으로 유기농업을 실천하고 있는 젊은 농민이었다. 이전 단체에 가끔 농산물을 대주어 이름만 알고 있던 우리는 그의 집을 방문하여 그 실상을 눈으로 직접 확인할 수 있었다. 그를 통해, 그와 뜻을 같이하여 유기농법으로 농사를 짓는 젊은 농민들이 7가구가 더 있다는 사실도 알게 되었다. 우리는 그들과 직거래를 하기로 작정하였다. 농약과 화학비료로 죽어버린 땅을 되살리기 위해서는 3년 이상 소출을 기대하지 말고 굶을 각오를 해야 한다는 엄격한 기준을 세워 이를 실천하고 있는 이들을 만나게 된 것은 참으로 다행이었다.

모임이 결성되기 전이라도 우선 시험운영 삼아 농산물을 받아 먹어보기로 했다. 1991년 4월 22일, 8가구에서 약간의 농산물을 가져와 나누어보았다. 3년 이상 유기농법으로 농사를 지어오면서 뚜렷한 판매방법과 판로가 없어 힘들게 생활하던 생산자들과 어렵게 공동체를 만들려는 소비자들은 첫 나눔의 경험으로 가슴벅찬 감격을 느꼈다. 배추속에서 꿈지락대는 벌레를 본 소비자들은 신기해 했고, 이런 살아있는 먹을거리를 대주기 위해 힘들게 농사짓는 생산자들에게 감사한 마음이었다.

그러나 막상 일을 추진하려다 보니 은근히 뒤따르는 걱정거리가 많았다. 지속적인 운영이 가능할 것인지, 회원 협조는 잘 이루어질 것인지, 잉여농산물 처리는 잘될 것인지, 사고 위험은 없을 것인지, 어느 것 하나 뚜렷하게 확신이 서지 않았다. 우리들은 서울의 '한살림', 여성 민우회의 '생협' 운영방식을 참고로 숙고를 거듭했다. 그 결과 다섯 가정 이상 소비자가 있는 지역에만 '나눔' 차가 가고, 공동주문, 공동나눔을 하며, 중간유통 없이 각 지역마다 소비자 대표 한 사람이 운영위원이 되어 함께 운영하기로 하였다. 그 운영위원들이 회계위원, 구매위원, 회보 및 소식지 편집위원, 홍보 및 교육위원 등 한가지씩 일을 분담하기로 하였다. 운영위원들은 모임의 모든 운영체계를 잡기 위해 처음 몇달 동안은 거의 매일 만나 모든 사항을 의논하였다.

우선 남성 위주로 되어 있던 회원 명단을 실제 일을 하는 여성들의 이름으로 바꾸고 여성이 중심이 되어 계획하고 운영하는 여성 중심의 공동체를 만들기로 하였다. 다음엔 단체의 이름이 있어야 했다. 우리는 '한울회' 란 이름을 만장일치로 통과시켰다. 농촌 생산자와 도시 소비자가 서로 손잡고 한 울타리속에서 공동체를 이루며 살아가자는 뜻에서였다. '한울회' 의 의미는 동학의 한울사상과도 그 맥락을 함께하고 있다. 우리 민족은 우주의 근원적인 생명을 '한' 이란 말로 표현해왔는데, '한' 은 많은 개체를 전체속에 통합하면서 퍼져나가고 모여지는 순환적 활동을 수행하는 '한울' 이라는 뜻도 있다.

해월 최시형 선생은 밥과 곡식과 젖을 한울과 땅의 녹이라 했다. 다시 말하면 한 그릇의 밥은 한울과 땅에서 맺힌 열매인 동시에 이웃사람들이 땀으로 빚은 것이기 때문에 밥 한 그릇속에는 우주의 진리가 깃들어 있을 뿐만 아니라 사회의 공동체적 의미도 담겨져 있다는 것이다.

이렇듯 '한울회' 는 밥을 통하여 우주의 진리를 깨달아 한울과 땅, 그리고 이웃의 고마움을 알고, 감사하는 마음으로 받고, 받은 것을 되돌려주는 작업을 통해 자기자신과 이웃과 자연의 생명을 키워나가는 공동체를 지향했다. 운영위원들의 회의를 거쳐 만들어진 회칙의 구체적인 내용을 참고로 제시하면 다음과 같다.

<한울회 회칙>

제1조(명칭) 이 회는 '한울회'로 부르며, 생산자는 '변산한울가족농장'이라고 부른다.

제2조(목적) 이 회는 유기농법의 중요성과 필요성을 바탕으로 생산자는 유기농법을 실천하여 농산물을 생산하며, 소비자는 유기농법을 실천하는 생산자와 먹을거리 및 생산활동 등의 나눔을 통해 우리의 땅과 농촌을 살리며 건강하고 윤택한 도시와 농촌의 생활공동체를 만드는 데 그 목적이 있다.

제3조(회원의 자격과 임무)

1. 소비자 회원

1) 유기농법의 중요성과 유기농 실천농민의 소중함에 대한 신뢰가 있어야 한다.

2) 각 지역별로 5명 이상의 회원이 확보되어야 한다.

3) 모든 회원은 운송과 나눔 등 모든 활동에 참여해야 한다.

4) 모든 회원은 입회시 3만원의 출자금을 내야 한다.

이는 탈퇴시에 반환하는 것을 원칙으로 한다.

5) 회원은 입회 1년 후부터 매년 1만원의 회비를 내야 한다.

이는 한울회의 사업기금으로 사용하며, 반환하지 않는다.

2. 생산자 회원

1) 3년 이상 된 유기농법 실천농민으로서 유기농법에 대한 실천의지가 있어야 한다.

2) 농산물에는 토양소독제, 제초제, 합성농약 및 생장조절제를 사용하지 않아야 한다.

3) 가축에는 항생제나 산란촉진제를 사용하지 않아야 한다.

4) 가공식품에는 약품 및 방부제 등의 첨가제를 사용하지 않아야 한다.

제4조(조직의 운영)

이 회의 운영은 운영위원회에 의해 운영된다.

1. 운영위원은 각 구역별로 선출된 회원 대표로 하며, 임기는 구역별로 결정하도록 한다.

2. 운영위원회의 구성은 회장, 서기, 회계, 구매위원, 교육위원, 편집위원, 관리위원 등으로 하며 모든 운영위원은 공동대표의 자격을 갖는다.

3. 운영위원회에서는 회칙에 따라 생산물의 분배와 회계 처리를 위해 모여야 하며 기타 운영을 위해 필요하다고 결정된 날짜에 참석하여 생산물의 유통, 회원 관리, 생산비 결정, 출자금 관리, 회계처리, 생산지 방문, 환경정화를 위한 활동 등에 관한 사항을 결정한다.

제5조(부칙)

1. 모든 생산물은 현물거래를 원칙으로 하며 생산비를 보장하도록 한다.

2. 출자금 중 1/2이상을 운영위원회의 결정을 통해 생산자에게 무이자로 대여한다.

3. 별도의 사무실이나 경영인은 두지 않고 소비자와 생산자가 직접 경영한다.

4. 모든 사고 발생시 책임은 모든 회원이 함께 부담하는 것을 원칙으로 한다(극심한 병충해로 인한 폐농위기 등).

5. 기존의 구역 중 나눔에 참여하지 않을 때는 운영위원회의 의견을 거쳐 일정기간 동안 생산물의 공급을 유보한다.

이 회칙을 가지고 1991년 6월 25일 한울회는 역사적인 창립총회를 열게 되었다. 장소는 전북 부안군 변산의 유기농산물 생산자 이준희 씨 댁이었다. 이준희 씨는 지금은 고인이 된 오건 씨의 부인이다. 오건 씨는 소설가 오영수 선생의 아들로 동국대 농대를 졸업하고 변산에 자리잡은 후, 농사를 지으면서 농민운동에도 힘을 기울인 분이다. 그는 일찍이 농약이나 화학비료, 제초제 등의 폐해를 깨달아 유기농법을 실천해온 선구자였다.

온갖 어려움을 무릅쓰고 3년 이상 유기농법으로 농사를 지어온 생산 농가 8가족과 운영위원을 비롯한 소비자들은 이날 총회에서 정식으로 인사를 나누었다. 공식 순서가 끝난 후 우리들은 많은 이야기를 나누었다.

농사를 시작한 초기 이들은 관청이나 주위사람들의 몰이해로 여러가지

어려움을 당한 적이 많았다고 한다. 유기농업에 대한 인식이 확산되기 이전이었기 때문에 그들이 생산해내는 유기농산물들도 자연히 제대로 그 가치를 인정받을 수 없었다고 한다. 이런 상황에서 그들이 아무리 힘겹게 농사를 지어 수확을 얻어도 판로가 없어 밭을 그냥 뒤엎기 일쑤였다고 한다. 한울회가 결성되기 바로 전해에는 배추 1천포기를 고스란히 뒤엎어버린 일도 있다고 한다.

생산자들은 농약없이 농사를 지으려면 자신과의 싸움에서 이길 수 있는 믿음과 의지가 투철해야 된다면서 벌레를 잡기 위해 논에다가 농약 대신 고춧가루를 뿌리기도 했다는 우스우면서도 가슴뭉클한 일화를 들려주기도 했다. 어느 생산자는 열심히 농사짓겠다고 말하면서도, 소비자와 생산자의 처지 중에 하나를 택하라면 돈주고 사먹는 소비자쪽을 택하겠다고 하여 우리들의 마음을 무겁게 하기도 했다.

이날 총회는 회칙을 확정하고 운영상의 여러 문제를 검토 결정하는 공식 절차 외에도, 소비자들에게는 유기농업의 어려움과 가치를 깨닫게 되고, 생산자들에게는 판로 걱정없이 농사를 지을 수 있는 믿음을 갖게 되는 계기가 되었다. 소비자와 생산자가 한 가족처럼 서로 믿는 가운데 손잡고 일할 것을 다짐하면서 창립총회를 마쳤다.

한울회 초기의 어려움

생산지에서 농산물을 가져오기 시작한 지 두달만에 창립총회를 치르고 희망에 찬 출발은 하였으나 의욕처럼 모든 일이 쉽게 이루어지진 않았다. 운영위원들간의 의견차이, 나눔방법의 비효율성, 공급과 소비의 불균형, 회원들의 소극적인 협조 등 여러 문제점이 발생하여 정상 운영이 매우 어려웠다. 이러한 문제점을 해결하기 위해 운영위원들은 거의 매일 모여 숙의를 거듭했으나 만족할 만한 방안을 찾기 어려웠다. 운영위원들은 장시간의 회의로 지칠 대로 지쳐서 집으로 돌아가곤 했다.

신선한 채소를 가져오기 위해 새벽에 밭에서 뽑아 그날 오전 중에 소비자들에게 나누어주자는 원칙을 정하니 생산자들은 어두컴컴한 새벽에 일어나 작업을 해야 했다. 개별포장할 시간이 없기 때문에 큰 자루에다가 농산물을 한가지씩 담아 트럭에 그대로 싣고 구역으로 보낼 분량을 나누어서 각 구역 이름이 쓰인 바구니에 담아 차에 싣는다. 그 다음엔 소비자 차당번 한사람이 타고 회원들이 있는 각 아파트 구역으로 가서 나눔을 행한다. 각종 농산물을 받은 구역당번은 저울을 들고 나와 그 농산물을 다시 회원 수만큼 나누어서 소비자들에게 전달한다.

이런 번거로운 과정을 거치다보니 운영위원들은 운영위원대로 지치고, 구역당번은 구역당번대로 지치며, 또 일반 소비자들은 주문을 했건 안했건 나누어주는 대로 먹어야 했다. 어떤 때는 받은 양이 너무 많아 냉장고에 넣어두었다가 썩혀버리게 되는 경우도 있었다. 회원들의 불만이 생기기 시작하였다.

밭에서 뽑아 그대로 자루에 담는 생산자들은 수고를 좀 덜 수 있었고, 생산물을 거의 소비시킬 수 있었으나 소비자들에게는 부담스러운 일이었다. 이렇게 하다가는 장기간 운영이 어렵겠다는 판단으로 소비자들이 주문을 하는 품목만 공급을 하되 잉여농산물은 최대한 소비를 해주기로 했다. 그리고 생산자들은 개별 소비자에게 바로 나누어줄 수 있도록 소포장을 하기로 했다. 이렇게 함으로써 소비자들은 수고를 덜게 되었으나 생산자들은 그만큼 수고를 더하게 되었다. 지금까지 이 방법은 계속되고 있다. 한울회는 이렇게 시행착오를 겪으면서 하나씩 하나씩 합리적인 방법을 찾아 고쳐나갔다.

그런데 다음에는 농산물 신뢰도 문제로 운영위원들 사이에 이견이 생겼다. 요즘은 무공해라는 말이 아무데나 다 붙는다. 그러나 생산자의 얼굴을 모르는 농산물은 아무리 무공해라고 한들 믿기 어렵다. 우리 한울회는 소비자들이 생산지를 가끔 방문하여 생산자의 얼굴을 알고, 돈독한 인간관계를 맺으면서 생명운동의 차원에서 가장 바람직한 운영을 하고 있는 모임이라는 자부심을 갖고 있었다. 그런데 엉뚱하게도 우리가 갖다 먹는 농산물이 무공해가 아니라는 의심을 운영위원 몇명이 하게 된 것이다. 생산자 집을 방문했을 때 구석에 놓여있는 농약통을 발견했던 모양이었다.

운영위원들은 차마 직접 물어보지는 못하고, 마음속으로 의심을 하며, 이리저리 유도질문을 하며 불안한 가운데 한달 이상 농산물을 받아 먹었다. 그러다가 대표 운영위원을 맡고 있던 회원 한분이 이 문제를 마침내 생산자 대표에게 따지게 되었다. 생산자 대표는 큰 충격을 받은 듯했다. 아무리 불신이 팽배해 있는 사회라고는 하지만 자신들의 근본을 의심하는 것은 참을 수 없는 일이라고 생산자들은 생각했던 것 같다. 급기야는 나눔을 중단하는 사태가 벌어지게 되었다.

이 일로 인해 생산자들은 심한 마음의 상처를 안게 되었다. 농촌 사람들은 도시 소비자들에 대한 피해의식이 강한 사람들이다. 약삭빠르지가 못하기 때문이다. 약삭빠른 것과 농사는 정반대의 성질이기 때문에 도시 소비자들에게 기가 눌리는 것 같은 느낌을 갖게 된다.

그들 역시 한울회를 시작하면서 끝까지 잘될 거라는 확신을 가지지는 못했을 것이다. 그러나 희망을 가지고 있었고, 열심히 의욕적으로 해보려 하다가 이런 일을 당하니 도시 소비자들에 대한 그들의 선입견을 정당화시켜주는 결과밖에 안된 것이다. 생산자 대표는 이렇게 믿지 못하는 세상 어떻게 살아가느냐고, 앞으로 농업에 대한 희망이 어디 있겠느냐고 한탄하며 심한 좌절감에 빠져 고민을 많이 한 모양이었다.

나는 초기에 두달간 구매를 맡고 있다가 운영방법상의 의견차이로 몇달 동안 쉬고 있을 때였기 때문에 자세한 내막을 알지 못하였다. 어쨌든 수습을 해야 했다. 생산자들을 만나 이야기를 듣고, 운영위원들을 만나 이야기를 들어보았다. 서로 오해가 있었음이 드러났다. 그 농약통은 농약을 치기 위한 것이 아니라 야채효소나 현미식초를 물에 타 농작물에 줄 때 쓰이는 분무기라는 것이었다. 우리 소비자들이 농사짓는 생산자들보다 농사에 대해 더 잘 알고 더 잘 짓는다는 것인가, 서울 안 가본 사람이 가본 사람을 이긴다는 말이 있듯이 농사 안 짓는 사람이 농사짓는 사람을 이긴 격이 되어버린 사건이었다.

91년 10월, 이 일로 한울회를 계속할 것인지 포기할 것인지를 결정하는 임시총회가 열렸다. 회원 일부에서 여전히 의심을 버리지 않아서였다. 회원 대다수는 계속하자는 견해를 갖고 있었다. 어느 쪽의 실수이건 서로 감싸고, 격려하면서 유기농업을 계속 발전시켜 나가자는 의견에 많은 사람들이 찬성을 하였다. 그러나 그 후유증은 한동안 계속되었다.

궤도를 찾은 한울회

임시총회로 고비를 넘긴 지 두달 후인 1991년 12월부터 나는 구매위원을 다시 맡게 되었다. 모든 농산물의 주문과 공급이 구매위원을 통해서 이루어지기 때문에 일의 성질상 나는 한울회 운영의 주축이 될 수밖에 없었다. 운영위원들은 서로 합심하여 체계를 잡아나가기 시작했다.

매주 열리다시피 한 운영위원회는 격주에 한번씩 열렸고, 정기총회는 일년에 두번, 가족모임의 날 행사는 일년에 한번 열게 되었다. 총회 때마다 회지 발간이 이루어졌고, 다달이 농산물 정보와 소비자 소식을 전하는 소식지도 발간되었다. 그리고 한울회의 상징 마크도 만들었다. 이익금(운영자금)도 제법 많이 비축되었고, 회원 수도 차차 늘어서 100명이 넘게 되었으며, 회원들의 인식도 높아갔다. 나눔방법도 시행착오를 거듭하며, 가장 합리적으로 되어갔다. 각 구역마다 먹을거리를 받는 당번을 일정 기간을 정해놓고 윤번제로 하며, 나눔을 시행하는 날은 전 회원이 돌아가며 한번씩 차에 타도록 했다. 차는 생산자가 월부로 구입을 해서 생산자가 직접 먹을거리를 운반하게 되었다. 차당번은 생산자 1명, 소비자 1명으로 나눔에 관여하는 사람은 운전자까지 세사람이었다.

개인용달을 이용하면 운전기사가 농산물과 관계가 없는 사람이라 먹을거리 다루는 것에서부터 생산자와 차이가 난다. 생산자가 운전을 하면 소비자들의 반응도 알고, 생산지 사정도 알려줄 수 있어서 이해가 쉽게 되고 친근감도 몇배로 늘어난다.

차가 각 구역에 도착하면 그 시간부터 장이 선다. 수고하는 차당번들에게 간식을 갖다주기도 하고 일주일만에 만나는 얼굴들은 와자지껄 떠들썩하다. 구역당번은 회원들이 주문한 것들을 미리 계산해놓고 회원들이 오면 그 자리에서 돈을 받는다. 그리고 회원들은 그 자리에서 다음 주에 주문할 품목을 노트에 기록해놓고 먹을거리를 갖고 헤어진다. 늦게 오는 회원들은 당번 집으로 가서 찾게 된다. 어떤 구역은 먹을거리 찾아가는 시간을 정해놓고 그 시간에만 당번 집에 가서 찾아가도록 하기도 한다. 당번은 그 중에 받은 돈을 영수증의 액수와 맞춰 주일별로 은행에 가서 송금해야 한다.

회계위원은 각 구역별로 보내온 돈을 관리하며 한달에 한번씩 생산자 개개인에게 생산비를 부쳐준다. 먹을거리의 소비자 가격은 보통 농산물 생산가격에 10~20퍼센트를 덧붙인다. 그 이익금은 운임비와 총회, 가족모임 등 행사비용으로 쓰이게 된다. 먹을거리의 주문은 각 구역별 주문량을 차 탈 당번이 집계해서 구매위원에게 연락하면, 구매위원이 생산지에 알려주는 방법으로 진행했으나, 작년 12월부터는 그 방법을 달리하고 있다.

각 구역 대표들은 자기 구역 관리와 전체의 일을 한가지씩 담당한다. 예를 들어 구매, 회계, 쌀 회계, 출자금 관리, 연회비 관리, 회지 편집, 소식지 담당, 봄철 딸기구매 담당 등 일을 골고루 분담을 하여 서로 돕는다. 운영위원들은 모두 모여 회의를 잘하기 위한 한 방편으로 일명 뽑기계라는 것도 하는데, 여기서 얼마씩 적립을 해두었다가 생산자가 운영회의에 참석했을 때, 식사대접을 하거나 생산자 가정의 애경사에 운영위원들의 이름으로 할 필요가 있을 때 쓰기도 한다. 구역별로도 한달에 한번 정기모임을 갖기도 한다.

생산자와 소비자는 한 가족

해가 거듭할수록 생산자와 소비자는 한 가족 같은 관계로 발전하게 되었다.

한울회의 생산자들은 모두 젊은 사람들이다. 유기농은 관행농업보다 힘든 방법이므로 나이든 분들은 힘들어서도 못하고, 모험해보려는 의욕이 적기 때문에 실제로 유기농업을 시작하는 것을 두려워한다. 수입보장이 확실하다면 상황이 달라지겠지만.

젊은 생산자들은 대부분 노부모를 모시고 산다. 그래서 부모들과 갈등이 많았다. 벌레와 싸우는 것도 힘들지만, 농약 안 치는 농법에 확신을 갖지 못하는 부모님을 설득하는 일은 더 힘이 든다. 그래서 초기에는 부모와 의견대립으로 냉전도 하고 그러는 모양이었으나 요즘은 대부분 협조를 잘해주신다고 한다.

생산자의 아들 중에 병규라는 아이가 있다. 병규는 두부를 만드는 생산자 김복원 씨의 아들이며 생산자 정경식 씨의 생질이다. 지금은 7살이 되었는데, 이 아이가 우리 한울회 생산자와 소비자를 이어주는 단단한 끈이 되는 일이 있었다.

한울회가 문을 연 지 두달 정도 된 91년 6월쯤, 생후 7개월된 아이가 이유도 없이 체중도 안 늘고 시름시름 앓아서 그 동네 병원에 가니 전주 큰 병원으로 가라고 한다는 말을 생산자가 전해왔다.

마침 회원의 남편 한분이 내과 원장님으로 계셔서 데리고 가니 소견서를 써주고 대학병원으로 가라는 것이었다. 대학병원에서 검진을 받은 결과 콩팥이 양쪽 다 이상이 있다는 것이었다. 어쩌면 신부전증까지도 갈 수 있다는 의사 선생님의 말씀에 운영위원들은 가슴이 떨리기만 했다.

콩팥을 뚫어주는 수술을 해야 하는데 체중이 모자라서 못하니까 부지런히 먹여 체중을 늘린 다음에 하기로 하고 일단 병원에 입원을 했다. 1차 입원이 보름 이상 걸렸는데 한울회 회원들은 번갈아가며 병문안을 했고 어려운 생산자를 돕기 위해 성의껏 모금을 하여 전달도 했다.

몇개월 뒤 감기로 건강이 악화된 병규는 다시 입원을 하고 콩팥 수술에 들어갔다. 한쪽을 먼저 하고 퇴원했다가 다시 입원해 남은 한쪽을 마저 수술하였다. 의사 선생님은 수술을 하더라도 어렸을 때는 소변량이 적으니까 감당할 수 있다 하더라도, 커서 배설량이 많아지면 그 콩팥이 감당할 수 있을지는 장담할 수 없다고 하였다. 병규는 건강하게 되어서 꼭 행복하게 살아야 한다고 모두들 입을 모았다. 그때마다 우리 소비자들은 어려운 병규네를 돕기 위해 최선을 다했다.

우리의 끈이 된 병규는 93년 5월 어느날, 나태해져가던 우리 소비자들을 다시 불러냈다. 그날 생산자 대표가 운영위원회에 참석하고 돌아갔는

데, 그날따라 나는 이상하게 마음이 어두웠다. 생산자의 뒷모습이 괜히 안쓰럽고 측은하게 느껴져 마음이 안정이 되지 않았다. 그래서 저녁 7시가 넘어서 전화를 해보니 생산자 대표 부부가 병규 때문에 부안병원엘 가려고 택시를 불렀다고 했다. 왜 그러느냐고 물으니 울음섞인 소리로 병규가 다쳐 피를 많이 흘려서 그런다고 하며 병원에 가면 다시 연락해주겠다고 했다. 나는 운영위원들에게 연락을 했고 곧바로 나갈 수 있도록 준비를 하고 전화를 기다렸다.

병규는 생명이 위독해서 전주 큰 병원으로 갔다고 했다. 나는 밤중에 회계를 맡은 운영위원과 대학병원으로 달려갔다. 응급실에 가보니 아이는 머리 정수리를 곡괭이로 맞아 피를 많이 흘리고 있었다. 부모가 산밑의 땅을 밭으로 일구느라고 곡괭이질을 하고 있는데 놀고 있던 아이가 갑자기 뛰어들었다고 했다. 그 아버지는 자기의 곡괭이에 아들이 다쳤다는 사실에 넋을 잃고 사색이 되어 한마디도 하지 못했다. 온 식구가 일하던 옷에 피범벅이 되어 있었다.

우리는 그 병원 의사 선생님으로 계신 회원 집에 전화를 해서 도움을 청했다. 뇌수술을 해야 된다고 했다. 머리뼈가 눌려있는 상태라서 들어올리는 수술을 하지 않으면 생명에 지장이 있고, 수술을 할 때도 그 부위가 모든 혈관이 지나가는 자리여서 만의 하나 그 부분을 건드리게 되면 목숨을 잃을 수도 있다고 했다. 보호자는 그 각서에 울면서 도장을 찍었다.

밤 11시, 수술은 시작되었다. 밖의 대기실에서 생산자와 우리들은 아무 말도 할 수 없었다. 오로지 기도만 할 수 있을 뿐이었다. 왜 이들은 이렇게 힘들게 살아야 하는지, 올바르게 살려고 하는 이 사람들에게, 정말 열심히 살아보려고 하는 이들에게 왜 자꾸 이런 일이 일어나는지, 괴롭기만 했다.

수술시간이 길어지자 우리들은 더욱 긴장된 분위기속에서 마음이 초조해졌다. 새벽 1시가 조금 지나자 의사 선생님이 웃으며 나오셨다.

"수술은 잘되었습니다."

우리는 번갈아가며 가운을 입고 회복실로 들어갔다.

"병규야, 이 녀석아, 너는 아주 건강하게 자라서 뜻있는 일을 하는 사람이 돼야 해. 그게 마음 졸이면서 키운 너의 부모님께 보답하는 길이야."

그제서야 우리는 웃을 수 있었다.

그후로 15일의 입원기간 동안 소비자 회원들은 구역별로 당번을 정해 병규 엄마 식사를 병원으로 날랐으며 모금을 해서 전달했다. 이 기간 동안 우리는 한 가족임을 다시 확인할 수 있었다. 개구쟁이 병규는 지금 아주 건강하게 잘 크고 있다.

소비자와 생산자의 신뢰의 끈이 단단하게 된 것은 정기적으로 치러지는 행사의 도움도 컸다. 일년에 두번 갖는 정기총회는 봄, 가을로 나눠 봄에는 소비지인 전주에서, 가을에는 생산지인 변산에서 열린다. 소비자 교육은 주로 이때 하게 된다. 관련된 전문가를 초빙해서 강의를 듣고 생산자들을 만나 이야기를 나누면서 먹을거리와 자연에 대한 새로운 인식을 하게 된다.

또 정기적인 행사로 가족 모임의 날이 있다. 여름에 바닷가에서 열렸는데 이때는 정기총회와는 달리 생산자와 소비자 온 가족이 모여 점심을 먹고 게임을 하고 막걸리를 마셔가며 풍물놀이를 한다. 너와 나 구별없이 한판 어우러지고 나면 진짜 한 가족이 되어버린다. 올해는 생산자들이 조금 한가한 3월에 모일 예정이다.

어린이들을 위한 행사도 있다. 그것은 미래의 주역이 될 2세, 즉 생산자 자녀와 소비자 자녀를 농촌에서 하룻밤 같이 지내게 하면서 유기농업과 환경보전의 중요성을 인식하게 하는 자연학교이다. 이들은 여기서 흔히 즐기는 음식들의 위험성을 알게 되고, 콜라에 치아를 넣어보는 실험도 한다. 그리고 자연관찰, 캠프파이어, 농사일 해보기 등 다양한 프로그램을 접한다.

또 소비자 운영위원들은 음력 설날에 생산자 가족에게 선물을 하고 생산자들은 격포바다에서 캔 조개나 유정란 등을 전회원들에게 선물로 보내오곤 한다.

이렇게 행사 때마다 만나고 선물을 주고 받으며, 소식지를 나누는 과정에서 신뢰감을 쌓아가게 되었다.

생산자와 소비자가 한 가족이 되는 것은 참으로 중요하다. 지속적인 생명운동을 위해서는 얼굴과 얼굴이 만나 신뢰를 돈독히 하는 것이 무엇보다 우선되기 때문이다. 생산자들은 먹어줄 얼굴들을 생각하며 농사를 짓게 되고, 소비자들은 애쓴 얼굴들을 생각하며 식사를 하게 된다. 그 먹을거리는 단순히 물과 퇴비만을 주고 키운 것이 아니라 인간의 신뢰와 우정과 신임을 주어서 키운 것들이기 때문에 세상의 어느 것보다 살아있는, 생명력이 넘치는 사랑의 먹을거리라 할 수 있을 것이다.

94년 이후의 진통과 변화

서로 가족 같은 신뢰감을 가지고 나눔활동을 하는 가운데 소비자와 생산자들은 94년 봄, 정기총회를 성공적으로 끝마쳤다. 이현주 목사님의 강연을 듣는 기회를 마련하면서 문을 개방하니 한울 생산자가 아닌 다른 생산자들도 관심을 가져주었고, 소비자들도 많은 관심을 가졌다.

그 자리에서 유기농법으로 농사를 짓겠다고 나서는 외부의 생산자가 몇명이 있었다. 그들은 대학을 졸업한 후 농사 자체에 확신을 갖지 못하고 갈등을 겪고 있던 차에 한울회의 소비자를 만나면서 결심을 한 것 같았다. 그후 두명이 3년 동안 유기농법으로 농사를 지은 뒤 ─ 땅이 살아나기 위해서는 3년이 걸린다 ─ 정식으로 회원이 되었다. 그래서 정식회원으로 있는 생산자가 10가구로 되었고, 계절마다 과일을 공급해주는 비회원이 몇명 더 생겼다.

94년의 한울회는 상당히 희망적이었다. 3년이 넘는 동안 한울회원들은 알뜰하게 살림을 하고 나눔활동을 한 끝에 순이익금으로 1,000만원이 넘는 돈을 적립할 수 있었다. 따지고 보면 한달에 평균 20여만원 정도 이익금이 생기는 꼴이었으니, 유급직원을 둔다는 것은 상상도 할 수 없는 일이었다.

운영위원들은 앞날에 대한 기대에 부풀었고, 원대한 계획까지 세워보았다. 회원 수도 늘고, 품목도 늘어서 자금이 많이 모이면 매장도 하나 내고, 실무자를 두고 본격적인 나눔활동을 하기로 하였다. 그리고 생산자들의 자녀들이 커감에 따라 교육문제가 심각하게 대두될 때 전주에 집을 하나 얻어서 그 자녀들이 원하는 교육을 받게 해주자는 의논도 하였다.

이런 분위기에서 소비자와 생산자들은 나눔활동을 더 적극적으로 하였다. 그 결과 회원수가 130여 가구로 늘어나게 되었다. 그 무렵 전주에는 유기농 직거래 단체가 4개가 있었다. 한울회만 유통 실무자 없이 생산자·소비자가 직접 나눔활동을 했고 나머지 3개 단체는 모두 유통 실무자를 두고 있었다. 그들은 적자를 면치 못하였다. 그래서 두개의 단체가 통합을 하더니, 나머지 한개 단체도 마저 통합을 해버렸다. 94년 말에는 전북권의 소비자 단체가 전주에 2개, 군산에 1개, 모두 3개가 있었고, 전북권의 생산자로는 임실의 예가원과 변산의 '한울농장'이 있었다.

이 소비자 단체들은 각기 운영상의 문제점을 가지고 있었다. 군산의 '푸른 생활'은 생산지가 따로 없이 농산물을 여기저기서 가져오는 형편이었다. 그리고 임실 예가원과 연결되는 전주의 한길생협은 소비자 활동이 없어서 생산자들이 모든 주문과 나눔을 일일이 맡아 해야 하는 형편이었다. 한울회는 생산자와 소비자가 호흡이 잘 맞았으나 중간 실무자가 없어 주부들이 구매를 하다보니 적극적인 활동에는 한계가 있었다.

94년 11월, 그런 한계를 극복하기 위한 방안으로 전북권의 생산자·소비자·유통 3자가 연합하자는 의견이 나오게 되었다. 그러나 한울회에서는 소비자 회원수가 확보되지 않은 상태에서 통합된다면 소비자·생산자 둘 다 타격을 입을 수 있고, 두군데 생산지를 통합하게 되면 도태되는 생산자가 생길 우려가 있어, 지금의 가족같은 유대관계가 깨질 것이라는 결론을 내리고 이 문제를 일단 유보하기로 결정하였다. 그후 통합의 방안을 의논하기 위해 몇차례 더 모임을 가졌다.

95년으로 들어서면서 소비자 운영위원들은 중간 실무자의 필요성을 절실히 느끼게 되었다. 1주일에 한번 유기농산물을 받아 먹기 위해 소비자들이 해야 할 일이 너무 많다고 느끼기 시작한 것이다. 다시 말하면 5년째 변화없이 같은 방법으로 하는 활동에 지치기 시작한 것이다. 솔직히 나도 일주일에 3일 이상 매달려야 하는 이 일에 많이 지쳐 있었지만 교체해줄 사람이 없어서 어쩔 수 없이 그대로 하고 있는 형편이었다.

운영위원들은 운영방법을 바꾸는 방향으로 끌어가기로 하였다. 그래서 전년도에 제기되었던 통합문제 중에서 일부를 받아들이기로 하였다. 즉, 한울회가 전주의 다른 소비자 단체인 한길생협을 흡수해서 통합하자는 의견이었다. 그렇게 되면 소비자들도 늘고, 실무자들도 생기게 되는 것이니 서로에게 득이 된다는 것이었다. 상업적인 성격으로 흘러가지 않도록 소비자 운영위원들이 계속 참여를 한다면 그보다 더 바람직한 일이 없을 거라는 생각들을 하였다. 한길생협쪽에서는 그전부터 여러번 제안을 해왔던 일이기 때문에 우리의 결정을 반가워했다. 그런데 한길생협의 나눔방식은 소비자 개인 가정에 배달을 해주는 형태였기 때문에 한울회와 같은 공동 나눔방식에 찬성하지 않는 한길회원들을 어떻게 할 것인가 하는 문제가 남아있었다. 최소한 6개월 이상을 준비기간으로 잡기로 했다.

95년 봄, 정기총회에서는 한길생협과 통합한 후 한울회를 소비자 생활협동조합(이하 생협)으로 전환하자는 안이 상정되었다. 이 운동을 시민운동으로 발전시키기 위해서는 생협중앙회에 가입해서 전국의 생협들과 연대활동을 하는 것이 바람직하다는 이유에서였다. 또한 생협법이 제정될 것에 대비해서 합법 단체로서 정통성을 가지고 활동하기 위해서였다. 그렇게 되면 취급하는 품목이 다양해지고, 소비자 활동도 활성화될 수 있으며, 나아가서는 UR타결에 대한 한 대비도 될 수 있다는 이점들이 있었다.

생협으로 전환하자는 안이 총회에서 통과되자 운영위원들은 절차를 밟기 위해 준비를 해야 했다. 그런데 나는 일년간 미국에 가 있어야 하는 일이 생겼다. 남편의 직장일 때문이었다. 나는 6월 말까지는 모든 일을 정리해야만 했다. 우선 체제에 맞게 이사장과 이사들을 선출했다. 모두들 사양하는 바람에 1년씩 돌아가며 일을 맡는다는 원칙을 세워서 선출을 하였다. 조직구성을 한 다음 우리의 정관을 생협정관에 맞게 수정하였다. 11월에 열릴 가을 정기총회를 생협이 창립되는 시기로 잡고 그동안은 지금까지 해왔던 방법대로 운영해나가기로 하였다.

나는 한울회가 더욱 활성화되리라는 기대를 하면서 95년 7월, 도피 아닌 도피를 하게 되었다. 미국에 있으면서 소식은 계속 접할 수가 있었다.

새로 선출된 이사장은 회지 편집이나 회계일을 맡아보았기 때문에 한울회의 실정을 잘 파악하고 있었다. 실무자를 두고는 운영이 안된다는 계산이 나왔기 때문에 책임자로서 무척 고심을 한 모양이었다. 숙고끝에 모험을 감행하기로 결정을 하자 이번엔 실무를 맡아보기로 했던 한길생협의 실무자가 못하겠다고 하였다. 그는 적자운영을 타개해나가는 데 자신이 없었던 듯싶었다. 자연히 생협은 해체될 수밖에 없었다.

한울회는 다시 원점으로 돌아왔다. 실무자가 있으면 차당번을 하지 않아도 된다는 희망을 갖고 있던 소비자들은 적잖이 실망했다. 온몸으로 나눔활동을 해야 한다는 데에 한계를 느낀 몇몇 소비자는 도태되기 시작했다. 운영위원들은 궁여지책으로 구매위원에게만 보수를 주어서 구역별 주문과 생산지 연락과 차를 타고 나눔하는 부분을 맡기기로 결정하고, 96년 봄 정기총회에 이 안을 내놓았다. 다른 구역 회원들은 이 안에 다 찬성을 하였으나 내가 속해있는 구역의 회원들은 반대를 하고 기존의 방법을 고수하기를 강력하게 원했던 모양이다.

총회 이후 이사장은 시부모님이 노환으로 앓아누우시는 바람에 이 일을 병행할 수가 없어서 사직을 했고 우리 구역의 회원 한사람이 구매위원 일을 맡았다. 몇달 운영위원들이 안간힘을 쓰며 운영을 했으나 주문량도 줄고 한달에 한번씩 계산해주는 생산비 지급도 밀리면서 한울회는 위기감마저 감돌았다. 무엇보다 구심점 역할을 하는 사람이 없어서 궁금한 점이 있어도 물어볼 데가 없었고 여름방학에 실시하는 자연학교 참가 희망자가 어디로 연락해봐야 할지 몰라서 참여하지 못하는 등 일이 매끄럽게 돌아가지 않았던 것 같다.

96년 여름 귀국을 한 나는 가을부터 다시 합류하였다. 가장 힘든 시기에 피해 있었던 것 같아서 미안했고 어려운 가운데도 끝까지 붙들고 이끌어온 운영위원들에게 감사했다. 막상 뛰어들고 보니 어디서부터 손을 대야 할지 막연했다. 한울회의 앞날이 암담하다는 생각이 들었다. 그동안

식어버린 의욕을 되살리는 것도 힘겹기만 했다.

우선 96년 봄 총회에서 부결되었던 유급 구매위원을 두는 문제를 가을 총회에 다시 상정하기로 했다. 그리고 총회 전에 각 구역별로 의사타진을 했고 취지문과 위임장을 돌렸다. 그 결과 가을 총회에서는 만장일치로 통과되었다.

그래서 작년 12월부터는 구매위원이 각 구역 주문을 받아서 생산지에 연락하고 일주일에 한번 나눔활동하는 날에 차를 타고 각 구역을 다니며 농산물을 공급하는 일을 하고 있다. 이렇게 하니 일반 소비자들은 구역에서만 나누면 되게 되었고 회계위원도 일하기가 훨씬 수월해졌다.

그러나 회원 수가 줄어든 마당에 지출을 더 하게 되었으니 적자운영을 면하지 못하는 점이 큰 걱정거리이다. 이제 남은 일은 회원 수를 늘리고 품목을 늘려서 흑자운영으로 돌리고 한울회 전성기에 가졌던 꿈들을 이루어내는 일일 것이다. 이 꿈을 이루어내는 일들은 아직은 멀고 험하게만 느껴진다. 소비자들의 참여와 이해도 점점 시들해지고 있기 때문이다.

생산지의 어려움

생산지 사정도 마찬가지로 어렵다. 돈이 될 수 있는 단일작물로 농사를 지으면 훨씬 편하게 할 수 있다. 그러나 소비자들의 식탁을 책임지기 위해 다양한 작물을 조금씩 구색갖추어 농사를 짓다보니 신경은 몇배로 쓰이면서 수익성은 별로 없다. 그러다 보니 생산자들 사이에도 까다로운 작물의 재배는 서로 미루게 된다. 그 문제는 생산자들이 서로 돌아가며 농사를 지으면 해결되는 일이다. 그런데 생산지쪽에서도 그들을 위한 중간 실무자가 필요하게 되었다. 소비자쪽에서 오는 주문을 생산자들에게 연락해주고 생산지에서 나오는 품목을 관리해주는 역할을 생산자들이 직접하다 보니까 농사일에 전념하기가 힘드는 것이다. 농사지을 시간을 뺏기고 자질구레한 일에 신경을 써야 하기 때문에 그들도 이제는 지치게 된 것이다. 장기적인 활동을 위해서는 약간의 수고비를 지급하더라도 중간역할을 해주는 사람이 있어야 할 것이다. 그들은 아직 그 일을 해줄 만한 사람을 구하지 못해 힘들어 하고 있는 실정이다.

그들에겐 마음에 짐이 되는 것이 몇가지가 있다. 그 중 가장 큰 비중을 차지하는 것이 아이들 교육문제이다. 어느 부모든 자녀가 될 수 있는 한 좋은 교육환경에서 양질의 교육을 받게 하고 싶어한다. 그들도 마찬가지 일 것이다. 그러나 그들에겐 그런 여건이 마련되어 있지 못하다. 그래서 자녀들이 크면 클수록 심리적으로도 경제적으로도 심한 위기감이 마음을 압박한다고 한다.

이런 그들을 더욱 힘들게 하는 것은 그 지역 주변환경의 변화이다. 그들이 농사를 짓고 있는 곳은 풍광이 빼어나기로 유명한 변산반도의 격포 근처이다. 그곳이 세상에 알려지면서 요즘은 사람의 발길이 닿지 않던 구석까지도 도로포장이 되었고 콘도미니엄이 들어서고 대중음식점이 들어서면서 관광 유흥지의 면모를 갖추어가고 있다.

이 지역의 변화는 농민들의 마음을 흔들어놓았다. 그들은 점차 농업을 포기하고 바닷가쪽으로 이주를 하여 상업에 종사하게 되었다. 지금은 유기농업을 하려는 한울생산자들만이 남았다고 해도 과언이 아닐 정도로 농사짓기를 그만두고 있다. 실제로 상업으로 전환한 사람들이 벌어들이는 수입을 옆에서 보게 되면 생산자들은 상대적인 빈곤감을 더 느끼리라.

상업지역으로의 인구이동도 큰 문제이다. 아이들이 다니던 초등학교가 이제는 분교가 되었고, 얼마 안가 폐교가 될 계획이기 때문이다. 반면에 상업지역의 학교는 학생들이 폭발할 정도가 되었다.

시골의 초등학교는 마을 주민들이 벽돌을 한장 한장 날라다가 손수 지어놓은 학교이다. 마을의 정신적인 터전인 것이다. 그런 학교가 존재해야 지역의 농업도 존재할 수 있을 것이다.

생산자들이 자신의 신념대로 유기농업에만 전념할 수 있게 된다면 얼마나 좋을까. 요즘 그 지역에는 골프장이 들어설 움직임이 일고 있다고 한다. 골프장이 들어서면 새로운 관광지로 각광을 받을 것이고 더 많은 관광인구를 유치할 수 있을 것이다.

그러나 전국적으로 몇 안되는 유기농업 생산지 중의 하나인 한울농장에는 아주 치명적이 될 것이다. 농약으로 유지해야 하는 골프장이 들어선 다면 그 지역 농토가 황폐화되리라는 것은 불보듯 뻔한 이치다. 농사를 지으라는 것인지 말라는 것인지. 젊은 귀농자들이 유기농업에 관심을 가지고 이 지역의 생산자들에게 도움을 받으려 하고 있고, 그 지역의 다른 생산자들도 올해부터 유기농 쌀을 재배하려 하고 있는 마당에 골프장이 들어선다는 것은 말도 안되는 일이다.

해결해야 할 문제들

한울농장의 농산물에는 생장억제처리를 하지 않기 때문에 양파나 감자 같이 저장해두고 먹는 식품은 싹도 잘나고 썩기도 잘한다. 그리고 예약해서 비축해놓은 쌀에도 벌레가 생겨 처리가 아주 곤란하다. 이에 소비자들은 93년부터 저온창고를 마련하기 위해 연회비를 1인당 1만원씩 내서 적립하기로 하였다. 장기적인 계획을 세우고 실천하고 있던 중 이 문제가 쉽게 해결될 수 있는 길이 열렸다.

변산 한울농장이 95년도에 유기농 영농법인을 통해서 정부의 지원을 받게 된 것이다. 덕분에 한울회원들의 숙원이었던 저온창고가 마련되었고 한울회 소유의 냉장차도 마련하게 되었다. 그동안 모으고 있었던 소비자 연회비 300만원도 함께 사용하였다. 그런데 생각지도 않았던 전기요금이 예상외로 많이 나와서 생산자들에게 부담이 큰 모양이다. 가격조정을 하는 방법으로 해결할 수밖에 없을 것 같다.

요즈음 정부에서는 농산물 수입개방에 따른 대비책으로 유기농 법인단체들에게 영농자금을 지원해주며 유기농업을 권장하고 있다. 정말 반가운 일이다. 그러나 자금을 지원해주는 것만으로 전부 해결되는 일은 아니라고 생각한다. 유기농업을 할 수 있도록 주변환경도 정책적으로 배려를 해주어야 한다.

또 한가지는 판로를 만들어주어야 할 것이다. 농약 안 치고 힘들게 생산한 농산물이 일반 농산물과 같은 취급을 받는다면 농사지을 의욕이 없어질 것이다. 그리고 수요는 없는데 농산물만 생산된다면 그것도 오래가지는 못할 것이다. 우리 한울회 생산자에게도 작년에 농사지은 무농약 고추가 아직 2천5백근이나 남아있다. 한울회의 적은 인원으로는 해결할 수가 없어 안타깝기만 하다.

생산에 필요한 또 한가지가 있다. 바로 퇴비 문제이다. 유기농업은 퇴비를 써서 하는 농업이다. 그런데 생산자들이 퇴비까지 만들어가며 농사를 지으려면 보통 힘든 것이 아니다. 퇴비를 사는 것은 너무 비싸서 엄두도 못낼 형편이다. 그나마 구하기도 쉽지 않다고 한다. 이 문제도 정부에서 퇴비공장을 설립해 싸게 공급해주는 길밖에 해결점이 없을 것 같다.

중간 실무자를 두는 문제는 소비자쪽은 유급 구매위원을 두는 것으로 해결하고 있고, 생산자쪽에서도 그 방법을 생각하고 있다. 이 문제를 해결하는 데도 같은 가치관을 가지고 있는 사람이 있어야 한다는 게 우선이겠지만, 궁극적으로는 기본 자본이 있어야 한다. 생명운동에 참여하는 사람들 사이는 팔고 사는 관계, 즉 돈이 개입되는 관계가 아니라 믿음과 신뢰를 나누는 관계이다. 그러나 모순되게도 모든 것이 돈이 개입되지 않으면 해결이 안된다. 너무 극단적인 생각처럼 들리겠지만, 한울회가 적자운영을 걱정하는 것도, 생산자들이 실무자가 필요하면서도 구하지 못하는 것도, 기본적인 시설을 하는 데에도 자본이 필요하기 때문이다.

우리 주변에는 유기농산물을 먹고 싶어도 먹지 못하는 사람들이 많다. 한울회는 주부들이 공동나눔을 하는 방식이기 때문에, 직장에 다니거나 공동나눔방식에 부담을 느끼는 주부들은 들어올 엄두를 내지 못한다. 이들을 위해서는 직매장이 필요하고 상주하는 관리자가 있어야 한다. 현재 자본 확보가 어려워 사무실도 없이 운영하고 있지만 결국에는 이런 방식으로 운영되어야 할 필요가 있다.

나는 한울회라는 단체가 변산 생산자와 전주 소비자 몇명만의 단체라고 생각하지 않는다. 지금은 적은 수의 여성회원으로 움직이는 조그만 단체이지만, 이 땅을 살리고, 살아가기에 건강한 환경을 만드는 데 초석이 되는 단체가 되어야 할 것이다.

희망을 가지고

이 글을 시작할 때 생각했던 막연하고 암담했던 한울회의 앞날이 조금씩 풀리기 시작하는 느낌이다. 한울회 생산자들은 주변여건의 악화에도 불구하고 유기농 법인을 구성하여 열심히 농사를 짓고 있다. 그 영향으로 주변의 농민들이 몇차례에 걸친 교육 끝에 유기농 쌀생산 조직을 만들어 올해부터 무농약 쌀을 생산하기로 하였다고 한다. 이제 이 변산지역에는 무농약 쌀을 통해 유기농업 인구가 확산될 전망이다. 얼마나 희망적인 일인가. 생산자들의 이런 노력에 발맞추어 소비자들도 좀더 적극적인 활동을 할 것이다. 우리 한울회는 요즘 새로운 꿈을 하나 가지고 있다. 그것은 한울회의 공동농장이자 생태마을을 만드는 일이다. 소비자의 참여가 있어야만 이루어지는 일이긴 하지만 그래도 희망을 가져본다.

몇년 전 신문에서 외국인이 본 우리나라의 환경실태라는 글을 읽은 적이 있다. 그 외국인이 몇년 동안 한국에 살면서 가장 크게 느낀 것은 한국은 어떠한 문제 혹은 이슈에 대해서 지속적인 관심과 구체적인 행동으로 옮기는 능력이 부족하다고 했다. 다시 말하면 큰 사건이 있을 때 임시적으로 구호를 외치는 것은 잘하지만 지나면 쉽게 잊어버리고, 또한 개개인 지속적인 참여와 실천능력이 부족하다는 말이었다. 참으로 옳은 말이다. 지속적인 참여가 얼마나 힘든 것인지는 나도 한울회를 통하여 경험하고 있는 사실이다.

한동안 매스컴에서 쌀수입개방으로 인한 농촌의 타격을 줄이기 위한 방안으로 유기농업 권장과 도농직거래를 권장하는 내용을 많이 다루었다. 이러한 내용은 일회성이 아니라 관심을 가지고 지속적으로 다루어져야 할 것이다.

유기농직거래는 여러가지로 좋은 점이 많다. 우선 중간유통이 없으므로 생산자는 생산비를 보장받을 수 있고, 소비자는 생산비에 가까운 가격으로 먹을 수 있다. 또한 생산자들은 먹을 소비자가 있으므로 안심하고 농사에만 전념할 수 있고, 소비자는 안전한 먹을거리를 가족에게 제공할 수 있다. 이런 단체들이 많이 생기면 그만큼 유기농 생산자가 많이 늘어날 것이고 농업인구가 늘어날 것이다. 그렇게 되면 갈수록 떨어지는 식량 자급률을 높일 수 있고 더 나아가 이 땅을 살릴 수 있게 되고, 우리 후손에게 건강한 삶터를 물려줄 수 있을 것이다.

물론 정부에서도 임기응변식이 아닌 지속적이고 일관된 정책을 펴나가야한다. 이러한 단체들이 자꾸 생겨나도록 정책적으로 적극 권장하고, 육성해야 할 것이다. 그래서 더 많은 사람들이 유기농업을 하도록 해서 이농현상을 막아야 할 것이다. 이 길만이 값싼 수입농산물 홍수속에서 살아남는 길이다. (통권 제33호, 1997년 3-4월호)

땅에 뿌리박은 삶과 사상

땅에 뿌리박기 위하여

장길섭

6월 중순인 요즈음 나의 하루 일과는 창문이 훤히 밝아오는 아침 다섯시경에 일어나 장화를 찾아 신고 하우스의 양들이 밤새 잘잤는지 살펴보고 집에서 3백여미터 떨어진 논으로 가서 물꼬를 살피는 일로 시작된다. 논두렁을 처음부터 끝까지 골고루 밟고 지나가며 벼들에게 마음속으로 잘잤느냐고 인사하고 가끔은 쑥스럽지만 큰소리로 잘잤는지 물어보기도 한다.

여덟마지기 논을 고루 살펴보고 집으로 돌아와 양들에게 먹이를 주고 젖을 짜기 시작한다. 작년 봄에 강원도 홍천에 가서 35만원이라는 거금(?)을 주고 새끼양을 사왔는데 그것이 다 커서 올봄에 새끼 한마리를 낳은 것이다. 새끼는 암놈인데 제 어미보다 더 잘생겼다. 그놈은 제 어미처럼 사람을 몹시 잘 따라서 강아지처럼 사람에게 뛰어오르고 품에 안기려 해서 온가족의 사랑을 독차지하고 있다.

올해로 농사를 짓기 시작한 지 4년째로 접어들었는데 아직도 농사일이 손에 익지 않았는지 늘 손가락이 아파서 젖을 짜는데 시간이 많이 걸린다. 우리집 어미양의 이름은 '기린'이다. 목을 길게 빼고 나뭇잎을 따먹는

장길섭 — 《녹색평론》 초대 편집장. 홍성 풀무학교 전공부 농업교사.

것을 보고 기린같다고 해서 아들 정우가 붙여준 이름이다. 새끼양의 이름은 '애린'이다. 지난 4월 15일에 태어났는데 아이와 함께 새끼양의 이름을 뭘로 할까 의논하다가 아이가 '애기 기린'으로 하자고 해서 두자로 줄여 '애린'이라고 지었다.

젖을 다 짜면 젖병을 옮겨담아 새끼에게 먹이고 남은 것은 집으로 가지고 온다. 아내는 걸름망에 양젖을 부어 젖을 짤 때 들어간 티를 걸러낸 다음 끓여둔다. 그러면 아이가 들락거리며 목마를 때 한잔씩 마시는 것이다.

세 식구가 둘러앉아 아침을 먹고 난 후 나는 다시 논으로 나가 제초기나 손으로 논김을 맨다. 모낸 지 3주가 넘은 지금 풀이 새파랗게 올라오고 있다. 지금 때를 놓치면 논바닥이 온통 풀밭이 되어 거의 수확할 것이 없게 되고 만다.

혼자서 논김을 매는 일은 힘겹고 팍팍하다. 작년까지만 해도 세 농가가 함께 벼농사를 지었기 때문에 혼자서 김매는 일은 없었다. 막걸리를 한잔씩 나누며 서로 가슴에 접어두었던 이야기를 털어놓기도 하면서 시간가는 줄 모르고 즐겁게 일을 했었는데 올해는 각자 형편이 여의치 않아 나 혼자 벼농사를 짓게 된 것이다.

갖가지 상념에 휘둘리다가 힘겨움을 잊어보려고 숫자를 세어보기도 하고 호흡을 헤아려보기도 한다. 100까지 세면 다시 하지만, 잠깐 다른 생각을 하면 잊어버려서 처음부터 다시 세기 시작한다.

오전에 조금 서늘할 때 논일을 하고 1시경에 돌아와 양들을 살펴보고 풀을 조금 베어 넣어주고 점심을 먹는다. 아이가 유치원에서 돌아오는 2시경까지 쉬었다가 연장과 아이의 세발자전거, 마실 물, 새참으로 먹을 찐 고구마를 경운기에 챙겨싣고 아내와 아이와 함께 집에서 1킬로미터 정도 떨어진 밭으로 간다.

밭에는 조, 수수, 밭벼, 보리, 콩, 오이, 수박, 참외, 토마토, 마늘, 파, 솔부추, 참깨, 들깨, 고추, 호박, 옥수수, 고구마, 감자, 케일, 상추, 쑥갓, 아욱 같은 것들이 조금씩 심어져 있다. 논김 매는 일을 종일 하기에는 힘에 부쳐서 오후에는 밭일을 하는데 밭일은 뙤약볕에서도 제법 할 수 있게

256

되었다. 아내도 밭에서 김매는 일은 나보다 더 깔끔하고 빠르게 할 정도로 숙달되었다.

아이는 밭고랑 사이를 뛰어다니며 놀다 싫증이 나면 우리 밭 가까이에 살고 있는 친구를 불러 함께 자전거를 타고 놀거나 괭이와 삽으로 땅을 파며 논다. 콩밭을 매며 아내는 내년에는 콩을 조금 더 줄여서 심자고 한다. 타작할 때 너무 힘드니까 우리 먹을 것만 심자는 것이다. 그렇지만 매년 파종할 때마다 콩을 많이 심게 되는 것은 어쩔 수가 없다. 거름이 별로 필요하지 않은데다 적절한 윤작과 혼작을 계산하노라면 저절로 콩밭의 면적은 늘어나곤 하는 것이다. 게다가 환금작물로 심을 만한 작물이 내겐 뚜렷하지 않아 콩이나 조, 수수, 고구마, 들깨 같은 것을 많이 심게 된다.

해질무렵에 대충 일을 마치고 풀을 베어 경운기에 싣고 가족들과 함께 집으로 돌아와 양들에게 저녁을 주고 젖을 짠다. '애린'은 하루에 1킬로그램 정도의 젖을 먹는다. 하루 3킬로그램 이상 나오는 양유를 우리 가족과 애린이 다 먹을 수 없어서 앞집에 하루 500밀리리터씩 대주고 있다. 바깥일을 모두 마치고 나서 저녁을 먹다보면 어느새 아홉시가 훌쩍 넘어 잠잘 시간이 되어버린다.

나의 하루는 매일 특별한 일이 없는 한 이렇듯 집과 논과 밭을 맴돌며 사방 1킬로미터 경계를 넘지 않는 단조로운 생활이다. 강아지 한마리와 양 두마리, 아내와 아들이 하루종일 함께 엉켜서 돌아간다. 거의 매일 해 뜨는 모습을 보며 논밭으로 나갔다가 지는 해를 보며 집으로 돌아오는 일의 반복이다. 그러나 그런 생활이 지루하거나 힘겹지는 않다. 조금씩 자라고 있는 벼들을 살펴보노라면 그 자리를 떠나기가 싫을 정도로 보고 또 보고 싶고 대견하다. 내 품으로 파고드는 어린 양을 안아주거나 맑고 순한 눈망울을 들여다보는 것만으로도 시간가는 것을 모르기 일쑤이다.

내가 이러한 생활을 하게 되리라고는 6년 전까지만 해도 상상도 할 수 없는 일이었다. 내가 농사를 지으며 살게 된 것은 전적으로 《녹색평론》이라는 잡지와의 인연, 아니 《녹색평론》의 발행인이자 편집인인 김종철 선생과의 인연 때문이다. 선생과의 인연이 아니었다면 십중팔구 나는 여전히 어떻게 살아야 할지 몰라 방황하며 도시에서 허우적거리고 있을지도 모른다.

선생을 만나기 전까지 내가 받은 교육은 '잘 살아보세'라는 노랫말에 고스란히 보이듯 70년대, 80년대의 뻔뻔하고 염치없는 소득지상주의, 생산력지상주의의 물질만능교육이었다. 지독하게 가난했던 우리집 형편으로 보자면 나도 잘 살아보려고 열심히 공부하고 출세를 하기 위해 악착같이 살아야 마땅했을 텐데 이상하게도 나는 그러한 경쟁의 소용돌이에 지레 주눅이 들어 항상 무기력하고 의기소침하게 살아왔던 것 같다.

그저 걱정이 세끼 밥을 어떻게 해결할까 하는 것이었다. 인생의 목표나 꿈이라는 것은 없었고 어떻게, 무엇을 하며 살아야 하는지, 또 내가 무엇을 할 수 있는지 아무것도 알지 못했다. 열등감과 자기혐오, 무력감, 이런 감정에 끊임없이 시달리며 고등학교와 대학시절을 보냈다. 대학을 다닐 때 유일하게 할 수 있는 일이라고는 정신을 잃을 정도로 술을 마시거나 책을 읽는 것뿐이었다. 그 외에는 아무것도 할 줄 몰랐다. 나는 너무나 무지하고 어리석었다.

그렇게 80년대를 무능력하고 무기력한 자기자신에 대한 혐오감에 시달리며 하루하루를 힘겹게 견디며, 나는 이런저런 공장의 노동자로 전전하다가 건강마저 잃었고, 헌 책방을 하다가 망하기도 하면서 갈팡질팡 세상에 휘둘려 살았다. 그러다가 80년대 말에 단행본 출판사에 들어가 주로 소설책을 만들며 90년대를 맞이했다. 3년 남짓 출판사에서 일하는 동안 잘 팔리는 책을 만들어내라는 주문에 진저리를 치고 있을 때 나는 우연한 기회에 김종철 선생을 만나뵐 수 있게 되었다. 선생은 세계에 대한 무지, 나 자신에 대한 무지에서 벗어나기 위해 여러 해 동안 무턱대고 책을 읽어가는 도중에 내가 만난 분들 중에서 색다른 이야기를 하는 분이었다. 산업주의의 문제를 근본적인 관점에서 비판하고 가난하게 살아야 할 필요성에 대해서 이야기하는 사람은 오늘의 시대에서는 좀처럼 찾아보기 어려울 것이다. 나는 그분의 생각이 처음부터 내 생각이었던 것처럼 느꼈다.

나는 그분에게서 좀더 많은 것을 배우고 싶었다. 그래서 선생께서 《녹색평론》을 구상하고 계신다는 말씀을 들었을 때 곁에서 심부름이라도 하며 조금이라도 배우고 싶은 욕심에 내 능력은 돌아보지도 않고 당돌하게 자청해서 그 일을 내가 하고 싶다고 말씀드렸다. 선생을 만나뵌 지 1년이 훨씬 지나 내 소원이 이루어졌고 얼마 후에 나는 출판사를 그만두고 가족과 함께 대구로 내려갔다.

아는 사람이라고는 선생밖에 없었지만 새로운 생활에 대한 불안보다는 선생의 그늘에서 무엇이든 배워서 사람다운 사람이 되어보겠다는 욕심에 마냥 들떠있었다. 이제 더이상 굴욕스러운 상업주의의 압력에 굴복하지 않아도 되었다. 우리 시대에 가장 중요하고 좋은 잡지를 내 손으로 만든다는 자랑스러움도 내심 감출 수 없을 정도로 나는 기쁘고 행복했다.

소극적이고 자기혐오에 시달리던 내가 어떻게 자청해서 선생과 일하고 싶다고 이야기할 수 있었는지 지금 생각해도 이해가 되지 않을 정도지만 하여간 나는 그 당시 인생을 새롭게 시작하는 기분이었고 의욕에 넘쳐있었다.

그러나 그러한 기쁨도 순간이었다. 일을 해보니 내 보잘것없는 능력으로 그 일을 감당해내기에는 역부족이었다. 선생의 나에 대한 실망은 컸다. 없는 능력이 갑자기 생겨날 수도 없는 일이고 나는 온세상을 갑자기 잃은듯 비참하고 부끄러웠다. 몸도 자꾸 아프고 하루하루가 힘겨웠다. 필사적으로 노력을 했지만 될 일이 아니었다. 한번도 대도시에서 살아본 적이 없는 나는 도시에서 사는 것이 괴로웠다. 그렇지만 그런저런 이유를 다 떠나서 무엇보다 괴로웠던 것은 매호 잡지를 낼 때마다 교정을 보기 위해 최소한 대여섯번 이상 읽어야 하는 잡지의 내용이었다.

지금과 같이 거의 범죄적이라 할 만큼 낭비적이고 파괴적인 생활방식을 고집하는 한 우리에게 더이상 희망이 없고 우리 아이들에게 미래가 없다는 것이나, 농촌공동체를 복구하지 않고서는 생태위기를 극복할 수 없다는 것을 여러 각도에서 이야기하는 글들을 접하면서, 그것도 어떤 독자들보다 더 자주, 여러번 되풀이해서 읽다보니 내게는 그 메시지들이 너무나 절실하고 아프게 다가왔다. 이제 더이상 도시에서 내가 할 수 있는 일이 없다고 생각했다. 나는 정말 완전히 다르게 살고 싶었다.

더이상 내가 도시에서 《녹색평론》을 만드는 것말고 의미있게 할 수 있는 일이 없다면, 《녹색평론》을 그만둘 경우에 내가 할 수 있는 일이 무엇일까? 다시는 직장생활을 하고 싶지 않았다. 아침 저녁으로 출퇴근하고 월급받는 일을, 그것도 하고 싶지 않은 일을 하며 살고 싶지는 않았다. 내가 하고 싶은 일은 단 하나, 농사를 지으며 가만히 엎드려 지구에 부담을 주지 않고 조용히 사는 것이었다. 다른 것은 하고 싶지도, 할 능력도 없다고 생각했다.

가난이라면 내게는 너무나 익숙한 것이 아닌가. 나는 어릴 때부터 가난이 몸에 맞는 옷과 같아서 욕망을 억제하면서 살아오지 않았던가? 그때는 현실적으로 욕망을 충족시킬 힘이 없었으므로 아무것도 하지 않으려고 노력했고 그 때문에 무력감에 빠졌지만 지금은 분명한 좌표가 있지 않은가! 머리를 써서 생활하는 것보다 몸으로 하는 일을 하며 사는 것이 내게 편안한 것을 나 자신이 너무나 잘 알고 있지 않은가. 농사일에 진력이 난 사람보다 직장생활에 염증을 느낀 나같은 사람이 농사일에 알맞는 것이 아닌가. 이제 내가 고생하며 살아야 할 차례가 아닐까? 이런 생각들을 하며 아내를 설득하느라 대구에서 1년이 넘는 세월을 보냈다. 집안이 편안할 날이 없었다. 자고 나면 그 일로 싸우고, 싸우다 지쳐서 잠들고 하기를 거듭했다. 아내는 내가 인생에 패배하여 세상에서 도피하려는 것이라고 단정지었다. 다른 것은 명분이고 비겁한 자기합리화라는 것이었다.

지금 생각하면 어리석기 짝이 없는 노릇이었다. 조금이라도 내가 현명한 사람이었다면 시간을 두고 이런저런 모색을 해가며 큰싸움 없이 귀향할 수도 있었을 텐데 하는 자책이 들지만 이미 지나간 세월을 되돌릴 수는 없는 일이다.

그래서 결국 대구로 내려간 지 만 1년만에 내가 살던 경기도 양주로 다시 돌아왔다. (나는 고향을 일곱살 때 떠나서 아직 돌아가지 못하고 있다.) 땅 한평 없이 생계수단도 없이 무작정 농사를 그것도 유기농업을 하러 갈 수는 없어서 우선 내가 살던 마을에서 3킬로미터 떨어진 곳에 있는 풀무원농장에 들어갔다. 그곳에 들어가면 어떻든 먹고 자는 문제는 해결되고 덤으로 유기농업을 배울 수 있을 것이라고 생각했기 때문이었다. 가족들을 이끌고 그곳에 들어가 늦은 봄부터 이듬해 2월까지 있었다. 농사일을 한번 경험해보고 나와서 농장에서 지은 아파트를 얻어 이사를 하고 농장근처에 오래 묵은 묵정밭을 빌려 밭농사를 시작했다. 정농회 총무로 일하고 있는 김준권 형과 이웃에 있는 정농회원 두분과 함께 아무도 지으려고 하지 않는 수렁논을 얻어 논농사도 시작했다. 경운기로 밭을 갈 줄도 몰랐고 간단한 육묘용 비닐하우스도 지을 줄 몰랐다. 준권 형이 우리 밭에 와서 쟁기질하는 시범을 보이고 내가 한번 따라하면서 쟁기질하는 법을 배웠다. 비닐하우스 만드는 법, 쟁기와 로터리를 떼고 붙이는 법, 못자리 만드는 법, 제초기로 김매는 법을 하나하나 배워나갔다. 가축을 돌보는 법, 양젖을 짜는 법도 그분에게서 배워나갔다. 나는 이곳에서 또 한분의 스승을 만난 것이다.

어려운 일에 부딪치면 언제나 그분에게 찾아가서 도움을 청하고 그분은 자기 일을 접어두고 달려와 나를 도와주었다. 다른 이웃의 형들도 마찬가지였다. 나는 그분들에게 마음까지 의지하며 농촌생활에 적응할 수 있었다. 나는 삶을 유치원에서부터 다시 시작하는 느낌이었다.

내가 농촌생활에 적응해가는 동안 아내는 새로운 생활에 대한 두려움을 갖고 몇해 동안이나 자신이 원하지 않는 삶을 받아들여야 한다는 현실에 절망하여 때때로 자포자기 상태에 빠지기도 하고 나와 격렬하게 맞서 싸우기도 했다. 그러면서도 조금씩 농사일에 재미를 붙이기도 하고 가을에 추수를 하면 콩으로 메주를 만들어 띄우고 이듬해 봄에 된장, 간장을 친정어머니에게 배워가며 담글 줄도 알게 되었고 내가 심은 밀로 빵도 만들어보고 내가 심은 겉보리로 엿기름을 겨울에 길러 식혜도 만들고 고추장을 담그기도 했다. 콩나물을 겨우내내 길러먹을 줄도 알게 되었다. 정말로 쓸모있는 사람이 된 것이다. 우리는 농산물에 관한 한 이곳에서 생산하기 어려운 양파말고는 거의 대부분을 자급자족할 수 있게 되어서 시장에 전혀 의존하지 않을 정도가 되었다.

농장에서 나온 첫해에 농사를 지어서 번 돈이 2백50만원이었는데 경운기 한대 값에 지나지 않았다. 두번째 해에는 3백50만원 정도 벌었는데 영농비가 50만원 정도 들었다. 대부분의 농자재를 친구에게서 거저 얻어오거나 준권 형에게서 빌려썼기 때문에 돈이 들지 않은 것이다. 그러나 생활은 엄청난 적자였다. 이것을 버텨낼 수 있었던 것은 아내가 출판사일을 틈틈이 했기 때문이었다.

농사지어서는 식생활과 각종 세금을 내는 것도 벅찰 지경이었다. 이것은 내 능력의 문제이기도 하고 2, 3천평 규모의 자급자족을 원칙으로 하는 유기농업을 할 경우에 피할 수 없는 결론이기도 했다. 무엇인가 부업을 하지 않는 한 보통사람들처럼 생활하는 것이, 가령 경조사에 부조를 하고 명절에 친지를 찾아뵙고 아이를 학교에 보내는 일이 불가능하다는 것이 확실해졌다. 내 땅이 있고 가축을 조금 기를 수 있다면 문제가 조금 달라질 수 있다고 생각하지만 그렇다고 사태가 크게 바뀔 것 같지는 않다는 것이 내 생각이다. 이 지점에서 어떻게 할 것인가, 여기까지 왔는데 그 다음에는 어떻게 할 것인가. 아내와 나의 생각이 크게 갈리는 지점이 바로 이 문제이다. 더이상 이 상태로 계속 갈 수는 없다. 4년째 농사를 지었는데 농토를 마련할 돈을 마련하지도 못했고 겨우겨우 살아왔는데 이렇게 계속 살아간다면 우리의 미래가 너무나 암담하다는 것이다.

결국 가난을 받아들일 수 있느냐, 없느냐 하는 것이 우리 둘 사이에 핵심적인 문제가 된 것이다. 내 주장은 조금 더 깊은 시골로 들어가면 굳이 내 땅을 마련하지 않더라도 오랫동안 경작할 수 있는 땅을 빌릴 수도 있을 것이고 어떻게 대충 살 집만 마련하면, 그래서 자급자족하고 조금 남는 농산물로 생활필수품을 바꾸어 생활하는 데 만족한다면 현금 없이도 생활이 가능하고, 아이 교육은 우리 힘으로, 또는 대안교육을 생각하는 사람들과 함께 풀어간다면 오히려 재미있고 충만한 삶을 누릴 수 있지 않겠는가 하는 것이었다.

반면에 아내는, 최소한 남보다 표나게 잘살기를 바라지는 않지만 평범하게 남 하는 정도로 아이를 가르치며 살고 싶다, 불때서 밥하고 방 덥히고 전기도 없는 오두막에서는 죽어도 살 수 없다, 농사짓고 사는 것도 크게 양보한 것인데 더이상은 양보할 수 없다는 것이다. 다시 말해서 평범한 사람들이 누리고 사는 최소한의 현대적 생활방식을 버릴 수는 없다는 것이었다. 나는 그것마저도 버려야 한다는 것이고 ….

사실 누구라도 현대적 생활방식을 포기한다는 것이 쉬운 일은 아닐 것이다. 어느 수준에서 선을 그어야 할지 확실한 것도 아니다. 그러나 나는 농사를 지으면서도 여전히 아파트에 살며 현대적 소비생활을 계속하고 있는 이러한 상태가 말할 수 없이 불편하고 죄의식을 떨쳐버릴 수가 없다. 아내에게 나는 너무 혹독한 삶을 요구하고 있는지도 모른다. 이것이 서로가 건너뛸 수 없는 심연인지도 모르겠다. 나는 기독교의 원죄설을 인정할 수가 없었는데 요즈음은 우리가 우리 자신과 자연에 대해 가공할 만한 폭력을 휘두르고 무자비한 파괴를 매순간 일삼고 있는 한 우리 자신이 도저히 용서받을 수 없는 죄인이라는 생각이 들어 괴롭기 짝이 없다. 나 자신이 지체없이 지금과 같은 생활을 그만두지 않는다면 아직도 나는 세상의 진실을 모르고 있는 것이라고 생각한다.

나는 이제서야 겨우 내가 세상에 태어난 이유가, 그리고 내가 살아가는 목적이 외면적 성장이 아니라 내면적 성장이라는 것을 이해하게 되었는데 아직도 출발점에서 서성거리고 있다는 느낌을 지울 수가 없다. 아내도 이젠 우리 땅이 아니더라도 오랫동안 농사지을 수 있는 땅이 있으면 어디든 가자고 한다. 지난 겨울 우리 부부는 박경리 선생의 《토지》를 다시 읽었다.

(통권 제31호, 1996년 11-12월호)

나무의 생명과 목수의 지혜

니시오카 츠네카츠

나무를 장수케 한다

옛날의 궁목수와 오늘날의 목수와의 차이라면, 우선 나무를 선택하는 방식에 있지 않을까 합니다. 구전에 "당탑(堂塔)건립 목재는 나무를 사지 말고 산을 사라"라고 하는 것이 있습니다.

아스카(飛鳥) 건축이나 하쿠호오(百鳳) 건축은 동량이 산에 가서 나무를 선정합니다. 그리고 "나무는 생육방위 그대로 써라"라고 하는 것이 있습니다. 산 남쪽 켠에서 자란 나무는 가늘지만 강하고, 북쪽의 나무는 굵더라도 연약하고, 응달에서 자란 나무는 약한 것처럼, 생육장소에 따라 나무에도 각기 다른 성질이 생깁니다. 산에서 나무를 보면서 이것은 이러한 나무이기 때문에 거기에 사용하자, 이것은 이러한 나무이기 때문에 좌로 비틀린 저 나무와 짝을 맞추면 좋겠다, 이러한 것을 산에서 보고 알 수 있

니시오카 츠네카츠 (西岡常一) ― 1908년 일본 나라(奈良) 출생의 궁목수(宮木手). 대대로 법륭사의 건축물을 돌보는 일을 맡아온 일본의 명장(名匠)가의 후예로서 고대건축물을 취급해온 자신의 경험과 지혜 ― 그 자신의 말로, 기계나 컴퓨터로 전승될 수 없는 ― 를 얘기하는 여러 권의 저서를 갖고 있다. 우리말로 번역된 책 《나무의 마음, 나무의 생명》(최성현 옮김, 삼신각, 1996년)의 일부 내용을 허락을 얻어 발췌 · 전재하였음.

는 것입니다. 이것은 동량의 중요한 일의 하나였습니다.

지금은 이 일이 목재소에 맡겨져 있습니다. 그렇기 때문에 나무를 치수로 주문하게 되었습니다. 재질로서 사용하는 것은 상당히 어렵게 되었습니다. 재질을 보는 눈이 있으면, 이 나무가 어떤 나무인가를 보고 알 수 있습니다만, 상당히 어려운 일이지요.

이렇게 중차대한 일을 분업해서 하게 된 것은 역시 이렇게 하는 쪽이 편리하고 빠르기 때문이겠지요. 빠르게 좋은 물건을 만드는 것은 나쁜 일이 아닙니다. 그러나 속도만을 뒤쫓는다면 폐해가 뒤따르게 됩니다.

제재의 기술은 대단히 진보해왔습니다. 뒤틀린 나무조차도 곧바로 켤 수 있게 되었습니다. 옛날이라면 곧바로 제재하고자 하면 나무를 판별해야 했습니다. 그러므로 바꿔 말하면, 오늘날의 목수 쪽이 어렵습니다. 나무의 벽(癖)을 무시하고 제재했기 때문에 나무의 성질을 판별하는 데는 엄청난 힘이 요구됩니다. 제재의 단계에서 성질이 감춰지더라도, 그대로 비틀림이 사라지는 것은 아니기 때문입니다. 반드시 나무의 성질은 뒤에 나타나게 됩니다. 그것을 넘어다 본다고 하는 것은 쉬운 일이 아닙니다. 상당히 어려운 일입니다.

그러한 나무의 성질을 알기 위해서 나무를 보러 산에 가는 것입니다. 그런데 이 일을 그만두고 어떻게 했느냐 하면, 나무의 성격이 나오지 않도록 합판으로 해버린 것입니다. 합판으로 해서 나무의 벽이 어떻다는 둥 하는 일이 없도록 해버린 것입니다. 나무가 가진 성질, 개성을 제거해버린 것입니다.

그런데 벽이라고 하는 것도 나쁘다고만 할 것이 아니라, 사용하는 방법에 달린 문제입니다. 벽이 있는 것을 사용하는 것은 번거로운 일입니다만, 잘 사용하면 그쪽이 오히려 좋은 일도 있습니다. 사람도 마찬가지이지요. 벽이 강한 자일수록 명(命) 또한 강하지요. 저는 그렇게 느끼고 있어요. 벽이 없는 부드러운 나무는 약합니다. 힘도 약하고 내용연수(耐用年數, 목재가 되고 난 후의 나무의 생명)도 짧습니다.

오히려 개성을 파악해서, 그것을 살려서 쓰는 쪽이 강하고 오래갑니다.

개성을 중요시하기보다 평준화해버리는 쪽의 일이 훨씬 빠르다, 나무의 성격을 간파하는 힘도 필요없다, 그러한 훈련도 소용없다, 이렇게 되면 어제 목수 일을 시작한 목수도 아무런 문제가 없습니다.

그러나 본래 직인이라고 하는 것은 속도가 공(功)이었기 때문에 속도를 다투었지요. 그렇기 때문에 훈련도 하고 궁리도 했습니다. 그런데 일을 부탁하는 쪽이 보다 빠른 것을 원하기 시작했습니다. 조립식 주택이라도 빠른 쪽이 좋다는 것입니다.

그러자 지금까지는 손도구로 속도를 다투던 것이 기계로 바뀌고, 그 기계도 속도를 다투며 점점 진보해가고 있습니다. 전혀 그러할 필요가 없는데도 말입니다. 이렇게 되면, 나무의 성질이라는 것이 전혀 무시되어버리고 맙니다. 완전히 건조되지 않은 나무는 정밀하게 기계로 켜더라도, 곧 오그라든다거나, 곧바른 것도 그때뿐으로 곧 휘어져버립니다. 그래도 좋다라고 하는 것입니다.

그래서 이번에는 역으로 사용하기 쉬운 나무를 찾아갑니다. 구부러진 나무는 필요없다, 비틀어진 나무도 필요없다, 사용할 수 없기 때문이라며. 그러면 자연히 사용할 수 있는 나무는 적어지게 되지요. 그리고 사용할 수 없는 나무는 나쁜 나무라든가 필요없는 나무라고 하며 버립니다. 이래서는 자원이 아무리 많아도 부족하게 되지요. 거기다 목수에게 나무를 파악하는 힘도 필요없어집니다. 필요없는 것이기 때문에 그러한 힘을 기르는 일에도 소홀하게 되어, 마침내는 사라져버립니다. 이것은 나무를 다루는 목수가 나무의 성질을 모른다고 하는 것이므로, 대단히 곤란한 일이지요.

집을 짓고자 하는 주인이 빨리, 싸게라고 합니다. 2할 정도 더 들이면 200년은 지탱할 수 있다고 해도 그 2할을 아까워합니다. 그 2할 싼 가격으로, "우리는 괜찮다"라고 하는 것입니다. 200년도 버틸 수 없는 집이 돼도 괜찮다고 하는 것입니다. 천년생의 나무는 목재로서 천년을 갑니다. 백년생은 적어도 백년은 가지요. 그러나 그렇게 되지 않아도 좋다는 것이지요. 물건을 오래도록 살려 쓰는 일의 귀중함을 잃어버렸습니다.

옛날에는 집을 지을 때 나무도 심었습니다. 이 집은 200년은 갈테지.

지금 나무를 심어두면, 200년 후에 집을 지을 때는 안성맞춤일 테지. 이렇게 생각했습니다. 2, 300년이라고 하는 시간감각이 있었던 것이지요. 오늘날에도 그런 시간감각을 가진 사람이 있을까 싶군요. 눈 앞의 것만, 조금이라도 빨리, 이렇게 되어버렸지요. 그러면서 "숲을 소중하게, 자연을 귀중하게"라고 하고 있습니다. 나무는 본래 알뜰하게 사용하고, 바로바로 심기만 하면 영원히 사용할 수 있는 자원 아닙니까? 철이나 석탄과 같이 파내서 사용해버리면 없어져버리는 것과는 다르지요. 심은 나무가 자라기까지 기다리고, 마구 쓰고 버려서는 안된다라고 하는 사고방식이, 얼마전까지만 해도 있었습니다. 본래부터 가지고 있는 나무의 성질을 살려서 헛되지 않게 쓴다, 이것은 당연한 일입니다. 이 당연한 일을 하지 않게 되어버렸습니다.

나무를 살린다. 헛되이 하지 않는다. 나무의 벽도 좋은 쪽으로 사용하기만 하면, 건물이 오래 버틸 수 있는, 튼튼한 것이 됩니다. 조금 더 사물을 긴눈으로 보고 생각하는 생활이 중요합니다. 그러나 오늘날은 좌우간 "한번 쓰고 버린다"라고 하는 말이 기본이 되어버렸습니다.

나무의 두가지 생명

노송나무에 대해서는 이제까지 꽤 많이 이야기해왔습니다. 오늘의 제가 있는 것은, 나무를 다루는 일로부터 시작하여 모두 나무로부터 배우고 익혀왔기 때문이지요. 또한 나무에 관해서밖에 아는 것이 없다라고 해도 이상하지 않은 그러한 일이지요. 궁목수가 나무라고 하면 그것은 노송나무입니다. 이 노송나무가 있었기 때문에 일본에서 목조건축술이 발전할 수 있었고, 세계에서 가장 오래된 건조물을 남길 수 있었습니다.

일본문화속에서 나무가 차지하는 역할은 매우 큽니다. 《일본서기》에 "궁전 건축에는 노송나무를 사용하라"라고 씌어 있습니다. 삼나무나 녹나무로는 배를 만들고, 젖꼭지나무로는 시체를 담는 관을 만들라고 씌어 있습니다.

이때 사람들이 이미 노송나무의 특성을 알고 있었던 것입니다. 그러므로 법륭사나 약사사나 모두 노송나무로 되어있었던 것이지요. 그런데 시대가 지남에 따라 노송나무를 구입하기 어렵게 되었습니다. 그래서 느티나무를 사용하기 시작했고, 다시 느티나무조차 없어지게 되자 이번에는 솔송나무를 사용했습니다. 에도(江戶)시대에는 대개 솔송나무를 사용했습니다. 이렇게 되자 노송나무의 장점이 사라지며 수명이 짧은 건물이 들어서게 되었습니다. 해체 수리된 곳을 보면, 거기에도 대개 솔송나무를 사용하고 있는데, 역시 수명이 길지 못하고 곧 수리하지 않으면 안되게 되더군요.

법륭사와 약사사의 건물은 대륙으로부터 불교와 함께 들어온 것입니다. 그런데 대륙에는 참다운 의미에서의 노송나무는 없습니다. 비슷한 것은 있지만, 진짜 노송나무는 없습니다. 노송나무는 일본 특산의 나무입니다. 그러므로 《일본서기》에 "궁전을 지을 때는 노송나무를 사용하라"라고 씌어 있는 것이지요. 노송나무의 장점을 충분히 알고 있었습니다. 노송나무는 품질이 좋고 향기가 강하며, 수명이 길다고 하는 것을 알고 있었던 것입니다.

자주 건축은 대륙으로부터 배워서, 거기서부터 일본 건축이 시작되게 되었다고 이야기합니다. 그러나 이즈모타이샤(出雲大社)만 하더라도 오늘날의 것보다 세배 이상 컸다고 하잖습니까? 히미코(卑彌呼)시대에도 울타리를 세운다거나 하며 나무를 사용했던 것을 보면, 그 당시도 나무에 관해 경험이 있었던 것입니다. 불교 건축의 처마 모양은 대륙으로부터 배웠습니다만, 나무를 다룬다거나 하는 것은 일본인도 나름의 뛰어난 기량을 가지고 있었다고 저는 생각합니다.

노송나무는 수명이 긴데다 목수에게는 사용하기 쉬운 나무입니다. 끌도 잘 들고 대패질도 잘 됩니다. 소나무 따위와는 매우 다르지요. 손도끼로 깎더라도 노송나무는 가지런히 깎입니다. 소나무는 비틀어져 있기 때문일까, 이리저리로 튀어서 위험해요. 느티나무 또한 다루기 어렵지요. 그러나 이 노송나무는 단지 부드럽고 사용하기 쉬운 것만이 아닙니다.

새 나무를 쓰면, 못이 가볍게 아주 잘 들어갑니다. 그러나 시간이 지나면 나무가 못을 잡아 조여서 빠지지 않게 되어버립니다. 50년 정도 지나면 이미 뺄 수 없게 됩니다. 서툴게 덤비면 못대가리만 핑— 하고 날아가 버리고 맙니다. 노송나무는 그 정도로 단단한 나무입니다. 그것을 체험으로 잘 알고 있었던 것입니다.

중국의 경우는 목조건축이라고 하더라도 순수 목조건축이 아닙니다. 모두 임시로 기둥을 세우고 기둥 사이에 벽돌을 쌓아서 벽을 만들고 있습니다. 그런데 작은 나뭇가지를 엮어 세운 뒤 벽을 바르는 방식은 일본의 생각이었습니다. 그 전까지의 일본 건축물은 구덩이를 파고 거기에 기둥을 세우는 방식이었습니다만, 초석을 놓고 그 위에 기둥을 세우게 되었던 것입니다. 구덩이를 파고 기둥을 세우는 방식은 나무가 쉽게 썩습니다. 지상은 괜찮은데, 땅하고 접하는 부분이 엉망이 됩니다. 이렇게 구덩이를 파고 기둥을 세우는 방식으로 집을 짓던 때도 노송나무가 없어서는 안된다는 것을 경험으로 잘 알고 있었을 테지요. 노송나무는 습기에 강하니까요. 그후 초석을 놓도록 되었기 때문에 법륭사의 기둥이 1,300년이 지났는데도 잘 버티고 있습니다. 아무리 노송나무가 강하다고 하더라도, 그것만으로는 건물이 오래갈 수 없습니다. 노송나무를 살리는 기술과 지혜가 없었다면 어림도 없었던 일이지요. 구덩이를 파고 기둥을 세우는 식이었다면, 전신주와 마찬가지로 그리 오래가지 못합니다. 그것들이야말로 2, 300년이 고작이지요. 나무 전신주는 땅에 접하는 부분에 흠뻑 방부제인 콜타르를 먹입니다만 30년 이상 버티지 못하잖아요?

커다란 가람을 짓는 데는 커다란 노송나무가 필요합니다. 예를 들어 약사사의, 현재 재건하고 있는 가람에는 최소한 수령 2,000년 전후의 노송나무가 필요합니다. 원목의 직경이 2미터 전후, 길이 200미터의 노송나무가 필요합니다. 그러자니 아무리 못해도 수령 2,000년 전후가 되는 것입니다. 기소(木曾)는 일본의 노송나무 명산지입니다만, 여기에는 수령 500년 정도의 것밖에 없습니다. 그 정도의 나무로는 가람을 지을 수 없습니다. 부적당합니다. 길이가 모자라고, 굵기가 또한 부족합니다.

지금부터 2,000년, 2,500년 전이라고 한다면 신대(神代)의 시대죠.

이 정도 수령의 노송나무는 현재는 지구상에 대만밖에 없습니다. 실제로 대만의 수령 2,000년 이상의 노송나무 원시림속에 들어가보니, 놀랍더군요. 그 정도의 나무가 늘어서 있는 모습을 눈으로 보니, 그것은 노송나무가 아니라 신들이 늘어서 있는 모습 그 자체였어요. 그래서 저도 모르게 머리가 숙여지더군요. 이것은 저뿐만이 아니라 노송나무의 존엄함을 알고 있는 사람이라면 누구나 그렇겠지요. 노송나무의 수명은 2,500년에서 3,000년이 한도입니다만, 삼나무의 경우는 1,000년, 소나무는 500년에서 600년 정도입니다.

나무에는 두가지 생명이 있습니다. 하나는 오늘 이야기한 나무의 생명으로서의 수령(樹齡)입니다. 다른 하나는 나무가 목재로서 쓰여졌을 때부터의 내용연수입니다.

노송나무의 내용연수가 길다라고 하는 것은 법륭사를 예를 들면 잘 알 수 있지요. 법륭사의 창건은 서기 607년경이라고 생각됩니다만, 670년에 불탔고, 재건된 것이 잘은 모르겠습니다만, 적어도 692년 이전이 아닐까 생각합니다. 그렇더라도 지금으로부터 1,300년 전에는 지어졌다는 것이 됩니다.

이 건물의 해체 수리는 오중탑(五重塔)을 1942년에, 금당(金堂)은 1945년에 시작했습니다. 그전까지는 창건 이래 해체 수리된 적이 없었으니까 1,300년이란 긴 세월을 지탱해온 것입니다.

이건 대단한 일이잖아요!

그것도 다만 서있을 뿐이 아닙니다. 오중탑의 처마를 보시면 아시겠지만, 말끔히 하늘을 향해서 일직선이 되어 있잖아요? 1,300년이 지났는데도 그 모습이 흐트러지지 않았습니다.

천년이 지난 나무가 아직도 살아있습니다. 탑의 기와를 들어내고 아래에 있는 흙을 벗겨보면, 차츰 처마의 휨이 돌아오고, 대패를 대보면 지금도 상품의 노송나무 향기가 납니다. 이것이 노송나무의 생명의 길이입니다.

이러한 나무이기 때문에 이 수명을 다하도록 하는 것이 목수의 역할입니다. 천년된 나무라면, 적어도 천년이 가도록 하지 못하면 나무에게 미안한 일이지요. 그러므로 나무를 잘 알지 않으면 안됩니다. 사용하는 방법을 잘 알지 않으면 안됩니다.

이것은 커다란 절이나 가람에만 한정된 이야기가 아닙니다. 민가 또한 마찬가지입니다. 민가의 기둥도 60년 정도의 수령이라면 60년은 가야 합니다. 그것을 20년 정도밖에 못가게 쓴다면, 일본에 나무가 아무리 많더라도 부족하게 됩니다. 살아온 만큼의 내용연수로 나무를 살려서 쓴다고 하는 것은 자연에 대한 인간의 당연한 의무죠. 그렇게 되면, 나무자원이 고갈된다거나 하는 일은 일어날 리 없지요. 나무라고 하는 것은 그러한 것이지요.

나무는 대자연이 낳고 기른 생명입니다. 나무는 죽어있는 것이 아닙니다. 생물입니다. 사람도 또한 생물입니다. 나무도 사람도 자연의 분신입니다. 말없는 나무와 이야기를 나눠가며, 생명있는 건물로 바꿔가는 것이 목수의 일입니다.

나무의 생명과 인간의 생명의 합작이 진짜 건축입니다. 아스카시대의 사람들은 이것을 잘 알고 있었습니다.

노송나무의 수명을 알고, 그것을 살려서 쓰는 지혜를 갖고 있었습니다. 노송나무의 장점과 그것을 살려서 썼던 아스카 사람들의 지혜가 합하여 만들어진 것이 세계에서 가장 오래된 목조건축물로 남아있는 법륭사입니다. 법륭사나 약사사는 그것을 잘 가르쳐주고 있습니다.

초석의 중요성

어렸을 때 할아버지로부터 자주 초석놓는 법을 배웠습니다. 법륭사의 기둥은 모두 돌 위에 세워져 있습니다. 그것을 초석이라고 합니다만, 모든 것의 기초가 되는 것이 초석입니다. 목수들이 하는 일을 보고 있자면 할아버지가 부르신단 말입니다. 그래서 가보면, 거기에 커다란 돌이 몇개 놓여 있습니다. 그 하나를 가리키시며, 그 돌 위에 기둥을 세우고자 한다면, 돌을 어떻게 놓고 기둥을 어떻게 세워야 좋을까 생각해보라는 것입니다.

어린 마음에 생각합니다. 평평한 곳을 찾아서 이렇게 놓으면 위가 평평하게 되니, 이 한가운데 기둥을 세우면, 초석의 한가운데 기둥이 확고히 서서, 보기에 좋지 않을까, 이런 생각을 합니다.

얼마 후에 할아버지가 오십니다.

"어떻게 났어?" 이렇게 물으시면, 이렇게 돌을 놓고 여기에 기둥을 세우면 좋지 않을까요라고 대답합니다.

그러나 틀린 모양입니다.

"한번 더, 법륭사 중문(中間) 기둥이 어떻게 세워져 있는가 가서 보고 오너라." 그래서 보러 갑니다. 그렇습니다. 법륭사는 제가 무슨 일을 하든 본보기가 됩니다. 알 수 없는 일이 생기면 법륭사 경내를 보며 다닙니다. 지금도 그렇습니다. 세월이 흘러도 그것은 변함이 없습니다. 단번에 아스카 공인(工人)의 영역에 다다를 수는 없는 일입니다. 모든 기초가 법륭사에 있습니다. 아스카 공인들에게 있습니다.

그래서 가서 봅니다. 대단히 튼튼하게 서있구나, 이것이 1,300년 동안이나 서있었단 말인가, 그런데 나의 생각과 어디가 다른 것일까, 이렇게 이런저런 생각을 해봅니다. 그러나 알 수 없습니다. 초석이 어떻게 놓여져 있는가 하는 것은. 다만 초석을 돌의 한가운데 기둥이 서있는 것 정도만으로 생각해서는 안된다는 것을 알 수 있었을 뿐입니다. 그래서 몇번이고 다시 가서 봐야 했으며 야단을 맞아야 했고, 스스로 생각을 해봐야 했습니다.

그리고 나서 돌아가서 생각한 것을 할아버지에게 이야기합니다. 그러면 비로소 가르쳐주십니다.

"돌의 중심이라고 하는 것은 돌의 한가운데 있는 것이 아니다. 돌의 가장 뚱뚱하게 되어있는 거기에 있다. 그러므로 보기에 좋다고 해서 거기에 기둥을 세우면 어찌 되겠니? 거기에 건물의 힘이 전부 실리는 것이다. 그것을 견뎌낼 수 있겠냐? 처음이야 좋을지 모르지. 그러나 시간이 지나면 반드시 흔들린다. 초석이 흔들리면 어찌 되겠냐? 초석이라고 하는 것은 무슨 일이 있든 거기에 그대로 있지 않으면 안되는 것이다. 예를 들어, 건물이 죄다 불타버리더라도 초석이라고 하는 것은 그대로 남지 않느냐? 그

272

것이 초석인 것이다." 말하자면 이런 이야기를 하셨지요.

초석 위에 기둥을 세운다고 하는 것은 간단한 것 같습니다만, 상당히 어려운 일입니다. 우선 기둥을 세울 곳을 파야 하고, 잔돌을 넣고 굳게 다져야 합니다. 거기에 점토를 깔고 초석이 될 돌을 놓습니다. 그 놓는 방법이 아까 전의 이야기입니다. 중심 위에 기둥이 오도록 돌을 놓지 않으면 안됩니다. 초석을 안정시키기 위해서는 그러므로 깊이 생각하지 않으면 안됩니다. 이렇게 해서 초석이 놓여집니다.

그 위에 기둥을 세워야지요. 오늘날의 토대와 같이 콘크리트로 되어있지 않습니다. 자연석입니다. 위가 평탄해서 거기에 털썩 기둥을 놓고 볼트를 조이면 그만이 아닙니다. 자연석이기 때문에 하나하나 돌의 표면이 다릅니다. 거기에 맞춰서 콤파스나 바다라고 하는 도구로 돌의 요철대로 표시를 하여, 거기에 맞춰서 기둥을 파야 합니다. 이 작업은 상당히 어렵습니다.

그러나 이 초석이 있기 때문에 건물이 1,300년이나 버티는 것입니다.

단지 작업이 빠른 것이 좋다면, 콘크리트나 쪼개서 평평하게 만든 돌을 사용하는 쪽이 좋겠지요. 돌을 평탄하게 자르는 정도의 일은 이미 그때도 어려운 일이 아니었습니다. 그러나 그 일을 하지 않았던 것입니다. 번거로움을 잊고 하나하나 모두 다른 자연석에 맞춰서 기둥 하나하나를 팠던 것입니다.

그쪽이 튼튼했기 때문입니다. 기둥으로 쓰인 나무는 모두 개성이 있고 강도 역시 다릅니다. 그것이 똑같은 돌 위에 세워질 경우 나오는 힘이 똑같을 수 없습니다. 지진이 오면, 일제히 흔들립니다. 오늘날의 건물의 토대는 볼트로 고정되어 있기 때문에 모두 똑같은 방향으로 흔들릴 뿐 충격을 흡수할 만한 여유가 없습니다. 흔들림을 모두 같은 방향으로 받고 있습니다. 군대의 행진과 같습니다. 일치가 되어 좋은 것 같지만 위로 흔들리는 건물은 요동을 견뎌낼 수 없습니다. 위로 갈수록 흔들림이 커지기 때문에 마침내는 무너져버립니다. 이와 같이, 일치되어 있는 것이 좋은 것은 아닙니다.

자연석 위에 세워진 기둥의 밑바닥은 방향이 가지각색입니다. 지진이 와서 흔들리더라도 힘을 받는 방향이 다릅니다. 그리고 무엇보다도 볼트 따위로 고정되어 있지 않습니다. 그러므로 지진이 오면 흔들리며 어느 정도 기둥이 어긋날 테지요. 그러나 곧 원래대로 되돌아옵니다. 그러한 각기 다른 '높'이 있는 움직임이 지진의 요동을 흡수하는 것입니다.

그것을 계산할 수는 없습니다. 이렇게 오면 이렇게 움직일 것이다, 이런 것 전부를 알 수 없기 때문입니다. 나무의 강도도 모두 다르며, 돌의 진동도 모두 다르기 때문입니다. 그럼에도 불구하고 이 방법이 좋다라고 하는 것을, 법륭사의 건물이 증명해 보여주고 있습니다.

일본의 목조건축이 초석에 의해 오래 버틸 수 있게 되었다고 하는 것은, 돌 위에 기둥을 세워서 단지 기둥이 썩는 것을 방지했다는 것만을 의미하는 것이 아닙니다.

오래된 목재는 보물

오래된 목재는 놀랍게도 만지면 따뜻하게 느껴집니다. 감촉이 부드럽게 느껴집니다. 해체 수리를 하다 보면, 온갖 시대의 나무들을 만져보게 됩니다. 그 나무들을 통해 옛사람들이 나무를 사용한 방법, 나무를 대하는 사고방식 등을 엿볼 수 있어 재미있습니다. 나무 사용의 묘에 있어서는 현대의 목수가 옛사람들의 발 밑에도 쫓아갈 수 없다고 저는 생각합니다.

우리들은 법륭사나 약사사의 탑 안으로 자주 들어갑니다. 탑 안에서는 바깥과 달리, 건물의 짜임새를 쉽게 볼 수 있습니다. 바깥은 깎아서 매끄럽게 다듬습니다만, 안쪽은 튼튼하게 나무가 서로 겹쳐져 있는데, 계산에 빈틈을 찾아볼 수 없습니다. 탑을 지탱하기 위해 나무가 격전을 벌이고 있습니다. 이것만 보더라도 옛날 사람들이 나무를 어떻게 생각했는가를 잘 알 수 있습니다. 벽이 강한 나무를 훌륭하게 살렸어요. 오른쪽으로 비틀린 나무와 안쪽으로 비틀린 나무를 조화롭게 조합했더군요.

창건 이래, 몇번이나 여러 시대에 걸쳐서 대규모의 수리가 행해져왔습니다. 거기에 사용된 재료를 보면, 시대에 따른 나무나 건물에 관한 사고

방식의 차이를 잘 알 수 있습니다.

시대가 지남에 따라, 요컨대 현대에 가까워짐에 따라 생각이 불건강해 집니다. 노송나무를 사용하고자 하는 마음도, 그리고 나무의 성질을 훌륭하게 이용하고자 하는 마음도 없어졌어요. 선인들이 체험으로 터득해온 나무에 대한 지혜를 무시하고, 임시방편으로 일을 처리합니다. 목재로 노송나무뿐만 아니라, 느티나무, 솔송나무, 소나무 등도 사용했고, 나무를 사용하는 이유를 잊어버린 채 형식을 우선으로 생각하게 된 것이 손에 잡힐 듯이 보입니다.

나무에 남겨진 도구의 흔적만 보고서도, 그 일을 한 사람의 솜씨나 마음자세를 볼 수 있습니다. 정성스럽고 일의 신축성이 느껴지는 손도끼 자국, 끌로 판 장부에 무심히 남겨진 직인의 솜씨. 좌우지간 아스카 당시는 한그루의 나무로부터 톱이나 제재기를 이용하여 널판을 켜는 것이 불가능 했습니다. 커다란 나무를 마름질해서 널판을 만들었을 겁니다. 이것은 나무의 성질을 잘 모르고서는 어림없는 일이지요. 그것은 오늘날처럼 전동의 공구로 하는 일과는 매우 다르지요. 나무를 오랫동안 충분히 건조시키는 일도 그렇습니다만, 나무의 성질을 꿰뚫어보고 이것은 널판을 짜기에 좋다, 이것을 이렇게 켜면 이러한 성질의 널판을 얻을 수 있다라고 하는 것을 깊이깊이 생각해보았을 겁니다.

이렇게 해서 만들어진 나무는 촉감이 좋고 힘이 있습니다. 아름다움과 힘을 가지고 있습니다. 그러나 널판이 만들어지더라도 그것으로 역할이 끝나는 것은 아닙니다. 다른 널판과 제대로 들어맞지 않으면 안되며, 널판을 지탱하는 기둥 따위의 구조재와도 조합이 잘되지 않으면 안되기 때문이지요. 이것은 해체나 수리를 할 때에 잘 알아볼 수 있습니다.

이것이 무로마치(室町)시대부터 엉터리가 되기 시작했습니다. 우선 나무의 성질을 못 살리고 있습니다. 그러므로 썩기 쉽고, 곧 수리를 하지 않으면 안되게 됩니다. 지독한 것은 에도(江戶)시대 입니다.

케쵸(慶長)시대에 행한 수리에서는, 싫은 것을 마지못해 한 일이란 것을 쉽게 알 수 있었습니다. 다이묘오(大名)에게 명령을 받고 예산 내에서 끝내고자 했겠지요. 신이나 부처를 기린다든가, 쇼오토쿠태자(聖德太子)의 뜻을 전하는 건물이라든가 이러한 것은 전혀 생각지도 않고 있습니다. 예산 안에서 일을 끝마칠 수 있으면 그것으로 좋고, 그것도 되도록 적은 예산에 끝낼 수 있다면 더욱 좋다, 이런 생각이 있었던 것을 잘 알 수 있습니다. 못 따위 등도 가늘고, 질이 나쁩니다. 전쟁무기에 쇠가 들어가 재료가 부족해 어쩔 수 없었던 점도 있었을지 모르지만, 그것뿐만이 아닙니다. 자신이 만들고자 하는 일에 대해 최선을 다하고자 하는 자세가 보이지 않습니다.

처마에 나와있는 나무의 경우, 오랫동안 비바람을 맞으면 아무래도 처마끝이 상해 들어옵니다. 고쳐야 할 곳은 처마끝 아주 작은 것인 경우에도, 구조물이라고 하는 것은 거기만 간단히 바꿀 수 없습니다. 그것을 그때마다 통째로 바꾸는 것은 쉬운 일이 아니려니와 나무가 아까운 일이기도 합니다. 그래서 안쪽을 길게 남겼습니다. 앞이 썩는다거나 상하면 거기를 잘라내고 뒤쪽에 남는 부분을 딱 맞게 앞으로 내밀어 맞춥니다. 그로써 또 한참 동안 갈 수 있습니다. 이러한 것입니다. 나무를 소중하게 되도록 오래도록 사용하고자 하는 것은.

잠시 뒤의 일입니다. 이러한 것을 점차 잊어버린 것은. 아니 알고 있더라도 예산이나 명령받은 대로 하면 그것으로 좋다, 뒷일은 나는 모른다, 이렇게 되었습니다. 나무에 대한 배려없이 윗사람의 지시에 따라버립니다.

이러한 에도시대의 수리나 나무 다루기를 보고 있으면, 그 당시의 생각이 현대와 같이 거칠어져 있음을 알 수 있습니다. 나무는 정직합니다. 자기가 한 일은 사라지지 않고 남습니다. 일 하나하나에 생각까지 나타납니다. 나무는 그러한 흔적을 남기는 놀라운 존재입니다.

오래된 목재를 몇번이고 사용하게 되는 경우가 자주 있습니다. 한번 어떤 자리에 썼던 것을 그 다음 수리 때 모아서, 그것을 다른 곳에 재이용하고 있습니다. 그때 못의 흔적이 원 건물의 재건이나 형식을 생각해보는데 도움이 됩니다. 이러한 것은 목수가 실제로 나무를 다루고 못을 박기 때문에 알 수 있는 것입니다. 이러한 일로도 학자와 논쟁했던 적이 있습니다. 학자의 입장에서 보면, 못의 흔적 따위가 무슨 도움이 될까라고 생각될지 모릅니다. 그러나 못을 박는 방법 역시 하나하나가 다르기 때문에 못이 배열된 흔적을 조사해보는 것만으로도 여러가지 것을 알 수 있습니다. 이러한 성질의 나무라면 이러한 부분에 박았을 테지라고 예측을 할 수 있습니다.

옛날 사람들은 오래된 목재를 잘 사용했습니다. 이 점을 모르는 사람들은, 자원을 아끼기 위해 사용했겠지라든가 재정적으로 곤란했던 것이 아닐까라고 생각할지 모르지만 그렇지 않습니다.

노송나무는 목재가 되어서도 살아있습니다. 천년이 지나도 대패질을 조금 해보면 좋은 향기가 납니다. 기와를 벗기면, 짐을 벗어논 탑의 우목(隅木)은 며칠만에 본래의 위치로 돌아갑니다. 살아있는 나무는 그 나무가 최후의 수명이 다할 때까지 나무를 살려서 사용하는 것이 목수의 일입니다. 그러므로 오래된 나무라도 사용하는 것입니다.

그뿐만이 아닙니다. 오래되었기 때문에 좋은 경우도 많지요. 베어서 건조시키더라도, 건조기간이 얼마 안된 나무는 아직 제멋대로이며 성질이 사라지지 않습니다. 천년생의 나무는 천년이란 세월의 벽이 붙어있습니다. 10년쯤 건조시켰다 하더라도 아직 제멋대로입니다. 바로 베어낸 나무는 줄고 맙니다. 나무는 오랜 시간에 걸쳐서 수축합니다. 목수라면, 이러한 나무보다는 건조가 잘된 안정된 나무를 사용하고 싶은 것이 사실입니다. 오래된 목재는 이러한 벽이 없습니다. 사라져버렸기 때문입니다. 부드러운, 좋은 나무가 됩니다.

이러한 나무는 가구나 세공 따위 작은 물건을 만드는 데도 사용하기 좋습니다. 오랜 세월이 흘렀기 때문에 힘에 견뎌야 하는 구조재로서는 부적합하겠지만 나무 살결이 안정되어 있습니다. 상품의 부드러움이 느껴집니다. 이러한 장점이 오래된 목재에는 있습니다. 공예품은 옻칠을 하는 일이 많습니다. 그런데 얼마되지 않는 목재일 경우에는 아직 수분이 남아있으므로 시간이 흐르면, 그 수분으로 썩게 됩니다. 오래된 목재라면 수분이 빠져있기 때문에 나무 살결이 매끄럽고, 껄끄럽지 않아서 옻칠하기가 좋습니다. 부드럽다고 하는 것은 좋은 일입니다.

그런 것을 사용하려 하지 않다니 벌받을 일이죠. 오래된 것은 모두 좋지 않다고 하는 것은 잘못된 생각입니다. 새 것이 짙어질 수 없는 것이 있습니다. 시대가 흘러 이러한 것을 잊어버리면 오래된 것을 사용할 수 없게 됩니다. 안타까운 일입니다. 아직 힘이 남아있는 것을 버리는 것은 죄입니다. 이러한 것을 모르면, 자원을 보호하자고 아무리 해봐도 우스운 일이 될 뿐입니다.

오래된 목재는 좌우간 보물입니다. 다이아몬드나 금은 파면 또 나오겠지만, 오래된 재목은 한정되어 있습니다.

나무의 건조기간은 50년 정도 걸립니다. 그 정도의 시간이라면 사용하기 쉬워질 겁니다. 그런 것을 요즘은 베어내고 제재해서 바로 사용하고 있습니다. 이러한 것을 생각하면 오래된 목재를 버린다는 것은 심히 안타까운 일입니다. (통권 제29호, 1996년 7-8월호)

삶을 위한 디자인

윌리엄 맥도너

　　우리가 우리의 손으로써 만드는 것이 신성한 것이 되고, 우리에게 생명을 주는 대지(大地)를 공경하는 것이 되려면, 우리가 만들어내는 것들은 땅에서 나와야 할 뿐만 아니라 땅으로 되돌아가야 한다. 흙은 흙으로, 물은 물로ー. 그래서 땅으로부터 받은 모든 것이 자유롭게, 어떤 생명계에도 해를 끼치지 않고 되돌아갈 수 있어야 한다. 이것이 에콜로지이다. 그리고 이것이 좋은 디자인이다.

　　건축의 역사를 되돌아보면, 건축가들은 항상 두가지 요소, 즉 덩어리와 막(膜)을 가지고 작업하고 있음을 알게 된다. 우리는 제리코의 벽(덩어리)을 가지고 있으며 천막(막)을 가지고 있다. 고대인들은 덩어리를 이용하는 건축기술을 시행하여, 햇빛의 범위와 방향을 예견하는 흙벽돌 오두막을 지었다. 겨울에는 낮 동안의 열을 밤까지 유지하려면 벽이 얼마나 두꺼울 필요가 있는지, 그리고 여름에는 냉기를 실내로 전하려면 얼마나 두꺼워야 하는지를 그들은 알고 있었다.

윌리엄 맥도너 (William McDonough) ― 미국의 건축가. 버지니아대학 건축학부 학장이며, 백악관의 '지속가능한 개발 위원회'의 자문을 역임했다. 이 글은 *Earth Island Journal* 1996년 봄호에 실린 것을 옮긴 것임.

베두인족의 천막은 여섯가지 기능을 동시에 수행하는 디자인을 보여준다. 사막에서는 흔히 기온이 화씨 120도를 넘는다. 그늘도 없고, 대기의 움직임도 없다.

검은 베두인 천막을 치면, 깊은 그늘이 생기고 그 속에서 체감온도는 화씨 95도까지 내려간다. 매우 거칠게 짜여진 그 천막에는 수많은 가벼운 비품이 딸려있어 아름답고 밝은 실내 분위기를 만들어낸다. 천막의 조잡한 섬유조직과 검은색 표면 때문에 내부의 뜨거운 공기가 올라가서 천막의 막을 통해 빠져나간다. 이것으로 말미암아 천막 외부에 미풍이 형성되고 온도는 화씨 90도까지 또 내려간다.

비가 오면 섬유조직이 부풀어올라 천막은 북처럼 팽팽해진다. 그리고 사람들은 천막을 둘둘 말아서 가지고 다닐 수 있다. 이 놀랄만큼 우아한 구조물에 비하면 현대적인 천막은 아무것도 아니다.

현대 산업문화가 채택해온 디자인 전략은 근본적으로 폭력적이거나 막대한 양의 에너지의 사용을 전제로 하는 것이다. 우리는 사람보다 건물이 더 중시되는 유리 건물들을 만들어내었다. 유리가 사람을 바깥과 연결해 줄 것이라는 희망은 건물이 밀폐됨으로써 완전히 망쳐졌다. 이러한 디자인으로 사람들은 바깥과 연결되는 것이 아니라 안에 갇히게 되었고, 그 때문에 스트레스가 생겨났다.

20세기 초에 르 꼬르뷔지에는 집이란 '주거용 기계'라고 말했다. 실제로, 오늘날 디자이너들은 사람이 아니라 기계를 위해 일하고 있다. 지금 태양열 난방 건물에 관하여, 심지어 태양열 난방 성당에 관하여 얘기들을 하고 있다. 그러나 난방이 필요한 것은 성당이 아니라 사람이다. 태양열 난방 성당에서 덥혀주어야 할 것은 사람들의 발이지, 120피트 상공의 공기가 아니다.

재료, 에너지, 생명

디자인에 관련해서 우리가 자연세계로부터 배울 수 있는 세가지 특성이 있다. 첫째는 우리에게 필요한 모든 재료 즉, 돌, 진흙, 나무, 물, 공기는 이미 여기에 있다는 것이다. 자연이 우리에게 준 모든 재료는 우리가 알고 있는 것과 같은 쓰레기라는 개념 없이 땅으로 되돌아간다. 자연에서는 모든 쓰레기가 다른 생명계들의 먹이가 됨으로써 모든 것이 끊임없이 순환된다.

두번째는 이러한 생명의 순환을 지탱해주는 에너지가 영구적인 소득의 형태로 태양으로부터 온다는 것이다. 자연은 '현재의 소득'으로 살아간다. 그것은 과거로부터 에너지를 채굴하거나 뽑아내지 않으며, 자신의 원금을 사용하지 않으며, 미래로부터 빌려오지도 않는다. 자연의 디자인은 자양분을 만들어내고 순환시키는 데 비상하게 경제적이고 효율적인 시스템을 동원한다. 그에 비하면 현대적 제조방법은 정말 보잘것 없다.

마지막으로, 이러한 신진대사와 창조의 시스템을 지속시키는 특성은 생물다양성이다. 생명계가 쇠퇴하여 혼돈상태로 떨어지지 않게 하는 것은 수백만의 유기체들 사이의 놀랄만큼 정교한 공생관계이다.

건물과 시스템 디자이너로서 나는 생명계의 이 세가지 특성을 내 작업에 어떻게 적용할 것인가 자문한다. '쓰레기는 먹이다'라는 개념과, '태양으로부터의 소득'이라는 개념, 그리고 '생물다양성의 보호'라는 개념을 나는 디자인에 어떻게 적용하는가?

나는 극동에서 자랐는데, 이 나라에 왔을 때 미국인들이 삶에 관심이 있는 것이 아니라 단지 소비자로서 생활스타일에 관심을 가지고 있다는 사실을 알고 깜짝 놀랐다. 미국인들이 삶을 잃어버린 것은 언제부터인가? 텔레비전에 나타난 우리들은 사람이 아니라 소비자이다. 그러나 우리는 삶을 누려야 하는 사람이다. 그러므로 우리는 사람을 위해서 물건을 만들고 고안해야 한다. 그리고 내가 소비자라면, 나는 무엇을 소비할 수 있는가? 음식, 주스, 약간의 치약이다. 그러나 오늘날 실제로 팔리는 것 가운데 내가 소비할 수 있는 것은 거의 없다. 조만간 거의 모든 것이 다 버려져야 할 것이다. 나는 텔레비전 수상기나 VCR 또는 자동차를 소비할 수 없다.

나는 독일 함부르크 출신의 생태화학자 미카엘 브라운가르트와 친밀한 동료로 일하는데, 우리는 세가지의 생산물 유형에 초점을 맞춘다. 첫째는 소모품들이다. 이것들은 먹거나 사용하거나 버렸을 때 문자 그대로 흙으로 되돌아가서 다른 살아있는 유기체들의 먹이가 되는 생산물들이다. 이러한 것들은 쓰레기 매립지가 아니라, 흙의 생명과 건강과 비옥성을 회복하기 위해서 땅으로 가야 한다. 따라서 샴푸병들은 퇴비 더미속에서 분해되는 비트로 만들어져야 한다. 사람이 만든 물건들은 분해되지 않는 독성물질, 돌연변이원, 발암물질, 생체축적 물질, 중금속 또는 내분비선 교란인자 같은 것들 없이 땅으로 안전하게 되돌아가야 한다.

두번째는 서비스용품들로 '내구재'라고 알려진 것이다. 이것들은 텔레비전 수상기와 자동차들을 포함한다. 쓰레기를 없애기 위해서 이러한 서비스 생산품들은 파는 물건이 아니라 그 최종이용자에게 대여되는 것이어야 한다. 소비자들은 그것들을 원하는 한 사용할 수 있고 심지어는 사용권을 다른 사람에게 팔 수도 있지만, 그 최종이용자가 이를테면 텔레비전을 사용하지 않게 될 때 그것은 쏘니, 제니스, 또는 필립스로 되돌아가야 한다. 그것은 그 제조시스템의 먹이가 되어야 한다.

오늘날, 사람들은 텔레비전을 쓰레기통속에 내던지고 가버릴 수 있다. 그 과정에서 우리는 분해되지 않는 독성물질들을 지구 전역에 쌓아둔다. 서비스용 생산품들은 그것들의 최초의 생산품 수명 이상으로 지속되어야 하며, 그 제조업자가 소유해야 하고, 해체와 재제조와 계속적인 재사용을 할 수 있도록 고안되어야 한다.

세번째 유형은 '팔 수 없는 것들'이다. 핵 폐기물, 다이옥신, 크롬으로 무두질한 가죽 같은 것이 그러한 것이다. 이러한 것들은 아무도 원하지 않고, 많은 경우에, 사들이면서도 의식하지 못하고 사들이는 생산품이나 부품들이다. 이 생산품들은 판매가 중단되어야 하며, 이미 팔린 것들은 그것들을 안전하고 무해하게 처리할 방법을 찾아낼 때까지 저장해두어야 한다.

나는 내 회사가 한 환경단체를 위한 사무실을 설계하기 위하여 고용되었던 때를 기억한다. 그 소장은 계약협상 동안 이렇게 말했다. "우리는 실내공기의 질 때문에 일어나는 질병에 관해 우려하고 있습니다." 우리는 실내에서 일하는 사람들을 병나게 하지 않을 재료들을 찾아내는 것이 우리의 일이라고 결정했다. 우리가 알아낸 것은 그러한 재료를 구할 수 없다는 것이었다. 우리는 생산품들속에 무엇이 있는지 알아내기 위해 제조업자들과 함께 일해야 했는데, 건물 공사시스템 전체가 본질적으로 유독한 것임을 발견했다. 우리는 지금도 실내공기의 질 문제를 해결해줄 새로운 재료들을 개발하기 위해 일하고 있다.

뉴욕의 한 남성복 상점을 위해서, 우리는 그 상점의 머름에 사용된 두 그루의 영국 참나무를 대체하기 위해 1,000그루의 참나무를 심기로 결정했다. 우리는 영국 옥스퍼드대학의 뉴 칼리지에 관해서 그레고리 베이트슨이 들려주었던 유명한 이야기에서 영감을 얻었다. 그 얘기는 대략 이렇다. 그 대학에는 40피트 길이에 2피트 두께로 된 대들보가 있는 1600년대 초에 지어진 본관이 있었다. 그 대들보들이 썩어버렸기 때문에 그것을 대신할 만한 목재를 구해 볼 목적으로 한 위원회가 구성되었다. 영국 참나무 베니어판 하나가 1평방피트당 7달러가 될 수 있다는 것을 염두에 둔다면, 그 참나무 전체의 대체비용은 엄두를 낼 수 없을 만큼 비싼 것이었다.

한 젊은 교직원이 제안했다. "옥스퍼드 땅에 그런 나무가 있는지 대학 삼림전문가에게 물어보면 어떨까요?" 그래서 초청되어 온 삼림담당관은 이렇게 말했다. "여러분이 이 문제를 물어오시기를 기다리고 있었습니다. 350년 전에 지금의 건물이 지어졌을 때, 그때 건축가들은 바로 이 대들보가 부패하면 대체할 수 있도록 작은 숲을 하나 조성하여 유지하라고 명기해놓았습니다." 베이트슨의 말은 "그것이 문화를 운영하는 방법이다"라는 것이었다. 우리의 의문과 희망은 "그들이 그 나무들을 다시 심었을까?" 하는 것이다.

독일 프랑크푸르트에서 우리는 아이들이 운영하도록 고안된 탁아소를 만들었다. 그것은 여러가지 기능을 가진 온실 지붕 — 조명을 해주고, 공기와 물을 덥히고, 시원하게 하고, 환기를 시키며, 비를 피하게 하는 것이 꼭 베두인족의 천막과 같은 — 을 포함하고 있었다. 디자인 과정중에 엔지니어들은 그 건물이 기계처럼 완전히 자동화되기를 원했다.

엔지니어들은 "아이들이 차양을 닫는 것을 잊어버려서 너무 더우면 어떻게 되겠어요?" 하고 물었다. 우리는 그들에게 아이들은 창을 열 것이라고 말해주었다. 그러자 그들은 또 물었다. "아이들이 창을 열지 않으면요?" 그래서 우리는, 그런 경우에는 아마 아이들이 차양을 닫을 것이라고 말했다. 거기에 대해 또 그들은 물었다. "아이들이 차양을 닫지 않는다면요?" 우리는 그들에게 마지막으로, 아이들은 죽은 것이 아니라 살아 있으니까 필요할 때마다 창을 열고 차양을 닫을 것이라고 말해주었다.

아이들은 이제 아침에 10분, 그리고 오후에 10분 창과 차양을 열고 닫는 일을 하게 될 것이다. 아이들과 교사들은 모두 그 아이디어를 매우 좋아한다. 그 디자인에는 태양열로 덥혀진 더운 물을 모으는 장치가 포함되었기 때문에, 우리는 부모들이 아이들을 기다리는 동안 빨래를 할 수 있도록 공공 빨래터를 추가했다. 발전된 유리끼우기 기술 덕분에 탁아소에는 냉난방을 위해서 화석연료가 전혀 필요하지 않게 되었다. 앞으로 50년 후 화석연료가 희귀해질 때도 그 탁아소는 더운 물을 쓸 수 있게 될 것이고, 그 건물은 건축공사를 위해 '빌려온' 에너지를 되갚게 될 것이다.

디자인의 윤리

우리가 디자인에 포함된 윤리적 의미들 — 건물에 대해서뿐만 아니라 인간의 노력의 모든 양상에 있어서 — 을 의식하게 되는 것은 권리의 주체에 대한 역사적 개념이 변했다는 것을 뜻한다. 권리의 역사를 공부할 때 우리는 마그나 카르타에서 시작하지만, 그것은 백인 영국 귀족 남자들의 권리에 관한 것이었다. '독립선언'으로 권리는 모든 토지소유 백인 남자들에게로 확장되었다. 거의 한 세기 후에 우리는 노예해방으로, 그리고 20세기 초에는 여자들에게 투표권을 주는 참정권의 확대로 나아갔다.

1964년의 '민권법'과 1973년의 '위험에 처한 종(種)에 관한 법'으로 그 움직임은 가속화되었다. 처음으로 인간 아닌 종과 유기체들의 생존권이 인정되었다. 우리는 본질적으로 '호모사피엔스'가 생명의 그물의 일부임을 '선언'한 셈이다. 만일 토마스 제퍼슨이 오늘날 우리와 함께 있다면, 그는 부와 건강과 행복을 추구하는 우리의 능력이 다른 생명형태들에 달려있고, 한 종의 권리는 다른 종들의 권리와 관련되어 있으며, 어떤 종도 폭력의 희생자가 되어서는 안된다는 것을 인정하는 '상호의존선언'을 제창할 것이 분명하다.

우리는 오늘날 세계 전역에서 우리가 보는 것이 전쟁, 생명 자체에 맞서는 전쟁이라는 사실을 직시해야 한다. 우리의 현재의 디자인 시스템은 미래까지 생명을 지속시킬 수 있는 환경용량을 훨씬 넘어서 가는 세계를 만들어왔다. 자연의 원리를 존중하지 않는 디자인의 산업적 논리는 자연의 원리에 오직 폭력을 가하고, 쓰레기와 폐해를 낳을 수 있을 뿐이다. 우리가 더 많은 삼림을 파괴하고, 더 많은 쓰레기를 태우고, 유망(流網)으로 더 많은 물고기를 잡고, 더 많은 석탄을 태우고, 더 많은 종이를 표백하고, 더 많은 표토를 파괴하고, 더 많은 곤충을 독살하고, 더 많은 서식지에 건물을 세우고, 더 많은 강을 댐으로 막고, 더 많은 독소와 방사성 폐기물을 만들어낸다면, 우리는 그 속에서 '살기 위한' 것이 아니라 '죽기 위한' 방대한 산업기계를 만들어내고 있는 것이다. 그것은 겨우 몇 세대만이 더 살아남을 수 있는 전쟁인 것이다.

우리는 자연이 드러내는 모든 표현이 '디자인'이라는 것을 알아야 한다. 자연의 법칙 안에서 산다는 것은 상호의존적인 하나의 종(種)으로서 살고자 하는 우리의 인간적인 의도를 나타내는 것이다. 그것은 우리가 우리 자신보다도 더 큰 신성한 힘에 좌우된다는 사실을 의식하고, 그것에 감사한다는 것, 그리하여 우리가 이러한 법칙에 복종하는 것은 이 세상 모든 것들 속에 내재하는 신성한 것을 기리기 위함이라는 것을 뜻한다. 우리는 자연세계와 화해하고, 자연의 일부로서의 우리의 처지를 받아들여야 한다. (통권 제30호, 1996년 9-10월호)

이규보의 생태주의 사상

박희병

인류는 인류사 이래 가장 힘든 싸움에 직면해 있다고 말하는 사람도 있습니다만, 오늘날 지각있는 사람으로서 생태문제의 심각성을 깨닫지 못하는 사람은 아마 없을 것입니다. 이 싸움은 바야흐로 전지구적인 위력을 발휘하고 있는 산업문명이라는 제어할 수 없는 힘과의 싸움일 뿐 아니라, 산업문명으로부터 편리함과 혜택을 누리고 있는, 따라서 산업문명과 깊이 연루되어 있는 '나' 자신과의 싸움이라는 점에서 이중적입니다. 싸움의 어려움은 바로 이 이중성에서 연유하며, 이중성의 두가지 측면 모두 극복하기가 참으로 지난해 보입니다. 그래서 어떤 때에는 도대체 이 적과 싸워 이기는 것이 가능한 일일까 하는 깊은 회의가 들기도 하는 게 사실입니다.

7, 80년대에 독재정권과 싸울 때에도 몹시 힘들다는 생각들을 했었지만, 그래도 그때에는 적과 아군이 뚜렷했고 또 마음 한켠에 사람답게 사는 세상에 대한 희망이 간직되어 있었습니다. 그러나 생태문제에 관한 한 적

박희병 – 서울대 국문과 교수. 이 글은 1996년 11월 16일 민족문학작가회의와 민족문학연구소의 공동개최 심포지엄 '민족문학의 갱신을 위하여'에서 발표되었다.

과 아군이 뚜렷하지 않습니다. 국가와 시장은 말할 것도 없고 나 자신의 일상적 생활과 나 자신의 마음속 깊숙한 곳에까지 적은 존재하고 있습니다. 그래서 안이한 마음과 태도로는 이 싸움에 임할 수 없을 뿐만 아니라, 진지하게 생각하면 할수록 점점더 절망적인 기분에 사로잡히게 됩니다.

우리 사회의 지식인들은 생태문제에 대해 크게 두가지 잘못된 태도를 보여줍니다. 하나는 생태문제에 대한 안이한 인식입니다. 민족문학 진영이라 해서 이런 지적으로부터 자유로운 것은 아니지 않을까 싶고, 좀더 자각적이고, 투철하며, 예민해져야 하지 않을까 생각합니다. 또다른 하나는 체념적 태도입니다. 혼자 떠들고 실천한다고 해서 되는 문제도 아니고 하니 남들처럼 기술문명의 혜택을 누릴 만큼 누리다가 망할 때 되면 함께 망한다는 생각이지요. 자기 하나 어쩐다고 해서 달라질 건 없다는 이런 태도는 전혀 지식인답지 못한 태도입니다. 거기에는 무책임과 이기심과 단견이 발견될 뿐입니다. 또한 이런 태도는 생태문제의 심각성을 몸소 절박하게 느끼지 못한 소치이기도 할 것입니다. 온산 공단의 주민들이 겪은 환경오염의 피해를 직접 겪었다면 그렇게 생각할 리는 만무할 테니 말입니다.

사실 생태문제는 '말'이나 '머리'의 문제가 아니라, '삶'의 문제이며 '실천'의 문제입니다. 말이나 생각만 그럴듯하게 하고, 생활과 행동은 딴판이라면 그건 진실되지도 못할 뿐더러, 별 힘을 발휘할 수 없을 것입니다. 그렇긴 하지만 실천을 위해서는 올바른 생각이 필수적입니다. 오늘의 논의는 이 점을 염두에 두지 않을 수 없습니다.

생태주의에도 여러 방향이 있습니다. 우리가 반독재 민주화를 위해 싸웠던 70년대에 벌써 서구의 지식인들은 에콜로지와 씨름하면서 깊이 있는 사유를 내놓기 시작했습니다. 여기서 서구에서 제기된 에콜로지의 여러 노선을 검토하거나 그 시시비비를 가릴 생각은 없습니다. 저는 다만 국문학을 연구하는 학인으로서, 우리 고전작가들의 사상에 내장된 생태적 지혜를 조금 소개하고 그 의미를 오늘날의 상황에 비추어 함께 반추해보고자 하는 것입니다.

생태문제는 산업사회에 와서 제기된 문제이고 우리나라의 경우 대체로 산업화가 진전된 70년대 이후에야 현실적 문제로서 제기되었는데, 전근대 사회의 문인·사상가들에게서 무슨 생태주의적 정신을 배울 수 있을 것인가 하는 의문이 있을 수 있겠지요. 물론 전근대사회의 문인·사상가들이 오늘날 산업사회의 우리들처럼 생태문제를 '반성적'으로 인식하거나 '생태주의'를 하나의 주의·주장으로 제창하지는 않았습니다. 또한 전근대사회의 문인·사상가라 해서 다 높은 생태적 정신을 보여주는 것도 아닙니다. 하지만 그들 중의 일부가 제기한 삶·예술·자연에 대한 관점은 오늘날의 우리를 주눅들게 하기에 족할 만큼 생태주의적 원리에 충실하며, 또 깊고 근원적이고 전일적인 생태주의적 정신을 보여줍니다. 그러므로 오히려 이들의 마음을 통해 우리는, 대단히 중요하고 본질적인 마음인데도 우리가 산업사회에 와서 잃어버리거나 희미하게밖에 갖고 있지 못한 어떤 마음을 되찾거나 환기받을 수 있을 것입니다. 전근대, 근대, 근대 이후를 막론하고 인간의 근원적인 마음은 서로 통할 터입니다. 진정한 문학과 예술은 바로 이런 마음에 바탕을 두기에 시대를 넘나드는 게 아닌가 생각됩니다.

저는 오늘 발표에서 생태적 정신을 보여주는 고전작가들을 잡다히 나열하기보다는 이규보(1168~1241) 한분을 중심으로 논의를 펼까 합니다. 일장일단이 있겠으나 그래도 이쪽이 좀더 논의가 심도있게 되지 않을까 해서입니다.

이규보는 민족서사시 〈동명왕편〉의 시인으로 널리 알려져 있으며, 백성의 가난한 삶에 대해 지극한 연민을 표시한 愛民詩를 여러 편 창작한 시인으로도 유명합니다. 하지만 이규보의 문학에 생태주의적 사유가 풍부하게 내장되어 있는 걸 아는 분은 아직 잘 없는 듯합니다. 그래서 전문연구자들 가운데에는 이규보의 문학에서 생태주의적 사상을 끌어내고자 하는 저의 이런 시도를 좀 엉뚱한 것으로 볼지도 모르겠습니다.

우리 고전작가 중에는 빼어난 분들이 적지 않습니다만, 이규보에 필적할 만한 문호도 그리 많지 않을 것입니다. 이처럼 우리나라를 대표하는 문호에게서 오늘날의 작가와 지식인이 생태주의적 정신을 배울 수 있다는 사실은 대단히 큰 의미를 지닌다고 봅니다. 더군다나 민족적이며 비판적인 문학가로만 알았던 이규보가 동시에 그 누구보다 깊은 생태주의적 깨달음을 지녔었다는 사실은 시대적 요구에 맞게 민족문학의 개념을 확장해야 할 우리들에게 적지 않은 시사를 준다고 생각합니다. 그러면 이제 이규보의 사상을 살펴보기로 하겠습니다.

이규보는 淸淨과 虛寂을 중시했으며, 機心을 버리고 生死得失을 넘어선 心地를 가져야 한다고 했습니다. 이규보에 있어 청정과 허적의 추구는 비단 修己事에만 그치는 것이 아니라 정치에까지 직접 연결되고 있습니다.

청정의 추구와도 관련되지만, 이규보는 '物'을 '虛心'으로 보아야 한다는 점을 기회있을 때마다 말하고 있는데, 이 허심이란 것이 대단히 중요한 것 같습니다. 허심이란 쉽게 말해 無欲의 마음, 자기중심성을 벗어난 마음을 가리킵니다. 자기중심으로 생각하고 利欲에 사로잡힌 마음을 벗어나야 사물의 참된 모습이 비로소 보이고, 이를 통해 사물과 '나'가 하나가 될 수 있다고 본 겁니다. 말하자면 인간은 허심에 의해서만 존재의 진정한 의미를 발견할 수 있으며, 자유로운 정신에 이를 수 있다고 본 것이지요. 이규보는 '道'라는 말을 수도 없이 많이 하고 있는데, 그 실체는 여기에 있다 해도 과언이 아닐 것입니다.

이규보는 莊子의 齊物思想을 잘 체득하였다고 보입니다. 이규보의 그런 면모는 〈蝨犬說〉이라는 자신의 글에 잘 나타나 있습니다. 이규보는 이 글에서 개, 소, 말, 돼지, 곤충, 개미 등은 모두 '생명'을 추구한다는 점에서 본질적으로 사람과 다르지 않다고 했습니다. 그런데 주목해야 할 것은 이규보가 장자의 제물사상을 충실히 수용하기만 한 것이 아니라 '자기화'해내고 있다는 사실입니다. 장자의 제물사상에서는 物에 대한 애정이랄까 物에 대한 연민 같은 것은 잘 느껴지지 않는데, 이규보는 특이하게 제물사상을 物에 대한 지극한 애정, 생명에 대한 존중의 정신과 연결시키고 있으며, 이러한 정신은 미물이나 잔약한 백성에 대한 깊은 연민으로 표출되기도 합니다. 이는 이규보가 장자의 제물사상을 유교의 '측은지심'이나 불교의 '자비'와 결합한 결과라 여겨집니다. 이규보는 〈北山雜題〉라는 한 유명한 시에서 "나는 機心을 잊은 사람 / 만물은 곧 一類라네 (我是忘機人, 萬物是一類)"라고 노래한 바 있습니다. 여기서 '萬物一類'라는 말은 이규보가 만들어낸 말인데, 이 말에서 따와 앞으로 이규보의 이런 사상을 특히 '萬物一類'의 사상이라 부르기로 하겠습니다.

이규보의 이 만물일류 사상은 참으로 흥미롭고 매력적입니다. 이제 萬物一類 사상의 구체적 면모를 보여주는 한두가지 예를 들어보겠습니다.

이규보는 〈쥐를 놓아주다(放鼠)〉라는 시에서 "사람은 하늘이 낸 物을 도둑질하고 / 너는 사람이 도둑질한 걸 도둑질하누나 / 다같이 살기 위해 하는 짓이니 / 어찌 너만 나무라겠니"라며 잡은 쥐를 놓아주기도 하고, 〈이를 잡다(捫蝨)〉라는 시에서 "宰相으로 늘 이(蝨) 잡고 있는 자 / 나 말고 또 누가 있을까 / 어찌 화롯불 없어리요만 / 땅에 내려놓는 건 자비심 때문"이라면서 이(蝨)를 굳이 화롯불에 던지지 않고 땅에 놓아주고 있습니다. 이규보가 평생 미워한 게 하나 있으니 그건 파리입니다. 남을 헐뜯고 못살게 구는 소인배를 연상시키기 때문에도 싫어했지만, 지금과 달리 당시엔 워낙 파리가 많았고 그래서 잠잘 때를 비롯해 일상생활에 몹시 성가신 존재였던 모양입니다. 이규보는 평생 그토록 파리를 미워했건만, 〈술에 빠진 파리를 건져주다〉라는 시에서 "남을 헐뜯는 사람 같아 널 싫어하나 / … / 술에 빠져 죽으려 하니 맘이 아프네 / 살려주는 은근한 이 마음 잊지 말아라"라면서 술잔에 빠진 파리를 애긍히 여겨 살려주고 있습니다. 이규보가 목민관을 하면서 도둑질한 백성을 벌주지 않은 것이나, 〈군수 몇사람이 부정하게 재물을 모아 벌을 받았다는 말을 듣고서〉라는 시에서 "그대는 보라 강물을 마시는 저 두더지도 / 그 배를 채우는 데 만족하거늘 / 묻노니 네놈들 입은 몇개나 되길래 / 백성의 살을 그리도 뜯었나"라면서 백성들을 침탈하는 탐관을 꾸짖은 것은 이규보가 지닌 '만물일류'의 사상과 깊은 연관이 있습니다.

이처럼 이규보의 만물일류의 사상은 장자의 제물사상에 '측은지심'과 '자비'를 결합시키고 있다는 점에서 후대의 김시습(1435~1493)이 〈物을 아껴야 한다(愛物義)〉라는 글에서 보여주는 愛物사상과도 구별됩니다. 김시습의 애물사상은 好生之德(생명을 사랑하는 덕성)을 강조하는 신유학의 仁사상에 근거를 두고 있는바, 측은지심을 강조하면서도 인간중심적인 差等的 物觀은 어쩔 수 없이 견지하고 있습니다. 모든 존재를 '一類'로 보고 있지는 않은 것입니다. 이규보가 전개한 만물일류의 사상이 보여주는 '愛物'이나 '尊生命'은 김시습의 애물사상보다는 오히려 중국의 張橫渠(1020~1077)가 〈西銘〉에서 전개한 '民胞物與'(民은 나의 동포요, 物은 나의 이웃)라든가 王陽明(1472~1528)이 〈傳習錄〉에서 말한 "天地萬物一體之仁"(천지만물을 한 몸으로 여기는 仁)에 더 가깝지 않나 생각됩니다. 장횡거나 왕양명의 이런 사상은 대단한 우주적 스케일을 지닌 것으로 세계적인 평가를 받고 있습니다만, 놀라운 것은 이규보가 이들과 상관없이 고전을 바탕으로 스스로 사유를 전개한 결과 만물일류의 사상에 도달했다는 사실입니다. 시대적으로는 장횡거가 이규보보다 1세기 반쯤 앞서고 왕양명은 이규보보다 3세기쯤 후대 사람입니다.

이규보가 物에 대해 보여주는 연민이나 애정은 인간중심주의를 전제로 삼는 '愛物'이라는 표현보다는 物과 이웃한다는 의미의 '與物'이라는 표현이 더 어울리는 게 아닐까 싶습니다. 이규보의 시나 산문 중에는 物과의 대화형식을 취하고 있는 글들이 여럿 있어 눈길을 끄는데, 이는 이규보의 만물일류의 사상에 담지된 '與物'이라는 모멘트가 글쓰기의 형식에 반영된 것으로 볼 수 있지 않을까 합니다. 이규보가 장자를 자기화함으로써 이런 '與物'이라는 사유에까지 이르고 있음은 한국문학사 내지 사상사에서 특기할 만한 일이라 하겠습니다.

좀더 적극적으로 의미를 부여한다면 이규보의 이런 사유는 '與物意識'(物을 이웃이라 생각하는 의식)이라 이름할 수 있을 것입니다. 이규보의 여물의식을 보여주는 자료들을 조금 더 언급해봅니다.

이규보는 옛집을 잊지 않고 찾아오는 제비를 "친구로 대우"(〈舊鷰來 二

首〉) 하는가 하면 자기가 타던 말이 늙어 수척해지자 가슴아파하기도 하고(〈次韻和白樂天病中十五首〉의 제11수), 그 말이 마침내 죽자 "내 마음 몹시도 슬프고 아파 / 문을 나서 하염없이 서성거렸네"(〈十二月十二日馬斃, 傷之有作〉)라며 지극한 슬픔을 토로하고 있습니다.

이처럼 이규보는 物을 단지 이용의 대상 쯤으로만 여기지 않고 인간과 내면적으로 연결되어 있는 존재로 생각하고 있는데, 이런 관점은 비단 '생물' 만이 아니라 '무생물' 에까지 관철되고 있습니다. 일례로 〈小硯銘〉이라는 글을 들 수 있습니다. 이 글은 이규보가 자신이 사용하던 벼루에 붙인 銘인데, 그 내용은 다음과 같습니다.

  벼루여 벼루여! 너의 작음은 너의 부끄러움이 아니다. 너는 비록 웅덩이가 한치밖에 안되지만 나의 무궁한 뜻을 쏟아내게 하지 않느냐. 나는 비록 키가 6척이나 되지만 사업이 너를 빌어 이루어진다. 벼루여! 나는 너와 함께하며 생사를 같이하리라.

이 글은, 조그만 뱁새가 커다란 붕새에게 부끄러움을 느낄 필요가 없듯 일촌밖에 안되는 벼루라고 해서 육척의 '나' 에게 부끄러움을 느낄 필요는 없다는 것, '나' 는 物인 벼루에 의지함으로써만 나를 실현할 수가 있다는 것, 그 고마움을 생각하면 '너' 와 '나' 두 존재 사이에 어떤 연대감을 느끼게 되고 그래서 생사를 함께하고자 한다는 것, 이런 메시지를 함축하고 있습니다. 비록 벼루에 붙인 銘이라고는 하나 여느 문인의 銘과는 사뭇 다릅니다. 이런 마음 때문이겠지만, 이규보는 훗날 자기가 쓰던 벼루가 깨어져 어쩔 수 없게 되었지만 그것을 차마 버리지 못한다고 했습니다(〈硯破〉). 뿐만 아니라 이규보는 다리가 부러진 책상을 고친 후 거기에 붙인 銘에서 "나의 고달픔을 부축해준 자는 너요, 너가 절름발이 된 것을 고쳐준 자는 나다. 같이 병들어 서로 구제하니, 어느 한쪽이 功을 주장할 수 있겠는가?"라고 하여, 人과 物의 관계가 일방적이지 않고 '상호의존적' 임에 상도하고 있는바, '物我相依' 라 요약할 수 있을 깨달음에 이르고 있습니다. '物我相依', 이는 莊子의 齊物思想에서 출발한 이규보가 장자를 자기화함으로써 존재의 근원적 연대성을 깊이 투시하는 데까지 이르렀음을 잘 보여줍니다.

이규보의 여물의식은 자연이나 사물에만 한정되지 않고, 한계가 있는 대로 민중을 대하는 태도에서도 확인됩니다. 잘 알려져 있다시피 이규보는 적지 않은 愛民詩를 창작했는데, 바로 이 애민시는 여물의식이 일정하게 '정치적'으로 구현된 것이랄 수 있습니다. 이규보의 애민시가 중세적 신분관이나 '지배/피지배' 관계를 부정하고 있는 것은 결코 아니며 그 점에서 역사적 한계를 보여줌은 인정해야 할 사실이지만, 그럼에도 동시대의 다른 문인들에게서는 발견하기 어려운 민중에 대한 깊은 연민을 보여준다는 점은 높이 사야 할 점이 아닐 수 없습니다. 우리는 〈소를 매질하지 말라(莫笞牛行)〉와 같은 시에서 자연(사물)에 대한 여물의식과 정치적 여물의식이 '이미지'상 중첩되고 있음을 확인할 수 있습니다. 이 시는 표면적으로는 "소를 매질하지 말라"고 말하고 있지만, 소란 기실 압제받는 민중입니다. 이규보는 '소'라는 메타포를 통해 자연과 사회, 物과 民을 연결시키고 있는 것입니다.

한편 〈꿀벌을 찬미함(蜜蜂贊)〉이라는 글에서 "네가 죽지 않는 한, 人欲이 어찌 다하겠니?"라고 말하고 있는 데서 엿볼 수 있듯, 이규보는 당시로서는 드물게 '人欲'의 가증스러움과 끝없음을 성찰한 인물이었으며, 또한 분외(分外)의 욕망이 인간을 부자유스럽게 만들고 결국에는 인간을 망가뜨리고 만다는 사실을 통찰하고 있었습니다. 〈온실을 없애버리게 함(壞土室說)〉이라는 글이 보여주는 저 상징적이고도 단호한 언술에서 확인할 수 있듯, 이규보는 자연의 법칙에 순응해 절제된 삶을 사는 것이야말로 정말 의미있는 삶이며, 이를 벗어나 지나친 욕망과 교지(巧智)(이규보는 욕망과 교지를 흔히 '機'라는 말로 표현하고 있습니다)를 추구하는 것은 참된 삶을 파괴할 뿐이라고 생각했습니다. 이규보가 보여주는 이러한 통찰과 생각은 '여물의식'과 밀접한 관련을 맺고 있습니다.

이규보의 '여물의식'은 자연철학과 사회철학, 자본주의의 기제에 대한 사회정치적 비판과 존재에 대한 근원적 깨달음을 통일하면서 올바른 생태주의 사상을 모색해가야 할 오늘날의 우리에게 적지않은 시사를 준다고 생각합니다.

이규보가 허심을 강조했음은 앞서 말한 바 있습니다. 허심에 의해 인간은 자신의 근원적 마음으로 돌아올 수 있으며, 외물의 구속으로부터 벗어나 진정한 정신의 자유에 이를 수 있다고 보았습니다. 이러한 정신의 자유속에서만 인간은 사물과 무애자재하게 교감하며 존재의 육화된 연대를 확인할 수 있다고 본 것입니다. 우리가 주목해야 할 것은 이규보가 글쓰기(문학)를 통해 이런 생각에 도달했으며 일상성속에서, 다시 말해 일상의 생활과 글쓰기(문학)를 통해 이런 생각을 실천하고 심화시켜갔다는 사실입니다. 이러한 실천의 결과이겠지만 만년의 이규보에게서 우리는 단순히 문호의 모습을 넘어 인생과 우주의 심오한 이치를 깨친 철인의 풍모 같은 것을 발견하게 되며, 그 앞에서 경외감을 느끼게 됩니다.

여기서 잠시 이규보의 존재론 내지 우주론에 대해 언급할까 합니다. 이규보는 하늘이 元氣라는 하나의 氣로 되어 있으며 생명이 있고 없고를 막론하고 천지간의 모든 존재는 이 기를 받아 생성되고 그 기가 다하면 소멸되거나 죽음을 맞는다고 보았습니다. 하지만 천지만물의 기는 없어지는 것은 아니고 자신의 고향이라 할 우주의 원기로 되돌아가는 것이라 본 듯합니다. 말하자면 존재의 생멸(生滅)을 순환적으로 본 것이지요. 이러한 생각은 저 자연의 순환운동에 기초를 두고 있는 것으로 여겨지는데, 대단히 생태주의적이라 할 수 있을 것입니다.

존재의 근원적 일체성이랄까 존재의 육화된 연대성은 이규보가 지닌 이런 존재론 내지 우주론에서 가능한 것입니다. 소아(小我)를 벗어나 사물혹은 타자로 확대된 마음, 더 나아가 우주적인 마음으로의 확대 역시 바로 이런 존재론에서 가능해집니다. 이규보는 자신의 마음의 六合 밖, 곧 우주에 노니는 데 대해 말한 바 있습니다. 자신의 마음을 비움으로써 개체적 육신을 넘어 그리고 시공을 넘어 우주와의 일체적 융합을 이룩하고 있는 것이지요. 대단히 흥미로운 것은 이규보에 있어 이러한 융합은 어디까지나 예술(문학)을 통해 실현되고 있다는 점입니다. 이 점에서 이규보에게는 예술(문학)이 곧 道인 것입니다. 이 점에서 대해서는 조금 있다가 다시 이야기하기로 하고, 계속해 이규보의 생사관(生死觀)을 보기로 합니다.

이규보의 존재론에서 짐작되는 사실이지만, 이규보는 생과 사를 순환적으로 보고 있습니다. 거대한 자연의 운동의 일부로 본 것이지요. 이규보는 인간이 생과 사를 자연의 흐름의 한 과정으로 응시함으로써만 죽음에서 초연해질 수 있다고 생각했으며, 그런 생각을 실천했습니다. 이 점에서 이규보는 제도화된 종교에 출입하지는 않았습니다만 그런 사람들보다 훨씬 더 근원적인 '종교적 마음'에 도달하고 있는 게 아닌가 생각됩니다. 이규보의 경우를 통해 우리는 생태적인 마음은 예술의 마음과 통하며 동시에 종교의 마음과도 통한다는 사실을 시사받을 수 있습니다.

지금까지 살펴본 이규보의 생태적 사유가 실제 그 문학활동과 어떻게 연결되고 있는지 몹시 궁금한데 이제 이 점에 대해 살펴보기로 하겠습니다.

우선 이규보는 '新意'의 중요성을 강조했습니다. 이 말은 오늘날의 말로 바꾸면 '창조적 상상력' 정도로 옮길 수 있을 것입니다. 이규보는 상투성이나 진부성을 벗어난 창조적 상상력만이 마음의 진실과 사물의 본질을 포착하게 하며, 진실되고 참신한 글을 쓸 수 있게 한다고 본 것입니다.

동시에 이규보는 잔재주나 외면적 화려함, 겉치레를 숭상하는 문학을 배격했습니다. 그런 문학에는 진실된 마음과 감정이 담겨있지 않다고 확신했기 때문입니다. 이규보는 문예미에 있어 '自然'과 '天然'을 최고의 경지로 간주하였습니다. 이러한 미적 태도는 機心과 人爲를 배척하고 허심과 자연을 추구함으로써 도에 이르고자 한 그의 생태적 관점과 정확히 일치하는 것입니다.

동양 미학의 중요한 개념 가운데 形似와 神似라는 것이 있습니다. 이는 심미적 대상의 묘출방식과 관련되는데, 形似가 대상의 외면적 핍진성의 재현을 말한다면 神似는 대상의 정신을 표현함을 말합니다. 신사에서 말하는 대상의 정신이란 창작주체의 마음 내지 정신의 투영에 다름 아닙니다. 형사와 신사, 이 두 개념은 반드시 대립적인 것은 아니지만 어느 쪽을 강조하는가에 따라 예술적 태도와 입장이 달라집니다. 그런데 이규보는 정신과 대상의 직각(直覺)적 만남, 다시 말해 心에 의한 직관을 대단히 중시했습니다. 이규보는 이를 '寫心'이라는 말로 표현하고 있습니다. 형사보다 신사를 더 중요시한 것입니다.

하지만 우리가 유의해야 할 점은, 이규보가 결코 둘을 대립적으로 파악하고 있지 않으며 어디까지나 形似를 바탕으로 한 神似를 생각한 것으로 보인다는 사실입니다. 말하자면 형사와 신사를 통일적으로 파악한 것입니다. 이규보는 〈玉瓶을 꿈꾸고(夢玉瓶)〉라는 시에서 "혼돈에 일곱 구멍을 내자 / 혼돈이 7일만에 죽어버렸네 / … / 物은 온전함을 귀히 여기니 / 形과 神을 온전히 하는 도리를 / 저 莊子에게 물어볼꺼나"라고 읊었습니다. 이 말은 도가적 처세론 내지 수양론을 피력한 말이지만 동시에 도가적 인식론과 관련해 읽을 수도 있으리라 보는데, 그럴 경우 物의 形神을 분리하지 않고 전일적으로 파악함이 긴요하다는 함의를 끌어낼 수 있습니다. 위에 인용한 시의 원문에 '形全與神全'이라는 말이 보입니다만, 이 말은 원래 《장자》〈천지〉편에 나오는 말입니다. 《장자》에서는 聖人之道를 가리키는 말로 이 말을 썼지만, 이규보는 《장자》의 이런 사상을 '形神俱全'의 예술론으로 발전시켰던바, 이런 데서도 이규보의 창조적 정신이 확인됩니다.

늘 그런 것은 아니지만 대체로 보아 신사를 강조하는 예술론의 경우 예술가의 표현의지와 개성 및 내면성을 중시하는 경향이 강합니다. 이는 장점이기도 하지만 주관성에의 편향을 띨 수 있다는 점에서 단점으로 흐를 소지도 동시에 갖고 있다고 보지 않으면 안될 것입니다. 하지만 이규보가 표방한 '形神俱全'의 문예론은 주관성과 객관성의 균형 및 상호지양을 가능하게 합니다. 이 점은 이규보의 창작실천에서 잘 확인됩니다. 즉 그가 펼쳐보인 시세계에는 사회시, 咏懷詩, 咏物詩, 자연시들이 두루 포괄되어 있으며, 사실주의적 성향의 시와 낭만주의적 성향의 시가 조화롭게 공존하고 있습니다. 이 점에서 그를 사실주의 시인이나 낭만주의 시인의 어느 하나로 단정하려는 시도는 적절하지 않을 뿐더러 그다지 의미가 없어 보입니다. 이규보는 이런 이분법을 넘어서 있으며, 이런 이분법의 적용을 갑갑하게 만들고 있지 않나 여겨집니다. 요컨대 사실적 모사와 寫心의 통일을 표방한 이규보의 문예론은 사실주의와 낭만주의를 포괄하면서도 동시에 이 양자를 지양하는 면이 있다고 생각됩니다. 마치 陰과 陽의 관계처럼 둘은 '待對的'(이 말은 대립적이면서 동시에 상호의존적이고, 조화로운 독특한 관계성을 지칭하는 말인데, 동양철학에 고유한 개념입니다. 존재와 事象의 생태적 연관성을 드러내는 데도 대단히 유용하게 활용할 수 있는 개념이 아닌가 저는 보고 있습니다) 관계를 형성하고 있는 것입니다.

지금까지 이런저런 이야기를 해왔습니다만, 다음 몇가지로 요약될 수 있겠습니다.

첫째, 이규보는 욕망의 무한한 추구를 통해서가 아니라 分外의 욕망을 비움으로써만 욕망으로부터 해방될 수 있다고 보았습니다.

둘째, 도(=자연)와 예술의 통일입니다. 이규보는 虛心에 의한 미적 관조를 통해 사물의 본질을 직관하고, 사물과 '나'가 하나되는 경지를 추구했는데, 이 경지는 곧 도(=자연)와 예술이 통일된 경지입니다. 예술에 있어 物我의 근원적 일체성을 강조하는 이런 태도야말로 오늘날 우리가 다시 본받고 발전시켜야 하지 않을까 생각합니다.

셋째, 생명에 대한 태도입니다. 이규보는 인간본위적 관점에서가 아니라 萬物一類的 관점에서 物마다 내재해 있는 생명의 활력에 외경을 표시했을 뿐 아니라, 천지만물의 생명과 일체가 되고자 하는 예술정신을 보여주었습니다. '나'의 생명이 다른 존재의 생명과 연결되어 있음을 생각할 때, 이러한 예술정신은 곧 '나'가 지닌 생명의 본성을 되찾고자 하는 것이기도 합니다.

넷째, 천지와 사물의 내부에 왕래하는 예술정신입니다. 이규보는 이를 통한 主客合一을 강조했는데, 이 경지야말로 예술의 성스러운 본령과 예술이 도달해야 할 높은 정신성을 보여주는 게 아닌가 생각됩니다.

다섯째, 人과 物에 대해서처럼 生과 死 역시 지극히 연속적이며 자연의 일부라 인식하고 있다는 사실입니다. 이규보는 예술적 관조를 통해 생사를 초월함과 동시에 자연에 순응함이 우주의 궁극적 道라는 깨달음에 도달하였습니다. 이러한 깨달음은 인간, 생사, 자연, 우주를 전일적으로 파악하는 관점으로서 큰 의의가 있다 하겠습니다.

여섯째, 莊子에 근거하여 예술론을 전개할 경우 흔히 예술주체의 妙悟나 悟徹은 강조되나 사회에 대한 관심이 부족하거나 결여되기 쉬운 법인데, 이규보는 사회적 모순을 외면하지 않았던바, 이 점이 참으로 소중하다 하겠습니다. 이규보가 강조한 虛心은 자연에 대해서만이 아니라, 민족의 현실과 민중의 삶에 대해서도 똑같이 작동되는 것이었습니다. 그 결과그는 사회적 모순을 적극적으로 비판하는 시와 우주적 깨달음을 노래한시를 나란히 남길 수 있었습니다. 두 시에 담겨있는 마음은 근원적으로는하나이니, 곧 虛心입니다. 요즘 말로 바꾼다면 "시인의 至公無私한 마음"(백낙청 선생의 말)이나 "시인의 순정한 마음"(김종철 선생의 말)이라는표현이 가장 적절하지 않나 생각됩니다.

이규보를 예로 들어보았습니다만, 우리 고전에는 생태주의 사상이나 생태주의 문학정신이 풍부하게 내장되어 있습니다. 오늘날의 작가들은 이에서 시사받거나 배울 점이 있으리라 생각합니다. 요컨대 민족문학이 생태주의적 사유를 심화해나가는 데 있어 우리의 고전과 전통사상은 퍽 소중하고 유익한 자산이 될 수 있을 것입니다.

그렇기는 하지만, 우리의 고전과 전통사상이 오늘의 현실에 대한 답을 바로 제시해주지는 못합니다. 이 점에서 오늘날을 사는 작가와 지식인의 창조적 노력과 고뇌가 요구된다 하겠습니다. 인간다운 삶을 열망하면서 그것이어떤 모습이어야 할지에 대해 진지하게 묻고 고민하는 사람만이 고전에서지혜와 빛을 끌어낼 수 있으리라 생각합니다. (통권 제32호, 1997년 1-2월호)

기술시대의 교육, 영어의 문제

생태공경 — 생태윤리를 위한 교육

정화열 / 피티 정

> 하나 하나속에 전체가 있고,
> 전체속에 하나 하나가 있다. — R. D. 라잉
>
> 자연의 문제는 인생의 문제이다. — 스즈끼 다이세츠

하나의 생태계로서 지구가 붕괴 직전에 있을 뿐만 아니라 인류도 '역사의 가장자리에' 처해 있다. 우리는 모든 것이 우리가 저지른 것이며, 우리 자신 말고 비난할 대상이 없다는 것을 인식해야 한다. 캐나다의 사회학자 존 오닐이 우리의 문명은 그 자신이 마지막 문명일지도 모른다는 것을 의식하고 있는 최초의 문명이라고 말했을 때 그는 오늘날 우리가 처한 생태적 곤경을 간명하게 요약하였다. 오늘의 생태적 위기는 우리의 '궁극적 관심사'로서 간주되어야 할 충분한 이유가 있다. 이것은 바로 존재하느냐 존재하지 않느냐 하는 문제이기 때문에 진실로 실존론적인 질문이다.

정화열 — 미국 펜실베이니아의 모라비안대학의 정치철학 교수. 이 글의 공동필자인 그의 아내 피티 정(Petee Jung, 올브라이트 칼리지의 수학교수)과 함께 정화열 교수는 이미 오래 전부터 심층생태주의에 기초한 다양한 주제의 글을 지속적으로 발표해왔다.

지난 9월 북경에서 열린 미래학에 관한 국제회의를 위해 우리 두 사람이 에콜로지와 경제개발에 관한 공동논문을 쓰고 있을 때, 우리는《전일적 교육평론(Holistic Education Review)》의 창간호를 받았다. 론 밀러가 쓴 권두에세이 〈전일적 교육 ― 급진적 시각〉을 읽어가는 도중에 "전일적 접근은 본질적으로 생태학적 접근이다"라는 암시적인 구절이 우리의 주목을 끌었는데, 이것은 바로 우리 자신이 '생태공경(恭敬)'이라고 부르는 것을 표현하는 것이었다. 그는 다음과 같이 계속한다.

> 인간존재의 깊이에 대한 존경은 필연적으로 자연과 지구에 대한 존경을 포함한다. 그것은 모든 생명에 대한 공경인 것이다. 전일적 교육은 산업시대의 물질중심적, 기계론적, 주지주의적 세계관에 도전한다. 우리가 지구를 착취하고 통제해야 할 하나의 자원으로서 다루는 한 우리는 우리의 아이들도 그렇게 다루게 될 것이다.

밀러의 이러한 구절은 행복하게도 '생태공경의 길'이라고 하는 우리 자신의 전일적 에콜로지관(觀)과 일치하고 있다. '전일적 에콜로지'라고 하는 것은 어떤 점에서 동어반복적이라고 할 수 있는데, 왜냐하면 에콜로지 자체가 불가피하게 전일적이기 때문이다. 그 자체로서 볼 때 우리의 탐구방식은 분석적, 단편적이라기보다는 통합적, 종합적이다. 지구를 건질 수 있을 것이라는 우리의 희망은 우리의 젊은 세대들이 "생태철학적으로 의식화되도록" 즉, 전일적인 정신을 갖도록 교육시키는 데 달려 있다. 미래는 젊은이들에게 속해 있다. 젊은이들이 미래를 상속할 것이다. "미래를 위한 새로운 윤리학"으로서 생태공경의 길도 또한 젊은이들에 속한다. 생태공경 교육은 젊은 정신들이 이러한 새로운 삶의 길을 받아들이도록 깨우치려는 희망속에서 역사로서의 미래를 교육시키는 일이다.

현재의 위기

우리의 생태학적 전망은 암울하다. 왜냐하면 오직 하나뿐인 지구 ― 이

지상에서의 우리의 거처에 대하여 우리는 끈질기게 귀를 닫아왔기 때문이다. 우리가 지금 "너무나 늦게 보잘것 없이" 대처하고 있다는 불안한 예감이 사라지지 않고 있다. 영국의 철학자 고(故) 루드비히 비트겐슈타인의 인상적인 표현을 빌어 말한다면, 지구를 건지려는 노력은 마치 찢겨진 거미줄을 우리 자신의 손가락으로 수리하려는 것과 같다고 할 수 있다.

1972년은 에콜로지운동에 획기적인 해였다. 첫째로, 로마클럽에 의해서 인간의 장래에 관한 음울한 예측이 발표되었다. 로마클럽은 임박한 재앙에 대해 경고하고, '코페르니쿠스적인 정신혁명'을 제창하였다. 다시 말하여, 가속화하는 산업화와 급속한 인구성장, 광범위한 영양실조, 재생불가능한 자원의 고갈과 점점 심화되는 환경악화에 직면하여 인류의 장래를 보장하기 위해서 우리의 삶의 방식에 근본적인 전환이 있어야 한다는 것이었다. 레스터 브라운이 이끄는 '월드워치연구소'는 최근에 인류와 지구의 상태에 대한 또하나의 섬뜩한 보고서를 내놓았다. 지구의 '생명신호'는 로마클럽의 첫 보고서가 17년 전에 나왔을 때보다도 나아지지 않았다. 이제는 "우리는 너무 늦기 전에 지금 행동하지 않으면 안된다"라고 하는 그러한 보고서의 언어가 우리들에게 너무나 친숙하고, 진부한 것이 되었다.

둘째로, 스톡홀름에서 열린 유엔 인간환경회의가 있었다. 우리는 직접 이 회의에 참석하였고, 회의를 목격하였다. 그 역사적 의의는 결코 과소평가될 수 없지만, 이 회의는 대부분 '선진국들'과 '개발도상국들' 사이에 누가 무엇을 언제 어떻게 얻느냐고 하는 문제에 관하여 티격태격으로 일관하였다. 1972년의 스톡홀름회의에 비교하여 1987년에 '환경과 개발에 관한 유엔 세계위원회'가 제출한 보고서 《우리 공동의 미래》는 하나의 거대한 진전을 나타내었다. 그 보고서는 부유한 나라들과 가난한 나라들 사이의 평등한 경제발전을 성취하기 위하여 국제적 협력을 요청하였다. 그 보고서는 또한 "도덕적, 윤리적, 문화적, 심미적 및 순수히 과학적인" 이유와 같은 비공리주의적 이유로 "야생상태의 것들을 보존해야 할" 필요성을 언급하고 있다. 궁극적으로 그 보고서가 요청하는 것은 경제적 발전과 환경적 요구 사이의, 불가능하지 않다하더라도 매우 어려운 균형이다.

그러나 그 보고서는 여전히 '지속가능한 개발'이라는 생각을 강조하고 있다. 미래세대들의 경제적 욕구를 희생시키지 않고도 현세대의 경제적 욕구를 충족시키고 보장할 수 있는 능력이 인간에게 있다는 것이다. 그러니까 이 보고서는 여전히 '경제적 인간'이라는 관습적인 언어에 갇혀 있으며, 우리의 경제적 정신구조와 강박관념을 극복하지도 전복시키지도 못하고 있다.

이제 세번째의 획기적인 사건을 보기로 하자. 1972년의 조용한 혁명이라 할 수 있는 이 사건은 '심층생태학' 또는 '생태철학'이라고 일컬어지는 한 학문적 태도가 태어난 일이다. 심층생태학은 노르웨이의 철학자 아르네 네스가 생태운동과 철학 사이의 내면적 연관을 강화시키기 위하여 사용한 개념이다. 그의 철학적 언어를 인용해본다.

에콜로지운동이 우리의 주의를 끌 가치가 있는 한 그 운동은 생태적이라기보다는 '생태철학적'이다. 에콜로지는 과학적 방법을 이용하는 하나의 '제한된' 과학이다. 철학은 근원적인 것에 대한 규범적일 뿐만 아니라 기술적(記述的)인 가장 일반적인 토론마당이며, 정치철학은 철학의 하위 분과의 하나이다. '생태철학'이라는 말로써 내가 의미하는 것은 생태적 조화 또는 균형에 관한 철학이다. 일종의 지혜로서 철학은 개방적으로 규범적이다. 철학은 규범과 규칙과 요구와 가치의 서열에 대한 발언을 포함하는 것과 동시에 우리의 우주의 상황에 관련하여 여러 가설을 포함하고 있다. 지혜는 과학적 기술과 예언일 뿐만 아니라 정책이며 처방이다.

우리가 말하는 생태공경은 네스의 '지혜'와 같은 감정에 기초하고 있다. 이런 경우 철학은 특수한 언어의 옷을 걸치고 있는 특권적인 소수가 즐기는 추상적 사색일 수는 없다. 지상의 모든 생물이나 사물들과 다층적인 관계를 맺으면서 하나의 도덕적 존재로서 행동한다는 것은 '호모사피엔스'로서 모든 인간이 갖추고 있는 선천적인 능력이다.

생태공경이라는 용어를 가지고 우리가 전달하고자 하는 것은 인간이든 아니든 모든 존재와 사물들과 더불어 사는 삶에 대한 존경과 보살핌이라는 깊게 지속적인 감각이다. 미국 철학자 헨리 G. 버그비 2세는 맑고 고요한 기분으로 이와 같은 생각을 '거룩한 공존'이라는 말로 하고 있다. 그는 《내면의 아침》 속에서 "우리 모두는 인간만이 아니라 모든 것들과 더불어서만 존재한다. 사물들을 포기하고 서로서로를 포기하는 것은 자기 자신의 상실을 의미한다"고 감동적으로 진술하고 있다. '공경'은 주고받음이라는 절대적인 호혜관계를 가리키는데, 이러한 주고받음은 정신적이면서 동시에 육체적인 과정이다. 《나와 그대》의 마틴 부버의 목소리를 반향한다면, 호혜관계 또는 사회적 과정이 없는 곳에서는 현실도 없는 것이다. 우리가 '생태공경'이라는 용어를 새롭게 만들게 된 몇몇 까닭을 살펴보자.

생태공경

우선 무엇보다도 생태공경이라는 개념은 환원적이고 단편적인 경향에 반대하여 전일적이고 동기적인 것이 되고자 하며, 그렇게 함으로써 지적으로 또 학문적으로 편협한 전문화를 피하려고 의도되었다. 그 개념은 하나의 주어진 전체 — 지구나 우주속에서 모든 것은 모든 다른 것에 연결되어 있다는 근원적인 생각에 기초하고 있다. 우리시대의 가장 명민한 생태사상가 중의 한 사람인 배리 커머너는 이것을 '에콜로지 제1법칙'이라고 부른다.

중국의 역경(易經)의 전통에 따르면, '동기성(同氣性)'이야말로 우주의 제1원리인데, 이것은 작든 크든 우주의 모든 요소들이 비인과적으로 또 동시적으로 상호연결되어 있다는 것을 의미한다. 고대 도가의 책인 《도덕경》에서 따온 다음 구절은 네개의 우주론적 요소들이 상호연결된 연속체를 이루고 있음을 말하고 있다.

우주속에는 네가지 위대한 것이 있는데,

사람은 그 가운데 하나일 뿐이다.
사람은 땅과 더불어 있고,
땅은 하늘과 더불어 있으며,
하늘은 도(道)와 더불어 있다.
도(道)는 있는 것과 더불어 있다.

　에콜로지에 관한 고전적 저작 《원은 닫혀야 한다》에서 커머너는 우리의 과학공동체와 사회경제기구들이 행하는 단편적이고 환원주의적인 접근방법이 환경훼손을 초래한 것은 그것이 모든 것이 서로 연결되어 있는 자연의 전체성을 다루는 데 부적절하기 때문이라고 하였다. 환원주의라고 할 때 커머너가 염두에 두고 있는 것은 현대의 과학연구에서 주류를 이루고 있는 방법인데, 그것은 "하나의 복합적인 체제에 대한 효과적인 이해는 그 체제의 부분들을 각기 고립시켜서 그 고립된 부분의 성질을 탐구함으로써 성취될 수 있다"고 주장한다. 레이첼 카슨의 《침묵의 봄》은 DDT의 사용이야말로 단편적이고 환원주의적인 사고와 행동방식이 얼마나 파멸적으로 근시안적인 것인가를 뚜렷하게 보여주는 본보기가 된다는 것을 설득력있게, 선구적인 정신으로 증명하였다. 환원주의의 어리석음은 다섯 명의 소경이 각기 코끼리의 일부를 만져보고는 그것이 전부라고 생각하는 인도의 우화에 요약되어 있다.
　우리가 모든 것을 '분석' 함으로써 — 다시 말하여, 구획화된 전문분야뿐만 아니라 과학적 연구에서 우리의 '합리적인' 이해를 위하여 모든 것을 단편적인 부분들로 해부함으로써 사물을 이해하는 데 일반적으로 익숙해 있기 때문에 전일적인 사고와 행동방식을 파악한다는 것은 매우 어렵다. 예를 들어, 두 사람 모두 전일적인 사고방식의 선양에 공헌했다고 알려져 있는 F. 데이비드 피트와 데이비드 봄이 에콜로지를 단지 과학의 일개 전문분야로 보고 있는 다음과 같은 견해는 우리의 미소를 자아낸다.

　많은 사람들은 이런 종류의 문제들〔전지구적 불안정〕을 해결하는 것은 오직 에콜로지나 어떤 다른 전공의 문제라고 생각한다. 생태학이 개개 활동의 전체적 맥락에 대한 복잡한 의존관계를 알아보기 시작한 것은 분명하다. 그러나 문제는 에콜로지의 문제이면서 동시에 경제학의 문제이며, 이것은 나아가서 정치의 문제, 그리고 사회구조와 인간존재 일반의 본성에 관한 문제로 이어지는 것이다.

둘째로, 전일적인 생태공경의 길은 오늘날 오직 인간관계를 다스리는데만 국한되어 있는 기성의 도덕·윤리개념을 넓히고자 한다. 미국의 뛰어난 생태철학자 앨도 레오폴드는 다음과 같이 웅변적으로 말했다.

　아직까지 인간이 땅에 대하여, 그리고 땅 위에 자라고 있는 식물과 동물들에 대하여 맺는 관계를 다루는 윤리학이 없다. 땅은, 오디세우스의 노예 소녀들처럼, 여전히 재산일 뿐이다. 땅에 대한 인간의 관계는 아직도 엄격히 경제적인 것에 머물러 있으며, 따라서 땅은 인간에게 특권을 제공할 뿐 인간의 책임을 요구하는 것으로 이해되지 않고 있다.

생태공경은 훌륭한 삶에 대한 개념을 재정의하는 데 있어서 포괄적이거나 전일적이다. 지구의 건강이 우리의 전일적 사고 및 행동방식에 달려 있기 때문에 우리는 생태공경이야말로 우리의 모든 행동을 규제하는 원리가 되어야 한다고 생각한다. 그리하여 우리들 상호간의 복합적인 관계망뿐만 아니라 우리들과 인간 아닌 존재 및 사물들과의 관계가 이 원리에 의해 지도되어야 하는 것이다. 이것을 간단한 방정식으로 표시하면 다음과 같다.

생태공경 = 인간공경 + 지구공경

인간공경은 사람끼리의 다층적 관계를 '조심스럽게' 유지하는 데 관계하고, 지구공경은 인간과 인간 아닌 것들 사이의 관계를 다룬다. 레오폴드가 말하는 '땅의 윤리'는 우리가 지구공경이라고 부르는 것을 요약하고 있다. 왜냐하면 그것은 "공동체의 경계를 넓혀서 흙과 물과 식물과 동물들 － 즉, 땅 전체를 포함하는" 것이기 때문이다. 그렇게 정의하면, 지구공경은 살아있는 것들에 대한 우리의 경의를 포함하는 것이다.

인간공경과 지구공경은 상호구별될 수는 있지만 분리될 수는 없다. 그것들은 마치 남성과 여성 사이의 관계와 같은 것이다. 다른 말로 하면, 생태공경속에는 인간공경이라는 양(陽)과 지구공경이라는 음(陰)이 상호보완적으로 통합되어 있다. 그러므로, 생태공경의 길은 인간 아닌 존재와 사물들을 배제하고 오직 인간 사이의 관계만을 규정하는 관습적인 윤리개념과 뚜렷이 대조된다.

이렇게 볼 때, 생태공경은 말의 어원적인 의미에서 진실로 전복적(顚覆的)이라고 할 수 있다. 왜냐하면 그것은 관습적인 지혜를 뿌리뽑아버리고, 우리의 사고와 행동에 있어서 '밑으로부터 근본적인 변화'를 추구하려하기 때문이다. 그것은 대항문화적인 전향을 요구한다. 전복이나 뒤집어엎기나 탈바꿈에 대해 말하면서, 우리는 하나의 창조적인 사고방식으로서 에드워드 드 보노의 '수평적 사고'로부터 배우는 것이 — 그리고 우리의 젊은이들에게 가르치는 것이 — 좋을 것이다. 드 보노는 우리가 '막혔을' 때 똑같은 구멍을 더 깊게 파들어가는 것보다는 새로운 구멍을 파야 한다고 암시한다. 미국 철학자 에러짐 코핵은 "인간에 대한 도덕적 감각을 회복하기 위해서는 우리가 먼저 자연에 대한 도덕적 감각을 회복할 필요가 있을 것이다"라고 말했다. 실제로, 전일성은 새로운 사고와 행동방식 — 에코토피안적인 비전임이 분명하다.

셋째로, 새로운 생태공경 윤리는 한 극단으로는 인간중심의 세계관의 교만성을 극복하고, 다른 극단으로는 인간은 단지 자연의 일부일 뿐이라고 하는 견해를 극복하려는 시도이다. '호모사피엔스'의 출현 그 자체가 전체 지구에 대해서는 재앙을 기록하였다. 《시간의 하늘》에서, 생태시인 로렌 아이슬리는 우리가 이 지구상에 나타난 순간부터 있어온 인간의 교만성을 이렇게 묘사한다.

인간의 도래와 함께 자연에 커다란 구멍이 뚫린 것처럼 보인다. 이 커다란 검은 소용돌이는 점점더 빠르게 돌아가면서 산과 돌과 흙과 광물을 집어삼키고, 번갯불을 빨아먹고, 원자로부터 에너지를 뺏아내어 마침 내 태고의 자연의 소리는 이제 더이상 자연이라고 할 수 없는 어떤 것 이 자아내는 불협화음속에 빠져버렸다.

지구공경(地球恭敬)이 생태공경속으로 짜여들어갈 때 인간중심주의는 뒤 엎어지는데, 왜냐하면 그때는 사물의 보편적 질서속에서 인간이 특히 확 대되어야 할 이유가 없기 때문이다. '지배'와 '공리성'이 인간중심주의에 대하여 갖는 관계는 '조화'와 '존숭(尊崇)'이 생태공경윤리에 대하여 갖는 관계와 같다. 그러나 인간공경과 지구공경이 서로 구별되는 것이면서도 완전히 분리할 수 없는 것이라고 할 때, 인간은 다른 존재와 사물들 사이 에서 하나의 뚜렷한 자리를 차지하고 있으며, 단순히 자연의 일부만은 아 니라고 조심스럽게 주장하는 것이 생태공경의 입장이다. 인간은 모든 것 들을 '보살피는 자'이다. 그러나 인간을 인간 아닌 것으로부터 구별짓는 일은 오직 하나의 통일된 유대 안에서의 차이를 인정하는 것일 뿐이다. 즉, 이것은 복수주의적이며 '유기적인' 통일성, 또는 많은 다양한 것들의 어우러짐이라는 의미에서의 조화인 것이다. 따져보면, 조화라는 것은 여 러 개의 목소리를 전제로 한다.

넷째, 생태공경이라는 개념은 범세계적인 것이고자 한다. 그것은 동과 서, 남과 북, 현대와 고대, '원시적인 것'과 '문명적인 것' 사이에 생태적 개념을 세계화하기를 겨냥한다. 그것은 시간적으로 또 공간적으로 이화수 정(異花受精) 또는 합류를 위한 운동이고자 한다. 오늘날 완전히 일방적으 로 유럽중심주의적 영향이 전세계에 미치고 있는 것에 맞서서 그것은 인 도의 철학자 라빈드라나드 타고르가 말한 '보편적 인간'의 비젼을 북돋우 고자 한다.

동서의 만남

1972년의 스톡홀름회의에 우리가 참가한 이후 우리는 그 기원이 서구 적인 환경위기에 대하여 선(禪)과 같은 비서구적 개념이 적용될 수 없다고 주장하는 지식인들에 대한 도전으로서 '생태적 세계주의'를 선양하는 일에 관심을 기울여왔다. 우리가 여기에서 분명히하려는 논점은 생태위기는 지구적인 것이며 그렇기 때문에 지리적 경계를 넘어서있다는 것이다. 북아메리카의 풍경 가운데 펼쳐지는 야생생물들 — 식물들, 나무들, 새들, 동물들, 강들, 초원들, 늪지들 — 의 책력(册曆)에 관한 레오폴드의 생태시학(詩學)은 그의 독자들의 마음속에 예컨대 도가철학이나 선(禪)이 고취하는 것과 같은 공경스럽고 미적인 기분을 불러일으킨다. 그것도 역시 우리가 '하나의 산처럼 생각하도록' 자극을 주는 것이다.

여러 생태적 개념들이 합류되어야 할 필요성은 특히 현재 통용되고 있는 '근대화'라는 일방적인 이데올로기 — 진보라는 거대설계속에서 '오로지' 서구적 과학기술과 산업화의 모델에 따라 비서구세계를 변화시키려는 — 를 무너뜨리고 역전시키기 위하여 강조된다. 우리가 생각컨대, 지금은 우리의 생태적 의식을 범세계적인 것으로 하는 데 생태공경이라고 하는 동양적 사상이 활기차게 보급되어야 할 때이다. 그러한 노력은 생태적 사상의 샘으로서, 특히 도가와 선불교의 형태속에 존재해온 고대 중국의 오래된 지혜를 재활용해야 한다. 11세기 신유가(新儒家) 사상가 장재(張載)는 생태공경을 다음과 같이 핵심적으로 요약하였다.

하늘은 아버지요, 땅은 어머니다. 아무리 작은 미물일지라도 부모의 품속에 깃들여 산다. 그러므로 우주를 가득채우고 있는 것 전부가 내 몸 뚱이요, 우주를 움직이는 것은 내 본성이다. 모든 사람은 내 형제요 자매이며, 모든 다른 것들은 내 친구들이다.

옛날 도가(道家)는 단순하고 작고 길들여지지 않은 것들속에서 드러나는 자연의 광휘에 미적인 기쁨을 느꼈다. 즉, 그들은 우리의 시적 상상력과 공경심을 사로잡는 정교한 자연의 아름다움 — 그것이 봄의 그늘속에서 땅으로부터 솟아나는 어리고 부드러운 죽순이건, 가냘픈 풀잎이건, 춤추는 나비이건, 고요한 연못의 잎사귀 위에서 쉬고 있는 잠자리이건, 이

310

른 여름 아침 이슬로 반짝이고 있는 거미줄이건, 가을 저녁에 노래부르는 귀뚜라미이건, 또는 겨울 눈을 머리에 두르고 솟아있는 산의 장엄한 아름다움이건 – 에서 기쁨을 느꼈던 것이다. 이러한 것들에 둘러싸인 인간은 진실로 자연 및 우주와의 말없는 교감속에 있는 하나의 '우주적 존재'이다. 옛 도가사상가 장자는 이러한 고요한 기분을 다음과 같이 요약한다. "천지는 나와 동시에 태어났고, 만물은 나와 하나이다."

이러한 도가의 태평한 기분은 장자에게만 있는 것이 아니다. 그것은 어디에서든 풍부하다. 위대한 북미 인디언 크로우풋도 임종의 자리에서 삶이란 얼마나 일시적이며, 인간이란 얼마나 겸허할 수밖에 없는 존재인가에 관하여 말하였다. "그것[삶]은 한밤의 개똥벌레의 반짝임이다. 그것은 겨울날 물소의 호흡이다. 그것은 풀밭 위로 번져가다가 석양에 묻혀버리는 작은 그림자이다."

다섯번째이자 마지막으로, '생태공경'의 가장 급진적인 면은 '경제적 인간'을 '생태적 인간'으로 대치하는 것이다. '경제적 인간'의 종언은 '생태적 인간'의 시작이다. 우리는 결코 경제활동의 중요성을 부정하는 것이 아니다. 그러나 우리가 주장하는 것은 우리의 경제활동이 전체적인 사회적 목적에 종속되어야 한다는 것이다. 이런 점에서 우리는 우리시대의 '탐욕적 사회'에 치열한 목소리로 맞섰던 R. H. 토니와 견해를 같이한다. '경제적 인간'의 '생태적 인간'에 의한 대체는 그것이 우리의 생활방식에 가장 급진적으로 또 직접적으로 영향을 미치기 때문에 가장 강력한 저항에 부딪힐 것이다. 임박한 생태적 파국에 대한 엄혹하고 반복된 경고에도 불구하고 우리는 여전히 완고하게 '평소대로의 관행'에 매달려 있다. 우리는 여전히 '경제적 인간'의 관점에서, 즉 '생산하는 인간', '노동윤리', 경제성장, 풍요, 대량소비를 기준으로 하여 좋은 삶을 정의(定義)하고 있다. 계속해서 더 많은 것을 소유하는 것에 대한 집착은 아직도 보편적인 미덕으로 남아있다. 소비와 편리와 안락을 얻기 위한 목적에 추동(推動)되어 '경제적 인간'은 갈수록 많은 물건과 재화를 소유하려는, 만족을 모르는 욕망에 내몰려 있다.

존 로크는 자본가와 사회주의자를 모두 포함한 '경제적 인간'으로 구성된 현대세계의 이념적 방향을 규정하였다. 그는 경제적인 것이 여타의 인간 생명활동에 대하여 우선권을 가진다고 천명함으로써 고대 그리스의 플라톤과 아리스토텔레스 이래 늘 정치가 경제보다 우위(優位)에 서왔던 오랜 전통을 역전시켰다. 로크에게 있어서 정부 또는 정치의 유일한 역할은 사유재산을 보호하고 보존하는 일이다. 서양역사에서 처음으로 개인주의와 소유제일주의의 의식적인 통합이 이루어진 것이다. 캐나다의 정치이론가 고(故) C. B. 맥퍼슨의 용어를 빌어 말하면, 로크는 무엇보다도 '소유적 개인주의자'였다. 로크의 관점에서 볼 때, 노동자 또는 자연착취자로서의 인간개념은 사유재산의 획득과 부의 축적을 위해서 필수적이었다. 인간 노동에 의하여 개발되지 않은 자연이나 땅은 로크에 따르면 '황무지'였다. 자연이나 땅을 착취함으로써 소유적 개인들 또는 '경제적 인간' 사회가 건설되는 것이다. 마지막으로, 로크적인 소유적 개인주의는 한편으로는 인간과 인간 사이에, 다른 한편으로는 인간과 자연 사이에 적대적인 관계를 만들어낸다. 로크적인 전통에 있어서의 소유적 개인주의자는 무엇보다도 타인이나 타자들과의 관계에 있어서 '자기주장적'이다.

게다가, 과학과 기술은 '경제적 인간'의 형성에 불가결하며, 산업문명의 척추가 되어왔다. 과학과 기술이라는 수단으로 자연을 정복하고 이용한다는 대중적 에토스를 촉발시킨 사람은 다름아닌 로크의 동포인 프란시스 베이컨이었다. 실험을 통해서, 또는 베이컨의 말을 빌어 '자연에 대한 심문'을 통해서 지식을 증대시킴으로써 인간은 자연에 대한 지배력을 확대할 수 있게 되었다. 베이컨은 '유용성'이라는 것을 인간이 자연적인 제약을 넘어 행복을 증대시키는 합리적 명분으로 보았다.

베이컨이 지식과 권력을 동일시하였을 때 현대기술이 갖는 도구적 성격의 기본틀이 마련되었다. '경제적 인간'의 행복은 산업문명에 의존하고, 이 문명의 중심에는 기술이 자리잡고 있는 것이다. 1982년에 대중잡지 〈타임〉이 '올해의 인물'로 하나의 기계를 선정하였을 때, 기술은 도구로서의 경계를 분명히 넘어섰다. 이제 기술은 명확히 전면적이고, 일차원적이며, 전지구적인 것이 되었으며, 끔찍하게도 일상적이고 진부한 것이 되었다. 이젠 정말 충분하다. 이제 몇몇 사람들이, 어떤 기술이라도 그것이 완전히 무죄한 것으로 판명될 때까지는 일단 유죄로 보아야 한다는 비상한 사법적 원칙을 제안하게 된 것은 놀랄 일이 아니다. 기술적 합리성이 우리가 행하고 생각하는 모든 것을 장악해버릴 때, 인간행동의 목적 그 자체는 목표달성을 위한 가장 효율적인 수단을 계산하는 일로 환원되어버리며, 그렇게 됨으로써 목적은 수단에 의해 밀려나버리게 된다. '효율성' 이외의 그 어떤 것도 기술통치사회에서 우리가 행하는 모든 것의 규범이 될 수 없는 것이다.

장자는 오래 전에, 기계처럼 일하는 사람은 그의 마음이 기계처럼 될 것이라고 경고함으로써 뜻깊은 예언을 하였다. 장자가 우려했던 것은 효율성 위주의 기계적 조직속에서 인간이 작은 나사못이 될지 모른다는 사실이었다. 경제학은 불길한 과학이다. 왜냐하면 효율성의 극대화에 몰입해 있는 경제학은 더이상 도덕과학이라고 불릴 수 없기 때문이다. 가장 나쁜 것은, '경제적 인간' 은 자연적인 것이든 만들어진 것이든 그 어떠한 것에 대해서도 존경심을 갖고있지 않다는 사실이다. '경제적 인간' 은 모든 자연적인 것을 자기 나름으로 삼켜버림으로써 '지구를 먹어치우는 자' 가 되었다. 역설적인 것은 이러한 '지구를 먹어치우는 자' 가 품위있는 유물주의자도 아니라는 사실이다. 왜냐하면 쓰레기 매립장과 자동차 폐기장, 노천광산, 호수, 강, 바닷가, 그리고 시궁창으로 변해버린 대양 등은 그 어떤 것도 두려워하지 않는 낭비성과 지구상의 살아있거나 살아있지 않은 것들 ─ 인간 자신의 발명물도 포함한 ─ 에 대한 불경(不敬)한 태도를 예시하고 있기 때문이다.

경제적 시대를 넘어서

최근 몇십년 사이에 우리의 미래, 즉 우리의 '공동의 미래' 에 대한 관심이 점차 증가함에 따라서 '탈산업적' 인간과 사회와 문명에 관한 많은 논의가 있어왔다. 마찬가지로 우리는 '탈경제적' 인간에 관해 말할 수 있다.

로버트 헤일브로너 — 역사로서의 미래에 관해 말하고, 경제학과 경제사라는 자신의 전공 울타리를 넘어서는 통찰을 보여준 드물게 혜안이 있는 사람 가운데 한 사람이지만 — 는 '인간의 전망'에 관한 가장 널리 읽힌 텍스트 중의 하나에서 '탈산업주의' 현상을 설득력있게 설명하고 있다.

우리가 계속해서 성장을 해나가든, 더이상 성장을 감내할 수 없게 되든, 이제 근본적으로 다른 미래가 손짓하고 있다는 것은 의문의 여지가 없다. 어떤 경우든지 현재의 방향은 변화하지 않으면 안된다는 것은 이론(異論)이 없는 것으로 보인다. 오랫동안 산업적 생산을 고무해왔던 체제 대신에 이제는 그 산업체제를 제한하고 장기에 걸쳐 축소시키지 않으면 안되게 되었다. 흥청망청의 소비 대신에 이제는 새로운 검약의 태도가 자리잡지 않으면 안된다. 이런저런 점에서 장래의 '탈산업' 사회는 현재의 산업사회와 당연히 다른 것이 될 수밖에 없을 것이다. … 또한 탈산업사회는 많은 전(前) 산업사회의 방향 — 사실과 물질적 성취로 이루어진 외향적 세계보다도 경험의 내면적 상태를 탐구하는 방향으로 나아갈 수도 있을 것이다. 산업사회를 제외한 거의 모든 사회에서의 삶의 지주(支柱)였던 전통과 의식(儀式)은 아마도 다시 한번 우리의 삶의 안내자이자 위무자로서의 오래된 역할을 떠맡게 될 것이다. 개인적 성취, 특히 물질적 목적을 위한 투쟁습관은 공동체의 질서에 의해 조직되고 부여된 역할을 받아들이는 태도로 변화할 가능성이 크다.

오늘날 미국에서 가장 영향력있는 지식인의 한사람인 사회학적 미래학자 다니엘 벨도 '탈산업적' 문명의 모습을 예견한다. 거기에서 문명의 앞선 단계들에서와는 달리 인간은 (단순히 살아남기 위하여) 자연에 맞서는 게임도, 만들어진 자연에 맞서는 게임도 하지 않을 것이다. 그 대신 우리는 '사람들 사이의 게임'을 할 것이다. '탈산업' 시대에 있어서의 벨의 '새로운 인간'은 '사회학적 인간'이 될 것이다. 그러나 불행하게도 벨은 하나의 생명공동체로서 자연과 우리의 상호작용을 주목하지 못하고 있다. 어원적으로나 실제에 있어서나 '생태학'과 '경제학'이 뿌리가 같은 상호연관된 용어임에도 불구하고, 그는 오로지 인간공경만을 중시할 뿐, 생태공경의 다른 일부이자 인간공경의 보완적 측면인 지구공경(地球恭敬)을 배제하고 있다.

더욱이 벨의 비전은 경제적 풍요가 '탈산업적' 문명 — "필연의 세계에서 자유의 세계"로의 움직임으로서 — 의 필수적 전제라는 검증되지 않은 선입관으로 흐려져 있다. 본질적으로, 벨은 희소성의 시대에, 즉 '희소성의 경제학'이라는 관점에서 우리가 어떻게 인간간의 게임을 하거나 해야 할 것인가라는 물음을 다루지 못하고 있다. 그래서 '탈산업' 문명에 대한 그의 약속은 '경제주의'나 '개발주의'의 약속과 마찬가지로 거짓된 약속, 즉 또하나의 깨진 약속 또는 결코 실현될 수 없는 약속이 될 것이다.

요컨대, 자칭 '산업주의자'들의 사고는 대체로 철저히 뿌리까지 가닿아 있지 않다. 그들 대부분은 '대안적인 미래', 즉 인간공경뿐만 아니라 지구공경까지 포함하는 생태공경이 가능한 미래의 문화를 구상하지 못하고 있다. 근본적으로 새로운 미래는 전일적으로 구상되어야 한다. 그렇게 함으로써 이 대안적 문화의 창조는 희소성의 시대에 올바르게 대응할 수 있을 것이다. 여기서 희소성의 경제학은 회피할 수 없는 삶의 현실이며, 그런 한에서 그것은 우리로 하여금 훌륭한 삶이란 과연 무엇인지 재정의하도록 강요한다. 훌륭한 삶을 구성하는 다른 요소가 무엇이든지간에, 그것은 일차적으로 물질적 풍요와 흥청망청하는 소비의 나선형적 증가를 목표로 하는 것일 수는 없다. 에리히 프롬이 말하듯이, '소유'는 '존재'가 아니다. 물론 소유는 존재의 전제조건이라는 것은 분명하지만.

엔트로피적 규모에 달한 희소성의 경제학은 단 한가지를 요구한다. 즉, 생태적으로 건전한 삶은 희소자원을 아끼고 나누는 삶 — 단순하고 검소한 삶을 사는 것을 의미하며, 그렇게 함으로써 다시 한번 '생태학'과 '경제학'이 동일한 개념(살림)에 속하게 될 것이다. 생태공경이라는 개념은 '작게' 생각하고, '작게' 행한다는 개념과 완전히 양립가능하다. 생태공경은 "작은 것이 아름답다"라는 고(故) 슈마허의 탁월한 음성을 반향하는 것이다.

특히 일본 사람들은 작은 것들을 즐기고, 그것들에서 기쁨을 누린다. 그들은 "작은 것이 아름답다"라는 아이디어를 진지하게 받아들인다. 일본 사람들이 중국으로부터 선(禪)불교를 받아들이고, 분재를 즐기고, 하이쿠(短歌)를 만들어내고, 작은 차와 전자제품과 마이크로칩을 생산하는 데 뛰어난 것은 우연한 일이 아니라고 우리는 생각한다. 젊은이들은 하이쿠를 읽음으로써 자연에 대한 존경심을 기르는 것을 배운다. 왜냐하면 하이쿠의 소재는 늘 변함없이 살아있는 작은 자연생물들이기 때문이다. 윌리엄 블레이크도 "작은 것이 아름답다"라는 아이디어에 기쁨을 느꼈다. 〈순수의 전조(前兆)〉의 첫 부분을 그는 다음과 같이 썼다.

한알의 모래속에 세계를 보며,
한떨기 들꽃속에 천국을 본다.
우리의 손바닥에 무한이 있고,
한 순간속에 영원이 있다.

빠를수록 좋겠지만, 우리는 '생태공경'이라는 우상파괴적 낱말이 일상적인 말이 되어, 온 세계의 새로운 윤리적 규범이 되는 날이 오기를 희망한다. (통권 제38호, 1998년 1-2월호)

316

아이들과 컴퓨터

제인 힐리

오늘날 아이들은 하나의 거대하고 낙관적인 실험의 대상이 되어있다. 그 실험은 세계전역에 걸쳐 주요 기업과 공공단체, 그리고 정부관리들에 의해 열광적으로 지지받고 재정적 뒷받침을 받고 있다. 실험이 성공한다면 우리 아이들의 정신과 삶은 풍요로워지고, 사회는 큰 혜택을 받을 것이며, 교육은 보다 나은 방향으로 영구적인 변화를 할 것이다. 그러나 그러한 실험이 성공할 것이라는 아무런 믿을 만한 증거가 없다.

이 실험은 물론 아이들로 하여금 학교와 가정에서 컴퓨터를 이용하게 하는 것을 말하는데, 이것은 기술이 학습의 질을 개선하고 우리의 아이들이 미래를 준비할 수 있게 할 것이라는 희망속에서 이루어지고 있다. 그

제인 힐리 (Jane M. Healy) ― 미국의 교육심리학자. 35년 이상 학교교사, 대학교수, 교육행정가로서 일해온 경험을 토대로 아동교육에 있어서 컴퓨터 이용의 문제를 집중적으로 탐구해왔다. 여기 소개하는 것은 그의 책 *Failure to Connect : How Computers Affect Our Children's Minds ― for Better or Worse*(Simon & Schuster, 1998)의 제1장과 제6장을 발췌·번역한 것인데, 이 책에서 저자는 여러해에 걸친 연구와 인터뷰와 관찰을 토대로 오늘날 전세계적으로 열병처럼 퍼져가는 컴퓨터와 성장기 아동교육의 문제를 다각적으로 검토하고 있다.

러나 과연 그렇게 될까? 새로운 기술은 성공과 권력에 막바로 겨냥되어 있는 마법의 총인가? 아니면, 우리는 지금까지 우리가 해결하지 못했던 수많은 문제들을 새로운 기술의 힘으로 신속히 봉합해보려고 하는 것일까?

아이들과 컴퓨터 사이에 매우 흥미롭고 잠재적으로 값있는 일들이 더러 일어나고 있는 것은 사실이지만, 우리는 지금 너무나 생각없이 너무나 많은 돈을 컴퓨터에 소비하고 있다. 멈추어 서서, 골똘히 생각하고, 날카로운 질문을 해보아야 할 때가 이미 지났다.

가장 중요한 문제는 어떻게 하면 우리가 아이들이 예측할 수 없이 변화하는 미래에 대비하도록 가장 잘 도움을 줄 수 있는가 하는 것이다.

컴퓨터 신앙

어째서 우리는 이토록 필사적으로 컴퓨터를 믿어야 하는가? 비영리단체 '실세계의 학습'을 위해 컴퓨터에 대한 사람들의 태도를 조사한 바가 있는 윌리엄 러케이서는 내게 이렇게 말했다. "이 문제와 관련해서 내가 생각할 수 있는 가장 비슷한 경우는 신학논쟁의 경우입니다. 여기에는 너무나 신앙적인 요소가 깊이 개입되어 있어서 조금이라도 의문을 제기하면 거의 이단으로 몰릴 지경입니다." 미국 연방정부는 2000년까지 모든 학교를 전자통신체제에 연결시키겠다는 구상을 갖고 있고, 다른 한편으로 나라 전체에 걸쳐 도서관이나 때로는 학교의 예산마저도 삭감되고 있다.

개인용 컴퓨터를 곧 살 계획을 가진 사람들의 80퍼센트는 그 주된 이유로 아이들의 교육을 들 것이다. 미국의 투표권자 중 90퍼센트가 컴퓨터를 쓰는 학교가 더 나은 교육을 할 수 있다고 확신하고 있다.

컴퓨터를 둘러싼 열광적인 분위기는 취학전 아동들마저 전자두뇌에 연결시키고자 하는 분주한 움직임을 둘러싸고 있다. 1996년의 베스트셀러 씨디롬(CD-ROM) 열가지 중에서 네가지가 3세 이상 아이들을 위한 상품이었다. 컴퓨터 프로그램의 광고는 18개월짜리 아이들까지 겨냥하고 있다.

그러나, 1995년에 열린 한 학자들의 세미나의 결론은 컴퓨터가 "어린아이들의 생활속에서 차지할 자리는 없다"는 것이었다. '전국 초등학교 교장협회'의 회장 사뮤엘 세이바는 1997년에 아이들의 학습을 개선시키는 데 컴퓨터가 거의 아무런 도움이 되지 않았다고 말하고, 국가가 학교들을 컴퓨터로 가득 채우기 위해서 연간 200억달러를 쓰는 것이 과연 옳은 일인가 하고 물었다.

기계적·과학적 대책을 인본주의적 대책보다도 빈번히 우선시하는 시대에, 사람이 실패해온 것을 기술이 성취시켜줄 것이라는 믿음은 그다지 놀라울 것도 없다. 현재 교육당국자들은 부족한 재원을 가지고 한두해 사이에 고물이 되어버릴 설비를 갖추는 데 경쟁적으로 몰두하고 있다. 이런 돈과 컴퓨터 설치에 필요한 상당한 공간은 흔히 체육이나 미술, 음악, 연극, 도서관, 교과서 구입 등과 같은 아동발달을 위해 중요한 분야의 몫에서 끌어다 쓴 것이다.

우리에게는 새로운 기술을 아이들을 위해 어떻게 건설적인 방법으로 이용할지에 관한 실질적인 연구나 지침 모두가 결여되어 있다. 아동발달 과정에서 컴퓨터가 어떤 문제를 갖는가라는 긴급한 과제가 거의 탐구되지 않고 있다. 14살짜리에게 좋다고 해서 4살짜리에게도 좋은 것은 아니며, 도리어 파괴적인 영향을 미칠지도 모른다. 컴퓨터기술의 긍정적 교육효과를 보여주는 몇 안되는 연구들은 대부분 컴퓨터기업이나 그 기업의 자문으로 있는(또는 자문이 되고 싶어하는) 교육자들의 손으로 수행된 것이다.

마음의 습관

아이들이 ― 특히 어린아이들이 ― 기술적으로 복잡해 보이는 작업을 수행한다고 해서 그것이 무슨 중요한 것을 배우고 있는 것을 의미하는 것은 아니다. 더욱이, 그 활동은 필연적으로 다른 유형의 학습에 바쳐야 할 시간과 주의력을 빼앗는다. 오늘날의 소프트웨어는 컴퓨터 초창기에 우리가 생각했던 그 어떤 것보다도 훨씬 더 강력하고, 흥미진진하며, 또 훨씬 더 위험스럽다. 아동기나 사춘기 어느 때나 두뇌는 결정적으로 중요한 민감한 시기를 겪는다. 나이별로 적합한 종류의 경험을 제공함으로써 우리는 아이들의 두뇌능력뿐만 아니라 평생에 걸친 '마음의 습관'이 형성되는 것을 돕는다. 만일 우리가 이 발달기의 창(窓)을 허비하거나 뒤집어버린다면 그 손실은 돌이킬 수 없는 것이 될지 모른다. 현재 시점에서 우리는 아직 전자미디어를 아이들의 정상적인 발달을 손상시키지 않고 어떻게 다루어야 할지 알지 못하고, 다만 모색단계에 있을 뿐이다. 그러므로 좀더 나은 방식으로 시간을 보내야 할 아이들을 실험동물로 만든다는 것은 큰 잘못이다.

'변화'가 우리 아이들에게 중요하고 필연적이라고 무분별하게 받아들이는 대신 우리는 새로운 기술이 장기적으로 미칠 개인적·문화적 함축을 성찰하는 일을 시작해야 한다. 어떠한 형태의 기계화에 대해서도 늘 예리한 질문을 해온 닐 포스트먼은 '기술적 방책'에 대해서 깊이 회의적이다. 그는 또한 우리 아이들을 시장에서 '성공'하도록 교육시키려는 압도적인 욕망에 반대한다. 그는 학교교육이란 어떻게 생계를 버느냐가 아니라 어떤 삶을 살아야 할 것인가에 관심을 가져야 한다고 주장한다. 그의 책 《테크노폴리》는 변화가 반드시 진보를 나타내는 것이 아니라는 것을 강력하게 증언하고 있다.

"가장 극적인 용어로 말한다면, 통제되지 않는 기술의 성장은 우리의 인간성의 가장 중요한 원천을 파괴한다고 비난할 수 있다. 그것은 도덕적 토대가 없는 문화를 만들어내고, 인간의 삶을 살 만한 것이게 하는 사회적 관계와 정신적 과정들을 뿌리로부터 훼손한다." 포스트먼은 기술이 무엇을 할 수 있는지를 고려하는 것 이외에 그 기술이 무엇을 망가뜨려놓을 것인지를 동시에 검토해야 한다고 말한다.

1996년 10월 어느 토요일 밤 10시 반 나는 맨해튼 상부 동쪽지역을 걸어가고 있었다. 그 시각에 길에 나와 걷고 있는 사람은 거의 없었다. 그러나 나는 한 가게에 불이 환히 켜져 있고, 사람들이 북적대는 것을 보았다. 그것은 컴퓨터, 복사기, 팩스, 그리고 그밖의 현대적 사무실 생활에 필요한 시간절약용 기계들을 잠시동안 이용할 수 있는 24시간 개방일터 중의 하나였다. 거기에는 적어도 스무명 남짓의 날카로워 보이는 20~30대들이 마치 그 시각이 월요일 오전 10시이기나 한 듯이 정력적인 모습으로 일들을 하고 있었다.

자식과 손자를 가진 한사람으로서 내게 그 모습은 불안스러웠다. 우리들 대부분은 이들 전자기술의 편의성을 사랑하고 있다. 그러나 토요일 밤 10시 반에도? 이것이 지금 우리가 삶이라고 부르는 것인가? 이것이 우리가 우리 아이들을 교육시키는 목적인가? 일하고, 일하고, 또 일해서 마침내 일 자체가 삶이 되고, 생애의 핵심적인 목적이 되게 말이다. 그들이 효율적으로 이용하는 기계를 닮아버리도록 우리는 아이들을 프로그램화하고 있는 게 아닌가?

달팽이의 속도로!

부모들은 비디오게임에 대하여 대개 회의적이지만, 그들 중 많은 사람은 아이들이 어떻든 장래에 쓸모있는 두뇌적 기술을 배우고 있을 거라는 희망으로 자신들이 느끼는 우려를 잠재운다. 그러나 많은 교육자들은 이것을 문제라고 보고 있다. 토론토의 요크대학 교수 린다 포그는 말한다. "이 기계는 너무나 인지적인 면에 치우쳐 있어요. 우리는 정서적·사회적 발달문제는 망각하고 있습니다. 요즘 아이들과 대학생들은 머릿속에 너무나 많은 것을 가지고 있지만, 삶을 실제로 경험하고 있지는 않아요. 그들은 삶에 관해 생각할 따름이지요."

소프트웨어계의 왕자 빌 게이츠는 훨씬 더 장밋빛 그림을 그린다. "나는 지금 살아있는 게 큰 축복이라고 생각합니다. 전에는 불가능했던 것을 할 수 있는 엄청난 기회가 지금처럼 주어졌던 때가 없습니다. 지금은 또한 새로운 기업을 시작하고, 삶의 질을 개선시킬 의학과 같은 과학을 진전시키고, 친구나 친척들과 유대관계를 유지하기에 가장 좋은 때입니다."

《미래를 즐긴다》라는 책을 쓴 더글라스 러쉬코프는 낡은 가치를 배격하는 새로운 사상가를 대변한다. 그는 선형적 사고에 토대를 둔(예컨대, 문자로 기록된 텍스트, 앞날에 대한 계획, 음악을 쓰거나 읽는 일, 인과적 사유 등등) 전통적인 교육적 가치들이 순간속에서의 삶의 전일적 흐름으로 대체되어가고 있다고 본다. 그는 오늘의 아이들이 낡은 질서관념에 묶이지 않고 오히려 인터넷속의 혼돈상태에서 자유로이 자라면서 인간의식의 비약적인 진화를 보여준다고 생각한다.

그러나 물리학자 프리초프 카프라의 견해는 다르다. 카프라에 의하면, 정보기술은 전체주의적이다. 그것은 우리에게 더 많은 시간을 우선적으로 바칠 것을 갈수록 더 요구하고, 사람이 세계와 또 서로서로와 맺는 관계를 왜곡시키며, 대안적인 견해를 제거한다. 아이들의 컴퓨터 사용에 대해 깊이 회의적인 카프라는 아이들의 정보량에 대해 갖는 우리의 관심이 너무나 지나치다고 믿는다. 그는 아이들이 어떤 사고방식으로 얼마나 타인을 배려하고, 심미적으로 민감한 인간으로 성장하는가 하는 문제에 우리가 좀더 많은 관심을 가져야 한다고 말한다.

최신의 비디오게임이나 소프트웨어가 주는 최면에 취해 집에 혼자 앉아있는 아이들을 볼 때, 나는 《실종된 정보의 시대》를 쓴 빌 매키벤을 떠올린다. 그는 오늘의 아이들이 자연과 분리되고, 물리적 세계와의 상호작용을 통하여 배울 수 있는 참을성이나 한계 등과 같은 진정한 삶의 교훈으로부터 유리되어 있음을 탄식하고 있는 것이다. 정보사회의 지구적 의식은 우리들을 지역 및 개인적 의식으로부터 분리시켜놓는다. 매키벤은 지역에 뿌리를 둔 의식속에서만 우리의 행동이 다른 살아있는 것들에 직접적으로 관계하고, 우리가 그 영향을 알아볼 수 있다는 것을 주목한다. 자연 다큐멘터리 비디오를 따라 순항하기보다 실제 시간에(달팽이의 속도로!) 자연현상을 탐구하는 데 보다 중요한 '정보'와 훨씬 더한 깊이가 내재되어 있다고 매키벤은 지적한다. 한 아이에게 있어서, 하나의 나뭇잎 또는 한개의 조약돌을 꼼꼼히 들여다보는 것은 어떠한 씨디롬에 비할 수 없는 가치있는 경험일 것이다.

철학적인 논의를 떠나서, 우리가 정말로 깊이 생각해야 할 것은 정보로 꽉찬, 그러나 탈인간화한 풍경속에서 우리 아이들이 삶을 위해 어떻게 대비하도록 할 것인가 하는 것이다. 어느 사려깊은 과학자이자 동시에 한 아이의 아버지가 했듯이 "돈을 아이의 첼로 레슨에 쓸 것인지, 비디오게임에 쓸 것인지" 생각해보아야 하는 것이다. 이런 질문을 하는 사람들이 충분히 많지가 않다. 그러나, 우리가 주의하지 않으면 우리 모두가 "우리의 도구의 도구"가 될 것이라고 한 쏘로우의 경고를 우리는 끊임없이 마음속에 새겨야 할 것이다.

IQ를 넘어서

역사 전체를 통해서 새로운 기술은 기존의 사회질서, 경제, 그리고 권력구조를 변경시켜왔다. 컴퓨터는 새로운 정보를 도입하거나 정보의 포맷을 변경시키는 모든 기술들처럼 학교에서의 권력의 균형을 변화시키고 있다. 갈수록 교육자보다 '기술자'들이 교육적 결정권을 장악하고 있다.

교육자들은 교육이 기술사업의 종속물, 하이테크 사회를 위한 기술훈련장으로 되고 있는 것을 우려하고 있다. 부모들은 아이들이 성공하는 것을 보기를 원한다. 그러나 진정한 성공의 토대는 — 미래에 기술 '도사'가 되기 위해서도 — 마이크로프로세서의 변화와 함께 낡은 것이 되어버리는 기술적 능력에 있지 않다. 오늘날 대부분의 성공적인 기술혁신가들은 컴퓨터가 아니라 풍부한 내적 상상력을 가지고 성장한 사람들이다.

컴퓨터기술은 아이들이 인간세계에 연결되도록 돕는 데 사용될 수 있지만, 그 세계로부터 단절되게 하는 데 사용될 수도 있다. 극단적으로 가상공간에서의 생활이 지나치게 많을 경우 아이들은 인간성장에 결정적인 체험들을 건너뛰게 되고, 그 결과 영속적인 장애를 갖게 된다. 그러나 어른들 가운데는 아이들의 두뇌적 능력에 지나치게 집중한 나머지 지능지수 (IQ) 이외의 인간적 자질들을 간과하는 사람들이 있다.

다니엘 골먼은 그의 책 《감성지수 — 이것이 지능지수보다 더 중요한 이유》에서 수십년간에 걸친 연구의 결과, 우리 문화가 사회적 및 정서적 능력의 중요성을 과소평가하고 있다는 결론을 내렸다. 장기적으로 볼 때, 사회적 · 정서적 능력은 이른바 두뇌적 능력보다 성공의 가능성을 더 잘 예견할 수 있게 한다. 다니엘 골먼의 이 책이 베스트셀러 목록에 들어갔고 오랫동안 그 목록에 머물러 있었다는 사실은 정보로 포만한 오늘의 상황에서 그것이 예민한 부분을 건드렸다는 것을 뜻한다.

골먼은 지난 20년 동안 '정서적 능력'이 급격히 떨어져왔음에 대해 경고한다. 1970년대 중반에서 1980년대 말 사이에 미국의 아이들은 정서적 및 사회적 행복지수에 있어서 평균 20점이나 내려갔다.

사회-정서적 요인들은 또한 놀랍게도 두뇌적 능력 발달을 예고하기도 한다. 예를 들어, 미취학 아동들의 자제력을 측정하기 위해서 15분 내지 20분을 더 기다리면 마시맬로 과자 두개를 준다는 약속에 아이들이 한개의 마시맬로를 먹어서 즉각적인 만족감을 얻는 행동을 미룰 수 있는 능력이 있는지를 시험해보았다. 14년 뒤에 같은 아이들을 조사하였다. 스스로의 행동을 통제할 수 있었던 아이들이 더 정서적으로 안정되고, 교사들과 자기 또래들에게 더 인기가 있었고, 대학입학자격시험(SAT)에서 평균 210점을 기록하였다.

《거대기술》을 쓴 도로시 리치는 아이들에게 동기부여, 창의력, 보살핌, 팀웍, 상식 등을 가르침으로써 학업이나 개인적 성취가 크게 달라질 수 있다는 것을 보여주었다. 중요한 개인적 및 사회적 습관을 결여한 아이들은 컴퓨터를 통제하는 대신에 컴퓨터의 노예가 될 것이라고 그녀는 말하고 있다.

그러면, 어째서 이러한 사회적 능력이 이처럼 심각하게 쇠퇴해왔는가? 골먼은 이 모든 쇠퇴의 원인이 컴퓨터를 포함한 보다 새로운 미디어에 있다는 것을 지적하는 데 주저하지 않는다. "꼬마들이 다른 아이들이나 어른들을 떠나서 텔레비전이나 컴퓨터 앞에 붙들려 있는 시간이 훨씬 더 많습니다. 내가 논의해온 정서적 능력들은 대부분 혼자 배울 수 있는 게 아니라 다른 아이들이나 어른들과의 상호작용을 통해서 배울 수 있는 것들입니다. 그래서 내가 컴퓨터에 대해 우려하는 겁니다. 컴퓨터와 텔레비전 앞에서 시간을 더 보내면 보낼수록 다른 사람들과 지내는 시간은 그만큼 더 적어지니까요." 최근 어느 인터뷰에서 한 그의 말이다.

세계전역에서 많은 고용주들은 기술적 능력보다 사회적·정서적 능력에 보다 많은 관심을 나타내고 있다. 스위스에서 최근에 행한 어떤 조사에 의하면, 큰 회사들(즉, 엔지니어링회사, 은행 등)은 다음과 같은 자질을 가진 사람들을 고용하기를 원하고 있는 것으로 드러났다. 자기기율, 창의력, 집중력, 의사소통 능력, 창조성, 팀웍, 유연성, 정직성, 사람 좋아하기 - 이러한 것은 지금 세계적으로 쇠퇴일로에 있는 자질들이다. 이 조사에서 중등학교에서의 학업성적은 우선순위에서 밑바닥에 속해 있었고, 컴퓨터 취급능력은 아예 언급도 되지 않았다.

심리학자 로버트 코울즈는 오늘의 문화가 중요한 개인적 가치들을 소홀히 하고 있다는 데 의견을 같이한다. 그러나 그는 '도덕지수'의 발달을 강조한다. 코울즈에 의하면, 오늘날 많은 아이들에게 크게 필요한 것은 어른들의 지도 - '도덕적 친교' - 이지만, 아무도 아이들에게 그러한 시간을 낼 여유가 있는 것 같지 않다. 그 결과 아이들에게 도덕적으로 자기 자신을 들여다볼 능력과 스스로 믿는 가치를 반성할 능력이 결여된다.

다면적인 감각발달의 조건

갈수록 전자기술에 지배되어가는 세계에서 우리는 집중이 결여된 무질서, 반사회적 행동, 빈약한 동기부여, 우울증, 비효율적 작업습관 등이 가속적으로 나타나고 있음을 목격하고 있다. 이 모든 것은 두뇌의 정서기능 장애에 연유한다. 사고기능처럼 두뇌의 '정서적' 기능도 아동기에 형성된다. 그러한 기능 중 가장 중요한 요소들은 전자기술적으로 충족될 수 있는 것들이 아니다. 애정의 기초 위에 빈번하게 갖는 인간적 상호작용, 사려깊은 행동, 육체적 운동 같은 것이 훨씬 더 중요한 것들이다. 많은 과학자들은, 지나치게 많은 폭력적 컴퓨터 놀이는 - 지나치게 적은 인간적 애정과 결합하여 - 감수성이 예민한 아이들에게 부정적 영향을 끼친다고 믿는다. 실제로, 타자의 권리와 사회규칙을 침해하는 비행(非行)은 미국에서 급격히 증가해왔고, 현재 아동들과 사춘기 청소년들의 문제로서 가장 빈번히 진단되고 있는 문제이다. 컴퓨터만이 이러한 심각한 결과를 초래하는 것은 아니지만, 그것이 두뇌의 정서적 기능발달을 무시한 결과 일어나는 문제에 기여하는 것은 틀림없다.

오랫동안 신경과학자들은 인지능력에 초점을 맞추어왔지만, 이제 그 경향은 변하고 있다. 정서기능은 신체상태와 긴밀한 연관을 갖고 있을 뿐만 아니라 사고기능에도 영향을 미치기 때문에 정신과 육체와 정서를 분리한다는 것은 불가능하다. 우리의 이마 바로 뒤에 위치해 있는 전두엽은 다른 무엇보다도 자제력에 관여하고 있지만, 그와 동시에 운동을 계획하는 영역과 두뇌의 중심부 가까이 위치해 있는 변연계 — 정서기능에 관여하는 — 에도 긴밀히 연결되어 있다.

이 회로들은 상대적으로 긴 성숙과정을 필요로 한다. 따라서 주의를 집중하고, 동기를 갖게 되고, 정보와 행위를 연결·조직하고, 앞일을 계획하고, 충동을 억제하고, 사회적으로 상호작용하며, 윤리적 문제를 성찰하는 등과 같은 '고급' 기능을 할 수 있기 위해서는 많은 섬세화의 과정이 요구되는 것이다. 또한 이 시스템은 면역체계에도 연결되고, 사람의 기분과 공격성에 영향을 미치는 신경전달물질 세레토닌에 연결되어 있다. 세레토닌 수준은 긍정적이거나 부정적인 아동기의 정서적 경험의 결과로서 적어도 부분적으로 뇌가 습관화하거나 학습함으로써 결정되는 것이다. 이러한 과정에서 민감하게 반응하는 사람의 얼굴과의 직접적 접촉이 결정적 요인이 된다.

"우리의 연구결과가 말하는 가장 중요한 메시지는 체험이야말로 어떠한 계승된 유전적 요소 못지않게 또는 그보다 더 강력한 힘을 갖는다는 것입니다"라고 '국립아동건강연구소'의 심리학자 스티븐 수오미는 말한다. 충동성, 공격성 또는 우울증이 영속적인 성격상의 패턴으로 굳어지는 것은 어른들이 정서적으로 아이들과 멀리 떨어져 있거나 파괴적인 관계를 갖는 '열악한 아동발달 환경' 때문일 수 있다. 갓난아기조차도 돌보는 사람의 정서적 반응에 따라 상이한 신경활동을 보여주는데, 적극적인 반응을 대하면 아기의 뇌에는 세레토닌과 같은 긍정적인 화학물질의 분비가 증가되는 것이다.

육체적 체험은 정서적 및 행동적 회로를 통합하는 데 도움을 준다. 아이들이 컴퓨터를 사용하는 것에 대한 의견을 묻자 캘리포니아대학의 신경해부학자 마리언 다이아먼드는 이렇게 말했다. "전두엽이 혼자서 기능하지 않는다는 사실을 간과해서는 안됩니다. 아이들에게는 다면적인 감각이 길러지는 비옥한 환경이 필요합니다. 컴퓨터는 그 환경의 일부가 될 수 있지만, 두뇌의 한쪽 영역만 발달시킬지도 모릅니다. 아이들은 달리기, 높이뛰기, 건너뛰기 등 그밖에 무엇이라도 두뇌 전체를 발달시키기 위해 할 필요가 있습니다."

오늘의 젊은이들에게 갈수록 급격히 나타나는 사회적·개인적 질환이 많은 경우 육체적 활동과 사람끼리의 경험 대신에 지나치게 많은 전자적 자극의 결과가 아니라고 누가 말할 수 있겠는가?

컴퓨터게임과 아드네날린 반응

두뇌발달에 있어서 정서적 및 운동적 기능은 아이들의 컴퓨터 사용으로 인해 가장 크게 위협받는 문제일지도 모른다.

나이든 사람들이 슈퍼마켓에서 사야 할 물건목록을 생각하다가 자동차 열쇠를 잊어버린다든지, 또는 그 반대로 자동차 열쇠를 가지러 가다가 물건목록을 잊어버린다든지 하는 것은 기억력이 뇌의 노화와 함께 쇠퇴하기 때문이다.

자라는 동안에 기억력은 크기와 효율성에 있어서 점차로 증가하여, 아이들은 비교를 하고, 수학문제를 이해하거나 강의내용을 기록해둘 만큼 여러 개의 대안을 마음속에 동시에 품는 힘을 터득하게 된다. 학습장애를 가진 아이들은 흔히 자기 나이에 적합한 기억력에 문제가 있는 아이들이다.

아이들이 기억력과 상상력을 사용하는 대신에 컴퓨터의 화면을 바라보는 데 많은 시간을 소비할 때 그들의 기억력에 어떤 영향이 끼쳐질까? 우리는 모른다. 그러나 컴퓨터가 대부분의 시간을 뺏는다면 아이들의 자라는 마음의 훈련에 필요한 공간은 거의 남아있지 않을 것이다.

어른들의 두뇌도 때때로 감정과 충동에 좌우된다. 우리 모두는 두려움, 불안 또는 흥분상태에 직면할 때, 엄청나게 분비되는 신경물질과 호르몬으로 인해 문자 그대로 '마음의 변화'를 경험한다. 뇌의 밑바닥에 있는 회색 물질인 '아미그달라'는 우리 자신이 의식하지 못하는 사이에 두려움의 감정을 나타낼 수 있다. 두뇌와 육체는 위험에 반응하지만, 사람 자신은 자기의 신체적 반응을 의식하지 못한다. 아이들은 더욱 민감하면서도 자신들에게 좋은 것이 무엇인지를 모를 경우가 많다. 그러므로 컴퓨터게임은 아이들 자신이 깨닫는 것보다 훨씬 더 심각한 영향을 끼칠지도 모르는 것이다. 그런 경험이 되풀이되면 장기적으로 파괴적일 수 있는 패턴이 형성될 것이다.

예를 들어, 갑작스러운 큰 소음이나 폭력이나 경쟁에 대한 두려운 반응을 보일 때 사람의 두뇌는 아드레날린이라는 화학물질을 분비하여 심장박동을 빨리하고 근육을 긴장시키도록 설계되어 있다. 이러한 아드레날린 반응은 '교육적' 컴퓨터를 다룰 때도 수반될 수 있고, 따라서 그것이 반복되면서 뿌리깊은 육체적 습관이 될 수 있다. 가상공간에서의 상호작용시 혈압과 심장박동, 그리고 뇌파를 측정해보면 실생활의 상황에서 나타나는 것과 같은 측정치를 드러내고 있다.

친구가 되어주는 기계?

우리는 아이들이 컴퓨터를 가지고 무엇을 배울 것인가를 묻지만 말고, 컴퓨터를 통해서 아이들이 어떤 사람이 될 것인가를 물어볼 필요가 있다. 아이들의 자아가 능률적인 자료처리 작업이나 특수효과에 종속되는 것은 아닌가? 아이들의 마음이 자료와 정보에 너무나 짓눌린 나머지 도덕적 사유를 위한 공간이 없어지는 것은 아닌가? 혹은, 아이들이 좀더 깊은 자기 정체감을 갖게 될 것인가?

이런 물음에 대답하는 한가지 방식은 사람들이 컴퓨터와 맺는 관계를 고려해보는 것이다. 아이들은 컴퓨터를 의인화하여, 거기에 지성과 예지와 권위를 부여하는 경향이 있다. 관계를 맺고자 하는 욕구는 인간의 두뇌에 깊이 내재한 것이어서 어른들조차도 컴퓨터를 마치 인간인 것처럼 다룬다. (컴퓨터가 단순히 또하나의 '도구'가 아니라는 증거가 여기서도 드러난다.)

스탠퍼드대학 교수 바이런 리브스는 인간의 뇌가 테크놀로지에 대응할 만큼 진화하지 않았기 때문에 우리는 우리와 의사소통을 하는 것이면 무엇이든지 — 아무리 불합리한 일이라 해도 — '인간'으로 취급하는 경향이 있다고 말한다. 우리는 특히 컴퓨터가 우리의 비위를 맞추는 것에 민감하다. 그래서 컴퓨터가 목소리를 낼 때 우리는 그 목소리가 남성적인 것인가 여성적인 것인가에 따라 다르게 반응한다. 남성의 목소리를 내는 컴퓨터는 좀더 권위있게 여겨지는 것이다.

컴퓨터가 사람의 표정과 몸의 언어를 읽고, 거기에 따라 자기의 반응을 맞출 수 있게 되는 날이 조만간 올지 모른다. 몇몇 컴퓨터는 이미 간단한 얼굴표정(기쁨, 놀라움 등)을 인지할 수 있는데, 아마 곧 좀더 실감나는 목소리를 갖게 될 것이다. 이러한 '감정이 담긴 컴퓨터'가 발전함에 따라, 사람에게 과로하고 있다고 경고를 하거나 좌절을 느끼기 시작하는 학생들을 격려해주는 휴대용 컴퓨터들이 나오게 될지 모른다.

우리의 아이들이 마치 인간처럼 행동하는 기계와 어떻게 관계를 맺을까? 그들은 아무것도 요구하지 않고 사용자의 자아에 봉사하기만 하는 이 컴퓨터라는 벗과의 편안한 우정을 선호할 것인가? 닐 포스트먼은 그러한 컴퓨터문화는 자아중심주의를 미덕의 지위로 올려놓을지 모른다고 믿는다.

몇몇 과학자들은 감정을 읽고 표현할 수 있는 컴퓨터가 인간의 지성을 흉내내고 심지어는 실제 인간에게 해악을 끼칠 것이라고 우려하고 있다. "우리는 정말 똑똑하고 친구같은 기계를 만들기를 원하는가? 나는 사람들이 감정을 가진 컴퓨터에 대비가 되어있다고 자신있게 말할 수 없다"라고 인공지능 분야의 한 전문가는 논평하였다.

우리의 아이들은 인간으로 존재한다는 게 과연 무엇을 의미하는가라는 일찍이 상상도 해보지 못한 문제들에 부딪힐 것이다. 이미 광고업자들은 컴퓨터를 권위있는 존재로 여기는 아이들의 믿음을 이용할 만반의 준비가 되어있다. 나는 인간적인 가치와 공감에 철저히 뿌리를 내리는 일이 우리의 주된 목표가 되어야 한다는 것을 간절히 말하고 싶다. 우리가 우리의 아이들을 살아있는 인간과의 사귐이 아니라 대용품과 벗하도록 내맡겨둔 다면, 아이들이 인간과 대용품간의 차이를 이해하지도 그 차이의 중요성을 알아보지도 못한다는 사실에 놀라지 말아야 할 것이다.

시뮬레이션의 유혹

사이버공간에서 인간의 정서적 취약성은 심리치료자로서의 컴퓨터라는 기괴한 현상에서 가장 두드러지게 드러난다. 누가 자신의 가장 내밀한 감정을 기계한테 털어놓겠는가? 어느 누가, 정말! 그러나 누구든 그렇게 할 수 있다.

존 ― "오늘 내 기분 엉망이에요."

치료자 ― "기분이 안 좋은 이유, 알아요?"

존 ― "루스 때문이죠. 걔가 날 엉망으로 만들어놨어요!"

치료자 ― "루스가 뭘 좀 반갑지 않은 짓을 했나 본데. 뭣 때문에 그렇게 화가 났어요?"

존 ― "들어보세요…."

이 '치료자'는 한 소프트웨어 프로그램으로서, 사용자의 생각을 단순히 반추함으로써 강한 감정적 반응을 끌어내고 있다. 인공지능의 설계자에서 비판자가 된 조셉 바이첸바움은 이와 같은 '심리상담'을 극히 부도덕한 일이라고 보고, 우리 사회가 기계에 권위를 부여하고 있는 것에 대해 심히 우려한다.

MIT의 심리학자 셰리 터클은 인간과 기계 사이의 상호작용에 대한 가장 지혜로운 탐구자의 한사람이다. 흥미진진한 책《스크린 위의 삶 ― 인터넷 시대의 정체성》에서 그녀는 이 상호작용을 지금 태동하고 있는 '시뮬레이션 문화'가 사람과 기계 사이의 경계를 깨트리고 있는 여러 방식 중의 하나로 보고 있다. 터클은 반기술주의자가 아니다. 그러나 그녀는 우리가 시뮬레이션과 현실 사이의 경계선을 흐려놓음으로써 우리 자신이 진정한 관계와 감정에 대한 존경심을 잃어가고 있다고 믿는다.

터클은 십대들과 대학생들이 익명의 사교계와 인터넷에서 맺는 관계들을 분석하였다. 이 시뮬레이션 환경에서 사용자들은 다른 사용자들이 방문해오는 '방' 들에 글자를 두드려넣으면서 참가한다. 잇따른 대화에는 접속중에 있는 사용자 누구든지 어떤 성격으로도(예컨대, 한 젊은이는 여자로서도, 한마리 개로서도, 또는 진짜 자기로서도 역할할 수 있다) 참여가 가능하다. 참가자들 가운데는 시뮬레이션의 세계와 현실의 삶을 혼동하기 시작하는 사람들도 있다.

터클은 이러한 몰입의 심리상태를 복합적으로 평가한다. 십대들이나 젊은 어른들은 가끔 비교적 위험이 적은 상황에서 다양한 성격을 연출해보는 실험을 해볼 필요가 있다. 그럼에도 불구하고, 어떤 젊은이들에게는 이것이 정서발달에 장애를 주는 길이 될 수 있다.

컴퓨터 시뮬레이션이 점점더 실제와 같은 육체적 감각을 느낄 수 있게 함에 따라 우리는 갈수록 '자기' 라는 개념에 대해 의문을 갖게 될 것이다. 나는 누구인가? 내가 맺는 관계의 본질은 무엇인가? 나의 실제육체와 가상육체 사이의 연관은 무엇인가? 터클은 한 사춘기 소녀가 콜로라도 강을 따라 뗏목여행을 하는 것과 같은 지역을 상호작용 씨디롬을 이용하여 탐험하는 것을 비교한다. 실제여행에서는 신체적 위험과 여러 현실적인 문제가 있고, 살아남기 위해 자신이 가진 모든 자원을 최대한 활용해야 할 필요가 있다. 그러나 가상의 탐험에서 그 소녀에게 끊임없이 밀려들어오는 것은 그래픽과 지도와 정보들이다. 명백히 실제상황과 가상공간은 전혀 다른 경험을 제공한다. 터클은 우리가 그 둘을 보완적인 것으로 해야 한다고 말한다. 그러나 '손쉬운' 길을 택하고자 하는 유혹은 물리치기 어렵다. 시뮬레이션도 실제 못지않은 효과적인 대용물이라고 우리는 믿고 싶은 것이다.

인터넷 중독증상

미국심리학회의 한 최근조사에 의하면, 갈수록 많은 대학생들이 컴퓨터에 중독되어가고 있다. 일주일에 40~60시간 동안 흔히 자정부터 해뜰 때까지 컴퓨터통신에 매달려 있는 결과로 그들의 사회적 삶과 공부는 희생되고 있다. 많은 학생들이 인터넷에 접속하는 것은 생활의 압력을 회피하기 위해서라는 것을 인식하고 있지만, 그러나 그들은 접속을 하고 있지 않은 시간 동안에는 점점더 '불안과 초조'를 느낀다.

심리학자들은 이것을 다른 형태의 중독증상과 같은 것으로 본다. "컴퓨터라는 단어를 마약이나 알콜에 대체해보면, 인터넷 강박증상은 고전적 중독증상과 정확히 일치하는 것을 발견할 겁니다"라고 피츠버그대학의 킴벌리 영은 말한다. 인터넷은 우울증이나 불안감을 은폐해주는 도피주의적, 쾌락의 감정을 제공한다. 또한 그것은 중독성 마약과 비슷한 방식으로 두뇌 깊이 자리잡고 있는 '쾌락 센터'를 자극함으로써 뇌의 정상적인 기능에 변화를 초래한다.

인터넷을 통한 사회적 상호작용은 그것이 타인들과의 접촉을 제공하기 때문에 텔레비전보다도 더 큰 중독성을 갖는다. 사용자는 인터넷상에서 새로운 정체성을 가진 인물로 역할하면서, 이 새로운 '자아' 속에서 자신이 사람들로부터 사랑받고 보살핌을 받는다고 믿기 시작할지도 모른다. 우리 인간은 벗을 필요로 하고, 어딘가에 소속되고자 하는 욕구를 가지고 있다. 긴밀한 관계를 누리지 못하는 개인들은 개인적·사회적으로 중요한 문제에서 심각한 위험에 처한다. 그러나 가족 바깥의 사람들과 잘 지내는 능력은 학습을 통해 터득해야 한다. 인공적인 사이버의 세계가 좀더 손쉬운 대안을 제공하는 한 그것은 자의식 때문에 사회적 관계를 맺는 데 어려움을 느끼는 어린 십대들에게는 특히 유혹적인 대체물이다.

기술보다 먼저 좋은 인간을

정보의 샘이 아니라 좋은 인간으로 우리 아이들을 키우는 것이 훨씬 더 중요한 일이다. 따지고 보면, 히틀러는 풍부한 정보를 가지고 있었다. 심리학자 케네스 거겐은 정보와 입력의 끊임없는 폭격에 짓눌려 지내는 공허한 인간을 묘사하기 위해서 '포화 자아'라는 용어를 만들어냈다. "내가 사회적 포화 기술이라고 부르는 것이 오늘날 개성있는 자아가 소멸되어가는 데 중심적 역할을 하고 있다"라고 그는 경고한다.

최근에 교육자들과 입법자들은 미국의 공립학교에서 신뢰성, 예절, 공정함, 보살핌, 시민적 교양과 같은 가치를 가르치는 프로그램을 의무화하도록 하였다. 그러나 그러한 가치들을 존중하지 않는 문화속에서 그것들을 가르치는 것은 어려운 일이다. 무엇이 잘못되었는가?

　나는 기술의 열매에 대한 우리의 광적인 열정이 지적 가치와 도덕적 가치, 정신과 영혼을 분리시켜왔다고 생각한다. 우리는 우리의 아이들이 얼마나 깊이 느낄 수 있는가 하는 것보다도 얼마나 빨리 배울 수 있는가 하는 것에 더 관심이 많은 것 같다. 우리는 갈수록 다른 사람들보다도 추상적인 전문적 시스템에 더 의존하고 있다. 다음 세대를 이끌어주어야 할 우리의 책임을 기술에 맡겨버리고 싶은 유혹은 크다. 우리는 아이들에게 사려깊은 벗이 되어주는 대신에 그들에게 시끄럽고 일시적인 자기만족을 주는 전자기술의 세계를 포만토록 제공하면서, 아이들을 인위적 자극과 자기만족에 붙들려 있게 만든다. 그렇게 우리가 아이들의 내적 목소리와 내적 자아를 익사시켜놓고도 아이들에게 내면의 안정된 핵(核)이 결여되어 있다는 사실에 새삼 경악할 수 있는가?

　인간적 진보에 대한 관심이 기술적 진보에 대한 열광으로 대체되면서 우리는 갈수록 인간과 기계를 혼동하고 있다. 그러나 진정한 가치는 대부분 우리 각자에게 조용하고 힘겨운 자기형성 과정을 위한 공간이 허용되면서, 우리의 인간다움속에서 우리가 삶을 한껏 누릴 수 있는 능력에서 솟아나온다. 자기인식은 타인들의 정서적 반응을 이해하고 사물을 다양한 시각에서 바라볼 수 있도록 돕는다. 아이들에게 있어서 이러한 자질들은 장래의 그들의 '도덕적' 행동을 예견할 수 있게 하는 강력한 지표가 된다. 어린 나이에도 좀더 높은 수준의 도덕적 사유를 가진 사람은 다른 사람들과 훨씬 더 좋은 관계를 갖는다. 도덕적 행동의 토대는 아이들이 적절하게 상호작용을 하고, 자기자신과 타인들을 존경하고 보살피도록 배우는 일련의 긴 인간적 상호작용 과정에 의해서 이루어진다.

　'사춘기 발달에 관한 카네기 위원회'가 1995년에 내놓은 십년에 걸친 연구결과는 어린아이들이 부모와도, 자기보다 나이 많은 다른 사람과도 충분한 상호작용을 갖고 있지 못하다는 사실을 확인시켜주었다. 놀랍게도 아이들은 좀더 많은 것을 원하고 있다. 그 메시지는 속도를 줄이고, 미디어를 끄고, 잠시라도 함께 시간을 보내라는 것이다. 그리고, 학교가 기술에 들이는 예산을 더 좋은 교사와 더 작은 교실을 위하여 분배해줄 것을 촉구하라는 것이다.

오늘날 부모와 교사들은 전통적인 선택과 경계를 훨씬 벗어난 미지의 기술 전선(戰線)에 아이들이 대비할 수 있도록 도와주지 않으면 안된다. 우리의 아이들은 인간성의 경계선까지 가야 할 도전에 직면할 것이며, 급속하게 진화하는 가상공간의 벗들과 함께 여행하게 될 것이다. 그들의 컴퓨터는 그들을 돕는 조력자일 뿐만 아니라 언젠가는 그들의 라이벌이 될지 모른다. 이러한 여행을 목전에 둔 아이들에게 어떤 준비를 마련해줄 것인가? 장기적으로 볼 때, 가장 좋은 대비책은 그들이 가능한 한 인간다운 인간으로 성장하도록 돕는 일일 것이다. (통권 제45호, 1999년 3-4월호)

발도르프학교의 아동교육

윤선영

독일 유학을 마치고 1994년 8년만에 돌아온 나는 한국사회에 대해서 다시 배워야만 했다. 그동안 내가 한국인이란 것을 잊어버려서가 아니라, 외국생활을 통해 비로소 한국의 모든 것을 주의깊게 관찰하는 습관이 생겼고, 세월이 우리 사회를 변화시킨 만큼 나 자신이 세상을 바라보는 시각도 많이 달라졌기 때문이다. 그후 1999년 2월 박사학위를 취득할 때까지 규칙적으로 독일을 드나들며 독일과 한국의 이중적 사회생활속에서 나는 나 자신의 일과 두 아이들을 키우는 일을 동시에 수행하면서 끊임없이 스스로를 교육해야 했다.

오랜만에 돌아온 나에게 가장 먼저 다가온 한국의 모습은 텔레비전 광고였다. 아빠들은 직장에서 '뼈빠지게' 일을 해야 하기 때문에 피로회복제를 복용해야 하고, 자녀들은 학교공부와 입시준비를 위해 유아기 때부터 각종 학습지를 해야 하며, 주부들은 빨래를 깨끗이 빨고 맛있는 음식을 끓여 남편과 자녀를 뒷바라지하는 데 행복감을 느껴야 하고, 젊은 여성들은 시대에 뒤떨어지지 않도록 자신을 가꾸어야 하기 때문에 화장품과

윤선영 — 국제 발도르프 킨더가르텐 연합 한국회원. 베를린대학 교육학 박사.

유행패션을 소비해야 한다. 영유아, 초등, 중등, 고등학생의 소비문화가 점점 비대해져 기성세대들은 도저히 무슨 물건을 선전하는 것인지 이해할 수 없는 광고도 있다. 광고는 시대의 변화와 사람들의 욕구를 충족시켜주는 신상품에 대한 정보를 제공하는 기능을 넘어 시민의 구매력을 자극하고 중독시키며 어느새 우리 마음, 생활, 언어, 사고방식 곳곳에 자리를 잡고 있다.

학교시절 분명히 우리나라는 동방예의지국이라 배웠는데, 길거리의 모든 사람들은 남의 발을 밟거나 차례를 지키지 않고 서로에게 피해를 주는 것을 너무나 당연하게 생각하고, 어린아이들에게는 온갖 공갈과 협박으로 성인의 의지를 관철하는 것이 보통이다. 아기를 업고, 높은 시내버스의 계단을 버스가 발차하는 순간에 곡예하듯 타야 하고, 길거리는 온통 자동차 위주로 구성되어 유모차에 아기를 싣고 다니다보면 갑자기 인도가 끊어지거나 곳곳이 패이고 울퉁불퉁하여 아기가 행여 유모차의 진동으로 뇌진탕이라도 걸릴까 조마조마 하고, 어린아이들을 데리고 식당에 가면 그들은 아직 '인간'이 아니기 때문인지 물컵도 수저도 따로 주지 않는다.

나는 새삼스럽게, 아이들에게 불친절하고 비인격적인 대우를 하는 우리 사회의 풍토에 분노를 느꼈다. 왜냐하면 우리 부모들(특히 어머니들)의 교육열은 세계적으로 손가락에 꼽을 만큼 높다는 모순 때문이다. 부모들은 자기 자녀만큼은 남에게 뒤떨어지지 않고 생존경쟁에서 이길 수 있는 '능력있는' 인간으로 키우겠다는 편협한 교육에 몰두하고 있는 것이다. 부유층이든 저소득층이든 가정경제의 형편과 무관하게 대부분의 우리나라 어린이들은 최소한 2개 이상의 학원에 다니며 각종 예능, 수학, 외국어 등을 배우고 1개 이상의 학습지를 하고 있다. 마치 이렇게 사교육비를 지출하는 것이 부모된 '도리'를 다하는 것처럼 여기도록 만드는 거대한 상업적 교육풍토가 자리를 잡고 있다. 그것에 대항한다는 것은 비정상적인 행위로서 사회에서 버텨내기 어려운 일이 되어버렸다.

나는 어린 자녀들이 인격적으로 대우를 받는 사회, 어린이들에게 호의적인 사회를 만드는 어른들의 삶이 모범이 되고 자녀교육의 기본이 되기를 기대하면서, 슈타이너의 교육론에 입각한 발도르프학교의 영유아 교육을 소개해보고자 한다.

슈타이너와 인간의 본질

인간의 본질에 대하여 20세기 중반까지는 '유전적인 결정체'와 '환경의 산물'이라는 두가지 견해가 지배적이었다. 그러나 슈타이너는 이 두가지 견해가 인간의 자유, 책임의식, 존엄성을 부인하고 부분적인 진실만을 말하고 있다면서, 인간은 미래를 향해 스스로 변화하며 나아가는 존재라는 새로운 인지학적 존재론을 주장하였다. 인간은 대지로부터 만들어진 육체적인 기초에 정신적·영혼적 실체가 하나로 결합되어 있는 이중적 존재이고 생을 통해 네번의 육체적, 생명체적, 감성체적 자아의 탄생을 할 수 있다는 것이다. 슈타이너는 인간으로 태어나 어른으로 성장하는 과정을 7년 단위로 나누어 0~7세까지는 육체적 탄생과 더불어 행위를 통해서 사고하고 모방을 통해서 배우는 시기, 7~14세까지는 그림을 통해서 생각하고 느낌을 통해서 학습하는 시기라고 하였고, 14세에서 21세 사이의 청소년 시기에는 개념을 통해서 생각하며 지성을 통해서 사고하는 것을 배우고, 그리고 21세가 되어 비로소 자신의 의지, 감성, 이성을 객관화할 수 있는 진정한 자아가 탄생된다고 하였다. 따라서 모든 아동은 현재의 모습으로 완성된 것이 아니라 미래를 향해 형태를 만들어가고 있으며, 바로 이 과정을 돕는 것이 교육이라는 것이다. 즉 아동을 교육구상에 맞추기보다는 이러한 인간의 본질을 바탕으로 교육의 내용과 형식이 구성되고 수행되어야 한다는 것이다.

영유아의 교육과정인 0~7세까지의 물리적 육체의 탄생 시기를 중심으로 좀더 구체적으로 살펴보겠다. 영유아에게 있어서 자신이 살고 있는 이 세상은 하나이다. 온몸으로 맛을 보고 느끼며, 자신과 행위가 본질적으로 일치하고 있는 시기이므로 의지가 강한 시기이다. 예를 들어 영아가 가지고 싶은 물건이 있으면 무조건 빼앗아버리는 것은 자신의 의지가 곧 행위와 일치하기 때문이다. 유아로 점차 성장하면서 자신과 타인 또는 세상과의 관계를 느끼게 된다. 그러면서 새로운 것을 하나씩 익히고 실험하고 확인하는 행위를 다양하게 보이기 시작한다.

지구의 중력에 대해 나약했던 영아는 점차 자주적 힘이 생겨 생후 1년이 지나면 혼자 서기를 시작하고 2년 정도 되면 언어구사능력이 생긴다. 유아의 존재는 온전한 감각기관이기 때문에 언어습득은 자신의 몸(성대)에 새기듯이 이루어지며, 언어의 본질적인 형성원칙에 대한 본능적인 일체감을 형성하여 그것을 통해 자신만의 언어를 구사하게 된다. 성인이 외국어를 배울 때 이성적으로 이해하고 능동적으로 생산해내는 것과는 달리 유아는 상황 전체를 신체로 느끼면서 언어를 익히는 것이다.

4개월에서 12개월 사이에 영아가 낯을 가리기 시작하는 것은 '나' 와 '세상', '나' 와 '너' (부모 및 양육자)의 관계를 형성하는 과정으로 원초적 신뢰감이 형성된다. 이때 원초적 신뢰감이 잘 형성되지 않으면 분리불안과 정서적 장애를 초래하기 쉽다. 이것은 영아뿐 아니라 유아에게서도 마찬가지이다.

우리나라 대부분의 부모들은 보육시설이나 유치원에 영유아를 처음 보낼 때 충분한 적응시간을 두어 새로운 환경과 관계자와의 신뢰감이 형성되게 하지 않고 첫날부터 아이를 떼어놓는데, 이것은 지극히 성인 중심이며 교육기관의 무책임한 대응방법이라 할 수 있다. 거기에다 울음을 그치게 하기 위해 사탕을 입에 넣어주거나 엄마가 금방 올 테니 조금만 기다리라는 등의 거짓말도 일삼아 아이와 성인간에 불신감을 키우는 경우도 종종 볼 수 있다. 보(교)육기관과 아이를 맡길 부모는 적응의 중요성을 인식하고 신중하게 대처해야 할 것이다.

2~4세 사이 유아는 종종 부모의 말에 무조건 '싫어' 라는 부정의 표현을 유난히 많이 쓸 때가 있다. 이것은 그 아이가 특별히 '성격이 모난 아이' 여서가 아니다. 이는 주로 자신과 외부 세계와의 경계를 확인하고 관계를 형성하면서 자신의 신체를 자기자신('나')의 본질로 체험하고 있는 상태이므로 우리 아이가 건강하게 성장하고 있다고 이해하면 된다. 이 시기를 슈타이너는 인간성장의 첫 '위기' 라고 표현하였다. (참고로 인간은

338

그밖에도 아동의 위기(9~10세), 청소년의 위기(16~17세), 중년의 위기, 노년의 위기를 경험하게 된다.)

생후 3~4년이 되면 그동안 무조건적인 모방을 하거나 타인의 '옆에서' 놀이를 하다가 점차 타인과 '함께' 역할놀이와 같은 사회적 놀이를 시작하게 된다. 특히 조형적인 놀이를 하는 시기로 상상력이 풍부해지고, 자신이 체험하는 그 순간에 유효한 놀이규칙을 만들어 자신만의 의미를 부여하게 된다. 밥을 먹으면서 수저가 굴삭기가 되어 모래를 퍼 나르는 작업을 상상하는 것은 그 어린이가 그 순간에 나름대로의 형태를 만들어가고 있는 것이며, 그러한 능력을 슈타이너는 인간이 가진 진정한 자유라 하였다.

생후 4~5년이 되면 어린이들은 경험하는 모든 것에 관심을 가지고 질문을 많이 하게 된다. 또한 예상치 못한 반응을 보여 가끔 어른을 당황하게 한다. 이때 어른은 성실하게 대답해주되 어린이의 경험과 관련된 이야기로 접근해야 한다.

많은 어머니들이 어린이집이나 유치원에 다녀온 자녀에게 "오늘 무슨 공부를 했니?" 하고 물을 때가 많다. 그때 어린이가 아무 대답을 하지 않거나 "누구와 놀았어"라고 대답하면 "도대체 저 어린이집에서는 아이들에게 아무것도 안 가르쳐주는가"하며 의구심을 가질 때가 많다. 그러나 어린이들을 유심히 관찰해보면 낮에 불렀던 노래와 들은 동화를 혼자서 놀이를 하며 재현하는 모습을 발견할 수 있게 된다. 어린이의 관심이 금방 다른 데로 가는 것은 어른이 성인의 경험세계에서 끌어온 개념을 어린이들과의 대화에 적용시켰을 때 종종 일어난다. 어린이들에게는 공부, 놀이, 일, 시간, 거짓말, 진실이라는 개념이 세분화되어 있지 않기 때문이다.

5세에서 7세 시기의 유아에게는 아주 급격한 발달이 이루어진다. 이 시기에 많은 어머니들은 자녀들의 학교공부 준비에 조바심을 낸다. 유아의 그림은 보다 사실화되어가고, 사물의 상호연관성에 대해 관심을 갖게 되며, 단체생활이나 어른의 일에 참여하고자 한다. 이때 어른은 조금씩 과제를 주어 자신이 해낸 일에 보람과 자부심을 갖게 하되, 정확하고 바르게 해야 한다고 주의를 주는 것은 오히려 어린이의 흥미를 저하시키게 되므로 자제해야 한다.

읽기, 쓰기, 셈하기에 대한 관심에도 이러한 대응방법은 유효하다. 너무 일찍 기억력과 사고력을 지나치게 요구하여 '학교와 같은 공부'를 유도하면 생명체의 탄생을 '조산' 시키게 되므로(슈타이너) 0~7세 사이에 발달되어야 할 행동력과 의지력이 충분히 숙성되지 못한다. 이것은 어머니가 태동을 느낀다고 하여 달도 채우지 못한 채 뱃속의 태아를 세상 밖으로 끄집어내는 것과 마찬가지로, 기억력이 태동한다 하여 기억력을 요구하는 세상으로 어린이를 빨리 밀어내는 것과 같다는 것을 비유한 말이다. 태아가 어머니의 뱃속에서 충분히 자라고 세상에 나와야 건강한 아이로 성장할 수 있는 것처럼, 영유아기에 의지력과 행위력이 충분히 발달하는 것은 앞으로의 삶에 원천적인 힘을 부여하게 되므로 중요하다고 볼 수 있다.

여기에서 잠시 우리나라의 텔레비전 광고 이야기를 덧붙이겠다. 모 학습지를 이용하여 어린이에게 한글을 가르치면 3세의 어린이도 한글을 깨칠 수 있다는 광고가 있는데, 거기에서 한 어린이가 신문을 읽다가 "엄마, 청와대가 어디예요?"라는 질문을 한다. 그 어린이가 진짜 한글을 깨쳤느냐는 것보다 납득할 수 없는 것은 그 어린이의 질문이다. 왜 "청와대가 뭐예요?"라고 하지 않느냐는 것이다. 어린이가 청와대가 건물이며 어떤 기능을 하고 있다는 것에 대해 미리 알고 있지 않으면 도저히 나올 수 없는 질문이다. 이러한 광고를 보고 그 교재를 사용해 자녀에게 똑같이 '조기교육'을 시키고자 하는 부모들이 두렵기만 하다.

이 시기에 또한 특징적으로 나타나는 것은 유아의 '반항'이다. 그동안 인정하고 따라왔던 부모나 단체생활의 규칙을 어겨보려는 경향이 뚜렷하게 나타난다. 이것을 슈타이너는 규칙으로 되어있는 것을 어른이 정말 진지하게 바라고 있는 것인지 어린이가 정확히 알고자 하는 행위라 했다. 즉, 어린이가 어른을 시험하거나 도전하는 경우는 자신의 의지(행위)와 사고를 일치시키고자 노력하고 있다는 것이다. 이것을 통해 어린이들은 도덕과 규범을 익히게 된다. 많은 부모나 교사들이 이럴 때 어린이와 은

밀한 전쟁상황을 연출하며 체벌, 협박, 어린이와의 감정적 대립 등을 하게 되는데, 무엇보다 중요한 것은 어린이의 사고와 행위의 일체성 형성을 돕기 위해 일관성있는 반응을 보이고 그것을 똑같이 어른이 지키고 있다는 것을 모범으로 보여주어야 한다는 것이다. 그렇지 못한 경우를 나는 한국에서 종종 경험한다.

한 어린이가 어린이집 선생님을 좋아해서 집으로 초대하고 싶다고 했다. 그 선생님은 여러가지 이유로 초대에 응할 수 없었는데, 아이의 간절한 소망 때문인지 "그래, 이따가 갈게" 하고 가볍게 대답을 해버렸다. 그러고는 가지 않았다. 밤 10시가 넘을 때까지 아이는 선생님이 오기를 기다리며 잠을 자지 않으려고 했다. 그리고 그 분노와 실망감은 곧 엄마에게로 넘어가 울고불고 하였다. 다음날 그 아이가 왜 안 오셨느냐고 물었을 때 교사가 하는 말은 "내가 가봤더니 니가 벌써 잠들어서 그냥 왔다"라는 것이었다. 거짓말로 난처한 상황을 모면했지만, 그러한 자세로 어떻게 어린이들을 윤리적 인간으로 키워나갈 수 있을까?

발도르프유치원 교육

발도르프유치원에서의 교육은 슈타이너의 인지학적인 세계관의 기초 위에서 이루어진다. 영유아기는 모방과 행위를 통해 배우며, '나'와 '타인'과의 신뢰감, '나'와 '세상'과의 관계를 형성하는 시기이다. 앞으로의 삶의 토대가 되는 정서적 안정감이 필요한 시기이므로, 영유아의 시간적 생활리듬과 정돈된 공간적 질서는 매우 중요한 교육적 환경이 된다. 시간적 리듬이란 숨을 들이쉬고 내쉬는 것처럼 외부로부터의 영향과 자극이 내적으로 몰입되는 활동(교사가 제공하는 교육활동)과 영유아의 내적인 의지와 상상력이 외부로 발산되는 자유놀이가 교대로 이루어져 신체의 피부기능과 유사한 '영적인 피부'의 호흡작용을 균등하게 조절해주는 것인데, 이것이 하루의 일과가 된다.

하루 일과에서뿐만 아니라 일주일, 한달, 계절, 일년의 단위에서도 규칙적인 반복에 의한 리듬은 영유아의 정서적 안정감을 위해 마찬가지로 적용되고 있다. 성인의 '볼일'에 맞추어 밤늦게까지 아이를 데리고 다닌다거나, 영유아 시설에 아무때나 데려가고 데려오는, 또는 적응하는 동안 보냈다 안 보냈다 하는 것에 대해 무감각한 우리나라의 부모들에게 영유아기의 반복적 리듬의 중요성을 꼭 인식시켜야 할 필요성이 있다.

이러한 리듬은 슈타이너가 인간의 유기체를 세가지 감각기관으로 나누어 분석한 것에 그 근거를 두고 있다. 첫번째는 '감각적 신경조직'으로 인간의 머리로부터 신체의 말단부분까지 감각을 느낄 수 있는 종합적 유기체를 의미하며, 두번째는 '리듬적 조직체'로 숨쉬기나 혈액순환과 밀접한 관계가 있는 것이고, 세번째는 '신진대사 작용체'로서 주로 신체 중 손발과 관계가 있다. '감각적 신경조직'은 사고행위에 영향을 주게 되므로 청소년(14~21세) 또는 성인에 해당되는 것이며, '리듬적 조직체'는 느낌과 밀접한 관계가 있어 7~14세의 아동발달과 관련이 있고, '신진대사 작용체'는 영유아(0~7세)의 의지와 밀접한 관련이 있다. 간단히 표현하면 감각은 곧 인간의 사고, 느낌, 의지와 관련하여 사물을 인식하게 한다는 것이다. 슈타이너는 이것을 다시 세분화하여 각각 4개씩의 '하위감각', '중간감각', '상위감각'으로 나누어 설명하였는데, 여기에서는 발도르프 유치원 교육에 대한 이해를 돕고자, 영유아기의 '의지감각기능'에 해당하는 '하위감각'에 대해 간략히 말해보겠다.

'하위감각'은 인간 고유의 물리적 육체와 관련이 깊은 것으로 '생활감각 또는 생명력감각', '평행감각 또는 방향감각', '촉각', '자신의 동작감각'으로 나누어진다.

'생활감각 또는 생명력감각'은 간, 비장, 심장 등과 같은 각각의 육체 기관이 감각기관으로 작용하여 피곤함, 배고픔, 배부름, 갈증, 기운참 등을 느끼게 한다. 또한 '시간감각'과 인과관계가 있어 적당한 시간에 영양분을 섭취하여 육체의 기관이 생명력감각의 기능을 도와야 한다. '평행감각 또는 방향감각'이 귀와 눈의 구조에서 작용한다는 것은 익히 아는 사실이다.

슈타이너는 이에 덧붙여 수학자에게 필요한 것은 흔히 특별한 뇌의 구조라고 믿는 경향이 있는데, 논리적 사고의 근원은 공간의 세 방향을 감지할 수 있는 귀의 세가지 반고리관에 있다는 것이다. 따라서 수학적 재능은 이러한 방향감각에서부터 시작된다는 것이다.

'촉각' 은 사물을 만져봄으로써 나(영유아)의 신체를 느낄 수 있기 때문에 사물에 대한 신체의 반응이라 할 수 있다. 이는 신체의 움직임으로 느낄 수 있으며 열에 대한 감각과도 관련이 있다.

'자신의 동작감각' 은 움직임을 통해 신체의 존재를 경험하게 해준다. 모든 신체의 움직임은 각기 구별되어 이루어지는 것이 아니라 인간의 모든 동작기관을 통해 이루어지되, 특히 '시감각' 과 함께 작용한다.

어린이의 의지력을 길러주기 위해서는 '의지감각' 을 키워주어야 하고, 인식감각이 건강하게 발달하도록 하려면 위에서 언급한 건강한 '하위감각' 이 전제되어야 한다. 교육학적인 의미로 '의지감각' 은 신체를 인식하게 하고 일상적 의식으로 발전하게 되나 '하위감각' 은 무의식에 머물며 생활의 느낌에 영향을 준다. 이러한 느낌은 곧 어린이에게 편안한 삶을 가능하게 한다.

슈타이너는 어린이가 춤을 추거나 뛰거나 움직일 때 인간의 동작감각이 발산되면서 동시에 이러한 느낌이 영적인 세계로 스며드는데 이것이 바로 자유스러운 영혼의 느낌이라 하였다. '평형감각' 은 내(유아)가 이쪽에서 저쪽으로 가든 오늘이나 내일이나 나의 신체는 그대로라는 내적인 평온함을 유지하게 하여 미래의 삶에 영적 평형을 잃지 않게 해준다.

'촉각' 은 자연물을 만져보았을 때 놀라운 느낌의 효과를 준다. 그것은 양털, 비단, 동물의 털을 쓰다듬고, 나뭇가지나 장미꽃의 꽃잎을 만져볼 때 바로 신이 창조한 근원적 효과를 경험하기 때문이고, 무의식적으로 유아의 영적인 삶이 촉감의 느낌으로 풍만해지기 때문이다. 발도르프유치원에 있는 놀잇감들이 플라스틱이나 놀이의 기능이 이미 결정된 화학품들이 아닌, 조개, 밤, 돌, 나뭇가지, 헝겊, 널빤지, 끈이나 줄 등의 자연물로 이루어진 것은 바로 이 때문이다. 컴퓨터, 텔레비전, 비디오, 각종 플라스틱 장난감으로 채워진 우리나라의 어린이집이나 유치원의 환경을 볼 때 어린이에게 종교적 숭고함과 영혼의 평온함을 줄 수 있는 길을 어떻게 찾을 것인지 한번쯤 재고해볼 일이다.

오늘날 기술의 '폭력'과 환경손상으로부터 어린이다운 삶을 보존하고 보호해야 된다는 것은, 베를린에 텔레비전에 의해 병이 든 어린이 병실이 따로 마련되어 있다는 사실이 입증해주고 있다. 따라서 '의지감각'을 길러준다는 것은 치료의 의미를 내포하기도 한다.

또한 현대 어린이의 미래를 위한 교육의 과제는 고도로 발달되어가는 문명생활에 지배당하지 않고 그것에 대처할 수 있을 뿐만 아니라, 오히려 문명생활을 지배할 수 있는 힘을 길러주는 것이다. '자신의 동작감각'은 바로 이러한 힘을 길러준다는 점에서 중요한 의미를 지닌다. 어린이가 노래를 동반한 윤무를 할 때나 줄넘기를 할 때, 우리는 노래의 의미와 관계없이 어린이가 리듬을 통하여 자신을 강하게 하고 있으며, 영혼의 리듬과 전 육체가 하나가 되어 동시에 움직이고 있음을 발견하게 된다. 줄넘기를 하고 있는 어린이에게는 이때 네가지 '의지감각'의 조화가 이루어지며 느낌의 삶이 즐거운 방법으로 불러일으켜지고 있다. 그 어린이는 행복한 평온함, 흥미, 자유의 느낌, 내적 안정감을 강하게 체험하고 있는 것이다. 이러한 놀이가 어린이들에게는 가장 높은 수준의 '학교'가 되는 것이라고 슈타이너는 주장한다. 왜냐하면 '의지감각'이 잘 발달되면 학교에 갈 준비가 될 수 있으며, 학교에서도 또한 이러한 의지감각을 지속적으로 키우는 일을 담당해야 하기 때문이다.

지금까지 발도르프유치원의 교육을 설명하기 위해 나는 영유아기 시기에 중요한 '의지감각'에 대해서 조금 상세하게 설명하지 않을 수 없었다. 그 이유는 우리나라의 부모나 유아교육기관의 교사들이 슈타이너의 인지학적 배경을 도외시한 채, 주로 하루 일과를 어떻게 보내고 있으며, 주로 어떤 프로그램으로 활동을 하고 있는지 등 표면적인 문제에 관심을 두고 의미없는 모방을 할 수 있다고 생각하기 때문이었다. 앞에서 언급한 영유아기의 발달특성에 따라 몇가지 예를 들어 좀더 구체적인 이해를 돕고자 한다.

발도르프 유아교육 중 내게 흥미로웠던 부분은 동화 들려주기, 노래나 동화를 동반한 윤무, 인형극, 그리고 자유놀이였다. 우리나라의 많은 어린이들은 텔레비전이나 비디오 같은, 이야기의 스토리와 그림을 동시에 보여주는 매체를 통하여 동화를 접한다. 발도르프유치원에서는 동화를 책이나 그림으로 직접 보여주지 않고, 들려주는 것을 권장하고 있다. 왜냐하면 이미 스토리에 맞게 정해진 그림은 어린이들의 상상력을 훼손하기 때문이다.

동화를 자세히 분석해보면 참으로 신비스러운 점을 발견하게 된다. 동화에는 나름대로의 규칙이 있다. 그것은 인간과 현실세계를 상징적으로 반영한 것으로 선과 악(영웅과 악인 또는 선함과 잔인함 등), 지상의 세계와 이상의 세계, 슬픔과 기쁨 등의 양극이 등장한다. 동화는 동화 자체로 어린이들에게 다가가는 것이므로 어른이 동화가 주는 교훈을 일러줄 필요는 없다. 왜냐하면 동화는 어린이들의 특성을 이해하고, 어린이들은 동화를 이해할 수 있기 때문이다. 하지만 어른들은 동화의 원리를 이해할 수 없기 때문에 동화가 주는 의미를 어른들의 사고방식으로 재해석하려고 한다. 어린이들이 세상과 일체감을 가지고 있는 것과는 달리 어른은 이성적·논리적 사고로 동화를 이해하려고 한다.

동화를 어린이들에게 들려주려면 어른이 먼저 동화의 원리를 이해하고 동화의 인물을 진정으로 상상할 수 있어야 한다. 그때 동화는 살아서 어린이들에게 전달되는 것이다. 동화는 대체로 반복을 좋아하는 어린이들의 기호에 맞는 운율, 시간과 공간의 초월, 현실과 비현실이 일치된 세계, 시작과 끝이 전형적인 유형(옛날 옛날 옛적에… 아주 행복하게 잘 살았답니다), 주인공이 처한 고립성(이것은 어린이들이 혼자서 스스로 해보고 싶어하는 욕구와 일치한다)과 열악한 환경(동화의 세계에서 공감은 항상 가장 가난하고 바보스러운 인물에게로 향한다) 등의 특성을 지니고 있다. 똑같은 이야기를 1주일간 계속 들려주어도 어린이들의 상상력은 항상 새롭게 발휘된다.

노래나 동화를 동반한 윤무(Reigenspiel)는 어린이들이 신체, 언어, 동작,

느낌, 표현을 통합적으로 경험하게 할 수 있는 놀이이다. 노래는 어린이들에게 즐거움을 주고 서로를 연결시켜주는 요소가 된다. 느린 노래에 신체의 움직임을 동반하면 음의 높낮이를 신체와 일체시킬 수 있게 된다. 어조를 신체로 표현하게 하여 균형있는 발달을 촉진하고 치료의 역할도 할 수 있는 오이르티미(Eurthymie)를 첨가할 수도 있다.

노래의 음은 펜타토닉(5음계)을 사용하게 되는데 이는 어린이들의 영혼을 있는 그대로 받아들이는 가장 자연스러운 음이기 때문이며, 악기는 '라이어'라는 현악기를 주로 사용한다. 라이어의 음에 어린이들이 몰두하게 되면 조용히 듣고 집중하는 능력이 촉진되고, 생명의 리듬감이 건전하게 성장한다. 발도르프유치원을 방문하여 윤무하는 모습을 보았을 때, 나는 감각과 리듬, 언어 그리고 신체의 움직임이 하나로 집중되고 있는 광경에 마치 하나의 종교적 의식을 경험하는 듯한 느낌을 받았다. 우리나라의 유치원에서 커다란 피아노 소리에 맞추어 어린이들이 소리를 높여 노래를 외우듯이 부르는 산만한 모습과는 전혀 다른 풍경이었다.

지난 겨울 나는 현직교사의 발도르프 교육을 위한 보수교육 현장을 방문해 인형극을 배우는 수업에 참여한 일이 있었다. 인형은 단순한 얼굴과 상징적인 옷차림으로 간단히 만들어졌으며, 재료는 물론 천연섬유로서 양털과 같은 실로 짜여진 것이었다. 인형의 얼굴이 구체적인 표정으로 악인과 선인이라는 등장인물의 성격을 전달하지 않고 단순한 모습을 띠고 있는 이유는, 어린이들의 상상력에 선입견을 심어주는 것을 피하기 위해서이다. (슈타이너는 성인이 연극에서 악인 역할을 할 때에도 연기자 스스로 악인이 되어 연기하는 것보다 상징적으로 표현하는 것이 더욱 중요하다고 했다.)

천조각들은 모두 파스텔톤의 은은한 빛깔을 띠고 있었다. 그 이유는 빨강, 노랑 등의 원색이 어린이들을 흥분시키고 산만하게 하기 때문이란다. 마침 '탁자인형극'을 연습하는 시간이었는데, 탁자는 동화의 내용에 맞게 천을 이용하여 만든 인형, 산, 나무, 강, 목동, 폭포 등으로 정성스럽게 꾸며져 있었다. 교사들은 진지하게 이야기를 들려주며 인형들을 움직이고 있었다. 인형들의 움직임은 아주 느렸는데, 상징적인 동작을 표현하는 것으로 충분하기 때문이란다. 인형극을 연출하는 모든 교사들의 태도는 너무도 진지하여 장면 하나하나가 보는 이로 하여금 삶의 진지함과 안정감을 느낄 수 있게 하였다.

자유놀이는 어린이의 '영적인 피부'의 호흡작용 중 내적 세계에서 외적 세계로 의지가 발산되는 과정이다. 어린이들은 여러가지를 실험해보고, 자신의 의지를 행위로 옮기며, 어른의 교육적 영향에 따른 결과와는 전혀 다른 어린이 스스로의 교육행위를 발견하게 된다. 그러므로 어른들은 자유놀이 때 가급적 개입을 하지 않는 것이 좋다. 놀잇감은 생동감있는 실제적인 물건들이, 어떤 원리와 기능을 요구하는 놀잇감보다 적당하다고 한다. 왜냐하면 자유놀이란 어린이의 전체적인(통합적인) 행위와 관련되기 때문이다.

교사가 제공하는 집단활동이 외부의 세계를 내부의 세계로 이끄는 것이라면, 자유놀이는 내부의 세계를 외부로 자유롭게 표현하는 것이다. 따라서 자유놀이에 몰두하는 것은 어린이가 내적 세계에 설 수 있는 힘이 길러지는 순간이라 할 수 있다.

이처럼 발도르프 유아교육의 특성은 기억력을 강요하는 '조기학습'을 멀리하고, 예술적으로 자극하여 놀이를 하게 함으로써 어린이 고유의 본질을 자유롭게 이끌어내어주고, 육체적 탄생 즉, 의지력과 행위력을 성숙·강화시키는 것이다. 왜냐하면 이것이 학교에 가서 더욱 집중을 잘 할 수 있고 학습에 스스로 참여할 수 있는 준비가 되어 앞으로의 삶에서 요구되는 힘과 건강이 축적되기 때문이다. (통권 제46호, 1999년 5·6월호)

영어의 문제

김진만

1

영어를 어떻게 배워야 하는가? 영어를 어떻게 가르쳐야 하는가? 그 전에 영어를 배우고 왜 가르쳐야 하는가? 이런 질문에 대한 명쾌한 대답은 없다. 개화기 초에 이화학당쯤에서 선교사들이 영어를 가르치기 시작해서 백년이 넘었다. 그동안 학교에서 영어를 필수과목으로 가르치는 일이 한 번도 중단된 적이 없다. 일본인들이 소위 '귀축미영(鬼畜米英)'을 상대로 결국 지는 전쟁을 치른 40년대 전반에도 '조선어' 교육은 폐지했지만 영어 수업만은 계속 허용했다.

나는 바로 그 시절에 중학교를 다녔고, 지금 생각하면 어처구니없는 일이지만 그저 영어가 재미있어서 집에서 바라는 의사나 변호사가 되는데 도움이 되는 가령 수학 같은 것은 거들떠보지도 않고, 밤낮으로 모짜르트를 듣고 영어책을 뒤적거리면서 중학 5년을 지냈다. 중학교를 영락없는 꼴찌로 졸업한 것이 종전 전해인 44년 봄이었는데 그때에도 고등사범이라는 관립학교에 영어과가 있었다. 그야말로 천우신조로 거기에 들어가서

김진만 (金鎭萬) ― 전(前) 고려대, 한림대 교수.

한달남짓 공부를 하고는 전쟁이 끝난 45년 봄까지 근로동원을 다녔다. 병정으로 끌려가기 전에 밥이라도 실컷 먹고 싶어서 도망쳐 나와서 집에서 해방을 맞았다. 해방 이듬해에 다시 학교를 다니게 되었을 때 별다른 생각없이 영어공부를 계속하기로 마음먹고 영문과를 다녔고, 그후 지금까지 영어교사로 평생을 살아왔다. 이 글 모두에 열거해 놓은 세가지 질문에 어떤 의미있는 대답을 할 수 있는 사람이 있다면, 나도 그 중 한사람이 될 법한 일이다. 사실 영어를 배우고 가르치는 문제와 영어교육의 필요성에 대해서 내게도 할 말이 분명히 있다고 스스로 생각할 때가 있다. 그러나 막상 대답을 시도해보면, 가령 글로 정리해보려고 하면 그저 막막하기만 하다. 그 문제를 푸는데 내 이력서나 경험이 별반 도움이 안되는 것 같기 때문이다. 한편 간간이 그 세가지 질문에 대해서 단호하게, 그리고 웅변적으로 해답을 만천하에 제시하는 연설이나 문장을 듣거나 읽어 볼 때가 있지만 감동을 받는 일은 없다. 더군다나 영어를 남달리 잘하는 것 같지 않은 석학들의 웅변은 설득력이 없다.

　나라의 요구에 비추어서, 그리고 요즘 국제화니 개방화니 하면서 호들갑을 떠는 사람들이 조성하고 있는 극히 혼탁한 분위기속에서 영어를 어떻게 배우고, 가르치고, 왜 영어를 배워야 하는가 하는 질문에 답하는 것은 내게는 힘겨운 일이다. 우선 내게는 그 세가지 문제 중 어느 하나도 속시원하게 풀 수 있는 전문지식이 없다. 전문화시대에 이른바 '엑스퍼티즈'를 갖추지 못한 아마추어의 견해란 부질없는 것이다. 그래서 나는 나의 보잘 것 없는 경우를 토대로 내 개인의 대답을 해 볼 수밖에 없다. 내 답은 이렇다. 영어는, 다른 과목도 마찬가지지만, 좋은 선생한테 배우면 된다. 나는 중학교때 일본인들이 만든 지극히 전통적이고 문장어 중심으로 꾸며진 교과서를 가지고 영어를 배웠다. 교사들은 모두 지금 생각하면 대학선생을 해도 손색이 없을 훌륭한 분들이었다. 내가 다닌 학교가 공립학교이고 영미인들은 다 추방된 후여서 '네이티브 스피커'가 있을 리 없었고 회화시간도 없었다. '문법 번역 방법'이라고 해서 이제는 헌신짝처럼 버림받은 퇴영적인 교육을 받은 셈이다. 제대로 누구한테 영어를 배운 것은 중학교 5년동안 뿐이었고, 그후에는 실상 나 혼자서 영어책을 읽었다. 후에 나는 '문법 번역 방법' 이라는 것이 반드시 헌신짝취급을 받아야 하는 것이 아닐지도 모른다고 생각하게 됐다. 그런 비과학적이고 퇴영적인 교육을 받았는데도, 혹은 바로 그런 교육을 좋은 선생한테서 철저하게 받았기 때문에 영어를 읽고, 듣고 쓰는 데 별다른 고통을 느낀 적이 없고, 웬만한 얘기는 영어로 해도 다 알아들어 주었다. 내가 왜 영어를 배우고, 학교에서 내게 영어를 가르쳐야 했는가 하는 질문에 대한 대답은 간단하다. 개화기 이후 오늘날까지 중학교에 들어가면 영어를 가르치고 배우게 되어 있었기 때문이다. 나하고 같이 학교를 다닌 200명이 다 영어를 큰 어려움 없이 읽고, 쓰고, 듣고, 말하게 됐느냐하면 물론 그렇지 않다. 내 동기생 대다수는 영어와는 관계없는 한평생을 살아왔거나, 살다 갔다. 영어에 대한 각별한 취미가 없었다면 학교를 나온 뒤에 다시 영어 때문에 속을 썩일 이유도, 동기도 없었다. 영어를 잘 배우고, 잘 가르치려면 교사가 훌륭해야 하고, 교사와 교재와 교수법도 중요하지만 무엇보다도 배우는 사람에게 강한 동기가 있어야 한다. 그리고 동기중에서 제일 효과적인 것은 영어에 대한 강렬한 취미이다.

'엑스퍼티즈' 와 과학성과 웅변으로 개진되는 뭇 영어교육론과 영어학습 이론이 흔히 공허하게 들리는 것은 영어를 잘 배우고, 잘 가르치려면 취미와 동기가 있어야 하고, 말을 잘 익히는 재주가 있어야 한다는 절대절명의 대전제를 전문가들은 좀체 말하지 않기 때문이다. 그 중에서도 아마 말을 잘 배우고 잘 쓰는, 영어로 'flair' 라고 하는 것이 성패를 가르는 결정적인 요소일지도 모른다. 영어에 대한 흥미도, 동기도, 재주도 없는 학생을 흥미도, 동기도, 재주도 없는 교사가 가르쳐야 한다면 그 결과는 비극적인 것일 수밖에 없지 않은가.

2

우리뿐 아니라 온 세상의 생활 환경의 압도적인 구성부분을 이루고 있는 영어를 고전 라틴어나 희랍어처럼 가르치고 배우는 것은 적어도 비효율적이다.

영어를 쓰면 벌금을 물리겠다고 최근에 강도 높은 으름장을 놓기 시작한 프랑스인들도 영어와 완전히 담을 쌓고는 살 수 없는 세상이 됐다. 국민의 교육수준이 월등하고, 영어를 공용어로 쓰고 있는 싱가포르가 영어교육에 쏟고 있는 물심양면의 노력은 가히 눈물겨울 정도다. 그러나 그에 못지않게 영어교육에 열을 올리고 있는 것이 과거의 동구권 나라들이고 중국이다. 이런 나라 사람들이 제국주의, 식민주의, 자본주의 하는 세상의 온갖 못된 주의들의 화신들이 쓰는 영어를 배우고 가르치려고 안간힘을 쓴다는 것이 운명의 익살맞은 장난일지도 모른다. 그런데 이들이 가르치고 배우려는 영어는 셰익스피어, 밀턴, 흠정성서(欽定聖書)의 영어가 아니고, 보따리장사서부터 거대한 다국적기업인들까지의 온 세상 장사꾼들이 쓰는 세계 공통 직업영어이다. 소심한 영어선생들의 간담을 서늘케 하는 '실용영어'라는 것이다. 그런 영어를 자유로이 듣고, 말할 줄 알아야 개인도, 기업도, 나라도 살아남을 수 있다는 일종의 강박관념이 온누리를 내리 누르고 있다. 거기에다, 순간마다 산더미처럼 쌓이고 눈덩이처럼 불어나는 정보를 날쌔게 소화하는 능력이 있어야 하고, 정보의 절대 다수가 영어를 매체로 해서 만들어지고 배포된다는 것을 생각하면 영맹(英盲)이 설 땅이 이제 영영 사라져버린 것 같은 무서운 인상이 점점 짙어진다. 이러한 살벌해진 국내외 생활 환경이 우리가 영어를 가르치고 배워야 하는 중요한 이유중의 하나일지 모른다. 그렇다면 빛바랜 영어문헌을 암호책을 해독하듯 읽는 능력이 아니라 장사를 하는 데 도움이 되는 소위 '실용영어'를 가르치고 배워야 하고, 듣고 말하는 회화연습이 영어교육의 '알파와 오메가'가 돼야 한다는 주장이 나온다. 중학교 첫시간부터, 잘못하면 유치원서부터 영어회화를 배우고, 대학교양영어도 오 헨리의 단편이니 〈사랑의 약속〉이니 하는 따위의 잠꼬대를 일소하고 일상회화훈련으로 과감히 탈바꿈해야 한다는 질타가 나온다. 사실 내가 있는 학교에서도 벌써 반쯤은 그런 식으로 교양영어가 둔갑해버렸다. 대부분의 영어교사들은 알고보면 양순하고 소심한 사람들이어서 이제와서 교양영어를 영미문화의 진수를 전달하는 문화적이고 인문, 교양적인 매체라고 소리 높여 외치는 것이 대세를 거스르는 어른스럽지 못한 일로 치고, 해마다, 학기마다 늘어나는 '네이티브 스피커'들과 해마다 독본시간을 잠식해들어오는 회화연습시간을 감수한다. 그리고는 퇴색이 짙어가는 교양영어의 '교양'을 아쉬워하면서, 어디가, 어떻다 하고 부러지게 적시할 수는 없지만 영어교육, 특히 대학의 영어교육이 반드시 잘돼가고 있지는 않다는 두려움을 느낀다.

어쩌면 나는 나 혼자서 생각하고 느끼는 것을 동료교사들을 끌어들여서 턱없는 일반론을 버리는 잘못을 저지르고 있는지 모른다. 지금부터 하는 말은 내 말이고 내 사건이다. 나는 60년대 말에 전에 있던 학교에서 처음으로 어학실험실이라는 것을 만들어서 운영해본 경험이 있다. 그후 '랩'이라는 것이 각급 학교의 기본시설이 되고 근년에는 그것을 통해서 쌓은 청취력을 고등학교 입학시험의 일부로 평가하는 그야말로 획기적인 사태가 벌어졌다. 미국의 어학훈련기법과 장비가 우리 금수강산에도 파급된 것이다. 나는 내손으로 '랩'을 만들어서 수천명 학생을 그 속을 통과하게 만들어보고 느낀 심오한 위구를 어언 30년 가까이 지난 지금까지 떨쳐버리지 못했다. 영어의 말소리와 기본적인 문형을 익히는 데, 나아가서 영어로 일상적인 회화를 나누는 데 그 값비싼 실험실 훈련이 별반 도움이 안된다는 것이 분명했다. 영어를 곧잘하는 소수학생들은 대학에 들어오기 전에 제대로 배웠거나, 영어에 흥미가 있어서 혼자서 책과 라디오와 녹음테이프를 활용해서 열심히 공부한 학생들이었다. 영어공부, 영어회화공부에 대한 흥미, 동기, 기초실력 등이 천차만별인 백명, 천명의 학생들을 공장의 '컨베이어벨트'를 통과시키듯이 일주일에 몇 시간씩 '랩'을 드나들게 해서 수업시간을 산술적으로 쳐 주는 학점외에 무슨 가슴 설레는 성과를 기대한다는 것은 지나친 낙관이었다. 그나마라도 안하는 것보다는 낫지 않느냐고 하면 할 말이 없지만, 그것은 돈과 인력과 시간의 엄청난 낭비라는 게 내 변함없는 신념이다. 어렵게 고용한 미국인이나 영국인 교사를 '랩' 속에 집어넣어서 기계를 켰다, 껐다하는 기사노릇을 하게 하는 웃지 못할 비극도 벌어졌다. '컨베이어 시스템' 혹은 '어셈블리 라인' 식

영어교육에는 무리가 있고 한계가 있는 것이다.

학교에서 영어를 공부해 가지고 사회에 나가서 직업인으로서의 활동에 그 영어소양을 활용하는 사람들, 실용영어건, 교양영어건 상당한 영어실력 없이는 절대로 수행할 수 없는 직업에 종사하는 사람들의 숫자가 매년 중학교, 고등학교, 대학을 나오는 사람들의 숫자와 어떻게 대비되는가를 한번 정직하게 계산해볼 필요가 있다. 내 주먹구구로는 영어를 모르고는 직업이나 생계를 유지할 수 없는 사람들의 숫자는 극히 미미하다. 일본의 명치유신때 영어를 국어로 정하자고 주장하고 나선 성급한 일본논객이 있었지만, 그런 인간은 아직 우리땅에 나타나지 않았고, 영어가 우리의 국어나 공용어가 되는 일은 영영 없을 것이다. 절대 다수의 한국인은 영어를 변변히 모르고도 대과없이 한평생을 살아 갈 수 있다. 그렇다면 영어를 실속 있게 가르치고 배워볼 만한 소수의 인재에게 효과있는 집중적 훈련을 베푸는 것이 상식이고 순리일 것이다. 그러면 그들에게 어떤 영어를, 어떻게 가르치고 배우게 하느냐 하는 질문이 나올 수 있다. 제대로, 기초부터 잘 가르치고 배우면 된다. 실용영어라는 것이 따로 있는 것이 아니다. 어떤 특정한 직업이나 활동에 쓰이는 특수한 영어가 있지만, 그런 영어는 영어를 제 나라말로 쓰는 사람들도 따로 배워야 한다. 영문학을 전공하는 더욱 소수의 학생들을 제외하고는 셰익스피어까지 가지 않고, 사전가지고 웬만한 현대소설을 읽어내는 사람이면 약간의 실습을 거쳐서 소위 실용영어라는 것을 무난히 요리할 수 있을 것이다. 직업인으로서 경력을 쌓아서 장차 기업의 중역이 되고 경영자가 될 사람은 영어소설책 한두권쯤을 가방 속에 넣어가지고 여행하면서 무료를 달래는 교양인일 필요가 있다. 한편 영어교육이 일상, 회화연습으로 시종하다보면 끝내 교육받은 교양인으로 취급받지 못하고 치졸한 보따리장사로 남을 수밖에 없다. 이런 사람들을 대량으로 생산해내기 위한 영어교육제도라면 나는 결코 찬성할 수 없고, 그런 허무한 작업에 참여할 생각도 없다. 교직생활을 마감할 날이 머지않아서 그런 고역을 치를 공산이 크지 않은 것이 다행이다.

국제화시대, 개방화시대를 맞이해서 국제경쟁력을 길러야 살아남을 수 있고, 그러려면 실용영어를 자유로이 구사하는 기능인들이 획기적으로 늘어나야 하며, 그런 국가적 과제를 풀기위해서 온 백성에게 어릴 적부터 실용영어 교육을 시켜야 한다라는 주장이 다 옳다고 하자. 그러나 그런 거대한 영어교육사업이 결코 성공할 수 없는 이유가 있다. 영어교사가 절대 모자란다. 그나마 현직 영어교사들은 거의 예외없이 저 악명 높은 '문법 번역 방법' 훈련을, 그것도 극히 부실한 환경에서 받은 사람들이다. 앞에서도 분명히 지적한 일이지만 무턱대고 '문법 번역 방법'을 나무라는 것은 유치한 짓이다. 다만 그 방법으로 훈련받았으면, 구어(口語)를 실제 상황에서 무난하게 구사할 수 있도록 다소의 실습훈련을 받아야 한다. 교사들에게 추가적인 훈련을 받게 하고, 단시일 안에 엄청난 숫자의 훈련받은 교사를 길러내기란 그리 쉬운 일은 아닐 것이다. 교사가 모자란다고 일주일에 한두시간씩 콩나물시루에다 40, 50명의 무고한 어린 영혼들을 쓸어넣어놓고 실용영어를 가르친다고 기를 쓴다면 어떤 이론으로도 정당화할 수 없는 폭행을 감행하는 결과가 될 것이다. 이제 우리는 그런 인권유린은 학교에서, 교실에서 깨끗이 추방해야 한다. 그 대신 상식적이고 합리적인, 그리고 언어교육이론과도 맞는, 나라의 영어교육 목적과 방법을 차분히 생각해내야 한다. 나라의 운명이 달려있는 듯이 떠들어대는 실용영어라는 것이 과연 어떤 것이며, 그런 것이 실존한다고 하면 누가, 누구에게, 어떻게 가르칠 것인가를 연구해야 할 것이다. 정직하게, 그리고 호들갑을 떨지 않고 차분하게 궁리해보면, 효과가 있고, 실천가능한 묘책이 나올 것이다. 한가지 조심할 일은 아무리 궁리해봐도 안될 일을 문제없다, 된다, 되고도 남는다고 절규해대는 혁명가들이 여기에 끼어들지 않게 해야 한다는 것이다. 싱가포르식이 성공했으니까 그것을 그대로 수입해오면 된다고 하는 소리가 나오지 않게 해야 한다.

3

나는 중학교와 고등학교에서, 그리고 대학의 초급학년때 필수과목으로 모든 학생에게 영어를 가르치고 배우게 하는 현재 제도를 지지한다. 영어

공부에 흥미가 있고 배우고 싶어하고 또 언어학습에 재주가 있는 소수의 학생만 골라서 영어를 가르쳐야 한다고 생각하지 않는다. 현재의 제도는 세계의 모든 문명국가와 중국 같은 사회주의국가에서 아무 시비없이 시행되고 있는 범인류적인 제도이다. 조기교육도 좋다. 제대로 훈련받은 충분한 숫자의 교사가 있고, 합리적인 학급크기가 보장된다면, 그리고 일상회화영어만 가르쳐서 모두가 능숙한 실용영어 구사자로 대성하기를 기대하지만 않는다면 말이다.

영어공부를 시작하기가 무섭게 알파벳을 외게 하고 삽시간에 문장 익히기와 문법용어 외우기로 매진하는 식의 재래식은 안된다. 대신에 충분한 시간을 들여서 발음연습을 시키고 간단한 문장을 외워서 자랑스럽게 말할 수 있을 때까지 반복 연습시키는 구어, 발화 위주로 훈련하는 것은 잘 하는 일이다. 그러나 중학교 3년 내내 초보적인 회화연습으로 시종하는 것은 비효율적이다. 일상생활에서 쓰는 기본적인 어휘나 문장구조는 중학교 2학년 중반쯤까지면 다 만날 수 있다. 그 다음부터는 내용이 있는 글을 읽고, 쓰는 연습을 시켜야 한다. 우리의 영어교육의 목적이 일상적인 회화능력을 길러주는 데 있다면 중, 고등학교 6년에 대학 1, 2년 해서 7~8년이란 장구한 세월을 소비할 필요가 없다. 과연 어느 정도의 학생들이 중학교 첫 한두해 동안에 일상생활에 필요한 회화능력을 터득할 수 있느냐 하는 문제가 있다. 지금까지의 우리의 경험에 비추어 보면 그 성과는 대단히 실망적일 수밖에 없다. 그러면 성취도가 거의 전무한 학생들, 혹은 기대치에 크게 미치지 못하는 학생들과, 중학교와 고등학교 나머지 수학년 수는 어떻게 해야 하는가? 다시 상식적이고 합리적인 접근법을 찾아야 한다. 중학과정의 어느 시점에선가 학생들의 동기와 성취도를 따져서 교재와 교육속도와 교육방법을 달리하는 분반교육이 시작돼야 한다는 게 나의 오랜 지론이다.

한 학생이 영어를 공부하기 시작해서 학교교육을 마칠 때까지 성취하는 ― 또는 성취하기를 기대하는 ― 정도를 몇 개의 단계로 나누어서 정해

둘 수 있지 않을까? 급수를 정해도 좋다. 가령 어휘 500단어에 일상생활에서 쓰이는 기본적인 문장구조와 용례를 듣고, 말하고, 읽고, 쓰고 할 수 있는 정도를 1급이라고 정하고, 영국이나 미국의 교육받은 남녀가 주고받는 수준의 지적인 내용을 담은 대화를 능히 다루어 낼 수 있고, 그들이 보통 읽는 신문, 잡지, 교양, 문예서적들을 어려움 없이 독해할 수 있는, 이를테면 영국이나 미국의 보통대학을 졸업한 보통사람의 그것과 거의 같은 수준과 내용의 영어능력을 갖춘 사람을 5급이라고 하자. 그러면 이 급수를 기준으로 학생들을 분반할 수 있을 것이고, 성취도에 따라서 유급할 수 있고 다음 단계로 월급(越級)할 수도 있게 만들 수 있을 것이다. 한 급이 요구하는 수준을 두루 성취했다고 믿을 만한 이유가 없을 때 그 학생을 다음 위급으로 진급시키는 것은 학생, 학급, 교사, 그 누구에게도 이로울 수 없다. 한편, 영어를 열심히 공부하려는 의욕과 동기와 언어습득재능을 갖춘 것으로 인정되는 학생들은 일상회화나 실용영어니 하는 구차스러운 강조로부터 풀려나서 자기들과 동년배의 영미학생들이 가지고 있는 포괄적인 언어능력에 빠른 속도로 근접해가는 체계적인 훈련을 쌓을 수 있을 것이다. 그런 학생들이 중학교를 졸업하고 고등학교 3년 과정을 마쳤을 때, 가령 요즘 시행되는 수학능력시험의 영어문제를 무난히 풀 수 있으면, 그들의 영어교육은 일단 끝난 것이고, 대학에 가서 더이상 영어를 따로 공부할 필요가 없을 것이다. 다만 여기에는 큰 조건이 있다. 이 조건은 지금까지 우리가 해온 교육현황이 근본적으로 개혁되지 않으면 충족될 수 없는 난제이다. 사실 이 엄청난 난제를 해결하는 것이 우리 영어교육의 과제이고, 우리 영어교육의 성패는 바로 이 과제의 해결에 달려있다고 할 수 있다. 이 과제만 해결되면 실용영어문제도 저절로 해소될 수 있다. 그 조건은 이런 것이다. 사지선다식으로 만들어진 수학능력시험 문제를 읽고, 옳은 답을 골라서 답지에다 먹칠을 하게 하는 평가는 극히 조잡하다. 세상에는 선다형 시험에 능한 재주꾼들이 있고, '토플' 성적과 실제 능력과는 반드시 부합하지 않는다는 게 상식이다. 그래서, 그 시험 수준의 영어를 제대로 자기 것으로 만든 학생은 그 정도의 영어를 읽어서 해독할 뿐 아니라 들어서도 이해할 수 있고, 필요하다면 구두로 말할 수 있고, 글로도 쓸 수 있다는 증거를 보여 주어야 한다. 이 정도면 앞에서 얘기한 등급의 최고급에 가까운 것으로 실상 대학에 가서, 혹은 혼자서 따로 영어를 '공부'할 필요가 없을 것이다. 교육받은 영미인이라고 모두가 예외없이 그 정도의 실력을 갖추고 있는 것은 아니다. 한국의 대학졸업생의 평균적인 한국어 실력을 생각해 보면 족히 짐작할 수 있다. 매년 대학에 들어가는 학생을 줄잡아서 40만명으로 잡고, 그 중 1퍼센트, 약 4,000명의 학생이 이와 같은 종합적인 평가에 급제한다면 나는 우리 영어교육이 공전의 성공을 거두는 것이고, 나라가 필요로 하는 영어기능인력의 확보도 문제없이 보장되리라고 생각한다. 매년 4,000명씩 제대로 교육받은 영국이나 미국의 고급인력을 확보하는 것과 같을 것이기 때문이다.

4

　나는 역시 교양을 위해서, 한국어소양을 함양하는 데도 큰 도움이 되는 인문과목으로 영어를 배우고 가르쳐야 한다고 생각한다. 그러나 아무리 교양과목이고 인문과목이라고 해도 그 대상이 영어라는 한 언어이고, 그것도 수억의 살아 있는 사람들이 쓰고 있는 현대어이기 때문에 옛날 우리 조상들이 서당서 한문을 가르치던 식으로 다루어서는 역생산적일 수밖에 없다. 현대어 훈련의 이미 상식화된 원리, 순서를 지켜야 한다. 먼저 듣기를 배우고, 다음에는 말하는 훈련을 쌓고, 그러고 나서 읽고 쓰기를 가르치고 배워야 한다. 재래식 '문법 번역 방법'에 흠이 있었다면 듣고, 말하는 훈련을 게을리했거나 숫제 안했다는 것이다. 작문훈련도 제대로 안하고 독해력훈련으로 시종했다는 것이다. (옛 한문교육은 영락없는 '문법번역'식이었지만 암기라는 탁월한 방법을 쓰고, 더욱 주목할 일은 그 방법의 소산들이 모두 한문을 쓰는 법을 익혀서, 더러는 한문의 본고장인 중국을 위시한 동양 삼국에서 국경을 초월해서 널리 추앙받는 대 문장들이 배출됐다는 사실이다. 이 얘기는 앞에서 벌써 했기 때문에 더 중언부언하지 않겠다.)

구조주의 석학들로부터 호된 매를 맞아 악명이 높아진 그 '문법 번역 방법'도 제대로 하면 글쓰는 법을 가르칠 수 있고, 영어 같은 현대어를 살아 있는 언어로 다루기만 하면 일상적인 회화정도는 물론, 본격적인 문장을 듣고, 말하고, 쓰는 능력을 길러 줄 수 있다는 것을 부인하는 것은 정직하지 못하다. 구조주의 바람과 어학실험실과 '네이티브 스피커'들의 등장 등 화사한 환경개선에도 불구하고, 해방 후 오늘날까지의 우리 영어교육의 기본구조와 양상은 해방 전의 일본식과 크게 다를 것이 없는 것이었다. 그런 낡은 방법으로 영어를 배운 사람들 중 많은 인재들이 그들의 교사들보다 영어를 더 잘 구사하고 그 실력으로 국민생활의 모든 면에서 큰 역할과 공헌을 해왔다는 사실에 주목할 필요가 있다. '문법 번역 방법'이라고 덮어놓고 사갈시할 것은 아니라는 말을 이 짧은 글 속에서 벌써 여러번 했지만 그렇다고 이제와서 그 방법을 두둔할 생각은 없다. 다만 우리가 앞으로 영어교육에서 강조해야 할 언어 기술이 글을 읽고 쓰는 쪽이 아니라 듣고 말하는 쪽이라고 하더라도 그것이 의미있는 것이 되려면 결국은 상당한 지적내용을 담은 글을 읽어내야 한다. 글을 읽고 쓰는 능력을 제대로 기르지 못하면 영어를 모국어로 쓰는 교육받은 영, 미인들과 의미있는 교제나 거래를 할 수 없다는 말을 하고 싶었다. 영어를 쓰면서 교양있고 교육받은 사람행세를 하려면 상당 수준의 교양과 지식을 내용으로 하는 글을 많이 읽어야 하고 그네들과 그 내용에 관해서 의미있는 의견을 교환할 수 있어야 한다. 일상회화나 초보적인 실용영어의 기초는 앞에서 지적했듯이 중학교 2학년 과정 정도를 제대로 마치면 습득할 수 있는 것이고, 그 다음에는 글을 읽고, 지적내용이 있는 대화를 통해서만 영어능력이 향상, 세련되는 것이다. 아무리 영어를 잘한대도 얘깃거리가 없으면 허사이다. 얘깃거리는 일상회화나 실용영어 훈련이 제공할 수 있는 것이 아니고, 일반교육과, 교양과, 성인의 경우 사회인으로서, 직업인으로서의 경험이 지어 주는 것이다.

　대학에서 영어를 어학과목으로 따로 가르칠 필요가 있는가? 대학에 들어올 때 수능시험 수준의 영어를 듣고, 말하고, 읽고, 쓰고하는 네가지 기술을 골고루 갖춘 것이 분명한 학생은 당연히 교양영어 이수 의무에서 해방되어야 한다. 그러나 그런 학생이 과연 얼마나 될까를 생각하면 신입생들의 대부분은 각기 제대로 연마하지 못한 기술을 선택적으로 갈고 닦을 기회를 가져야 할 것이다. 대학에서도 획일적인 필수과정은 과감히 지양하고, 능력에 따라, 닦아야 할 기술의 종류에 따라 분반해서 가르치는 것이 순리이다. 영어를 그런 대로 잘하고, 혼자서도 공부를 해서 영어에 대한 소양을 늘려 갈 수 있는 학생은 일정한 평가과정을 거쳐서 과감하게 교양영어를 면제해 주고, 입학은 했지만 능력이 부실한 학생은 부실의 정도에 따라서, 부실한 기술영역에 따라서 분반교육하되, 일정한 수준, 또는 급수에 도달하지 않은 학생은 졸업할 때까지 계속 지도하는 엄격한 제도를 운영하는 것이 필요하다. 개별, 분반교육은 지금까지와 같은 대학급, 무더기 수업과는 비교가 안될 정도의 큰 투자를 요구하게 될 것이다. 이런 제안은 대학의 공사립 구별없이 속절없이 거부될 공산이 크다. 투자할 생각은 없으면서 혁명적인 개선을 요구하는 관리자나 경영자들의 아우성을 우리는 빈번이 들어왔다. 그들이 잘 모르거나, 알고도 모른 체하는 사실이 하나 있다. 한국의 절대다수 대학의 아마도 과반수를 넘는 입학생들의 영어능력으로는 중3, 고1 정도의 교과서를 제대로 소화하기 힘겨울 것이라는 사실이다. 종래 웬만한 대학의 교양영어는 실상 중고교의 영어수업 결손을 메워주는 보충수업이었다. 그나마, 번역위주의 대규모강의라는 획일적인 행사일 수밖에 없고, 학생과 교사 모두에게 역겹고 맥빠지는 그런 작업을 일주일에 두세시간씩 두세학기 치르고 나면 교양영어라는 비극적인 고역과 영원히 결별한다. 대개의 학생에게 교양영어와의 결별은 영어와의 결별을 의미한다. 그런데 대학의 관리자, 경영자, 장차의 고용주들은 이런 젊은이들이 대학 졸업장만 들고 나서면 영어로 웬만한 상담(商談)을 해내고 미끈한 영어 편지를 써내기를 요구하고 기대하는 듯이 보인다. 그리고 그런 요구와 기대가 빗나가면 애꿎은 영어교사들을 원망한다. 영어교사들과 영문과는 설상가상으로 엉뚱한 자중지난을 맞는다. 전공과목으로 가르치는 셰익스피어나 낭만시가 영문과 학생들로부터 외면을 당하는 수모를 겪는 수가 있는 것이다.

우리가 중학과정부터, 혹은 그전 과정부터, 영어를 필수과목으로 정해서 가르치고 배우는 것은 결국 영어가 세계어이기 때문이다. '링구와 프랑카' 라는 것이다. 영어는 요즘 국제화, 개방화를 외치는 사람들이 금과옥조로 여기는 듯이 보이는 외국하고의 상거래에서 널리 쓰이는 국제어이다. 그러나 상거래에서 쓰이는 영어가 영어를 모국어 또는 공용어로 사용하는 사람들이 일상생활에서 쓰는 '일반영어' 하고 동떨어진 것이 아니다. 상거래에서 쓰이는 영어를 제대로 배우려면 기본적이고 일반적인 영어를, 그것도 교육받은 사람들이 쓰는 영어 ─ 'educated English' 를 먼저 익혀야 한다. 이것이 교양영어이고, 교양영어를 제대로 이수하는 것이 개방사회에서 국제인으로 사는 지적훈련을 쌓는 길이다. 그런 훈련을 쌓은 사람은 필요에 따라서 상거래를 위시한 각종 직업영어를 쉽게 습득할 수 있다. 소위 실용영어를 배우고 가르치기 위해서 중학교에서, 고등학교에서, 그리고 대학에서 교육받은 국제인이 갖추어야 할 교양영어를 배우고 가르쳐야 하는 것이다. 일반, 교양영어를 가르치고 배우는 방법은 교육환경에 따라서 융통성있게 고를 필요가 있다. 꼭 어떤 한가지 방법만이 옳고, 다른 방법은 일고의 가치도 없는 것으로 버려서는 안된다. 다만 어떤 방법을 택하든지 우리가 가르치고 배워야 하는 영어는 살아있는 수억의 사람들이 쓰는 살아있는 언어라는 것, 듣고 말하는 것이나 글을 읽는 것만 강조하지 말고 글을 쓰는 훈련까지를 골고루 하는 것을 잊지 않으면 된다.

듣고, 말하고, 읽고, 쓰고하는 순서로 영어를 배우고 가르쳐야 한다는 것은 옳다. 그러나 매년 100만 가까운 아이들이 중학교에 들어오고 그 반수 정도가 각종 대학을 졸업하는 우리의 제도와 환경이 과연 모든 학생이 그 네가지 기술을 골고루 익히고 일정 급수를 따서 비로소 학교생활을 마치게 할 수 있을까 하는 곤혹스러운 문제가 있다. 그것은 학교교육을 통해서 성취하기를 기대하는 등급이 종합적으로만 정해져서는 불가능하고, 학생의 취미, 동기, 언어재능 등을 감안해서 기술별로 세분해서 정해져야할지 모른다. 중학교 첫 한두해 과정에서 영어의 기본 어휘와 기본문장구조를 골고루 익힌 다음부터는 네가지 중 어떤 한가지, 또는 두가지 기술을 집중적으로 배우고 가르치는 융통성있는 교육계획이 보다 현실적이고 바람직할지 모른다. 말재주는 없어도 글은 잘 읽는 사람들이 있다. 남이 하는 영어를 잘 알아 듣지는 못해도 장문의 글을 미끈하게 써내는 재사들이 있다. 이런 학생들에게 과학적인 교육이론을 내세워서 6~7년 동안 천편일률적인 듣기, 말하기 훈련을 과하는 것은 비현실적이고, 실상 우열한 일이다. 우리가 정직하게 한국의 영어교육현장을 반성해보면, 나라의 방방곡곡에서 영어를 공부하는 학생 중 절대다수가 듣고 말하는 훈련을 초기단계에서 종결짓고 읽기(와 쓰기) 훈련에 힘을 쏟는 것이 생산적이리라는 생각을 하게 될 것이다. 그런 경우에도 시간때우기식, 엉터리 '문법 번역 방법'은 물론 안된다. 타당성이 공인된 현대 언어학습이론으로 세련된 '문법 번역 방법'의 개발이 시급하다. 내가 평소에 존경하는 학자에 스트레븐스라는 사람이 있다. 그 사람은 언젠가 미국식으로 교육받으면 말은 웬만큼 하지만 책은 잘 못읽는 경향이 있고, 영국식은 말은 잘 못하지만 책은 썩 잘 읽어내는 사람을 만들어 내는 듯이 보인다고 한 적이 있다. 이 두가지가 다 만족스럽지는 않다. 그러나 영국과 미국의 문화적, 역사적 환경의 차이가 그와 같은 결과를 산출한 것이고, 그 두가지를 억지로 비빔밥을 만들려는 변증법놀음은 무의미하다. 우리도 한국식 영어교육방법을 개발해서, 한국식으로 영어를 배우면 말은 잘 못하지만 글은 썩 잘 읽고, 영미인 뺨칠 정도로 잘 쓰는 문장가가 될 수 있다는 소문이 온 세상에 퍼지면 오죽 자랑스러울까.

끝으로 한가지 다짐해 둘 것이 있다. 영어를 가르치고 배울 때 지나친 완벽주의는 공부에 장애가 될 수 있다는 것이다. 이왕 하려련 영국인이나 미국인과 꼭 같이 영어를 해야 한다고 기를 쓰는 것은 부질없는 일이다. 영국인과 미국인이 꼭 같이 영어를 하는 것이 아니다. 좀 엄격하게 따지자면 영국인이고 미국인이고 똑같이 말하는 두사람은 있을 수가 없다. 한마디로 영국인이라고 하지만 소위 잉글랜드사람이 있고, 스코틀랜드사람이 있고, 웨일즈사람이 있다. 교육받은 영국인들이 공통적으로 하는 소위

'리씨브드 프로넌시에이션'이라는 게 있지만 그것은 큰 변수를 가지고 있는 평균치를 상정해 본 것에 불과하고, 가령 정확하게 음성학자들이 만들어 놓은 발음사전식으로 말하는 사람은 없다. 미국인이 하는 영어가 어떤 것인지 정의하기란 전연 불가능하고, 소위 '제너럴 어메리컨' 영어라는 것도 어떤 것인지 분명치 않다. 그러므로 교육받은 영국인이나 미국인이 하는 평균적인 영어와 근사한 말을 배워서 쓰면 된다. 영어를 외국어로 배우고 쓸 때, 쓰는 사람의 출신에 따라서 독특한 억양과 화법이 표출되는 수가 있다. 영어를 하는 것을 듣고 있으면 일본인, 중국인, 인도인 등을 비교적 정확하게 분간할 수 있다. 그러나 그들이 영어를 제대로 배운 교양인이라면 어휘와 문법에 별 차이가 없고, 서로 아무런 어려움 없이 알아 들을 수 있는 점잖은 영어를 쓰고 있다는 것을 금방 알 수 있다. 가다 보면 외국인은 물론, 영어를 모국어로 쓰는 사람들 중에도 '표준' 이하의 영어를 써서 그런 말에 익숙하지 않은 사람은 알아 듣기가 어려운 경우가 있다. 우리가 어떤 영어를 가르치고 배워야 하는지를 정확하게 규정할 수는 없다. 그러나 '표준 이하'의 영어를 가르치고 배우는 것은 비극이다. 이것은 훈련부족으로 범하는 발음이나 문법상의 '에러'와는 구별해야 한다. 그런 '에러'는 연습과 훈련으로 교정될 수 있기 때문이다. 이런 '에러'를 극단적으로 금기시하는 완벽, 결벽주의는 학습의욕과 성취를 크게 저해할 수 있다. 다소의 '에러'를 범하더라도 의사소통에 제일목표를 두고 정진하는 것이 옳다. '에러'를 범하기가 두려워서, 더욱 유치하게는 체면을 상할까봐서 입을 떼지 못하고 쥐구멍을 찾는 영어교사의 태도는 개탄할 일이다.

능숙한 '세일즈맨'을 무더기로 만들어내기 위해서가 아니라 교양있고 지적 균형이 잡힌 국제인을 만들기 위해서 영어를 배우고 가르쳤으면 하는 것이 내 애절한 소망이다. 요즘 세상 돌아가는 품이 그 소망이 이루어질 것 같지 않아서 몹시 애절하다. 실용영어 타령을 하다가 영어를 듣지도, 하지도 못하고 신문 한장 제대로 못 읽고, 글 한줄 쓸 줄 모르는 영락없는 '영맹(英盲)'이 양산될까 그저 두렵기만 하다. (통권 제18호, 1994년 9-10월호)

영어 조기교육의 근본 문제

김길중

1

초등학교 영어교육에 관해서는 80년대 중후반 이후 '영어 조기교육' 또는 '조기 영어교육'이라는 명목으로 오랫동안 간헐적인 찬반의 논쟁이 있었다. 찬성과 반대의 입장에는 각각 나름대로 현실적, 이론적 근거가 있는 듯 보였다. 그 논쟁은 확실한 사회적 합의나 정예한 조사연구의 실적없이 공식적으로는 1995년에 일단 승패가 난 셈이 되었다. 2년 후 초등학교 3학년부터 시작되는 영어 조기교육 계획이 그해에 공식적인 교육정책으로 채택되었기 때문이다. 이제 우리는 초등영어의 실시가 일단 기정사실화한 듯한 시점에 서있음을 인정하지 않을 수 없지만, 그렇다고 번연히 보이는 문제점에 눈감을 수도 없다. 초등학교의 영어교과는 겉보기에 단순한 교과과정의 조정에 관한 문제인 듯하지만 사실은 사회의 정신위생에 관한 심각한 문제가 그 안에 도사리고 있고, 그 역효과가 생각보다 심

김길중 – 서울대 영어교육과 교수. 이 글은 1996년 11월 14일 서울 종로성당에서 열린 '참교육을 위한 전국학부모회' 주최의 '97년 초등영어교육 실시 재검토를 위한 공청회'에서 발표한 내용을 정리한 것임.

대한 것일 수 있다.

　토목이나 건축 분야의 사업과 마찬가지로, 교육이란 이름의 사업도 특별한 기능과 사명을 가진 일단의 인사들이 교육상의 특정 목표를 지향하여 입안하고 설계하고 작업하는 절차를 취한다. 이를테면 정신과 정서와 지식에 관한 건설사업에 비견할 만하다 하겠다. 건물이든 교육이든 위험이 발견되면, 공정이 어느 단계에 이르렀든지간에 스스로 성실하게 보완, 수정, 개선하는 것이 중요하지 않겠는가. 스스로 반성하고 수정하는 능력이야말로 한 문화의 지혜와 활력의 척도일 것이다.

　근년에 부실공사로 인한 거대형 참사가 여럿 있었다. 이 악몽같은 사건들은 온 국민의 개인적, 집단적 양심에 호된 타격을 주었다. 건조물의 대형사고는 세가지 요인이 상호작용하여 촉발되는 것으로 보인다. 목표한 공사규모의 거대함이 그 하나요, 공정기간의 짧음이 그 둘이요, 이를 감당하는 인적 여건의 열악함이 그 셋이다. 인적 여건이라 함은 물론 사람의 소견과 기술과 성실성을 가리키는 것이다. 인사 만사, 모든 일은 사람의 일이지만, 교육문제는 특히 그러하다.

　'초등영어교육' 이라는 이름의 사업의 개요는 이러하다. 지난해 5월 말에 교육개혁의 차원에서 입안되어, 연말에 구체안이 교육부에 의해 공시되었고, 그후 반년 남짓한 정도의 단기일 안에 교사교육과 교재개발을 완료하여, 몇달 뒤인 1997년 3월이면 전국의 초등학교 3학년에서 1주일에 2시간씩 정규과목으로 가르치게 될 것이다. 이 사업의 특징은 이러하다. 첫째, 확연한 사회적 파급효과를 수반하면서 전국의 모든 학교가 일제히 시행하는 거대규모의 사업이라는 점이다. 일부 특정한 학교에서 국소적으로 시행되는 실험이 아니요, 6학년 2학기쯤에서 순차적으로 조심스럽게 도입되는 것도 아니다. 둘째는, 그 준비기간이 매우 짧았다는 점이다. 셋째는, 인적 여건의 전망이 별로 밝아 보이지 않다는 점이다. 새로 도입되는 초등영어교과의 담당을 위하여 현직 교사중에서 차출된 일정 인원이 고작 120시간의 단기 어학수련을 받았다는 것이다. 이것은 주어진 여건, 곧, 촉급한 일정속에서 최선의 선택이었다고 강변할 수도 있다. 그러나 일정 자체가 정책적 결정이었다.

초등영어교육의 문제점은 여러가지 입장에서 서로 다른 의도와 척도로 조명될 수 있다. 그 가운데서 나는 새삼스럽지만 차제에 현안의 성격이 근본적으로 어떤 것인지 돌이켜보고자 한다. 현안의 핵심적 논지에 대한 원론적인 의구심을 떨칠 수 없기 때문이다. 핵심적 논지란 무엇인가. 그것은 영어 조기교육론의 근간인 세가지 기둥, 곧 '세계화'를 중심으로 하는 명분과 '영어교육의 강화'라는 교육적 의도 혹은 목표와 '조기영어교육'이라는 교육적 정책의 세가지 명제이다. 원론상의 시시비비는 어떤 내용인가. 첫째, 교육정책의 차원에서 효과적인 영어교육의 방안을 강구함은 원칙상 탓할 수 없다고 본다. 영어는 역시 중요한 언어이기 때문이다. 둘째, 국제화 혹은 세계화라는 나라 차원의 좌우명이 무슨 의도와 전망을 가지는 것인지 불투명하고 혼란스러운 점이 있지만, 또, 그동안 현실속에서 '세계화' 구호로 인한 이런저런 역기능도 적지 않았지만, 일단 일방적인 선의로 이를 받아들여, 이것은 세계내의 구성원으로서 갖추어야 할 바른 전망과 역량을 가리키는 것이다, 따라서 원칙상 온당하다, 이런 식으로 수긍할 수 있다는 점이다. 그러나 위의 두가지 과제에 대한 대책이 영어의 조기교육이라는 정책 판단은 아주 거친 논리의 비약이다. 그런데 논리의 비약은 사실은 잘 나아가다가 돌연히 본궤에서 일탈하는 것이 아니고, 진행의 절차와 과정의 철저하지 못한 이해로 그 일탈을 준비하는 법이다. 이제 영어교육에 관한 정책적 과제와 명분의 허실을 살피고, 이에 비추어 조기교육이 어떤 의의를 가지는지 가늠해볼 순서이다.

2

먼저 영어교육을 강화하고 그 효율을 증대시킨다는 정책적 과제를 전제할 때, 과연 일부 외국어교육 이론가들의 주장처럼 조기교육의 실시가 그 타당한 해법인가? 그렇지 않다. 그 까닭은 이러하다.

사람은 평생을 배우며 살아간다. 가정, 학교, 사회에서 배우고, 스스로 배우고, 남에게 배우며, 맘먹고 배우고, 무의식 중에도 배운다. 이 배우는 일에는 두가지 종류가 있는데, 하나는 양육, 성장, 생활의 과정속에서 자연적으로 배우는 것이요, 다른 하나는 목표를 설정하고 인위적, 의지적, 의식적으로 배우는 것이다. 사람이 말을 배우는 일도 이 두가지로 나뉜다. 저절로 배우는 모국어의 습득은 전자의 경우이고, 의지적으로 배우는 외국어의 학습은 후자의 경우이다. 한국 사람의 경우는 이 양자의 구분이 확연하지만, 한국어와 중국어를 함께 쓰는 중국 연변의 조선족이나, 중국어와 영어를 공용하는 싱가포르의 화족이나, 영어와 스페인어를 공용하는 스페인계 캘리포니아인의 경우는 좀 다르다. 언어습득의 과정에서 제1언어와 제2언어 사이의 인위성의 정도가 상당히 모호해질 수 있다.

가정의 언어와 사회의 언어가 팽팽하게 경합하는 상황에서는 사회화의 동기가 강렬한 유년기에 사회의 언어인 제2언어에 노출되면 그만큼 습득이 촉진될 것이다. 비영어권에서 미국으로 이주한 사람이 영어를 배우는 상황은 한국인이 한국 안에서 영어를 배우는 상황과 이렇게 다르다.

그러나 우리나라는 가정에서나 사회에서나 두루 모국어만이 쓰인다. 우리나라에서 영어를 포함하는 모든 외국어교육은 단연 작위적, 의지적 학습에 의존하지 않을 수 없다. 인위적인 학습상황을 벗어나면 영어가 통용될 사회가 없는 까닭이다. 모든 의지적 학습에는 세갈래의 구성요소가 있는데, 배우는 자와 가르치는 자와 학습과제가 그것이다. 그 중 배우는 자의 학습동기, 혹은 학습의지가 관건이며, 공연한 충동질이나 조작이 없는 자연스럽고 정상적인 상태에서라면, 나이가 어릴수록 외국어를 배우려는 동기, 혹은 의지는 그만큼 미약하기 마련이다. 어린이에게 외국어는 가장 비현실적인 교과가 될 것이다. 그에게서 기대할 수 있는 것은 어른들을 향한 눈치보기와 얼마간의 유희적 본능 정도일 것이다.

영어교육의 실효를 증대시키기 위하여 학습연령을 낮추어야 한다는 이론은 이상과 같은 근거에서 크게 잘못된 것이다. 어린이 영어교육의 성공사례가 얼마든지 있는데 무슨 소리냐고 항변할 사람도 있겠지만, 그런 성공사례는 하나같이 특별한 동기부여와 집중적인 투자의 소산일 것이고 (아직은 초등영어교육 개시 이전이기도 함), 그러한 특별한 배려가 가능

한 특별한 가정의 자녀에게 국한된 일일 것이며, 보편 공교육기관이 해낼
수 있는 일이 아닐 것이다.

3

초등학교에 영어교과가 들어오게 된 공식적인 명분중 가장 큰 줄기는
이른바 '세계화'이다. 초등학교의 첫 영어교재 편찬의 지침을 위하여 작
성된 〈국민학교 영어과 교육과정 연구 결과보고서〉(1995년 7월 31일)에는
이와 관련하여 다음과 같이 적혀 있다.

> 영어는 국제적으로 … 모든 분야에서 세계의 공용어로 사용되고 있으
> 므로 그 실용적 가치가 매우 높다. 우리나라는 현재 … 국가발전에 힘입
> 어 … 빠른 속도로 국제화되고 있고, 능동적으로 세계화를 지향하고 있
> 다. 따라서 성공적인 세계화와 국가발전을 위해서는 자라나는 국민학교
> 학생들부터 영어를 배우는 것이 필수적이다.

이런 어법과 어투는 언뜻 보아 외국어교육의 목표에 관련한 지침류 문
건에서 빈번히 눈에 뜨이는 무해무익한 변설로 보인다. '영어', '국제',
'이해', '세계공용어', '외국의 문물', '의사소통능력'(이 끝의 두 구절은
제시된 인용문에 바로 뒤이어 나타남) 등의 상투적인 개념이 번다하기 때
문이다.

물론 중요한 것은 어투가 아니라 세계화를 위해 영어 조기교육이 필수
적이라는 정책적 판단이다. 특이한 점은 세계화와 영어 조기교육을 연결
지으려는 의도를 가졌으면서도, 이 부분에 관해서는 막연한 연상어법에
의지하다가, '따라서' 한마디로 일거에 논리를 뛰어넘어 영어 조기교육의
실시라는 결론으로 나아간 것이다.

그런데 '세계화'란 무엇이고, 영어(조기)교육과는 어떤 관련을 가지는
가? 사람이 사는 사회 가운데서 극대한 것이 세계라는 생각을 하면, 내 자
신이 너무 넓게 퍼져서 망연자실해지는 느낌이고, 그래도 이것이 한 시대

의 관선 좌우명이라는 사실을 새삼 환기하면, 넓디 넓은 세상에 나아가 활동하는 웅혼한 기백을 가지라는 뜻이 아닐까 싶기도 하면서, 어떻든 혼란스럽다. 그러나 이러한 혼란스러운 느낌을 잠시 다스려 누르고, 군이 세계화의 좋아 보이는 쪽 의미, 교육의 지표로서 말이 되는 의미를 가려 낸다면, 서두에서 이미 비슷한 암시를 했듯이 이런 뜻을 얻을 것이다. 곧, 개인과 사회가 개별적으로나 집체적으로 혹은 제도적으로 내적인 자질과 외적인 활동, 온갖 소산에서 세계적으로 존경받을 만한 수준으로 나아가기 위해 노력하는 것이다. 근래에 귀 따갑게 들려오는 '국가경쟁력 제고'라는 것도 세계화 목표 가운데 하나가 될 것이다.

이런 세계화 전망을 영어 조기교육이 얼마나 밝게 해줄 것인가? 나는 이를 극히 회의적으로 본다. 나라의 세계적 수준은 개개인의 성실성을 바탕으로 발현될 어떤 이룸일 터인데, 그리고 문물의 온갖 부분에서 고르게 발현될 것인데, 애써 보아야 한계가 뻔한 영어 바람에 휩싸여, 정신과 기술의 계발이 등한시된다면, 어떻게 세계 일등시민을 꿈꿀 수 있다는 말인가. 만일 국민적 영어 구사력이 선진성의 척도가 된다면, 필리핀이(이런 열등비교에 맘에 없이 끌어들여 그 나라에 대해 미안하지만) 일본을 여러 곱 앞지른 것으로 될 것이다. (어떤 전언에 따르면 근래 필리핀에서 토착어인 타갈로그어의 영어에 대한 상대적 위상이 해가 다르게 높아가고 있다 한다.) 세계화가 세계여행 많이 하고, 세계여행할 때 발휘할 영어회화 수준을 높이는 일이라는 식의 천박한 뜻이 아닌 한 세계화를 위하여 영어의 조기교육이 필요하다는 입론은 매우 억지스럽다. 세계화를 위한 의사소통의 수단은 변변치 못한 영어가 아니라 기술, 상품, 장인의 솜씨, 사회 구성원의 성실한 삶 자체일 것이다.

4

의지적으로 외국어를 배울 때 중요한 것은 학습기간을 얼마나 길게 늘여 잡았느냐가 아니다. 중·고등학교 6년 동안에 배워지지 않는 영어가 억지로 4년을 더 늘렸다 해서 결실이 좋아질 리 없다. 물론 이런 기세로

백화점들 판촉활동하듯이 영어 바람몰이, 영어 푸닥거리를 하면, 그 부산물로서 영어실력들이 다소 좋아야 지겠지만, 이것을 소득으로 잡더라도 이런 결과는 신성한 교육의 장을 훼손하면서 얻는 부산물일 뿐, 교육 자체의 성과는 아닐 것이다. 요즈음 영어 잘하는 학생들이 매우 많지만 그 중 많은 경우는 학교 밖에서 집중적으로 배운 결과임을 상기할 필요가 있다.

해방 이후 우리들은 학생, 선생, 사회가 혼연일치하여 지칠 줄 모르고 영어학습에 심혈을 기울여왔다. 시쳇말로 그래봤자, 소위 '원어민'(이 말 자체가 영어 과열화 세태의 소산이다. '원주민'에서 '어' 자만 바꿔 넣으면 말이 되는 듯해서 생겨났다고 믿어지는데, 이 어법에 어긋나는 신조어의 왕성한 통용력이 놀랍다)에 대한 열등 콤플렉스는 해소될 줄 모른다. 사실, 이 온당치 못한 열등의식이 아니라면 현재의 영어교육의 성과에 대해서 부끄러워할 까닭이 없다는 것이 나의 생각이다. 영어교육이 이상적으로 이루어지고 있지는 않다 하더라도, 우리의 역량의 최대한의 노력과 성취가 있었다고 보아야 하지 않을까? 만일 '학업성취 총평균 지수'라 부를 만한 수치를 산출해낼 방법이 있다면, 타 과목에 견준 영어과목의 성취지수는 연연세세 언제나 100을 훌훌 넘기었고, 언제나 성취도 일등이었을 것이라고 나는 상상한다.

영어를 상당히 잘하는 분에게서 들은 고백인데, 자신은 영어로 외국인과 대화를 하는 동안에는 IQ 20쯤은 깎아먹고 소통하는 느낌이라는 것이다. 영어를 평생의 업으로 알고 사는 사람의 고충이 그러한데 국민 보통교육의 일환으로 배우는 영어가 어찌 완벽한 성취를 바랄 수 있겠는가? 우리가 영어를 중시하는 것이 숙명이라면 나는 이 숙명의 격차를 넉넉히 소화하는 혹은 무시하는 어떤 철학을 선생과 학생 사이에 개발해야 한다고 믿는다. 그러나 초등학교 학생들은 너무 어려서 일방적으로, 수동적으로 영어 소용돌이에 함몰할 것 같아 답답하다. 어린아이들도 눈치 코치가 빠른 탓에 영어가 얼마나 중요한 과목인지를 직감하고 만사 제쳐두고 영어에 매달린다면, 그들이 지닌 온갖 재능의 맹아가 계발의 기회를 영영 놓칠 수도 있는 일 아닌가?

중요하고 어려운 교과목이 독점적 우위를 점할 때 오는 폐해는 조선시대 고루한 도학자의 전면적, 일방적 한학 경도가 가져다준 폐해에 빗대어 보면 알기 쉽다. 양반 사대부들이 전공을 좀 달리해서 다양한 분야에서 자신의 소질을 계발하면서 수련하였다면 사회는 얼마나 더 활기에 찼었겠는가. 물론 어문 취미의 한학자는 그 분야에 더욱 달통하면서.

올바른 영어교육, 혹은 외국어교육 정책은 불필요한 부담을 학생에게서 덜어주고 학생의 필요에 따라 교육의 내용과 양을 조정하는 것이어야 한다. '교육'은 가르치고 기르는 차세대 육성사업이다. 영어교육의 이름으로, 특히 유년기, 소년기의 큰 교육 기반이 왜곡되어서는 아니된다. 초등 영어교육의 우려할 만한 부작용으로 사람들은 흔히 과외열풍이나 교육재정상의 과부담이나 나랏말의 상대적 위상훼손이나 성장기 아동의 정서교육의 문제 등을 꼽는다. 혹은 기술적 관리 차원에서 교과과정상의 세부 문제나 교재개발과 교사교육 등 준비차원의 졸속성과 같은 문제점들을 지적한다. 모두 당연한 비판이다. 그러나 가장 심각한 우려는 교육의 근본에 관한 우려이다. 영어가 쉽지 않은 데 사회적 강박이 지대하므로 나이 어린 학생들이 영어를 잘하기 위해 정신적 대가를 치를 것이고, 이것이 가장 소중한 것의 홀대로 표현된다면, 차세대의 우리 문화는 그만큼 활력과 창조의 정신에 흠집이 갈 것이다. 모름지기 지극한 정성으로 기왕의 일들을 돌이켜보고 새싹들의 전도를 보살필 때이다. (통권 제32호, 1997년 1-2월호)

영어회화의 이데올로기

더글러스 러미스

　일본에 와보기 전에는 '영어회화(English Conversation)'라는 말을 그 어
디서도 들은 적이 없었다. 물론 이 두 낱말이 어떻게 해서 복합명사화하
게 되었는지, 그것을 이해하지 못할 바는 아니다. 그러나 일본인들이 쓰
는 영어회화라는 표현은 그것이 영어로 대화를 나눈다는 것 이상의 의미
를 내포하고 있다는 점에서 모종의 슬로건적 느낌을 풍긴다는 것 또한 사
실이다. "영어로 말하는 법을 배우고 싶다"는 것이 아니라 "영어회화를
하는 법을 배우고 싶다"라는 우리가 종종 접하게 되는 문장은, 많은 영어
선생들의 순진한 생각과는 달리 결코 중복적인 표현이 아니다. 영어회화
라는 표현에는 단순히 언어훈련이라는 뜻만 아니라 어떤 세계관까지도 담
겨져 있기 때문이다.

미국식 약방과 햄버거 이야기

　일본에 있으면서 내가 처음으로 영어를 가르치는 일자리를 얻게 되었

더글러스 러미스 (Douglas Lummis) ― 재일(在日) 미국인 정치학자. 《경제성장이 안되면 우
리는 풍요롭지 못할 것인가》(녹색평론사, 2002년)의 저자.

던 것은 1961년의 일이었다. 이때 나는 곧 이것이 매우 난감한 일이라는 것을 깨달았다. 그후에도 외국어학원, 회사, 대학 등지에서 간간이 영어회화라는 것을 가르치게 되었지만, 예나 지금이나 사정은 마찬가지이다. 영어회화를 가르친다는 교실을 들어설 때마다 심란하고 어색한 느낌을 도저히 떨쳐버릴 수 없는 것이다. 한 3년 바깥엘 나갔다가 다시 일본으로 돌아온 금년 가을, 나는 동경에 있는 한 유명 외국어학원의 회화반을 둘러보았다. 사정은 역시 여전했다. 판에 박힌 듯한 강의가 조금도 다름없이 계속되고 있었던 것이다. 하얀 벽에는 예의 그 디즈니랜드 포스터가 붙어 있었고, 다섯명의 젊은 사무직 여성들이 얌전을 빼고 앉아 있었다. 그리고 미국인 여자 선생이 그 앞에서 다음과 같은 내용을 선창하고 있었다.

A — Let's stop in this drugstore a minute.

B — OK. I'd like to go in and look around. We don't have drugstores like this in Japan. We only sell medicine.

A — Well, you can get medicine here, too. See that counter over there? That's the pharmacy department. The man who wears the white coat is the pharmacist.

B — Look at all the other things here, candy, newspapers, magazines, stationery, cosmetics, In Japan we don't see such things at the drugstore.

   …

A — Shall we go to the soda fountain?

B — What's the soda fountain?

A — Well, most drugstores have a soda fountain where you can get icecream, soft drinks, sandwiches, and so on.

B — OK. Let's go. I'm hungry. I'd like to get a hamburger and a milkshake.

나는 이 여섯명의 인간군상이 서로의 사이에 무슨 뚫을 수 없는 벽 같은 것을 두고 서로를 진지하게 응시하며 이런 문장들을 복창하는 것을 보면서, 마치 초현실주의 영화의 한 장면을 보는 듯한 착각속으로 빠져들었다. 도대체 이 나라에서는 이 따위 객쩍은 미국식 약방과 햄버거 이야기에 얼마나 많은 시간을 허비해왔던가? 정작 가치있는 이야깃거리가 이밖에도 얼마나 무궁무진할 텐데 이런 내용이 계속 반복되다니, 이것은 미국문화의 진면목을 소개하는 것이 아니라 미국문화의 빈곤성만을 과시하는 격이 아닌가?

그리고 만약 이 회화반 수강생들을 이같은 미국의 문화적 불모성에 대해 혐오감을 느끼게 하지 않고 영어회화학원으로 잡아끄는 이유가 바로 이 끝없이 계속되는 약방, 슈퍼마켓, 드라이브인 영화관, 햄버거 판매소 이야기들 때문이라면, 이거야 참으로 낯간지러운 일이 아닌가? 그럼에도 불구하고 이런 처지를 문제시하는 미국인 선생들은 별로 없다. 이곳 외국인 사회에서 영어를 가르친다는 일이 무슨 보람이 있는 일로 간주되지는 않지만, 그저 쉬운 돈벌이라는 생각에 그대로 넘어간다는 것이 사실이다. 맡은 바 일을 양심적으로 하려는 선생들도 소수 있다. 그러나 대개는 그럴 필요까지 있겠느냐는 투다. 그저 꼬박꼬박 강의실에 들어가 이런저런 이야기로 시간만 때우면 그만이라는 사고방식이다. 일주일에 한 시간 미국인과 직접 접할 수 있다는 것 자체가 수강생들이 돈을 내는 이유가 아니냐 하는 것이 이런 선생들의 암묵적 생각인 것이다.

그들의 평생소원은 영어회화 구사

1961년 여름 나는 이미 여러 달을 일본에서 보냈던 터였다. 그때 돈이 떨어진 나한테 어떤 친구가 쉬운 일자리가 하나 있다는 것이었다. 영어를 가르치는 일이라 했다. 나는 자격이 없다며 사양했다. 경험이 전혀 없을 뿐만 아니라 이 방면의 전문훈련을 받은 적도 없었기 때문이었다. 게다가 일본어도 능숙하지 못한 처지였다. 그러자 친구는 내 순진함에 너털웃음을 터트리며 이렇게 말했다. "경험이나 훈련 같은 건 필요없네. 여기서는 이탈리아인, 독일인, 프랑스인들까지도 고등학교 때 배운 영어실력으로도 선생노릇을 하니까, 여기 사람들이 학원에 다니는 이유는 외국어를 배우기 위해서라기보다는 외국인을 만날 기회를 얻겠다는 거지. 아주 간단한 일일세. 그저 강의실에 들어가서 무슨 소리든 되는 대로 한 시간 떠들면 그만이네."

당시로서는 그의 이야기가 틀림없는 사실이라는 느낌이었다. 일본말을 잘 몰랐기 때문에, 내가 만나는 사람들은 거의 영어를 할 줄 아는 사람들이었다. 내가 일본어를 공부하고 있었던 대학에도 ESS(English Speaking Society, 英語常用班)가 하나 있었는데, 그 대다수 반원들이 내게 보이는 추종적 태도에 나는 깜짝 놀라지 않을 수 없었다. 지금도 생생하게 기억하지만, 그들의 '평생소원'이 영어회화를 능숙하게 구사하는 것이며 그들이 제일 가고 싶은 데가 로스앤젤레스이며 제일 좋아하는 소설가가 호손이며 제일 좋아하는 시인이 롱펠로라는 이야기 등을 들었을 때 나는 정말 그럴까 하는 의구심을 떨쳐버릴 수 없었다. 그러면서도 나는 ― 그리고 일본말을 할 줄 모르는 대다수 외국인들은 ― 이런 태도가 일본문화를 대표한다고 생각했다. 그리고 영어회화의 세계, 즉 ESS의 세계가 단지 하나의 하위문화로서 일본 대학생 전체의 특징이 아니라는 사실을 알게 된 것은 그로부터 훨씬 뒤의 일이었다.

나는 곧 ESS 반원들이 미국인과 유럽인들에게 보이는 추종적 태도가 그저 미국 손님들에 대한 우애의 표시로 이해되어서는 안된다는 것을 알게 되었다. 누군가를 같은 인간으로 대하는 것이 아니라 별난 족속으로 대하는 태도를 결코 우애의 표시로 받아들일 수는 없기 때문이다. 또하나 내가 곧 알게 된 중요한 사실은 그러한 태도가 일부 외국인들에게만 취해지고 있다는 것이었다. 1962년 나는 교토로 옮겼는데, 교토대학의 ESS에서도 외국인 학생들의 캠핑을 후원한 적이 있었는데, 일본인 반원들이 동남아시아 학생들은 안중에도 두지 않고 미국인 학생들과 유럽인 학생들만을 강아지처럼 졸졸 따라다녔던 모양이다. 나는 그때 ESS 대표가 동남아시아 학생들의 거센 항의를 들으면서 지었던 표정을 영원히 잊지 못할 것이다. ESS측은 이 외국인학생클럽이 주로 아시아인들로 채워질 것으로 예상하지 못했던 것이다. 기대가 어긋났지만, '공평'의 원칙상 그들은 이 클럽을 계속 후원하지 않을 수 없었음이 분명했다. 그러면서도 그들은 분명 동남아시아 학생들이 자진해서 없어지기를 바라는 기색이 역력했다.

인종차별주의적인 영어회화의 세계

그후 나는 또 귀중한 교훈 하나를 얻게 되었는데, 그것은 내가 나가는 영어학원의 한 일본인 선생으로부터였다. 월급날의 일이었다. 이 노신사가 내게 오더니 점잖은 말투로 이렇게 말하는 것이었다. "당신이 알고 있어야 할 사실이 있는 것 같소. 나는 여기서 15년 동안을 일해왔소. 당신의 경우는 3개월에 불과하지요. 그러나 내 봉급이 당신보다 적소. 이런 소리를 했다고 해서 나쁘게는 생각하지 마시오. 당신도 알고 있어야 한다는 생각에서 알려주었을 뿐이니까." 그는 그 말만 남기고 자리를 훌쩍 떠나버리고 말았다. 나는 얼떨떨했다. 그리고 어지러운 마음을 가눌 수가 없었다. 그는 유능한 언어학자에다 노련한 선생이었다. 반면 내 경우는 열차를 타고 학원으로 오면서 열차칸에서 생각해낸 농담조 이야기로 그날그날의 강의를 때웠던 것이다. 내가 그보다 돈을 더 받아야 하는 이유가 도대체 무엇일까? 그후 나는 이 질문을 여러 사람에게 던져보았다. 그때마다 되돌아오는 대답이 외국인(백인)의 경우 "생활비가 더 필요하다"는 식의 설명이었다. 그러나 이런 답변을 내가 어떻게 수긍할 수 있겠는가? 차별대우라는 생각이 분명했기 때문이다.

요컨대 영어회화의 세계에서는 한마디로 인종차별주의가 당연시되고 있다. 물론 나로서는 선생이나 수강생 개개인을 비난할 생각이 추호도 없다. 이들 가운데도 헌신적이고 진지한 사람들이 다수 있기 때문이다. 내가 문제시하고 싶은 것은 다만 이 영어회화라는 하위문화가 갖고 있는 이데올로기의 구조이다. 그것은 고용방식과 광고방식 면에서 인종차별주의적이며, 교재와 강의실에서 나타나는 이데올로기 면에서 또한 인종차별주의적이다. 예컨대 "본토인(native speaker)이다"라는 선전이 성행되고 있는데, 사실 이것은 협잡이나 다를 바 없다. 특히 영리를 목적으로 운영되는 외국어학원에서는 본토인이 출강한다는 선전을 대대적으로 내세운다. 그러나 여기서 말하는 본토인이란 결국 '백인'을 의미할 뿐이다. 앞에서 언급한 바와 같이 일부 본토인들은 영어가 모국어가 아닌 유럽인들이다.

반면 필리핀, 싱가포르, 인도 등에서는 영어가 공용어이다. 그러나 이곳 출신자들은 본토인 취급을 받지 못한다. 그들이 가끔 일자리를 얻게 되는 것은 자신의 뛰어난 영어능력을 인정받았을 경우일 뿐이다. 그러나 그들 대부분은 자신의 능력을 시험받을 기회도 얻지 못한 채 그대로 문전박대 당하는 것이 보통이다. 회사에서 미국인들을 고용하는 경우에도 사정은 비슷하다. 백인들만을 고용하고자 하는 것이다. 물론 대다수 일본인들에게 '미국인'이란 말은 '백인'과 동의어이다. 그런데 일본에 오는 미국인들이 어디 백인뿐인가? 백인이 아닌 미국인들도 일본의 많은 외국어학원에서 일자리를 쉽게 구하지 못한다.

일본의 외국인사회에서는 백인이라면 아무런 직접적 자격이 없어도 적어도 두가지 일자리는 쉽게 구할 수 있다는 말이 통용되고 있다. 하나는 영어선생이고, 또하나는 광고모델이다. 아니, 한가지가 더 있다. 여성일 경우 본인의 의사만 있다면 스트리퍼(stripper)가 될 수 있기 때문이다. 이 세가지 일이 공통적으로 보여주고 있는 사실은 일본에서는 하얀 피부 자체가 돈벌이 재료라는 것이다. 스트립쇼 업소의 주인들은 춤을 못추어도 '외국인' 스트리퍼가 있으면 손님들이 더 몰려든다는 것을 잘 알고 있다. 백화점 주인들 역시 파란 눈의 블론드 마네킹들이 진열되어 있어야 여성들에게 서양옷을 잘 팔 수 있다는 사실을 알고 있다. 이거야 원 나치가 그리던 게르만 민족의 세계지배격이 아닌가? 텔레비전 광고주들도 사정은 마찬가지다. 백인들이 자기 상품을 쓰는 모습을 소비자들에게 보여주어야 매출액이 늘어난다는 것이다. 사정이 이러한지라 외국어학원들에서도 본토인들을 선생으로 삼으려고 서로들 기를 쓰고 있다.

전문적 훈련을 받지 못했음에도 불구하고, 또는 교사로서의 자질이 부족함에도 불구하고 외국어학원에서 본토인들을 선호하는 까닭은 종종 발음 때문이라고 변명한다. 동남아시아인들은 미국의 흑인들과 마찬가지로 발음이 나쁘다는 것이다. '진짜' 미국식 영어를 하는 사람은 백인 미국인이라는 주장이다.

그러나 발음이란 상대적인 것이다. 영국이든 미국이든간에 사투리도 많고 어형 변화도 제각각이다. 그리고 두 나라 모두에서 어느 것이 '표준어'인가는 권력에 의해 결정되는 문제이다. 표준어란 지배계급의 언어이기 때문이다. 따라서 필리핀에서 발달한 영어라 해서 그것을 '틀린' 영어라 매도할 수는 없다. 영국인들이 앵글로색슨어와 프랑스어로부터 새로운 언어를 창출할 수 있었다면, 또 미국인들이 북미에서 나름대로의 영어를 발전시킬 수 있었다면, 필리핀인들이라고 해서 그들 나름의 독특한 영어를 발전시켜서는 안된다는 법이 없기 때문이다. 어떤 발음으로 영어를 익히느냐 하는 문제는 언어학적으로 결정되는 것이 아니라 정치적으로 결정되는 것이다. 그것은 전적으로 배우는 사람이 앞으로 누구를 상대할 것인가에 따라 결정될 사항이기 때문이다.

그러나 영어를 배워야 할 이유

분명히 밝히지만 나는 영어를 배워야 할 훌륭한 이유들이 있다고 생각하는 사람이다. 영어는 상당수 나라에서 모국어이다. 그리고 더 많은 나라에서 두번째로 중요한 공용어로 쓰이고 있다. 영어가 피의 역사를 갖고 있다는 것은 사실이다. 그것은 첫째로 대영제국의, 그리고 둘째로 아메리카제국의 유산이다. 그럼에도 불구하고 세계의 거의 모든 나라의 사람들과 서로 의견을 나눌 수 있는 언어, 각국 수준에서 국제적 교호와 연대를 강화시킬 수 있는 언어가 바로 영어라는 것 또한 사실이다.

나는 많은 일본인들이 영어를 공부하는 이유가 다른 아시아인, 아프리카인, 유럽인들과 대화를 나누려는 희망 때문이라는 점을 인정한다. 그런데 영어회화의 교재나 강의실의 현실을 보면 이 희망이 여지없이 무너져버리고 만다.

물론 영국식 영어를 강조하는 곳들도 존재한다. 그러나 영어회화의 세계에서는 그 이상적인 상대자가 거의 늘 중류 백인 미국인이다. 어떤 교재든 슬쩍 훑어만 보아도 이 점이 확연히 드러난다. 각 과의 첫머리에 나오는 대화자들을 보면 적어도 주인공 한 사람은 늘 이런 미국인이다. 장소 또한 늘 일본 아니면 미국이다. 돈의 단위는 늘 달러이며, 도량형 단위는 늘 야드, 피트, 인치이며, 약방에는 늘 간이식당이 있으며, 식료잡화류를 파는 데는 늘 슈퍼마켓이다. 외국어를 공부하는 재미 중의 하나가 일종의 대상(代償) 여행에 있다고 한다면, 가끔은 그 동기가 적어도 상상속에서나마 자기 사회의 한계를 벗어나고픈 욕구 때문이라고 한다면, 영어회화 교재들은 이 욕구를 미국으로만 집중시킨다.

나로서는 일본에서 영어회화와 미국이 얼마나 동일시되는지에 대해 무어라 단언을 내리기가 곤란하다. 그러나 국적이 어떻든 백인 한 사람이 일본의 골목길을 가다가 거기서 노는 어린아이들과 마주쳤다고 하자. 그러면 아이들이 외쳐대는 첫마디가 "야, 외국인이다" 또는 "야, 미국인이다"라는 소리다. 또 학교를 다닐 또래의 아이들이라면 아무 의미없이 "I have a book", "I have a pencil"을 외쳐댄다. 어디서나 거의 한결같이 이런 장면이 연출되곤 하는데, 우리는 바로 여기에서 영어회화가 원초적으로 갖고 있는 몇몇 기본적인 이데올로기적 요소들을 발견할 수 있다. 우선 첫째로 (유럽인, 캐나다인, 남미인, 호주인 등에게는 아주 기분이 나쁘게도) 이 아이들에게는 '외국인' 이라는 말과 '미국인' 이라는 말이 사실상 동의어나 다름없다는 것이다. '미국' 이라는 것이 일본 바깥의 세계 전체를 가리키는 개념인 것이다. 즉 그것은 일본의 반대말이다. 더욱이 '미국인' 들은 일본말을 못알아 들을 것이 뻔하기 때문에 바로 앞에 두고도 "야, 코가 크구나" 등 이런저런 소리를 마구 떠들어대도 별일이 없다는 식의 태도를 보인다. 상대방이 조그마한 반응이라도 보일라치면 곧바로 "I have a book", "I have a pencil" 등 무의미한 영어회화가 등장한다. 책이나 연필이 있든 없든 그것은 상관없다. 건네는 말의 내용이 완전히 무관하다는 것, 이것이 바로 영어회화의 아이들 세계이다.

성인들의 영어회화 세계는 물론 이보다 훨씬 세련된 편이다. 그러나 그것은 그 이데올로기가 더욱 감추어져 있다는 사실을 의미할 뿐이다. 일본 바깥에 미국 외에도 많은 나라들이 존재한다는 것을 성인들이 모를 리 없다. 그러나 그들은 그 나라들을 그저 주변적인 국가들로 생각한다. 그 나라들의 이름이 직접 언급될 때가 있다 할지라도, 그것은 종종 '공평'을 기하기 위해서이거나 자신의 이야기에 약간의 코스모폴리탄적인 양념을 치기 위해서일 뿐이다. 따라서 마음속 깊은 곳에서는 '진짜' 나라는 일본과 미국뿐이라는 식의 태도이다. 비교의 대상이 늘 미국인 것이다. 다시 말해 영어회화의 세계에서는 오로지 일본과 미국만이 '범주'로서 존재한다. 그리고 다른 모든 국가들을 '우연'으로서만 존재한다. 외국이라는 것이 미국 이외에도 많이 있지만, 미국이야말로 양국의 모방, 대조, 결합 등에 의해 '일본성'이 규정 될 수 있는 역사적 비교대상인 것이다.

미국이 곧 '세계'인가

대다수 미국인들은 일본인의 이런 태도를 아주 당연시하는 듯한 태도이다. 왜냐하면 일본인들의 그런 태도가 자기나라의 세계적 위치에 대한 그들 자신의 견해와도 아주 멋지게 들어맞기 때문이다. 아시아에 주둔해 있는 미군들 사이에서는 미국이 '세계'라는 속어로 불리기도 한다. 고국에서 온 편지는 '세계에서 온 편지'이며, 고국으로 돌아가는 것을 '세계로 돌아가는 것'이라고 한다는 것이다.

이러한 표현은 미국의 이데올로기적 자기 이미지를 아주 정확하게 드러내주고 있다. 이 견해에 의하면 미국 바깥에 있는 세계는 미국처럼 진짜가 아니다. 미국 바깥에 있는 세계는 설사 존재한다 할지라도 미국보다 저 위에 존재한다. 따라서 그곳에서 일어나는 사건들은 그다지 중시할 것이 못된다. 이런 태도는 특히 아시아에 있는 미국인들에게 강한데, 이곳에서 일어나는 모든 일들은 혼란스럽고 우발적이며 불안정하고 부수적이라는 것이 그들의 생각이다. 이 무의미한 혼란속에 온 미국인들은 질서정연하고 합리적인 고국의 이미지를 그리면서 향수를 달랜다.

예컨대 사고 싶은 물건들이 선반에 가지런히 놓여져있는 약방 같은 것이 고국의 이미지인 것이다. 고국이야말로 정말로 이해할 수 있는 무언가가 있으며 정말로 감지할 수 있는 무언가가 있는 곳이다. 세계 자체가 바로 거기에 존재하는 것이다.

다시 말해서 미국인들은 자기나라를 '보편적인' 나라라고 생각한다. 그리고 다른 모든 나라들(특히 아시아와 제3세계 국가들)에 대해서는 '특수한' 나라라고 생각한다. 일본인들의 생활은 일본적이며, 필리핀인들의 생활은 필리핀적이며, 베트남인들의 생활은 베트남적이다. 그러나 미국인들의 생활은 생활 자체라는 것이다. 그것은 구체적인 생활임과 동시에 생활의 이데아, 즉 보편적 이성의 제반 원칙에 가장 부합되는 생활의 이데아라는 식의 사고방식이다.

대다수 미국인들은 자기들의 생활방식이야말로 세계의 모든 국민들이 사실을 알고 선택할 자유만 있다면 당연히 미국식 생활방식을 선택하리라고 굳게 믿고 있다.

1950년대 냉전이 절정에 달했을 때, 미공군이 동유럽으로 날아가 그 상공에다가 시어즈사와 뢰북사의 카탈로그를 뿌려야 한다고 진지하게 주장하는 미국인들이 많았다. 동유럽 사람들이 카탈로그에 소개된 그 놀라운 물건들을 보기만 한다면 자기들이 소비에트 당국에 속아왔음을 깨닫고 폭동을 일으키리라는 생각에서였던 것이다. 평화봉사단이라는 것도 부분적으로는 비슷한 발상에 기초했다. 즉 인습에 찌든 마을에 미국인 젊은이가 나타나기만 하면 그 현지인들이 곧 옛 관습을 버리고 그를 모방할 것이라는 생각에서였던 것이다.

미국의 사회과학에서는 이 순진하고도 건방진 가정이 과학적 객관성이라는 망토를 걸치고 다시 나타난다. 이른바 '전시효과'라는 것이 바로 이것이다. 이 미국인 학자들에 의하면 제3세계의 혼란은 식민주의와 제국주의에 의해 초래된 것이 아니라 이른바 '기대상승혁명'에 의해 초래되었다는 것이다. "대중통신매체들을 통해서 그리고 기계, 빌딩, 시설, 소비재, 쇼윈도, 루머, 행정적·의료적·군사적 관행 등의 전시를 통해서" 이 '기대상승혁명'이 현대생활의 제반 측면에 걸쳐 촉발되었다는 설명이다. 그리고 이 '현대생활'의 선구자가 바로 미국이라는 것이다.

미국인들의 이런 태도는 일본을 대할 때 특히 더 강하다. 일본이 미국의 점령지였기 때문이다. 일본에 대해 전혀 공부한 바가 없는 미국인들조차도 점령지에 대해 막연한 역사적 기억을 지니고 있다. 그리고 그 '기억'은 현대적 민주주의국가를 운영할 줄 모르는 일본인들에게 미국이 그 시범을 보이기 위해 맥아더를 파견했다는 것이다.

언어교육속에 담긴 교묘한 선전

사정이 이러한지라 미국인들은 미국과 일본의 관계를 선생과 학생의 관계로 생각하는 경향이 있다. 그리고 이런 믿음은 의식적인 견해의 형태가 아닌 무의식적인 가정의 형태를 띠고 있다. 즉 의식적으로는 이런 견해를 부정하는 사람들도 그 행동을 보면 그런 가정에서 움직이고 있는 것이다. 미국인들은 내심 자기들은 매사가 질서정연한 사회의 출신이며, 따라서 일본 영토에서는 자기들이 보통 시민에서 선생으로 변하게 된다고 믿고 있다. 그래서 자기나라에서는 도저히 선생노릇을 할 수 없는 미국인들도 일본에서는 자기가 선생노릇을 하는 것이 지극히 당연하다고 생각한다. 언어학적 훈련 같은 것도 이곳에서는 아예 필요없다는 투다. 왜냐하면 그들의 실제 역할은 외국어를 가르치는 데 있는 것이 아니라 미국식 생활방식의 살아있는 예를 제시하는 데 있다는 생각 때문이다. 일본여행이 미국인들 사이에서 그렇게도 인기가 높은 이유들 가운데 하나는 지배계급의 일원으로 대접받으면서 급작스러운 지위상승을 즐길 수 있기 때문이다. 미국에서는 이런 대접을 받기가 불가능하다. 그래서 그들은 "서비스 만점인 일본을 나는 무척이나 사랑한다"고 자랑스럽게 이야기한다.

영어회화의 이데올로기는 바로 이러한 미국인들과 일본인들로부터 태어났다. 강의나 교재에서 미국의 사소한 일상생활적 측면들이 끊임없이 다루어질 수 있는 이유는 바로 이러한 이데올로기 덕분이다. 언어학습에도 이데올로기가 침투할 수 있다는 것을 받아들이기 어려운 독자들이라면, 전쟁 전에 사용되던 독본에 나오는 "전진하라, 전진하라, 병사여 전진하라"라는 유명한 문장을 상기해주기 바란다. 언어교육속에 담겨져 있는 선전은 아직 미묘한 맛을 지니고 있다. 주위가 온통 언어학습에만 집중되기 때문에 선전메시지의 진실 여부는 전혀 의문시되지 않는다. 영어교재에 미국식 '생활방식'을 소개하는 그 사소한 대화들을 계속 집어넣는 것 자체가 바로 미국을 선전하는 수단인 것이다. 내 주장을 부정할지도 모르는 독자들을 위해 '낱말바꾸기 연습'에 나오는 다음의 문장들을 예시해보겠다.

He is intelligent but he has no drive.
He is intelligent but he has no money.
He is handsome but he has no money.
He is handsome but he has no girlfriend.
He is young but he has no girlfriend.
He is young but he has no ambition.

학식, 추진력, 돈, 용모, 여자친구, 젊음, 야망, 이것은 바로 자본주의 미국에서 한 인간의 성공 조건들을 쭉 열거한 것이다. 결국 "소유하라, 소유하라, 기업가여 소유하라"라는 것이 이 학습의 주제이다.

영어회화의 세계에서 묘사된 미국의 실체

오해를 피하기 위해 또 미국에 대한 내 생각부터 밝혀야겠다. 미국은 매우 흥미로운 나라, 공부할 가치가 충분하고도 남음이 있는 나라다. 미국은 실험의 나라였다. 미국이라는 나라 자체가 새로운 세계에 새로운 종류의 사회, 유럽에서 부정되었던 자유와 정의와 평등과 행복의 제반 조건들을 제공하는 새로운 종류의 사회를 건설하기 위한 진지한 시도였다. 이 실험의 기본 원칙들을 세운 건국의 아버지들은 학식이 높은 지성인들이었다. 그러나 미국이 이 약속들을 충족시키지 못했다는 것이 나의 솔직한 생각이다. 미국이 더욱더 진지하게 연구되어야 하는 까닭은 바로 이 때문이다.

그러나 영어회화의 세계에서는 이런 내용이 전혀 없다. 영어회화의 세계에서 묘사되는 '미국'이라는 나라는 실제로 존재하는 미국이 아니라 미국인 영어선생들이 희구하는 바의 미국, 그들이 향수속에서 그려보는 그러한 미국인 것이다. 영어회화의 세계에서는 오늘날 이 나라에 왜 환멸감과 무목적성이 그렇게도 만연해 있는지를 배울 수 없을 것이다. 왜 밤이 되면 도시의 거리들이 불안의 장소로 변하는지, 왜 사람들이 자기보호를 위해 무기를 지니고 다녀야 하는지, 왜 가장 급속도로 확대되는 정부관청이 경찰서인지, 왜 대다수 미국 노동자들이 그들의 직업을 무미건조한 것으로 느끼는지, 왜 가정주부들 사이에서 알코올중독과 마약복용이 번져나가고 있는지, 왜 결혼율보다도 이혼율이 더 높은 지역들이 늘어가고 있는지, 왜 많은 미국인들(주로 비백인들)이 희망도 없는 쓰라린 가난속에서 살아가는지, 왜 빈민가의 많은 자식들이 문맹의 상태에서 고등학교를 졸업하게 되는지, 왜 미국인들의 인종차별적 심성속에서 일본인들이 백인쪽으로보다는 유색인쪽으로 범주화되는지, 영어회화의 세계에서는 이 이유들을 결코 알아낼 수 없을 것이다. 더더욱 문제가 되는 것은 영어회화의 세계에서는 미국에 대한 이런 사실들이 그저 언급되지 않기만 하는 것이 아니라 미국의 이미지를 진실에서 더욱더 멀리 떨어지도록 만들기까지 한다는 것이다. 혼다 가츠이치(本多勝一)의 《아메리카합중국》를 읽었던 여러 수강생들에 의하면, 그의 설명은 지금 배우는 미국의 모습과는 너무나 거리가 멀어서 그가 틀림없이 거짓말을 하고 있다는 느낌이라는 것이다.

영어회화와 의사소통 문제

이제 남은 문제는 영어회화가 어떻게 의사소통을 방해하느냐에 대한 설명이다. 영어회화를 공부한 사람들은 물론 역으로 가는 길을 묻는다거나 물건 값이 얼마냐고 묻는다거나 하는 데는 아주 능숙하다. 그러나 이 따위 대화들은 여기서 내가 말하는 그런 종류의 의사소통이 아니다. 영어회화가 어떻게 의사소통을 방해하는가에 대해 딱부러지게 설명하기는 어려운 것 같다. 그러나 다음의 일화는 이 문제를 이해하는 데 크게 도움이 될 것이다.

지금으로부터 약 5년전 12월말의 밤에 나는 카나자와의 한 사찰에서 자정을 맞춰 울려퍼지기 시작한 커다란 종소리를 듣고 있었다. 이미 수시간 전부터 눈이 내리고 있었다. 그 겨울의 첫눈이었다. 새해가 새하얀 눈빛 세계의 모습을 하고 새롭게 다가왔던 것이다. 나는 눈빛 세계에 울려 퍼지는 거대한 종소리를 들으면서 나름대로의 감회에 젖어 있었다. 이때였다. 누군가 다가와 이런 소리를 하는 것이었다. "실례합니다. 영어로 말씀을 나눌 수 있겠습니까?" 느닷없는 불청객에게 왈칵 짜증을 느꼈지만 "물론이죠"라고 대답할 수밖에 없었다. 그러자 그는 그 진부한 질문공세를 퍼붓기 시작했다.

Where are you from?
How long have you been in Japan?
Are you sightseeing in Kanazawa?
Can you eat Japanese food?
Do you understand What this ceremony in about?

그가 쏘아대는 이런 쓸데없는 질문들 때문에, 나는 은은한 종소리와 차가운 밤공기 내음으로부터 밀려나와 그 뚫을 수 없는 쇄국의 벽 저편으로 내동댕이쳐졌다. 그의 이런 질문은 "I have a book"이라는 무의미한 소리와 마찬가지로 이 상황에 전혀 걸맞지 않은 것이었다. 그의 질문은 사실상 건성이랄 수밖에 없었고, 또 나의 대답에 정말로 관심이 있는 것도 아니었다. 말하자면 그는 나라는 개인을 상대로 말하는 것이 아니라, 자신의 마음속에 그려져 있는 외국인의 표상에 질문을 던지고 있을 뿐이었다. 또 내게 말을 하고 있는 사람도 실제로는 그 일본인 개인이 아니었다. 그가 암기해서 던지고 있는 질문들은 판에 박힌 표준적 형태를 취했으며, 따라서 그 문장들과 그 사람 자신의 성격, 생각, 느낌 사이에 어떤 의미있는 관계가 존재한다고 믿기가 어려웠다. 그것은 구체적인 두 인간 사이의 대화라기보다는 오히려 두대의 녹음기가 말을 주고 받는 그러한 것에 가까웠다.

마침내 그가 내 곁을 뜨자, 내 불편한 모습을 짐짓 즐기면서 지켜보고 있던 한 사나이가 내게로 다가왔다. 그리고 일본말로 점잖게 이렇게 말했다. "저런 식으로 영어를 하는 일본인들은 사실 일본을 제대로 모르는 사람들입니다. 그리 신경쓰실 필요가 없습니다." 나는 그의 이 지적에 마음이 개운해졌다. 그리고 웃음기를 되찾기 시작했다. 쇄국의 벽이 다시 사라져버렸던 것이다.

영어회화의 전형적 특징은 추종적 태도와 판에 박힌 어투, 지독히 무미건조하고 지루한 단조로움, 그리고 화자의 정체나 개성이 전혀 드러나지 않는다는 점이다. 언어심리학 분야에서 많은 연구를 한 나카오 하지메의 이야기에 의하면, 적어도 극단적인 경우에는 영어회화가 강박성까지 띠게 되는데 이 강박성은 말하는 사람에게서 자신의 경험을 제대로 살리지 못하게 하는 실어증과도 유사하다는 것이다. 나카오는 이런 이야기 끝에 내게 다음과 같은 폴 굿맨(Paul Goodman)의 한 글귀를 소개해주었다.

… 표준적 어투를 자신의 구체적 상황이나 목적에 따라 변화시키지 못한 채 앵무새처럼 그대로 암송하는 강박당한 인간 역시 실어증 환자이다. 그는 언어를 말하는 것이 아니라 물건들을 다루듯 단어들을 조작한다. 그가 말하는 모든 문장들은 사전과 문법책에서 따온 판에 박힌 문구들이다. 따라서 만약 상대방의 대답이 그의 예상과는 달리 살아있는 표현으로 다가오거나 또는 그의 충동적 욕구가 너무나 강렬해서 그 딱딱한 언어사용에 질식감을 느낀다면, 그는 스스로 무너져내릴 수밖에 없다.

재미있는 사실은 이 설명에 아주 딱 들어맞는 사람들이 보통 가장 부지런한 영어회화반 수강생들이라는 점이다.

미국식 개성을 끊임없이 강요

영어회화를 하면서 이 극단적 소외 언어의 틀속에 빠지는 사람들의 수는 극소수에 불과하다. 그러나 대다수의 사람들도 극도의 개성 변화 ─ 아마 개성의 상실이라는 표현이 더욱 적합할지도 모른다 ─ 를 강요받게 된다. 기백, 기지, 분노, 존경, 애정을 나타내는 일본적 표현양식이라든가 일본적 형식 같은 것 역시 영어로는 쉽게 전달할 수 없을 것 같다. 게다가 영어회화 교재들은 수강생들에게 체질에도 맞지 않는 '미국식' 개성을 끊임없이 강요한다. 그런 어색한 상태에서 서로 대화를 나누라는 것이다. 더욱이 이 교재에 등장하는 주인공들은 인간적 개성을 별로 느낄 수 없는 그러한 모습들이다. 그들의 모습은 중류 백인 미국인들의 캐리커쳐일 뿐이다. 막연하고 딱딱한 인상만 풍기는 이 주인공들은 가족이나 친지에게 마땅히 내보여야 할 친절함도 나타내지 않으며 타인들에게 마땅히 내보여야 할 존중심도 나타내지 않는다. 이런 공허한 개성의 소유자들이 영어회화 교재에서 주인공들로 등장하기 때문에, 그 속에서는 인간적 교호관계가 차단될 수밖에 없다. 이 점이 바로 영어공부를 가로막는 중요한 장애요인들 가운데 하나이며, 이래서 많은 사람들이 자존심 때문에 영어회화를 기피하게 된다. 이런 문제점은 엄격한 언어훈련을 한다고 할지라도 쉽사리 극복될 수 없다.

그리고 이 문제는 일본이 외국인들을 대하는 데 익숙치 못한 섬나라이기 때문에 생겨난 것이 결코 아니라, 내가 앞에서 계속 거론해온 영어회화의 이데올로기 때문에 빚어진 것이라 할 수 있다. 영어회화라는 하위문화 바깥에서 영어를 배운 사람들 ─ 예컨대 전쟁이전 영어를 공부한 사람들이라든가 미국으로 인해서 생활하는 사람이라든가 미군기지 같은 데서 일 때문에 영어를 자기도 모르는 사이에 조금씩 익히게 된 노동계급 사람들 ─ 이 쓰는 영어는 그 성격이 아주 판이하나 더욱이 영어회화 속에 감추어져 있는 이데올로기를 자각하고 그것을 의식적으로 거부하면서 영어를 공부한 사람들의 경우는 훨씬 더 자연스럽고 원활한 형태의 영어를 사용한다. 영어회화의 세계에서 멀리 떨어져 있는 사람일수록 문화적 장벽이라는 것을 더욱더 찾아보기 힘들다. 예컨대 내가 외국인들과의 접촉이 별로 없는 시골에 가보았을 때, 나는 그곳 사람들이 영어회화의 세계에 있는 사람들보다 훨씬 더 자연스럽고 개방적이고 당당한 태도로 대한다는 것을 알게 되었다. 거기에서는 늘 내가 그들과 똑같은 사람으로 대해졌다. 예컨대 내가 일본음식을 잘 먹는다든가 일본말을 술술 한다든가 해도, 그들은 아무런 놀라움도 나타내지 않는다. 나 역시 같은 사람이라는 사실을 당연시하기 때문이었다. 노동계급의 사람들 역시 그 대다수가 마찬가지다.

다시 한번 분명히 밝히지만 나는 영어회화의 세계가 유용하게 작동할 수 있다는 사실을 부정하는 사람이 아니다. 동시에 나는 서구의 거친 공격으로부터 자국문화의 보다 섬세한 면들을 보호하기 위해 일본인들이 본능적으로 방어자세를 강화시킬 수 있다는 사실도 아주 잘 이해하는 사람이다. 그러나 문제는 일본을 방문하는 영어상용권의 많은 방문객들의 경우는 사정이 나와 다르다는 것이다. 그들한테는 영어회화의 세계가 그들이 마주치는 거의 유일한 일본의 모습이다. 그들은 거의 전적으로 영어를 쓰는 하위문화속에서 지내기 때문이다. 그래서 그들은 그것이 하위문화라는 사실도 모르며, 그들이 일본적이라고 생각하는 문화와 개성적 특징과 태도가 기실은 영어회화의 이데올로기적 결과라는 사실을 깨닫지 못하게 된다. 이 점이 바로 숙제이다.

아시아와 제3세계의 연대를 위한 언어로

그럼에도 불구하고 나는 여기서 서구의 방문자들과 의사소통을 더욱 원활하게 하기 위해 일본인들이 노력해야 한다고 주장할 생각은 없다. 서구인들을 어떻게 대할 것인가 하는 문제는 중요한 것이 아니다. 중요한 것은 영어회화의 이데올로기를 척결하면서 영어를 문화지배의 언어로서가 아니라 아시아와 제3세계의 연대를 위한 언어로 변화시키기 시작해야 한다는 것이다. 영어공부 자체가 추종적 태도에서 자유의 도구로 변화될 때, 일본인들이 느끼는 그 모든 영어에 대한 '특별한 어려움들' 이 정말이지 마치 안개가 걷히듯 사라지게 될 것이다. 백인선생들만을 고용하는 외국어학원들에 대해서는 보이콧운동이 전개되어야 한다. 영어를 공부하고

자 하는 일본인들은 서로들 앞장서서 동남아시아인들과 스터디그룹을 조
직하여 아시아의 문화와 역사와 정치 그리고 아시아적 표현을 반영하는
새로운 아시아판 영어를 창출해야 한다. 그리하여 만약 아시아를 방문하
는 미국인들이 이 새로운 아시아판 영어를 제대로 못 알아듣겠다고 투덜
거리게 된다면 그때는 외국어학원에 나가야 할 사람이 바로 그들이 될 것
이다. (천희상 옮김) (통권 제31호, 1996년 11-12월호)

기술에서 연민으로

후손의 처지에서 평가해야 할 생명공학

박병상

펄벅 여사가 쓴 소설 《대지》를 읽은 사람이나 그 소설을 각색하여 만든 영화를 본 사람은 메뚜기떼의 공포를 충분히 짐작할 수 있을 것이다. 산 등성이 저 멀리 서서히 넘어오던 메뚜기떼가 하늘을 가릴 듯 일제히 내려 앉아 황금들녘의 추수를 앞둔 알곡은 물론 줄기까지 삽시간에 먹어치우곤 사라지는 재앙, 먹을거리를 모두 잃은 주민들은 대대로 살던 마을을 황망 히 떠날 수밖에 없었고 ….

DDT. 그것은 광영이었다. 저 멀리 나타나는 메뚜기떼를 향해 비행기로 뿌리기만 하면 만사 OK였다. 검은구름 걷히듯 우수수 떨어지는 메뚜기 들, 농장은 터럭만큼의 피해도 입지 않았다. 청나라 시절에는 DDT라는 물질을 몰랐을 것이다. 펄벅도 몰랐을까?

지금은 다 아는 사실이겠지만 DDT는 찬란했던 효과를 이미 잃었다. 메 뚜기떼를 더이상 죽이지 못한다. 메뚜기뿐이 아니다. DDT에 크게 혼이났 던 많은 곤충들도 더이상 DDT를 귀찮게 여기지도 않을 것이다. 현재 대

박병상 — 인천 도시생태 · 환경연구소 소장. 이 글은 1998년 9월 11일 국회의원회관 소회의 실에서 열린 '생명공학육성법 개정 관련 시민단체 연대모임' 토론회에서 발표했던 것이다.

부분의 국가에서는 DDT를 생산하지도 판매하지도 않는다.

혹자는 말한다. 메뚜기에 내성이 생겼다고. 걸핏하면 다운되던 권투선수도 오래 맞다보면 맷집이 좋아져 웬만한 펀치에 끄떡도 않게 되는 이치와 같다고 비유한다. 그러나 그럴까? 아니다. 맷집도 타고나야 하듯이 내성도 타고나야 한다. 맞는 연습을 아무리 열심히 해도 유리턱이 조 프레이저로 갑자기 진화할 수는 없다. DDT에 추풍낙엽이던 메뚜기들이 몇년 지나지 않아 DDT에 무사태평이게 된 데에는 틀림없이 무슨 까닭이 있을 것이다.

DDT라는 악성환경을 돌파할 목적으로 메뚜기에 내성이 생긴 것은 결코 아니다. DDT가 뿌려진 후 메뚜기집단이 일제히 교체되었기 때문이다. DDT에 내성이 없는 유전자를 가진 대부분의 정상 메뚜기는 DDT 공격에 일거에 죽었고, 매우 낮은 비율이었겠지만 DDT가 뿌려지기 이전부터 DDT에 대한 내성을 우연히 — 어쩌면 운나쁘게 — 갖고 있었던 개체들은 인간들의 의지와 상관없이 살아남은 것이다. 비록 옹색했겠지만 살아남은 개체들은 그들끼리 번식하게 되었고 개체수가 예전같이 회복되자 가공할 모습을 다시 드러내게 된 것이다. 한 세대가 1년에 불과한 메뚜기 몇마리가 해마다 수천개의 알을 낳아 떼로 증가하는 데 걸리는 시간은 인간의 시간개념으로 보아 그다지 길지 않다.

DDT가 없는 환경에서 DDT 내성유전자를 갖는다는 것은 DDT가 없는 현재 환경에서 유용한 유전자를 포기하는 것을 뜻한다. 따라서 DDT 내성유전자를 갖는 개체들은 DDT 없는 환경하에서는 생존에 불리할 것이다. 메뚜기집단은 DDT 환경이 나타날 것을 예상하고 지금의 환경에 불리함에도 불구하고 DDT 내성인자를 미리 보유하고 있었을까?

원래 없었던 유전자가 새롭게 나타나는 현상을 돌연변이라고 정의할 수 있다. 메뚜기의 DDT 내성인자도 돌연변이된 유전자일 것이다. 이런 예는 사람에게도 있다. 동양인에게 특히 드문 Rh 마이너스 유전자도 그 중의 하나일 것이다. 돌연변이의 원인은 무엇일까? 발암물질과 동일하다고 보면 틀리지 않다. 발암물질이 생식세포를 건드리면 돌연변이 유전자가 되어 그 후손에게 영향을 주고, 체세포를 건드리면 암이 되어 그 개체에 고통을 안기는 것이다. 방사능, 자외선, X선과 같은 전자파, 그리고 독성화학물질, 탄 음식, 피로와 스트레스로 인한 면역기능 저하 등이 그 원인에 해당한다. 대부분 인위적인 요인이다. 인위적인 돌연변이 원인이 넘치는 요즘, 돌연변이 발생률이 과거와 다르리라는 것은 짐작하기 어렵지 않을 것이다. 아들이냐 딸이냐 물었던 임산부들이 요즘, "우리 아기 괜찮아요?" 하고 묻는다고 의사들은 전한다.

　원인물질이 누적되지 않는 한 대부분의 생물군에서 돌연변이 발생률은 거의 일정하며 일단 발생한 돌연변이는 여간해서 집단에서 사라지지 않는다. 따라서 안정된 환경에서 오랜세월 동안 많은 개체수를 거느리고 살아온 생물종은 그렇지 못한 생물종에 비해 집단 내에 돌연변이 유전자가 많다. 그만큼 다양한 유전자를 갖는다. 그런데 돌연변이는 방향성이 없다. 내성이 생기듯 일정한 방향을 찾아 돌연변이가 발생하지 않는다는 뜻이다. 또한 대개의 돌연변이 유전자는 현재의 환경에 유리하지 않다. 그래서 돌연변이 유전자들은 안정된 환경에서는 대개 열성을 나타난다.

　환경은 언제까지나 안정적일 수 없으며 환경변화 역시 방향성이 없다. 유전자의 선택과 도태는 환경과의 상관관계가 매우 밀접하다. 그런데 유전자나 환경 모두 방향성이 없으므로 어떤 환경에 어떤 유전자가 선택받을지 전혀 알 수 없다. 환경이 바뀌면 집단 내 유전자구성이 분명히 달라지겠지만 현재로서는 짐작할 수 없다는 것이다. 분명한 것은 환경변화가 급격하면 급격할수록 집단 내 유전자구성의 변화도 급격할 것이요, 환경변화가 느리면 느린 대로 유전자구성이 서서히 변해간다는 점이다. DDT로 인한 메뚜기집단 유전자의 극적인 변화는 급격한 환경변화에 따른 결과로 보아야 한다.

　우리가 미래의 환경변화를 예견할 수 있을까? 몇시간 앞둔 게릴라성 폭우의 예보도 불가능하듯이 환경변화의 정도와 방향을 예측하기는 어렵다. 환경이 바뀌면 바뀐 환경에 적합한 돌연변이 유전자를 갖는 개체들이 유리하게 될 테지만 돌연변이 역시 방향이 없으므로 장차 어떤 돌연변이 유전자가 유리할지 현재로서는 전혀 판단할 수 없다. 많은 세대를 거치고 난 후에야 명암이 엇갈릴 따름이다.

바뀐 환경에 치명적인 유전자밖에 없는 개체는 도태된다. 즉 죽는다는 것을 의미하는데 집단의 유전자구성이 바뀌는 현상을 낭만적으로 해석할 수 있을까? 최초 메뚜기에 뿌려진 DDT와 같은 정도의 재앙이 사람에게 몰아닥쳤다고 가정해보자. 그런 재앙에 대비할 수 있는 유전자를 지녔기에 비정상으로 태어날 수밖에 없었던 어떤 천덕꾸러기가 인간집단에 존재한 덕분에 인간이라는 생물종은 멸종을 면할 수 있었다면 다행이라 치부해야 할까? 지금까지 지극히 정상으로 살아가던 대부분의 사람들은 재앙의 고통속에서 죽음을 피할 수 없을 텐데 말이다. 사람은 일년에 한명 이상의 자녀를 낳기 어렵다. 메뚜기처럼 단시일 내에 다시 번성할 수는 없을 것이다.

최근 사람들은 막대한 자금을 동원하여 돌연변이 유전자를 양산하고 있다. 유전자를 조작하는 생명공학이 바로 그것인데, 지금까지 열거한 자연상태의 돌연변이 발생률을 훨씬 초월하는 막대한 양의 돌연변이를 한꺼번에 쏟아낸다. 연구에 참가하는 과학자들은 폐쇄된 실험실에서 철저하게 관리하고, 안전이 검증된 돌연변이만을 생태계에 방출하므로 문제될 것이 없다고 주장한다. 과연 그럴까? 현재의 기준에서 안전을 장담하고 있지만, 인간의 과학기술이 언제나 완벽하다고 볼 수는 없다. 끊임없이 보완하며 발전한 것이 현재의 과학기술이다. 미래의 기준에서 보면 결점투성이일 현재의 과학기술이 어떻게 앞으로의 안전을 담보할 수 있겠는가. 돌연변이로 인한 문제는 지금 세대가 아니라 다음 세대에 가서 나타나게 될 텐데 말이다.

물론 돌연변이가 아무리 많아도 환경이 안정되면 대세에 큰 문제가 발생하지 않을 수도 있다. 돌연변이 유전자는 어쨌든 현재의 환경에서는 불리할 것이기 때문이다. 그러나 현재의 환경이 과연 안정적인가? 숲이 사라지는 만큼 사막은 늘고, 갯벌은 메워지며 바다는 갈수록 더럽혀지고 있다. 오존층은 파괴되어 자외선이 증가하고, 지구가 더워지면서 해수면은 상승한다. 생물종 다양성이 점차 낮아지고 인간만이 차고 넘치는 지구에 물과 공기는 점점 오염되고 폐기물은 도처에 쌓이는데, 앞으로의 환경이 계속 안정적일 수 있을까? 30년 전의 환경이 지금과 사뭇 다른데 앞으로 30년 후의 모습이 어떠할지 짐작하고 거기에 대처할 수 있을까? 인간의 한 세대는 30년, 인간의 시간기준으로 볼 때 현기증이 날 만큼 빠르게 변화하는 환경조건하에서 다음 세대에는 과연 어떤 유전자가 행운을 물려받을 수 있을까? 지금의 우리와 전혀 다른 엉뚱한 돌연변이 유전자가, 현재 스스로를 '정상'이라 믿는 우리를 거세게 몰아내지는 않을까? 환경을 안정시키는 데 노력하기보다 돌연변이 유전자를 양산하는 데 주력하는 현실에서 우리의 미래가 참으로 위태롭다 하지 않을 수 없다.

복제양 '돌리'가 태어난 일년 뒤 복제소 '제퍼슨'이 태어나더니[1] 내년 1월이면 세계에서 다섯번째로 우리나라 기술진에 의해 체세포 복제소가 탄생할 것이라는 보도가 나왔다.[2] 34번 유산의 각고 끝에 인간의 유전자를 가진 젖소 '보람이'가 태어난 사실은[3] 인간의 모유를 젖소가 생산해낼 날도 멀지 않았다는 것을 예고한다. 그뿐이 아니다. 이미 인간의 백혈구 증식인자를 젖으로 분비하는 흑염소 '메디'를 개발했다.[4] 1그램에 11억원이나 하고 세계 시장규모가 12억달러에 달하는 백혈구 증식인자의 시장은 '메디' 18마리만 있으면 모두 충족된다는데, 2000년경 시제품을 내놓을 약품회사는 웬만한 재벌이 부럽지 않게 되었다. '보람이'를 개발하는 데 거금 30억원이 들어갔다지만 보람이로부터 얻을 사람과 똑같은 락토

1) 〈세계일보〉 1998년 2월 25일자.
2) 〈한겨레〉 1998년 8월 29일자.
3) 〈중앙일보〉 1998년 3월 16일자.
4) 〈동아일보〉 1998년 4월 21일자.

페린의 부가가치를 상정할 때 30억원은 아무것도 아니다. 1995년에 이미 71억달러였던 락토페린의 세계 시장규모가 2000년이면 228억달러에 달할 것으로 추정되기 때문이다.

생명공학의 기술수준은 이렇듯 한참 앞서 나가는데 윤리나 안전에 관한 검토는 저만치 뒤처져 있다. 오직 시장규모를 보고 연구에 착수했고, 성공은 큰돈을 약속하는 마당인데 안전이나 윤리 운운하는 것은 공허하기만 하다. 우리나라에도 유전자조작 식품이 수입되는 것으로 최근 밝혀져 시민단체의 항의가 빗발치는데, 생명공학은 과연 인류의 미래를 밝혀줄 수 있을까? 과학자들이 호언하는 대로 생명공학은 식량문제와 의료문제를 말끔히 해결해줄 수 있을까? 윤리·안전의식은 설 자리가 없고 가치가 돈으로 먼저 평가되는 생명공학 ─ 과연 서둘러서 육성해야 했을까? 육성하기에 앞서 마땅히 먼저 검토했어야 할 문제들을 살펴보기로 하자.

진화와 생명공학

생물학에서 이야기하는 진화는 발전의 개념일까? 우여곡절을 통해 진화된 현생종은 "그렇다"고 말하고 싶을지도 모르지만 우여곡절의 질곡을 빠져나오지 못하고 주저앉은 많은 멸종된 종은 화석으로나마 "결코 그럴 리 없다"고 절규할지 모른다. 사람이라는 현생종 호모사피엔스가 오늘날의 모습으로 진화하기까지 유인원을 포함한 무수한 인류가 명멸을 거듭한 사실은 사라진 화석종들이 잘 증명하고 있다. 현 인류는 진화의 최고봉이라고 오만을 부리기보다, "휴, 천만다행이다" 하고 안도의 한숨을 내쉬어야 할 형편인 것이다.

일반적으로 생물종의 진화는 종의 분화를 통해 이루어지고 있다. 35억년 전 원시대양에서 태어난 초기생명이 현재 수천만종 이상 지구 곳곳에 다양하게 분포하는 원인을 거기에서 찾는다. 그렇다면 종 분화의 원인은 무엇일까? 유전과 환경의 상호작용에 이은 생식적 격리로 이해해야 한다. 다시 말해 변화된 환경에 유리한 유전자를 갖고 있던 개체들이 특정 환경에 독립적으로 적응하여 그들끼리 제한된 생식을 충분한 세월 동안 거듭한 결과, 기존 조상의 후손개체들과는 생식적으로 격리된 새로운 생물종으로 탄생하게 되었다는 것이다.

유전적으로 다양한 개체들을 충분히 포함하고 있는 생물종은 환경이 변화해도 멸종되지 않고, 새로운 환경에 노출된 개체군이라 할지라도 유전적으로 다양하기만 하다면 충분한 시간 이후 새로운 종으로 파생한다는 성공담은 자칫 낭만적으로 들리기 쉽다. 그러나 앞에서 지적했듯이 진화는 대규모의 희생을 전제로 한다. 변화된 환경에 적응할 만한 유전자가 없는 개체들의 일방적인 희생이 뒷받침되지 않는 한 진화는 불가능한 것이다. 변화된 환경을 극복한다는 것도 같은 맥락이다. DDT 내성유전자가 없었던 대부분의 메뚜기들이 죽어 사라졌듯이 전멸에 가까운 희생이 전제될 수 있다는 사실을 항상 기억해야 한다.

생명공학 육성이 현재와 같은 추세로 계속될 경우, 유전자조작의 최종 수혜자인 인간은 앞으로 음식이나 약품을 통해서 많은 돌연변이를 체내에 축적할 것이 틀림없을 것이다. 그렇다면 앞으로 닥칠 환경변화는 어떤 결과를 빚을까? 현재로서는 아무도 모른다.

인간의 유전자구조를 모두 밝혀내려는 야심적인 '휴먼게놈 프로젝트'는 질병을 일으키게 하는 유전자 부위를 정확히 일러줄 것이고,[5] 앞으로 기대되는 의료과학기술의 발전은 '나쁜 유전자'를 '좋은 유전자'로 치환시키는 이른바 '유전자수술'을 수행할 것이므로 인간사회의 질병은 그 근원부터 제거될 것이라고 생명공학 연구자들은 말한다. 일견 가슴벅찬 이야기다. 개발비용이 포함된 엄청난 가격을 지불할 능력이 있어야 그 혜택을 받을 수 있겠지만, 아무튼 유전자와 관련된 질병은 결국 없어질지 모른다.

그렇다면 '좋은 유전자'와 '나쁜 유전자'는 어떻게 구별하게 될까? '나쁜 유전자'의 범위를 확대시킬 경우 질병의 범위도 더불어 확대될 가능성

---

5) 월간 《지오》 1996년 11월호, 73~87쪽.

이 적지않다. 즉, 치료가 불가능한 지금 시대의 유전병만을 문제삼지 않고, 그때그때의 사회적 감정, 다시 말해 유행에 따라 키를 크게 하는 유전자, 기억력을 증진시키는 유전자, 머리카락과 눈동자의 색을 밝게 해주는 유전자를 '좋은 유전자'로 평가하여 선호하는 대신, 유행을 충족시키지 못하는 진부한 유전자를 질병을 유포시키는 '나쁜 유전자'로 매도할지도 모른다는 이야기다.

이렇듯 좋은 유전자로 구색을 맞춘 '토탈 패션'의 인물들이 자기들만의 집단을 형성한다면, 그것은 그야말로 새로운 인종의 발생이다. 그것은 곧 인위적인 인간의 종 분화일 터이고 문자 그대로 진화의 완성일지 모르겠다. 사회 일각에서는 그런 음모를 벌써부터 경고하고 있다.[6][7] 이렇게 극단까지 가도록 방치되지야 않는다 하더라도 '제한된' 유전자수술 정도는 허용하는 것이 타당할까? 현재의 환경에 유리한 유전자로 인류집단이 단순해질 경우 변화될 앞으로의 환경에 무참히 희생될 가능성이 그만큼 높아질 텐데, 현재의 과학기술로 언제까지 문제를 해결할 수 있을까?

현 생태계는 35억년이란 장구한 세월이 빚어낸 조화의 결과다. 환경이 변하면 변하는 대로, 생물종 내부에서 또는 생태계에서, 개체간 또는 생물종간 조절의 세월을 충분히 거치면서 안정된 생태계를 유지하며 오늘에 이른 것이다. 그런데 생태계의 질서에 위배되는 인위적인 유전자조작은 생태계의 오랜 질서를 뒤흔들 가능성이 크다. 짧은 시일 내에 인위적으로 과다 누적된 돌연변이나 유전자치료로 인한 유전적 획일성 역시 현재의 환경에서 위험하기는 마찬가지다. 오랜세월 자연적으로 축적된 유전적 다양성을 바탕으로 구성된 생물종 다양성의 얼개는 건강한 생태계를 뒷받침해주지만 인위적인 돌연변이 또는 유전적 획일성으로 인한 갑작스런 멸종 사태는 생태계의 토대를 근본부터 파괴할 수 있는 것이다.

---

6) 《한겨레21》 1997년 3월 13일, 제148호, 66~67쪽.

7) 《뉴스메이커》 1998년 8월 6일, 제284호, 47쪽.

유전자조작 생물종이 생태계에 유출되어, 먹고 먹히는 복잡한 단계를 거쳐 생태계 전반에 전에 없던 변이유전자의 감염이 만연될 경우 장차 어떤 변화가 초래될까? 유전자조작은 분명 다음 세대의 생태계에 영향을 미칠 것이나, 현재의 과학기술로 그 영향을 예견할 수는 없다. 현재의 과학기술 수준에서 안전하므로 앞으로도 안전할 것이라고 제아무리 외치고 싶어도 미래의 환경변화와 그에 따른 생태계 얼개의 변화를 전혀 예측할 수 없는 까닭에 지금의 유전자조작이 미래 생태계에 미칠 영향을 현재로서는 전혀 예측할 수 없는 것이다.

어떤 생명공학자들은 유전자조작은 육종에 의한 품종개량과 같다고 단정하듯 말한다. 이들은 자신들의 연구가 대상 생물종의 다음 세대까지 기다려야 하는 육종 대신 유전자조작으로 결과를 빠르게 얻어내려는 연구라고 주장한다. 그러나 그들은, 육종은 이미 검증된 형질간의 교잡이고 비교적 긴 기간 안전성을 검토할 수 있지만 유전자조작은 그렇지 못하다는 사실은 외면한다. 육종이 생태계에 바람직한 결과만을 가져오지 않았다는 점은 논외로 치더라도, 유전자조작과 육종이 소요되는 시간만 다를 뿐 같은 결과로 마무리될 것이라고 어떻게 확신할 수 있겠는가?

멸종위기에 있는 생물종을 대량복제하여 생태계보전에 기여할 것이라 주장하는 전문가도 있다.[8] 자연계의 모든 종은 생태계에서 자신만의 독특한 지위를 차지하므로 존재한다. 다양한 생물종의 생태적 지위가 복잡한 얼개로 보전될 수 있을 때 생태계는 비로소 건강할 수 있다. 수많은 동식물이 뒤엉켜 분포하는 원시생태계가 그 예에 속할 것이다. 현재 멸종위기에 처한 대부분의 종은 인간에 의해 생태적 지위가 박탈된 종들이다. 그 생물종이 차지했던 고유생태계를 자연에 회복시키지 않고 유전적으로 동일한 개체를 복제할 경우 그 생물종이 온전할 수 있을까? 생태계 지위를 얻지 못하고 생태적 얼개를 구성할 수 없는 생물종 다양성은 아무런 의미가 없다는 생태계의 기본 이치도 모르고 유전자부터 조작하려 덤벼드는

---

8) 〈한겨레〉 1998년 8월 29일자.

생명공학 전문가들에게 측은한 마음마저 든다.

환경과 생명공학

2백명도 채 안되는 스페인 군인에 위해 잉카제국의 8만 대군이 격퇴되고, 당시 유럽인구보다 많았던 신대륙의 원주민들이 거의 자취를 감춘 사연은 무엇일까? 재레드 다이아몬드는 최근 출판한 자신의 저서 《총, 균, 쇠》에서, 토착인에게 없던 세균을 유럽인들이 퍼트리면서 토착인들이 급격히 사망하여 사라졌음을 밝히고 있다.[9] 레비-스트로스는 자신의 명저 《슬픈 열대》에서 '인종청소' 작전의 일환으로 토착인들이 저항력을 갖지 못한 병균을 묻힌 옷을 제공하여 인디언 부족 전체를 몰살시킨 경우도 적지않다고 지적한다.[10] 오랜세월 가축과 함께 살아온 유럽인들의 몸에는 가축에서 기원한 병원균이 자연스레 넘어와 기생하고 있으나 그 병은 유럽인에게 그다지 치명적이지 않다. 하지만 수렵채취인인 원주민에게는 경우가 달랐다. 그 병원균은 아무런 면역도 없던 수렵채취인인 신대륙의 원주민들을 일방적으로 희생시키고 만 것이다.

최근, 듣도 보도 못한 질병, 과거보다 훨씬 강력해진 질병이 창궐하여 보건당국을 잔뜩 긴장시키고 있다. O-157 대장균, 살 파먹는 박테리아, 어떤 항생제에도 끄떡없는 슈퍼균이 그것이고, 기존의 약품으로 치유가 불가능한 폐결핵, 1994년 인도 등지에 다시 만연하기 시작한 페스트, 1995년 자이르를 긴장시킨 에볼라 바이러스 역시 같은 범주에 속한다. 지난 20년간 지구촌 곳곳에서 29종의 치명적인 질병이 새로 발생하거나 다시 창궐했다고 1995년 세계보건기구는 전한다.[11]

한때 무수한 사람들을 한꺼번에 희생시킨 질병은 대개 가축에서 전해진 것이다. 홍역과 결핵은 소에서, 백일해는 돼지와 개에서, 말라리아는

---

9) 재레드 다이아몬드 《총, 균, 쇠》 문학사상사, 1998년.
10) C. 레비-스트로스 《슬픈 열대》 한길사, 1998년.
11) 《뉴스위크》 한국어판, 1995년 5월 24일, 14~20쪽.

닭이나 오리에서, 에이즈는 원숭이에서 기원한 것이다.[12] 최근 홍콩당국을 긴장시킨 조류 바이러스는 닭에서 기원했다고 하며,[13] 뇌가 스펀지처럼 푸석푸석하게 되어 90퍼센트 이상 사망한다는 크로이츠펠트-야콥병은 양에서 기원한다고 한다.[14] 병 걸린 양의 내장을 사료로 먹은 소에 광우병이 먼저 발생하고, 광우병 걸린 쇠고기를 먹은 사람은 오랜 잠복기를 지나 치매현상으로 죽게 되는데, 덜 익힌 스테이크를 즐겨 먹던 유럽인들은 크로이츠펠트-야콥병이 자신에게 예외일 수 없다는 생각에 아연실색할 수밖에 없었을 것이다.

이런 와중에 유전자조작 생물의 출현은 환경에 어떤 문제를 야기할까? 가물치만큼 자라는 400그램의 슈퍼미꾸라지는[15] 추어탕을 즐기는 식도락가에게는 희소식일지 모르나 생태계에 방출될 경우 황소개구리 이상으로 생태계에 문제를 일으킬지도 모른다. 하지만 거기에서 그치지 않고 '슈퍼 추어탕'을 먹은 사람에게 이상이 생긴다면 어떻게 해야 하나? 혹, '슈퍼 추어탕'을 먹은 이에게는 아무 문제도 생기지 않았지만 그의 후손에게 문제를 일으킬 경우에 어떤 대책을 세울 수 있을까? 앞으로 추어탕을 먹은 사람이 광우병에 걸린 쇠고기 스테이크를 먹은 영국인처럼 많아질 경우에는 어떤 문제가 생길 것이며 어떤 대책을 세워야 할 것인가? 슈퍼미꾸라지는 단순히 생태계교란으로 그치지 않을 가능성도 있다.

유전현상은 특정 유전자만의 작용으로 발현되기보다 연관된 많은 유전자들의 상호작용으로 발현되는 경우가 일반적이다. 따라서 특정 유전자의 삽입이나 치환이 예상한 대로 발현되지 않고 오히려 저해인자로 작용될 가능성이 많다. 생명공학자들은 그런 결과는 실험실에서 안전하게 폐기되므로 문제될 것이 없다고 강조할 것이다. 하지만 실험실에서 하자가 없던

---

12) 재레드 다이아몬드, 앞의 책.

13) 〈조선일보〉 1997년 12월 20일자.

14) 《뉴스메이커》 1997년 4월 11일, 제168호, 70~71쪽.

15) 〈중앙일보〉 1998년 3월 23일자.

변이종이 야외실험에서 문제를 일으킬 경우를 생각해볼 수 있다. 문제를 조기에 발견하고 서둘러 폐기할 수 있다면 그래도 다행이겠지만 식물의 꽃가루처럼 멀리 퍼져나가 조상종이나 유사종과 수정이 이루어졌을 경우 수습하기가 어렵다. 야외실험에서도 이상이 없어 상업적으로 방출하였으나 광범위하게 퍼진 이후, 즉 많은 세대가 지나 충분히 전파 소비된 후 문제가 발생할 경우도 생각할 수 있다. 이럴 경우에는 그야말로 속수무책일 수밖에 없을 것이다.

특정 제초제에 내성을 가진 콩을 먹자 알레르기가 발생하는 사례, 땅콩 유전자를 콩에 주입하자 콩을 먹은 사람에게 알레르기가 발생한 사례, 퇴비를 빨리 만들기 위해 개발한 박테리아로 토양미생물이 몰살한 사례, 변이된 박테리아로부터 추출한 L-트립토판이라는 아미노산을 먹은 사람 수십명이 죽은 사례도 있다.[16] 최근 제초제에 저항성을 갖도록 유전자를 조작한 곡물이 주변 잡초에까지 조작된 유전자를 전파시켜 제초제에 내성을 가진 신종 '슈퍼잡초'가 양산된다는 연구결과가 발표되는 실정이다.[17]

지금까지 나타난 이상현상은 어쩌면 서곡에 불과할지 모른다. 그 피해 범위가 한정되어 있고 원인을 알 수 있었기 때문이다. 그러나 이것은 인간의 오만에 대한 강력한 경고일 수 있다. 이와 같은 경고를 무시하고 계속 유전자조작 생물체를 생태계에 방출한다면 상상할 수 없는 피해를 당할지도 모른다. 현 생태계에서 열성으로 발현될 수밖에 없어 침묵으로 일관하는 유전자가 환경이 바뀐 훗날, 어떤 모습으로 다시 나타날지 지금의 과학기술로는 도무지 알 수 없기 때문이다. 새로운 질병, 더욱 끔찍해진 슈퍼균의 창궐이 우리들 후손의 앞날을 참혹하게 만들지도 모른다.

건강과 생명공학

심장병수술이 보편화되면 심장병환자는 줄어들까? 아니다. 오히려 늘어

---

16) 《다른과학》 1997년 3월, 제2호, 42~54쪽.

17) 〈한겨레〉 1998년 8월 31일자.

난다. 심장질환을 갖는 체질의 사람들이 계속 생존하여 후손을 낳기 때문이다. 사람의 유전자를 이식하여 미생물 또는 식물로부터 인슐린을 값싸게 얻고, 흑염소 젖에서 백혈구 증식인자를 추출하여 먹는 세상이 오면 당뇨병과 백혈병은 지구에서 사라질까? 그렇지 않다. 더욱 늘어날 것이다.

유전병도 마찬가지다. 부모의 열성유전자가 우연히 만나 유전병환자로 태어난 사람은 현 환경에 불리하지만, 발달된 유전요법으로 병을 치유할 수 있다면 도태되지 않은 열성유전자는 인간의 집단 내에 유지 또는 확산될 것이고 따라서 유전병질환은 오히려 증가할 것이다. 유전자수술이 눈부시게 발달하여 수정란에서 열성유전자를 치환해버린다면 유전병환자는 눈에 띄게 줄어들겠지만 집단 전체에서 차지하는 유전병인자의 빈도는 크게 변하지 않는다. 외관상 정상이지만 열성유전자를 갖는 보인자가 훨씬 많기 때문이다. 어마어마한 비용을 지불하여 살아난 환자 자신만이 유전병에서 해방될 따름이다. 그러나 앞에서 지적했듯이 온갖 유전자조작은 새로운 돌연변이를 환경에 유출시킬 것이고 미미한 속도로 사라지는 유전자질환보다 더 많은 돌연변이가 누적될지 모른다. 그렇게 된다면 당연히 우리가 부담해야 할 의료비는 더욱 증가하게 될 것이다.

현재 제3세계의 많은 사람들은 값싼 항생제를 구할 수 없어 목숨을 잃는다. 그리고 오염된 물을 마실 수밖에 없어 죽는다. 그들에게 유전자조작 의약품은 복음일 수 있을까? 여성의 노동력을 해방시키는 것이라고 선전된 분유가 일부 아프리카 국가에서 유아살해제로 인식된 적이 있었다.[18] 위생이 담보되지 않은 지역의 산모에게 정확한 사용법도 일러주지 않고 분유를 판매하자, 유아들이 설사나 이질, 수인성질환으로 죽어갔기 때문이다. 우선은 분유회사의 탐욕스런 상업주의에 비판을 가해야 하겠지만 근본적인 책임은 그 지역의 생태계를 파괴한 다국적기업에 있다. 열대림을 파괴한 자리에 플랜트농장을 조성하고, 값싼 노동력을 이용하려고 분유를 장려한 장본인이 바로 다국적기업이기 때문이다.

---

18) 이누가이 미쩌꼬 《인간의 대지》 현대사상사, 1991년.

유전자조작은 동물과 사람의 경계를 모호하게 할지도 모른다. 복지라는 명분으로 인간에게 장기를 이식하기 위한 동물의 개발이 추진되고 있다고 한다.[19] 인간에게 장기를 제공하기 위해 '개발되는' 돼지는 사람일까 돼지일까? 돼지로부터 장기를 이식받은 사람은 몇 퍼센트 사람일까? 인간의 자궁을 닮은 돼지나 소를 유전자조작으로 개발하여 불임가족에게 희망을 안겨주려는 연구는 과연 인류를 위한 복음일까? 인간의 질병예방에도 힘에 겨운 의료계는 이제 앞으로 장기이식을 위해 개발중인 동물들의 질병도 유심히 살피지 않으면 안될 것이다. 동물의 질병이 사람에게 전파될 경우 어떤 문제를 일으킬지 충분히 검토해야 하기 때문이다.

의학이 발달할수록 '건강수명'은 오히려 줄어든다고 한다. 약에 의존하여 수명을 연장시킨다는 이야기다. 이런 가운데 인간의 수명을 연장시키려는 연구가 활발하다.[20] 주로 생명공학이 그 연구를 선도하고 있다. 생태계파괴, 대기오염, 수질오염 등의 해결 없이 인간의 수명만 연장시키는 연구가 과연 바람직할까? 혜택을 받을 수 있는 소수의 부자를 위해, 시민들이 낸 세금을 막대한 연구비로 지출해야 할 필요충분조건이 있을까? 행복한 삶은 단순히 수명연장에 있지 않다. 진정으로 행복한 삶은 자연과 더불어 사는 생태적인 삶에서 비롯된다는 것을 우리는 깨달아야 할 것이다.

식량과 생명공학

"인구는 기하급수적으로 증가하지만 식량은 산술급수적으로 늘어난다." 맬서스 인구론의 골자를 이루는 언표다. 식량이 모자라게 되면 굶주린 사람들이 약탈범죄를 일으키게 되어 사회혼란이 야기될 것이라는 경고가 이에 뒤따랐다. 그러나 이후 "맬서스는 틀렸다!"고 주장할 만한 사건이 일어났다. 바로 녹색혁명이었다. 1960년대에 관개농업, 기계화농업, 화학비료시비 등으로 설계된 과학적 농업으로 당초 예상했던 이상으로 식량

---

19) 〈한겨레〉 1998년 2월 9일자.
20) 월간 《지오》 1996년 11월호, 73~87쪽.

이 생산되기 시작했고, 세계는 이제 굶주림은 없다는 희망에 부풀었다.[21]

그러나 녹색혁명 이후 30년, 세계 도처의 사람들은 여전히 굶주리고 있다. 8억의 인구가 만성적인 영양결핍으로 허덕이고 있으며, 한해 수천만의 어린이와 노약자들이 굶어죽어간다. 굳이 먼 곳의 예를 들지 않더라도 우리는 북한의 기아사태를 통해 이미 식량문제의 절박성을 확인할 수 있다.

이러한 상황에서 생명공학이 만성적인 식량문제를 해결해줄 것이라고 선전되고 있다. 그러나 이제까지 생명공학연구가 식량증산에 얼마나 기여했으며 또 앞으로 기여할 수 있을지를 곰곰 따져볼 때 우리는 그 선전에 수긍할 수가 없다. 지금까지의 생명공학연구는 대부분 식량증산문제와는 무관했다. 저장기간을 늘이기 위한 과숙억제 연구, 제초제나 바이러스, 해충 따위에 대한 저항성강화 연구 등, 소비자보다는 생산자, 생산자보다는 공급자가 요구하는 연구에 생명공학이 주력했음을 알 수 있다.[22] 한마디로 이제까지 생명공학은 주로 식품공급 업체들의 돈벌이에 기여했을 따름이다.

식량문제를 생각하면서 우리가 아울러 고려하지 않을 수 없는 것은 대규모 자본에 의한 생태계와 지역공동체경제의 파괴이다. 맥도날드사에 쇠고기를 공급하기 위한 대규모 목장이 파라과이 열대림을 파괴한 자리에 들어서자 정작 목동들은 쇠고기를 먹을 수 없게 되었고, 베트남 미곡 수출농장의 삯일꾼들은 먹을 쌀을 구입하지 못해 굶주린다.[23] 수출위주의 플랜트농업에 종사하는 사람들이 받는 낮은 임금으로는 고기 한점, 쌀 한 되 구하기 어렵게 된 것이다. 제 땅에서 식구들과 자급자족하던 시대에는 이처럼 심각한 빈곤과 굶주림은 없었다. 마을공동체의 명맥이 유지될 때만 하더라도 가끔 소를 잡아 잔치를 벌이곤 하던 주민들에게, 수출을 위한 플랜트농업은 굶주림부터 안겨준 것이다.

---

21) 이누가이 미쯔꼬, 앞의 책.

22) 《다른과학》 1997년 3월, 제2호, 42~54쪽.

23) 미셸 초스도프스키 《빈곤의 세계화》 당대, 1998년.

육식위주의 식생활문화 또한 식량문제와 관련해 간과할 수 없는 문제이다. 제 한몸 움직이기 어려울 만큼 좁아터진 축사에서 컴퓨터로 작동되는 컨베이어벨트에 실려나오는 사료를 먹다가 경제적으로 적당한 시기에 일제히 도살되는 비육우를 일컬어 어떤 시인은 "숨쉬는 햄버거"라 칭한다. 밤낮없이 모이만 쪼아먹으며 알을 낳다가 알낳는 효율이 떨어진다 싶으면 '폐기처분' 되는 대규모 양계장의 닭들도 처지는 마찬가지이다. 이처럼 고기생산을 위해 사육되는 소와 기타 가축들은 지구상에서 생산되는 곡물의 3분의 1을 먹어치우고 있다 한다.[24] 동물해방론자를 비롯한 적지 않은 사람들이 채식을 주장한다지만 고기소비율은 고개를 숙일 기미를 보이지 않는다. 더구나 육식을 하는 사람들이 고기를 먹는 만큼 곡물섭취량을 줄인다 하더라도, 고기를 생산하기 위한 가축들이 먹어치우는 곡물의 양은 계속 늘어가므로 지구촌에는 굶주리는 인구가 갈수록 늘어날 수밖에 없는 것이다.

이 문제는, 식량문제 해결이라는 명분으로 유전자조작에 의해 개발되는 식용동물에 있어서도 예외가 아니다. 예컨대 슈퍼미꾸라지는 보통미꾸라지보다 40배 이상 많은 고기를 생산하지만 보통미꾸라지보다 40배 많은 사료를 먹을 것이다. 또한 보통미꾸라지는 오염된 하천에서 살며 수질을 자연적으로 정화시키는 역할을 하지만, 슈퍼미꾸라지는 깨끗한 물이 담긴 연구실의 수조나 양어장 같은 인공적인 시설에서 사람이 주는 곡물을 먹으며 살을 찌울 것이다. 따라서 슈퍼미꾸라지 등이 식량문제 해결에 기여할 것이라는 기대는 어불성설이다.

요컨대 생명공학에 의한 식량문제 해결은 환상에 불과하다. 식량문제를 해결하기 위해 무엇보다 시급한 것은 세계적으로 식량을 공정하게 분배할 수 있는 체계를 확립하는 것이며, 나아가 지구촌의 지역공동체들이 식량을 자급자족할 수 있는 삶의 터전을 회복하는 것이다.

그런데도 많은 미래학자들은 새로운 세기가 도래하면 공장 컨베이어에

---

24) 제레미 리프킨 〈쇠고기를 넘어서〉,《녹색평론》1992년 7-8월호, 100~112쪽.

서 야채와 곡물을 생산할 수 있을 것으로 기대하고 있다.[25] 땅도 햇빛도 필요없이 인간이 제공하는 에너지와 화학물질만을 가지고 유전자조작된 식물이 식량을 생산할 수 있을 것이라는 발상이다. 쌀공장과 배추공장 등이, 1999년 60억을 돌파할 세계인구를 풍족하게 먹여살릴 수 있다는 이 꿈 같은 이야기에 우리가 기뻐할 수 없는 것은 왜일까? 그것은 인간이 땅과 자연의 섭리로부터 분리될수록 참다운 행복과는 거리가 멀어지며 잠재적인 위험은 갈수록 커진다는 사실을 우리가 막연하게나마 체득해가고 있기 때문이 아닐까?

소비자의 권리

미국에서 수입된 밀에서 우리나라 허용기준치의 무려 130배를 넘는 농약성분이 검출되어 문제가 된 적이 있었다.[26] 당시 매스컴은 수입된 밀을 당장 수출업자에게 돌려보내야 한다고 야단이었지만 무슨 까닭에서인지 보세창고에 그대로 방치되었는데, 그후 수입업자가 문제의 수입밀을 되돌려보냈다는 소식은 듣지 못했다. 확인해본 바로는 잔류농약이 기준치 이하로 검출될 때까지 여섯차례나 검사를 거듭한 끝에 '사료용'이라는 딱지를 붙여 통관하게 되었다는데, 아마도 수입업자는 사람이 직접 먹지 않을 것이므로 더이상 문제삼지 않기를 바랐을 것이다. 당시 수입업자는 수입밀을 되돌려주면 국제곡물상들이 우리에게 다시는 밀을 판매하지 않을지도 모른다는 옹색한 변명을 늘어놓았다.[27] 즉 통상압력에 대한 우려가 국민의 건강보다 우위에 있었던 것이다.

당국으로부터 자료가 없어 알려줄 수 없노라는 성의없는 답변을 반복해서 들어야 했던 환경단체들은 지난 8월 24일 〈한겨레〉를 보고 아연실색할 수밖에 없었다. 국내외에서 안전성에 대해 논란을 빚는 유전자조작 식

---

25) 〈경향신문〉 1998년 8월 11일자.
26) 〈한겨레〉 1993년 2월 4일자.
27) 월간 《환경운동》 1993년 9월호, 112~115쪽.

품이 해마다 약 100만톤 가량 수입된다는 사실을, 그것도 우리나라에 수출을 하는 국제곡물상으로부터 확인했기 때문이다. "한국은 예외일 줄 알았느냐? 우리가 수출하는 콩의 30퍼센트, 옥수수의 25퍼센트는 유전자조작 식품이다" 하고 국제곡물상이 밝힌 셈이다.

"미국에서 안전하다는 식품이므로 한국에서도 당연히 안전한 것 아니겠느냐"는 논리의 우산속에 숨어 한발도 앞으로 나가려 하지 않는 우리 식품안전당국에 비애를 느낀다. "공연히 시비를 걸어 자칫 그들의 심기를 불편하게 해서 다시는 우리한테 곡물을 팔지 않겠다고 하면 어쩌겠느냐. 유전자조작이고 뭐고 굶지 않으려면 잠자코 받아먹는 게 상책이지" 하는 생각인 것 같다. 식품은 의약품과 분명히 다르다. 다양한 상품으로 생산된 약품은 골라서 먹을 수 있고 경우에 따라서는 먹지 않고 버틸 수도 있다. 그러나 식품은 선택의 여지가 없다. 이럴 때 국민보건을 책임져야 하는 정부당국의 역할이 있는 것이다.

유럽의 예를 보면 시민들의 반대로 오스트리아와 룩셈부르크를 비롯한 많은 국가에서는 유전자조작 식품의 판매와 생산을 금지시켰고, 유럽연합 차원에서는 올해 말부터 라벨을 붙여 유전자조작 여부를 표시하도록 의무화할 예정이다.[28] 그런데도 우리나라에서는 1995년부터 미국산 유전자조작 식품이 수입되고 있었지만 시민들은 이러한 사실을 까맣게 모르고 있었던 것이다.

유전자조작 식품을 겉으로 구별할 수 있느냐는 질문을 자주 받는다. 지금으로서는 방법이 없다. 또 유전자조작 식품을 먹으면 몸에 어떤 이상이 생기느냐는 질문도 많이 받는다. 몇가지 사례로 드러난 알레르기 현상 이외에 아직까지 심각한 수준의 증상은 드러나지 않았다. 그러나 이것이 우리가 유전자조작 식품에 대해 안심할 수 있다는 뜻이 아니라는 것은 새삼 강조할 필요도 없다. 앞에서도 여러차례 지적했듯이 유전자조작의 결과가 우리 후손에게 어떤 결과로 나타날지 지금의 과학기술로는 전혀 예측할

---

28) 〈한겨레〉 1998년 8월 24일자.

길이 없기 때문이다.

　유럽에서 유전자조작 식품에 라벨을 붙이도록 강제규정을 둘 수 있다면 우리나라에서도 당연히 가능해야 한다. 통상압력에 지레 겁부터 먹고 소극적인 자세를 취해서는 안된다. 그리고, 기왕에 수입된 유전자조작 식품들은 안전성을 살펴야 한다. 특히 미국에서 안전한 식품이라고 판정이 났다 해서 우리나라에서도 무조건 안전하다는 보장은 있을 수 없다. 기후와 풍토가 다르고 사람들의 체질 역시 동일하지 않기 때문이다. 보건당국은 소비자들과 함께 공개적이고도 치밀하게 안전성을 평가해야 할 것이고, 그 결과는 즉시 공개해야 할 것이다. 아울러 우리나라에서 현재 연구개발중인 유전자조작 농산물이나 의약품 일체도 속히 공개되어야 할 뿐만 아니라, 후손의 환경과 생명에 미칠 영향이 명확히 확인되지 않은 유전자조작 생물은 생태계에 유출되지 않도록 철저히 관리되어야 할 것이다. 이상은 유전자조작 식품의 최종소비자일 수밖에 없는 시민들이 요구할 수 있는 당연한 권리요, 생명공학 관계자들이 마땅히 준수해야 할 의무사항이다.

　생명공학 육성을 위해 마련된 법에 윤리조항을 삽입하게 되었다고 해서 이제는 안심해도 좋다고 할 수는 없다. 이번에 마련된 '생명공학육성법 개정안'에 삽입하기로 예정된 '안전·윤리위원회 구성' 조항에 시민들이 그 구성원으로 포함되지 않았다는 점은 일단 접어두고라도, 우리는 문제의 본질이 현행법의 개정에 있지 않다는 사실을 인식할 필요가 있다. 즉 '생명공학육성법'에 윤리와 안전에 관한 조항을 구색맞춰 삽입할 것이 아니라, 후손의 처지에서 생명공학의 안전을 담보할 수 있는 상위법을 '생명공학육성법' 위에 두지 않으면 안된다는 것이다. 다시 말해 '전문가' 들만의 논의에 의해 제정되는 공급자 위주의 법령이 아니라 긍정적이든 부정적이든 최종수혜자일 수밖에 없는 시민들의 참여하에 공개적인 논의를 거쳐 생명공학의 윤리와 안전에 관한 법령을 제정해야 한다는 주장인 것이다.

생명공학은 미래를 위한 복음이 아니다

숱한 예를 새삼 들먹이지 않더라도 돈벌이를 지상과제로 삼는 연구개발 치고 윤리를 먼저 생각하고 안전성을 먼저 검증한 사례는 없다. 생명공학도 마찬가지다. 거대자본의 아낌없는 후원으로 적극 추진되는 생명공학 역시 시장규모를 먼저 생각한다. 돈을 향해 도열해 있는 숱한 과학기술 중의 하나에 불과한 것이다. 특히 생명공학연구는 인공위성에 탐지가 되지 않을 정도의 작은 공간과 핵산업 같은 여타의 기술연구에 비할 수 없을 정도의 적은 비용만으로도 연구가 가능하며 실험에 사용할 수 있는 재료 또한 무궁무진하다. 이러한 조건에서 거대자본으로부터 거액의 보상을 약속받았을 때 그 유혹을 뿌리칠 수 있겠는가.

안전과 윤리에 대한 충분한 논의 없이 생명공학의 육성만이 강조되는 상황에서 생태계보전이나 동물해방을 외친들 아무 소용이 없을 것이다. 생식능력이 없거나 배우자가 사망한 경우에는 인간복제를 허용할 수 있지 않겠느냐는 전문가의 견해가 무게있게 피력되는 세상에[29] 어떻게 인간복제를 계속 통제할 수 있을까? 복제양 돌리가 1997년을 장식한 세계 10대 사건으로 기록되고 얼마 지나지 않아 미국의 한 물리학자는 어린이 복제를 위한 병원을 설립하겠다고 나서 올해 초 세상을 떠들썩하게 하였다.[30] 이미 인간복제에 참여할 네쌍의 부부를 확보했다고 기염을 토한 그는, 만일 미국이 자신의 의지를 막을 경우 통제가 없는 제3국으로 가서 연구를 계속할 것임을 밝혔다. 그가 염두에 둔 제3국은 과연 어디일까? 혹시 현재 아무런 통제도 없는 한국은 아닐까?

생명공학은 식량증산이나 의학발전을 위한 미래의 복음이 아니다. 파괴되는 생태계를 그대로 방치한 채, 부족한 식량을 생명공학으로 보충하겠다는 환상은 이제 접어야 한다. 또한 환경오염으로 인해 발생한 질병을 생명공학으로 치유하겠다고 덤벼들어 생태계를 더욱 어지럽히는 오류도

---

29) 〈한겨레〉 1998년 8월 29일자.

30) 〈국민일보〉 1998년 1월 8일자.

저질러서는 안된다. 이 시점에서 우리에게 가장 시급한 것은 오염된 환경을 치유하고, 인간의 참된 건강과 행복을 보장해줄 수 있는 유일한 터전인 생태계를 보전하는 일일 것이다.

세계적인 환경단체인 그린피스는 현재 핵문제와 생명공학의 문제를 주요 의제로 삼고 있다. 어쩌면 현재의 상황에서는 핵보다 생명공학의 문제가 더욱 심각하게 다루어져야 할지도 모른다. 단 한번의 사고로도 엄청난 피해가 발생하는 핵산업이 현재로서는 매우 위험천만한 것이지만, 어쨌든 핵발전 옹호론자들의 말대로 '잘만 관리하면' 사고를 방지할 수 있을 것이고 사고가 발생하더라도 영향을 받지 않을 만큼 멀리 피하거나 잘만 엄폐하면 내 한 몸은 보호할 수 있을지도 모른다 — 그게 가능하다면 말이다. 그리고 무엇보다 핵은 지금의 과학기술 수준으로도 그 가공할 위험성을 우리가 알 수 있고, 더구나 반대여론 또한 광범위하게 형성되어 있는 상황이다. 그러나 생명공학은 문제가 다르다. 현재 아무런 이상이 없어도 앞으로 어떤 문제를 야기할지 아무도 단정적으로 예견할 수 없는 실정이다. 그리고 그것이 초래할지도 모르는 피해로부터 아무도 예외일 수 없다. 웬만한 사고가 아니라면 핵은 인간을 멸종까지 몰아가지는 않겠지만 생명공학으로 인한 사고는 인간의 발자취를 생태계에서 영원히 지워버릴 수 있다. 자식을 키우는 시민의 한 사람으로서, 그리고 조상으로부터 건강한 생태계를 물려받은 현세대인으로서, 미래세대에게 건강한 생태계를 물려줄 책무가 우리에게 주어져 있는 것이다. 이 자리를 빌어 생명공학 정책에 대한 적극적인 시민참여를 강력히 촉구한다. (통권 제43호, 1998년 11-12월호)

유전자 침범과 환경윤리

미라 퐁

변신

물고기를 토마토와 짝짓게 하거나 콩을 페추니아와 교배시킬 수 있을까? 돼지가 인간과 짝을 짓고, 토끼와 쥐가 짝을 짓게 할 수 있을까? 물론 그럴 수는 없다. 그러나 지금 몇몇 과학자들은 자연선택의 법칙을 거스르고 이러한 다양한 생물체들의 유전자들을 결합시키고 있다. 거대 화학기업들에 의해 이루어지는 이러한 비자연적인 생물조작은 유전자공학이라고 불리고 있다. 첨단기술을 통한 이러한 생물종의 변신은 실존주의 작가 프란츠 카프카로 하여금 우리 시대의 예언자가 되게 한다. 카프카 소설의 한 주인공 그레고르는 어느날 아침 잠에서 깨어나보니 자신이 한마리의 거대한 벌레로 변모해 있었던 것이다.

공장식 축사에 갇혀있는 수백만마리의 소들은 자신들의 젖꼭지가 어느날 갑자기 엄청난 크기로 부풀어 있는 것을 보게 된다. 소들은 이제 자기

미라 퐁(Mira Fong) — 대만대학 철학과를 나와 현재 미국시민으로 뉴멕시코에서 한의사로 일하면서 동물권리 보호운동에 참여하고 있다. 여기 소개하는 글은 대만의 환경잡지《新思想》1998년 9월호에 발표되었다.

새끼들을 먹이는 데 필요한 12파운드의 우유를 내놓는 것이 아니라 50 내지 60파운드의 우유를 인간을 위해서 생산하지 않으면 안되게 되었다. 이렇게 되도록 소들이 유전공학적으로 처리된 성장호르몬 주사를 맞았다는 것을 소들 자신이 알 턱이 없다.

유전자는 수천개의 유전적 암호로 구성되어 있는 청사진이다. 유전자에는 개별 유기체를 구성하는 구조와 기능과 외면적 특징을 이루고 있는 단백질들에 대한 정보가 들어있다. DNA는 미생물에서 곤충, 식물, 동물 그리고 인간에 이르기까지 한 종(種)의 특질을 궁극적으로 결정한다. DNA 속의 유전적 암호들이 신체형태, 피부색, 열매의 크기, 동물의 감관구조, 나무의 유형, 꽃피는 시기, 그리고 그밖의 수많은 특성과 기능을 결정한다.

유전공학(또는 생명공학)은 유전자를 쪼개고, 제거하고, 덧붙이고, 고립시키거나 또는 아무런 관계가 없는 유기체들간에 유전자를 재결합시키거나 전이시키는 기술이다. 유전자와 염색체에 변경을 가하면 생물종의 생화학적 구조에 교란과 혼란이 일어나고, 돌연변이가 나타날 수 있다. 그것은 일종의 인공적 진화(또는 퇴화)로서, 그 출발점에서 개별 유기체를 변화시킨다. 이에 반해 자연적 진화과정에서 변화는 자연선택을 통해서 무수한 생물체들과의 상호작용속에서 일어난다.

1950년대 초기부터 생물학자들은 DNA라는 신비스러운 이중나선에 주의를 돌리기 시작했다. 그후 20년이 경과하기도 전에 과학자들은 이미 서로 다른 종들로부터 추출한 DNA를 혼합시키고 있었다. 이러한 새 기술의 비약적인 발전으로 인간은 다양한 식물과 동물을 만들어내는 지구상의 새로운 생명창조자가 되었다. 이제 우리의 손가락 끝으로 자연적 진화과정이 멈추어질 수 있게 되었고, 그리하여 생명의 의미가 영원히 바뀌어버렸다. 우리는 종교와 자연과 개성이 과연 무엇인지 다시 정의하지 않을 수 없게 되었다.

모든 살아있는 시스템 속의 세포역학은 상호인정과 상호의존을 필요로 한다. 즉, 특정한 종의 생존에 적합한 안정성과 균형을 유지하기 위해서는 개별적인 유기체의 삶과 전체 생명권 사이에 끊임없는 협력이 있어야 하는 것이다. 가이아 가설의 전일적 개념에 따르면, 유기적 생명(움직이는 부분)과 지질학적 환경(움직이지 않는 부분) 사이에 정교한 상호참여가 진화의 불가결한 조건으로서 전제되어 있다. 생명공학은 생물종의 온전성을 교란시킴으로써, 다시 말해 자연의 지혜에 경멸을 표시함으로써 이러한 근원적인 정교함을 무시한다. 과학은 인간의 욕망과 시장가치를 위해서 다른 생물체들의 유전자구조 자체를 변경시켜놓을 수 있게 된 것이다. 동식물과 숲과 산과 바다는 오로지 인간에게 이익을 주기 위해서 존재하는가?

항변

이러한 인위적 변형으로 인한 많은 희생물 가운데 가장 큰 고통을 받고 있는 것은 공장식 축산농장의 동물들이다. 그들은 마치 태어난 유일한 목적이 인간의 먹이가 되는 것에 있는 것처럼 삶의 전체가 공장식 축사속에 갇혀서 기계들에 의해 통제된다. 그들은 하늘을 바라보거나 땅냄새를 맡을 기회를 단 한번도 가져보지 못한다. 그들은 우리의 애완동물들이나 야생동물들, 또는 인간 자신과 같이 살아있는 존재로서의 즐거움이나 자유를 경험할 수 없다. 축산농장의 동물들은 평생에 걸쳐 가장 잔인하고 혹독한 대접을 받는다. 이 극단적인 불행은 그들이 먹이동물이라고 이름붙여졌기 때문이지만, 그러나 그 동물들도 우리 자신과 그다지 다르지 않게 느낌을 가진 존재들이다.

유전공학의 산물인 슈퍼돼지는 인간성장 호르몬을 통해 인위적으로 체중을 불린, 따라서 병든 동물이다. 이 슈퍼돼지는 인간성장 호르몬으로 인한 심한 관절염과 시력손상을 포함한 여러 부작용을 감내해야 한다. 지금 돼지들은 그 새끼들의 장기가 인간에게 이식될 수 있도록 인간유전자로써 변형되고 있다. 조만간 공장식 돼지 축산농장 이외에, 돼지 장기농장들이 생겨날 것이다. 지프(geep)라고 하는 새로운 생물체는 반은 염소(goat)이며, 반은 양(sheep)이다. 자연속에서 그 두 종은 짝을 짓지 않는다. 그러나 우리의 현대적 연금술사들은 이미 과거에 존재하지 않았던 그러한 새로운 종을 완벽하게 만들어내었다.

그리고, 닭의 경우도 마찬가지이다. 오늘날 닭은 정상적인 크기보다 두 배쯤 더 성장하도록 개량되어왔다. 닭의 다리는 더이상 자신의 몸무게를 지탱하지 못하고, 그 결과 닭은 심장과 폐에 엄청난 부담을 느낄 뿐만 아니라 다리 통증과 기형에 시달리고 있다. 흔히 이런 닭 가운데 생후 6주가 되기 전에 심장마비를 경험하는 것들이 적지 않다. 그밖에 집약번식에서 오는 전염병의 만연으로 죽는 닭들도 많다. 소 성장호르몬 유전자로 조작된 닭들의 경우 그 신진대사 기제는 전체적으로 균형을 상실하고 있다. 그러한 유전자변이로 인한 고통의 강도가 어떠할지는 상상할 수 없다.

언젠가는 우리가 저녁식탁에서 더 많은 닭다리를 즐길 수 있도록 닭들이 지네 유전자로써 조작되어 두개 이상의 다리를 가지게 될지도 모른다. 또는, 닭들은 머리도, 날개도, 꼬리도 없는 튜브 같은 것으로 변형되어 우리들을 위하여 더 많은 살코기를 제공하고 상업적으로 좀더 다루기 쉬운 것이 될지도 모른다. 이러한 새로운 동물종을 어떻게 보살필지 아는 사람은 없을 것이다. 아니, 실은 어떠한 수의사도 필요없을 것이다. 더이상 생물이라고 할 수 없는 이 새로운 먹이기계는 수백년에 걸친 동물의 권리에 대한 논쟁에 종지부를 찍게 될 것이다.

축산농장의 동물들은 동물왕국의 일원이 아닌가? 그들도 이 땅위에서 그들 나름의 여행을 즐기도록 태어난 존재들이며, 다른 모든 생명체들과 같은 동등한 자비로움과 보호를 받을 자격을 가지고 있다. 그들이 윤리적인 고려로부터 배제되고, 심지어 공용 텔레비전의 자연 다큐멘터리 프로그램으로부터도 배제되고 있는 주된 이유는 그들이 축산농장에서 순순히 길러지고 마침내 우리의 먹이로 될 만큼 순하고 죄없는 동물이기 때문이다. 만일 코끼리나 돌고래와 같은 야생동물들이 그러한 비참한 형편에 놓여있다면 우리는 크게 노여워할 것이다.

멋진 신세계

지난 3백만년에 걸쳐 인간은 다른 영장류처럼 다른 동물들과 조화롭게 살면서 대부분 채식을 하는 종으로부터 서서히 진화해왔다. 그러면서 우리는 천천히 농업과 언어와 무기를 발전시켰다. 산업혁명 이후 지난 2백년 동안 우리의 힘은 폭발적으로 치솟아올라 우리의 기술문화는 놀라운 속도로 발달해왔다. 세계인구는 곧 60억에 달하고, 다음 30년 후에 그 두 배로 증가할 것이다. 다니엘 퀸은 《B의 이야기》라는 책속에서 인구폭발에 관한 시나리오를 묘사하고 있다. 그는 우리에 갇힌 쥐들은 먹을 것이 공급되는 한 번식을 계속한다는 것을 보여주고 있다. 퀸의 결론은 에콜로지의 근본법칙에 토대를 두고 있다. 즉, 한 생물종에게 주어지는 먹을 것이 계속 증가하면 그 종의 인구가 증가하게 마련인 것이다. 유전공학은 이미 지구와 그 자원에 부담을 주고 있는 과잉인구를 부채질하기 위하여 비자연적인 방법으로 식량생산을 증가시키는 것을 겨냥하고 있다.

현재 지구상에는 12억8천만마리의 소가 있고, 이것이 지구자원을 더욱 고갈시키고 있다. 미국에서만 하루에 10만마리의 소가 우리의 식욕을 만족시키기 위해 도살되고 있다. 조만간 지구는 인간종과 수십억마리에 달하는 인간의 먹이동물들로 꽉차게 될 것이다. 그밖의 다른 생물종들은 그들의 자연적 서식지를 잃고 소멸하게 될 것이다. 식사패턴과 인간행동 사이에는 긴밀한 연관이 있고, 고기먹기를 강조하는 세계적 움직임속에서 사회적으로 공격적 성향이 증가하고 있다. 그 결과 우리 인간은 지구상에서 가장 치명적인 약탈자들이 되었다. 빠르게 성장하는 새로운 생명공학 산업은 마침내 상상을 초월하는 멋진 신세계로 우리를 데리고 갈 것이다. 플라톤도, 다윈이나 현대적 진화론자들도, 또 윤리학자들도 그러한 새롭고 이상스러운 세계에 대하여 어떠한 의미도 부여할 수 없을 것이다.

생명기술 기업들은 또한 새로운 종들 ─ 유전자조작된 박테리아, 씨앗, 영장류, 돼지, 소, 닭, 개, 토끼, 쥐들에 대한 특허권으로부터, 그리고 그러한 특허권에 의한 새로운 종들의 소유로부터 막대한 이득을 취한다. 최초로 특허 등록된 동물은 1992년에 암 연구를 위하여 유전자조작된 '온코 마우스' 였지만, 다른 많은 종들도 곧 뒤따를 것이다. 실험실에서 만들어진 동물들의 특허화는 종교적으로나 윤리적으로나 받아들일 수 없을 뿐만 아니라 인간이 다른 살아있는 존재들을 착취하는 끊임없는 가능성을 열어 주고 있다.

혼란

대량생산을 위하여 몇몇 선택된 작물을 생산하는 단작농법은 그 자체로 자연을 인위적으로 조작하는 행위이다. 그러한 농법은 살충제와 제초제를 엄청나게 살포하는 것과 함께 토양을 파괴하고 생명다양성을 위협한다. 생명공학을 통하여 제초제에 대하여 저항력을 가진 작물을 심으면 ─ 이것은 유전자공학의 주된 프로젝트 중의 하나인데 ─ 농부들은 작물을 손상시키지 않고 더 많은 수준의 제초제를 살포할 수 있게 된다. 그렇게 되면 악순환이 생기거나 우리의 환경을 심각하게 오염시키고, 동물들은 독물중독으로부터 피할 수가 없게 될 것이다.

또다른 위험은 생명기술이 우리에게 새로운 종류의 질병저항 작물들을 약속해준다는 점이다. 유전자변이 작물들은 바이러스, 박테리아, 동물 및 다른 식물들의 유전자를 포함하고 있다. 예를 들어, 유전자변이 토마토와 딸기들 속에는 그것들이 서리에 저항할 수 있도록 북극의 물고기로부터 추출된 반결빙 유전자가 포함되어 있다. 이러한 기괴스럽고 초현실적인 조합은 숙주의 유전적 기능에 교란을 가할 뿐만 아니라 식물들에게 극히 혼란스러운 생화학적 돌연변이를 일으키게 할 수 있다.

유전자변이 작물들이 야생의 식물들과 이화수정을 할 때, 그 과정에서 그 작물의 유전적 특성들 ─ 항생물질에 저항하는 특성을 포함하여 ─ 이 넓은 범위로 확산될 수 있다. 그러면 언젠가는 이것이 새로운 돌연변이를 일으키고, 농경지는 인간의 무분별한 유전자조작을 통해 만들어진 슈퍼잡초로 뒤덮이게 될 것이다.

선진국의 실험실에서 만들어진 새로운 작물들은 저개발국가들의 수백만 농민들의 생계를 위협하고 있다. 예를 들어, 실험실의 산물인 코카 버터와 새로운 설탕 대체물은 가난한 나라의 수백만, 수천만 농민들의 일거리를 박탈할 수 있다. 새로운 생산물은 그러한 기술을 소유할 여유가 없는 가난한 나라의 농민들에게 도움이 될 수 없을 것이다. 작물생산의 증가는 이미 풍요를 누리고 사는 나라들에게 주로 혜택을 줄 뿐이며, 그 이익은 일차적으로 다국적기업들에게로 돌아간다. 이들 기업은 지금 과학적 진보라는 이름으로 새로이 전지구적인 규모로 상업적 독점체제를 만들어내고 있다.

유전자조작된 연어에는 북극해의 가자미 유전자가 포함되어 있고, 이 때문에 연어는 여섯배나 더 크고 빠르게 성장할 수 있게 된다. 그러나 언젠가는 이들 연어가 야생의 환경속으로 들어가 예측불가능한 생태적 교란을 일으킬 수 있다. 어떤 바이러스의 DNA는 쥐의 내장속으로도 통과하여, 세포 구석구석으로 침투할 수 있으며, 그 결과 암을 비롯한 유전자 손상을 일으킬 수 있다. 암은 30년 이상의 의학연구로도 그 치유방법을 아직 발견하지 못한 질병이다.

유전자는 무한정으로 복제하고, 확산되며 결합한다. 우리는 이러한 과정을 멈추게 할 수단을 갖고 있지 않다. 우리는 그러한 유전자가 보이지 않게 자기의 길을 가도록 내버려둘 수밖에 없다. 엄청난 양의 바이러스 유전자들이 야생의 친척들과 결합함으로써 치명적인 질병을 일으킬 수 있는 슈퍼바이러스가 생겨날 수 있다. 영국 개방대학 생물학과의 매완 호 박사에 의하면, "현재 물고기에서 사용되고 있는 벡터[1]는 수생의 백혈병 바이러스로 된 틀을 갖고 있는데, 이것은 생쥐들에게 백혈병을 일으키지만 모든 포유류의 세포에도 감염될 수 있다. 유전자공학에서 사용되는 벡터들은 넓은 범위에 걸쳐 다양한 생물종들에게 감염될 수 있다. 유전자공학은 나쁜 과학과 나쁜 상행위가 위험한 동맹관계를 맺은 것이다."

---

1) 벡터(vector) ― 원래는 매개자의 뜻으로, 예를 들어 큘렉스 모기는 일본뇌염 바이러스의 벡터이다. 생명공학에서는 유전자를 숙주세포에 도입시키기 위한 운반자를 가리킨다. 숙주세포로부터 쉽게 분리하여 재조합DNA 분자를 만든 후 다시 숙주세포에 도입할 수 있고 숙주세포 내에서 자율적으로 증식할 수 있어야 하는데, 이때 바이러스가 흔히 사용된다.(일본 DNA 연구소 편 《바이오테크놀러지 용어사전》 전파과학사, 1992년)

병원균, 궁극적 약탈자

1997년은 축산농장의 동물들에게는 엄청난 재앙의 해로 불릴 수 있다. 전세계에 걸쳐 농장동물들 사이에 전염병이 폭발적으로 창궐하였고, 이 때문에 과학자들은 주로 항생제 남용으로 인한 전지구적인 전염병에 우리가 다시 한번 직면하고 있지 않은가 하는 우려를 갖게 되었다. 지금 고기와 가금과 낙농제품들은 포도상구균 이외에 두 종류의 대장균에 오염되어 있다. 유전자공학은 이 문제를 크게 복잡하게 만들어놓을 수 있다. 실험실의 유전자변이 유기체들은 환경속으로 일단 풀어놓게 되면 종간 벽들을 가로질러 확산되어 새로운 질병들을 만들어낼 수 있는 것이다. 위험스러운 것은 그것들이 쉽사리 항생물질에 대한 저항력을 크게 발전시킬 수 있다는 점이다. 근년에 와서 콜레라나 말라리아, 결핵과 같은 오래된 질병들이 항생제에 대한 내성을 가진 새로운 종류의 균의 형태로 되돌아오고 있다. 그와 동시에 새로운 병원균들도 생겨나고 있다. 이에 대처하기 위하여 의학 실험실들에서는 새로운 연구 때문에 수십억이 넘는 동물들이 희생당해야 할 것이다. 다른 생명체들이 당하는 일은 결국 우리가 당하는 일이 될 것이다.

앞으로는 알레르기 전문가들은 새로운 알레르기를 다루기 위해서 유전자행동을 연구해야 할 것이다. 왜냐하면 유전자공학은 인공적으로 조작된 식품에 새로운 단백질들을 첨가하는 일을 포함하고 있기 때문이다. 단백질은 대부분의 알레르기의 원인이기 때문에 유전자공학은 알레르기를 악화시킬 수 있다. 우리는 지금 실험동물이 되어가고 있으며, 우리 자신의 동의 없이 거대한 생명공학의 실험실속으로 떼지어 끌려들어가고 있는 중이다.

전지구적 침범

우리는 오로지 단기적인 이익 때문에 살아있는 행성에 대한 아무런 존경심도 윤리적인 고려도 갖고 있지 않은 사람들에게 우리의 식량문제와 지구의 장래를 맡겨둘 수 있는가? 생명공학은 세계의 식량공급의 큰 부분을 통제하는 거대 농기업에 의해서 장려되고 있다. 그리고 그 선두에는 기괴한 연금술의 모험을 즐기며 생물종들 사이의 경계를 무시하는 과학자들이 있다. 하느님조차도 그 결과가 어떻게 될지 예측을 할 수가 없다. 생명공학은 잠재적으로 일찍이 인간에 의해 만들어진 것 중에서 가장 위험스러운 자연파괴 수단이 되었는데, 그 위험성은 장기적으로 볼 때 핵무기보다도 훨씬 더 심각한 것이다.

정부는 어째서 이 중요한 문제에 대하여 그토록 자기만족적이며, 우리들이 정확한 정보를 갖게 해주지 않는가? 생명공학이 우리에게 식량공급의 안전성과 풍족함을 약속하고, 따라서 더이상의 인구성장을 약속하기 때문일 것이다. 당분간 우리는 풍요로움과 계속적인 경제성장이라는 외관에 속아 위안을 받을 수 있다. 그러나 우리는 계속하여 우리의 환경을 더럽히고, 야생지를 공격하며, 자연적으로 다른 생물들에게 속한 영역을 침범해 들어가고 있다.

새로운 기술들은 인간이 자연과 직접적인 모성적 유대를 맺는 데 필요한 가장 중요한 과정들을 파괴하고 있다. 다른 동물들이 그런 것처럼 인간도 자연과 신체적 접촉을 하고, 자연이 베풀어주는 것들과 지혜를 지구상의 다른 생물들과 함께 나누면서, 호기심과 겸손한 태도를 가지고 삶을 누리고 유희를 즐길 필요가 있다. 그러나 현대인은 권력과 소유와 생산, 기술적 효율성과 속도에 사로잡혀 있다. 적어도 박애적인 협동사회속에서 살아갈 능력이 있는 개미나 벌들과는 달리, 우리는 계속하여 우리 자신의 이기심만으로 행동하고 있다. 다니엘 퀸이 자신의 책 《이쉬마엘》에서 말하듯이, 우리는 땅위에서 '떠나가는 자'가 되는 대신에 오로지 '빼앗는 자'가 되었다. 우리의 도덕적 책임감의 후퇴는 현재의 생태적 위기를 가속화할 뿐이다.

모든 생물종과 그들의 서식처는 생명공동체의 구성원들이다. 들에 핀 데이지꽃들에서 큰 바다의 고래들에 이르기까지, 사막에서 열대우림에 이르기까지 각자는 제나름의 지능과 성질과 의식을 갖고 상호적 동의속에서 창조적으로 진화하고 있다. 각자는 보호받을 권리가 있다. 이러한 종들의 하나일 뿐인 인간은 지금 제어할 수 없는 상태로 되었다. 인구폭발, 새로운 질병의 발생, 가속화하는 범죄율, 우리의 약탈적 경제정책들 이외에 우리 각자가 낭비적인 소비자로서 지구를 파괴해가는 방식이 그러한 제어 불능의 상황에 대한 증거가 되고 있다.

수백만년에 걸친 진화의 노력은 불과 몇십년 내에 무용지물이 될 가능성이 크다. 예를 들어, 개구리와 같은 민감한 종들은 미국의 몇몇 지역에서 이미 환경오염으로 인한 돌연변이로 기형의 모습을 보여주고 있다. 우주의 존재 배후에 있는 빅뱅의 신비를 우리가 알아내지는 못하면서도, 인간역사는 이미 제2의 빅뱅 — 우리가 알고 있는 모든 것을 근본적으로 변경시킬 유전자공학을 통한 대폭발 — 으로 들어가고 있다. 인간이라는 종의 안전을 확보하기 위해 우리가 사용하는 현재의 기술들이 의미하는 것은 바로 자연의 종말이다. 생명다양성이 없다면 지구는 진화할 수 없고, 필연적으로 쇠퇴할 수밖에 없다.

절망속의 희망

이 전지구적인 위기의 때에, 우리 각자는 새로운 윤리적 활력을 일깨우고, 우리의 행성이 상업적 약탈세력에 저항하기 위해 필사적으로 필요로 하는 에너지와 도덕적 책임감을 확보해야 한다. 우리가 그렇게 해야 하는 것은 우리 자신의 정신적, 육체적 건강과 의미있는 삶을 위해서, 살아있는 지구의 거룩함을 위해서이다. 모든 생명의 장래에 우리 자신의 장래가 달려있다. 우리는 집단적인 노력 없이 지구가 처한 불행한 운명을 치유할 수 없을 것이다. 자기만족을 취하려고 하기보다 우리 모두는 다른 생물들에게 희망을 주기 위해서 다소나마 희생을 할 필요가 있다. 빌 메키벤은 그의 책《자연의 종말》에서 깊이 감동적이고 신선할 만큼 비인간중심적인 발언을 한 바 있다. "나는 우리가 지금, 바로 오늘, 우리의 수를 줄이고, 우리의 욕망과 야망에 제약을 가한다면, 아마도 우리 시대나 우리의 아이들의 시대, 또는 그들의 아이들의 시대에는 아닐지라도 언젠가는 자연이 자신의 독립적인 기능을 회복할 수 있으리라는 절망속의 희망을 갖는다."

유전자조작 생산물에 표시를 해야 한다는 규정이 없는 한 우리는 그것들을 회피할 방법이 없다. 그러므로, 우리는 정부가 모든 유전자변이 생산물에 표시를 엄격히 강제하도록 강력히 요구해야 한다. 우리는 유전자공학에 의해 만들어진 가공식품을 거부할 수 있고, 이 중요한 문제에 대해 지역공동체를 교육시키는 일을 시작할 수 있다. 우리는 지역에서 기른 유기생산물을 구입함으로써 지역농민들을 지원할 수 있고, 생태친화적 채식주의 식사로 전환할 수 있다. 우리가 신선한 공기를 숨쉬고, 음식을 먹고, 자연의 아름다움을 즐기는 한, 이 모든 것은 어머니 대지(大地)와 수십억년에 걸친 그 지속성 덕분인 것이다. (통권 제44호, 1999년 1-2월호)

암소 — 우유생산기계?

유전공학의 생명관

크레이그 홀드리지

우리가 우유를 마시거나 요구르트와 치즈를 먹을 때, 우리는 그러한 제품의 소비를 통하여 수많은 사람들의 노동에 연결된다. 농부들, 낙농제품을 실제로 생산하는 사람들, 그 제품들을 시장에 내놓고, 팔고, 유통시키는 사람들, 이러한 활동을 고안하고 거기에 필요한 기계들을 만드는 사람들 그리고 그밖의 많은 사람들이 있다.

이 모든 활동은 우리의 낙농제품의 일차적인 원천, 즉 암소로부터 시작된다. 그리고 암소는 또한 젖을 생산하기 위하여 초원의 풀들과 들꽃들에 의존한다. 동시에 암소의 똥은 바로 그러한 식물들을 비옥하게 한다.

동물을 하나의 생명체로 보면서 괴테는 다음과 같이 썼다.

> 그리하여 우리는 동물 하나하나를 하나의 작은 세계, 즉 그 나름의 방
> 도를 가지고, 그 자신을 위해 존재하는 유기체로서 바라보게 된다. 모든

크레이그 홀드리지 (Craig Holdrege) — 미국 뉴욕주 호손밸리의 발도르프학교의 교사. 생물학자. 이 글은 그의 책 *Genetics and the Manipulation of Life*(1996)의 한 부분을 옮긴 것이다.

생물은 그 나름의 존재이유를 가지고 있다. 생명체의 모든 부분들은 서로서로에게 직접적 영향을 주고받는 상호관계를 맺고 있으며, 그럼으로써 끊임없이 생명의 순환을 다시 새롭게 한다.

이러한 각도에서 암소의 모습을 간단히 묘사해보자.

소는 풀을 뜯어먹고 사는 동물이다. 소는 자신이 먹는 먹거리 가운데서 살아간다. 소는 머리를 땅바닥으로 내리고, 부드럽고 촉촉한 주둥이의 앞끝으로 풀밭의 식물들(또는 외양간의 건초)에 접촉한다. 소는 식물들을 이빨이나 입술로 깨물어 뜯지 않는다. 그 대신 소는 자기의 거칠고, 근육이 발달한 혓바닥으로 식물을 감싸고, 그런 다음 그것을 찢는다. 소는 이런 식으로 자기의 혀를 사용해야 할 필요가 분명히 있다. 부드러운 먹이를 취하게 될 때 소는 보통 때보다도 훨씬 더 많이 자기의 동료 소들을 핥기 시작한다. 소의 혀는 거친 것이 주는 자극을 필요로 하는 것이다.

얼마간의 식물을 찢어서 어느 정도 씹은 다음, 소는 한입 가득해진 먹이를 삼킨다. 이러한 활동은 몇시간 동안 계속된다. 먹이는 소의 네개의 위 가운데 첫번째의 커다란 위에 도달한다. 소의 왼쪽 복강(腹腔) 전체를 차지하고 있는 제1위장 내에는 45갤런 정도의 음식물이 들어갈 수 있다.

제1위장 내에서의 소화작용은 거친 형태의 먹거리의 주성분인 난소화성 섬유소를 분해하는 미생물들의 도움으로 이루어진다. 박테리아 활동과 소화액 분비 그리고 위장 근육활동 등은 모두 그 거칠고 조잡한 먹이가 주는 자극에 의해 이루어진다. 실제로, 소의 제1위장이 성장을 멈추고 위장으로서의 기능을 하기 시작하는 것은 송아지가 풀이나 건초를 먹기 시작할 때이다.

제1위장이 반쯤 채워졌을 때, 부분적으로 소화된 먹이의 일부는 입으로 되돌아간다. 그리하여 되새김질이 시작된다. 소들은 보통 땅바닥에 누워서 되새김질을 한다. 그들은 턱뼈를 순환적이고 리드미컬하게 움직이면서 양쪽 뺨 사이의 먹이를 자근자근 으깬다. 풀밭에 누운 채 먹이를 으깨고 소화시키는 데 안으로 열중하고 있는 소들의 조용한 모습에 많은 사람이

익숙해 있을 것이다.

소화작용을 위해서는 몸속에서 수분이 집중적으로 생산, 순환, 분비되지 않으면 안된다. 그 과정은 머리에서 시작된다. 소가 되새김질을 하는 동안 타액선(唾液腺)이 하루 40갤런이나 되는 엄청난 양의 타액을 분비한다. 먹이가 건초처럼 마른 것일수록 타액은 더 많아지고, 소 한마리가 마시는 물의 양은 더욱 많아진다. 기능적으로 볼 때, 소의 입은 다섯번째 위장이라고 볼 수도 있다.

되새김질이 끝나면, 삼켜진 먹이는 처음에 나머지 세개의 위장으로 들어갔다가 다음에 소장으로 들어간다. 이들 내장속에서 먹이의 수분은 제거되고, 마침내 먹이가 완전히 분해되어 혈관속으로 흡수될 때까지 새로운 소화액들이 나온다.

소들에게 있어서 특징적인 것은 그들의 물기많은 똥이다. 그것은 양이나 사슴 같은 다른 반추동물들의 단단한 똥과 매우 대조적이다. 소의 대장은 이 마지막 소화기관에서 그다지 많은 수분을 흡수하지 않는다. 실제로, 그 축축한 주둥이에서 소화기관 전체를 거쳐, 똥에 이르기까지 소는 다른 반추동물보다도 많은 수분을 보여준다.

소화과정은 혈액에 관련되어 있고, 혈액은 몸의 모든 기관들을 연결시키는 대부분 수분으로 된 기관이다. 타액 1쿼터를 위해서 혈액 300쿼터가 타액선을 통과해야 한다. 그밖의 다른 소화기관들도 그 비슷하게 강력한 혈액순환으로 유지된다.

소화과정을 특징짓는 집중적인 물질변형과 액상물질의 분비는 우유의 형성과 분비에서 한층 강화된다. 1쿼터의 우유를 위해서 300 내지 500쿼터의 혈액이 유방을 통과한다. 그리하여 유방의 선(腺)들이 전혀 새로운 물질 ‒ 우유를 만들어낸다. 이것은 암소가 사용하거나 배설하는 물질이 아니다. 그것은 또다른 성장하는 생명체 ‒ 송아지에게 소용이 되는 것이다. 암소는 송아지를 낳은 뒤 비로소 우유를 생산하기 시작한다. 그리고 송아지는 어미소의 젖꼭지를 빨기 시작한다.

이런 식으로 우리가 암소의 모습을 그려볼 때, 우리는 암소를 하나의 총체적 생명체로서 보기 시작한다. 초보적인 방식이기는 하지만, 우리가 소의 각 부분을 다른 부분들과의 관계속에서 바라봄으로써 그 동물이 하나의 전체로서 드러나게 되는 것이다. 이런 노력의 한가지 결과는 우리가 우유를 더이상 우리가 소비하는 제품으로서 고립되게 보지 않는다는 것이다. 우리는 소비자로서 흔히 소에 대한 우리의 관계를 당연한 것으로 생각한다. 그러나 우리가 소를 하나의 생명체로서 보는 통찰력을 갖게 될 때, 이 관계는 고양된다.

인간이 소를 길들이기 시작한 것은 수천년 전으로 거슬러 올라간다. 시간의 경과에 따라 이러한 상호작용을 통해서 각기 다른 특성을 가진 다양한 품종의 소들이 태어났다. 품종에 따른 이런 특성들은 부분적으로 동물을 길들이는 사람들의 목적을 반영하고 있다. 사람들은 그들 자신이 마음속에 가지고 있는 그림을 가축(또는 식물)속에서 실현시키고자 한다. 나아가서, 우리가 지금 이러한 동물을 돌보는 방식은 많은 경우 우리 자신이 어떠한 관점을 가지고 있는가에 따라 정해진다.

이번 세기까지 암소는 매일 젖떼기 전의 송아지가 먹을 만큼의 우유 ― 현재의 품종으로 2 내지 3갤런(인도에서는 하루 반갤런 정도) ― 를 내놓았다. 오늘날, 젖소의 우유생산은 매일 7갤런을 넘어갈 수 있게 되었다. 이와 같은 증산은 본질적으로 지난 50년 사이에 일어났다.

그러한 증산이 어떻게 가능해졌는가? 첫째, 품종개량을 통해 그 크기 때문에 보다 많이 먹고, 보다 많이 소화하고, 그래서 더 많은 젖을 내놓는 보다 큰 암소를 낳고 기르는 것으로써, 둘째 그러한 암소에게 먹이를 주는 방법을 변경함으로써 이 일이 가능해졌다. 암소의 먹이로서 보다 많은 고단백성 곡물이 주어질 때, 암소는 보다 많은 우유를 내놓는다. 그러나 우리가 앞서 본 것처럼, 소들에게는 거칠고 조잡한 먹이가 반드시 필요하기 때문에 소의 먹이를 변경시키는 데에는 한계가 있다.

쇠고기용으로 품종개량된 숫소에게 조섬유 먹이를 주어야 할 필요성을 제거하기 위해 한가지 간단한 방법이 개발되었다. 숫소들에게 거칠고 조잡한 먹이를 주는 대신 플라스틱 수세미 ― 우리가 슈퍼마켓에서 살 수 있는 — 를 '먹도록' 하는 것이다. 실험적으로, 테이프로 싼 여덟개의 수세미를 차례차례로 숫소의 목구멍 너머 제1위장으로 억지로 밀어넣었다. 일단 위 안으로 들어간 다음에 테이프는 곧 수세미와 분리되었고, 수세미들은 "숫소의 위내에 있는 다른 먹이들의 표면에서 떠다니다가 거칠고 조잡한 먹이를 먹었을 때의 반추동물들에게서 관찰되는 것과 유사한 매트를 형성하는 것이 관찰되었다." 그리하여 수세미들은 평생동안 소의 위장내에 머물게 되는 것이다.

이 실험은 100퍼센트의 농축사료와 함께 플라스틱 수세미를 먹은 숫소들이 85퍼센트의 농축사료와 함께 15퍼센트의 조섬유 먹이(옥수수)를 먹은 소들과 거의 비슷한 비율로 성장한다는 것을 보여주었다. 수세미들이 거친 먹이와 유사한 방식으로 위장벽을 자극하는 것이 분명했다.

이 연구를 수행한 뢰어치(Loerch)는 "조섬유 먹이가 상대적으로 열량이 낮고, 값도 비싸기 때문에, 다른 희생을 치르지 않고 조섬유 먹이를 소의 식단에서 제거할 수 있다는 것은 이익이 클 것이다"라고 생각했다. 농부가 이 방법을 써서 실제로 돈을 절약할 수 있을지는 분명하지 않다. 왜냐하면 15퍼센트의 추가적인 농축사료를 사용하는 것이 그에 상당하는 옥수수 먹이를 생산하거나 구입하는 것보다 더 싸다는 보증이 없기 때문이다. 그러나 일부 농부들과 축우장에서 뢰어치의 방법이 사용되어왔음이 분명하다. 대학에 재직하는 동물과학자로서 그는 "도살된 소들의 위장관내에서 플라스틱 수세미들을 발견하고 어리둥절해진 도축업자들로부터 많은 전화를 받아왔다고" 보도되고 있다.(〈뉴욕타임스〉 1992년 8월 29일자)

이 사례는 매우 예시적이다. 그것은 비용을 절감하고자 하는 욕망이 농업분야의 연구에서 얼마나 강력하게 결정적인 요인이 되고 있는지를 보여줄 뿐만 아니라 연구대상인 동물이 얼마나 좁은 테두리에서 파악되고 있는가를 보여준다. 거친 먹이를 필요로 하는 소의 기본욕구는 하나의 단순한 기계적 기능으로 축소되고, 그리하여 그것은 대체가능한 것으로 된다.

건초나 저장목초가 주는 감각적 질 — 맛, 냄새, 결 — 은 전혀 고려되지 않는다. 영양상의 고려는 조섬유 먹이가 열량이 낮은 것이고, 따라서 빠른 성장에 비효과적이라는 것을 확인하는 것으로 축소된다. 숫소는 이제 플라스틱 수세미들이 너무 커서 입으로 되돌릴 수 없기 때문에 더이상 되새김질을 할 수 없다. 이것은 소의 행복과 생리학에 아무런 의미를 갖지 않는 것일까? 거친 먹이 대신 플라스틱 수세미를 소에게 주는 일의 배후에 있는 것은 소를 하나의 생명체가 아니라 단순히 하나의 메커니즘으로 보는 시각이다.

아마도 좀더 개명된 시대가 온다면, 우유나 쇠고기 같은 식품의 영양학상의 질은 생화학적 분석의 결과만이 아니라 그 동물들이 길러지고, 보살핌을 받는 방식에도 의존한다는 사실이 발견될 것이다.

비용효과를 강조하는 일방적인 경제적 관점과 그에 결합되어 소를 하나의 메커니즘으로 보는 시각은 우리 시대에 갈수록 지배적인 경향이 되어왔다. 이것은 특히 생명공학에서 그러하다.

> 유전자변형 가축의 우유속에 인간에게 약이 되는 단백질을 생산하게 한다는 것은 매력적인 가능성으로 되어왔다 … 그러한 분자기술은 여러 가지 이유로 인기를 끈다.
> 그것은 엄청나게 높은 양적 생산성의 증대, 낮은 목축비용, 그리고 '우유생산 기계'〔즉, 젖소〕의 무제한적인 증식에 대한 잠재적 가능성을 제공한다 … 〈생물/기술〉지(誌) 이번 호에서 세 그룹이 이러한 이익을 실현하는 데 이루어진 중요한 진보에 대해 보고하고 있다 … 그들의 연구결과들은 동물들을 상업적 생물기계로서 이용하는 것의 타당성을 설득력있게 보여주고 있다.

끊임없이 우유를 증산하려고 하는 시도에는 소들을 상업적 생물기계로서 취급하는 태도가 반영되어 있다. 이렇게 그 생물기계를 특정 방향으로 조정해나가는 과정에서 몇몇 원치 않은 부작용이 수반되어왔다. 그 부작용에는 불임, 유선염, 그리고 다리와 발굽 상해 등이 포함된다. 우유 생산성이 높은 암소들은 흔히 3년간의 수유기간이 지난 뒤 (5살 때에) 도살된다. 짧은 기간 내에 가능한 한 많은 우유를 생산해야 한다는 요구가 없다면, 암소는 보통 3~4년의 수유기간이 지난 뒤 우유생산이 절정에 이르고, 그후로도 여러 해에 걸쳐 건강한 수유를 계속할 것이다.

우리가 소를 하나의 생명체로서 보기 시작할 때, 우리는 우리가 행하는 조작의 기대효과란 오직 많은 변화 가운데 하나일 뿐일 공산이 크다는 사실을 배운다. 생명체의 관점에서 볼 때, 부작용이라는 것은 있을 수 없다. 생명체는 하나의 유기적 전체이다. 만약 우리가 부분을 변화시킨다면, 전체가 변화한다. 그리고 이 변화는 어떠한 기대된 효과라도 그것을 훨씬 넘어가는 방식으로 나타나기 쉽다.

따라서, 우유증산에 수반하여 유선염이 발생할 수 있다는 것은 놀라운 일이 아니다. 유선염은 유방의 염증이다. 유선염은 감염성 질병이기 때문에 박테리아가 젖꼭지 틈으로 유방으로 들어가는 것을 막기 위해서 엄격한 위생절차가 필요하다. 수유기 동안 유방속의 집중적인 혈액순환 때문에 유방은 염증에 대해서 취약하다. (혈액순환의 증대는 언제나 염증이 있는 기관속에서 일어난다. 그렇게 하여 염증조직이 더워지고, 붉어진다.) 우유생산이 극한으로 증대될 때, 유방은 박테리아 없이도 거의 염증을 일으킬 수준에 다다른다. 소의 생리는 커다란 스트레스에 짓눌리고, 그리하여 박테리아가 유방으로 들어오면 유선염에 쉽게 걸리게 된다.

1993년 11월에 미국 식품의약청(FDA)은 유전자 재조합으로 만들어진 소성장 호르몬(rBGH)을 투여받은 암소에게서 나온 우유, 유제품 및 고기의 상업적 판매를 승인했다. 이 호르몬은 소의 성장호르몬 생산에 관계하고 있는 DNA로 유전자변형된 박테리아에 의해 생산된 것이다. 성장호르몬은 미지의 방식으로 우유생산을 자극한다. 이 호르몬을 투여받은 암소는 10~20퍼센트 더 많은 우유를 생산한다.

소성장 호르몬을 둘러싸고 많은 논쟁이 있고, 유럽에서는 그 사용이 승인되고 있지 않다. 미국 식품의약국은 오로지 제품의 안전성에만 관심을 보여주었다. 식품의약국 소속 과학자들은 (rBGH의 제조자들이 제공한) 실험적 증거가 그 호르몬으로 처리된 암소에게서 나온 우유가 그렇지 않은 암소에게서 나온 우유와 본질에 있어서 화학적으로 동일한 것을 보여준다고 결론지었다. 그리하여, 식품의약국은 그러한 우유에 소성장 호르몬 투여 암소에게서 나온 우유라는 표지를 달아야 할 이유가 없다고 생각한다.

식품의약국이 그 우유의 안전성을 판정하기 위한 절차의 일부로서 소성장 호르몬에 대한 광범위한 실험이 쥐를 대상으로 행해졌다. 그러한 실험결과가 암소에게 타당하다고 간단히 가정할 수는 없다 하더라도 그 실험들은 그 자체로 흥미롭다. 연구자들은 쥐의 전체 유기체가 소성장 호르몬에 의해 영향을 받는다는 것을 발견했다. 그 호르몬을 투여받은 쥐들은 정상보다 몸집이 컸다. 연구자들이 개별 장기들을 조사해보았을 때, 그들은 어떤 장기들이 정상보다 비례적으로 더 작고, 또다른 어떤 장기들은 정상보다 비례적으로 더 크다는 것을 발견했다. 그러한 변화는 부분적으로 동물의 성별 차이에 달려있었다. "체중에 대한 장기의 비례적 크기는 수컷 쥐의 경우 비장과 부신(副腎)에서 증가되고, 고환에서 감소되었으며, 암컷 쥐의 경우 심장과 비장에서 증가되고, 두뇌에서 감소되었다."

이러한 세밀한 분석이 암소를 대상으로 해서는 행해지지 않았지만, 소성장 호르몬의 부작용 문제는 주요한 논쟁과 우려의 원천이 되어왔다. 이 호르몬의 생산자인 몬산토사는 아무런 유의미한 부작용이 없다고 주장한다. 몇몇 독립적인 과학자들은 그 주장과는 다른 결론에 이르렀다. 가장 최근에, 에릭 밀스토운이 이끄는 연구팀이 몬산토의 자료를 분석했다. 이 연구팀은 소성장 호르몬 투여 암소에게서 나온 우유에는 그렇지 않은 우유에서보다 평균 19퍼센트나 더 많은 백혈구 세포가 들어있다고 결론지었다. 백혈구는 염증에 대한 반응으로서 장기 속으로 들어간다. 백혈구 세포의 증가는 "유선염의 증가와 관계가" 있다. 연구자들은 몬산토사가 관련된 자료를 모두 내놓을 때까지 그들의 분석이 불완전한 상태에 머물러 있을 것이라는 점을 인정한다. 그들은 또한 자료분석 결과를 발표하려는 그들의 원래의 시도가 몬산토사에 의해 방해받았음을 보고하였다.

과연 어떤 맥락에서 소성장 호르몬이 생산되고, 어떤 맥락속으로 그 영향이 확산되는가? 명백한 것은 우유증산에 대한 어떠한 소비자측의 수요도 없고, 소성장 호르몬에 대한 수요도 없다는 사실이다. "1987년에서 1989년에 이르기까지 미국 정부는 연간 6억달러 내지 13억달러를 잉여 우유를 사들이는 데 써왔다."(《해스팅스 센터 리포트》 1991년 7-8월호) 뿐만 아니라, 하원 예산위원회의 추산에 의하면, 낙농업자 5명 중 1명만이라도 소성장 호르몬이 판매되는 첫해에 그 호르몬을 이용한다면, "정부는 추가적인 잉여 우유를 사들이기 위해 1천5백만달러를 추가적으로 쓰지 않으면 안될 것이다."(《뉴사이언티스트》 1993년 11월 20일)

우유 자체가 이미 과잉생산되고 있는 상황에서 우유생산을 증대시키는 수단을 개발한다는 것은 불합리한 일이다. 실제적인 필요와 생산이 그처럼 분리되는 것은 우리의 경제 시스템의 한 결과이다. 현대의 서구 경제 이데올로기에서는 성장, 증산, 비용절감이 끊임없이 강조된다. 농업에 있어서 그러한 것에 대한 강조의 결과는 갈수록 규모가 커지는 농장의 개발로 나타났다. 보다 높은 생산성은 농부들과 그들이 기초하는 동식물들 사이의 관계를 희생시키면서 성취된다. 그리고 막대한 정부 보조금은 소비자측의 진정한 필요를 고려하지 않는 생산중심 접근방식을 반영하고 있다.

대규모의 화학회사들은 끊임없이 성장한다. 이러한 성장은 점점더 올라가는 생산비용(인플레이션, 임금상승 등등)에 대한 대응수단으로 비쳐지고 있다. 그러한 회사가 소성장 호르몬과 같은 신제품을 개발하는 데 수백만달러를 투자할 때, 그 회사는 그 제품을 팔기 위해서 공격적인 시장전략을 펼친다. 추가적인 기계화와 증산을 추구하는 농부들(특히 대농장을 소유한)은 가장 쉽게 소성장 호르몬의 고객이 된다. 그러나 다른 사람들도 경쟁력을 상실할지도 모른다는 두려움속에서 그들을 뒤따른다.

소는 어떻게 되는가? 우리가 소를 상업적 생물기계로 취급하는 한 생산을 증대시키기 위한 노력을 중단할 이유가 없다. 그러나 우리가 소를 하나의 살아있는 유기체로서 기억한다면, 우리는 우리가 어디까지 건강한 방법으로 우유증산을 도모할 수 있는지 물어보아야 한다. "자기자신을 위해 존재하는 하나의 작은 세계"로서 암소를 볼 수 있는 통찰력을 갖춤으로써, 우리는 소의 특성과 욕구를 제대로 인식할 수 있고, 거기에 우리의 행동을 맞추게 될 것이다.

이러한 관점을 실제로 실천한다는 것은 오늘의 경제현실에서 극히 어려운 일이다. 이 문제의 해결을 위한 한가지 방식으로 나온 것이 '공동체가 지원하는 농업'이다. 여기서 농부들과 소비자들은 하나의 경제적인 결사체를 형성하여, 농부들이 증산과 비용절감이라는 강박적인 필요성으로부터 어느 정도 자유로워질 수 있게 된다. 소비자측 공동체는 농부에게 일정한 소득을 보장하고, 동시에 농장 생산물은 좀더 의식적인 소비자의 필요에 보다 직접적으로 부응한다. 이러한 틀속에서 동물들을 생명체로 다루는 것이 가능해진다.

동물을 상업적 생물기계로 생각하고, 그에 따라 행동하는 사람은 누구든지 동물들이 느낌을 가진 살아있는 존재라는 사실에 대하여 마음을 쓴다는 것은 비경제적이라고 여길 것이다. (통권 제46호, 1999년 5-6월호)

의학기술 — 재앙인가 축복인가

김진국

한국의 의료는 현재 심각한 위기상황에 놓여있다. 1895년 제중원에서 최초의 근대식 의료행위가 시행된 지 100여년의 세월이 지난 지금 엄청난 외형적 팽창과 기술의 발달에도 불구하고 여전히 한국의 의료는 사람의 몸과 마음이 구원을 얻을 수 있는 의지처로 인정받지 못하고 단지 필요한 '의료'라는 상품으로 이용되고 있을 뿐이다. 위기에 봉착한 의료계의 자구책으로 친절과 서비스가 강조되고 있는 것도 의료는 곧 상품이라는 의미의 반증일 것이다. 그 상품을 구매하는 환자는 좀더 질좋은 상품을 필요할 때 언제라도 편하게 이용하기를 원한다. 그리고 그 상품은 결코 전자제품 같은 것이 아닌 인간의 생명과 관련된 '인술(仁術)'이기 때문에 제공자의 영리목적이 최대한 배제되기를 원한다. 그러나 상품의 제공자인 의사는 질좋은 상품을 제공할 수 없게 만드는 제도와 사회환경을, 그리고 의학을 이해하지 못하는 환자의 의식수준을 탓한다. 한국의 의료가 위기에 처한 원인으로서 숱한 법적·제도적 문제점들이 나열되고 있지만 그

김진국 — 신경과 전문의. 이 글은 1998년 12월 16일 대구·경북 인도주의실천의사협의회 정기토론회에서 기조발제문으로 발표되었던 것이다.

원인분석은 항상 의료계의 자기방어 수준의 주장일 뿐 전혀 사회적 공감대를 얻지 못하고 있다. 한마디로 한국의료의 위기는 한국의료의 정체성의 위기라고 해도 무방할 것이다.

정체성의 위기는 존재기반의 위기라고도 볼 수 있다. "의술은 인술이다"라는 말이 사람들의 입에 오르내린 적이 있었고, 이 말이 의사와 환자와의 관계를 규정하던 시대도 있었다. 어떤 면에서 의사들은 이 금언 뒤에 숨어 안주해왔다고 봐도 무방하다. 의술이 인술이란 말은 의사의 윤리와 책임의식을 강제하는 말이기도 하지만, 한편으로는 인술은 인간의 생명을 보전하고 인간의 고통과 아픔을 덜어주는 선한 행위이므로 의료의 대상인 환자는 이를 비판없이 수용해야 한다는 이중성을 가진 말이기도 하다. 그러나 지금 시대의 가치관은 이런 편리한 해석을 인정하지 않는다. 환자들은 막연히 최상의, 최고의 진료를 요구하고, 실수나 고의가 개입되지 않은 불가항력의 의료사고에 대해서도 사법부는 의사의 민·형사상의 책임을 냉엄하게 묻는다. 이 틈새에서 의사는 최상의 진료를 할 수 없게 하는 법과 제도와 국민의 의식을 탓하고 있다. 이것은 의료에 대한 정서에 있어서 의사와 환자 사이에 엄청난 간격이 존재하고 있다는 증거일 것이다. 그럼에도 불구하고 의사들은 한국의 의학수준이 선진국을 따라잡기에는 아직 갈길이 멀다며 서로를 채찍질하면서 열악한 지원규모에도 불구하고 인간의 생명과 몸에 대한 끊임없는 탐구를 해왔다. 시험관아기와 장기이식술은 물론 유전자조작 동물이 탄생했고, 인간의 생명을 무한하게 연장하여 생명공학의 위대함을 자랑하려는 선진국들간의 경쟁대열에서 낙오되지 않을 만반의 준비를 갖추고 이제 연구비(자본)의 지원만 애타게 기다리고 있다. 그러나 격려의 박수소리는 들리지 않는다. 주변의 시선은 냉혹하기만 하다. 오히려 현대의학이 가지는 한계를 미리 간파하고 대체의학에서 해결책을 찾으려는 움직임들이 분주하다.

현대의학이 도입된 지 100여년이 지난 지금, 이제 우리는 우리의 모습을 돌아보아야 할 것이다.

주술과 의술

우리나라의 문화적 토양은 시베리아 문화권에 속한다. 이 시베리아 문화권에 속하는 민족의 문화는 무속신앙이 뿌리깊다는 공통점이 있고 우리나라도 예외가 아니다. 최초의 외래종교인 불교에서부터 개항과 근대화 과정에서 유입된 기독교와 그외 많은 종교들이 다양한 형태로 공존하는 것이 우리나라의 종교문화이지만, 역사적으로 가장 오래되었고 가장 광범위하게 우리 민족의 정서와 풍속에 영향을 준 것은 무속신앙이다. 외래에서 유입된 종교 중에서 가장 이질적이면서도 미신타파를 절대과제로 앞세웠던 기독교조차 무속신앙의 끈질긴 생명력과 타협하여 껍데기는 기독교이지만 속알맹이는 완전히 무속신앙이 되어버렸다는 견해도 있다.[1]

이 무속신앙은 샤먼(무당)을 통해 영적 존재 — 유형이든 무형이든 — 로부터의 가호를 구하는 것으로, 선신(善神)은 행복을 주므로 이를 공양하고, 악신(惡神)은 재앙을 가져다주므로 선신에게 기원하여 악신을 제압하거나 악신의 침입과 영향력을 두려워하여 그를 달래고 위로하는 심리로 이루어진 신앙이다. 인생사에 생길 수 있는 모든 화 — 질병, 재화(災禍) — 는 영적 존재의 영향에서 비롯되는 것이므로 우리 민족의 질병관 역시 이 무속신앙에 기초하고 있는 것이다. 질병은 악신이 인체에 침입함으로써 야기된 것으로 믿었으니, 이 악신을 몸에서 쫓아내거나 집이나 사람의 몸에 들어오지 못하게 하는 것이 자연스럽게 의술의 토대가 되었을 것이다. 이러한 신앙이 존재하는 사회에서는 당연히 무당이 의사의 역할을 하게 된다.[2] 결국 우리나라 의사들의 선조는 무당인 셈이고 현대식 보건소 개

---

1) 최준식《한국 종교 이야기1》한울, 1995년. 기독교(특히 개신교)가 현세 기복적 신앙으로 변질된 것 외에, 부흥회 같은 종교행사에서 치료사가 등장하는 것 등은 기독교의 무속적 성격을 반영하는 것이며, 천주교 역시 무교적 요소가 있긴 하나 중앙집권적 체제로 인해 개별교회의 독자적 행동이 허용되지 않아 그 정도가 약했다 함.

2) 조지훈《한국문화사서설》나남, 1997년. 당골, 당골이라 하는 것은 '당굴이(Tengri, 퉁구스족 언어)'의 우리말 음역. 단골가게, 단골의사로 흔히 쓰이는 이 단골이란 말은 무당의 옛말임. 무당의 직능은 사제, 예언자, 醫巫가 주된 기능이고 醫의 옛글자가 毉라고 함.

넘인 활인서나 혜민서에서 무당들이 굿을 했다는 조선시대의 기록이 그 반증이 될 것이다.[3]

무속신앙에 뿌리를 둔 우리 민족의 치병문화는 지금의 서구화된 생활 양식에서도 소멸되지 않고 그 맥을 이어가고 있고, 몸과 질병과의 관계에 대한 의사들의 편견없는 설명에도 불구하고 지난 시대의 방귀(防鬼)·양귀(禳鬼)법은 지금도 박물관의 고문서 이상의 의미를 지니며 우리 민족의 삶 속에 다양한 형태로 녹아들어 있다. 그 중에서 대표적인 것이 치병굿이다. 그리고 출산후 삼신에게 쌀밥을 바치며 신생아의 무병장수를 기원하는 행위나, 동짓날 팥죽을 집 담벼락에 뿌리며 역신(疫神)의 출입을 막는 행위는 지금도 어렵지 않게 확인할 수 있는 무속행위이며, 두통에 신줄을 두르는 행위는 초현대식 병원에 근무하는 의사의 눈에도 그리 낯설지 않은 광경이다. 다래끼가 난 동생의 발바닥에 형이 붉은 글씨로 '天平, 地平'을 써주는 것도 형제간의 우애 이상의 의미를 가지고 있다.

무엇보다도 무속적인 질병관은 우리들의 일상언어속에 녹아들어 있다. 감기라는 병에 대해 의사는 "라이노바이러스에 감염되셨네요"라고 설명하지 않고 "감기드셨네요"라고 한다. 환자 역시 감기들었다고 하지 라이노바이러스나 인플루엔자가 공격해왔다고는 하지 않는다. 그리고 의사의 적절한 치료에 의해 라이노바이러스가 퇴치되었다고 하지도 않는다. "감기가 나았다(나갔다)"라고 표현한다. 감기라는 질병의 병인이 바이러스에 의한 감염이라는 사실을 알고 있는 의사조차도 병(귀신)이 몸에 들어왔다 나갔다는 식으로 표현하는 것이다. 이는 전통의 질병관이 무의식중에 말로 표출되는 것[4]이라 볼 수 있을 것이다. 최신 의학지식으로 중무장한 의사와 그를 찾아오는 환자 모두 21세기를 바라보는 지금도 무속적인 질병관을 공유하고 있는 셈이다.

지금 지배적인 의료체계로 굳어져 있는 서양의학은 개항과 동시에 기

---

3) 신동원 《한국근대보건의료사》 한울, 1997년.

4) 村山智順, 김희경 옮김 《조선의 귀신》 동문선, 1993년.

436

독교의 유입과 더불어 우리나라에 그 모습을 드러내게 된다. 따라서 서양 의학은, 우리 사회의 자생적인 수용욕구가 없었던 것은 아니지만, 선교의 한 방편으로 소개된 기술과 상품이었고, 서구의학의 확산이 가능했던 것은 그 의미와 철학에 대한 이해보다는 전통의 주술의학이나 한의학에 비해 즉각적인 결과, 달리 말하면 효능의 우수성 때문이었을 것이다. 우리나라 의료계의 성장은 의료계 내부의 자발적인 노력보다는 정치사회적인 환경에 기인한 것이 더 많았다. 서구식 가치관이나 질병관이 우리 민족 개개인의 생활과 문화속에 녹아들어갔다기보다는 무속신앙에 대한 일제와 독재정권의 탄압, 한의학에 대한 일제의 탄압, 그리고 급속한 산업화·서구화가 몰고온 가치관의 변화 등이 서양의학이 우리나라의 지배적인 의료체계로 자리매김할 수 있었던 토대가 되었던 것이다. 그리고 지금처럼 현대의학의 외형적 팽창을 가능하게 했던 가장 큰 동인은 무엇보다도 의료보험제도의 도입으로 의료에 대한 접근이 용이해졌다는 것이다.

한국의 의학은 민족의 습성과 문화와는 유리된 채 기술로서만 존재해왔다. 실용적인 목적과 필요에 의해서만 이용되는 기술이었을 뿐이다. 그 기술이 희소가치가 있을 때는 대우를 받을 수 있었다. 그러나 이제 의술은 희소가치가 있는, 첩첩산중을 헤매다니며 구하는 명약과 같은 것이 아니다. 경제수준의 향상과 사회환경의 변화로 사람들의 의식이 변했고, 더 나은 기술이나 제품이 있으면 기존의 것을 버리고 새로운 제품을 구하듯 지금의 의술은 언제든지 버릴 수 있는 상품으로 변했다. 현대의술의 발달은 인간의 몸과 생명현상에 대한 의사들의 고뇌와 탐구에서 출발한 것이 아니라 이러한 사람들의 소비심리를 반영하는 것이다. 그러나 우리나라의 경우에는 그 기술 또한 자생적인 것이라기보다는 철저하게 의료선진국으로부터 도입한 수입품일 뿐이다.

과학과 주술의 차이는 무엇인가? 인간의 육체와 정신, 인간의 질병과 그에 따른 고통, 인간의 삶과 죽음에 대한 과학과 주술(무속신앙)의 관심은 다르지 않을 것이다. 다만 설명의 방식에 있어서 주술이 추상적이라면 과학의 설명은 구체적이고 객관적이라는 차이가 있을 뿐이다. 레비-스트로스의 이야기를 들어보자.

주술은 총체적이고 포괄적인 결정론을 전제하는 데 비해, 과학은 우선 여러개의 차원을 구분하고 그 중의 일부에만 결정론적 형식을 부여하며 그밖의 차원에는 같은 결정론적 형식을 적용하지 않는다. 한걸음 더 나아가 생각해보면, 주술적 사고나 의례가 엄격하고 치밀한 것은 과학적 존재양식으로서의 이 결정론적 진리가 무의식적으로 파악되고 있기 때문이라 할 수 있다. 이러한 관점에서 보면 주술적 사고나 의례란, 결정론적 작용을 인식하고 응용하기에 앞서, 결정론적 작용을 포괄적이고 전체적인 양식으로 추측하고 활용하는 일이다. 그러므로 주술적 의례나 신앙은 앞으로 태어날 새로운 과학에 대한 믿음의 표현인 것이다.[5]

목숨이 경각에 달린 혈육에게 손가락을 잘라 피를 마시게 하거나 장기를 먹게 하는 것과 지금의 수혈법과 장기이식이 어떤 차이가 있겠는가? 치병의 원리에 있어서 포괄적으로는 동일한 개념이 아닐까? 단지 현대의학의 수혈법과 장기이식은 개별 과정에 있어서의 합리적이며 객관적인 과정을 첨가한 것일 뿐이다. 외상이나 중풍으로 쓰러진 환자에게 인분을 마시게 하는 것과 혈관경색의 특효약인 유로키나제를 투약하는 것이 무엇이 다른가? 더욱이 유로키나제는 사람의 소변에서 추출한 물질이란 점에서.

주술은 과학의 은유적 표현이며, 주술과 과학을 대립관계로 보지 말고 지식습득의 병행하는 두 양식으로 받아들이라는 레비-스트로스의 권고에 대해 한국의 의사들은 관심이 없었다. 아무리 생각해봐도 나는 착하게, 바르게 살아왔는데 내가 왜 이런 병에 걸려야 하는가, 내가 왜 이런 병으로 죽어야만 하는가 — 이러한 환자의 고민에 대해서 최신 과학지식만을 교육받은 의사는 어떠한 설명도 해줄 수 없다. 그러나 전통의 무속신앙에서는 궁지에 몰린 자기존재의 인간관계와, 도덕적·형이상학적 해석을 통

---

5) C. 레비-스트로스 《야생의 사고》 한길사, 1996년.

해 정신적 의지처를 구할 수는 있었다. 그 의지처가 사람의 인분이었든, 가족의 손가락에서 흘러내리는 핏물이었든, 귀신이었든 그건 그렇게 중요한 것이 아니다. 흔히 환자들이 지금 이 병을 앓으면서 돼지고기, 닭고기, 소고기를 먹어도 되는가라고 묻는데, 이 질문에 대해 영양학 지식 이상의 설명을 해줄 의사는 별로 없다. 이 질문의 저변에 깔려있는 생각은 귀신이 음식을 따라 입을 통해 들어온다고 믿어온 민간신앙[6]에 근거하고 있다. 이에 대해 영양학 지식으로 접근하는 것은 얼마나 공허한 것인가?

우리나라 사람을 의료에 대해 최고의 기술수준을 기대하면서도 상처받은 몸과 마음이 위안을 얻을 수 있는 의지처를 구하려는 이중적인 욕구를 가지고 있다. 21세기 한국의료의 성패는 의학이 사람들에게 구원의 의지처가 될 수 있느냐의 여부에 달려있다.

의술과 생명윤리의 충돌

현대의학은 사실과 기전의 발견단계에서 공격적이고 침습적인 모형으로 빠르게 변화해왔다.[7] 인간은 인간이 만든 기술에 의해 조작되고 변형될 수 있는 존재로 변한 것이다. 따라서 의학기술이 인간의 존엄성이라는 가장 기초적인 도덕개념과 충돌하는 상황이 벌어지고 있다.

우리나라에 도입된 서구의학이 개항과 근대화 과정에서는 선교의 한 방편으로, 그리고 제국주의 열강의 침입의 교두보를 만들기 위한 전위부대로서의 역할을 했다면, 100년의 세월이 지난 지금은 위기에 봉착한 의사들의 위기타개책으로 도입되고 있다. 지금 의료계의 경쟁은 서구 선진국에서 개발된 결과물을 누가 빨리 습득하여 의료시장에 내놓을 것인가를 다투고 있는 경기장과 다름없다. 새로 문을 여는 병원들의 광고문안은 천

---

6) 村山智順, 앞의 책.

7) 황경식 〈첨단생명, 의료과학과 윤리〉, 《과학과 철학 7집》 통나무, 1996년. 의학의 모형이 Discovery(기전의 발견)에서 Intervention(간섭)으로 모형의 전환(paradigm shift)을 함에 따라 환자의 자율성(Autonomy)과 의사의 간섭주의(Paternalism) 사이에 긴장이 발생하여 생명윤리의 문제가 대두되었다 함.

편일률적으로 최첨단, 최신시설을 자랑하고 있고, 미국에서 다년간 연구한 의료진이 얼마나 포진하고 있느냐 하는 것이 다른 병원과의 차별을 이루는 최고의 상징이다.

서기(西器)는 동도(西道)[8]에 의해 통제되고 있다. 서도란 이성과 합리주의, 민주주의 그리고 민주적 절차에 의해 시민사회의 합의로 이끌어낸 가치관이요 규범일 것이다. 그러나 우리의 동도는 무너진 지 오래이고 서도도 없다. 서도의 기본인 민주적 절차에 의한 정권교체가 50년만에 처음 이루어졌을 뿐이다. 이제 서도를 제대로 실천하기 위한 개혁작업이 한창이지만 한쪽에서는 그 작업들이 미흡하다는 불만의 목소리도 있다. 서도도 없고 동도도 무너진 우리 사회에 아무런 통제없이 불러들인 의학기술을 포함한 서기는 우리 민족의 앞날을 밝게 해줄 희망일까?

현대의학의 기술은 아기를 가질 수 없는 여인의 고통을 없애주었다. 시험관아기와 불임수술은 더이상 먼나라 이야기가 아니라 우리 주변에서 언제나 구매가능한 상품으로 등장했다. 인공임신법의 발달은 기술적 발전을 거듭하게 되었다. 체외 수정란이 어머니의 자궁으로 옮겨지는 과정에서 예상되는 수정란의 손실을 최소화하고 자궁착상의 성공률을 높이기 위한 방편으로서 여러개의 수정란을 배양한 후 한꺼번에 착상을 시도하는 다태아 이식의 시도가 그것이다. 이에 대해 가톨릭대학교 이동익 교수(신부)는 〈평화신문〉에 기고한 글에서 수정란은 아버지와 어머니의 생명과 구별되는 새 생명이며 수정란 자체 또한 한 사람의 인간생명이므로 수정란을 실험이나 조작대상으로 삼는 것은 마땅히 금지되어야 하며 인위적으로 여러개의 수정란을 만들어낸 뒤 하나만 남겨두고 나머지는 없애버리는 행위

---

8) 김영식 〈한국과학의 특성과 반성〉, 《근현대 한국사회의 과학》 창작과비평사, 1998년. 東道西器論 — 동양의 정신과 가치, 문화는 그대로 살린 채 서양으로부터 실용적이고 물질적인 도구인 과학기술만 받아들이자는 생각. 중국의 中體西用, 일본의 和魂洋才 등과 같은 개념으로 동아시아 세 나라에서 공통적으로 나타났다. 중국과 특히 일본은 서양 과학기술의 근본이 되는 서도도 함께 받아들여야 된다는 인식이 있었으나 한국만 서기만 받아들여야 한다는 인식이 지속되었다 함.

는 명백한 살인행위라고 했다.[9] 인공임신법이 도입될 때에도 그 아이의 아버지는 누구인가에 대한 고민은 우리 사회에서 없었다. 고민이 있었다면 정자은행에 진열된 제품 중에서 어떤 것이 고품질의 제품일까 하는 것이 유일한 고민이었을 것이다.

우리는 인간생명의 시발점이 어디인가에 대한 고민은 하지 않고 있다. 단지 낙태를 금지한다는 법률이 있을 뿐이다. 종교적 가르침은 성직자가 직업적으로 하는 그냥 좋은 소리로만 인식될 뿐이고, 의학기술의 시행과정에서 생길 수 있는 윤리문제를 지적하는 목소리는 불임부부의 절박한 욕구 앞에서 무기력하기만 하다.

지난 5월 14일 한 국회의원은 사회복지 시설에 수용되어 있는 영아들을 대상으로 신약 임상실험을 시행했다는 사실을 지적하고 의학연구 과정에서 발생하게 되는 인권의 문제를 거론했다.[10]

이 문제는 잠시 언론에서 쟁점으로 떠올랐으나 의료계의 자기방어적인 논리와 정부의 어정쩡한 태도로 더이상 관심의 대상이 되질 못했고, 지금은 어느 누구도 이 문제에 대해서 관심을 가지고 있지 않다. 의사협회는 성명을 통해 신약 임상실험은 식품의약청 내 중앙약사심의위원회에서 객관적인 심의를 거치므로 인체실험과는 근본적으로 다르며, 신약개발로 인한 혜택은 국가와 사회 전체가 공유하는 것이므로 선진국과 달리 우리나라는 자발적인 참여가 없는 사회환경으로 인해 특수계층을 대상으로 임상실험을 하는 것은 불가피하며, 미국에서도 윤리위원회에서 그 타당성이 인정이 되면 특수계층의 소아를 대상으로 하는 임상실험을 시행하고 있는데 임상실험에 대한 잘못된 이해와 시각으로 의사집단을 비난하는 것에 대해 유감의 뜻을 표하며 국가차원의 지원과 제도보완을 촉구했다.[11] 한

9) "수정란도 인간이다", 〈평화신문〉(1996. 1. 21)

10) "영아원생 95명 수입신약 임상실험", 〈동아일보〉(1998. 5. 14)

11) "임상실험에 대한 의협의 입장", 〈의협신보〉(1998. 6. 11)

마디로 의료에 대한 국민의 의식수준이 선진국처럼 높지 못한 열악한 환경에서 국민건강을 위하여 밤낮으로 연구하고 있는 데 격려는 못할망정 비난을 하는 것이 불쾌하다는 표현이다. 그래서 고작 만들어진 제도라는 것이 보육시설 원장의 동의와 시·도지사의 허가라는 절차상의 규제[12]이다.

그래도 문제는 남는다. 법이 만든 여과장치만 통과하면 인간이 인간에게 행하는 모든 행위가 정당화될 수 있는가? 실정법상의 문제만 없으면 모든 행위는 선한 것인가?

빈부의 차이는 있을망정 부모로부터 보호받고 있는 대다수 아이들의 건강을 위해서 소수의 소외된 아이들이 희생될 수 있다는 것이 우리 사회의 정의요 윤리인가? 의술은 인술이므로 그 자체로서 절대 선인가? 이 의문에 대한 해답 없이 맞이하는 21세기는 어떤 모습일까?

의술 ─ 재앙인가 축복인가

21세기 인류의 삶이 장밋빛일지 잿빛일지에 대한 전망은 엇갈리고 있다. 가장 시급한 문제는 밀레니엄 버그인 것 같다. 그러나 쉽게 극복될 수 있을 것이라는 낙관론이 우세하다. 우리는 과학기술의 위대함과 과학기술자의 두뇌를 신뢰하고 있기 때문이다.

21세기를 바라보는 의학기술의 백미는 휴먼게놈 프로젝트의 완성일 것이다. 23개의 인체 염색체가 만들어내는 30억쌍의 인체 염기서열의 암호를 밝혀내서, 그 유전자지도를 토대로 지금까지 신의 영역에 있었던 생명의 설계도를 인간이 가지게 되는 것이다.

그리하여 인간은 모든 유전병으로부터 해방되고 암과 AIDS가 정복될 것이며, 인간의 생명이 무한정 연장될 것이고, 또한 알츠하이머병과 근위축성 측삭경화증이나 파킨슨병이 치유됨은 물론 정신병자, 범죄자의 유전성향을 가진 사람은 아예 그 싹을 잘라버릴 수도 있게 된다. 그리고 위대한 생명공학의 업적으로 인류가 직면한 식량위기를 거뜬히 극복할 수 있

---

12) "의약품 임상실험 관리기준 대폭강화", 〈조선일보〉(1998. 8. 10)

게 된다. 앞으로 다가올 신세기의 황홀경은 이미 우리들 앞에 그 일부 모습을 드러내고 있으며, 가상의 현실이라고 생각하기에는 그 모습들이 너무 구체적이다.

복제양 돌리와 복제소 제퍼슨, 그리고 반수반인(半獸半人) 생명체가 출현했고, 실험실에서 배양된 인공장기들이 사람들의 몸을 대체하고 있다. 대리모의 윤리문제를 해결할 인공자궁 역시 머지않은 장래에 그 모습을 드러낼 것이다. 과연 앞으로 다가올 신세기는 휴먼 테크노피아의 완성인가? 결코 그렇지는 않은 것 같다. 인류의 건강 유토피아를 위해 정열을 쏟아붓는 생명과학자들이 있는 반면 그 결과가 몰고올 재앙을 걱정하는 목소리들도 바쁘게 움직이고 있다.

1996년 11월 11일 유네스코 제29차 총회에서는 휴먼게놈과 인권에 관한 세계선언[13]이 있었다. 이 선언에서 휴먼게놈을 인류의 소중한 유산으로 본다는 것과 유전적 특징과 무관하게 인간의 존엄성과 인권은 존중받아야 하며 게놈은 개인의 환경에 따라 다르게 발현될 수 있으므로 유전자 결정론을 거부한다는 세가지 원칙을 확정하고, 186개 회원국의 서명을 받아 그 실천방향을 제시한 것이다. 또 미래의 생명공학이 몰고올 가공할 파괴력을 예상하여 이미 선진국은 게놈 프로젝트 총예산의 5퍼센트를 ELSI 프로그램[14]에 투입하고 있다. 생명공학이 몰고올 사회문화적 파장을 우려하여 개인 유전자정보의 비밀보장, 유전정보의 임상적용에 있어서의 안전성과 공정성을 확보하려는 윤리적, 법률적, 사회문화적 합의를 구하여 인간의 존엄성을 지키고 인권유린을 유발할 수 있는 의료기술을 통제하려는 노력이다.

그러나 이 선언문이 어느 정도의 강제력이 있을까? 생명공학과 유전공학의 본산지인 미국은 이미 유네스코 회원국도 아니다.[15] 환자의 고통과

---

13) UNESCO, "Universal Declaration of Human Genome and Human Rights".

14) ELSI = Ethical, Law, Sociocultural Issues.

15) 황상익 《대한의사협회지》 1998년 3월. 미국은 국가이기주의적인 이유로 몇해 전 유네스코에서 탈퇴했으나 선언문 채택에는 참여했다 함.

절박한 요구, 이에 대한 과학자의 명분과 지식욕, 그리고 기업의 상업성이 맞물린 생명공학의 가공할 위력을 생명윤리학자들의 힘만으로 잠재울 수 있을까?

유전공학이 가져올 재앙은 유전공학의 본산지인 미국에서 벌써 나타나고 있다. 유방암을 일으키는 유전자변이 표식자(BRCA-1)를 가진 사람이 취업이나 보험에서 차별을 당하고 있는 것이다. 복제양 돌리가 만들어졌을 때만 해도 이구동성으로 "인간만은 절대 안돼"였다. 그러나 무엇이 인간인가 하는 문제가 남는다. 반수반인 생명체에 대하여 생명윤리학자들이 비난을 하자 ACT사의 호세 시벨리 박사는 핵만 이용했으므로 생명윤리에 관해서는 아무런 문제가 없다고 윤리학회의 주장을 일축했다.[16] 그러나 동물의 생명을 생명공학자 마음대로 조작할 수 있는 권한은 누구로부터 부여받은 것인가?

유전병을 앓고 있는 아이의 부모나 알츠하이머병을 앓고 있는 환자를 둔 가족의 절망과 간절한 요구를 달래줄 수 있는 대안이 없는 한 의산복합체가 벌이는 굿판[17]은 무한질주를 계속할 것이다.

유전공학이나 게놈 프로젝트의 완성이 가져올 가공할 파괴력을 잠재울 유일한 힘은 시민의식의 변화이고 그 의식을 바탕으로 한 시민단체의 힘이다. 오스트리아와 룩셈부르크는 유전자조작 옥수수를 자국 내에 심지 못하게 했고, 유럽연합 차원에서는 유전자조작 식품에 대한 표시를 의무화하고 있다. 스위스에서는 유전자조작 동물을 만들거나 구매하고 보급하는 일, 유전자변형 생물을 환경에 방출하는 일, 유전자가 조작된 동물과 식물, 또는 그 구성요소와 과정에 특허권을 주는 일을 법적으로 금지하는

---

16) "사람+소, 반인반수 미국서 기술개발 성공", 〈중앙일보〉(1998. 11. 12)

17) 르네이 C. 팍스, 조혜인 옮김 《의료의 사회학》 나남, 1993년. Scientific Magic(과학적 주술) — 실험실 문화에 의해 형성된, 고도로 구조화되고 의례화된, 경박스러워 보이는 연극행위로 실험대상인 동물에 대해 이름(돌리, 제퍼슨, 보람이 등)을 명명하는 행위를 지칭함. 이것은 동물에 대한 죄의식이 담긴 애정뿐 아니라, 인간의 대역으로서의 동물에 대한 감사의 마음을 농담조로 표현하는 것으로, 실패를 줄이고 연구 및 임상적 성공의 가능성을 높이려는 상징적인 주술행위라고 비판함.

법안이 국민투표에 부쳐지기도 했다.[18] 이 법안은 34퍼센트밖에 지지를 얻어내지는 못했지만 이러한 시민의식의 변화와 인간의 존엄성을 지키려는 의지는 '서기'를 '서도'로 통제하려는 선진국 시민사회의 노력이고 의학기술의 전횡을 차단할 수 있는 힘이다.

그러나 우리는 어떠한가? '서도'에 의해 밀려난 '서기'는 항상 제3세계로 향했다. 대표적인 것이 약품이다. 제1세계에서 심각한 부작용 때문에 수거된 약품이 약품설명서에 기재된 부작용과 경고사항이 삭제된 채 제3세계에서 버젓이 팔리고 있다.[19] 태아와 산모에게 심각한 부작용을 일으킨다는 이유로 사용이 엄격히 제한되어 있는 테트라싸이클린이라는 항생제를 의사의 전문의약품으로 분류해야 하느니 약사가 마음대로 사용할 수 있는 일반의약품으로 분류해야 하느니 한심한 논쟁을 벌이고 있는 곳이 우리나라이다. 유전자조작 식품의 수입금지를 촉구하는 시민단체의 목소리는 별난 사람들이 늘상 떠들어대는 트집에 불과할 뿐이다. 통상압력에 주눅든 정부관료들은 행여 경제살리기에 걸림돌이 될까봐 유전자조작 식품이 몰고올 불확실한 미래에 대해서는 언급조차 하지 않고 있다. 이미 우리는 21세기 생명공학 주연의 인간조작극이 공연될 화려한 무대의 기초를 성실히 만들어가고 있다. 태아 성감별을 통한 인위적인 성비의 조작은 이미 고전이 되었고, 성장호르몬 요법으로 작은 키에 대한 고민이 없어졌음은 물론 최첨단 생명공학의 상징인 유전자조작 동물이 '메디'와 '보람이'라는 이름으로 우리 이웃에서 살고 있다.

유전공학 기술이 몰고올 파장에 대한 선진국 시민들의 우려와 우리나라 여론주도층의 사고는 다르다. 유네스코 한국위원회가 언론인, 정치인, 교수, 시민단체, 법조인 200명을 대상으로 실시한 설문조사[20] 결과 우리나라의 지식층은 유전자조작 기술에 대해 상당한 기대를 가지고 있는 것

---

18) "유전자 식품 거부할 권리 찾자", 〈한겨레〉(1998. 10. 12)

19) 마르셀 빌러, 우연재 옮김《저개발과 의약품》중원문화사, 1986년.

20) "유전공학 이중적 잣대", 〈한겨레〉(1998. 9. 15)

으로 나타났다. 이 조사에 따르면, 복제기술을 이용하여 자식을 가질 의향이 있느냐는 질문에 14퍼센트가 '있다'고 답을 했고, 유전자조작 식품 산업에 대해 과반수 이상이 발전돼야 한다고 했다. 기술에 대해 거부감을 가지면서도 편익이라는 측면에서 긍정적으로 바라보는 지식인의 이중성이 드러난 것이다. 유전자조작을 통해 자식을 가질 의향이 없다는 부모가 84퍼센트나 된다는 것은 중요한 것이 아니다. 생명공학 산업이 지향하는 목표는 이 14퍼센트의 수요에 있는 것이기 때문이다. 결코 생명공학 기술은 아무데서나 구할 수 있는 아스피린 같은 것은 아니기 때문에 광범위한 수요층을 필요로 하지 않는다. 그러나 이 14퍼센트의 수요가 세상을 뒤바꿀 수 있다는 가능성에 대해서는 아무런 고민도 하지 않고 있는 것이 우리 사회의 실정이다.

과학은 순수한가? 과학자는 진정 양심적이고 인류의 건강을 위해 헌신하는 사람인가? 백신 임상실험과 관련된 한 신문의 사설은 과학의 순수성을 의심하고 있다.

> 스스로를 보호할 능력이 없는 아이들을 원장의 동의만으로 집단 임상실험의 대상으로 삼은 것은 인권유린의 차원을 떠나 애처로운 일이다. 더욱 충격적인 것은 영아원생들을 임상실험 대상으로 선정하는 과정에서 병원과 제약회사, 영아원 원장간에 금품제공이 있었다는 주장까지 제기되고 있다는 점이다. 만약 이것이 사실이라면 인신매매와 다를 바 없다.[21]

병원측에서 만약 금품을 받았다면 그건 연구비였을 것이다. 어떤 연구실험에도 최소한의 경비는 필요하고 그 연구 당사자의 지식에 대한 보상이 필요할 것이므로 그 비용을 제약업체에서 충당한 것이다. 국가와 사회전체의 이익을 위하여, 자라나는 새싹들의 건강을 위하여… 이를 언론이 뇌물이라는 시각에서 보았다면 연구 당사자는 심히 억울했을 것이다.

---

21) "영아원생 임상실험", 〈동아일보〉(1998. 5. 15 사설)

살아있는 의약품공장 '메디' 뒤에는 국내 H약품이, 살아있는 락토페린 공장 '보람이' 뒤에는 D개발이 있다. 복제양 '돌리'와 복제소 '제퍼슨' 뒤에는 PPL사가 있고, 반수반인 생명체를 탄생시킨 곳은 ACT사다. 그외 생명공학의 위대한 작업의 뒤에서는 우리들에게도 친숙한 이름의 뒤퐁, 노바티스, 얀센, 화이자 등의 초대형 다국적 제약업체가 '인류의 건강을 위하여' 헌신하고 있다. 지구촌의 평화와 인류의 건강을 위하여···. 우리는 이들 기업이 내세우는 '인류의 건강'이라는 구호를 믿어야 될 것인가?[22]

유전자조작 식품은 기아와 굶주림으로 죽어가는 개발도상국의 주민들을 살리기 위한 유일한 대안이라고 한다. 대통령직에서 물러나 인류의 평화를 위해 헌신하고 있는 카터 전 미국대통령은 가난한 제3세계 식량난의 해결책으로 생물공학의 불가피성을 역설하고 있다.[23] 그러나 결코 자기네 국민들이 먹을 음식이라는 이야기는 없다. 제3세계의 식량난에 대해 미국을 비롯한 선진국의 책임은 없는지는 여기서 언급하지 않더라도 미국식 휴머니즘의 본질을 엿볼 수 있는 대목이다. 우리는 아무것도 없다. 우리식의 휴머니즘도 없고 우리 식의 기술도 없다. 그저 빈손으로 생명공학이 몰고올 인간조작극의 최대 흥행장소가 되기를 기다리며 21세기를 맞이하고 있는 것은 아닌가?

대안을 찾아서

전통의 주술의학은 물론 과학으로 다듬어진 현대의학도 오류와 실패는 생길 수 있다. 그 실패의 확률이 주술의학에 비해 현저히 낮기 때문에 사람들은 현대의학을 믿는다. 그리고 주술의학의 오류와 실패는 극복할 수

---

22) "보람이 어떻게 태어났나", 〈중앙일보〉(1998. 3. 15). 이 기사의 일부를 인용해 보자. "···그는 일찍이 동물 유전자조작의 시장성을 내다보고 이 분야에 뛰어든 생물학자. 항생제, 분유 첨가제 등으로 사용되는 락토페린은 이미 95년 세계시장 규모가 26조원, 2000년에는 34조원에 이를 정도로 경제성이 밝은 생리활성물질 ···" 기사 전문에 걸쳐 '인류의 건강'은 한마디도 없고 전부 '돈' 이야기다.

23) "유전자조작, 위험한 장난인가", 〈한겨레〉(1998. 10. 12)

없는 오류, 즉 신의 영역이거나 도덕의 문제로 간주하는 반면 현대의학이 가지는 오류와 실패는 과학자의 두뇌와 과학기술의 힘에 의해 극복될 수 있는 오류라고 믿고 있다. AIDS나 에볼라바이러스의 공포를 결코 인간의 오만에 대한 경고로 받아들이지 않는다. 그래서 기존의 기술이 가지고 있는 결함을 극복하고자 하는 동기에서 새로운 의학기술이 개발된다.

결국 의학기술이 지향하는 궁극의 목표는 인간의 새로운 모형 창조, 결함이 없는 완벽한 맞춤인간의 창조인 것 같다. 그리하여 21세기를 제2의 창세기라 부르기도 한다. 결함과 오류가 없는 완벽한 인간모형은 가능할까? 그런 인간이 지배할 21세기는 어떤 세상일까? 그런 인간들이 지배할 세상에서 낙오되지 않기 위해 하루빨리 선진국의 생명공학을 배우고 도입하여 희망찬 21세기를 준비해야 하는 것이 우리 의사들의 임무인가?

우리 의학의 이론과 정신의 기초였던 무(巫)를 최준식 교수는 이렇게 설명하고 있다. 巫는 아래위의 직선과 그 선을 세로로 연결하는 수직선, 그리고 양쪽에 사람 人자가 두개 있는 형상으로 이때 위의 선은 하늘을, 아래의 선은 땅을 상징하며 그것을 연결하는 수직선은 무당을 나타내고 수직선 양쪽 두개의 人은 사람이 춤추는 모습을 형상화한 것이라 한다. 따라서 하늘을 외경하고 땅(자연)과 하나되어 사람들이 신명나게 춤을 추며 살 수 있게 하는 것이 巫의 역할이란 것이다. 巫가 하는 중요한 역할 중의 하나가 醫였다. 이 말에서 21세기 한국의 醫가 지향해야 할 방향을 찾을 수는 없을까? 새 정부의 보건의료 개혁정책 중에는 단골의사제의 도입이란 내용이 있다. 단골은 무당의 옛말이다. 단골의사제도가 우리 정서와 문화와는 동떨어진 또다른 선진국 의료모형(영국 NHS, 주치의제도)의 수입에 그치지 않게 하려면 다가오는 21세기의 의사들의 역할에 대한 진지한 고민이 있어야 할 것이다. 어떤 길을 선택해야 할지 우리는 그 기로에 서있다. (통권 제44호, 1999년 1-2월호)

사랑의 치유능력

장현갑

    테레사 수녀의 삶이 다큐멘터리로 방영된 적이 있다. 중동의 레바논에 전쟁이 터졌을 때 테레사 수녀는 자선단의 여러 수녀들과 함께 그곳에서 그들이 해야 할 일을 찾고 있었다. 이 수녀들은 뇌성마비 장애아들의 수용소에 임시직원으로 파견되었다. 수용소의 아이들은 같은 나이의 아이들에 비해, 몸집이 오그라들고 위축되어 있어서 몹시 작게 보였다. 이 아이들은 고아원의 원아들에게서 집단적으로 잘 나타나는 일종의 심신장애인 시설병에 걸려있었기 때문에 성장이 정지되어 있었다. 비록 충분한 음식을 먹이고 보살펴주긴 했지만 이 아이들에게는 자신을 돌봐주는 보모와 사랑을 주고받을 기회가 적었다. 이렇게 사랑을 받지 못한 아이들은 뇌하수체라는 내분비선에서 성장호르몬이 정상적으로 분비되지 못한다. 그러므로 아이들은 신체성장이 정지되고 그 대신 몸이 오그라들며 죽음의 그림자가 드리워지게 된다.

    테레사 수녀는 이렇게 죽어가는 연약한 아이를 그녀의 팔로 감싸안았다. 이 아이들의 얼굴은 마치 사자의 가면을 쓴 것처럼 일그러져 있었고

장현갑 — 영남대 심리학과 교수.

주름잡힌 사지는 경련으로 뒤틀려 있었다. 테레사 수녀가 그 아이들에게 해준 일이란 사랑에 가득찬 모습으로 바라보면서 가만히 껴안아주고 얼러주는 일밖에 없었다. 이렇게 따뜻한 사랑으로 안아주고 얼러주자 몇분 후 이 아이들은 미소를 짓기 시작했고, 뒤틀린 사지가 점차 이완되기 시작하였다. 테레사 수녀에게, 당신은 회복될 가망도 없고 병들어 죽어가는 이 아이들을 왜 성가시게 보살펴주느냐고 물었을 때, 그녀는 오직 이들을 사랑하는 것이 내 일이기 때문이라고 대답하였다.

지니라는 소녀는 결핍된 환경속에서 어린시절을 보냈다. 출생 후 20개월에서부터 13세가 될 때까지 이 소녀는 조그마한 방에 혼자 격리되어 있었으며, 대부분의 시간을 의자에 묶인 채 보냈다. 정신이 불안한 그녀의 부모가 시간에 맞춰 음식은 제공해주었지만 아무도 그녀를 돌보아주거나 이야기해주지 않았다. 이 아이를 관찰한 연구자들에 의하면 이 아이는 13세 9개월이 되어 감금에서 풀려났을 때 겨우 6세나 7세 정도의 어린 소녀로 보였다고 한다.

결손가정에서 자란 그밖의 다른 아이들도, 위의 경우보다는 심하지 않았지만 비슷한 성장장애를 보여주었다. 심리학에서는 이러한 성장장애를 '심리·사회적 난쟁이' 라고 하는데, 이것은 두개골의 바닥에 위치한 뇌하수체라는 뇌분비선의 호르몬 분비장애에서 기인한다. 이 호르몬의 분비장애는 애정의 결핍과 같은 심리·사회적 요인이 주된 원인이 된다. 이러한 성장장애 어린이들도 스트레스성 환경으로부터 벗어나게 하여 사랑해주면 급속도로 성장하기 시작한다.

어떻게 해서 스트레스와 사랑결핍이 성장장애를 일으키는 것일까? 이러한 심리·사회적 난쟁이는 뇌하수체에서 분비되는 성장호르몬의 양이 감소된 결과로 나타나는 것이다. 가드너는 성장하는 동안 전형적으로 나타나는 수면형태가 이 어린이들에게는 스트레스에 의해 변화된다고 하였다. 혈맥을 따라 순환하는 성장호르몬은 수면의 몇몇 단계에서 두드러지게 많이 분비되기 때문에 이 주장은 중요한 것으로 여겨진다. 가드너는 사랑이 박탈되는 환경적 스트레스는 수면을 감소시키고 이 때문에 신체의 성장호르몬 분비가 감소되어, 성장장애가 나타나게 되는 것이라고 설명하였다.

의학이나 심리학의 연구에 의하면 사랑을 주고받는 것이 건강하게 살아가는 데 가장 중요하다는 사실을 입증하는 근거들은 매우 많다. 과학자들은 사랑을 '사회적 지지'라고 하는데, 이 사회적 지지야말로 건강을 유지하는 데 있어서 음식이나 운동과 같은 습관보다 훨씬 더 강력한 요인이 된다고 주장한다. 미국 캘리포니아주의 알라메다에 사는 7천명의 주민을 대상으로 건강과 생활습관을 비교연구한 유명한 연구가 있다. 이 연구의 결과에 의하면 실제로 빈번하게 다른 사람과 사회적인 교제를 하지만 외로움을 느낀다고 보고한 부인들은, 사랑을 느꼈다고 보고한 부인들에 비해 자궁암, 유방암, 난소암에 걸릴 확률이 2.4배나 증가했다고 한다. 사회적 관계도 잘하지 않고 외로움도 많이 느낀다고 하는 부인들은 그렇지 않다고 하는 부인들에 비해 이런 암에 걸려 죽을 위험률이 자그마치 5배나 더 많다고 하니 이 얼마나 놀라운 일인가!

우리 인체의 면역체계는 외로움과 같은 심리적인 요인에 매우 민감하다. 그러므로 사랑받지 못한다고 느끼거나 외로움을 느낄 때에는 암세포를 발견하고 이를 격퇴할 면역력이 크게 낮아진다. 외로움은 또한 지방이나 콜레스테롤의 대사활동에도 큰 영향을 미칠 수가 있어서 심장병에 걸릴 위험률도 크게 증가시킬 수 있다. 핀란드 북부의 코렐리아 지방에 사는 13,301명의 남자와 여자를 대상으로 5~9년간 연구한 바에 의하면, 사회적으로 외로움을 느끼는 사람은 인간관계를 긴밀하게 느끼는 사람에 비해 심장병으로 죽을 확률이 3배 정도 더 높다고 한다. 또한 원숭이를 대상으로 한 카플란 박사의 연구도 매우 주목되는 결과를 보여주고 있다. 원숭이들 가운데 상호관계를 계속 단절시켜 사회적으로 스트레스를 준 개체는, 스트레스를 받지 않은 원숭이에 비해 심장동맥이 폐색되는 정도가 2배 정도나 더 늘어난다고 한다.

토끼는 심혈관계가 인간과 매우 흡사하다. 휴스턴대학의 로버트 네렘 박사는 유전적으로 동일한 혈통을 가진 토끼를 대상으로 일정 기간 콜레스테롤이 많이 든 음식을 먹여 심장동맥의 경화가 일어나는지 여부를 알아보았다. 연구자들은 이렇게 콜레스테롤이 많이 든 음식을 먹은 동물들은 모두 동맥경화에 걸릴 것으로 추측하였다. 그러나 높은 선반에 있었던 사육상자에서 자란 토끼들이 낮은 선반에 있었던 사육상자에서 자란 토끼에 비해 동맥경화에 걸린 확률이 월등히 더 높았다. 연구자들은 처음에는 이런 결과를 접하고 당황하였다. 어찌하여 이런 차이가 나왔는지 알 수가 없었으나 연구를 거듭하면서 그 이유를 알게 되었다.

이 사육실에서 동물을 사육하는 한 여자사육사는 매일 저녁마다 먹이를 주려고 이 사육실에 올 때마다 낮은 선반에 있는 토끼들은 한마리씩 끄집어내어 안아주고 쓰다듬어주었지만 높은 선반에 있는 토끼는 손이 잘 닿지 않았기 때문에 돌보아주지 못하고 그냥 먹이만 주었다. 이처럼 윗단에 있는 토끼들은 격리되었고 사랑받지 못했기 때문에 동맥경화에 더 많이 걸렸을 것이라는 가능성을 유추할 수 있었다. 그래서 연구자들은 이 연구를 계속 되풀이해보았다. 예상했던 대로 한마리씩 매일 규칙적으로 애무해주고, 얼러주면서 같이 놀아주면 똑같은 음식을 먹고 자랐지만 사랑받지 못하고 자란 토끼들에 비해 동맥경화가 60퍼센트나 감소한다는 사실을 알게 되었다. 사랑받은 토끼는 동맥경화 발생만 억제된 것이 아니라 혈중 콜레스테롤 수준, 혈압 그리고 심장박동률 또한 낮아졌다.

그밖에 사람을 대상으로 한 연구들도 원숭이나 토끼의 연구결과와 유사한 결과를 보여주고 있다. 즉 아무런 사랑 대상도 없이 외롭게 사는 사람은 꽃을 가꾸거나 금붕어와 같은 애완동물을 사랑하는 사람에 비해 심장질환에 걸릴 확률이 훨씬 더 높다고 한다. 애완동물을 사랑하는 것이 외로움이라는 발병요인을 감소시켜주었기 때문에 건강상 매우 유익한 결과를 얻게 된 것이다.

쿠버맨 박사는 심장발작을 경험한 후 살아남은 2,320명을 인터뷰 한 결과, 외로움을 느끼거나 스트레스를 많이 받았던 사람이 심장병으로 사망할 확률이 4배나 더 높다는 사실을 발견하였다. 듀크대학의 블레이저 박사는 65세 이상되는 331명을 대상으로 연구하였는데, 사회적 지지를 받지 못한다고 느끼는 외로운 사람들은 성별, 인종별, 경제수준, 신체적 건강상태, 우울증, 스트레스를 주는 사건, 그리고 흡연과 같은 건강관련 요인들을 함께 고려해도 사회적 지지를 받고 있다고 느끼는 사람에 비해 사망위험률이 4배나 더 증가한다고 한다.

우리는 흔히 건강문제를 생각할 때 음식물이나 운동과 같은 요인에만 주의를 둘 뿐 사랑이란 요인에는 별다른 주의를 기울이지 않는다. 그러나 이것은 크게 잘못된 것이다. 또하나 흥미있는 조사연구를 소개하려고 한다.

미국 펜실베이니아주에는 이태리에서 이민온 사람들이 모여사는 로제토라는 작은 마을이 있다. 30여년 전부터 역학자들은 이곳 주민들이, 바로 인접하는 뱅고나 나자렛 주민들에 비해 심장병에 걸리는 위험률이 눈에 띄게 적기 때문에 이곳을 조사연구 대상지로 결정했다. 연구자들은 이곳 주민들의 체중이 인접한 비교마을 주민들의 체중보다 더 낮을 것으로 기대했으며, 마라톤선수처럼 콩으로 만든 음식물과 같은 건강식을 주로 섭취할 것으로 기대했다. 그러나 이곳 주민들도 인접마을의 주민들과 마찬가지로 심장병 발병 위험요인으로 간주되는 흡연, 과다지방섭취, 당뇨병, 운동부족을 보여주었다. 이 세 마을 모두 같은 수돗물을 공급받았고, 같은 병원에서 같은 의사들에 의해 진료를 받았다. 그러면 어떻게 이곳 로제토에서만 유독 심장병 발병률이 낮단 말인가? 로제토는 1882년 이탈리아 남쪽에 있는 한 마을에서 이민온 사람들에 의해 만들어졌는데 그후 동일한 인종들이 계속 함께 살고 있었으며, 문화적 동질성도 계속 유지하고 있었다. 그리고 가족들간에 긴밀한 관계를 보여주었고 주민들간에도 높은 응집성을 보여주었다. 이처럼 이들 주민들 사이의 밀접한 인간관계, 즉 강한 사회적 상호지지가 이들의 건강을 증진시키게 된 주요요인으로 고려되었다.

그러나 최근 25년 사이에 로제토도 일반적인 미국도시와 마찬가지로 사회적 유대관계가 급속하게 깨어졌으며 사랑을 바탕으로 하는 정신적 지향에서 돈이나 재산과 같은 물질적 지향으로 바뀌게 되었다. 이처럼 지향가치가 바뀌면서 로제토 주민의 심장병 발병률도 미국인의 평균 발병률과 다르지 않게 되었다. 이처럼 사회적으로 외로움을 느끼는 사람들은 연결 감과 동질감을 느끼는 사람들에 비해 모든 종류의 질병으로 조기 사망하 게 될 위험률이 두배에서 다섯배 정도 더 높다.

미국의 경우 1945년에는 85퍼센트의 미국사람들이 대가족제도를 보여 주었지만 1989년에는 3퍼센트밖에 되지 않는다고 한다. 우리 사회의 경우 도 1950년대까지는 로제토와 비슷한 대가족제의 동족마을이 특색이었다. 그러나 1960년대 이후 산업화, 공업화, 도시화가 가속화되면서 우리의 가 족제도도 급속하게 붕괴되어 핵가족제로 바뀌게 되었다. 이제는 할아버지 할머니를 정점으로 하여 많은 수의 가족이 모여 식사하고 놀이하는 일이 특별한 날을 제외하고는 흔치 않게 되었다. 온가족이 모여앉아 개개인이 그날 경험한 일을 이야기하고 같이 공감하면서 친밀감을 느끼고 사랑을 주고받았던 과거 분위기와는 판이하게 달라졌다. 어쩌다 흩어져 사는 형 제자매들이 한자리에 모이는 일이 있어도 자신의 힘이나 부를 과시하기 위한 허세부리기가 일쑤여서 형제간이나 동기간에도 심한 질투감을 느끼 거나 병적인 경쟁의식을 보인다. 그러므로 이제는 가족들간에도 사랑이나 친밀감을 나누고 느끼기보다 소외감, 적대감 또는 차별감을 느끼기 때문 에 친밀한 가족관계보다는 서로 경계하고 질시하는 비인간적인 병리현상 마저 보이고 있다. 한국의 경우 최근 10년 사이에 심장병 발병률이 과거 에 비해 6배나 증가했다는 보고가 있다. 이처럼 심장병 발병률이 급속하 게 증가하는 것이 대가족제의 해체에 따른 사회병리현상의 증가와 밀접한 관련이 있지 않을까?

1967년 미국 의사들은 지나친 흡연이 건강에 위험을 줄 수 있다는 경고 문을 담뱃갑에 표기하게 하였고 그후 이런 조치는 전세계적인 추세가 되 었다. 그후 연구자들이 흡연자들과 비흡연자들을 대상으로 사망률을 비교 하였더니 흡연자들이 비흡연자에 비해 사망률이 2배 정도 더 높다는 사실 을 알게 되었다. 그런데 흥미있는 것은 배우자가 있는 사람이 흡연한 경 우의 사망률이 이혼한 후 배우자가 없이 혼자 사는 홀아비가 흡연하지 않는 경우와 사망률이 같다는 것이다. 흡연과 관련하여 사망 위험률이 높은 사람은 혼자 사는 홀아비거나 과부 또는 이혼녀라는 것이다. 어찌하여 이처럼 배우자가 없는 사람들에게서 흡연에 의한 사망률이 더 높게 나타나는 것일까? 우리는 결혼한 사람들은 배우자가 항암성분과 식이성 섬유가 풍부한 건강식품, 즉 당근이나 멜론과 같은 것을 많이 먹을 수 있게 해주기 때문에 사망률이 낮아졌을 것이라고 추측할 수 있다. 그러나 이것은 사실과 다르다. 이들을 병에 걸리지 않게 보호해준 것은 음식물이 아니라 바로 결혼생활 그 자체라는 것이다.

　남편 심씨와 부인 송씨는 20대에 결혼하여 40여년간 금실좋게 살아왔다. 이들 부부는 세 자녀를 두었으며, 5명의 손자손녀까지 두었고 모두 별탈없이 잘 성장하였다. 게다가 최근에는 심씨가 하는 사업도 과거보다 더욱 번창하였기 때문에 이들은 노년에 들어 참으로 행복하게 살아가고 있었다. 그런데 어느날 이런 행복이 갈기갈기 찢어지는 엄청난 불행이 닥쳐왔다. 아내 송씨가 유방암에 걸렸다는 청천벽력 같은 상황이 찾아온 것이다. 그후 남편 심씨는 아내 곁에서 아내를 낫게 해달라고 온갖 기도와 치성을 드렸다. 암으로 진단 받은 5년 후 아내 송씨는 남편의 기도와 치성에도 불구하고 영원히 눈을 감았다. 아내를 보낸 5개월 후 남편 심씨도 심장마비를 일으켜 사랑하는 아내 곁으로 갔다.

　그런데 이처럼 배우자를 잃은 남자들이 병에 걸리거나 사망할 확률이 높아진다는 증거는 많이 있지만, 남편을 잃은 부인이 아내를 잃은 남편처럼 질병에 많이 걸리고 사망하는 비율이 높아진다는 증거는 찾아볼 수 없다. 어째서 이런 결과가 나왔을까? 잘 생각해보면 이것은 여자가 남자보다 더 사교적이고 사회적이란 것을 뜻한다. 다시 말해 여자들은 남자보다 다양한 감정을 서로 나눌 수 있는 친구들이 더 많고 그렇게 할 수 있는 기회도 더 많다. 비록 남자들은 친구가 많아 보이지만 다정한 감정을 속속들이 내보일 수 있는 편안한 친구들이 적다. 남자는 진화적으로 볼 때 사냥꾼의 후예이기 때문에 동성의 남자를 적이나 경쟁자, 꺾고 넘어가야만 할 대상으로 본다. 따라서 아내는 외로운 남편의 가장 친한 친구이다. 남편이 자신의 감정을 진실하게 토로하고 느낌을 공유할 수 있는 유일한 친구가 바로 자신의 아내인 것이다. 남편이 죽으면 아내는 많은 친구들이 있으므로 쉽게 정서적 위로와 사회적 지지를 받을 수 있지만, 아내가 죽은 남편은 유일한 친구를 잃는 것이므로 보다 외로워지고 쓸쓸해진다. 그래서 아내를 잃은 남편이 남편을 잃은 아내보다 더 많이 병에 걸리고 더 많이 죽게 되는 것이다.

유명한 심장병 의사인 캘리포니아 의과대학의 딘 오니쉬 박사는 관상동맥 심장병을 수술이나 약물복용 없이 명상과 같은 심리적인 요법과 동물성 지방의 절대 복용금지와 같은 식이요법에 의해 치유될 수 있다는 심장병 치유의 혁명적인 방법을 제시했다. 그의 유명한 저서인 《오니쉬 박사의 심장병 치유 프로그램》에서는 이런 방법을 일년간 실천함으로써 심장병이 획기적으로 치유된 사례를 문헌자료로 제시하고 있다. 그의 주장에 의하면 만약 지금 심장병이 있는 경우 미국 심장병학회가 추천하고 있는 음식물을 계속 섭취한다면 심장병은 더욱 악화된다는 가히 혁명적인 주장을 하고 있다.

그의 처방은 탈지 요구르트나 계란의 흰자를 제외하고는 어떤 동물성 음식도 섭취하지 못하도록 강조한다. 그는 철저한 채식위주의 식사를 강조한다. 채소의 경우에도 기름에 튀기기보다는 뜨거운 물에 살짝 데쳐먹도록 하며, 식물성 기름조차도 가능한 한 사용을 절제하도록 한다. 그밖에 적절한 운동을 하고, 환자 자신이 자신의 관상동맥이 깨끗하게 열린다는 시각적인 상상을 하며, 요가나 복식호흡을 통한 명상을 하도록 권유한다. 가장 중요한 것은 스스로에게나 남에게 자신의 마음(가슴)을 여는 것을 학습하라고 권한다. 자기자신을 사랑할 수 있고, 스스로에게 존경심을 갖게 될 때, 타인에 대한 사랑이 열리고 인간관계가 질적으로 크게 달라질 수 있다는 것이다.

오니쉬 박사의 프로그램은 삶의 전체성과 연결성을 강조하는 것이 특징이다. 누구와 함께 충분하게 사랑을 나누지 못한다거나 누구에 대해 충분하게 친절하고 선량하게 대하지 못했다는 것을 느낄 때 우리는 외로움을 느낀다. 이때 우리는 이 외로움을 극복하기 위해 개인적 수준, 대인관계 수준, 그리고 무아(無我)적 수준에서 연결성의 고리를 찾아야만 한다고 강조한다. 즉 개인적 수준에서 우리는 자기자신과 남을 서로 갈라놓게 된 옛날에 입었던 마음의 상처를 우선 치유하지 않으면 안된다. 다음 대인관계 수준에서 우리는 스스로를 존경하고 사랑해야만 한다. 이렇게 할 때만이 우리는 서로 깊게 신뢰하고 친밀한 관계를 맺을 수 있다. 무아적 수준이란 우리 스스로를 신(神)이나 자연과 같은 존재로 생각함으로써 하나의 전체성을 느끼게 되는 것이다. 만약 우리가 인류라는 우리의 종(種)에 대해 편안함을 느낀다면 보다 완벽한 절대적 존재를 향해 보다 의미있는 발걸음으로 다가갈 수 있을 것이다.

우리는 지금까지 밝혀진 사실을 통해 어릴 때 사랑받고 자라면 신체적으로 잘 성장하고 정신적으로 건강한 사람이 된다는 것을 알게 되었으며, 나이가 든 후에도 사랑받지 못한 사람이 더 많이 병에 걸리고 더 일찍 사망하게 된다는 것도 알게 되었다. 더구나 장·노년이 되어 아내를 잃은 홀아비가 사망률이 높아진다는 것은 바로 아내라는 사랑의 의지처를 상실함으로써 오는 고사현상으로 볼 수 있는 것이다. 우리 인간은 나이가 어리거나 많거나, 모두 사랑의 물을 마시고 살아가는 영적인 존재라는 점이 분명하다. 우리 모두 사랑을 실천하는 것이야말로 근본적인 치유의 힘이고 존재를 지탱해주는 가장 강력한 힘이라는 점을 주목해야 할 것이다.
(통권 제44호, 1999년 1-2월호)

비폭력주의 — 연민의 과학

마이클 네이글러

비폭력은 '현실세계'의 가장자리에서 어쩌다가 한번씩 행하는 말쑥한 습관이 아니다. 비폭력은 하나의 과학, 삶의 방식, 세계관 — 무엇보다도 하나의 문화가 되어야 한다.

독일의 덴마크 점령통치는 쉬운 일이 아니었다. 지하운동은 잘 조직되고 대담한 것이었다. 그들은 때때로 나치에 협력한 사람들을 처형하기도 함으로써 점령당국을 심히 곤혹스럽게 하였다. 다른 무엇보다도, 덴마크인들은 나치의 유태인정책을 가장 싫어하였다. 그 정책은 1943년 가을 어느 날 절정에 달하였는데, 독일 함대가 덴마크 거주 유태인들을 데려가기 위해서 코펜하겐 항구로 들어와 대기하고 있었던 것이다.

그러나 독일인들 모르게 누군가가 지하조직에 이 사실을 알렸고, 밤새 7천2백명의 유태인들 — 사실상 덴마크 유태인들의 전부에 해당하는 — 이 대기중인 함대의 코밑에서 중립국 스웨덴으로 빼돌려졌던 것이다. 고기잡

마이클 네이글러(Michael Nagler) — 캘리포니아대학(버클리) 명예교수. 1980년대 초 '평화 및 갈등연구 프로그램'을 설립하여 그 이후 비폭력주의에 관해 강의해왔다. 이 글은 *YES! : A Journal of Positive Futures* 1998년 가을호에 실린 글을 옮긴 것이다.

이 배들과 온갖 뜰것들로 구성된 잡다한 소형 선단은 험한 바다 위에서 솟구치고 떠밀리면서도 이튿날 아침까지는 혼잡과 배멀미에 지친 승객들을 스웨덴으로 데려다놓는 데 성공했다.

그런데, 이 모든 일이 수포로 돌아갈 것처럼 보였다. 스웨덴 국왕은 유태인들에게 망명을 허가해주고 싶었지만, 나치의 존재에 겁을 먹고 있었다. 아마도 국왕은 스웨덴의 중립성이 위험에 처할지도 모른다는 것에 두려움을 느꼈을 것이다.

그러나 우연하게도 그때 덴마크의 저명한 물리학자가 스웨덴의 웁살라에서 은신하고 있었다. 그는 유태인들이 처한 딜레마에 관한 소문을 들었을 때 국왕에게 조용히 자신의 말을 전달하여, 만일 유태인들에게 망명이 허용되지 않으면 그 자신 자진해서 나치의 손에 스스로를 넘겨줄 것이라고 했다. 그 저명한 물리학자는 닐스 보어였고, 스웨덴 국왕은 즉각 유태인 난민들을 받아들였다.

내가 보어의 이 이야기에 마음이 끌리는 것은 여기에서 그의 과학과 그의 인간적인 용기 사이에 관련이 있음을 감지할 수 있기 때문이다. 보어는 양자물리학에 있어서 '코펜하겐 해석'의 배후에 있는 천재였다. 아인슈타인조차도 받아들일 수 없었던 이 해석에 따르면, 새로운 물리학의 성과는 실재의 본질에 관해 우리에게 무엇인가를 말해주며, 실재는 지극히 이상스러운 것이다. 새로운 물리학의 우주와 초시간적인 신비체험가의 우주 사이에는 매우 흥미롭고 암시적인 평행관계가 있다. 상호연관성에 대한 깊은 감각과 물질에 대한 의식의 우월성은 ─ 간접적으로 ─ 비폭력주의 세계관을 뒷받침하는 것이다.

그와 대조적으로 "견고한, 덩어리진, 딱딱한, 꿰뚫을 수 없는, 움직이는 입자들"로 구성된 뉴턴의 우주는 필연적으로 지금 우리가 벗어나오고자 애쓰는 자연과 생물들에 대한 폭력의 세계를 초래한다. 아직도 대다수 사람들의 마음과 매스미디어의 공식적 과학이야기를 지배하고 있는 그러한 물질적 역학의 세계는 ─ 물질은 제한되어 있고, 우리를 만족시키는 능력에 한계가 있으므로 ─ 희소성의 세계이다. 그러한 세계관은 우리가 서로 분리되어 있다고 가르침으로써 폭력을 낳는다. "내가 너에게 해를 끼쳐도 나 자신을 포함한 보다 큰 전체는 해를 입지 않는다. 또한, 우리 모두를 위해 필요한 것이 충분히 주어질 수 없으므로 우리는 서로 투쟁할 수밖에 없다."

아래에 있는 그림은 그 그림이 창조된 세계가 갖고 있는 중심적 모순을 아름답게 포착하고 있다. 이 그림은 1768년에 조셉 라이트라는 화가가 그린 것이다. 그때는 산업시대의 시초로 서구세계에서 땅과 인간의 오래된 연결의 전통이 결정적으로 깨어지고 있는 시기였다.

우리를 마주보고 있는 사람은 떠돌이 과학교사인데, 그는 한개의 진공 펌프를 홀린 듯한 구경꾼들에게 보여주고 있다. 그는 펌프질을 통해 유리로 된 새장에서 공기를 빼고 있다. 그리고 새장 안에는 새 한마리가 있다. 사람들은 새가 숨을 헐떡이는 모습을 보면서, 다시 말해 새장 안에 공기가 없어지는 것을 보면서, 새로운 기술의 힘에 감탄하고 있다.

그러나, 이 그림의 관객으로서 우리가 달리 받는 인상은 무엇인가? 그림에서 우리의 시선을 끄는 진정한 극적 흥미는 어디에 있는가? 그것은 아이들의 모습이다. 아이들은 펌프와 공기에 대한 설명을 따라가지 않는다. 아이들이 보고 있는 것은 한 남자어른이 작은 새 한마리를 죽이고 있는 장면이다. 이 그림이 드러내는 진짜 이야기는 청중에게 주술을 걸고 있는 과학자와 당혹해하는 아이들 사이의 대조에 있고, 그리고 한걸음 더 나아가 그러한 그들은 '다만 어린애들일 뿐'이며, 그래서 어른들에 의해 무시되고 있다는 사실에 있다.

우리가 자연에 손상을 가할 때 우리들에게 경고가 주어지지 않는 것이 아니다. 모든 사람이 한꺼번에 민감한 마음을 잃어버린 것이 아니다. 진짜 비극은 우리가 도대체 무슨 짓을 하고 있는지를 가슴깊이 깨닫고 있는 사람들 — 라이트의 그림속의 아이들과 같은 사람들 — 을 우리들이 무시하고 있다는 데 있다.

우리는 지금 라이트가 진공펌프의 힘을 과시하는 근대기술의 사제 — 그럼으로써 자연에 대한 인간의 권리를 내세우는 — 를 묘사했을 때 시작되었던 호(弧)의 다른 쪽 끝에 서있다. 근대기술 — 기술주의라고 해도 된다 — 은 의기양양하게 승리를 거두었다. 그러나 적어도 우리들 중 일부는 그 결과에 너무나 기막혀 하고 있다. 우리가 환경에 대하여 저질러놓은 것은 1768년이나 1968년에는 상상도 할 수 없는 것이었다. 우리는 어린아이들의 민감성으로써 생명을 지켜보고, 가장 계몽된 어른들의 지혜로써 생명을 보호하지 않으면 안될 절박한 상황에 처해 있다.

과학은 지난 백년 동안 뉴턴의 '원시적 입자들'의 세계로부터 뛰쳐나왔다. 아인슈타인과 하이젠베르그와 보어의 놀라운 발견을 통하여 물리학은 이제 사물을 물질이 아니라 근원적으로 의식에 관여하는 에너지의 변화로 본다. 그 어떤 것도, 그 어떤 사람도 '우리'와 분리되어 있지 않다. 모든 것은 우리의 존재에 함께 관여하고 있다.

나는 이러한 상호연관성에 대한 관점 — 뜻밖에도 우리 문화의 가장 이른 신화의 세계로 거슬러 올라가는 — 이 오늘날 비폭력주의와 에콜로지의 배후에 있는 상호연관성의 윤리에 어떻게 연결되어 있는지 우리가 좀 더 잘 이해할 수 있었으면 한다. 우리는 아직 그러한 직관을 우리의 합리적인 마음으로 따라갈 수는 없다. 그러나 나는 과학자 보어를 자기의 동포가 위험에 직면했을 때 자신의 안전만을 생각하기를 거부한 인간 보어에게서 분리할 수 없는 근거가 거기에 있음을 느낀다.

　1938년 여름 스웨덴으로 피신하기 직전 닐스 보어는 코펜하겐에서 열린 한 물리학자들의 국제적 모임에서 연설을 한 바 있다. 이 '양자역학의 할아버지'는 그의 유명한 상보성이론으로 일반청중에게 잘 알려져 있었다. 그 이론은 인간이 외부세계를 이해하는 데에는 내재적인 한계가 있어서 '외부에 있는' 어떠한 것이라도 그것을 묘사하기 위해서는 우리에게 언제나 두가지 상호배제적인 모델이 필요하다고 말한다. 흔히 드는 예로서, 빛의 광자 또는 그밖의 다른 양자 실체는 입자도 파동도 아니지만, 그것을 우리가 어떻게 보느냐에 따라 입자나 파동으로 보인다는 것이다. 그날 이 국제물리학회의에서, 그는 자신의 그 유명한 개념을 전자문제보다도 더 큰 문제에 적용시켰다.

　　우리는 진실로 다양한 인간문화들이 서로서로에게 상보적이라고 말할 수 있습니다. 사실, 각각의 문화는 전통적인 삶의 방식에 있어서 조화로운 균형을 대변하며, 그러한 조화를 통해서 인간 삶의 내재적 가능성이 발전하여 무한히 풍부하고 다양한 새로운 삶의 모습들로 드러나는 것입니다.

이러한 충격적인 발언에 독일대표들은 퇴장하였다. 결국, 그 독일인들은 우선적으로 나치당원들이었고, 그 다음 순서로 '과학자들'이었던 셈이다. 보어의 발언이 드러낸 세계관은 나치당원들의 가치에 완전히 적대적인 것이었다. 그것은 불관용(不寬容)이라는 나치의 교의에 대한 도전이었다. 인간적인 차이들은 우리가 존중해야 할 자연적 계획의 일부이고, 개별 민족과 공동체와 개개인들은 저마다 사물의 질서속에서 자기의 소임을 가지고 있으며, 우리가 누구라도 하나의 전체 가족으로서 자기실현을 이루려면 서로서로를 필요로 한다는 아이디어는 파시스트들에게는 쓰디쓴 독초였다. 모든 유정물이 저나름의 귀중한 의미와 목적을 가지고 있다고 믿는 사람은 파시스트가 될 수 없는 것이다.

나치의 유럽점령 기도는 자신이 원하는 것을 얻기 위해 야만적인 폭력을 쓰려는 의지에 결부하여 몇가지의 불쾌한 문제를 함축하고 있다. 첫째는 인간존재에 대한 이미지이다. 히틀러는 이 점에 있어서 노골적이었다. 그는 어느날 윌리엄 쉬러 ─ 히틀러와 간디 두사람 모두를 실제로 잘 알고 있던 몇 안되는 사람 중의 한사람이었다 ─ 와 점심을 함께 나누며 자기가 거둔 성공을 설명하면서 이렇게 말했다. "알다시피, 사람은 저마다 가격이 있습니다. 그런데, 대부분의 경우엔 그 가격이 매우 낮다는 걸 알면 놀라실 겁니다."

인간존재를 하찮게 보는 데에서 폭력이 나오고, 인간존재를 높이 보는 데에서 비폭력이 나온다. 폭력은 우리를 갈라놓는다. 비폭력은 우리들 모든 사람들 사이의 신비스러운 통일성 ─ 그것은 우리들 각자의 숨겨져 있는 영광이다 ─ 에 직접 호소한다.

나치 과학자들을 쫓아냈던 닐스 보어의 발언은 1938년 당시 시대를 앞선 것이었다. 그는 파시스트의 세계관이 '획일성을 통한 분열'이라고 불릴 수 있는 질서개념에 근거하고 있음을 보았다. 파시스트들은 오직 하나의 민족과 정치질서만이 ─ 그러니까, 오직 한사람만이 ─ 가치있고, 진정하며, 깨끗할 뿐이고, 나머지 것들은 사람이든 물건이든 모두 열등하고 위험한 것이어서 만약 그것이 '유일한 올바른 길'에 복종하지 않으면 지배하거나 제거해야 한다고 주장했다.

그러므로, 파시즘에 대한 해독제는 헤겔이 다양성속의 통일성이라고 부른 아이디어였다. "인간 삶의 내재적 가능성이 스스로 발전하여"라고 한 보어의 표현을 보라. 이 표현은 나중에 또 한사람의 북유럽인인 요한 갈퉁이 이어받아 비폭력주의에 대한 오늘날 잘 알려진 정의가 되었다. 갈퉁에 의하면, 비폭력은 "각 개인속에 내재되어 있는 잠재성의 실현"을 돕지만, 그와 반대로 폭력은 그러한 실현을 방해하는 힘이다.

이러한 정신적 맥락에서 달라이 라마는 1993년 유엔 NGO 인권회의에서 다음과 같이 말했다.

> 만일 우리가 우리의 창조적 잠재성을 사용하는 데 방해를 받는다면 우리는 인간으로서의 기본특성의 하나를 박탈당하는 것입니다 … 우리 사회의 가장 재능있고, 헌신적이며, 창조적인 구성원들이 인권남용의 희생자가 되는 일이 너무나 흔합니다. 그런 식으로 사회의 정치적, 사회적, 문화적, 경제적 발전은 인권침해를 통해 좌절되는 것입니다.

나는 느낌과 개념 사이에 연결이 있다고 생각한다. 즉, 태초 이래 가족과 사회와 행성을 유지시켜온 정신적 깨달음의 깊은 원천인 연민의 마음과 모든 생명을 그 다양성속에서 받아들여야 한다는 지적 개념 사이에는 연결이 있는 것이다. 그리고, 생물다양성이라는 개념의 합법적 연장으로서 우리는 문화적, 개인적 다양성에 대해서도 생각해야 한다. 다양성속의 통일성이라는 겉보기에 모순적인 이 개념은 비폭력주의와 나란히 간다. 말하자면, 그것은 연민의 신학이라고 할 수 있다.

"개별 인간의 영혼의 특성을 좀더 분명히 들여다보면 볼수록 사람들 사이의 너무나 커다란 차이에 우리는 당혹해진다 … 그러나, 바로 이러한 변별성을 통해서 사람들은 하나의 목표, 즉 세계의 … 완전함을 향하여 각자의 고유한 재능에 따라 이바지하는 데에 모두 통일되어 있다"라고 랍비 에이브럼 이삭 쿠크가 말했다.

인간가족은 50억 개인들을 넘어 점점 커져가고 있다. 각자는 측량할 수 없이 귀한 존재이다. 그러나 이러한 문명적인 통찰은 갈수록 희미해지고 있다. 안락사운동, 사형제도의 부활, 기괴한 인권침해의 만연, 가족의 쇠퇴, 그리고 어린아이들을 기르는 부양체계의 쇠퇴 ─ 이러한 것들은 개인의 삶의 신성함을 손상시키는 것들이다.

언제나 비폭력을 주창한 모든 사람들에게 그랬듯이 간디에게도 생명은 신성하고, 무한히 값진 것이라는 것은 자명한 명제였다. 모든 생명의 총화가 어떤 점에서는 주어진 개별 생명보다 더 귀중한 것일지라도, 또 어떤 점에서는 그렇지 않다. 어거스틴이 말한 바와 같이, "모든 것들은 똑같이 만들어지지 않았기 때문에 좋은 것이다. 각각의 것은 좋고, 그리고 그 모든 것의 어우러짐도 매우 좋다."

전통적인 힌두교의 신자로서 간디는 견고한 형이상학적 기초를 갖고 있었다. 그는 전통적인 금언의 하나를 즐겨 인용했다. "작은 파편속에 우주가 있다." 양자물리학자나 신비가들, 그리고 세계의 여러 정신적 전통에서, 또 우리 모두의 좀더 성찰적인 순간에 이러한 비젼은 되풀이하여 다가온다.

그러나 이러한 믿음은 살생을 금하는 명령 이상의 것이다. 그 믿음의 진정한 가치는 살생을 해서는 안되는 적극적인 근거를 말해주는 데 있다. 즉, 각각의 개인으로 된 작은 소우주는 전체 세계질서의 씨앗인 것이다. 우리의 몸이 DNA라는 우스울 정도로 작은 조각에 기초하고 있지만, 우리의 의식 깊은 곳에서 우리 각자는 하나의 세계를 재생시킬 수 있는 '정보' ― 믿음, 통찰 ― 를 간직하고 있는 것이다.

오늘날 세계가 민족적, 준민족적 증오심으로 찢겨있는 이때, 이러한 진리는 되풀이해서 기억할 필요가 있을 것이다.

연민이라는 낱말은 문자 그대로 타자와 고통을 함께하고, 느낌을 함께한다는 뜻이다. 물론 그것은 아픈 경험이다. 그러나 우리의 인간성을 고립, 차단시켜 그속에서 죽게 하는 것보다는 타자와 고통을 나누면서 인간성을 확장시켜나가는 것이 더 낫지 않은가?

히브리말에서, 연민에 해당하는 말은 어머니의 자궁을 뜻하는 낱말의 복수형으로 되어있다. 연민의 감정을 갖는다는 것은 어머니가 자신의 아이에게로 향하는 것과 같이 누군가에게로 나아간다는 것이다. 달라이 라마는 "연민이야말로 이 시대의 급진주의"라고 말했다. 여기에 덧붙여, 나는 비폭력주의는 연민의 과학이라고 말하고 싶다. (통권 제43호, 1998년 11-12월호)

안데스 농민의 과학

마시 에이브럼슨 스클로브

안데스 산맥속의 농민들은 세계에서 가장 험한 지형과 기후조건에서 8천년 동안 살아왔고, 번영을 누려왔다. 그들이 살아온 방식과 농사에 접근해온 방식은 진정으로 살아있는 비서구적 세계관을 드러낸다.

이러한 안데스 농민들의 지식이 보다 넓은 세계로 알려지게 된 것은 1987년 이후 프라텍(PRATEC)이라는 이름 밑에서 일해온 지식인 그룹의 노력을 통해서였다. 그들은 이전에 정부의 개발담당 관리, 관료, 그리고 대학교수로 일하던 사람들이었다. 안데스 농민기술 프로젝트(Proyecto Andino de Tecnologias Campesinas)라는 스페인말의 머릿글자로 이루어진 프라텍은 안데스의 기술과 농사법과 지식체계를 가르치기 위한 목적으로 조직되었다. 교육의 대상은 일차적으로 농촌개발을 담당하는 기술관료들이었으며, 그들에게 파괴적인 개발 프로젝트를 중지할 필요성을 가르치기 위한 의도로써 출발한 것이었다. 그러나 프라텍이 미친 영향은 창립멤버들이 예상했던 것을 훨씬 넘어가는 것이 되었다.

마시 에이브럼슨 스클로브 (Marcie Abramson Sclove) ― 미국 매사추세츠의 Loka Institute 의 연구원. 이 글은 과학기술 민주화를 위한 시민운동의 대표적인 그룹인 로카연구소가 펴내는 뉴스레터 *Loka Alert* 1995년 12월 11일자에 실린 글을 옮긴 것이다.

프라텍의 교과과정은 현재 페루의 몇몇 대학에서 학점으로 인정받고 있으며, 프라텍 멤버들은 또한 에콰도르, 볼리비아, 칠레, 그리고 파라과이에서도 가르쳐왔다. 지난 봄 매사추세츠주 노스앰프턴의 스미스 칼리지에서 열렸던 한 모임에 프라텍 멤버들은 학자들, 토착미국인들, 그리고 그밖의 여러 사람들과 함께 참가하였다. 그 모임은 '지식의 비식민지화 ― 아메리카 대륙 토착민의 목소리' 라는 이름으로 열렸다.

안데스 농민들이 현대 서구지식에 대하여 취해온 태도는 적대적이거나 대결적인 것이 아니었다. 안데스의 농민들은 원리주의자들도 아니고, 순수주의자들도 아니며, 외래적인 것이라면 무엇이든 배격하는 사람들도 아니다. 오히려 그들은 서구적인 것에 대한 자신들의 관계가 '대화적'인 것이라고 보고 있다. 다시 말해서, 서구세계와 상호작용을 하면서, 거기서 자기자신들의 세계관에 도움을 주는 것을 채택하려고 하는 것이다. 프라텍의 핵심멤버 중의 한사람인 에두아르도 그릴로 페르난데스가 말하는 것과 같이, "안데스의 농민들은 외래적인 요소들을 '소화'함으로써, 쓸모있는 것을 자신속에 동화시키고 필요하지 않거나 원치 않는 것들은 밖으로 배출시켜버린다."

농민들은 서구세계의 가치를 지배적인 것으로 보지 않는다. 그들은 서구적인 사상에 대하여 동등하고 자신감에 찬 태도로 접근한다. 그들은 식민주의를 농작물을 위협하는 우박이나 해충에 비유한다. 다시 그릴로의 설명을 들어보자.

우리의 농민공동체가 경작하는 밭에 서리나 우박이 들이닥치면, 그것은 우리들 가운데 몇사람이 올바르지 못한 행실로 세계의 조화를 깨트렸기 때문이다. 그와 마찬가지로, 스페인 침략자들이 여기에 들이닥친 것은 우리 자신의 세계 안에 혼란이 있었기 때문이다. 식민주의에서 자유롭게 되기 위해서 우리는 우리 자신의 조화를 회복해야 한다. 그러면 마치 건강하고 튼튼한 사람에게 질병이 침입할 수 없는 것처럼 누군가가 우리를 식민화하는 것은 불가능할 것이다. 중요한 것은 침략자에 대해 정면으로 맞서느냐 아니냐 하는 문제가 아니다. 왜냐하면 우리가 혼란스러움에 빠져있다면 누군가로부터 언제나 침략을 받을 수 있기 때문이다.

서구세계에 대한 이러한 대화적 자세는 안데스 농민들이 모든 다른 인간문화뿐만 아니라 인간 아닌 모든 존재들과 상호작용하는 방식과 동일한 것이다. 그들의 세계관에서, 사람들간의 관계는 인간과 별, 강, 식물과 동물들 사이의 관계보다 우월한 특권을 누리지 않는다. 세상이 존재하는 것은 만물이 서로서로 먹여주고 기르는 행동 ― 대화와 호혜관계 ― 을 통해서이다.

안데스의 우주론에서, 우주는 세가지 기본 구성물 ― 파차(pacha), 아일루(ayllu), 차크라(chacra) ― 로 이루어져 있다. 파차는 세상이다. 아일루는 파차속에 살고 있는 모든 것들로서, 거기에는 신들(후아카스), 자연세계, 그리고 인간공동체(루나)가 포함된다. 이들 모두는 친척들로서 함께 차크라 ― 각자가 신들과 대화하고 선물을 주고받으면서 생명을 끊임없이 재생시키는 공간인 경작지와 동물들로 이루어진 ― 에 참여하고 있다. 농업학자이자 프라텍 멤버인 훌리오 발라돌리드는 다음과 같이 설명한다.

파차와 파차에 속하는 모든 것은 살아있다 … 죽은 것들조차 '살아있고' 현존한다.

아일루는 파차속에서 살고 있다. 파차는 아일루의 집이다. 차크라는 농민들이 식물과 흙과 미(微)기후와 동물들을 사랑과 존경에 가득찬 마음으로 기르는 땅이다.

넓은 의미로 차크라는 길러지는 모든 것이다. 파차마마(pachamama)는 파차의 일부이지만, 좀더 구체적으로는 우리들에게 열매를 베풀어주는 땅을 가리킨다.

땅은 어머니가 아이들을 기르듯이 우리를 길러주며, 또 우리는 자식들이 어머니를 사랑하고 존경하듯이 땅을 사랑하고 존경한다 … 후안타 부족출신의 한 농민은 이렇게 말한다. "나 자신은 우리 부모님의 아들입니다. 그러면서도 나는 또한 파차마마의 아들이기도 합니다. 나는 감자와 올루코와 옥수수의 아들이기도 합니다 …." 땅을 간다든지 하는 농사일을 시작하면서 한 농부는 이렇게 말한다. "… 차크라의 문을 열기 위해서 나는 파차마마에게서 이 흙으로 일을 해도 좋다는 허락을 받아야합니다 …."

안데스의 생태적 조건은 굉장히 다채롭다. 기후는 고도와 지형이 그렇듯이 엄청나게 변화가 많다. 농부들은 별들과 식물과 동물과 별똥별과 꿈들과의 끊임없는 대화를 통해서 다가올 계절의 성격을 알고, 거기 따라어떻게 씨앗을 뿌릴 것인지를 안다. 건조한 시기에는 농부들은 지세가 가파른 보다 높은 차크라에 대각선으로 고랑을 파서 파종을 한다. 우기에는 파종하는 땅이 좀더 낮은 곳으로 이동한다. 여기서 고랑파기는 지형의 방향을 따른다. 그래서 고랑들은 짧고, 서로 엇갈리게 하여 너무 많은 물을 머금지 않도록 한다.

그러나 가장 중요한 것은 - 그리고 안데스의 농민을 소문난 존재로 만든 것은 - 그들이 활용하고 가꾸는 식물들의 엄청나게 다양한 종류이다. 농부들은 식물들의 다양성과 다채로움을 수단으로 하여 다양하고 변화무쌍한 기후와 대화를 나누고 선물을 주고받는다. 예를 들어, 농부들이 건조한 해에 대비하여 좀더 고지대의 밭에 농작물을 심을 때 그들은 그 차크라속에서 어떤 식물들이 예상되는 가뭄에 특히 잘 적응하는 것인지를 안다. 이러한 식물들 덕분에 그 해의 수확은 보다 비가 많은 계절의 수확과 거의 맞먹는 것으로 된다. 그러나, 차크라마다 경작되는 작물의 엄청난 다양성 때문에 실제로 날씨가 어떻게 판명되든지간에 수확은 적정한 것으로 되는 것이다. 다시 말해서, 날씨가 예상밖으로 비가 많이 온다 하더라도 고지대의 차크라 전역에 심어놓은 다른 종류의 식물들이 그러한 기후조건에서 번창하는 것이다.

식물의 이종성(異種性)을 북돋우는 일은 부분적으로 안데스의 식물종들이 갖고 있는 엄청난 다양성에 순응하여 일하는 방법이다. 안데스에서는 지형학상 극단적으로 다채롭고 변화많은 특성들과 기후가 식물종들의 다양성과 자연적인 잡종화를 조장해온 것이다.

그러나 그러한 것만이 전부가 아니다. 안데스 문화는 사랑과 헌신으로써 그러한 다양성을 기른다. 그리하여 식물종들의 광범한 분포가 유지될 뿐만 아니라 해마다 그 다양성이 더욱 풍부해지는 것이다. 예를 들어, 소로추코의 한 농부는 한 차크라에서 100개가 넘는 감자 종류를 기르고 있다. 1985년의 페루의 종자은행의 조사는 안데스에서 쓴 감자는 497종, 키누아는 2,596종, 그리고 타르위는 3,379종에 이른다는 것을 밝혀내었다. (키누아와 타르위는 안데스 소산의 곡물들이다.) 이렇게 독특한 방식으로 식물종들을 지역 전역에 걸쳐, 또는 같은 밭 안에서 가꾸는 일은 8천년 넘게 안데스 농민들의 삶의 방식이 되어왔다. 이러한 이유로 안데스는 세계에서 가장 풍부한 농작물 종류를 가진 지역의 하나로 알려진 것이다.

그러나, 그러한 성공적인 농사가 이루어진 데에는 식물종들의 다양성이나 이종성을 북돋우고, 빗물의 적정이용을 위해 어디에 어떻게 파종할 것인가를 이해하는 일만 필요했던 것이 아니다. 프라텍의 훌리오 발라돌리드 리베라의 말을 들어보자.

안데스의 모든 활동, 특히 식물과 동물들을 기르는 일에 관계된 활동들은 전부 의식(儀式)이다. 한 농부는 우리에게 이렇게 말한다. "일을 시작할 때 우리는 파차마마께 파가 푸(제물)를 드립니다. 우리가 언덕에 올라갔을 때도 … 또 첫 감자를 캤을 때도 우리는 그 수확에 대하여 감사를 드립니다 …." 이러한 깊은 사랑과 존경의 태도는 다음과 같은 농민들의 말에 잘 드러나 있다. " … 땅의 가슴을 여는 일은 파차마마의 심장을 여는 일과 같습니다 … 그 일은 매우 조심스럽게 승낙을 받아서 행해야 합니다." 또는 "차크라를 열어보기 전에 먼저 코카 잎사귀를 몇개 차크라의 입 안에 넣어드려야 합니다." 이러한 것은 마음속에서 우러나오는 표현들이다. 왜냐하면 안데스의 농민들은 "인간(루나)이 신들(후아카스)과 자연의 도움으로 식량을 마련하여 모두와 나누도록 파차마마가 우리들에게 땅을 빌려줄 뿐이라는 것을 느끼기" 때문이다. 수확은 모두의 것이며, 모두를 위한 것이다.

산업사회의 우리들에게 이러한 안데스의 토착농민들이 던져주는 의미는 무엇일까? 그것은 서구적 하이테크 농업에 대하여, 또는 인간의 삶과 인간 아닌 것을 개념적으로 엄격히 구별하는 우리들에게 어떤 의미를 갖는가? 프라텍 멤버들이 어떻게 그들의 삶을 선택하였는지 살펴보자.

1987년에 그리말도 렝기포 바스케스는 페루 개발 프로젝트의 책임자라는 유망한 직위를 사임하였다. 그는 3년에 걸쳐 그의 개발 프로젝트가 끊임없이 실패로 돌아가는 것을 보면서 갈수록 환멸을 느꼈다. 그는 안데스 민중 ― 개발 프로젝트의 수혜 예정자들 ― 에게는 '개발'이 필요없는 극히 생동적인 문화와 농업체계가 있다는 것을 깨달았다. 그는 주류에서 떨어져나와 두사람의 동료를 초대하여 함께 프라텍을 만들었다.
또다른 창립멤버인 에두아르도 그릴로는 페루정부의 농업통계 및 조사국 국장 자리를 그만두었다. 세번째 창립자인 훌리오 발라돌리드는 프라텍에 참여하기 전에 아이야쿠초대학의 농업학부 교수직에 있었다. 이들 모두는 사회적 지위와 경제적 안정과 동료들을 전부 포기하는 선택을 의식적으로 했던 것이다. 그러나 그들은 개발론자들에게서 흔히 볼 수 있는 전략(이른바 지속가능한 개발을 포함하여) ― 즉, 토착농민들의 방식을 이용하여, 그것을 서구적 과학모델에 끼워맞추는 일을 하지 않았다.
이들 세사람은 모두 토착 안데스 공동체속에서 태어나 나중에 관행의 서구식 교육을 받았다. 그들이 프라텍을 창설한 것은 그들 자신이 전통적인 서구식 개발모델을 더이상 도덕적으로 지지할 수 없었기 때문이다. 그렇게 함으로써, 그들은 안데스 토착문화를 서구적 학문의 프리즘을 통해서가 아니라 그 문화의 내부로부터 이해하고 설명하며, 무엇보다 그 문화의 일부가 되기로 결심하였다.
또다른 프라텍 멤버 마르셀라 마차카는 아이야쿠초 지방의 퀴스필락타 토착농민 공동체속에서 자라났다. 그녀는 자신의 이야기를 1995년 5월의 스미스 칼리지 모임에서 들려주었다. 그녀의 아버지는 마르셀라와 그녀의 여동생이 식민지 백성의 신분에서 벗어나 자신들을 드높이는 수단으로서 대학교육을 받기를 원했다. 그들은 서구식 옷을 입고, 스페인말을 썼다. 마르셀라는 개발론자들을 좀더 잘 이해하고, 또 그들이 토착농민들과 농민적 삶의 방식에 대하여 나타내는 적대적인 태도를 더 잘 이해하기 위하여 대학에서 농학을 공부하였다. 마르셀라는 클라스에서 가장 뛰어난 학생이 되었다. 그러나 그녀는 또한 자신이 대학에서 습득하고 있는 서구과학이 자연과 대화를 하고 있는 자신의 고향사람들에게는 아무런 의미가 없다는 것을 발견하였다. 점차로 그녀는 환멸감을 갖게 되었고, 대학이 시간낭비라는 것을 느꼈다.

그러다가 그녀는 홀리오 발라돌리드 리베라의 강의(대학을 떠나면서 했던 마지막 강의)를 들었다. 대학에 들어온 뒤 처음으로 그녀는 누군가가 안데스의 농업에 관해 이야기하는 것을 들었고, 그래서 갑자기 후련한 기분을 느꼈다. 리베라는 그녀가 무엇보다 잘 알고 있는 세계에 관해 이야기하고 있었다. 리베라를 통해서 그녀는 프라텍을 알게 되었고, 그래서 그녀는 자신의 대학논문에서 프라텍에서 나온 책들만을 유일한 자료로 이용하였다. 교수들은 격노했다. 그들은 대학의 위신이 손상을 입는다고 생각했다. 그들은 그녀를 배신자로 부르고 추방했다. 그러나 마르셀라는 프라텍과 자신의 친구들과 문화의 뒷받침을 받았다. 그녀는 간신히 농학기사의 학위를 획득하고는 '감미로운 안데스의 삶' 속으로 되돌아와 지금 농부들과 함께 일하면서 그들의 일을 돕고 있다. (통권 제43호, 1998년 11-12월호)

편자

김종철(金鍾哲)

1947년 경남 출생

서울대학교 영문과 졸업

전(前) 영남대학교 영문과 교수

격월간《녹색평론》발행·편집인

저서《시와 역사적 상상력》(문학과지성사, 1978년)

　　《시적 인간과 생태적 인간》(삼인, 1999년)

　　《간디의 물레》(녹색평론사, 1999년)

　　《비판적 상상력을 위하여》(녹색평론사, 2008년)

　　《땅의 옹호》(녹색평론사, 2008년)

역서《경제성장이 안되면 우리는 풍요롭지 못할 것인가》

　　(녹색평론사, 2002년)

　　《正義의 길로 비틀거리며 가다》(녹색평론사, 2007년)

녹색평론선집 3

초판 제1쇄 발행 2009년 2월 13일
       제5쇄 발행 2021년 7월 19일

편자   김종철
발행처   녹색평론사

주소   서울시 종로구 돈화문로 94 동원빌딩 501호
전화   02-738-0663, 0666
팩스   02-737-6168
웹사이트 www.greenreview.co.kr
전자우편 editor@greenreview.co.kr
출판등록 1991년 9월 17일 제6-36호

ISBN 978-89-90274-47-2 03300